EL VERDADE1
REVELADO Ν ~~~~~~~~
POR
JESÚS

Recibido A Través de
JAMES E. PADGETT

Vol. I

Publicado Por

Incorporado
Apartado de Correos 6, Williamsville, N.Y. 14231

Church of the New Birth

INTRODUCCIÓN

Desde muy joven, desarrollé un interés en lo espiritual, y en mi alma surgieron muchas preguntas que las religiones convencionales no pudieron satisfacer. Yo creía en un Dios Todopoderoso, y que el lugar de encuentro con Él era verdaderamente el alma. Que Dios podía escuchar mis oraciones, y Le pedí que me revelara Su Verdad, cuando yo llegué a cuestionar las supuestas verdades de Dios proclamadas por los hombres.

En cierta etapa de mi vida cuando yo anhelaba tener un conocimiento espiritual más elevado, y, en particular, acerca del alma y de mensajes angelicales, busqué temas similares por el internet y encontré lo inesperado - mensajes de Jesús de Nazaret, nada menos, y de otros Espíritus Celestiales, tales como sus discípulos y apóstoles, así como de muchas otras figuras históricas. Estos mensajes fueron canalizados a través del Señor James E. Padgett, un médium por excelencia, quien, durante los años 1914 - 1923, utilizó su don de médium, mediante escritura automática, para recibir mensajes de estos altos Espíritus Celestiales, y para ningún otro propósito. Aprenderán más acerca del Señor James E. Padgett en las páginas que siguen.

Este libro es la versión en español del primer volumen en inglés titulado, "True Gospel Revealed Anew by Jesus". En estos mensajes, Jesús de Nazaret se presenta como hijo de Dios, y no Dios, y como nuestro hermano mayor, según explica en estos mensajes. Él declara que es el Maestro de lo que él llama los Cielos Celestiales, proclamando nuevamente las Verdades que él recibió de Dios y que enseñó cuando estuvo en la tierra. Ésa fue su verdadera misión. Lamentablemente, para la humanidad, estas enseñanzas fueron perdidas después de su muerte y de sus discípulos. En los mensajes, Jesús y sus Ángeles Celestiales nos revelan muchas cosas sorprendentes, haciendo hincapié en la gran importancia de procurar el Amor Divino de Dios, es decir, el Nuevo Nacimiento del alma.

Entre las revelaciones encontradas en este libro, se destacan temas como: cuál fue la verdadera misión de Jesús en la tierra y su relación con Dios; la importancia de procurar y obtener el Amor Divino de Dios; la salvación del hombre; la estructura de los cielos; el verdadero significado de la inmortalidad; Quién y Qué es Dios; la función del Espíritu Santo; la resurrección de Jesús; el perdón; aclaración sobre la "expiación vicaria"; las verdaderas circunstancias del nacimiento de Jesús; el destino del hombre, después de la muerte del cuerpo físico, y muchas otras revelaciones de gran importancia para la humanidad.

Estos mensajes llamaron poderosamente mi atención, y a medida que los leía, me convencía más y más de que, en respuesta a los anhelos de mi alma, las verdades espirituales que yo buscaba habían llegado mí, y que fui guiada por estos Seres Celestiales para encontrarlas.

Debido al alto contenido espiritual de estas revelaciones inusuales, y he de decir, desconocidas por gran parte de la humanidad, para m í fue claro que los mismos no pudieron haber provenido de una mente humana, ni siquiera de un espíritu impostor, sino, más bien de una fuente superior, de la categoría de Jesús y sus colaboradores Celestiales.

Pero, a pesar de mi convencimiento acerca de la legitimidad de estos mensajes, le pedí a Jesús, luego de haber leído un gran número de los mismos, que me diera una validación – una señal que yo entendería – en confirmación de que estos mensajes provenían, en realidad, de quienes se decía eran sus autores. Aquella señal, de hecho, llegó a mí. Aproximadamente una hora y media después de aquella "conversación" con Jesús, sonó mi teléfono, pero no tomé la llamada en ese preciso momento. Más tarde, al revisar la pantalla del identificador de llamadas, para mi gran sorpresa, la misma desplegó lo siguiente: "JESUS PEOPLE US" (inglés) que, literalmente traducido dice: "JESÚS GENTE NOSOTROS". Pues, a mi manera de interpretar estas escuetas palabras como señal, significaban que Jesús y sus Colaboradores Celestiales, confirmaban la veracidad de que estos mensajes fueron enviados por ellos. Días después, decidí llamar al número llamante, con el fin de tratar de descubrir a quien pertenecía. Al llamar, fui saludada por un mensaje grabado que decía: "JESÚS TE AMA"

En aquel momento comprendí claramente que aquella fue la respuesta a mi petición - la señal que yo había pedido, erradicando cualquier duda que yo haya tenido. ¿Coincidencia? Posiblemente, pero no lo creo. Mi búsqueda de las verdades espirituales de Dios, había llegado a su fin, tras muchos años de anhelo, puesto que había encontrado, a satisfacción de mi alma, aquello que yo buscaba.

No importa lo que se pueda pensar con respecto a la fuente de estos mensajes, el mérito, sin embargo, está en su contenido, por su gran lógica y sublime simplicidad, el Amor que se siente emanar de ellos y tono de verdad.

Ahora sé que el Dios, a Quien yo amo, no es el Dios enojado y vengativo que se nos ha enseñado, sino un Dios de Amor, y que el hombre, mismo, al ejercer, de manera pecaminosa, el libre albedrío que Dios le ha dado, impone, a sí mismo, su propio castigo.

Es mi gran deseo, que estos mensajes lleguen a todas aquellas almas sedientas y en busca de las Verdades Espirituales de Dios.

Cariñosamente,

Geraldine Cousins

RECONOCIMIENTO ESPECIAL

Mi más profundo agradecimiento a Dios, nuestro Padre Celestial, por el re-otorgamiento de Su gran Amor Divino a la humanidad, así como a Jesús, quien, reveló el Amor y las Verdades del Padre. También doy gracias a estos Seres Celestiales, por Su guía e inspiración. y gran ayuda en la creación de este libro.

Quisiera reconocer al Señor James E. Padgett, Dr. Leslie Stone, Dr. Daniel G. Samuels y a muchos otros, a quienes sería imposible mencionar aquí, por su colaboración con Jesús y los Seres Celestiales, a fin de traer a la humanidad estas revelaciones monumentales.

Mi sincero agradecimiento a los administradores de Foundation Church of the New Birth, por la preservación de la pureza e integridad de estos mensajes, y por su loable labor de difundirlos.

Y, por último, y no menos importante, quisiera extender mi agradecimiento y aprecio a Patricia Cousins, Joan Warden, y Geoff Cutler por su enorme ayuda en la realización de este libro.

JAMES E. PADGETT

El Sr. James Edward Padgett nació el 25 de agosto de 1852, en Washington, D.C. y estudió en el Instituto de la Academia Politécnica en New Market, Virginia. En 1880 fue admitido a la barra de abogados en Washington, D.C., y desde entonces practicó leyes durante 43 años hasta su fallecimiento, el 17 de marzo de 1923. Durante sus años estudiantiles, hizo amistad con el Profesor Joseph Salyards, instructor en la Academia, quien, después de su muerte en 1885, le escribió varios mensajes interesantes. Su esposa, Helen, falleció alrededor de febrero de 1914, y fue la primera en escribirle desde el mundo espiritual. Padgett nunca practicó el don de médium, como un medio de lucro. Se dedicó enteramente a la recepción de mensajes de gran importancia, firmados por Jesús, así como por varios de sus discípulos.

MI TESTIMONIO
Por Dr. Leslie R. Stone

Este testimonio es el resultado de preguntas que han surgido, a raíz de la publicación de los Volúmenes I y II de los *Mensajes de Jesús y Espíritus Celestiales*, que imprimí por primera vez en 1940, y que han pasado por tres ediciones desde entonces. En la publicación de esta cuarta edición del Volumen I, estoy integrando todas aquellas preguntas de lectores interesados, dentro de un nuevo testimonio que mostrará la forma en que el Sr. Padgett pudo realizar el trabajo de recibir estos mensajes extraordinarios. Relata cómo conocí al Sr. Padgett y mis razones para creer que él podía, en efecto, recibir mensajes, no meramente del mundo espiritual, sino de los más grandes espíritus de los Cielos Celestiales, cuyo Líder es Jesús de Nazaret.

Nací el 10 de noviembre de 1876 en Aldershot, Hampshire, Inglaterra, siendo el décimo de trece hijos. Allí estudié en la escuela pública y luego completé estudios en la Escuela Gramatical de Farnham, Surrey, fundada por el Rey Eduardo VI. Posteriormente, trabajé en la tienda de talabartería de mi padre, William Stone, en Aldershot, y luego en Londres. Cuando el negocio
empezó a decaer, emigré a Toronto, Canadá, en 1903. En esa ocasión, mi madre, quien era una gran creyente en la oración, pidió al Padre Celestial que le hiciera saber cuál era Su voluntad; Su respuesta fue que yo debería ir.

Un día, al estar en Toronto, me llamó la atención un anuncio de una reunión espiritista. Como yo no había asistido antes a una de éstas, sentí curiosidad y fui. La médium, quien daba los mensajes desde la plataforma, me señaló y dijo: "su padre, quien dice ser William Stone, está aquí, y se alegra de poder saludarte". La médium, entonces, describió a mi padre tal como yo lo conocí. Él jamás había estado en el Nuevo Mundo y falleció cuando yo tenía apenas siete años de edad. Bajo las circunstancias, ella difícilmente podría dar a conocer esta información, sin haber tenido contacto directo con el espíritu de mi padre.

Después de esta experiencia, empecé a leer varios libros acerca del espiritualismo, tales como "La Revelación Divina de la Naturaleza", por Andrew Jackson Davis y también "La Gran Armonía", del mismo autor. Estos libros ejercieron un efecto profundo sobre mí, ya que la fe en las doctrinas religiosas que mi madre, una ferviente Bautista, me había inculcado, ya no eran de interés para mí, como depositarios de la verdad. Yo creía en la existencia de un gran mundo espiritual y en la comunicación entre mortales y espíritus. Al mismo tiempo, sin embargo, confieso que el Espiritualismo, como era enseñado, no satisfizo totalmente los anhelos de mi alma. No fue sino hasta conocer al Sr. James E. Padgett y haber leído los mensajes, los cuales estoy totalmente convencido de que vinieron de Jesús y de los Espíritus Celestiales, que yo tuviera la satisfacción de que, por fin, había llegado a conocer realmente las grandes verdades religiosas, y el camino al Padre y unidad con Él.

Transcurrieron once años después de mi llegada al Nuevo Mundo, antes de que yo conociera al Sr. Padgett. Fui aconsejado por guías espirituales que fuera a Detroit. Allí la producción de automóviles era tal, que fue imposible mantenerme en los trabajos de talabartería, y otra vez, por consejo espiritual, me trasladé a Buffalo. Trabajé allí y estudié en un hospital por siete años y, finalmente me gradué como enfermero. Sentí que este período de mi vida era muy importante, en el sentido de que inspiró en mí un interés en la curación, que luego me indujo a estudiar la quiropráctica.

Mi interés en el Espiritualismo continuó en Buffalo, y recibí otra prueba personal de la vida espiritual. Durante una reunión Espiritista, me senté al lado de una mujer que resultó ser una médium. De repente, ella se dirigió a mí y dijo, "su madre está aquí con usted". Yo respondí, "usted debe estar equivocada, Señora. Yo recibí una carta de mi madre muy reciente y ella goza de buena salud". La médium se encogió de los hombros y respondió, "Su madre nunca vivió en este país. Ella me dice que vivió en Inglaterra y que murió hace poco tiempo". Ella continuó reportando la supuesta causa de la muerta de mi madre, describió el funeral y mencionó los nombres de aquellos que habían asistido. Me dijo que yo tenía una hermana, llamada Edith, de quien recibiría una carta confirmando lo que ella me había dicho. La carta llegó, tal como la señora había predicho, y corroboró sus declaraciones. Si hubo antes alguna duda alguna de mi parte, en cuanto a la veracidad de comunicación con espíritus, la perdí en aquel momento.

De hecho, avancé en el Espiritualismo al grado de entrar en trances, durante los cuales estoy convencido haber visitado el mundo de los espíritus. Sé que me encontré con mi madre allí, una hermana Kate y un hermano Willie, quienes habían fallecido en 1908. Sabía que estaba en mi cuerpo espiritual y que había dejado mi cuerpo mortal; y, de hecho, no tuve ningún deseo de volver a él, pero mi madre y hermana insistieron en que yo tenía que llevar a cabo una labor espiritual en la tierra y que no podía permanecer en el mundo espiritual, hasta haber cumplido esa tarea.

Yo podría seguir relatando muchas experiencias interesantes y curiosas, de las que fui privilegiado en el mundo espiritual, pero ésta no es la ocasión para ello, y procederé con la narración. Durante mi trabajo en el hospital, adquirí un interés en la quiropráctica y, por sugerencias de espíritus que me transmitían mensajes a través de médiums en Lily Dale, New York, estudié en el Colegio de Quiropráctica de Palmer Gregory en la Ciudad de Oklahoma, y me gradué en 1912, después de un curso de dos años. Poco tiempo después, fui un Profesional autorizado en Washington, D.C. Allí vino a mi mente el nombre de una Señora Bartholomew, una médium de trompeta, y de un Señor Pierre Keeler, un médium de escritura en pizarra, a quienes había consultado mientras estuve en Lily Dale. Fue a través del hermano de este caballero que pude obtener una fotografía del espíritu de mi alma gemela, Mary Kennedy. A ello me referiré posteriormente con más detalle.

Al graduarme, fui a Philadelphia con el propósito de abrir un consultorio, pero al recibir mensajes de varios de mis parientes en el mundo espiritual, a través de una médium llamada Señora Bledsoe, abrí, en su lugar, un consultorio en el malecón de Atlantic City. Debo indicar que tuve éxito, y fui instrumental en la restauración de la salud de muchos pacientes. Recuerdo particularmente a un vendedor de periódicos de unos nueve años de edad, cuyo nombre era George Hutton. El sufría de parálisis en las extremidades inferiores debido al polio, y usaba muletas para balancear sus piernas. Ofrecí tratar a este muchacho sin costo alguno, a lo cual su madre consintió. El muchacho pudo caminar nuevamente sin el uso de sus muletas luego de dos tratamientos, y un osteópata y M.D., el Dr. Walton, vino a verme sobre ello. "Hoy vi caminar al vendedor de periódicos sin sus muletas", él dijo, "y me dijo que usted lo había tratado. Vine a averiguar si esto es así". Luego, llegó George y confirmó la curación. Siempre he presentido que, en el caso de esta curación, al igual que muchas otras que aquí no puedo mencionar, se debieron a fuerzas espirituales operando a través de mí.

Aunque me mantuve ocupado en mi consultorio en el malecón durante los meses del verano, en el otoño el negocio declinó tanto, debido al cierre de los hoteles y la salida de la gente, que me vi obligado a buscar otra ubicación. Nuevamente fui a Philadelphia y consulté a la Señora Bledsoe quien, a través de su contacto con espíritus, me aconsejó que fuera a Washington, D.C.

Llegué allí en noviembre de 1912 y abrí un consultorio en la calle 14, N.W. Aquí me encontré por casualidad con un caballero a quien había conocido en Lily Dale. Su nombre era William Plummer, de Frederick, Maryland. Él me visitó en mi oficina y dijo que estaba interesado en obtener una copia de "¿Fue Abraham Lincoln un Espiritualista?" por Nettie Maynard Colburn. Quería encontrar al dueño de la propiedad literaria porque deseaba reimprimir el libro. En su búsqueda, encontró el nombre de un Sr. Rollison Colburn de Takoma Park, pero fue informado que este último no tenía parentesco con la escritora. La búsqueda, sin embargo, no fue totalmente infructuosa porque los Rollison Colburns demostraron interés en el Espiritualismo, y un interés común entre ellos se convirtió en una estrecha amistad. Conocí a los Colburns a través del Sr. Plummer. Se mostraron muy amables y afables, quienes tenían un gran interés en experiencias psíquicas. Fue por medio de su hijo, Arthur Colburn, que supe por primera vez de los mensajes que eran recibidos por el Sr. Padgett. Me lo presentaron en su oficina en el Edificio Stewart, Calle 6ta y D, N.W., donde él practicaba leyes. Esto fue a principios del otoño de 1914, cuando todo el mundo estaba agitado por el gran conflicto que había emergido en Europa. Algunas personas pensaron que el período del comienzo del fin del mundo había llegado, y que Jesús mismo aparecería en este "tiempo final". Para mi ello fue el fin de mis recorridos y búsqueda espiritual.

Estos *mensajes de Jesús y Espíritus Celestiales,* recibidos a través de la mano de James E. Padgett, son tan extraordinarios en concepto y contenido (afirmando, como hacen, traer a la humanidad las enseñanzas espirituales más altas de Jesús, como una revelación desde el mundo espiritual haciendo época), que es indispensable que yo, como editor y firme creyente en las verdades contenidas en estos mensajes, provea a los lectores interesados, y para una futura referencia, alguna información de primera mano con respecto al hombre a través del cual estos mensajes fueron recibidos, y cómo fue capacitado y elegido para recibir estas asombrosas comunicaciones.

A este punto debo indicar, que yo estuve muy a menudo en la habitación del Sr. Padgett cuando él recibía estos escritos, y que soy testigo de su formación y desarrollo, como un médium por excelencia, a través del cual estas verdades del Padre Celestial y de la vida en el mundo espiritual, así obtenidas, llegaron a la humanidad.

Mi primer contacto con el Sr. Padgett fue en septiembre de 1914. Al principio, me interesé en él por su fina caballerosidad y, lo que para mí fue también importante, él fue un médium genuino. Entablamos una amistad sobre las bases del Espiritualismo y mediumnidad, y esto se convirtió en un lazo que, además de nuestro mutuo respeto y amor fraternal que creció rápidamente en el transcurso del tiempo, nunca fue quebrantado en esta vida, hasta su fallecimiento el 17 de marzo de 1923. Estoy convencido de que este lazo continúa existiendo entre nosotros; el alma de él – envuelta en su cuerpo espiritual, y la mía – todavía en su vestidura mortal.

El Sr. Padgett me invitaba regularmente a su casa, en la Calle 514 E, N.W., Washington, D. C., donde, en el transcurso del tiempo, conocí a Eugene Morgan y al Dr. Goerger. Padgett me dijo que los mensajes que él recibía eran escritos de su esposa, Helen, quien había fallecido al principio de ese año. Ella le había escrito muchas cosas acerca de la vida espiritual que ella vivía, describiendo su experiencia al momento de su muerte, la esfera de su morada espiritual, su amor por su esposo terrenal quien, como había descubierto entonces, era su alma gemela. Luego de esto, muy a menudo estuve presente cuando continuaba recibiendo estos mensajes.

Llegaban en un barrido rápido de palabras conectadas que, obviamente, no dieron lugar a pensamiento por parte del escritor y, de hecho, él a menudo insistía que no tenía idea clara de lo que escribía su lápiz, hasta luego de leer los mensajes. Fue de esta manera, entonces, como recibió desde 1914 hasta 1923 unos dos mil quinientos mensajes, muchos de los cuales venían, sin la más leve duda de mi parte, de aquellos espíritus superiores cuyas firmas fueron testimonio a las personas que representaban.

Interesado en el Espiritualismo, como siempre estuve, y en la posibilidad de comunicación entre el hombre y espíritus del otro mundo, le pregunté al Sr. Padgett cuáles eran las circunstancias que lo condujeron a esta actividad mediumnística. Los hechos, como él me los relató, fueron los siguientes: Unos seis meses antes de que yo lo conociera, él había participado en una sesión espiritista conducida por una Sra. Maltby en Washington, D. C. Ella le informó que él poseía poderes psíquicos para recibir escritos automáticos de espíritus, y lo desafió a hacer el esfuerzo. Él así hizo, y descubrió que su lápiz se movía automáticamente, produciendo lo que él llamó "anzuelos" y "ganchos". Al continuar esto durante un corto período de tiempo, él finalmente recibió un escrito que pudo descifrar como un mensaje firmado por su esposa, Helen. Era una breve nota personal, indicándole que ella a menudo estaba con él en espíritu, y lo alegre que se sentía al poder escribirle en esta forma. A este punto, el Sr. Padgett no creyó en los escritos como evidencia de que su esposa fallecida había, en efecto, comunicado con él. De hecho, él deseaba saber qué prueba podía ella ofrecer, o que hubiese para demostrar que un espíritu había en realidad escrito y que, de ser así, que ese espíritu era Helen en efecto. El escrito que siguió proporcionó incidentes en sus vidas que eran conocidos sólo por ella y él.

Padgett pensó que, incluso esto, podía ser explicado como material que provenía de su propia mente, como bien pudo haber sido, excepto que los escritos llegaron demasiado rápido, para que su mente pudiera formular pensamiento alguno, pero los mensajes insistían en que no era la mente de Padgett, sino que, más bien, operaba la mente de ella, enfatizando su amor por él y la felicidad que ella podía obtener estando con él.

Con su interés en el Espiritualismo, altamente suscitado por estos extraños escritos, y ansioso de tranquilizar su mente, empezó a leer libros sobre la materia. Recuerdo que leyó "La Inmortalidad" de J. M. Peeble, y su asistencia frecuente a sesiones espiritistas. Allí le explicaron que los espíritus, si se les da la oportunidad y bajo condiciones adecuadas, pueden comunicarse con los mortales y que, aparentemente en el caso de él, los escritos que él cuestionaba venían de su difunta esposa. Le aconsejaron que siguiera recibiendo los mensajes mientras aprendía más acerca del mundo espiritual. Entre aquellas cosas que aprendió, fue que el alma tiene su compañero y que la vida en espíritu, contrario a lo que es enseñado por las religiones ortodoxas, progresa continuamente a través de varios reinos del universo espiritual.

Al final de uno de estos escritos, Padgett le preguntó a Helen en qué plano o esfera ella se encontraba. Ella contestó que vivía en uno de los planos de la segunda esfera donde hay cierta cantidad de luz y felicidad, y que no tenía ningún deseo de avanzar a otras esferas, porque le era más fácil hacer contacto con él y escribirle en el plano terrenal, controlando su cerebro y mano. Padgett me contó que él podía sentir su presencia intensamente, produciendo en él un sentimiento de felicidad que le era ajena, excepto cuando ella escribía.

Padgett me confió su deseo de que Helen progresara y que así le había dicho. Él le informó que, a través de sus propios estudios espirituales, sabía que ella podía avanzar hacia esferas superiores e incrementar su felicidad, como espíritu. Helen respondió que averiguaría con la abuela de él, Ann Rollins, quien había estado por mucho tiempo en el mundo espiritual, acerca de los pasos necesarios para progresar a las esferas superiores y más brillantes.

No sé por qué Helen acudiría a la abuela de su esposo para consejos en el mundo espiritual. Muchos de los primeros mensajes del Sr. Padgett fueron destruidos porque eran de índole tan personal que él no deseaba que otros conocieran su contenido. Pero sé, de hecho, que la afinidad entre espíritus en el otro mundo se debe a la afinidad del alma y no a ninguna relación que se haya tenido en la carne. Y, por lo que me ha contado el Sr. Padgett de su abuela, y a juzgar por los mensajes que ella le escribió posteriormente (algunos de los cuales he insertado en estos volúmenes), ella debió haber sido una mujer muy amable y cariñosa. En todo caso, Helen escribió después acerca de su encuentro con Ann Rollins, quien ella dijo, era un espíritu muy glorioso que moraba en los altos Cielos Celestiales. Ann Rollins, con gran sorpresa para Padgett y para aquellos de nosotros que estábamos presentes en ese momento, le informó que el progreso espiritual a los reinos celestiales superiores, sólo puede ser logrado a través de la oración al Padre Celestial por Su Amor Divino, con sinceros anhelos del alma. Además, la madre de Padgett, Ann R. Padgett, también en el mundo espiritual, escribió a través de su hijo corroborando esta información. Ambos espíritus fueron, así, instrumentales en dar a Padgett (y a aquellos, como yo, que solíamos estar presentes durante estos escritos), el conocimiento de que el progreso del alma a los Cielos Celestiales se logra únicamente mediante oración a Dios por Su Amor Divino.

Estas sesiones, llevadas a cabo para obtener escritos de Helen, se convirtieron en un canal por medio del cual se había inyectado una profunda nota religiosa, reemplazando el material personal. A través del gran número de mensajes escritos por Helen durante ese tiempo y que reposan en mi poder, pudimos seguir su rápido progreso a las esferas superiores. Helen siguió el consejo de estos altos espíritus y oraba; y encontró que sus oraciones por el Amor del Padre fueron contestadas y que ese amor entró en su alma de manera tal, que causó una purificación de sus deseos y pensamientos, con el correspondiente cambio en su alma y apariencia espiritual. Dijo que su cuerpo espiritual, reflejando la condición cambiante de su alma, se estaba volviendo etéreo y más brillante. Luego escribió que había ascendido a la Tercera Esfera, donde la felicidad era mucho mayor.

Poco después, ella escribió sugiriendo que, ya que ella había cumplido con los deseos de Padgett, y progresado a una esfera superior, era apropiado que Padgett intentara mejorar la condición de su alma igualmente. De hecho, indicó que todos deberíamos hacer lo mismo. Ella dijo que el alma, siendo la misma, ya sea en la carne o en el cuerpo espiritual, puede ser transformada mediante oración al Padre por Su Amor Divino. No por oraciones comunes intelectuales que salen de la mente, sino del corazón y del alma.

Padgett se rehusó a dar crédito a esta información. Los espíritus insistían en que, como habitantes de los reinos superiores, poseían conocimiento de esta sagrada verdad, y que Jesús, mismo, con su gran interés en traer las verdades a la humanidad, vendría a corroborar sus afirmaciones, si Padgett le diera la oportunidad.

No sé exactamente cuándo fue recibido el primer mensaje firmado "Jesús de la Biblia", puesto que yo, al escribir esto, más de cuarenta años después, no puedo recordar la fecha. Padgett, evidentemente pensó que sería absurdo creer que Jesús le había escrito y, lamentablemente, desechó el mensaje. Es más, el Sr. Colburn, quien, hasta ese momento, había formado parte de nuestra fraternidad, dijo: "no hubo forma de convencerlo a creer que Jesús había realmente escrito". Sin embargo, sus amigos, el Dr. Goerger, el Sr. Morgan y yo tuvimos unos sentimientos instintivos que Jesús le había escrito un mensaje genuino. El mensaje más antiguo, presumiblemente de Jesús a Padgett, y que reposa en mi poder, está fechado el 28 de septiembre de 1914, y hace referencia a un mensaje anterior, escrito pocos días antes. Es un mensaje largo, exhortando a Padgett a orar por el Amor del Padre, y declara que ciertos pasajes en el Nuevo Testamento, en los cuales Padgett plenamente creía, eran falsos. El Maestro continuó diciendo que él no era Dios, ni había sido engendrado por el Espíritu Santo en la forma en que fue enseñada por los predicadores de las iglesias. "Dios tampoco es sólo espíritu – un espíritu de mente. Él es un Espíritu de todo lo que pertenece a Su Ser. Dios no sólo es Mente, sino Corazón, Alma y Amor". El mensaje exhortaba a Padgett: "Acude a tu Padre por Su ayuda. Acude en oración, firmemente creyendo, y pronto sentirás Su Amor en tu corazón".

Padgett estaba dudoso. Aun cuando no tenía completa certeza de la autenticidad de los espíritus que decían ser su familia, él sintió la necesidad de preguntar si Jesús realmente había escrito. En el Volumen II, publiqué algunos de los mensajes que recibió de Helen, Ann Rollins, su madre y su padre, John Padgett, todos corroborando que Jesús había escrito. También encontrarán en este Volumen II, páginas 1 al 5, algunos de los primeros mensajes que él recibió del Maestro. Estos mensajes pedían a Padgett que confiara en él, como Jesús, y lo exhortaban a orar, pero simplemente eran de una índole preparatoria, y no del maravilloso contenido e información que le vino a Padgett, cuando alcanzó aquella condición de alma que le permitiera obtenerlos.

A este punto, para el Sr. Padgett y yo fue forzosamente claro que tales mensajes no podían ser producto de su propia imaginación. Él había sido, como descubrí luego, un Metodista Ortodoxo, y durante muchos años enseñó en la Escuela Dominical en la Iglesia de la Trinidad Metodista (Calle 5ta. y Seward Place, N.E.) en Washington, D. C. Su concepción de la doctrina religiosa fue sencillamente aquello que emanó de esta Iglesia Protestante. Este punto de vista sobre el progreso del alma era contrario a lo que le había sido enseñado. No tenía idea alguna del Amor Divino, en contraste con el amor natural, o lo que pueda ser, y se dio cuenta de que tal concepto era ajeno a su manera de pensar, y, por ende, no pudo haber sido producto de su propia mente. Se convenció, por lo tanto, y yo estaba de acuerdo con él, de que estos escritos en realidad provinieron, no sólo de Helen, Ann Rollins, su madre y espíritus de personas fallecidas, sino del propio Maestro. Él decidió seguir estas instrucciones, que él mismo jamás había entretenido, y que, por este simple hecho, deben provenir de una inteligencia externa que se comunicaba con él en esta forma.

Él – o, mejor dicho, nosotros – empezamos a orar por el Amor Divino, enviando las aspiraciones de nuestras almas al Padre Celestial, y con el tiempo experimentamos una sensación involuntaria y ardiente en la región de nuestros corazones. Esta emoción crecía cada vez más fuerte con nuestras continuas oraciones fervientes, y al hacer esto, nuestra fe en Dios llegó a ser más sólida y absoluta. Él o yo, nunca antes habíamos sentido tal convencimiento de la existencia real del Padre y de Su Amor Divino y misericordia. El frío concepto intelectual que teníamos de Él, se había transformado, mediante oración por Su Amor, en una calurosa y ardiente sensación viviente de una cercanía y unidad con el Padre Celestial, cuyo Amor, misericordia y bondad, pudimos sentir en forma personal y real.

El cambio en la actitud de Padgett hacia el Padre Celestial, por el influjo de Su Amor, motivó un mensaje de parte de Ann Rollins. En el mensaje ella reconoció el efecto que este Amor Divino ejercía en el alma de Padgett, siendo ahora un recipiente de un poco de la esencia de la Naturaleza Divina del Padre. También comentó sobre el progreso de Helen a esferas superiores. Helen, dijo ella en su mensaje, es ahora un espíritu mucho más feliz, y que su cuerpo espiritual brillaba con un resplandor producido por el Amor del Padre en su alma.

Mensajes tras mensajes continuaron, ahora de parte de Helen, Ann Rollins y, sobre todo, de Jesús, exhortando a Padgett a seguir orando para obtener más del Amor del Padre. Como médium, fue posible que él fuera utilizado para transmitir mensajes de los espíritus celestiales más altos. El propio Jesús escribió largamente indicando que, en virtud de que Padgett tenía capacidad para recibir mensajes de los espíritus, de haber una transformación suficiente del cerebro de Padgett mediante el desarrollo de su alma, obteniendo más del Amor Divino a un grado donde él podía recibir mensajes de tan alta categoría, Jesús mismo, y sus apóstoles, vendrían a escribir acerca de las verdades del Padre, de su misión en la tierra, sobre el Nuevo Testamento y el cristianismo, a través de él. Sólo ora y ora arduamente por el Amor del Padre, exhortaron los mensajes.

El 5 de octubre de 1914 el Maestro escribió declarando que él había elegido a Padgett para hacer su trabajo de diseminar las verdades del Padre a la humanidad. Cito aquí la última parte:

"Acude al Señor en oración y Él removerá de tu alma todo lo que tiende a mancillarla y a hacerla ajena a Él. Él es el único Quien podrá limpiarla del pecado y error". "Sólo las enseñanzas que te daré, dirán las verdades de mi Padre. No permitas que tu corazón se preocupe o se desanime, porque siempre estoy contigo y te ayudaré en todo momento de necesidad. Sólo confía en que yo soy Jesús de la Sagrada Escritura y que no estarás fuera del Reino por mucho tiempo. *Tú eres mi elegido en la tierra para proclamar mis buenas nuevas de la vida y el amor.* Sé fiel a ti mismo y a tu Dios y Él te bendecirá abundantemente. Guarda sus mandamientos y serás muy feliz, y pronto recibirás la satisfacción que Él le da a Sus hijos verdaderos. Acude a Él con todas tus dificultades y encontrarás tranquilidad y paz. Pronto estarás en la condición de dejar atrás las cosas de este mundo, puesto que te necesito para mi servicio.

Con todo mi amor y bendiciones y del Espíritu Santo,

Yo soy,

JESÚS"

Padgett se convenció eventualmente de que estaba siendo preparado para una tarea mediumnística, a través de la cual grandes mensajes acerca de las verdades religiosas serían entregados a la humanidad, por medio de él. Él oraba sincera y frecuentemente, y durante los próximos tres meses, no sólo Jesús escribió, sino también muchos de los Apóstoles, especialmente Juan y Santiago, quienes le insistían que siguiera orando por el Amor del Padre, pero que el tiempo aún no había llegado para darle los grandes mensajes; si bien el cerebro de Padgett experimentaba un cambio en su cualidad, no había alcanzado aún aquella cualidad superior que permitiera la transmisión de las comunicaciones de la naturaleza que ellos proponían. Le exhortaban continuamente a buscar más del Amor del Padre, con oraciones a Él. Varias veces, al encontrarme con él en su habitación, me decía:

"Doctor, siento el Amor Divino en mi alma con tal intensidad, que ya no creo poder soportarlo". Decía que ésta era su experiencia, cada vez que oraba por el Amor del Padre antes de obtener los mensajes de Jesús y de los Espíritus Celestiales. Y con toda sinceridad puedo afirmar, aunque sólo sea con el propósito de corroborar su experiencia, que éstas también eran mis sentimientos, quizás, en un grado menor.

Mientras Padgett recibía estos mensajes preparatorios, se le ocurrió preguntar por qué Jesús lo había elegido para hacer este trabajo, y qué poder específico había en el Amor Divino que le permitiría tener éxito. Inevitablemente llegó la respuesta – de hecho, una de Juan, el Apóstol, y otra de Jesús. El mensaje de Juan, encontrado en el Volumen II, pp. 216-226, trata sobre las leyes de armonía en el mundo espiritual que permiten la comunicación entre espíritus y mortales, y los mecanismos a través de los cuales el cerebro del mortal se acondiciona para recibir varios tipos de mensajes: intelectuales, morales y del alma. Es un mensaje de gran importancia para aquellos que puedan estar interesados en desarrollar el don de médium, o en profundizar sus poderes mediumnísticos. Pero la respuesta de Jesús es más directa. El mensaje se encuentra impreso en el volumen I, pp. 2-5, y puede ser leído en su totalidad. Pero, para resumir brevemente aquí, Jesús escribió que dos elementos son necesarios, a fin de que un médium genuino pueda recibir los mensajes de las verdades del Padre, los que serían dados a conocer muy pronto. Primero, el médium tenía que tener fe absoluta en que los espíritus de los Cielos Celestiales, habitantes del Reino de la Inmortalidad de Dios, son seres reales que podían, de hecho, controlar su cerebro y escribir a través de él, si el médium alcanzara cierta condición del alma. Sin esta fe en el corazón del médium, los espíritus celestiales no podrían hacer, entonces, ningún contacto con él. En segundo lugar, el médium debe estar dispuesto a someterse a las condiciones impuestas por los espíritus: tiene que obedecer las instrucciones de los espíritus y orar al Padre por su Amor Divino, puesto que sólo este Amor tiene el poder para transformar el cerebro del médium, a fin de armonizar con los pensamientos de los espíritus, y esta transformación del cerebro sólo puede ser lograda con el desarrollo de su alma. Mediante la oración, dijo, Jesús, el influjo del Amor del Padre en el alma, transforma aquella alma de la imagen de Dios (con lo que fue creado el hombre), en la Esencia de Dios, erradicando el pecado y error del alma humana. Y el cerebro del mortal, así purificado de pensamientos materiales, y manifestando en sus pensamientos la condición de su alma transformada, puede lograr aquella condición que armonice con la condición del alma de los espíritus, permitiéndole, así, captar sus pensamientos.

Esa fue la importancia del Amor Divino. Padgett, en resumen, tuvo que lograr, con oración al Padre, una condición de alma aproximándose, hasta cierto grado, a aquella de los espíritus celestiales, a fin de que su cerebro pudiera recibir sus mensajes. La oración tenía que ser constante, pues, de lo contrario, nuevos pensamientos del plano terrenal y materiales reimpondrían, naturalmente, su dominio, y el Amor y la elevada condición del alma llegarían a ser inactivos. De este modo, dijo Jesús, Padgett no había sido elegido por alguna bondad en particular que tuviera, o libertad del pecado, comparado con otros mortales, puesto que hubo muchos otros más idóneos y de una condición espiritual superior a aquella de él, sino por su fe en Jesús, y su buena voluntad para obedecer a los espíritus y orar por el Amor Divino para la transformación de su alma, a fin de lograr las condiciones para recibir estos mensajes.

Jesús declaró, además, que, durante muchos siglos en el pasado, él había tratado de escribir, así, sus mensajes, y que encontró a muchos médiums más dotados que Padgett, pero, porque pensaban que Jesús era Dios, o que pensaban que era imposible que Jesús les escribiera, o por sus creencias y dogmas religiosas, se negaron a someterse a las sugestiones de los espíritus. Y, puesto que el hombre fue dotado por su Creador con un libre albedrío, Jesús y los espíritus celestiales no podían obligarlos a someterse a una tarea a la cual se oponían, y en cuya eficacia no había convicción. Por estas razones, indicó Jesús, ningún otro, a excepción de Padgett, pudo ser elegido.

El Sr. Padgett ahora estaba plenamente convencido de que lo que él recibía era, no sólo de los Espíritus Celestiales, sino también del propio Maestro. Pienso que es interesante señalar que Padgett, no sólo confió sus creencias a sus amigos, tales como yo, Eugene Morgan y el Dr. Goerger, pero que, con audacia, también escribió acerca de ellas. Tengo en mi posesión copia de una carta que él le escribió a un Dr. George H. Gilbert, Ph.D., D.D., quien había publicado un artículo titulado "Cristianizando la Biblia", en la edición de noviembre de 1915 del *Mundo Bíblico*. Este artículo, que yo he leído, concede menos importancia al Antiguo Testamento y su énfasis sobre un Jehová severo y castigador, y más atención a las enseñanzas del Nuevo Testamento y a los dichos de Jesús. No existía ninguna indicación del Amor Divino en el artículo del Dr. Gilbert, que fácilmente puede ver cualquiera persona que procure una copia del mismo en la Biblioteca del Congreso (o cualquier otra biblioteca que la tenga).

La carta del Sr. Padgett, de la cual imprimí algunos extractos en el Vol. II, ahora la estoy reimprimiendo en su totalidad. La misma explica que, por mucho tiempo, él se rehusaba a creer en el contenido u origen de los manuscritos, ya que, con su mente legalista, sólo aceptaba la más concreta evidencia como prueba, pero que finalmente se convenció plenamente de las Verdades de los mensajes y de la fuente de donde provinieron. He aquí:

Diciembre 28 de 1915

Dr. George H.,Gilbert, Ph.D., D.D.
Dorset, Vermont.
ESTIMADO SEÑOR:

Espero que usted me perdone por escribirle como aquí haré, ya que su evidente interés voluntario sobre cierto tema y mi interés involuntario en el mismo ofrecen la única excusa. He leído su artículo, "Cristianizando la Biblia" en la edición de noviembre de Mundo Bíblico, y estoy muy impresionado con el mismo, no sólo por sus méritos inherentes, sino porque sus exigencias y sugerencias son muy similares a aquellas que fueron hechas a través de mí, en forma tal que difícilmente puedo esperar que usted le dé crédito; no obstante, le someteré este asunto, reconociendo su derecho a considerar su contenido indigno de su seria atención.

Primero, permítame establecer que soy abogado con 35 años de práctica y como tal, no inclinado a aceptar alegatos de hechos como cierto, sin fuerza probatoria. Nací y fui criado en una iglesia protestante ortodoxo en mis creencias; que poco más de un año ortodoxa, y hasta muy recientemente permanecí atrás, ante la sugerencia que me hicieron de que yo era psíquico, empecé a recibir por medio de escritura automática, mensajes de lo que se dijo llamar, mensajes del mundo espiritual, y desde entonces he recibido casi 1500 de tales mensajes sobre muchos temas, pero principalmente sobre asuntos de naturaleza espiritual y religiosa, no ortodoxa, en cuanto a los errores de la Biblia.

No tengo espacio para nombrar aquí el gran número de los autores de estos mensajes, y probablemente tampoco sea de interés suyo, pero entre ellos está Jesús de Nazaret, de quien he recibido más de 100 mensajes. Francamente diré que, durante mucho tiempo yo me negué a creer que estos mensajes provinieron de Jesús, porque Dios, si bien tenía el poder, como yo creía, no se ocuparía en tal cosa. Pero la evidencia de la veracidad del origen de estos mensajes llegó a ser tan convincente, no sólo por el gran número y positividad de los testigos, sino por los méritos inherentes e inusuales del contenido de los mensajes, que me vi obligado a creer, y ahora le digo a usted que creo en la verdad de estas comunicaciones, con tan poca duda como jamás tuve en la verdad de un hecho establecido por la evidencia más positiva en un juicio. Además, deseo decir que, a mi propia

19

conciencia, no hubo ningún pensamiento de mi parte al escribir los mensajes. No sabía lo que escribiría, ni lo que fue escrito en ese momento, excepto la palabra que escribía el lápiz.

El gran objetivo de estos mensajes de Jesús, como fueron escritos, es hacer una revelación de las Verdades de su Padre. Él afirma que la Biblia no contiene sus verdaderas enseñanzas como él las reveló mientras estuvo en la tierra; que muchas cosas que él dijo no están allí contenidas, y muchas que allí se le atribuyen, él no las dijo en lo absoluto. Él desea que las verdades sean conocidas por la humanidad, y debo decir que muchas de estas verdades sobre las cuales él ya ha escrito, yo nunca las había oído antes, y he estudiado la Biblia hasta cierto punto. Una cosa que en particular me impresionó, y ésta es, la verdad que él trajo a la luz sobre "la vida e inmortalidad". La Biblia no habla de ello, y no he podido encontrar una explicación al respecto, en ningún comentario acerca de la Biblia. Pero basta ya de esto: Escribí esto, con la única intención de asegurarle a usted que actúo con seriedad, al someter para su atenta lectura, la copia de un mensaje que aquí adjunto; y no lo haría, de no haber sido por el hecho de que el mensaje hace comentario sobre su artículo y también sobre otro artículo en la misma edición de Mundo Bíblico.

En la noche del 24 de diciembre de 1915, leí su artículo y en la noche siguiente, la Noche de Navidad, recibí un escrito, copia del cual adjunto. Usted observará que una parte del mensaje es personal, pero pensé adecuado enviarlo tal cual me llegó. Y, aun cuando usted no le diera crédito al origen del mensaje, quizás, sin embargo, pueda encontrar en su contenido algo para su consideración.

Confiando en que usted pueda perdonar mi intrusión, me suscribo

Muy respetuosamente,
(s.) JAMES E. PADGETT

Varias noches después, un mensaje firmado "Jesús" comentó acerca de la iniciativa del Sr. Padgett de enviar una copia del mensaje, refiriéndose a su carta al Dr. Gilbert:

Diciembre 28 de 1915

"YO ESTOY AQUÍ, JESÚS,

He venido esta noche para decirte que hiciste bien al enviar el mensaje a la persona que escribió el artículo sobre el tema, Cristianizando la Biblia, puesto que ahora creo que él lo apreciará en un buen grado. Él no es un hombre de la iglesia ortodoxa, pero es el predicador de una Iglesia Unitaria, en una pequeña ciudad donde vive, y es un hombre de una mentalidad muy amplia.

Quizás muestre alguna duda en cuanto a la fuente del mensaje y no inclinado a aceptar, como verdad, tus declaraciones sobre cómo lo recibiste, pero sus dudas no serán totalmente de una naturaleza que no tenga cierta vacilación en decir que tal cosa, como tu recibimiento de mi mensaje, no sea verdad. En todo caso, estará interesado en el tema del mensaje y tendrá algunos pensamientos que nunca había entretenido antes.

Me doy plena cuenta de que cuando mis mensajes sean publicados, la gran dificultad en su aceptación será la duda de la gente en cuanto a su fuente, pero tendrás que completar el libro de tal forma que el testimonio de los numerosos testigos sea tan convincente que la duda no podrá oponerse a la evidencia tan abrumadora del hecho de que yo soy el autor de los mensajes. Y cuando los hombres lean los mismos, se darán cuenta que las verdades que contienen, sólo han podido provenir de una fuente superior a la mente mortal, y que la mano del Padre está en ellas.

Entonces, yo continuaré escribiendo y tú a recibir los mensajes, y cuando llegue el momento de publicarlos, no temo que con el tiempo no sean recibidos gustosamente. Muy pronto te escribiré otro que será de importancia para la humanidad. Sólo te diré, además, que estoy contigo tratando de ayudarte y a hacerte creer, con todo tu corazón, en el Amor Divino del Padre, en mi misión y en tu trabajo.

Tu hermano y amigo, Jesús."

A estas alturas, por supuesto, mis ideas originales sobre el Espiritualismo habían sufrido una transformación radical. A la luz de estos mensajes, el Espiritualismo ya no podía ser sencillamente un esfuerzo para probar a satisfacción propia, mediante sesiones repitiendo el mismo proceso y ritual, que el hombre sobrevive a la muerte, y que su espíritu, aunque despojado de su cuerpo carnal, podía aparecer desde su hábitat espiritual y dar evidencia de su existencia post-mortem. Tanto Padgett como yo, vimos ahora en el Espiritualismo, no una simple creencia en la vida después de la muerte, y convicción de la realidad de la comunicación entre mortal y espíritu, sino un gran universo de espíritus, buscando el progreso hacia la luz y felicidad, a través de la purificación de sus almas, y la posibilidad de la transformación de estas almas, mediante oración al Padre Celestial por Su Amor. Yo me había despojado de mis creencias en vibraciones, inteligencia abstracta, fuerza cósmica, cuerpos astrales y otras parafernalias de un concepto desnudo y frío; el verdadero Espiritualismo tomó su lugar bien merecido como parte y parcela de aquella sublime religión que afirmó que las almas vivían, con o sin la carne, y que estas almas podían ser transformadas de la imagen de Dios, como originalmente

21

fueron creadas, en la Esencia y Naturaleza mismas de Dios, mediante Su Amor Divino. Ya yo no tenía que seguir buscando. Mi búsqueda de Dios había terminado. Había encontrado a Dios a través de los mensajes de Jesús y sus Espíritus Celestiales.

Sobre este tema, un mensaje firmado por San Lucas fue recibido el 5 de diciembre de 1915, en el que se señalaba cuán limitado y estéril era el Espiritualismo, a menos que se le infundiera vida, a través de la fe en el Padre Divino y oración a Él por su Amor Divino y Misericordia. Al realizar la primera impresión, me abstuve de insertar el mensaje de San Lucas, por temor a herir la susceptibilidad de los Espiritualistas, puesto que fueron ellos a quienes acudí primero para la distribución inicial de los mensajes. En esta cuarta reimpresión, sin embargo, he insertado el mensaje completo, porque su inequívoco sello de autenticidad apelará al gran número de Espiritualistas, quienes ahora han combinado sus verdades con las enseñanzas del Maestro sobre el Nuevo Nacimiento.

Antes de concluir, deseo escribir acerca de mi alma-gemela, Mary Kennedy, y acerca de algunos mensajes nuevos a través de Padgett, que estoy insertando en el Volumen I. Estos mensajes incluyen dos de Jesús, el de San Lucas arriba mencionado, otro de Elohiam, miembro del Sanedrín que condenó a Jesús en su juicio, uno de Helen y dos de Mary. Incluyo también unas fotografías de Mary, al materializar en el estudio del Sr. William Keeler, hermano de Pierre Keeler, quien, como dije antes, fue un médium de escritura en pizarra que conocí en Lilly Dale. Las fotografías fueron tomadas en Washington, D. C. en febrero de 1920 donde yo estoy sentado, y ella apareció en una de ellas, serena y tranquila, con ciertas luces espirituales alrededor de su cabeza y que parcialmente atraviesa mi cuerpo. Esa iluminación ocultó la corbata negra que yo llevaba puesta en ese momento. Sí, mi Mary es un espíritu glorioso que vive en los Cielos Celestiales. He recibido muchos escritos de ella a través del Sr. Padgett y más recientemente a través de un asociado mío. Espero que ustedes disfruten de los mensajes de ella.

Los mensajes adicionales de Jesús incluyen uno recibido el 25 de diciembre de 1914, justamente antes de escribir los grandes escritos formales. Otro, fechado el 15 de diciembre de 1915, declara que, debido al Amor que yo había obtenido y mi deseo de ayudar a propagar las Verdades del Padre, yo había sido elegido por Jesús para llevar a cabo un trabajo para el Reino. Esto eventualmente resultó ser el trabajo de publicar los mensajes de Padgett. He dedicado mi vida entera a ellos, desde entonces, y a continuar la tarea del Maestro de divulgar las Verdades a la humanidad. Creo que en mi vida he hecho un comienzo, y que el trabajo será continuado por mis colaboradores y amigos en todas partes del mundo.

DR. LESLIE R. STONE

LA VERDADERA MISIÓN DE JESÚS

I. JESÚS Y SU RELACIÓN CON DIOS

Independientemente de lo que se pueda creer con respecto a la fuente de los *mensajes de Jesús y de los Espíritus Celestiales*, los contenidos son tan nuevos y revolucionarios, y a la vez tan apremiantes por su lógica y sublime simplicidad, que se amerita un serio estudio de los mismos, a fin de comprender su importancia y desafío.

En estos mensajes, Jesús de Nazaret se presenta como el Maestro de lo que él llama los Cielos Celestiales, donde sólo aquellos espíritus que poseen el Nuevo Nacimiento, mediante oración al Padre por su Amor Divino, pueden habitar en la luz y felicidad, y conscientes de su inmortalidad, a través de su unicidad con Él en la naturaleza de su alma.

Si estos son mensajes auténticos de Jesús y de sus espíritus celestiales, entonces por fin se ha dado a conocer a la humanidad la verdadera misión que Jesús proclamó en la tierra. Esta misión fue la de enseñar acerca de la transformación del alma del hombre, de la imagen de Dios – obra de la creación original – en la esencia misma de Dios, por medio del otorgamiento del Amor del Padre a aquel que busca este Amor con sincero anhelo. Reveló que Jesús fue el primero en manifestar el Amor del Padre en su alma, convirtiéndolo, así, en uno con el Padre en su naturaleza, y dándole una clara conciencia de su relación con el Padre y de la inmortalidad de su alma. Se demostró que en este progreso de su alma Jesús fue, en realidad, el Hijo verdadero de su Padre, no en el sentido metafísico y misterioso de un nacimiento virginal hipotético, sino a través del Espíritu Santo, aquella agencia del Padre que lleva Su Amor a las almas de aquellas de sus criaturas que lo busquen, mediante oración sincera. Trae a la luz que Jesús nació de María y de José, de padres humanos como otros seres humanos, siendo, no obstante, el Mesías prometido a los hebreos y a la humanidad en el Antiguo Testamento. Pues, dondequiera que él enseñaba las "buenas nuevas" de la disponibilidad del Amor Divino de Dios, y que este Amor es lo que otorga la inmortalidad al alma al recibirlo en abundancia, Jesús llevaba consigo la naturaleza de Dios – el Reino de Dios. Al mismo tiempo, Jesús nos dice, que él no era Dios, como tampoco era su madre María la madre de Dios, ni una virgen después de su casamiento con José, sino que ella fue realmente la madre de ocho hijos, de los cuales él, Jesús, fue el mayor, y que tenía cuatro hermanos y tres hermanas carnales, y no primos como se relata en algunas versiones de la Biblia.

Él relata, además, que no vino a morir en una cruz, ni que el derramamiento de su sangre trajo o traerá la remisión del pecado. Él también hace añicos las afirmaciones consagradas por el tiempo, y que ahora se encuentran en el Nuevo Testamento, que él haya instituido un sacramento de pan y vino en la Ultima Cena, en la víspera de su detención. Esta aseveración piadosa, él afirma, nunca fue suya, ni ha sido enseñada, jamás, por ninguno de sus apóstoles o discípulos, sino que fue insertada alrededor de un siglo después, para que tal doctrina pudiera concordar con las ideas que prevalecían entonces entre los griegos convertidos al cristianismo. Una comunión con el Padre Celestial nunca puede tomar lugar a través de la errónea noción de que Jesús tenía que ser empalado a una cruz por los soldados romanos, bajo la orden de Pilatos, el Procurador de Judea, y en convenio con los altos sacerdotes incomprensivos, para que él pareciese un sacrificio por el pecado. No existe sacrificio por el pecado, afirma Jesús, y su sangre seca no puede hacer lo que sólo el hombre mismo debe hacer, mediante el arrepentimiento y oración al Padre Celestial para efectuar ese cambio en su corazón, renunciando su alma, así, a la maldad y al pecado, y abrazando la rectitud. La ayuda del Padre en la eliminación del pecado del alma humana consiste en Su Amor Divino que, al entrar en el alma mediante oración, remueve el pecado y el error de aquella alma, no sólo purificándola, sino transformándola, también en un alma divina y en unión con la naturaleza del Alma Suprema del Padre. Esta verdadera comunión que Jesús mismo alcanzó, él declara, es la única comunión entre Dios y Sus hijos que el Padre ha provisto para su salvación y vida eterna con Él. La expiación vicaria, afirma Jesús, es un mito y su aparición en el Nuevo Testamento es una de muchas declaraciones falsas insertadas allí para que armonicen con conceptos posteriores respecto a la relación de Jesús con el Padre, que estos últimos copistas griegos y romanos no entendían. Es terrible creer que Dios, a fin de llevar a cabo el sacrificio de Su Hijo, aprobara la detención ilegal de Jesús en la Pascua de los Hebreos, los latigazos sangrientos, la traición de Judas, el evidente juicio injusto de los altos sacerdotes y Sanedrines, así como el temor de Pilato de una revolución en Judea contra el régimen Romano, para justificar la muerte inhumana de Jesús, su Mesías, en una cruz. ¡Como si Dios tuviera necesidad de cometer a través de la crueldad y el pecado, aquella misma crueldad y pecado que Él desea erradicar de Sus hijos!

A la luz de estos mensajes, ciertamente se amerita una nueva interpretación de la muerte de Jesús en la cruz. Las iglesias ortodoxas enseñan que Jesús se entregó voluntariamente como sacrificio por el pecado porque él amaba a la humanidad, al grado de su propio sacrificio, y porque, como el Mesías, había venido para ese propósito. Él, supuestamente tomó el lugar del sacrificio hebreo, el cordero, y en el Nuevo Testamento es llamado el "Cordero de Dios".

De hecho, el sacrificio de un animal en el Viejo Testamento, nunca pretendió erradicar el pecado, y esto es demostrado mediante el hecho de que, aunque estos sacrificios fueron permitidos durante el cautiverio

Babilónico, la gente todavía mantuvo su fe en la redención mediante el alejamiento del pecado y búsqueda de Dios, a través de una vida de conducta moral y ética.

De hecho, Jesús se sacrificó, pero de una manera que nunca fue relatada o entendida por los escritores del Nuevo Testamento. Jesús fue a la muerte porque se rehusó a negar su misión: que, como el primer ser humano en obtener, mediante la oración, un alma inmortal llena de la esencia del Padre – el Amor Divino – él fue, de esta manera, el primer hijo verdadero de Dios y, por lo tanto, el Mesías. Jesús pudo haber salvado su vida, de haberse retractado durante su juicio, pero murió porque permaneció fiel a sí mismo, fiel a su condición de Mesías, y fiel al Padre que lo había enviado. Jesús sacrificó su vida entera predicando el Amor del Padre: él renunció a su hogar, su oportunidad de casarse y tener una familia propia, la oportunidad de dedicarse a la tranquila profesión de un carpintero Nazareno; en su lugar, optó por el odio y la oposición de aquellos que no entendían y prefirieron el statu quo; prefirió la incomprensión de sus seres queridos, quienes lo consideraron un demente e intentaron alejarlo de Galilea; optó por realizar recorridos y viajes constantes que a menudo no tenía un lugar donde reposar su cabeza; optó por predicar en el Templo en Jerusalén, perseguir a los prestamistas de dinero, desafiar la conspiración de aquellos que querían su muerte, e hizo frente valientemente a las consecuencias de lo que él sabía que ocurriría inevitablemente. Sí, Jesús se sacrificó, pero ya es hora de dejar a un lado el mito y la metafísica, y de saber y darse cuenta de lo que consiste aquel sacrificio. Cuando comprendamos su sacrificio, entonces Jesús se manifestará en toda su grandeza, en toda su valentía, en toda su serenidad, perdón y amor hacia la humanidad, con su fe absoluta en el Padre y en Su Amor, en aquel día de su enseñanza, tribulación y muerte.

Jesús nos relata muchas cosas sobre su vida en la Tierra Santa. Él afirma que la historia de la Biblia acerca de su nacimiento, menos el sinnúmero de elementos sobrenaturales descritos en ella, es substancialmente cierta, y que él nació en Belén, llevado por sus padres a Egipto para evitar su muerte por Herodes; que los Reyes Magos llegaron realmente del Este para rendirle homenaje, y que él fue enseñado los elementos de la fe Hebrea por los maestros, pero que fue el Padre Mismo quien le enseñó la verdad del Amor Divino y hacerle comprender cuál era su misión. Él nos dice que Juan el Bautista, su primo, fue un gran psíquico y que tenía cierto conocimiento con respecto a él, como el Mesías, y que ambos planearon el ministerio público del Maestro. Él afirma que Juan jamás envió a ningún emisario, cuando él estuvo en la cárcel, para asegurarse de que Jesús era "aquel que había de venir" y que tampoco Jesús, siendo un muchacho de doce años de edad, se presentó ante los doctores de la Ley en el Templo de Jerusalén.

Jesús también habla de algunos de los milagros que él realizó. En la mayoría de estos casos, él explica, interviene su poder curativo; pero que él nunca levantó a Lázaro u otra persona de la muerte, ni lo ha podido hacer ninguna otra persona, a pesar de lo que dice las Escrituras, puesto que el cuerpo espiritual no puede regresar a la carne, una vez que las condiciones físicas de vida hayan sido destruidas. Él también desmiente la afirmación de que él haya calmado alguna tormenta, reprendiendo las olas en el Mar de Galilea, pero que, más bien, calmó los temores de los discípulos que lo acompañaban, con el ejemplo de su propia valentía y confianza.

A mi juicio, unos de los mensajes más notorios escritos por Jesús y algunos de los espíritus superiores, son aquellos relacionados con la resurrección de la muerte del Maestro después de su crucifixión. Jesús le informa al Sr. Padgett que él de hecho murió en la cruz, y que apareció ante Pedro, Juan, María Magdalena y su madre al tercer día, pero que la verdadera explicación de este suceso es muy diferente al aceptado punto de vista de las iglesias. Aquí, Jesús supuestamente revela su divinidad al levantarse de la muerte; pero realmente el alma de Jesús nunca murió, puesto que el alma de ningún hombre muere con la muerte física. El Maestro prosigue diciendo que, mediante el poder inherente en su alma con el Amor Divino, él simplemente desmaterializó su cuerpo mortal, anunció en el Mundo Espiritual la disponibilidad de la inmortalidad del alma, tanto para los mortales, como espíritus, mediante el Amor Divino del Padre, siendo él, el primero en manifestarlo. Luego, al tercer día, materializó un cuerpo semejante al de carne y hueso, extraído de los elementos del universo; y que este cuerpo materializado, que asumió sin ayuda mediumnística, fue en el que apareció ante María Magdalena y los otros. Esta es la razón, él dice, por la que María no lo reconoció al principio, pensando que era el jardinero y lo mismo puede decirse de sus discípulos en Emaús. El gran concepto erróneo de los cristianos a través de los siglos, ha sido el de creer que Jesús se reveló como parte de la Deidad mediante esta resurrección; es decir, levantándose de la muerte, pero, en realidad, su proeza consistió en poder asumir un cuerpo con semejanza carnal, verdaderamente tan real, al punto de convencer hasta a Tomás, el dudoso.

II. DIOS Y EL ALMA HUMANA

En cuanto a quién y qué es Dios, me atrevo a afirmar que la Biblia, ya sea en el Viejo o Nuevo Testamento, jamás ha dado al hombre una comprensión de la Deidad y Sus atributos, en el grado y profundidad en que se refleja en los mensajes firmados por Jesús y los Seres Celestiales. De acuerdo con estos altos espíritus, el hombre logra la unicidad con el Padre, en la medida que Su Amor abunde en sus almas. Dios es Alma, un Alma compuesta de Su más grande atributo, el Amor Divino, que es Su Naturaleza y Esencia misma, seguido por la Misericordia, Bondad, Poder, Omnisciencia y Voluntad, y con la Mente que es tan adorada por la humanidad, sólo es un aspecto de Su Ser. Aunque Dios no posee forma, tal como dio a la humanidad al encarnar, ni un cuerpo espiritual, que es manifestado por el hombre después de su muerte física, Dios, sin embargo, posee Su alma con forma definida que es más claramente perceptible al alma que siente o percibe el Alma Suprema de Dios, o Sus atributos Divinos, a medida que logre una relación más estrecha con Dios, a través del desarrollo de su alma. Pues, aun cuando Dios sea un Alma solamente, única por su Singularidad, y si bien no tiene un cuerpo material o espiritual, Él tiene, no obstante, una personalidad – la personalidad Divina manifestando Su Amor y Misericordia, Su bondad y amparo para todas Sus criaturas. Dios, entonces, no es un intelecto distante, una mente abstracta, o una fuerza indiferente e insensible, sino un Padre personal afectuoso y amoroso que anhela la felicidad de Sus hijos, sin tomar en cuenta raza, color o credo. Él trata, a través de sus ángeles ministradores, de encaminar a Sus Hijos a Él, y lograr que se mantengan en armonía con Sus leyes, o que acudan a Él con verdaderos anhelos de sus almas humanas por ese algo que no saben qué es, y logren aquella unicidad con Él, mediante el influjo de Su Amor en sus almas, en respuesta a sus oraciones sinceras. El Alma es Dios y Dios es Alma, y todos Sus atributos en conjunto no componen quién y qué es Dios. Estos atributos irradian de su Gran Alma e inundan el universo, así que, cuando los hombres dicen que viven y tienen su ser en Dios, están en un error, puesto que no es así, pero sí viven y tienen su ser en el atributo que Dios les ha dado: el alma humana. Cuando una persona obtiene el atributo más grande de Dios, el Amor Divino, que se manifiesta como una luz ardiente en el alma, como ocurrió con los refugiados en Emaús (Lucas, 24, 32), entonces, aquella persona realmente siente o percibe el Alma Suprema de Dios, en la medida que participa de ese Amor.

Información sobre el alma humana abunda en los *Mensajes de Jesús*, que ni siquiera se menciona en las Escrituras, y donde supuestamente debía encontrarse tal material. Ciertamente, nos dicen en Génesis, que Dios creó al hombre "a Su imagen", pero tal declaración carece sobremanera en todo lo que implica o sugiere, y quedamos a merced de nuestras propias ideas, u obligados a aceptar el significado que le ha dado las iglesias. El resultado es, que la concepción del significado de "la creación del hombre", varía de acuerdo con la interpretación que cada iglesia, aduciendo ser dueña de la verdad, le ha dado a tan escasas palabras. Los primeros hebreos, por supuesto, no tenían mucho interés en la vida después de la muerte, y su concepción del alma, o su morada después de la experiencia mortal, se limitaba principalmente al Paraíso o Gehena (y en cuanto a éstos, hemos de señalar que originalmente fueron concebidos como lugares en esta tierra; en el primer caso, el Jardín de Edén, que supuestamente se encuentra cerca del Éufrates; en el segundo, el Valle de Hinom, donde los

Jebuseos una vez ofrecieron sacrificios humanos). Es extraño, quizás, que los griegos, con todo su amor a la cultura física, forma y belleza, hayan tenido una visión mucho más detallada de la otra vida: el reino oscuro de Plutón, la gloria y felicidad de los Campos Elíseos, donde moran las almas virtuosas en paz y comunión con su Dios, las formas tenebrosas de las arpías, la influencia, tal vez de una antigua religión egipcia.

Pero en estos mensajes, firmados por el Maestro y sus espíritus celestiales, la información dada es clara y lógica, a pesar de la novedad de tal información, que hasta ahora había sido desconocida. Ciertamente nadie, hasta el momento de la mediumnidad de Padgett, había podido obtener mensajes de tan alta calidad, directamente de estos espíritus, aunque a Swedenborg, el vidente sueco, le fue permitido ciertos privilegios en el mundo espiritual que, en muchos aspectos, eran paralelos a aquellos obtenidos por Padgett.

Jesús nos dice que, así como Dios es Amor Infinito, también es Su universo materia infinita que, como Dios, es sin principio ni final. En algún momento, en esta infinidad de tiempo y espacio, Dios creó una morada designada para el "hombre". Exactamente cuándo nosotros, "los hombres", fuimos creados como almas vivientes, (es decir, si fue antes o después de la creación de nuestro mundo) no se sabe, pero Dios creó las almas humanas que moraron, y han estado morando con Él, antes de su encarnación. Después de la experiencia mortal, el alma, manifestando su cuerpo espiritual adquirido con la encarnación, regresa al mundo espiritual para habitar en un lugar de acuerdo a su condición.

Las almas humanas creadas por el Padre, de acuerdo con los mensajes, son duales: masculinas y femeninas en su composición, y en el momento de la encarnación se dividen en sus dos partes componentes. Una vez encarnada, cada parte constituye un alma completa en cuanto a sí misma. Podrá o no ser, que estas almas gemelas se encuentren y se casen en su existencia carnal, pero, dependiendo de varias condiciones y circunstancias que prevalecen al momento de su unión matrimonial, tal unión no es, en forma alguna, una garantía de felicidad, ya que la diferencia en la educación, creencia religiosa, tradición familiar, crianza y otras circunstancias de cada una, a menudo pueden, más bien, obstaculizar en vez de ayudar en sus relaciones maritales. Por otra parte, las almas que no son gemelas tienen una mejor oportunidad de armonía marital, si su unión se basa en intereses similares, crianza, educación y condición social general en el plano del mundo material. Después de la muerte, las almas gemelas eventualmente se encuentran y permanecen juntas en el amor verdadero de almas gemelas, aunque no antes de un período de purificación, y de acuerdo con la condición de estas almas.

Los mensajes son inequívocos en cuanto a su insistencia de que las almas humanas son, como dice el *Libro de Génesis*, creaciones en la imagen de Dios, y que, por lo tanto, no tenemos nada de lo Divino. También insisten en que el hombre no es producto de la evolución, como han enseñado Darwin o sus seguidores, sino que la nuestra representa una forma material similar a otras creaciones, pero mucho más desarrollada que las mismas, consistente con el desarrollo de la vida en este planeta y armonizando con las condiciones para la vida que este planeta presenta. El hombre fue dotado de un alma humana que, con su apéndice especial – la mente – ha podido hacer los avances y progresos que lo exalta sobre las otras criaturas de esta vida, y darle la potencialidad de explorar y dominar el entorno físico en que ha sido puesto.

Pero los hombres se equivocan trágicamente, declara Jesús, al creer que la mente es superior o igual al alma, o que el alma es simplemente un nombre que se le da a una entidad, cuya existencia es dudosa, o no fundada en hechos; pues, la mente es limitada y dependiente del alma, la sede de las emociones y pasiones, siendo el alma el hombre real. Es a través de la percepción del alma, que el hombre supo instintivamente de su enlace con el Creador, a quien debía venerar y obedecer. El hombre, dice Jesús, puede y conoce a Dios sólo porque posee un alma, pero nunca podrá conocerlo verdaderamente, si Lo busca en forma intelectual y con su mente solamente. La duda y la especulación es un producto de la mente, pero la fe es un producto del alma y sabemos que Dios existe a través de las percepciones de nuestras almas, que nos permite crear el enlace espiritual con Dios mediante la oración. No una oración mental, sino una oración seria y sincera que nace del alma del hombre con mucho anhelo, fe y amor.

III. EL PROBLEMA DEL PECADO

Cuando los primeros padres, o a quién representan, poseyeron sus almas dadas por Dios, estas almas fueron hechas en Su imagen, pero no tenían nada de la Esencia de Dios como parte de ellas. No obstante, se les dio la oportunidad de obtener la naturaleza de Dios, mediante oración por Su Amor que, al entrar en el alma humana por intermedio de la agencia del Espíritu Santo, transforma aquella alma, de la imagen de Dios a la Esencia de Dios. Pero los primeros padres, en vez de acudir a Dios y a Su Amor, sólo persiguieron el dominio de su entorno material y, en lugar de desarrollar sus almas para poder, así, participar de la naturaleza de Dios mediante el Amor Divino, optaron por el desarrollo de sus facultades intelectuales. Pues, es a través de los logros intelectuales que el hombre adquiere las posesiones materiales y riquezas mediante las cuales él mide su valor y que lo clasifica como un éxito, de acuerdo con los estándares mundanos. Y así se originó la historia de la manzana y el Árbol del Conocimiento. Y es a raíz de este conocimiento material que vino el pecado, porque el hombre se alejó de Dios para ser independiente de Él, y con ello vino el orgullo. Se convirtió en un ser engreído, cruel, insensible y despiadado, cuando había sido creado con un alma llena de amor humano, misericordia, ternura y compasión para con su prójimo. El hombre, así en su crueldad, perdió el uso de sus cualidades del alma y de la potencialidad de participar de la naturaleza del Padre, mediante el influjo del Amor Divino en su alma, y ésta fue la muerte que sufrió el hombre al pecar. Pues, dice Jesús, el cuerpo material no era la cuestión, sino, más bien, la pena por haber perdido la oportunidad de lograr la unicidad del alma con el Padre. Los hombres perdieron la potencialidad de la salvación, a través de convertirse en almas inmortales. La consecuencia del pecado, como explica Jesús, es la muerte espiritual: la pérdida de la oportunidad del alma de participar de la naturaleza de Dios y vivir. La muerte de la carne, Jesús nos asegura, es simplemente un incidente en el progreso del alma del hombre, desde la preexistencia hasta el punto donde regresa al mundo espiritual con su individualidad asumida en el momento de su encarnación, y manifestada en su cuerpo espiritual.

El problema del pecado, entonces, es la contaminación del alma durante su período de encarnación. El pecado, dice Jesús, son las transgresiones de las leyes de Dios, que fueron dadas a la humanidad por aquellos de Sus mensajeros quienes transmiten Su voluntad a los mortales que están atentos a sus sugestiones, ya sea porque son más puros de corazón y están más cerca del Padre, o por sus poderes psíquicos o mediumnísticos. En un mensaje muy interesante, firmado por Elías, él nos relata que le fue posible recibir mensajes del mundo invisible, mediante sus oraciones e instinto religioso. Aquí, quizás, la historia de los grandes fundadores y reformadores religiosos en todas partes del mundo y épocas, hasta la venida del Mesías. Todos ellos trataron de conducir al hombre a una vida de moral, y los Ocho Pasos del Buda, el Código de Hammurabi y el Decálogo de Moisés, quizás pueden ser vistos como el éxito que alcanzaron los mensajeros del Padre, al implantar en la mente del hombre una conciencia de la existencia de las leyes de Dios, que debían ser observadas por todos Sus hijos para la pureza de sus almas.

Algunos de los mensajes más sobresalientes de esta colección son aquellos de los Profetas del Viejo Testamento, como Elías, Samuel, Moisés y Daniel, quienes nos hablan de sus esfuerzos por desviar a sus compatriotas del pecado y error en la conducta de sus vidas, a un estándar de vida de ética, y tratando de dar eficacia a sus sermones por medio del recurso de la amenaza del castigo impuesto por un Dios furioso e iracundo. Explican que Su Amor no estaba disponible ni conocido por ellos como una realidad, y que concebían a Dios como un capataz severo, quien era vengativo y celoso "de Su nombre". Su concepto más elevado del judaísmo que agracia las páginas más exaltadas del Viejo Testamento, era la fe intensa en Dios, rectitud y obediencia a Sus leyes. También aparece en las Escrituras, el tema del nuevo corazón – la promesa del Amor del Padre, a ser otorgado en la plenitud del tiempo, primero a los judíos y luego al resto de la humanidad, pero, hasta donde yo sé, éste es un tema al que nunca se le había dado el trato merecido en el estudio de la religión hebrea.

IV. REDENCION DEL PECADO

El hebreo devoto del Antiguo Testamento pensaba que las perversidades, tanto de la nación, como individual, fueron la causa de sus desastres nacionales y que sus éxitos fueron el resultado de su lealtad al Convenio entre Dios y los Patriarcas. Los profetas enfatizaron la necesidad, en momentos de tensión nacional, de evitar la alianza con otros países, y de poner su fe en la protección de Dios. La falta de atención a las advertencias de los Profetas condujo a la calamidad, como en los días de Jeremías, cuando la desatención a su consejo trajo el cautiverio en Babilonia. Nuevamente, en los momentos más violentos de la historia de Judea cuando la gente fue provocada, de manera casi insoportable, a una rebelión sangrienta contra el poderío Romano, llegó un Profeta de Nazaret con un mensaje de paz e indulgencia, sólo para ser rechazado por aquellos que tenían poder; Judea estaba destruida y la gente –aquella que quedó– se dispersó a lo largo de la faz del globo. Para aquellos de nosotros que sabemos que el Padre Celestial es nuestro Dios de Amor, no podemos creer que Él haya causado la destrucción horrible de los hebreos en la rebelión de los años 67-70 A.D. Pero, sí creemos que la condición de las almas de los hombres fue tal, que abrazó la ira y la violencia de la guerra en lugar del amor y paciencia, y que esta condición del alma hizo que fuera inevitable las terribles consecuencias que acarrearon.

En el mundo espiritual, el alma que peca debe también cosecha las tempestades. Al abandonar la carne, el alma es recibida por espíritus, cuya función es de instruirla en los asuntos de su nueva existencia. Se le explica que todo en el mundo espiritual es controlado por leyes. Una de éstas es la "ley de compensación", aplicable a todos los espíritus que pasan de la vida mortal a la vida espiritual. Esta vida exige la expiación de los pecados que el alma cometió en su existencia mortal.

El alma es el "hombre verdadero" y está en posesión de sus facultades, incluyendo la memoria de los actos cometidos en la vida terrenal. Todas las acciones y pensamientos perversos que el alma ha acumulado en su vida mortal, ahora regresan a atormentar y a acosarla, y el terrible remordimiento y sufrimiento que sigue continúa constantemente sin cesar, hasta que estas memorias de sus acciones perversas lo hayan abandonado, y esto es lo que constituye el día del juicio y el infierno. La condición del alma crea la morada en la que ella vivirá al pasar al mundo espiritual; una morada que justa y exactamente refleja el estado de aquella alma y del cuerpo espiritual que ha manifestado. Por ende, un alma llena de pensamientos y acciones espirituales, y en armonía con las leyes de Dios, morará en un lugar adecuado para la condición de su alma, lleno de luz y reflejando la felicidad de aquella alma; pero un alma llena de obras y pensamientos del plano material solamente y fuera de armonía con las leyes de Dios, engendra un domicilio de oscuridad y sufrimiento, y de conformidad con los abusos y placeres materiales ilícitos que persiguió en su existencia terrenal.

Pero, una de las doctrinas más perniciosas enseñadas por las iglesias y cuya falsedad condenable es denunciada por Jesús, es aquella doctrina que fija el destino del alma delincuente en el infierno por toda la eternidad. Esto no es verdad, puesto que tan pronto como el alma así lo desee, y se arrepienta de los pecados cometidos en su vida mortal, ella progresa de los infiernos más bajos a los cielos espirituales o, de buscar y obtener el Amor del Padre, continúa progresando eternamente, como un alma inmortal, en los Cielos Celestiales hacia el trono de Dios. La razón de esto, explica el Maestro, es que el alma del hombre es la misma, ya sea en carne o como espíritu, y las condiciones del perdón son las mismas, tanto aquí, como en el mundo espiritual. Todos los pecados son perdonables en este mundo, o en el próximo, siempre que el alma haga el esfuerzo sincero por recibirlo, y el único pecado no perdonable es aquel que, en el lenguaje del Nuevo Testamento, blasfeme contra el Espíritu Santo, o en el lenguaje del Maestro, que él deja claro, rechace el Amor Divino del Padre que transforma el alma humana en un alma divina, otorgándole la inmortalidad.

No es cierto que el hombre tiene la penosa alternativa de, ya sea, arrepentirse de sus perversidades en su breve existencia física, o vivir en el infierno durante toda la eternidad como espíritu. Algunas iglesias declaran que el hombre no puede vivir una vida mortal de placer y perversidad, y luego acudir a Dios para evitar el sufrimiento eterno como espíritu. Al mismo tiempo enseñan que, a pesar de una vida de pecado, un retorno a Dios a última hora, asegurará el perdón de sus pecados al pasar al otro mundo. Estas iglesias parecen desconocer la existencia de la ley de compensación que exige el pago por los males cometidos en la carne "hasta el último centavo". Ésta es la justicia realmente, si eso es lo que estas iglesias desean, pero llega el momento cuando la deuda es pagada, y el alma se libera de la operación de la ley, y el perdón es alcanzado.

La ley, entonces, actúa sobre el alma que atraviesa el proceso de la purificación, pero el alma que busca el Amor del Padre invoca la ley superior de Gracia. Aquí no hay justicia involucrada; sólo el Amor Divino que el Padre otorga a Sus hijos aspirantes y los transforma en almas divinas, dando lugar a la eliminación de los deseos malvados y el olvido de aquellas acciones malvadas sobre las cuales opera la ley de compensación. La doctrina perniciosa de la condena eterna, a menudo evita que el alma infeliz busque el Amor del Padre a través de la oración, debido a la terrible creencia que su posición está fija en el infierno para siempre, y que Dios ya no la puede ayudar. Sin embargo, Dios, como explica Jesús, ayuda a Sus hijos dondequiera que estén, ya sea en este mundo o en el otro, o sin tomar en consideración la condición de su alma, siempre y cuando acudan a Él, como su Padre Celestial, en busca de Su Amor y misericordia con sinceros anhelos de sus almas.

El despertar del alma a las iniquidades que ha concebido y labrado durante su vida mortal, es lo que da lugar al funcionamiento de la ley de compensación, y que determina la morada del espíritu. A veces, el alma que pasa al otro mundo es al principio reacia a este despertar, debido al carácter peculiar de su constitución, y en este caso, el alma continua su vida de maldad en el nivel del plano terrenal y busca en sus contrapartes espirituales aquellas maldades que practicó en su existencia mortal, o vaga por la tierra con la intención de obsesionar a los mortales susceptibles a su influencia funesta. En el Evangelio del Nuevo Testamento se dice que Jesús liberó a algunos mortales de la posesión demoníaca, pero estos demonios no eran más que espíritus malvados que habían tomado posesión de seres humanos en ese momento. Con respecto a estos espíritus malvados, que una vez fueron seres mortales, Jesús nos dice que algunas de las narraciones del Nuevo Testamento son ciertas, pero que otras son falsas, y se refiere concretamente a la historia de los cerdos poseídos que corrieron enloquecidos y se precipitaron por un despeñadero para ser destruidos. Él asevera que nunca hizo tal cosa; primero, porque él no haría daño a ninguna criatura, y porque tal acto de su parte habría causado una pérdida financiera a su dueño. Pero, en lo que respecta a los espíritus malvados, éstos se despiertan con el tiempo a la ley de compensación, y atraviesan por un período de sufrimiento por sus travesuras y maldades. Son ayudados en esta condición por otros que son algo más avanzados que ellos, quienes les instruyen en cuanto a los caminos que existen para progresar de su condición deplorable.

Por lo tanto, las almas en sufrimiento eventualmente aprenden a renunciar a sus inclinaciones malvadas, ya sea afición al dinero, posesiones, gratificación de placeres o el deseo de hacer daño a otros – avaricia, lujuria, codicia, odio, envidia, injusticia y otras creaciones pecaminosas del corazón humano – y emplean su voluntad y facultades intelectuales para lograr el olvido de las cosas que azotan al alma con remordimiento. Pero el alma en sufrimiento y oscuridad también podrá buscar ayuda fuera de sí, si así lo desea: el Amor Divino del Padre Celestial, que al ser derramado en el alma, que con sinceridad busca Su Amor, causa la purificación de aquella alma a través de la posesión del Amor, forzando así, la expulsión de las excrecencias que contaminan y mancillan el alma; y, de hecho, a medida que el Amor del Padre continúe llenando el alma de aquel que lo busca, el alma humana se transforma en un alma divina llena de la naturaleza y esencia misma de Dios, Su Amor, reflejando, así, el Alma de Dios. Con este

Amor, el alma experimenta un cambio, y las perversidades que la contaminaron son erradicadas, así como la memoria de las mismas, a fin de que no haya nada sobre lo cual la ley de compensación pueda operar, y el alma se libera de su operación inexorable. Pues, el alma, al pedir el Amor de Dios con sinceridad y anhelo, invoca una ley superior de amor, y el alma, que una vez fue malvada, ahora llena del Amor de Dios, misericordia, bondad, consideración, piedad y compasión, progresa de su morada de oscuridad y sufrimiento, a reinos de amor y luz, y eventualmente a los Cielos Celestiales, donde únicamente aquellas almas que poseen Su Amor en abundancia pueden entrar. Jesús es el Maestro de los Cielos Celestiales, donde los habitantes son poseedores del Amor del Padre en sus almas, a un grado donde son conscientes de su inmortalidad. Pues, el Alma de Dios, siendo inmortal, aquellas almas que poseen Su Amor en grado suficiente también son inmortales. Esto es lo que quiso decir Jesús cuando dijo, "El Padre y yo somos Uno". Quiso decir, que hubo una unión entre el Alma de Dios y la Suya, por la gran abundancia del Amor del Padre que él poseía, dándole conciencia de que él, así, era el hijo verdadero y redimido del Padre. Él no quiso decir, como algunas iglesias erróneamente interpretaron sus palabras, que él era Dios, o igual a Dios; sólo que hubo una afinidad entre la naturaleza de su alma y aquella de Dios, que fue establecida por su posesión del Amor del Padre a través de la oración.

En resumen, hemos llegado a la verdadera explicación del "perdón", que es sorprendentemente diferente al concepto tradicional impuesto a los mortales por las iglesias. Dios no perdona el pecado arbitrariamente; más bien, Dios ayuda a aquellos que, verdaderamente arrepentidos y contritos, acuden a Él en busca de su perdón con la intención de enmendar sus errores. Él, por lo tanto, envía al Espíritu de Dios para fortalecer el alma que, por su propia voluntad, trata de evitar el pecado y error, o, en respuesta a la oración, envía a su Espíritu Santo para llevar Su Amor al alma para que Su propia naturaleza y esencia puedan ayudar a erradicar las perversidades contra las que aquella alma ha estado luchando.

De igual manera, Jesús pone al descubierto la esterilidad del concepto tradicional de "el día del juicio". No se trata de poner en una balanza las buenas y malas obras cometidas por el hombre durante su vida terrenal; tampoco es un tiempo vago indefinido en el que la tierra será destruida y las almas de los hombres sean juzgadas para condenación, o la resucitación a la vida física de la tumba. Pues, como dice San Pablo en *Corintios* "la carne y la sangre no pueden heredar el Reino". Y María, la madre de Jesús, explica que la carne del cuerpo sin vida debe volver a los elementos de acuerdo con la ley de Dios, y que, por lo tanto, cualquier escrito sobre el hecho de que ella ascendió al cielo en carne, es mera especulación e ilusión de parte de aquellos que la enaltecen, debido a la relación con su hijo. María indica que ella, en realidad, siendo un espíritu lleno del Amor del Padre, es habitante de un Reino muy alto en los Cielos Celestiales, pero no por ninguna relación con Jesús, sino por la propia condición excelsa de su alma.

Eventualmente, declara Jesús, todas las almas progresarán de su condición de sufrimiento e infelicidad y alcanzarán ya sea la sexta esfera, conocida por los hebreos como el Paraíso (pues tal es la condición del hombre que posee un alma pura, sea en la carne o desprovisto de ella), o aceptarán el camino hacia el Amor del Padre para alcanzar los Cielos Celestiales. El hombre natural perfecto, sin embargo, llegará eventualmente a un estado de estancamiento, pues llega el momento en que él ya no podrá avanzar más allá de la perfección de su alma humana; pero el alma que posee el Amor del Padre continúa recibiendo Su Amor a través de toda la eternidad, puesto que es infinito, y el alma, así llena de la esencia del Padre, lo continúa recibiendo cada vez más y, como resultado, progresa más y más cerca de la Fuente Suprema de la morada del Padre, con un conocimiento mayor de cosas divinas y obteniendo felicidad y júbilo, como hijo Divino del Padre.

Con el deseo de explicar las condiciones de la vida del espíritu y del alma, Jesús enfatiza sobre la absoluta falsedad de la reencarnación. Él afirma, y los antiguos espíritus del Este han escrito para corroborarlo, que, aunque esta teoría es aceptada por los devotos de culturas Orientales, la reencarnación nunca ha sido un hecho en el mundo espiritual, y que los creyentes en esta idea estéril han estado esperando en vano durante incontables millares de años para ser reencarnados. Jesús, y otros espíritus superiores, indican que el alma no puede ser separada de su cuerpo espiritual, una vez haya sido adquirido a través de la encarnación, y que únicamente las almas sin el cuerpo espiritual pueden ser encarnadas. Por lo tanto, explica Jesús, el alma progresa del pecado a la pureza o transformación divina en el mundo espiritual, que nunca más puede abandonar, excepto para materializar brevemente en sustancia material con la ayuda prestada por médiums. El concepto oriental de la renuncia o expiación del pecado del alma, agrega Jesús, es correcto, ya que es la doctrina que establece que el alma eventualmente eliminará los males que la mancillan, pero el error consiste en designar la tierra como el lugar donde ocurre tal expiación, y enseñando que el alma, al liberarse de sus iniquidades, también pierde conciencia de sí misma como una entidad personal, a través de la absorción del alma en la Deidad.

En relación a la vida en el otro mundo, uno de los más interesantes escritores sobre espíritus, es el vidente, Swedenborg, quien nos habla acerca de sus experiencias en el mundo de los espíritus. Él declara – y aquí Jesús corrobora sus mensajes – que, de hecho, se le permitió ir al mundo espiritual en un estado de trance, y que realmente vio las esferas y las condiciones de los espíritus como eran en el siglo XVIII. Swedenborg nos dice que, en todo el mundo espiritual, fue informado que Dios es Uno, y que un Dios trino, según la creencia de los cristianos, no es más que una ficción piadosa. Él afirma que habló con Jesús, quien confirmó esto, pero que pensó que Jesús, siendo mucho más brillante y glorioso que todos los demás en el reino espiritual, éste mismo Jesús debe ser Dios, y así lo declaró en sus escritos. Swedenborg relata que fue informado sobre el Amor Divino, pero que no entendió, en realidad, el significado de lo que Jesús y los espíritus superiores querían dar a entender al respecto.

Hay un aspecto importante que los mensajes aclaran, y ello es, el significado verdadero de la doctrina de lo "divino dentro de sí". Jesús realmente trajo consigo lo divino al predicar a lo largo de la Tierra Santa cuando él estuvo en la tierra y caminó entre los hombres; el Reino estaba con los hombres, pero no dentro de ellos. Cuando los predicadores hablan de lo divino dentro del hombre, ellos se refieren realmente al alma, la creación de Dios, un alma humana con todo, pero no divina. Lo que infieren, entonces, es que el desarrollo de lo divino dentro del hombre, debe ser visto como el simple desarrollo de los poderes latentes en el alma humana, a través del desarrollo de la voluntad y el amor natural humano, por medio del crecimiento moral e intelectual. Éstos, por supuesto, fueron otorgados al hombre cuando fue creado, sin participación de lo divino. Lo Divino en el alma humana es el Amor Divino que sólo llega mediante oración al Padre. Lo Divino llega de afuera, de parte del Padre Celestial y puede ingresar en el alma y efectuar su transformación, solamente cuando el alma lo busca con anhelos sinceros. Cuando Jesús habló a sus discípulos acerca de la divinidad dentro de ellos, estos discípulos tenían algo de este Amor en sus almas, incluso antes del Pentecostés, cuando, a través del Espíritu Santo, el Amor del Padre fue derramado sobre ellos en gran abundancia.

Otro concepto erróneo que Jesús aclara, con la corroboración de la señora Baker Eddy, es la doctrina conocida como la Ciencia Cristiana. Se nos informa que ella, a través de la percepción de su alma, concibió el Amor Divino como una gran fuerza espiritual que venía de Dios y que podía ser utilizada para propósitos curativos, y que fue a través del Amor Divino que Jesús y sus apóstoles curaron al enfermo. Ella correctamente entendió que la curación espiritual era una realidad que se puede lograr, si los mortales sólo abandonaran los intereses materiales y persiguieran lo espiritual. De esta manera, los sanadores y pacientes alcanzarían una condición de alma superior a aquella del plano terrenal, a fin de poder establecer una conexión con los espíritus sanadores. La Ciencia Cristiana hasta ese punto, declara Jesús, es correcta, y la curación espiritual es un fenómeno obediente a las leyes espirituales; pero el Maestro señala que, contrario a la creencia de la señora Eddy, el pecado y el error son reales, siendo creaciones del alma humana, y que el alma humana no refleja el Amor del Padre, como ella afirma. Bien puede ser que el alma no posea este Amor, o si lo tiene en cierto grado, entonces su transformación a un alma divina sería alcanzada en el grado de su participación en el Amor.

Las enseñanzas de la señora Eddy, declara Jesús, ayudan en el desarrollo del alma humana, hacia la condición del hombre natural perfecto, pero carecen del concepto de su posesión y consciente pertenencia del Amor del Padre, que sólo llega mediante oración al Padre por este Amor, y, por ende, no señalan el camino a los Cielos Celestiales y transformación a un ángel divino, a través de la oración al Padre.

Algo podría decirse con respecto a los mensajes adicionales que fueron impresos por primera vez en esta edición. Aunque todos son interesantes, y aquellos de Mary Kennedy, el alma gemela del Dr. Stone, tienen un tono personal, peculiar a ella, es digno de comentario el mensaje firmado por Elohiam, miembro del Sanedrín, quien condenó a Jesús a la muerte en su juicio. Este espíritu es incuestionablemente una personalidad sincera, y sus escritos tienen un toque realista. Se entiende, por supuesto, que no todos los consejeros presentes en el juicio han encontrado, desde entonces, el camino a los Cielos Celestiales, como él lo ha hecho, sin embargo, al mismo tiempo, se demuestra claramente que no todos los miembros del Sanedrín – y aquí recordemos a Nicodemo – apoyaban a los altos sacerdotes, o a aquellos que actuaron de pura malicia e ira. Hubo quienes, como Elohiam, que consintieron el juicio injusto y fallo condenatorio del Maestro para liberar al judaísmo de lo que ellos sinceramente consideraron como un peligro que amenazaba con su derrocamiento, o la represión Romana, a cualquiera señal de una rebelión en Judea. El mensaje provee, por primera vez, el otro lado de la historia, y, aun cuando el espíritu admite su gran error y no trata de justificar su acción o la de sus compatriotas, el tono es diferente al odio que se infunde en los relatos sobre el juicio, encontrado en el Nuevo Testamento; un tono que sabemos es inconsistente con el Amor del Padre que inspiró a los escritores originales.

Sería posible continuar hablando largamente acerca de las numerosas interpretaciones y correcciones hechas en estos mensajes firmados por Jesús y un gran número de espíritus celestiales, y en las páginas anteriores hemos intentado señalar algunos de los preceptos más significativos que los animan. Destacan la restauración de la "buena nueva" original del cristianismo: que con Jesús de Nazaret vino un amor distinto al amor natural humano, desarrollado y perfeccionado por el código Mosaico de conducta moral y ética; que el nuevo amor es el Amor Divino, la esencia del Padre Celestial que fue manifestado en el hombre por primera vez en Jesús, y, a través de Jesús fue revelado a la humanidad. Se obtiene, no con la mera creencia en el nombre de Jesús, o en una expiación vicaria en general a través de él, o por el derramamiento de su sangre, sino sólo cuando cada individuo, acudiendo al Padre por su libre albedrío, busca Su Amor mediante oración y fe con todo su corazón, logrando, así, una transformación en la condición de su alma – de aquella de un alma de pecado y error, a una de pureza y naturaleza divina con la posesión de aquel Amor. Este Amor es aquel que otorga vida eterna al alma y cumple, así, con la promesa de lo que llamamos la salvación. Esta salvación no puede ser alcanzada mediante ritos y ceremonias, u obtenida por el hombre o concedida a él por las iglesias, pero es el don gratuito del "nuevo corazón", otorgado en abundancia por el Padre Celestial a aquellos de sus hijos que con sinceridad lo anhelan.

En resumen, sería imposible comentar aquí sobre todo lo que es de interés para aquellos que se interesan en cosas de índole espiritual y religiosa, ya sea que crean o no en esta fuente de revelación, o cuestionen el material contenido. Pero antes de cerrar debo decir que estos mensajes, sean el resultado de una inteligencia mortal o espiritual, provocan una seria reflexión y son tan desafiantes en su naturaleza al declarar la unicidad con el Padre mediante la oración por Su Amor Divino, que verdaderamente pueden ser llamados una reforma en el concepto cristiano.

> D. G. Samuels
> Washington, D. C.
> Agosto de 1956

Abril 29, 1920

Yo Estoy aquí, Mary Kennedy,

… Así que debes confiar en que estoy contigo y no permitas que tu mente abrigue dudas sobre mi existencia, ni por un momento. Me has visto en las fotografías y aunque no muestran cómo soy realmente en mi condición de gloria y belleza, te darán, no obstante, una idea de cómo yo me vería si fuese meramente un espíritu en la luz.

Dale mi amor a Leslie y dile que, a pesar de tener una foto de mí que sólo durará poco tiempo, él tiene un amor que continuará con él, no sólo durante su vida mortal, pero un amor que perdurará por toda la eternidad.

Con todo mi amor, buenas noches,

> Mary

Fotografía del Dr. Leslie R. Stone, tomada en febrero de 1920 en el estudio del Sr. William Keeler en Washington, D.C. El Dr. Stone llegó a ser un estrecho colaborador del Sr. Padgett, y a menudo estaba presente cuando Jesús y sus colaboradores celestiales escribían a través del Sr. Padgett. El Dr. Stone tuvo la responsabilidad de realizar la impresión de estos mensajes vitales, después del fallecimiento del Sr. Padgett.

Mary Kennedy, alma gemela del Dr. Stone y a quien él describe en "Mi Testimonio", como un espíritu glorioso y viviente en los Cielos Celestiales, se materializó y aparece también en la fotografía.

(Esta es la única fotografía de Mary Kennedy, como aparece allí)

39

TABLA DE CONTENIDO

MI TESTIMONIO - Dr. Leslie R. Stone, Editor..................................I

LA VERDADERA MISION DE JESÚS..XVII

I. JESÚS Y SU RELACIÓN CON DIOS..XVII

II. DIOS Y EL ALMA HUMANA..XXI

III. EL PROBLEMA DEL PECADO...XXIV

IV. REDENCION DEL PECADO...XXV

JUAN EL BAUTISTA
Juan El Bautista Ahora es el Precursor del Maestro, Como Lo Fue En La Tierra. Él Confirma los Escritos de Jesús A través del Sr. Padgett............1

JESÚS
La Razones Dadas por Jesús Para Elegir al Sr. Padgett, A Fin de Realizar La Tarea de Recibir los Mensajes..2

JESÚS
Descripción del Nacimiento y Vida de Jesús, Hasta el Momento de Su Ministerio Público..5

JESÚS
Jesús Continúa la Descripción de Su Nacimiento y Vida, Hasta El Momento de Su Ministerio Público..8

JOSEPH SALYARDS
Comentario Sobre el Mensaje de Jesús Acerca de Su Nacimiento y Vida, Hasta Su Ministerio Público..10

JESÚS
El Reino de Dios en la Tierra y en el Mundo Espiritual, o el Camino Hacia el Reino del Hombre Perfecto. Estos Espíritus Sólo Tienen el Amor Natural Desarrollado a Una Condición de Pureza, Pero No Poseen el Amor Divino Que es Necesario Para Entrar en el Reino Celestial..........11

SAN JUAN – APÓSTOL DE JESÚS
Confirma que Jesús Escribió Acerca de Los Dos Reinos..........................17

LOS CIELOS CELESTIALES

JESÚS
El Único Camino al Reino de Dios en los Cielos Celestiales.....................18

SAMUEL – PROFETA DEL VIEJO TESTAMENTO
Confirmación que Jesús Escribió los Mensajes...22

JESÚS
Después De La Muerte, El Juicio. Qué Es y Qué No Es............................23

JESÚS
La Creencia de un Predicador Misionero..26

SAN JUAN - APÓSTOL DE JESÚS
EL Amor Divino - Qué Es y Qué No Es. Como Puede Ser Obtenido..........30

JESÚS
*La Necesidad de la Fe y Oración al Hacer el Trabajo. El Sr. Padgett es Su
Elegido Para Hacer El Trabajo* 32

PABLO –APÓSTOL DE JESÚS
JUAN –APÓSTOL DE JESÚS
SANTIAGO --APÓSTOL DE JESÚS
LUTERO
BARNABÉ
SAMUEL
JOHN WESLEY
JUAN EL BAUTISTA

Confirman que Jesús Escribió..33

JUAN EL BAUTISTA
Confirma Que Los Espíritus Celestiales Firmaron Sus Nombres.............34

SAN LUCAS - DEL EVANGELIO QUE LLEVA SU NOMBRE
Confirma que el Maestro Escribió 34

.JESÚS
Jesús Dice Que Su Misión, Al Escribir Estos Mensajes, Es Su Segunda Venida a la Tierra...34

SANTIAGO
Santiago Fue Dominado Por La Gran Presencia de Jesús.....................35

SAN JUAN
San Juan Dice Que El Maestro Escribió Y Mostró Su Gran Poder y Gloria...35

ANN ROLLINS - ESPÍRITU CELESTIAL, ABUELA DEL SR. PADGETT
Confirma Que El Maestro Escribió Con Tal Poder y Gloria.....................36

LA ORACIÓN

JESÚS
La Única Oración que el Hombre Necesita Ofrecer al Padre.................36

A. G. RIDDLE
Afirma que Jesús Mostró su Gloria...38

HELEN
Afirmación por la Señora Padgett..38

SAN JUAN
San Juan Escribe Sobre El Verdadero Significado de "El Fin del Mundo...38

LA INMORTALIDAD

JESÚS
LA INMORTALIDAD...42

SAN LUCAS
LA INMORTALIDAD...45

HENRY WARD BEACHER
LA INMORTALIDAD...48

SAN MATEO - APÓSTOL DE JESÚS
LA SALVACIÓN QUE JESÚS ENSEÑÓ......................................52

QUIEN Y QUÉ ES DIOS

JESÚS
QUIÉN Y QUÉ ES DIOS..53

ANN ROLLINS - ESPÍRITU CELESTIAL
QUIÉN Y QUÉ ES DIOS..57

QUIÉN Y QUÉ ES DIOS – Continuación..................................59

JOHN H. PADGETT - PADRE DEL SR. J. E. PADGETT
Confirma que la Abuela del Sr. P. Escribió "Quién y Qué es Dios"........62

JESÚS
CRISTO PUEDE ESTAR EN TI – QUÉ SIGNIFICA..........................63

EL ESPÍRITU SANTO

JESÚS
Muchos de Aquellos Que Piensan Que Han Recibido el Bautismo del Espíritu Santo, Sólo Han Avanzado en el Amor Natural y No en el Amor Divino. Jesús Explica la Diferencia Entre el Espíritu de Dios y el Espíritu Santo...66

SAN LUCAS
El Misterio de la Deidad. Tres en Uno es un Mito. No Existe Ningún Misterio Que los Hombres No Deban Conocer....................................68

N __PREDICADOR – IGLESISA PROTESTANTE WASHINGTON, D.C.

El Espíritu Confirma Lo Escrito por Lucas. Lamenta No Haber Enseñado La Verdad en La Tierra...72

JESÚS
Por Qué Jesús No Acude a Los Campos de Batalla Donde Existen Escenas de Matanza...73

LA SRA. PADGETT – ESPOSA DEL SR. PADGETT (ESPÍRITU CELESTIAL)
Afirmando que Jesús Escribió y Mostró Su Gloria..................76

JESÚS

El Destino del Hombre Que No Posee el Amor Divino en Su Alma, y Muere Solamente con el   Amor Natural y Creencia en los Credos, Etc...77

LA RESURRECCIÓN – PART I

SAN PABLO, DEL NUEVO TESTAMENTO
La Resurrección que es Común a Todos...80

JESÚS
Corroboración de Parte Jesús Que San Pablo Escribió Sobre La Resurrección..83

LA RESURRECIÓN – PARTE II

SAN PABLO, DEL NUEVO TESTAMENTO

 La Resurrección que Jesús Enseñó, Sin la Cual Nuestra Fe Como Cristianos Será en Vano...84

JESÚS
Por Qué es Necesario Que el Hombre Posea el Amor Divino de Dios, a Fin de Llegar a Ser Uno Con el Padre y un Habitante del Reino Celestial..88

JESÚS
La Importancia De Conocer El Camino Hacia El Reino Celestial. Muchas Declaraciones

En La Biblia Son Falsas...91

JESÚS
Continuación del Mensaje Anterior..93

JESÚS
Continuación del Discurso del Mensaje Anterior......................95

EL ALMA

JESÚS
Qué Es y Qué No Es..*96*

JESÚS
Cómo un Alma Redimida es Liberada de las Penalidades Que el Pecado y el Error le Han Impuesto..*101*

JESÚS
El Período Probatorio Existe Entre Los Espíritus En Los Infiernos. Aquellos Que Se Rehúsan a Buscar el Camino Hacia los Cielos Celestiales, Eventualmente Encontrarán Su Camino al Reino Donde Existe El Hombre Natural Perfecto...................................*102*

JESÚS
La Importancia de que la Humanidad Busque el Amor Divino, y No Descanse en la Mera Satisfacción del Desarrollo del Amor Natural en Un Estado de Pureza...*106*

SAN MATEO – APÓSTOL DE JESÚS
El Alma y Su Relación con Dios, y la Vida Futura e Inmortalidad.......*109*

SAN CORNELIO – EL PRIMER GENTIL CRISTIANO
Discurso Sobre El Alma..*110*

EL PERDÓN

ANN ROLLINS – ESPÍRITU CELESTIAL, ABUELA DEL SR. PADGETT
El Perdón..*111*

JESÚS
Cómo un Alma Recibe El Amor Divino del Padre Para Llegar a Ser Un Habitante Del Reino de Dios, y Lograr Aquella Inmortalidad Sobre la que te He Escrito..*116*

SAN JUAN – APÓSTOL DE JESÚS
¿Cuál es la Razón Por la Cual los Mortales No Buscan el Amor del Padre, Sino Que Creen en Los Credos y Sacramentos de La Iglesia a La Cual Pertenecen o Están Afiliados?..*120*

LA EXPIACIÓN

SAN LUCAS – DEL NUEVO TESTAMENTO
La Expiación – Parte I...123

SAN LUCAS
La Expiación – Parte II..126

JESÚS
Confirma que Lucas Escribió Sobre la Expiación............................131

SAN LUCAS – DEL NUEVO TESTAMENTO
¿Existe Algún Hecho en Referencia a La Autenticidad de la Biblia?...133

SAN JUAN – APÓSTOL DE JESÚS
Los Espíritus Celestiales Deben Trabajar Hasta que e Reino Celestial Sea Cerrado...137

SAN JUAN – APÓSTOL DE JESÚS
Describe la Diferencia Entre los Espíritus de las Esferas Celestiales Y Aquellos de las Esferas Espirituales, Así Como Su Felicidad, Etc.........138

SANTIAGO – APÓSTOL DE JESÚS
Condición de los Espíritus que Están Debajo de los Cielos Celestiales, y Sus Experiencias y Creencias. Cómo se Congregan Juntos.................139

INALADOCIE – ANTIGUO ESPÍRITU
Nos Habla Acerca De Sus Creencias Cuando Vivió En La Tierra. Sacrificio Al Diablo...140

PROFESOR SALYARD – ESPÍRITU CELESTIAL
Diversas Experiencias de los Espíritus al Llegar al Mundo Espiritual..141

A. G. RIDDLE – ESPÍRITU CELESTIAL
El Cielo es un Lugar, Así Como una Condición del Alma.....................,,145

G___. – ESPÍRITU CELESTIAL, VIEJO AMIGO DEL SR. PADGETT
La Progresión del Alma Como la he Experimentado............................147

CONSTANTNO – EMPEDOR ROMANO
Constantino Afirma Que Nunca Aceptó el cristianismo Cuando Vivió en la Tierra. Ahora es un Espíritu Celestial...151

SAN LUCAS – DEL NUEVO TESTAMENTO
Confirma lo que fue Escrito por Constantino……………………………*154*

HELEN PADGETT, ESPOSA DEL SR. P.
Confirma que Constantino y Lucas Escribieron……………………………*154*

SAMUEL – PROFETA DE VIEJO TESTAMENTO
*Lo que Realmente Sucedió en la Crucifixión de **Jesús***…………………*155*

HELEN – SRA. PADGETT, ESPOSA DEL SR. P.
Confirma Que Samuel Escribió el Mensaje Anterior………………..160

S. B. C._____. – MINISTRO DEL EVANGELIO
Sus Creencias Eran Meramente Intelectuales. Luego de un Tiempo, Se Convirtió en un Escéptico………………………………………………*158*

HELEN – SRA. PADGETT, ESPOSAS DEL SR. P., ESPÍRITU CELESTIAL
Confirmando Que los Espíritus Obscuros Fueron Ayudados………………*161*

EL INFIERNO

SAN PABLO – DEL NUEVO TESTAMENTO
El Infierno y la Duración del Castigo………………………………………..*162*

SAN PABLO
El Infierno y la Duración del Castigo – Continuación del Mensaje Anterior………………………………………………………………………*163*

El Infierno – Qué es y Cuál es su Propósito – Continuación del Mensaje Anterior………………………………………………………………………*164*

F_____. – MINISTRO ORTODOXO
Experiencia de un Ministro Ortodoxo Después de Pasar al Mundo de los Espíritus………………………………………………………………………*169*

SRA. PADGETT, ESPOSA DEL SR. P.
Confirmando que el Predicador Ortodoxo Escribió y Relató su Experiencia en el Mundo Espiritual………………………………*173*

SAN JUAN – APÓSTOL DE JESÚS
El Libro de Revelación es una Mera Alegoría de Uno o Más Escritores, y No es lo Mismo que fue Escrito por San Juan………………………*174*

SAN JUAN – APÓSTOL DE JESÚS
Descripción de la Tercera Esfera. Confirmación que Jesús Escribió la Oración...,176

GEORGE WHITEFIELD — PREDICADOR DE INGLATERRA Y CONTEMPÓRANEO DE JOHN WESLEY.
Él Cambió Sus Creencias Erróneas que Enseñó en la Tierra, y Ahora Está en los Cielos Celestiales..180

ANN ROLLINS — ESPÍRITU CELESTIAL
Cómo Todos los Hombres Pueden Llegar a Ser Ángeles Divinos, y Cómo las Creencias Erróneas Impiden esta Consumación.............................182

JESÚS
Lo que Jesús Quiso Decir Cuando Dijo – Aquel Que Vive Y Cree En Mí, No Morirá Jamás...185

JESÚS
La Fe y Cómo Puede Ser Obtenida...186

JESÚS
Jesús No es Dios, Sino un Hermano Mayor. El Pecado No Tiene Existencia, Salvo Como Es Creado Por la Humanidad, y El Hombre Debe Pagar las Penalidades...187

JESÚS
La Adoración a Jesús, Como Parte de la Deidad, Es Incorrecta y Pecaminosa – Cuanto Deplora Jesús Esta Creencia Errónea de la Humanidad..193

LA EXPIACIÓN VICARIA

SAN JUAN — APÓSTOL DE JESÚS
La Creencia de las Iglesias en la Eficacia de la Expiación Vicaria de Jesús, por Su Muerte y Crucifixión, Ha Causado Mucho Daño a la Humanidad y la Pérdida del Camino Verdadero al Reino Celestial.............................195

SAN LUCAS – APÓSTOL DE JESÚS
De Qué Sirve Creer en el Sacrificio de Jesús en la Cruz, Como Salvación del Pecado..201

SAN PABLO – DEL NUEVO TESTAMENTO
*Niega la Expiación Vicaria – Esta Creencia Causa Mucho Daño – La
Biblia Contiene Varias Declaraciones Falsas..........................,203*

SAN PEDRO – APÓSTOL DE JESÚS
Confirma lo que Pablo Escribió Acerca de la Expiación Vicaria............,204

JESÚS
*Lo Que los Hombres Pueden Hacer para Erradicar la Guerra y la Maldad
de las Almas de los Hombres. Jesús Nunca Vino para Traer una Espada,
Sino para Traer la Paz, a Través de sus Enseñanzas...............................205*

HELEN PADGETT – ESPOSA DEL SR. PADGETT, ESPÍRITU CELESTIAL
*Comenta Sobre el Mensaje de Jesús Acerca de la Causa de la
Guerra...209*

ELÍAS – PROFETA DEL VIEJO TESTAMENTO (ELIJAH)
*Comentario Sobre el Mensaje de Jesús Sobre la Causa de la
Guerra...209*

JESÚS
*No Existen Diablos, Ni Satanás, Considerados Como Personas Reales y
Ángeles Caídos..210*

SAMUEL – PROFETA DEL VIEJO TESTAMENTO
*La Felicidad y Paz Que Sobrepasa Toda Comprensión, Llega al Poseedor
del Amor Divino...214*

SAN PEDRO – APÓSTOL DE JESÚS
*No Todos los Milagros Que se Alega en la Biblia Fueron Realizados   Por
Jesús..215*

EL JUDÍO ERRANTE (EL NOMBRE NO FUE DADO)
Su Experiencia..216

SAN JUAN – APÓSTOL DE JESÚS
Confirmando la Experiencia Vivida por el "Judío Errante"...................217

HELEN – SRA. PADGETT, ESPÍRITU CELESTIAL, ESPOSA DEL SR. P.
Comenta Sobre el Mensaje del Judío Errante.....................219

SAN JUAN – APÓSTOL DE JESÚS
Por Qué las Iglesias se Rehúsan a Investigar el Hecho de que los Espíritus Pueden, y se Comunican con Mortales....................................220

SAN LUCAS
Discurso Sobre la Involución y Evolución del Hombre – Los Científicos Sólo Saben Acerca de la Evolución, Después que el Hombre Llegó al Fondo de su Estado de Degeneración o Involución..............................222

JESÚS
La Relación del Hombre Con La Creación del Mundo y Origen de la Vida...225

JESÚS
Continuación del Mensaje Anterior...227

MOISÉS –PROFETA DE DIOS DE LOS DÍAS ANTIGUOS
La Importancia de que los Judíos Aprendan las Verdades de Dios, Proclamadas por Jesús...231

DANIEL – PROFETA DE DIOS DEL VIEJO TESTAMENTO
Daniel Escribe Acerca de Su Experiencia en el Mundo Espiritual y Vida en la Tierra..233

SAMUEL – PROFETA DE DIOS DEL VIEJO TESTAMENTO
Su Enseñanza y Experiencia en la Tierra. No Obtuvo el Amor Divino Hasta la Venida de Jesús a la Tierra.......................................236

HELEN – SRA. PADGETT, ESPÍRITU CELESTIAL, ESPOSA DEL SR. P.
Confirmando que Daniel y Samuel Escribieron......................239

ELÍAS – DEL VIEJO TESTAMENTO
Relata la Historia de los Tiempos Cuando Él Vivió en la Tierra. Nunca Tuvo Conocimiento del Amor Divino, Hasta que Jesús Vino a la Tierra y Dio a Conocer Su Re-otorgamiento...239

ELÍAS – PROFETA DE LOS HEBREOS
Su Experiencia Mientras Estuvo en la Tierra y en el Mundo Espiritual. La Transfiguración en el Monte, es una Realidad......................240

ELÍAS — DEL VIEJO TESTAMENTO
Elías No Fue Juan el Bautista, Ni Tampoco Fue Juan Una Reencarnación de Elías..243

CORNELIO — EL CENTURIÓN
Muy Interesado en el Trabajo y la Importancia de que la Humanidad Conozca la Verdad..244

ELÍAS — PROFETA DEL VIEJO TESTAMENTO
La Verdad de la Biblia, en Cuanto a los Relatos Contenidos en el Viejo Testamento..244

ESAU — HIJO DE ISAAC
Él Ahora Conoce la Diferencia Entre el Espíritu Que Posee el Amor Divino en Su Alma, y Aquél que No Lo Posee... 248

SALOMON — DEL VIEJO TESTAMENTO
Qué Es Lo Más Grande En Todo el Mundo...250

LOT
Agrega Su Testimonio y Experiencia en el Mundo Espiritual – Jesús Es el Líder de los Cielos Celestiales..250

LEYTERGUS – ANTIGUO ESPÍRITU
Escribió un Libro – Descripción de la Creación y de la Caída del Hombre – El Libro de Génesis fue Una Copia de sus Escritos...............252

SAUL – DEL VIEJO TESTAMENTO
La Mujer de Endor No fue una Mujer Malvada, Como Muchos Creen..254

SÓCRATES – EL FILÓSOFO GRIEGO
Escribe Acerca de la Experiencia de Su Progreso.............................255

HELEN – SEÑORA PADGETT, ESPÍRITU CELESTIAL.
Confirma que Sócrates Escribió A través del Sr. P............................259

PLATÓN – DISCÍPULO DE SÓCRATES
Ahora es Un Cristiano..259

SAN JUAN – APÓSTOL DE JESÚS
Qué Hace el Espíritu del Hombre Cuando Abandona el Cuerpo Físico, Para Ir a la Eternidad..260

JESÚS
La Condición del Mundo Cuando Jesús Vino a Enseñar......................263

PROFESOR SALYARDS – ESPÍRITU CELESTIAL
Confirmación que Jesús Escribió..265

HELEN – SEÑORA PADGETT, ESPÍRITU CELESTIAL
Corrobora que Jesús Escribió..265

JESÚS
La Religión del Futuro y Una que Será Comprensiva y Final, Fundada en las Verdades que el Sr. J. E. Padgett Está Recibiendo...........................266

ABRAHAM LINCOLN –
El Gran Amor de Abraham Lincoln por Jesús. La Diferencia en Su Creencia Ahora, y Lo Que Fueron Sus Creencias Cuando Vivió en la Tierra..267

GEORGE WHITEFILED – PREDICADOR Y CONTEMPORÁNEO DE JOHN WESLEY
El Gran Líder del Mundo Será el Maestro, Quien Ha Venido Nuevamente a la Tierra en Forma de Sus Revelaciones Divinas..............................270

HELEN – SRA. PADGETT, *ESPÍRITU CELESTIAL*
Comenta Sobre el Mensaje de Whitefield..272

SAN JUAN – APÓSTOL DE JESÚS
Hace Referencia al Cristiano Nominal y la Necesidad del Amor Divino en el Alma, A Fin de Convertirse en un Verdadero Cristiano.....................272

JESÚS
De Cierto, De Cierto Os Digo, El Que en Mi Cree, Las Obras que Yo Hago, También Él Las Hará y Mayores Obras que Éstas Él Hará, Porque Yo Voy a Mi Padre. Si Algo Pidiereis en Mi Nombre, Yo lo Haré........................274

HELEN – SEÑORA PADGETT, ESPÍRITU CELESTIAL
Confirmando que Jesús Escribió...278

JESÚS
Dios es un Dios de Amor, y Ningún Hombre Puede Ir a Él, Salvo que Reciba el Amor del Padre en Su Alma..................................278

HELEN – SEÑORA J. E. PADGETT, ESPÍRITU CELESTIAL
Nos Relata Sobre su Gran Felicidad en su Progreso...........................282

JESÚS
Jesús no es Dios, ni Debe ser Adorado Como Dios. Explica Su Misión..282

SAN JUAN – APÓSTOL DE JESÚS
Los Espíritus Que Tienen Poco Desarrollo de Su Alma Pueden Ayudar a Aquellos Que Poseen Menos Desarrollo Que Ellos Mismos.................285

SAN LUCAS – DEL NUEVO TESTAMENTO
La Necesidad de que los Hombres Dirijan Sus Pensamientos A Cosas Espirituales...288

SAN LUCAS – DEL TERCER EVANGELIO
Explica la Desmaterialización del Cuerpo Terrenal de Jesús...............290

THOMAS CARLYLE DEL TERCER EVANGELIO
Comenta Sobre lo Escrito por Lucas, Acerca de la Desmaterialización que Jesús Realizó de su Cuerpo Después de la Crucifixión...................291

JOSÉ DE ARIMATEA
Describe Lo que Sucedió Después Que los Restos de Jesús Fueron Colocados en La Tumba...292

MARTÍN LUTERO – MONJE Y REFORMADOR
Fe y Obras -- La Expiación Vicaria - La Importancia de Obtener el Nuevo Nacimiento – Sus Creencias Han Cambiado Al Convertirse en Espíritu. Afirma que Jesús Escribe A Través del Sr. P.....................................294

MARTÍN LUTERO – REFORMADOR
Está Muy Ansioso De que las Verdades que Él Ahora Conoce, Sean Dadas a Conocer a Sus Seguidores...297

JESÚS
Jesús Nunca Vendrá Como el Príncipe Miguel Para Establecer Su Reino..299

SAN JUAN – APÓSTOL DE JESÚS
Jesús Nunca Vendrá en Toda Su Gloria y Poder Para Llevar a los Hombres a Su Cielo Así Como Están, en Cuerpo, Alma y Espíritu........301

LUCAS – DEL NUEVO TESTAMENTO
¿Qué es lo Más Importante, en Todo el Mundo, que los Hombres Deben Hacer Para el Gran Milenio, etc.?..302

JESÚS
Jesús Reconoce La Capacidad de la Abuela del Sr. P., Para Escribir Sobre Las Verdades del Padre...305

ANN ROLLINS – ABUELA DEL SR. PADGETT, ESPÍRITU CELESTIAL
La Importancia de Conocer el Camino Hacia el Reino Celestial. El Amor Divino Viene Sólo en Respuesta a la Activación del Anhelo del Alma Por su Posesión...306

JUAN BUNYAN
La Ley de Compensación...307

SAN JUAN – APÓSTOL DE JESÚS
El Verdadero Significado de "En el Principio Era La Palabra Y La Palabra Era Dios", etc..308

JESÚS
Cómo el Alma de un Mortal Recibe el Amor Divino, y Cuál es Su Efecto, Aun Cuando la Mente Se Entregue Posteriormente a Aquellas Creencias que Tienden a Impedir el Crecimiento del Alma. ¿Qué es un Alma Perdida?......................309

THOMAS JEFFERSON – ESPÍRITU CELESTIAL, PRESIDENTE – UNA VEZ
El Sr. Padgett Está Realizando una Tarea Estupenda, y Una Que es de Gran Importancia Vital para La Humanidad y Destino de Los Mortales..313

GEORGE WASHINGTON – ESPÍRITU CELESTIAL, PRIMER PRESIDENTE
Confirmando que los Antiguos Espíritus Escribieron, y Muchos Vinieron de los Cielos Celestiales y de los Cielos Espirituales Inferiores............314

JESÚS
Jesús Nunca Estuvo en la India y Grecia, Estudiando Filosofías, Como Algunos Afirman..316

B_____.
El Espíritu Escribe Sobre su Experiencia en los Infiernos – "Es Difícil Aprender de Cosas Celestiales en el Infierno"..................................317

SAN LUCAS
Comenta Sobre lo Escrito por el Espíritu – "Es Difícil Aprender de Cosas Celestiales en el Infierno"..318

JOHN GARNER – ESPÍRITU CELESTIAL, UN PREDICADOR DE INGLATERRA
Todo Pecado y Error Será Erradicado Eventualmente de las Almas de los Hombres..319

MENSAJES ADICIONALES

Elohiam —Recibido el 23 de enero de 1917. Un Miembro del Sanedrín y Juez en el Juicio de Jesús Indica las Razones en Aquel Entonces Para Condenar al Maestro, y Ahora Exhorta a Todos los Miembros de su Raza a Aceptar a Jesús Como el Mesías Tan Esperado, y Procurar el Amor del Padre Mediante Oración Sincera..............................323

Lucas — el Apóstol. Recibido el 5 de diciembre de 1915. Por Qué el Espiritismo, Como es Enseñado Ahora, No Satisface al Alma en Sus Anhelos Por la Felicidad, Paz y Alegría......................................326

Jesús — Recibido el 28 de septiembre de 1914. Aquí el Maestro, en Uno de sus Primeros Escritos, Explica Quién Fue Realmente. y Trata de Corregir Algunas de los Conceptos Erróneos que Existen Acerca de Él en el Nuevo Testamento. Es Sorprendente el Tono de Éste y los Grandes Mensajes Formales por Parte del Maestro. Éste es el primer mensaje formal recibido por James E. Padgett......................................328

Jesús— Recibido el 25 de diciembre de 1914. El Maestro está Ansioso de que la Humanidad se Abstenga de Adorarlo Como Dios, Como Se Explica en este Escrito Preliminar, Sólo Dios Puede Perdonar el Pecado, *y Jesús Corrige un Pasaje en el Nuevo Testamento que Trata Sobre El Perdón*..*329*

Mary Kennedy — *El Mensaje Recibido el 29 de Marzo, de 1917, Afirma que el Alma Geme la del Editor Está Ansiosa de que él Obtenga el Amor Divino en Mayor Abundancia, Para Poder Hacer un Contacto Más Estrecho con Ella*..*331*

Mary Kennedy — *Mensaje Recibido el 29 de enero de 1918. Cuán Pequeña es la Mente Humana, Incluso del Más Erudito, en Comparación Con Aquella del Espíritu que Posee en su Alma el Gran_Amor del Padre*..*333*

Mary Kennedy — *Recibido el 16 de febrero de 1920. Informa al Editor, A través del Sr. Padgett, que Ella Ahora Está en un Plano Superior en los Cielos Celestiales, Con un Mayor Entendimiento en su Alma de lo que Significa el Amor del Padre*..*334*

HELEN – *Recibido el 31 de diciembre de 1917. Un Mensaje de Helen en la Víspera del Año Nuevo. Un Momento de Agradecimiento al Padre por Su gran Amor y Misericordia*...*336*

LAFAYETTE — *Recibido el 26 de abril, de 1916. El General de la Guerra Revolucionaria Relata Cómo Washington Le Ayudó a Adquirir el Conocimiento del Amor del Padre, y el Cambio Resultante en su Actitud Hacia los Alemanes*..*337*

WILLIAM STONE — *Recibido el 23 de noviembre de 1915. El Padre del Editor Afirma que Está Realizando Esfuerzos Sinceros para Progresar a la Morada de Su Esposa y estar con Ella, Mediante Oración al Padre por Su Amor*...*338*

JESUS — *Recibido el 15 de diciembre, de 1915. El Maestro Declara que Ha Elegido al Dr. Stone Para Realizar un Trabajo Para el Reino, Tal Como Eligió al Sr. Padgett. Este Trabajo Será una Labor de Amor Que Requiere Mucho Esfuerzo Físico, Así Como Espiritual*...........*339*

PRISCILLA STONE — *La Madre del Editor Está Agradecida Porque él Posee Algo del Amor Divino del Padre, y Desea que Sus Otros También Busquen Su Amor*..340

THOMAS PAYNE — *Recibido el 20 de Julio, de 1915. El Escritor Escéptico de los Días Coloniales, Llamado por Sus Contemporáneos Un Infiel, Admite su Error en Algunas de sus Creencias y, Mediante el Conocimiento del Amor del Padre, Está en los Cielos Celestiales*........341

KATE STONE— *Recibido el 19 de junio, de 1917. La Hermana del Dr. Stone le Informa Cuál es Su Labor en el Mundo Espiritual, y le Informa que Sus Esfuerzos por Ayudar a Encaminar a los Espíritus Hacia El Amor del Padre Arrojan Resultados Positivos*..343

Juan el Bautista Ahora es el Precursor del Maestro, Como lo Fue en la Tierra. Él Confirma Que Jesús Escribe A Través del Sr. Padgett

YO ESTOY AQUÍ, *Juan El Bautista*.

He venido para decirte que ahora yo soy el precursor del Maestro, como lo fui cuando estuve en la tierra y que Él es el verdadero Jesús que te escribe, en todos los mensajes que has recibido firmados por Él o su nombre.

Hago esto, a fin de que creas y no dudes de los mensajes que recibas. Él te ha escrito y debes confiar en lo que te dice, pues no cabe duda de que se cumplirá lo que te ha dicho.

Yo Soy el mismo Juan que apareció en Palestina y que anunció a la gente la venida de Jesús, y así como yo les dije lo que ocurriría, ahora te digo lo que realmente está ocurriendo, y no sólo recibirás los mensajes de la verdad que él te escribirá, sino que también serán difundidos a toda la humanidad, dondequiera que exista en el mundo el lenguaje escrito y hablado.

Así que, tienes ante ti una maravillosa e importante misión que servirá, además, para lograr más hermanos y amantes verdaderos del Padre, que cualquier otra cosa que haya sucedido desde que el Maestro estuvo en la tierra enseñando y predicando las verdades de su Padre, y haciendo el bien a la humanidad.

Me pregunto a veces, por qué has de ser el elegido, pues, veo que el desarrollo de tu alma no es tan grande, en comparación con aquél de muchos otros hombres que ahora viven y han vivido; pero, como él ha hecho elección, debemos reconocer que él sabe lo que es mejor y que su elección debe ser la correcta. Como resultado, nosotros, sus seguidores en el Mundo Celestial, hacemos todo lo posible por adelantar la causa y ayudarte; y debo decirte que tienes contigo más poder espiritual que te apoya y te mantiene en esta gran obra, de lo que haya tenido jamás ningún otro mortal; esto te sorprenderá, pero es verdad.

Entonces, mi hermano, pues, así e llamaré ahora, trata de tener fe en el Amor, y deseo del Padre de salvar a toda la humanidad de los errores de sus vidas, y de que sean Uno con Él, puesto que te ayudará a actuar como representante del Maestro, y maestro autorizado de estas grandes verdades.

Ahora estoy en los Cielos Celestiales, muy cerca de Jesús en su morada y en su Amor por el Padre y para toda la humanidad. Tengo grandes poderes, y un amor que es de la esencia divina del Padre, y lo que te digo ahora, diré al mundo cuando se presenta la oportunidad.

Tu hermano en Cristo,
JUAN EL BAUTISTA

La Razones Dadas por Jesús Para Elegir al Sr. Padgett, a fin de Realizar la Tarea de Recibir los Mensajes

YO ESTOY AQUÍ, *Jesús.*

Bien, mi querido hermano, el tiempo transcurre y la necesidad de revelar es muy evidente, pues los hombres anhelan y esperan aquello que satisfaga las ansias de sus almas, y que las cualidades de la religión actual, llamada cristianismo, no puede satisfacer.

Me complace que estés en mejor condición, y que tu amor haya sido activado y despertado nuevamente, actuando sobre las cualidades de tu cerebro para poder lograr una conexión, como te ha sido explicado recientemente por * Juan en su mensaje. Y aquí deseo enfatizar sobre la necesidad y conveniencia de una completa comprensión y reflexión de tu parte de las verdades contenidas en aquel mensaje, y que hagas aplicación personal de lo que ha sido escrito en el mismo.

Me gustaría mucho transmitir un mensaje esta noche que trata sobre verdades espirituales, pero no creo que tu condición sea tal que me permita tomar posesión de tu cerebro y controlarlo, que las cualidades y verdades de mi mensaje exigen. Por lo tanto, no escribiré el mensaje, pero en su lugar, te daré algunos consejos sobre la manera en que debes pensar y actuar, a fin de perfeccionar la condición que debes poseer para poder establecer una conexión.

Juan te ha exhortado a orar frecuentemente al Padre, para que el Amor pueda ser más abundante y tu alma se impregne de ello, así como a pensar en cosas espirituales, hasta que, por tales pensamientos, tu cerebro sea infundido, por decirlo así, de estos pensamientos, y reciba aquellas cualidades que harán que su condición sea similar a aquella de las mentes de los espíritus que deseen formar una unión con tu cerebro y transmitir a través de ello, las verdades que esperan para ser entregadas. Y confirmo lo que Juan ha escrito, y además, te digo que tu oración debe ser más constante para liberar el alma de la condición existente en ella, por la ausencia de pensamientos espirituales. No necesitas esperar ocasiones u oportunidades para orar formalmente, sino que permitas que durante el día y noche tus anhelos por el Amor asciendan al Padre. NO ES NECESARIO UNA LARGA ORACIÓN, NI SIQUIERA UNA FORMULADA EN PALABRAS, PUES PARA TENER EL ANHELO, NO ES NECESARIO UTILIZAR PALABRAS PARA DARLE FORMA. EL ANHELO PUEDE SER RÁPIDO COMO UN PENSAMIENTO SIN ESTRUCTURA, Y TAN EFECTIVO PARA QUE EL PADRE LO CAPTE, COMO DIRÍA. EL ANHELO ES MÁS RÁPIDO QUE EL PENSAMIENTO, Y LA RESPUESTA AL MISMO VENDRÁ CON TANTA CERTEZA Y AMOR, COMO SI SE HUBIESE FORMULADO EL ANHELO EN LA FORMA MÁS EXACTA. Las oraciones de esta naturaleza ascienden al Padre y son escuchadas y contestadas, y, mediante una la ley de la relación con el Padre, afectan las cualidades de tu cerebro en forma de prepararlo para la unión con los pensamientos espirituales de los espíritus que desean escribir, como ya he mencionado. Tus pensamientos de cosas espirituales o de las verdades del mundo espiritual, como ya te han sido reveladas, y especialmente aquellas que conciernen al Amor y Misericordia del Padre, así como Su voluntad, en cuanto a su aplicación y operación, también afectan las cualidades del cerebro, a fin de producir la condición tan necesaria para nuestra conexión.

Te podría resultar sorprenderá que esta condición en el cerebro de un ser humano sea requerida, así como el desarrollo del alma que realmente produce la condición, a fin de poder lograr una afinidad, para que, así, las verdades espirituales puedan ser transmitidas; y te sorprenderá también que, de todos los hombres en la tierra, tu hayas sido el elegido para esta condición y desarrollo, y más, aun, saber que ello es verdad.

Hay ciertas cualidades en tu constitución, tanto espiritual como material, que te hacen susceptible a la influencia de nuestros poderes y apto para ser utilizado para los propósitos de nuestro designio y labor, que fueron determinantes en tu elección para realizar el trabajo en la forma en que, hasta ahora, los grandes espíritus y yo te hemos utilizado. Y te extrañará que, a través de todo este tiempo, yo no haya encontrado antes, ni un sólo humano apto para esta labor.

He utilizado a otros en el pasado, pero fallaron en someter sus mentes, almas, creencias y pensamientos a nuestra influencia e instrucciones, como tú has hecho hasta ahora. Muchos humanos tienen las condiciones adecuadas en su constitución espiritual y material para realizar nuestros deseos y trabajo, no obstante, porque tienen un libre albedrío, que no podemos obligar, y porque las circunstancias, ambiente, educación y creencias son elementos que afectan y determinan nuestra posibilidad de encontrar un instrumento apto para nuestros propósitos, no pudimos encontrar un médium calificado para ser utilizado en nuestra labor.

Tú, por supuesto, comprenderás que no fuiste elegido por alguna bondad especial, o porque seas libre de pecado, o por ser más amado por el Padre, o naturalmente, y quiero decir, de acuerdo al curso de tu vida, por razón de alguna condición espiritual en que hayas estado, porque hubo muchos superiores a ti en cuanto a bondad y en unicidad con la voluntad del Padre, cuyo amor y resultado de ello fueron más perfectos que los tuyos. Así que, comprenderás que no fuiste elegido por algún mérito espiritual en especial que poseyeras.

Como te ha sido explicado, todo aquello en el mundo espiritual, así como en la tierra, es controlado por leyes inmutables, y todo espíritu, como también los mortales, están sujetos a estas leyes. La ley de afinidad y comunicación debe ser obedecida por los espíritus, no importa cuán avanzados sean, así como por los humanos, y ningún espíritu, por razón de la posesión de algún supuesto poder, puede poner esta ley a un lado. Pero los espíritus, a pesar de no tener este poder, pueden, no obstante, tener un conocimiento de las condiciones que les permita discernir qué cualidades en la condición de un humano son susceptibles a la influencia y moldeo de por los espíritus, para que, como resultado de ello, la ley pueda ser operable. Y esto, en breve, te explicará por qué te elegí como mi médium y vocero. Pues, debes saber que, durante mucho tiempo, he estado tratando de influenciar y moldear tu mente y creencia para desarrollar tu alma, de tal forma que se den las condiciones para establecer una conexión, permitiendo, así, nuestro control de tu cerebro, a fin de transmitir estos mensajes sobre las verdades. Eres un médium por naturaleza, y, para propósitos ordinarios, no fue difícil para los espíritus controlar y comunicar a través de ti las verdades del mundo espiritual, pero éstas no son de la naturaleza de aquellas que yo, así como otros, hemos comunicado con respecto a las esferas del alma y la relación de Dios con el hombre, en un sentido espiritual más alto. Al leer el mensaje de Juan, entenderás mejor lo que trato de explicar hasta este punto.

Existe otra fase a todo esto, más personal para ti, y ésta es: mientras llevábamos a cabo tu desarrollo, para el propósito de realizar nuestra labor y ayudar a que nuestra misión sea efectiva, tu alma, que es tu ser, fue desarrollada en su naturaleza espiritual y tú has logrado una unión más estrecha con el Padre, y has participado de Su amor en gran medida. Y, hasta cierto punto, tu alma ha sido transformada en Su esencia, convirtiéndote, así, en una entidad muy diferente a lo que eras al iniciar tu desarrollo para nuestro propósito. Como resultado, obtendrás todos los beneficios que se derivan de una experiencia tal como la que has tenido.

Tú ahora eres uno de nosotros en el progreso hacia la fuente suprema del amor del Padre, y has asumido una parte de Su inmortalidad, y sólo de ti depende cuán rápido sea tu progreso hacia una transformación completa, tal como aquellos espíritus que son habitantes de las Esferas Celestiales. No necesitas esperar hasta tu transición al mundo espiritual para realizar una rápida progresión, aunque el progreso será más difícil mientras estés en carne y hueso, como comprenderás. No obstante, es posible lograr un progreso maravilloso, aun estando en carne y hueso, y ya te hemos comunicado el secreto de este progreso.

Y diré, además, que tienes una asociación más estrecha con aquellos espíritus que están más cerca del Padre, así como una mayor posesión de Su Esencia y Sustancia, que cualquier otro humano en la tierra haya tenido hasta este momento. Esto te parecerá extravagante e improbable, pero te declaro que es tan cierto como el hecho de que, el gran número de espíritus y yo, que hemos venido a ti para escribir, nos encontramos en las Esferas Celestiales de la inmortalidad de Dios.

Bien, he escrito largamente y estás algo cansado.

Recuerda mi consejo y ora frecuente y sinceramente, aunque sólo sea por un momento, para lograr esta condición que será tuya, y nosotros vendremos para continuar nuestras revelaciones.

Con mi amor y bendición, yo soy,

Tu hermano y amigo,
JESÚS

Descripción de Su Nacimiento y Vida, Hasta El Momento de su Ministerio Público

YO ESTOY AQUÍ, *Jesús.*

Esta noche deseo escribir acerca de mi nacimiento y vida, hasta el momento de mi ministerio público.

Como es de tu conocimiento, nací en Belén en un pesebre, y cuando tuve apenas unos días de nacido, mis padres me llevaron a Egipto con el fin de evadir a los soldados de Herodes, quienes fueron enviados para destruirme, y quienes, en realidad, asesinaron a una gran cantidad de niños varones, menores de dos años de edad. La historia de la Biblia acerca de mi nacimiento y de la huida de mis padres y del asesinato de los inocentes, es substancialmente correcta; y sólo deseo añadir que, cuando mis padres llegaron a Belén no estaban obligados por pobreza a buscar el pesebre de un establo para mi nacimiento, puesto que tenían fondos y todo lo necesario para que mi nacimiento fuese cómodo para mi madre; y, de hecho, mi padre no era pobre en bienes materiales, como fue considerada la pobreza en aquellos días.

La Biblia dice que los Reyes Magos llegaron y dieron ofrendas de oro e incienso de olíbano a mis padres, o más bien a mí, pero mis padres me contaron que no fue mucho, en lo que respecta al valor monetario del mismo, y que sus gastos para huir a Egipto fueron cubiertos con fondos que mi padre tenía antes de su llegada a Belén.

Después que llegaron a Egipto, mi padre buscó el hogar de un judío, quien era su pariente, y vivió allí por mucho tiempo, haciendo el trabajo para el que fue apto, y con su trabajo mantuvo a la familia, y, hasta cierto punto, me educó a mí y a mis hermanos y hermanas, pues, yo tenía cuatro hermanos y tres hermanas, nacidos todos, excepto yo, en Egipto.

Al alcanzar la edad adecuada, asistí a una escuela pública, común para niños pequeños, y recibí enseñanzas sobre aquellas cosas relacionadas con la religión de los judíos y otras cosas que no eran de naturaleza religiosa. Nunca me enseñaron la filosofía de los egipcios o de otras filosofías paganas; y cuando se afirma que yo recibí mis ideas religiosas o enseñanzas morales de algunos de estos filósofos ello es un error.

Mi educación, en cuanto a asuntos religiosos, provino de las enseñanzas del Antiguo Testamento, o más bien, de maestros judíos, cuyo texto fue el

Antiguo Testamento.

El desarrollo de mi conocimiento de las verdades que enseñé durante mi ministerio público, fue logrado por mis facultades espirituales interiores, y mi Maestro fue Dios, quien, a través de Sus ángeles y la percepción de mi alma, hizo que a mí vinieran estas verdades, o más bien, el conocimiento de ellas, y de ninguna otra forma las obtuve.

Yo no nací con el conocimiento de que era el hijo de Dios, enviado a la tierra para enseñar estas grandes verdades, o para anunciar a la humanidad el reo-otorgamiento del gran don de la inmortalidad, y los medios para lograrlo. Pero obtuve este conocimiento de mi misión después de convertirme en un hombre y haber tenido frecuentes comuniones con Dios, a través de mis percepciones espirituales.

Nunca estuve en la presencia de sacerdotes judíos a los doce años de edad, exponiendo la ley y haciendo preguntas, como declara la Biblia. Y no fue antes de mi primera aparición, después de convertirme en un hombre, que yo traté de proclamar a los sacerdotes y laicos que yo era el mensajero del Padre, enviado por Él para proclamar las buenas nuevas de la restauración de la inmortalidad y del gran amor del Padre, a fin de que todo hombre sea uno con Él y logre un hogar en Su Reino.

Nunca fui un muchacho u hombre pecador, y en mi corazón no supe lo que era el pecado; y por extraño que parezca, jamás traté de enseñar a otros estas verdades, hasta después que mi misión fue declarada por Juan El Bautista.

En mis días de niñez fui igual a otros niños, disfrutando de los juegos de niñez y tenía los sentimientos de un niño, y nunca pensé que yo fuera otra cosa que no fuera un niño. En ninguna forma fui diferente a otros, excepto en el particular mencionado, y cualquier relato acerca de mí en sentido contrario es falso.

Mis enseñanzas fueron aquellas que el Padre me había encomendado desde el principio, del cual no fui consciente hasta sólo después de convertirme en un estrecho comunicante con el Padre y haber sido instruido por Él, en cuanto a mi misión. Así que, debes creer que yo fui hijo, tanto del hombre como de Dios, y ello en el sentido literal. No habría sido leal a mi misión, de haber proclamado que yo era hijo único de Dios, puesto que no es verdad – y los hombres no deben así enseñarlo.

Sí, sé que se dijo que a mi madre le fue anunciado el objetivo de mi nacimiento, y que era una mujer muy beata, pero esto no es verdad. Mi madre, como ella me ha dicho, no tuvo razón para suponer que yo fuese diferente a otros niños nacidos de mortales. La historia de un Ángel de Dios que llegó a ella, diciéndole que debe someterse al nacimiento de un niño que sería engendrado por Dios, o por Su Espíritu Santo, y que ella, como virgen, debe concebir y dar a luz a ese niño, no es verdad. Ella nunca, en toda su vida, me dijo que tuvo tal visita; y sé que a ella le sorprendería,

63

como a muchos otros hombres, tal cosa como un nacimiento virginal de un niño. Entonces, como puedes ver, el relato de la Biblia acerca de cómo fui engendrado y circunstancias concomitantes, no es verdad.

Mi padre, José, no supuso jamás, en ningún momento, que yo no fuera hijo suyo, y no es verdad la historia del ángel que llegó a él diciéndole que, por las apariencias, no debe rechazar a mi madre, puesto que él jamás insinuó, en todas mis conversaciones con él, que yo fuera otra cosa que su hijo propio.

Entre mis doce años de edad y ministerio público, viví en casa con mis padres, y ayudé a mi padre en su negocio de carpintería, y durante todo ese tiempo jamás hubo una indicación de su parte que yo no fuese su hijo, o que fuese diferente a otros niños, excepto que yo no hice cosas pecaminosas.

Cuando comencé a recibir este Amor Divino en mi alma, logré una muy estrecha relación con el Padre, y esta relación me llevó a descubrir que fui enviado por Dios para cumplir una misión y a declarar una gran e importante verdad. Finalmente, la voz en mi alma me dijo que yo era el hijo verdadero de mi Padre y lo creí, y empecé a enseñar y a predicar las verdades sobre el otorgamiento de Su amor y la salvación de los hombres.

Conocí a Juan El Bautista desde mi niñez. Él era mi primo y a menudo jugábamos juntos. En los años posteriores, discutimos acerca de la verdad de mi misión y la manera como debía proclamarla al mundo.

Juan fue un gran psíquico y, a través de sus visiones, pudo percibir quien yo era y cuál sería mi misión en la tierra, y por lo tanto, cuando llegó el momento, hizo el anuncio de mi llegada. Él se dio cuenta de la diferencia entre nuestras misiones, habló de no ser ni digno de desatar mis zapatos. Sin embargo, no entendió totalmente mi misión completamente, y la gran verdad acerca del otorgamiento por el Padre de la inmortalidad al hombre.

Me convertí en el Cristo, por primera vez, cuando fui ungido por el Padre, y esto ocurrió en el momento de mi bautizo por Juan. Como Cristo, yo soy diferente a mi persona como Jesús. Cristo significa aquel principio que el Padre confirió en mí, que me convirtió en uno con Él en la posesión de este gran Amor. Cristo es aquel mismo Amor hecho manifiesto en mí, como hombre. Este principio de Cristo es universal y está en todas partes, al igual que el Espíritu Santo, pero estoy limitado en mi lugar de ocupación, tal como tú lo estás.

Bueno, creo que ahora estás demasiado somnoliento para poder continuar, pues necesitas dormir. No sé de ninguna influencia especial, ejerciéndose sobre ti, para producir el sueño.

Continuaré en un futuro cercano.

Tu hermano y amigo,
JESÚS

YO ESTOY AQUÍ, Helen (Señora Padgett).

Bien, cariño, estás demasiado somnoliento para continuar escribiendo, y es mejor que te acuestes para tener un buen descanso.

El Maestro no se ofendió en lo absoluto, puesto que él comprendió que no pudiste mantenerte despierto lo suficiente para poder escribir. Él terminará próximamente, y estarás interesado en su discurso.

Con todo mi amor, diré buenas noches.

Tu verdadera y querida
HELEN

Jesús Continúa la Descripción de Su Nacimiento y Vida, Hasta El Momento de su Ministerio Público

YO ESTOY AQUÍ, *Jesús.*

Continuaré mi mensaje acerca de mi nacimiento y trabajo, que comencé anoche.

Cuando yo estaba convencido de que había sido elegido por mi Padre para llevar a cabo la tarea de declarar al mundo el otorgamiento del gran don de Su Amor Divino, que era parte de Su naturaleza, y que formó el principio predominante de esa naturaleza, empecé mi ministerio y continué el trabajo para la redención de la humanidad en la tierra, hasta mi muerte en la cruz. No fui, en aquel entonces, tan perfecto como lo soy ahora, ni mi conocimiento de las verdades del Padre tan amplio como lo es ahora.

Pero los hombres deben saber que lo que enseñé fue la verdad, aun cuando no enseñé toda la verdad; y ellos aprenderán que yo soy el hijo verdadero de mi Padre, y el mensajero especial a través de quien estas grandes verdades serían enseñadas a la humanidad.

Cuando viví en la tierra, yo no poseía el amor del Padre al grado que ahora lo poseo, ni tuve el poder para convencer a los hombres que este Amor es lo único que los reconciliará con el Padre y convertirlos en Uno con Él, como yo ahora soy. Así que, los hombres deben creer que lo que les comunico son verdades reales que les mostrarán el camino al amor del Padre, y hacia su propia salvación.

En tu mente tienes el deseo de saber cómo fue que vinieron a mí los Reyes Magos con sus ofrendas y adoración, si no fui creado especialmente por Dios para ser Su hijo y representante en la tierra.

Bien, los Reyes Magos llegaron, pero su llegada no se debió a algún conocimiento que tenían que yo fuera un niño divinamente creado, o que no fuera un niño natural, sino porque eran astrólogos que en aquel momento vieron una nueva estrella que brillaba en los cielos, y que para ellos significaba que había ocurrido algún acontecimiento importante. Y

65

ellos, siendo estudiantes del Antiguo Testamento, donde se tal estrella fue referida como precursor del nacimiento de un salvador, concluyeron que aquella estrella fue la prometida, y que mi nacimiento, siendo humilde, fue aquél que ellos esperaban, según las Escrituras, y, en consecuencia, yo era el Cristo del que se habló. Pero fuera de este conocimiento, como astrólogos, y aquél de las Escrituras, no tenían ningún otro conocimiento que yo era el Cristo que nacería; y cuando se afirma que ellos tenían información que provenía de Dios o de Sus ángeles de que yo era el Cristo, esa aserción es falsa.

Esto lo sé, porque desde mi llegada al mundo espiritual, conocí a estos hombres y hablé con ellos, y me contaron lo que escribo. Así, pues, aun cuando yo fui el Cristo mencionado en la Biblia – es decir, en las profecías del Antiguo Testamento – sin embargo, aquellos Reyes Magos no tenían ningún otro conocimiento de ese hecho, que aquél que te he informado.

Sé que yo fui enviado por el Padre para llevar a cabo la misión que realicé, y que desde el inicio fui destinado a ser ungido como el Cristo, pero no lo supe hasta luego de convertirme en un hombre y fuera informado, entonces, por el ángel y mi propia voz interna cuál sería mi misión.

Ni mi madre, ni padre, ni hermanos tenían conocimiento de este hecho. Y aun después de proclamar mi misión y demostrar los poderes asombrosos que me habían sido otorgados, no creyeron en mi misión, sino que pensaron que estaba fuera de mí, es decir, como dicen ustedes, loco, al creer que yo era el elegido de mi Padre. La misma Biblia señala que éste era el pensamiento de ellos.

Así que, si bien soy el Cristo de la Biblia y el instrumento elegido del Padre para dar a conocer las grandes verdades que he proclamado, y la cuales proclamaré a través de ti, no soy, sin embargo, el hijo único engendrado de Dios en el sentido usualmente aceptado. Y mucho menos soy Dios. Como he dicho, existe un sólo Dios, y yo tan sólo soy su hijo y maestro enviado al mundo para declarar a la humanidad el otorgamiento del don de la inmortalidad, y a enseñar el camino a los hombres para obtenerlo.

Discutiré en más detalle acerca de mi vida, a medida que progresemos en nuestros escritos.

Ningún hombre debe creer que yo nací de la Virgen María, o que fui engendrado por el Espíritu Santo, o que yo soy Dios, pues, todo ello es falso.

Concluiré por el momento, y con todo mi amor y bendiciones y las bendiciones del Padre, diré buenas noches.

Tu amigo y hermano,
JESÚS

Comentario Sobre el Mensaje de Jesús Acerca de su Nacimiento y Vida, Hasta Su Ministerio Público

YO ESTOY AQUÍ, Tu Antiguo Profesor.

Soy muy feliz, y deseo informarte que estás en mucha mejor condición para escribir, de lo que has estado desde que empecé a escribirte. Ello me alegra mucho, pues, indica una mejoría en tu condición, tanto física como mental.

Estuve muy interesado en el último mensaje del Maestro, porque establece hechos que no concuerdan con la historia de la Biblia, y en la que fui educado a creer. Por supuesto, él sabe cuál es la verdad, y cuando nos dice algo nunca, ni por un momento, dudamos de él y tampoco debes tú hacerlo.

Y al analizar y considerar las declaraciones hechas por él, encontrarás que son más razonables que la historia contenida en la Biblia. En sus declaraciones no hay nada milagroso, o que requiera una creencia más allá de la razón concebible. Todo es tan natural y de acuerdo con el funcionamiento de la naturaleza, como ha sido observado en el caso del nacimiento de cualquier otro ser humano. Su declaración de Dios para traer a la tierra las buenas nuevas sobre la restauración de la inmortalidad y del amor divino del Padre, para toda la humanidad, es nueva y creo que sorprenderá mucho a la mayoría de los hombres.

¡Pero cuán razonable es esto! De haber sabido desde su nacimiento que él era el Cristo prometido a los judíos, ¿es posible, acaso, que durante los treinta años que él permaneció en la obscuridad, no habría dado a conocer su misión y haber comenzado la tarea de proclamar a la humanidad las buenas nuevas, que luego proclamó? Parece del todo inconcebible que él no hubiese hecho tal cosa. Los años entre veinticinco y treinta son años muy importantes en la vida de un hombre, y grandes cosas han sido logradas por el hombre natural durante ese período de vida, por lo que no es razonable que alguien que haya tenido el conocimiento desde su niñez, de que era el mensajero especial de Dios, revestido de todos los poderes y conocimiento de la verdad, que Jesús demostró después de haber iniciado su ministerio público, hubiese permanecido en reclusión durante los años que he mencionado, sin haber dado al mundo el beneficio de estas grandes posesiones. No, su historia, en mi opinión, es consistente con la razón y debo creerla. En todo caso, es suficiente el hecho de que él haya dicho que es verdad.

Bien, anteriormente fue mi intención reasumir mi discurso sobre las leyes del mundo espiritual, pero has estado tan ocupado que no pude interrumpirte; pero si estás de acuerdo, continuaremos muy pronto.

Con todo mi amor, diré buenas noches.

Tu antiguo Profesor y Maestro,
JOSEPH SALYARDS

Reino Del Hombre Perfecto. Estos Espíritus Sólo Poseen el Amor Natural, Desarrollado a una Condición de Pureza, Pero No Poseen el Amor Divino Que es Necesario Para Entrar En el Reino Celestial

YO ESTOY AQUÍ, *Jesús*

He venido esta noche para escribir acerca del único camino a través del cual los hombres pueden alcanzar el Reino de Dios, o el camino al hombre perfecto.

Éste es un tema que muchos hombres y maestros han tratado de explicar a la humanidad, y los caminos descritos han sido tan variados y a veces contradictorios, al diferir los pensamientos y educación de estos hombres; y todos trataron de fundar sus enseñanzas y conclusiones en la Biblia. Por supuesto, me refiero a aquellos que profesan ser cristianos. En cuanto a otros maestros y reformadores, como han sido llamados, sus enseñanzas se basan en las doctrinas de las varias sectas a las cuales han pertenecido o profesaban lealtad.

Pero el "Reino de Dios" es una frase que más típicamente se encuentra y pertenece a la Biblia Cristiana, y, hasta cierto punto, en las Escrituras Hebreas.

Al considerar el tema de este mensaje, es importante primero comprender qué significa el "Reino de Dios". Algunos lo entienden o conciben como un reino en la tierra donde la voluntad y leyes de Dios serán seguidas y obedecidas por los hombres en la vida mortal, y otros lo entienden como aquel Reino de Dios que existe y continuará existiendo en perfección en el mundo espiritual; y muy pocos, aquel reino que tendrá hogar o lugar de existencia en las Esferas Celestiales.

Ahora bien, el camino a cada uno de estos reinos no es el mismo, aunque, persiguiendo el camino a uno, el Reino Celestial, necesariamente se seguirá el camino hacia los otros, o en otras palabras, aquél que sigue el camino hacia el Reino Celestial, seguirá ese curso que, en su búsqueda, le encauzará a hacer aquellas cosas y obedecer aquellas leyes de Dios que son necesarias para establecer los Reinos en la tierra y en el mundo espiritual; pero aquél que sólo persigue el camino que conduce al establecimiento del reino en la tierra y en el mundo espiritual, no puede, jamás, ser un habitante del Reino Celestial.

El Reino de Dios en la tierra o en el mundo espiritual puede ser obtenido por el hombre o espíritu, obedeciendo la voluntad de Dios en aquellas cosas esenciales que conllevará a una purificación de su amor natural y lograr la armonía con Sus leyes que afectan y controlan al hombre – el simple hombre – es decir, que restaurará al hombre a la condición de perfección que tenía antes de la caída de los primeros padres. Muchas de mis enseñanzas en la tierra, de las que se ha conservado un gran número en la Biblia, trataron de guiar a los hombres a aquel modo de vida que desarrollaría sus cualidades morales y los liberaría de la contaminación e influencia destructiva del pecado en que vivían entonces, y en que aún viven. Mediante la observancia de mis enseñanzas y sincera obediencia a estos preceptos morales, el hombre perderá sus apetitos, pasiones, pensamientos y deseos malvados, y se dará cuenta que, en su lugar, vendrá un amor más puro y deseos y pensamientos más espirituales que conducen a una limpieza de su corazón y alma. Esto significa vivir y pensar en armonía con la voluntad y leyes de Dios. Pues, Dios es todo bueno, y todas Sus leyes requieren que el hombre sea bueno, a fin de que este reino sea establecido en el mundo espiritual.

Por naturaleza, es decir, de acuerdo a Su creación, el hombre es bueno, y no la criatura depravada que, por tantos siglos, ha sido declarado por las enseñanzas y doctrinas de la iglesia; y cuando él logre aquel estado de bondad que fue suyo en el principio, él simplemente se habrá librado de aquellos apetitos, pensamientos y deseos contaminantes que lo convirtieron en el ser pecaminoso e inarmónico, que él ahora es.

Así que de todo esto, podrás comprender que, a fin de que el Reino pueda ser establecido en la tierra, la labor del hombre es, sobre todo, una labor de renunciación. Esta verdad fue enseñada por profetas y maestros antes de mi venida a la tierra, y mi enseñanza acerca del camino al Reino Celestial; y la misma verdad se aplica a los espíritus que habrán de construir y establecer el reino en el mundo espiritual.

En estos reinos de la purificación y recuperación del amor natural perfeccionado, no habrá nada de la naturaleza divina del Padre, excepto, como se dice en general, todos los objetos de Su creación, y por razón de ser tales objetos, podrán participar de la imagen de lo divino. Pero esto no es lo divino. LO DIVINO EN SU SENTIDO VERDADERO ES AQUELLO QUE PARTICIPA DE LA ESENCIA Y NATURALEZA MISMA DE DIOS, Y NO AQUELLO QUE ES SÓLO EL OBJETO DE SU CREACIÓN.

El hombre en cuerpo, alma y cuerpo espiritual, sólo es una creación de Dios; y, en cuanto al alma, una imagen de su Creador, pero esta creación no fue, en lo absoluto, de la esencia o sustancia de Dios. Y si el Padre, así lo desea, esta creación, en su existencia compuesta y coordinada, puede ser totalmente destruida y reducida a los elementos de los que fue creada, sin afectar, en lo mínimo, la sustancia o naturaleza verdadera de Dios. Así que podrás ver que, en realidad, no hay nada de lo divino en el hombre o del hombre; y, por lo tanto, cuando el Reino de Dios sea establecido en la tierra, o en el mundo espiritual, no habrá nada de lo divino dentro de ellos – solamente la existencia de las criaturas perfectas, viviendo y pensando en armonía con las leyes de Dios que controlan su creación y existencia.

Así que, la forma de lograr que estos dos reinos de lo no-divino puedan ser establecidos, es que el hombre persiga aquel curso de pensar y de vivir que le permita renunciar y liberarse de aquellas cosas ajenas a su verdadera naturaleza que le impiden retornar a la armonía exacta con la voluntad de Dios, como fue expresado y hecho obligatorio por la ley de la creación del hombre.

La observancia de la ley moral permite que los hombres logren este objetivo. El amor con el que fue dotado el hombre, como hombre perfecto, le permite amar a Dios y amar a su prójimo como a sí mismo, cuando él sea purificado y más armonioso, pues este amor natural es universal en su perfección y naturaleza, y, en su ejercicio, cada hombre es hermano de su vecino.

Las cualidades progresivas de este amor que todo hombre puede lograr, son verdadera y maravillosamente expuestas por Pedro en una de sus epístolas contenida en la Biblia (II: Pedro, Capítulo 1, Versos 5, 6, 7), y si los hombres procurasen estos pasos sucesivos para alcanzar el desarrollo purificante de este amor, lograrían el gran objetivo buscado.

Como he escrito, la Biblia contiene muchas de mis enseñanzas que, si son seguidas, conducirán a este fin, y los hombres realizarán el Reino de Dios en la tierra.

Y aquí permíteme corregir una creencia o idea errónea, que por tanto tiempo ha prevalecido entre la humanidad, y que, como resultado, ha retrasado el establecimiento del reino en la tierra. La corrección es, que Dios no establecerá este Reino por Su mero decreto o independientemente de los deseos y funcionamiento del alma de los hombres. Su establecimiento depende de los hombres mismos, y hasta que el amor de ellos, y ellos en mismos, estén en armonía con la voluntad de Dios, este reino jamás será establecido.

Yo sé que se cree, enseña y enfatiza, y en esta declaración los hombres ponen todas sus esperanzas y expectativas en un cielo de felicidad, que yo vendré en algún momento desde las nubes del cielo a la tierra con un gran grito, y por el poder que creen que existe en mí, yo estableceré el Reino de Dios – una clase de reino donde yo seré rey y gobernante supremo, recibiendo como mis súbditos a aquellos que crean en mí y me adoren, y enviar a la condenación eterna y profunda oscuridad, a aquellos quienes no lo hacen.

Bien, esto es lastimoso, falso y del todo erróneo. Este Reino jamás será

70

establecido de este modo, puesto que solamente el hombre mismo puede hacer que este Reino exista, convirtiéndose en el hombre puro y perfecto que fue, cuando en su creación existía el Reino terrenal de Dios. El hombre, sólo, trajo el pecado al mundo y él mismo debe destruirlo, y entonces la armonía con la voluntad del Padre será restaurada y también este Reino.

Pero, de lo que he escrito no se debe inferir, ni por un momento o en el más mínimo grado siquiera, que Dios no participa o participará en el restablecimiento de este reino, pues, es un hecho que Él trabaja, a través de sus ángeles, en las almas y pensamientos de los hombres para lograr este reino sobre la tierra. Pero Él no obligará el establecimiento de ello – debe ser por voluntad de los hombres.

Cuando Dios creó al hombre, le dio un libre albedrío – el más maravilloso de los dones naturales al hombre – y Él no controlará arbitrariamente, mediante el ejercicio de Su poder, la dirección de ese albedrío, siendo el hombre supremo, en cuanto a ello. Por supuesto, ello, no obstante, si el hombre contraviniese las leyes de Dios, en el ejercicio de su albedrío, él debe sufrir las consecuencias, puesto que Dios nunca cambia o suspende Sus leyes. El hombre podrá ejercer su libre albedrío como él desee y como sea influenciado por sus pensamientos y apetitos a hacerlo, pero esa libertad de ejercicio no impide la imposición del castigo que las leyes prescriben cuando son violadas.

Así ves, existe la libertad sin límite, pero todo ejercicio inarmónico de esta libertad trae, como consecuencia, el castigo que necesariamente sigue a la violación de la armonía.

Dios desea y espera pacientemente el amor del hombre, y Él es siempre el Padre amoroso, Quien no siente placer con el sufrimiento de Sus criaturas, pues, desea que el amor de ellos hacia Él sea voluntario y no obligado, o por temor al castigo o deseo de recompensa, excepto aquella recompensa que necesariamente sigue a la unión del amor de Dios y el amor del hombre.

Entonces digo, el Reino del Cielo en la tierra no es el Reino Divino, y no contiene aquello que sea necesariamente divino, excepto el amor de Dios por Sus criaturas para bendecir y hacerlos felices. Él no les confirió Su esencia y sustancia, pues, si así fuese, los hombres no permanecerían en el reino de la tierra, sino, hasta cierto grado, estarían en el Cielo Celestial, mientras estén en la tierra, y como es de mi conocimiento, algunos hombres, que aún son mortales, gozan de este Cielo Divino.

Ahora, lo que he dicho con respecto al Reino del Cielo en la tierra, aplica igualmente al Reino de Dios en el mundo espiritual, puesto que allí los habitantes son simplemente espíritus de hombres que han entregado sus cuerpos físicos y han sido purificados en su amor natural, y en armonía con la voluntad y las leyes de Dios que controlan su existencia como hombres perfectos.

A pesar de que el Reino de Dios no ha sido establecido aún en la tierra, lo ha sido en el mundo espiritual, pues, en la esfera más alta de ese mundo, las almas de los hombres han logrado la purificación, y la armonía ha sido restaurada y las almas de los hombres gozan de la felicidad suprema que les fue otorgada en el momento de su primera creación a la que Dios pronunció "muy buena". En algún momento te describiremos la dicha y maravillosa felicidad de ese reino; pero diré que es más allá de toda concepción de los hombres, y que fue establecido, no por el mero poder y voluntad de Dios, sino por el ejercicio de la voluntad de los hombres, al renunciar al mal y pecado, después de convertirse en espíritus, y habiendo purificado sus pensamientos, deseos y alma en su amor natural, logrando la armonía. Y aquí debo decir, que todo hombre que ha vivido o que ha de vivir, en algún momento será habitante de este Reino de Dios en el mundo espiritual, o en el Reino de las Esferas Celestiales; pero la gran mayoría encontrarán sus hogares en el primer reino.

LOS INFIERNOS Y LUGARES OSCUROS SERÁN VACIADOS DE SUS HABITANTES Y ABOLIDOS PARA SIEMPRE, Y, POR SORPRENDENTE QUE LE PAREZCA A LOS MORTALES, NO POR MANDATO DE DIOS, SINO POR EL EJERCICIO DE LA VOLUNTAD, DESEOS Y ANHELOS DE LOS HOMBRES DE LOGRAR LA PURIFICACIÓN DE SU AMOR, Y ALCANZAR EL OBJETIVO DE SUS ASPIRACIONES. PERO DIOS ESTARÁ CON ELLOS EN SUS ESFUERZOS, Y SUS ÁNGELES HARÁN SU VOLUNTAD, AYUDANDO A LOS MORTALES Y ESPÍRITUS, EN EL CAMINO AL REINO ESPIRITUAL.

Entonces, cuán importante es que los mortales entiendan y se den cuenta del gran trabajo que deben realizar para establecer el reino en la tierra y el reino en el mundo espiritual, y no descansar supinamente en la mera creencia intelectual que Dios, a Su propia manera y en Su propio tiempo establecerá este Reino, y que aquellos que creen en Dios y observan los credos y doctrinas de sus iglesias y cumplen con sus deberes como miembros de la iglesia, serán habitantes de este reino y en un instante serán puros e impolutos, y en armonía con la voluntad de Dios y Sus leyes. Es una creencia muy dañina, porque el único camino a este reino es el de la renunciación y purificación, y ninguna creencia de los hombres que no conduzca a la purificación de sus almas, los conducirá a este reino.

EL HOMBRE, CON LA AYUDA DEL PADRE, DEBE LABRAR SU PROPIO DESTINO, Y EL PADRE, SIN EL ESFUERZO DEL HOMBRE NO LE PREPARARÁ UN DESTINO, AL CUAL LA CONDICIÓN DE SU ALMA Y AMOR NO LE OTORGUE DERECHO.

PERO EXISTE UN REINO MÁS GRANDE, DIFERENTE Y DESEMEJANTE A ESTOS REINOS SOBRE LOS CUALES HE ESCRITO, Y ES EL REINO CELESTIAL DE DIOS; Y SÓLO AQUELLOS QUE RECIBEN LA ESENCIA DIVINA PUEDEN LLEGAR A SER HABITANTES DE ESTE REINO. LAS ALMAS DE LOS HOMBRES DEBEN SER TRANSFORMADAS EN LA NATURALEZA DIVINA MISMA DE DIOS, Y EL

AMOR NATURAL DEL HOMBRE CAMBIADO, EN TODAS SUS CUALIDADES Y ELEMENTO, EN EL AMOR DIVINO DEL PADRE.

He escrito que muchas de mis enseñanzas morales se encuentran registradas en la Biblia, y que yo vine, o más bien, mi aceptación por el Padre como Su hijo amado, y la recepción de Su Amor Divino en mi alma, me capacitaron para enseñar el camino hacia los varios reinos. Y, como se ha dicho en aquel Libro, lo que fue perdido por la desobediencia del primer hombre, fue restaurado por la venida del segundo, y ello sólo significa que, debido al conocimiento que yo adquirí acerca de la verdad y de las leyes de armonía que gobiernan el universo de Dios, yo fui facultado para enseñar a los hombres el camino de regreso a la pureza y al desarrollo de sus almas en el amor natural, que existió antes de la gran pérdida causada por la desobediencia del primer hombre. Yo no debía realizar esta restauración por algún supuesto gran poder o cualidades Divinas de omnisciencia que yo tuviese, sino solamente enseñar a los hombres a amar a Dios y a sus hermanos, y a seguir ese curso de vida y pensamiento que necesariamente les permitiría renunciar al pecado y al mal, logrando un estado de armonía con las leyes de su creación.

Ahora, mientras yo enseñaba estas verdades morales, también enseñé las grandes verdades espirituales que muestran a los hombres el camino hacia el Reino Celestial, puesto que, en mis comuniones con el Padre, vino a mí, no sólo el Amor Divino, que transformó mi alma en la sustancia del Padre en sus cualidades de amor, sino también el conocimiento de cómo este Amor Divino puede ser obtenido y el camino cierto al Reino Celestial, aunque hasta cierto grado, mientras se esté en carne.

Pero mis enseñanzas espirituales que muestran el camino al Reino Celestial no fueron muy bien comprendidas por mis oyentes – ni siquiera por mis discípulos íntimos – pero más así por Juan, y, como consecuencia, no fueron preservadas en la Biblia, como lo fueron mis enseñanzas morales. Y, en cuanto a la Biblia, es decir los manuscritos originales, no fueron escritos hasta muchos años después de mi muerte. Estos manuscritos, incluso, no contenían muchas de mis enseñanzas sobre el camino que conduce a este Reino Celestial, y luego, cuando estos manuscritos fueron copiados, y las copias reproducidas, estas verdades importantes no fueron preservadas – escasamente algunas. Sin embargo, las más fundamentales fueron retenidas, a saber: DIOS ES AMOR, Y EXCEPTO QUE UN HOMBRE NAZCA DE NUEVO, ÉL NO PUEDE ENTRAR EN EL REINO DEL CIELO.

Y, a medida que fue pasando el tiempo y continuaba la reproducción, mis preceptos fueron preservados cada vez menos, y los hombres llegaron a saber cada vez menos de estas verdades superiores, y, como consecuencia, las enseñanzas meramente morales llegaron a ser mejor comprendidas, y fueron utilizadas por los maestros e instructores de las masas para conducir a los hombres a un reino de Dios. Y además de esto, estos líderes cambiaron, incluso, estas verdades morales y las interpretaciones de los primeros autores, de tal manera, que permitió a estos líderes alcanzar riqueza, poder y control sobre la gente común, en sus creencias y observancia de culto. El Dios de amor, entonces, se convirtió, en gran parte, en "un Dios de odio e ira", infligiendo castigo a quienes se atrevieran a desobedecer aquellos mandatos que la jerarquía de la iglesia impuso sobre ellos, como las órdenes y voluntad de Dios.

Pero estos temas han sido tratados más a fondo en otras partes, y no entraré en más detalles sobre ellos, y ahora revelaré el camino verdadero que conduce al Reino de Dios en los Cielos Celestiales.

Bien, hemos escrito largamente esta noche, y pienso que es mejor posponer mi escrito hasta más tarde.

Pero debo decir esto – me complace que tu condición haya mejorado mucho, y creo que ahora podemos proceder más rápidamente con nuestros mensajes.

Recuerda esto: mis promesas serán cumplidas, y debes tener fe. Estoy contigo muy a menudo y te amo, como sabes, y continuaré orando al Padre por ti.

Así que, confía en mí y descansa en la seguridad de que te estoy ayudando en tus deseos. Buenas noches y que Dios te bendiga.

Tu hermano y amigo,
Jesús

San Juan Confirma que Jesús Escribió Acerca de los Dos Reinos

YO ESTOY AQUÍ, San Juan, Apóstol de Jesús.

No escribiré mucho, pero sólo deseo decir que has recibido un maravilloso mensaje del Maestro esta noche, y que él estaba muy deseoso de que lo recibas en la forma más correcta posible; y debo informarte que estaba muy satisfecho con la forma en que pudo expresar sus pensamientos.

Es una maravillosa revelación de los dos reinos que pueden y serán establecidos; el reino en el mundo espiritual ya ha sido establecido, pues, existen muchos espíritus cuyo amor natural ha sido purificado, al grado de ser hombres perfectos, como lo fueron los primeros padres.

Bien, él vendrá pronto y escribirá acerca del más grande e importante camino hacia el Reino verdadero del Padre, y espero que estés en condición para recibir esta parte del mensaje en forma correcta, tal como recibido lo escrito esta noche. ¡Cuánta sabiduría y amor posee este Jesús! ¿Acaso puedes dudar que él es el Cristo mismo y Salvador de la humanidad, quien mostró a los hombres el único camino hacia el Reino Celestial?

Hubo una gran concurrencia de espíritus presentes esta noche, y muchos quienes escucharon su mensaje fueron asombrados, y sé que fueron beneficiados por ello. Los espíritus superiores asistieron en gran número, y también muchos quienes han aprendido el camino y ahora progresan; y si hubieses podido ver las expresiones de amor en sus rostros, agradecerías al Padre, con toda la gratitud de tu alma, por haber sido elegido para esta labor.

¡Oh! hermano mío! no permitas que la duda entre en tu alma, en cuanto a tu misión y el trabajo que realizas.

Tu banda, tanto de los superiores, como los que están en progreso, estuvieron aquí, muy agradecidos al Padre por su gran bondad y bendiciones hacia ti.

No escribiré más, pero al cerrar te repito: ora y cree, y el amor vendrá a ti en mayor abundancia.

Con mi amor y las bendiciones del Padre, diré buenas noches

Tu hermano en Cristo
JUAN

El Único Camino al Reino de Dios en los Cielos Celestiales

YO ESTOY AQUÍ, *Jesús.*

He venido esta noche, ya que deseo terminar mi mensaje y espero que puedas recibirlo.

Bien, continuemos.

He descrito el camino al Reino de Dios en la tierra y en el mundo espiritual, y ahora describiré el único camino hacia el *Reino de Dios en los Cielos Celestiales.*

Como he escrito antes, cuando el hombre fue creado, además de haber sido otorgado aquellas cosas que hicieron de él, el hombre perfecto y en armonía con las leyes y voluntad del Padre, Él también le otorgó la potencialidad o privilegio de recibir el Amor Divino, siempre y cuando el hombre lo procurase, mediante el único camino trazado por Dios para obtenerlo. Pero en lugar de abrazar este gran privilegio, el hombre fue desobediente y trató de ejercer su propia voluntad, y lo hizo de tal manera que condujo, no sólo a su caída de la condición de hombre perfecto, como fue creado por Dios, sino también a la pérdida del gran privilegio de recibir este Amor Divino, privilegio que nunca le fue reo-torgado hasta mi venida y enseñanza acerca de este re-otorgamiento y el verdadero camino para obtener este amor.

AHORA, AQUÍ DEBE ENTENDERSE LO QUE FUE Y ES ESTE AMOR DIVINO, PUESTO QUE ES LO MISMO HOY, QUE LO QUE FUE CUANDO EL HOMBRE FUE CREADO A LA IMAGEN DE DIOS. ESTE AMOR DIFIERE DEL AMOR NATURAL DEL HOMBRE, CON LO QUE FUE DOTADO EN SU CREACIÓN Y QUE

75

PERTENECE A TODO HOMBRE, Y TODOS LO POSEEN EN UNA CONDICIÓN MÁS O MENOS PERFECTA, EN ESTO: QUE EL AMOR DIVINO ES AQUEL AMOR QUE PERTENECE A, O ES UNA PARTE DE DIOS, POSEYENDO SU NATURALEZA Y COMPUESTO DE SU SUBSTANCIA, QUE, AL SER POSEÍDO POR EL HOMBRE EN UN GRADO SUFICIENTE, LO CONVIERTE EN UN SER DIVINO Y DE LA NATURALEZA DE DIOS. DIOS DISPUSO QUE ESTE GRAN AMOR FUERA RECIBIDO Y POSEÍDO POR TODO HOMBRE QUE DESEE RECIBIRLO, E HICIESE EL ESFUERZO DE OBTENERLO.

Es el amor que en sí contiene lo divino que no es parte del amor natural. Sé, que muchos han escrito y creen, sin tomar en consideración la naturaleza del amor que tienen en sus almas, que todo hombre posee lo que ellos llaman "la chispa divina" que sólo necesita el desarrollo adecuado, a fin de que todo hombre sea divino. Pero esta concepción acerca del estado del hombre, en su condición natural, es totalmente errónea, puesto que el hombre no posee ninguna parte de la divinidad, y jamás lo poseerá, a menos que él reciba y desarrolle en sí este Amor Divino

En todo el universo y creación de Dios de cosas materiales y espirituales, la única de Sus criaturas que posiblemente pueda tener en sí algo de la naturaleza divina, es aquella que posee este Amor Divino.

La intención del otorgamiento de este amor fue, en su operación y efecto, transformar al hombre del mero hombre perfecto al ángel divino, y así crear un Reino de Dios en las Esferas Celestiales, donde sólo aquello que es divino puede entrar y encontrar una morada. Y debes entender que, así como depende del hombre mismo, en gran medida, establecer el Reino de Dios en la tierra o en el mundo espiritual, también depende del hombre, en gran medida, establecer el Reino en los Cielos Celestiales. Dios no establece ni establecerá este Reino Divino, mediante algún poder Suyo, y, si el hombre no hubiese recibido este Amor Divino en su alma, jamás habría habido tal Reino en existencia.

Existe un Reino ahora en la Esfera Celestial, pero no está terminado, puesto que aún está abierto y en el proceso de formación, y está abierto para la entrada de todo espíritu, y los hombres deben procurarlo a través del único camino provisto por el Padre, y ningún hombre o espíritu será excluido de ello, quien, con todo anhelo de su alma, aspire a entrar en este Reino.

Debo declarar, además, que llegará el momento cuando este Reino Celestial sea completado, luego del cual ni espíritu ni hombre podrá entrar en él; pues, el Amor Divino del Padre será retirado nuevamente del hombre, como sucedió con los primeros padres, y el único Reino que, entonces, será accesible al hombre será el Reino que existirá en la tierra, o el que ahora existe en el mundo espiritual.

Entonces, ¿cuál es el camino que conduce hacia este Reino Celestial? ¿El único camino? ¡Pues, no hay sino uno!

La observancia de los preceptos morales y la purificación de las almas de los hombres del pecado, siguiendo estos preceptos, no conducirán a este Reino, pues, como fácilmente puede verse, el río no puede subir más alto que su fuente, y la fuente de las almas de los hombres, en un estado meramente purificado, es la condición del hombre perfecto – aquella condición en que estuvo antes de su caída. Por consiguiente, el resultado de la mera observancia y viviendo de acuerdo a los preceptos morales, así como el ejercicio del amor natural en su estado puro, significa que el hombre solamente será restaurado a la condición del hombre perfecto – el hombre creado, sin nada de lo Divino. Pero esta condición restaurada del hombre, será tan perfecta y en tal armonía con la voluntad de Dios y las leyes que rigen a Sus criaturas superiores y más perfectas, que el hombre gozará de mucha felicidad. Sin embargo, él seguirá siendo sólo el ser creado, sin nada más que la imagen de su Creador.

Así que yo digo, viviendo en armonía con las leyes morales y ejerciendo este amor natural en su estado más alto y puro hacia Dios y hacia su prójimo, no conducirá al hombre hacia el camino del Reino Celestial, pero su logro más alto será el Reino en la tierra, o los cielos espirituales.

Y LA NATURALEZA DISTINTIVA Y DIFERENTE DE ESTOS REINOS, DE AQUÉL DE LOS CIELOS CELESTIALES, AYUDARÁ A LA HUMANIDAD A ENTENDER LA DIFERENCIA ENTRE LAS MISIONES DE LOS GRANDES MAESTROS Y REFORMADORES QUE, ENTRE LOS HOMBRES, ME HAN PRECEDIDO EN SU TRABAJO, Y LA MISIÓN QUE YO FUI ELEGIDO PARA REALIZAR EN LA TIERRA. LOS PRIMEROS NO PUDIERON HABER ENSEÑADO EL CAMINO HACIA EL REINO CELESTIAL, PUES, HASTA MI VENIDA, NO FUE POSIBLE QUE EL HOMBRE OBTUVIESE ESTE AMOR DIVINO DEL QUE ESCRIBO. ANTES DE AQUEL MOMENTO, NO EXISTÍA EL PRIVILEGIO, DESPUÉS DE HABER SIDO PERDIDO POR LOS PRIMEROS PADRES, Y NO HUBO UN REINO CELESTIAL EN DONDE LOS HOMBRES PUDIESEN ENCONTRAR SU HOGAR ETERNO.

Así que repito, todas las enseñanzas morales de la historia del mundo no pudieron mostrar el camino al Reino Celestial de Dios, como tampoco ahora, pues, la moralidad, como es entendida y enseñada por la humanidad, espíritus y ángeles, no puede dar al hombre aquello que es absolutamente necesario para transformar su alma en ese estado o condición que lo califique para entrar en este verdadero Reino Divino del Padre.

Pero el camino a ello es sencillo y único, y yo enseñé a los hombres este camino cuando estuve en la tierra; y se hubiese podido enseñar también, durante los siglos después que yo abandoné la vida humana; y debo decir que algunos han sido, así, enseñados y han encontrado aquel camino, pero comparativamente pocos, puesto que los mortales, cuya misión ostensible y declarada, y privilegio de enseñar aquel camino, es decir, los sacerdotes y predicadores y las iglesias, han fallado en enseñar el mismo. Más bien, aunque con sinceridad y conscientes de su lealtad a Dios y de sus obligaciones hacia la humanidad, sólo enseñaron el camino al cual la observancia de los preceptos morales conduciría a los hombres.

Y, ello, no obstante, la Biblia, que la mayoría de aquellos que profesan ser cristianos, creen que contiene mis dichos y enseñanzas, la misma señala este camino hacia el Reino Celestial. Las palabras son pocas y el camino es sencillo, y ningún misterio impide que los hombres comprendan el significado de ello. Cuando yo dije, *"A menos que un hombre nazca de nuevo, él no podrá entrar en el Reino de Dios"*, revelé el único y verdadero camino hacia este Reino. Durante mi vida en la tierra hubo algunos que entendieron esta gran verdad, y desde aquel tiempo, ha habido aquellos que, no sólo entendieron esta verdad, sino que encontraron el camino y lo siguieron hasta alcanzar el objetivo, y ahora son habitantes de este Reino; pero la vasta mayoría de los hombres – sacerdotes, maestros y la gente – nunca lo entendieron y jamás intentaron encontrar el camino. Esta gran verdad, a su sentido espiritual, ha sido, por así decirlo, una cosa oculta; y cuando ellos leen o incluso citan la misma a sus oyentes, para ellos no tiene ningún significado especial, sino tan sólo se considera como uno de los preceptos morales, como, por ejemplo, *"Ama a tu prójimo como a ti mismo"*, sin atribuirle la importancia que le han dado a algunas de las otras instrucciones morales.

Y así, a través de los siglos, desde la disponibilidad del gran Reino para los hombres, ellos, aunque con toda sinceridad y amor hacia Dios, han buscado y encontrado sólo el Reino del hombre perfecto, en mayor o menor grado, y fallaron en buscar y hallar el Reino del Ángel Divino.

ENTONCES, COMO HE EXPLICADO, CUANDO EL ALMA DEL HOMBRE POSEE EL AMOR DIVINO DEL PADRE, ELLA SE CONVIERTE EN UN ALMA DIVINA, EN SU SUBSTANCIA Y ESENCIA, LA MISMA DIVINIDAD DEL PADRE, Y SÓLO TALES ALMAS CONSTITUYEN Y HABITAN EL REINO CELESTIAL O DIVINO DE DIOS; Y ESTO, SIENDO ASÍ, FÁCILMENTE SE PUEDE COMPRENDER QUE EL ÚNICO CAMINO HACIA EL REINO CELESTIAL ES AQUÉL QUE CONDUCE A LA OBTENCIÓN DE ESTE AMOR DIVINO, QUE SIGNIFICA EL NUEVO NACIMIENTO. Y ESTE NUEVO NACIMIENTO ES LOGRADO A TRAVÉS DEL INFLUJO DE ESTE AMOR DIVINO EN LAS ALMAS DE LOS HOMBRES, PARTICIPANDO, ASÍ, DE LA NATURALEZA Y SUBSTANCIA MISMA DEL PADRE, Y, POR LO TANTO, LOS HOMBRES DEJAN DE SER TAN SÓLO LOS SERES CREADOS, Y SE CONVIERTEN EN ALMAS DE HOMBRES NACIDOS EN LA REALIDAD DIVINA DE DIOS.

Entonces, el único camino hacia el Reino Celestial es a través del Nuevo Nacimiento, y ese nacimiento llega a los hombres, sólo por el influjo y operación del Amor Divino, y, sea o no que un hombre experimente este nacimiento, dependiendo de la iniciativa del mismo hombre, surge la pregunta: ¿cómo o de qué manera puede un hombre obtener este Amor Divino y este Nuevo Nacimiento y el Reino Celestial? Y porque el camino es tan fácil y sencillo, es posible que los hombres duden de la veracidad de mi explicación, y continúen creyendo y poniendo todas sus esperanzas en las doctrinas ortodoxas de la expiación vicaria – el derramamiento de la sangre, mi sufrimiento en la cruz y cargando todos los pecados del mundo, y mi resurrección de la muerte – doctrinas muy dañinas a la salvación de la humanidad, pues, carecen de verdad o fundamento de hecho o efecto.

EL ÚNICO CAMINO, ENTONCES, ES SENCILLAMENTE ÉSTE: QUE LOS HOMBRES CREAN, CON TODA LA SINCERIDAD DE SUS MENTES Y ALMAS, EN ESTE GRAN AMOR DEL PADRE QUE ESPERA A SER OTORGADO A TODOS Y A CADA UNO DE ELLOS, Y QUE, CUANDO ACUDAN AL PADRE CON FE Y ASPIRACIONES SINCERAS, ESTE AMOR NO LES SERÁ NEGADO. Y, ADEMÁS DE ESTA CONVICCIÓN, QUE OREN CON TODA LA SINCERIDAD Y ANHELO DE SUS ALMAS PARA QUE ÉL ABRA SUS ALMAS AL INFLUJO DE ESTE AMOR, Y QUE A ELLOS LLEGUE, ENTONCES, EL ESPÍRITU SANTO PARA LLEVAR ESTE AMOR A SUS ALMAS, EN TAL ABUNDANCIA, QUE SUS ALMAS SE TRANSFORMEN EN LA ESENCIA MISMA DEL AMOR DEL PADRE.

El hombre, que así cree y ora, jamás será desilusionado, y el camino hacia el Reino será suyo, tan certero como brilla el sol día tras día sobre el justo, al igual que el injusto.

No es necesario un mediador, como tampoco las oraciones o ceremonias de sacerdotes o predicadores, pues Dios llega al hombre mismo y oye sus oraciones y responde a ellas, enviando el Consolador, que es el mensajero del Padre, para llevar este gran Amor Divino a las almas de los hombres.

He explicado, de esta manera, el único camino hacia el Reino Celestial de Dios y a la divina naturaleza del amor; y no existe ningún otro camino posible para alcanzar este Reino y el conocimiento cierto de la inmortalidad.

Por lo tanto, imploro a los hombres que mediten sobre estas grandes verdades, y al meditar crean, y al creer, oren al Padre por el influjo en sus almas de este Amor Divino. Al hacerlo, experimentarán la convicción, fe, posesión y propiedad de aquello que jamás les será retirado - no, no en toda la eternidad.

Y queda, así, a discreción del hombre elegir y fijar su destino. ¿Será este destino el del hombre perfecto o del ángel divino?

He finalizado y creo que recibiste mi mensaje como fue mi intención, y estoy complacido.

No escribiré más por ahora, y con mi amor y bendiciones, diré buenas noches.

Tu hermano y amigo,
JESÚS

Afirmación por Samuel, Jesús Escribió los Mensajes

YO ESTOY AQUÍ, Samuel, Profeta del Antiguo Testamento.

Escuché el mensaje del Maestro y, al igual que sus otros mensajes, está lleno de verdades que son vitales para la felicidad futura del hombre y la condición del ser.

He estado contigo muy a menudo también, y he tratado de ayudarte en toda forma que me sea posible, y debes creer que a tu alrededor tienes una multitud de espíritus celestiales, así como espirituales, que se interesan en ti y tratan de asistirte en tu trabajo.

Regresaré pronto para escribir.

Entonces con mi amor diré buenas noches.

Tu hermano en Cristo,
SAMUEL

Después De La Muerte, El Juicio. Qué Es y Qué No Es

YO ESTOY AQUÍ, *Jesús.*

Yo estoy aquí y deseo escribir unas cuantas líneas en relación al "gran día del juicio", del cual los predicadores y maestros de teología escriben tan a menudo. Sé que la Biblia, o más bien, algunos de los libros, hacen mucho énfasis sobre este día en que, como afirman, Dios derramará su copa de ira sobre los impíos y condenarlos al castigo eterno.

Existe, como tú sabes, una gran diversidad de opiniones entre estos hombres letrados, en cuanto al sentido y significado de este "día del juicio", y cuándo ocurrirá, desde un punto de vista cronológico. Y todas estas variadas opiniones son abrazadas por muchos estudiantes y maestros y proclamadas al mundo como verdad y libres de dudas.

Bien, es seguro que todo hombre muere y vendrá el juicio, y aquello que sigue a la muerte es tan seguro como lo es la muerte en sí, y tan razonable como el efecto que le sigue a una causa. Así que, los hombres no deben tener ninguna dificultad en creer en el juicio como un hecho inevitable, así como no se puede evitar la muerte.

Pero cuando se usa la palabra y el hecho "*juicio*" como un efecto, o un hecho después de la muerte, puede tener varios significados, según las opiniones y entendimiento de diferentes hombres, dependiendo de sus creencias en cuanto a temas religiosos, científicos o filosóficos. Para el ultraortodoxo, el término "*juicio*" significa, y necesariamente involucra el pronunciamiento activo de una sentencia de Dios, debido y determinado por sus vidas y pensamientos durante su vida mortal, sin tomar en consideración ninguna de Sus leyes generales y la operación de éstas. Dios

80

es, Él Mismo, el juez – personal y presente – y en esta capacidad conoce y analiza la vida y obras de cada hombre, formando la base de la sentencia que Él debe pronunciar en cada caso individual. Dios mantiene un registro de todos los actos de los hombres, o, si al hombre se le concede mantener su propio registro, su registro será, en el momento de la gran asamblea para el juicio, abierto o expuesto ante la vista, a fin de que nada sea perdido; y luego, en base a este registro, los hombres serán enviados a la felicidad eterna o al castigo eterno, o, como creen algunos, a la destrucción o aniquilación.

Otros, no ortodoxos, que creen en la supervivencia del alma y la continuidad de la memoria de las acciones y pensamientos de los hombres, enseñan que el juicio sigue después de la muerte como una consecuencia natural de la operación de la ley de causa y efecto; y el efecto no puede ser evadido, hasta que, de alguna manera, llegue a la conciencia del hombre la comprensión que el efecto de su sufrimiento ha satisfecho la causa y que no existe nada misterioso o sobrenatural en la presencia y operación del juicio. Ellos no creen que Dios, por alguna interposición especial o castigo personal, pronuncia el juicio o determina los méritos o deméritos de aquél que ha sido llamado a juicio.

Además de estos puntos de vista, existen otras creencias, pero los dos que he citado son los principales y son suficientes para demostrar lo que la gran mayoría de los hombres pensantes, o más bien creyentes, concluyen lo que ha de significar, o como debe ser entendido el término "juicio", como es usado en la Biblia.

Bien, el juicio del alma humana es un acompañamiento importante de la vida humana, tanto en carne mortal, como en el mundo espiritual, y, en lo que respecta al castigo, difícilmente exista algo que merezca más atención y consideración de parte del hombre, pues, es una certeza, sean ciertas o falsas sus creencias, que ellos no podrán evitarlo. El juicio sigue, sin duda, a lo que los hombres llaman muerte, como la noche al día, y ninguna filosofía, dogmas teológicos o determinaciones científicas pueden alterar este hecho o, en forma alguna, cambiar el carácter u operación exacta de este juicio.

Pero el juicio no es algo que pertenece exclusivamente al período después de la muerte, o a la condición, ya que está presente y operando en los hombres desde el momento de encarnar como humano hasta que desencarnen, y de allí continuamente hasta que las causas de los efectos hayan sido satisfechas y no quede más nada para ser juzgado, siendo un hecho también, un final feliz – puesto que todo hombre depende de su progreso para lograr las condiciones de armonía con las leyes que efectúan y pronuncian el juicio. Estas leyes funcionan durante la vida en la tierra, y el hombre es continuamente juzgado por las causas que él ha iniciado en su existencia, y el juicio después de la muerte es sólo una continuación del juicio recibido por los hombres en su vida terrenal.

Por supuesto – los hombres quizás no lo sepan – estos juicios o sus efectos se intensifican más después que los hombres hayan sido liberados de las influencias de la existencia carnal y se conviertan en espíritus, poseyendo sólo las cualidades espirituales. Y debido a este hecho, el hombre debe entender y tratar de darse cuenta que la expresión "después de la muerte, el juicio", tiene un mayor significado y es de más importancia vital que el dicho – "el juicio está con los hombres durante toda su vida mortal".

Después de la muerte las causas de la desarmonía con la ley son más marcadas y aparecen en su verdadero significado y fuerza, y siendo así, los efectos, como consecuencia, son más intensificados y comprendidos, y los hombres sufren más y se dan cuenta de la oscuridad, y a veces la horrenda oscuridad que producen estos efectos. La desarmonía aparece en su desnuda y abierta realidad, y la operación de la ley impone sobre los hombres las penalidades exactas que sus trasgresiones demandan.

El hombre es su propio contador, y en su memoria están registrados todos los pensamientos y acciones de su vida terrenal que estén en discordia con la armonía de la voluntad de Dios, que se expresa o manifiesta a través de Sus leyes. El juicio no es cosa de un día o un tiempo determinado, pero nunca cesa siempre que exista aquello sobre lo cual pueda operar, y disminuye en proporción a medida que desaparecen las causas de la desarmonía.

Dios no está presente en ira exigiendo reparación, como lo hace el humano que cree haber sido injuriado y exige reparación del causante de la injuria. No – el Padre está presente sólo en amor, y a medida que el alma que experimenta la pena, que sus propias acciones y pensamientos le han impuesto, alcance más armonía con la voluntad del Padre, Él se verá complacido, como ustedes los mortales dicen.

Nunca un Dios iracundo, regocijando en la satisfacción de que una pena sea pagada por parte de uno de Sus hijos descarriados, pero siempre un Padre cariñoso, regocijando en la redención de Sus hijos de un sufrimiento que una violación de las leyes de armonía exige con certeza.

Entonces, como yo digo, el día del juicio no es un momento especial cuando todo hombre debe reunirse en presencia de Dios, y sus obras y pensamientos sean pesados en la balanza, y que luego, según sean buenos o malvados, reciban la sentencia que un Dios enojado o justo, pronuncie sobre ellos.

EL DÍA DEL JUICIO ES TODOS LOS DÍAS, TANTO EN LA VIDA TERRENAL DEL HOMBRE, COMO EN LA VIDA EN ESPÍRITU, DONDE OPERA LA LEY DE COMPENSACIÓN. EN EL MUNDO ESPIRITUAL EL TIEMPO ES DESCONOCIDO, Y CADA MOMENTO ES PARTE DE LA ETERNIDAD, Y CON CADA MOMENTO, SIEMPRE QUE LA LEY LO REQUIERA, LLEGA EL JUICIO, CONTINUO E

INSATISFECHO HASTA QUE, TANTO EL HOMBRE COMO ESPÍRITU, ALCANCE UNA CONDICIÓN DE ARMONÍA TAL, QUE LA LEY YA NO LE IMPONGA MÁS JUICIO.

Pero de lo que he escrito, los hombres no deben suponer o engañarse en un estado de creencia que, porque no hay un día especial para el juicio en el que Dios pronuncie Su sentencia, el juicio, por lo tanto, no sea de temer o evitar. No, este estado de pensamiento es sólo un paliativo temporal, porque el juicio es certero, y no es, ni será menos temible, porque la ley inmutable exige la restauración exacta, y no un Dios enojado.

Ningún hombre que haya vivido y muerto, ha escapado, y ningún hombre que morirá en lo sucesivo puede eludir este juicio, a menos que él, mediante aquel camino provisto por el Padre en Su amor, logre la armonía con las leyes que requieren esa armonía. "El hombre cosecha lo que siembra", es tan cierto como lo es el hecho de que el sol brilla sobre el justo, así como el injusto.

La memoria es el depósito del bien y el mal del hombre, y la misma no muere con la muerte del cuerpo físico del hombre. Al contrario, ella se aviva más aun – totalmente viva – y nada se queda atrás o se olvida, cuando el hombre–espíritu se despoja del impedimento y de las influencias entorpecedoras y engañosas del único cuerpo del hombre que fue creado para morir.

EL JUICIO ES REAL, Y LOS HOMBRES DEBEN ENFRENTARLO CARA A CARA, Y LA FALTA DE CREENCIA O LA INCREDULIDAD O INDIFERENCIA, O LA APLICACIÓN DEL DICHO A LA VIDA DE LOS HOMBRES QUE DICE, "BÁSTALE AL DÍA SU PROPIO MAL", NO SERÁ UN MEDIO PARA QUE LOS HOMBRES PUEDAN EVADIR EL JUICIO, O LA IMPOSICIÓN DE SUS DEMANDAS.

Existe, sin embargo, un camino a través del cual los hombres pueden transformar el juicio de la muerte, en el juicio de la vida – la desarmonía en armonía – el sufrimiento en la felicidad – y el juicio propio en algo que desear.

En otra parte hemos escrito sobre este camino, abierto a todos los hombres, y no pretendo describirlo aquí.

He escrito suficiente por esta noche. Estás cansado y no debo continuar.

Así, con mi amor diré buenas noches.

Tu hermano y amigo,
JESÚS

Las Creencias de un Predicador Misionero

YO ESTOY AQUÍ, *Jesús*.

Yo estaba contigo esta noche durante la ceremonia, y escuché lo que dijo el predicador. Él declaró algunas verdades, pero también dijo algunas cosas que son falsas. Él dijo, "sólo aquellos que han sido convertidos son hijos de Dios".

Todos los hombres son hijos de Dios, y Su amor y amparo son para todos, y son muy queridos por Él, de lo contrario, Él no les habría re-otorgado Su amor, dándoles el privilegio de convertirse en habitantes de Su Reino Celestial.

No son menos dignos de ser Sus hijos, por el simple hecho de ser pecadores, a quienes Él tanto ansía redimir y llenar del Amor Divino, y cuando el predicador dice que "aquellos que son pecadores no son hijos de Dios", él no declara la verdad, puesto que todos son Sus hijos – algunos gozarán de la vida pura y la dicha que la purificación de su amor natural les brindará, y otros habitarán y disfrutarán del Reino Celestial que el Nuevo Nacimiento les otorgará. Pero todos son Sus hijos, aunque algunos erraron y han sido ajenos a Su amor, como el hijo pródigo que abandonó el hogar de su padre para ir a un país lejano.

Esta doctrina que declara que los pecadores no son hijos de Dios, es una doctrina condenable y perniciosa, y causará que muchos pierdan la esperanza de alguna vez convertirse en otra cosa que no sea hijos de la perdición – o, como dicen los ortodoxos – del diablo.

La misericordia del Padre es para todos, pero si algunos de Sus hijos no optaran por procurar y recibir el Amor Divino, que, cuando se posee, convierte al hombre en ángel, ellos, aun así, son Sus hijos, y en la plenitud del tiempo, o antes del momento de la gran consumación, se convertirán en seres puros y felices, como lo fueron los primeros padres antes de la caída.

Y a pesar de que este predicador posee una gran cantidad del Amor Divino en su alma, y de manera sincera y correcta anhela más, sus creencias y enseñanzas, sin embargo, son totalmente erróneas, en cuanto al destino y condición futura de aquellos que podrían recibir este amor y convertirse en Uno con el Padre, y retardarán su propio progreso en el desarrollo de su alma y avance hacia el Reino de Dios.

Sus creencias, por supuesto, provienen de su estudio e interpretación de algunas de las declaraciones de la Biblia, y, por lo tanto, él no enseña aquello que no cree, o que, a su propia conciencia, sea falso. No obstante, ello es falso, y él tendrá que sufrir las consecuencias de tales creencias y enseñanzas falsas.

A pesar de que la ignorancia no lo eximirá de sus consecuencias, pero tampoco invocará las penalidades de la ley que aplica al engañador intencional o predicador de falsas doctrinas, la misma tampoco lo exculpará o relevará de las penalidades de aquella ley, que exige que la verdad y únicamente la verdad sea creída y enseñada. Aunque él pueda tener algo de lo divino en su alma, tendrá que librarse de estas creencias falsas; pues, cuando existe una creencia falsa en el corazón y alma del hombre, interfiere, en esa medida, con el influjo del amor en esa alma y su progreso hacia la unión perfecta con el Padre.

La verdad, en sí, es un hecho. No puede tener ninguna afiliación con la falsedad, no importa que la falsedad sea el resultado de la ignorancia, puesto que toda falsedad es el resultado de la ignorancia, y debe ser erradicada de los corazones de los hombres, antes que pueda haber aquella armonía entre Dios y el hombre, que la naturaleza misma de la verdad requiere. Si así fuera, que ningún hombre puede ser un hijo de Dios, a menos que posea la perfecta armonía, que la verdad absolutamente exige, entonces, Dios no tendría hijos entre los hombres. La condición del pecador y aquella del hombre que ha experimentado el nuevo nacimiento difiere sólo en el hecho de que, el primero no ha comenzado a recibir en su alma la esencia de la verdad, mientras que el otro, en cierta medida, tiene esta esencia. Todos pueden recibir esta esencia, y en gran abundancia. Algunos, quizás, nunca llegarán a poseer la esencia de la verdad divina, pero ningún hombre permanecerá sin la esencia de la verdad que conduce al hombre perfecto.

La verdad acerca de la existencia del ángel, y la verdad del hombre perfecto son igualmente verdades, aunque la primera es de un grado y naturaleza superior a la última.

Nuestros primeros padres fueron hijos de Dios – sus propias criaturas – buenos y perfectos, y después de su caída no fueron menos hijos de Él, ya que su amor por ellos fue tan grande, que, en la plenitud de la perfección de Sus planes, Él les otorgó nuevamente el privilegio de recibir Su Amor Divino, y me envió a proclamar el hecho y a enseñar a los hombres el camino para obtener ese gran amor.

La muerte que había existido durante largos siglos fue suplantada por el potencial de vida, y yo fui el camino, la verdad y la vida, y la inmortalidad se convirtió en una posibilidad para los hombres.

Por lo tanto, todo hombre es hijo de Dios, en una relación u otra; ya sea el caso donde el hombre renuncie a sus pecados y esté satisfecho con la perfección de su amor natural y morada que pertenece al hombre perfecto, o que aspire a recibir el influjo del Amor Divino en su alma, que le permitirá entrar en los Cielos Divinos y tener certeza de su inmortalidad.

Cuando Dios re-otorgó este Amor Divino al hombre, no habría, entonces, ningún hombre en existencia, ni en espíritu tampoco, quien podría ser llamado Su hijo, si realmente fuera necesario, como dijo el predicador, que el hombre se convierta para poder ser llamado hijo de Dios, puesto que ninguno antes había recibido este amor, que es la única cosa o poder, en todo el universo de Dios, que pueda convertir a un hombre "muerto" en transgresión y pecado. Sin embargo, Dios ama a todos Sus hijos y les confirió este gran don, porque ellos son Sus hijos. Si Dios sólo amara a los virtuosos, no habría ninguno digno de ser objeto de Su generosidad. Él no tendría hijos de Su amor.

Y ahora que el Padre ha re-otorgado este don, y algunos hijos de hombres lo han recibido y poseído, y están más en armonía con Él, ¿acaso fueron menos hijos de Él, antes de dicho otorgamiento, porque no habían buscado y haber hecho suyo este don?

No, el amor del Padre es tan grande, amplio y profundo, que ello es para todos Sus hijos sobre la tierra, esperando para serles otorgado; y la oveja perdida es tanto Su hija, como lo son las noventa y nueve a salvo en el redil. Y aunque la oveja perdida jamás encuentre, o entre en el redil donde están amparadas aquellas que poseen Su Amor Divino, aquella oveja, no obstante, sigue siendo, y es el objeto de Su amor.

Que los predicadores y otros, quienes han asumido la responsabilidad de enseñar a los hombres las verdades del Padre, se abstengan de proclamar la doctrina que declara que sólo aquellos que han recibido el nuevo nacimiento son hijos de Dios. Ellos, por supuesto, no son Sus hijos obedientes hasta que hayan obtenido, ya sea el Amor Divino y Esencia del Padre, o la pureza de los primeros padres antes de la caída, pero siguen siendo Sus hijos, aunque mancillados por su propia creación de pecado y error.

DIOS ES AMOR – y el amor no tiene límite en sus altura o profundidades. Existe en los cielos más altos, y llega hasta los infiernos más bajos, y a su manera y en su debido tiempo, obrará su propio cumplimiento. Todo hombre estará en armonía con la voluntad del Padre que es perfecta, y aunque algunos y diré, la mayoría de los hombres, no aceptarán la invitación de convertirse en ángeles de Su Reino Celestial, que no es obligatorio, pero harán Su voluntad, ya sea en un futuro cercano o lejano, libres de pecado y error de su propia creación, y puros y perfectos como lo fueron ellos, los primeros creados por el Padre y pronunciados "buenos".

El enemigo más grande del hombre es aquel que, habiendo sido consciente de poseer el Amor Divino, convirtiéndose, así, en hijo divino del Padre, y quien, creyendo en los errores de la Biblia y las interpretaciones erróneas de sus verdades, declara que Dios odia al resto de la humanidad, y que son objetos de Su ira y la segura condenación eterna y tormenta perpetua.

Es deplorable que tales creencias y declaraciones aún existan, especialmente de parte de aquellos que han asumido la responsabilidad de dirigir a las masas hacia el camino de las verdades y planes de Dios para la felicidad de los hombres, y redención del mal y pecado que les causa tanto sufrimiento.

Pero todo esto demuestra el poder y ceguera de las creencias fundadas en error y enseñanzas falsas. Y, por extraño que parezca, estos dirigentes del ignorante pueden tener algo del Amor Divino en sus almas, pero sus creencias mentales e intelectuales son tan fijas e inamovibles, que la posesión de este amor no los hará comprender que el amor del Padre es para todos, y que la ira no es parte de Su Ser, sino una cualidad del hombre pecador, que estos creyentes erróneos Le atribuyen.

Si algo puede decirse que Dios odia, Él odia el pecado, pero ama al pecador, quien es la criatura de Su voluntad, y quien ha sido tan desafortunado de haber creado aquello que lo mancilla y lo aleja, no solamente del Padre, sino de su propia creación perfecta y pura.

Bien, he escrito suficiente por esta noche y espero que lo que he dicho pueda ser de beneficio, no sólo para el pecador, sino también para el hombre, predicador, o laico, quien, poseyendo algo del Amor Divino, proclame que sólo él u otros como él, son hijos de Dios.

Como dijo Pablo, "ellos ven a través de un cristal oscuro", pero luego se verán cara a cara y, al hacerlo, verán tal evidencia y manifestación del amor del Padre, que sabrán que ellos y sus hermanos pecadores son todos hijos del Padre, aunque uno puede ser heredero al Reino Celestial y Esencia Divina del Padre, mientras que el otro puede ser heredero sólo del amor puro del Padre, para bendecir y hacerlos felices en el amor natural puro y condición de hombre perfecto, que poseía el llamado Adán antes de su caída.

Debo detenerme ahora, pero, al hacerlo, deseo decir que no debes permitir que lo que declaren estos creyentes ortodoxos perturbe tu fe en nuestras comunicaciones, puesto que sólo saben lo que les dice la Biblia, y tú conoces las verdades que nosotros declaramos.

Vendré pronto para escribir un mensaje acerca de verdades, que he deseado escribir desde hace algún tiempo.

Confía en mi amor y que estoy contigo, orando por ti y ayudándote con mi influencia.

Buenas noches, y que el Padre te bendiga.

Tu hermano y amigo,
JESÚS

EL AMOR DIVINO
Qué Es y Qué No Es. Cómo Puede Ser Obtenido

YO ESTOY AQUÍ, San Juan (Apóstol de Jesús).

He venido esta noche para decir sólo unas cuantas palabras y éstas, en relación al amor — el Amor Divino del Padre que Él re-otorgó a la humanidad con la venida del Maestro.

Este Amor es lo más grande en todo el mundo, y lo único que puede lograr que el hombre sea uno con el Padre, y cambiar el alma del hombre como ha sido desde su creación, a una Sustancia Divina llena de la Esencia del Padre. No existe ninguna otra cosa en todo el universo de Dios que pueda transformar al hombre en una nueva criatura y un habitante del Reino del Padre. Y cuando los hombres poseen este amor, entonces poseen todo aquello que los convertirán, no sólo en hombres perfectos, sino también en ángeles divinos.

Entonces los hombres comprenderán los preceptos morales del amor fraternal, así como la unicidad del Padre, y no tendrán que buscar otra ayuda para traer a la vida de la raza humana aquellas cualidades que les proporcionarán la paz y buena voluntad.

Entonces, los hombres sabrán que cada hombre es su hermano, y podrá tratar a su prójimo como desea para sí mismo, y esto sin esfuerzo o sacrificio de su parte, puesto que el amor obra su propio cumplimiento, y toda su beneficencia fluye hacia el prójimo, como cae el rocío del cielo. La envidia, odio, conflictos y celos, y todas las otras cualidades malvadas del hombre desaparecerán, y sólo reinarán la paz, alegría y felicidad.

LA ABUNDANCIA DEL AMOR DIVINO ES TAL, QUE PUEDE SER POSEÍDO POR TODO HOMBRE, SENCILLAMENTE BUSCÁNDOLO CON EL ANHELO SINCERO POR SU INFLUJO. PERO EL HOMBRE DEBE COMPRENDER QUE NO ES SUYO POR DERECHO PROPIO, NI LE ES FORZADO, JAMÁS, PERO LLEGA SOLAMENTE EN RESPUESTA A LA ORACIÓN SINCERA Y HONESTA DE UN ALMA LLENA DE ANHELOS POR SU LLEGADA.

Este Amor se obtiene, no con la observancia de meras reglas morales, o con buenas obras y el ejercicio del amor natural de un hombre hacia sus semejantes, porque ningún hombre puede merecerlo, jamás, por ninguna obra o actos, o bondad del corazón que pueda tener.

Todas estas cosas son deseables y conllevan sus propias recompensas, y brindan la felicidad y la paz que resultan de buenos pensamientos y acciones bondadosas; pero todo esto no trae este Gran Amor al alma del hombre. Es el Padre solo, y solamente cuando el alma se abra a su recepción, este Amor puede encontrar su hogar en aquella alma.

Es más grande que la fe o la esperanza, porque es la sustancia verdadera del Padre, mientras que la fe y la esperanza son las cualidades que un hombre puede poseer por su propio esfuerzo, y que le fueron conferidas para que él pueda realizar la posibilidad de obtener este Amor. Sin embargo, ellas solamente son los medios — el Amor Divino es la finalidad y plenitud de su ejercicio.

Pero los hombres no deben creer que todo amor es símbolo del Amor Divino, puesto que es muy diferente en sustancia y cualidades, de todo otro amor.

Todo hombre posee, como parte de sus posesiones, el amor natural y no necesitan orar para el otorgamiento del mismo, aunque, porque ha sido manchado por el pecado, él necesita ser purificado y liberado de esta mancilla, y el Padre siempre está dispuesto y listo para ayudar a los hombres a lograr esta purificación.

Pero este Amor Divino no forma parte de la naturaleza del hombre, ni él puede obtener o poseerlo, salvo que él lo busque. Viene de fuera y no se desarrolla desde dentro.

ES EL RESULTADO DE LA ADQUISICIÓN INDIVIDUAL, Y NO EL OBJETO DE POSESIÓN UNIVERSAL. ESTÁ AL ALCANCE DE TODOS, PERO SERÁ POSEÍDO SÓLO POR UNOS CUANTOS; Y CADA HOMBRE DEBE DETERMINAR PARA SÍ MISMO, SI DEBE SER SUYO. CON DIOS, NO EXISTE LA DISTINCIÓN DE PERSONAS; TAMPOCO HAY NINGÚN CAMINO MAJESTUOSO PARA OBTENER ESTE AMOR. TODOS DEBEN PERSEGUIR EL MISMO CAMINO, Y ESE CAMINO ES AQUEL QUE JESÚS ENSEÑÓ: LA APERTURA DEL ALMA A ESTE AMOR, PARA ENCONTRAR UN ALOJAMIENTO EN AQUELLA ALMA, QUE SÓLO SE LOGRA A TRAVÉS DE LA ORACIÓN SINCERA Y ANHELO POR SU INFLUJO.

ESTE AMOR ES LA VIDA DE LOS CIELOS CELESTIALES, Y ÚNICA LLAVE QUE ABRIRÁ LAS PUERTAS, Y CUANDO EL MORTAL LAS ATRAVIESA, TODO OTRO AMOR SE ABSORBE. NO TIENE SUSTITUTO, Y ES DE POR SÍ, UNA COSA APARTE. ES LA ESENCIA DE LO DIVINO, Y EL ESPÍRITU QUE LO POSEE ES, EN SÍ, DIVINO. PUEDE SER TUYO, PUEDE SER DE TODO HOMBRE, O TAL VEZ NO LO SEA. DEBES DECIDIR ESTO POR TI MISMO; NI SIQUIERA EL PADRE PUEDE HACER LA DECISIÓN POR TI.

AL CONCLUIR, PERMÍTEME REPETIR QUE ES LO MÁS GRANDE EN TODO EL UNIVERSO DE DIOS; Y NO SÓLO LO MÁS GRANDE, SINO LA SUMA DE TODAS LAS COSAS, PUES DE ÉL, EMANA TODO LO QUE TRAE LA PAZ Y FELICIDAD.

No escribiré más por esta noche, y con mi amor a ti y las bendiciones del Padre, diré buenas noches.

Tu hermano en Cristo,
JUAN

La Necesidad de la Fe y Oración al Hacer el Trabajo. El Sr. Padgett Es Su Elegido Para Hacer El Trabajo

YO ESTOY AQUÍ, Jesús.

Yo estaba contigo esta noche y escuché el sermón, pero no se dijo mucho que fuera vital para nuestras verdades, y no tengo comentario que hacer sobre el sermón. Lutero estaba allí también, y se mostró algo decepcionado, pues, más bien, esperaba que el predicador dijera algunas cosas que pudieron haber sido beneficioso para las almas de sus oyentes. Él te escribirá muy pronto, puesto que está muy ansioso de hacerlo.

RECUERDA QUE TE AMO CON UN AMOR MUY GRANDE, Y QUE TÚ ERES MI ELEGIDO PARA HACER ESTE TRABAJO, Y QUE A NINGÚN OTRO HOMBRE SE LE HA DADO, JAMÁS, TAL OPORTUNIDAD Y PRIVILEGIO; Y NO DEBES FALLAR. DE MUCHOS FACTORES DEPENDE QUE EL MUNDO OBTENGA LAS VERDADES EN ESTE MOMENTO, PUES, LAS ALMAS DE LOS HOMBRES ANHELAN LA VERDAD, Y ESTÁN MÁS SUSCEPTIBLES A RECIBIR LAS MISMAS AHORA, COMO NUNCA ANTES EN LA HISTORIA DE LA HUMANIDAD.

Así que, confía en mi amor y mis ansias, y procura lograr una estrecha conexión conmigo. Oraré contigo esta noche, y verás alguna respuesta a mis oraciones.

Al orar esta noche, debes confiar que recibirás aquello que pides, y no serás desilusionado.

Bien, como dije cuando te entregué la oración, si ofreces esta oración con toda sinceridad y anhelo de tu alma, ella será contestada; y al recibir la respuesta, las cosas materiales vendrán también, pues, cuando recibas lo que pide esta oración, tú, entonces, estarás en posesión del Reino de Dios, y aquellas otras cosas te serán añadidas. Dios sabe lo que necesitas, y siempre está dispuesto a otorgarte lo necesario, y cuando te conviertas en Su hijo verdadero, Él no fallará en darte todas estas cosas. Él es más atento y cuidadoso de sus hijos de lo que lo es un padre terrenal, y Sus ángeles están siempre listos para cumplir Su mandato. Así que, ten fe, y ora y ora, y te darás cuenta de las maravillosas respuestas que vendrán a ti.

No escribiré más esta noche, pero otra vez quiero enfatizar la necesidad de la fe y la oración; y no debes olvidar que nosotros, los ángeles del Padre, estamos contigo tratando de ayudarte.

Buenas noches. Con todo mi amor y bendiciones, yo soy

Tu hermano y amigo,
JESÚS

Debo decir que todos estamos aquí, y escuchamos lo que dijo el Maestro. Sabemos que él escribió, y que puedes confiar en lo que dijo; permite que la duda te abandone y que el amor y la fe se posesionen de tu alma.

Que Dios te bendiga y te guarde en Su amor,

PABLO
JUAN
SANTIAGO
LUTERO
BARNABÉ
SAMUEL
JOHN WESLEY
JUAN EL BAUTISTA

YO ESTOY AQUÍ, *Lucas*.

Sólo diré unas cuantas palabras, pues, comprendo cómo te sientes y cuán importante es que creas que fue el Maestro quien te escribió, y en la certeza de que puedas confiar en lo que él dijo. Si sólo supieras cuán interesado está en ti, y cuánto amor y amparo te está otorgando, no dudarías, ni por un momento, ni perderías la fe en sus promesas. Y además, todos estamos contigo en amor y esfuerzos por ayudarte.

Entonces, confía y no serás desilusionado.

Con mi amor diré, buenas noches.

Tu hermano en Cristo,
LUCAS

Afirmando Que Los Espíritus Celestiales Firmaron Sus Nombres

YO ESTOY AQUÍ, tu verdadera y querida Helen (esposa del Sr. J. E. Padgett).

Bien querido, los mensajes han sido extraordinarios esta noche. Quiero decir, los mensajes corroborando lo que dijo el Maestro, y te indican que no debes dudar, o perder tu fe en lo que te ha sido escrito, no sólo esta noche, sino también en el pasado.

También debes saber, cuanto interés tienen estos espíritus en ti, y en el trabajo que debes realizar, pues, de lo contrario, jamás habrías recibido tales mensajes.

CADA UNO DE ELLOS, CUYOS NOMBRES FUERON SUSCRITOS, ESCRIBIÓ, DE HECHO. CONOZCO A TODOS, Y LOS VI FIRMAR SUS NOMBRES, Y CON CADA FIRMA SE OFRECIÓ UNA ORACIÓN PARA QUE DIOS TE BENDIGA, Y TE DÉ SU AMOR EN GRAN ABUNDANCIA. TODO ES TAN MARAVILLOSO, QUE ESTOY ALGO ASOMBRADA POR ESTA GRAN DEMOSTRACIÓN DE INTERÉS EN TI, Y DESEO QUE LO CREAS.

Así pues, mi querido esposo, debes creer con toda tu alma y confiar en el amor del Maestro, y en su gran deseo de verte feliz y libre.

No escribiré más esta noche, aunque fue mi intención escribirte una carta personal, pero estás demasiado cansado para recibirla. Pero sabes cuánto te amo y cuán ansiosa estoy de verte feliz y lleno del amor del Padre.

Te amo y deseo que me ames.

Buenas noches.

Tu Verdadera y querida,
HELEN

Jesús Dice que Su Misión, al Escribir Estos Mensajes, Es su Segunda Venida a La Tierra

YO ESTOY AQUÍ, *Jesús*.

Escuché su discusión esta noche, y estoy complacido por la comprensión de mis verdades, que tu amigo y tú parecen tener en sus almas, y ahora siento que ambos están progresando, al punto donde pronto estarán en condiciones de entender completamente CUÁL ES MI MISIÓN AL ESCRIBIR ESTOS MENSAJES. Has dicho correctamente, que mi nueva revelación de las verdades del alma es lo que necesita la humanidad en este momento, y aquello que los hombres estarán en condición de aceptar como verdades reales del Amor de Dios y de Sus leyes. MI VENIDA A TI ES, EN EFECTO, MI SEGUNDA VENIDA A LA TIERRA, Y EL RESULTADO DE MI VENIDA DE ESTE MODO SATISFARÁ Y CUMPLIRÁ TODAS LAS PROMESAS DE LA SAGRADA ESCRITURA, EN CUANTO A MI SEGUNDA VENIDA.

Así que, crean en este hecho importante y que su fe en mí aumente, hasta que en sus almas y mentes ya no exista duda acerca de cuál es mi misión actual, y cuál será el trabajo de ustedes para dar a conocer a los hombres mi verdadero objetivo, al revelarles las grandes verdades del Padre.

No escribiré más esta noche, pero les digo que mantengan su coraje y fe, y pronto vendrá el momento cuando podrán recibir mis mensajes en toda su plenitud, y con tal rapidez que la difusión de estas verdades ya no tardarán. Estoy con ustedes y seré un fiel amigo y hermano, estando más cerca de ustedes que de cualquier otro hermano terrenal.

Con todo mi amor y bendiciones, yo soy

Tu querido hermano y amigo,
JESÚS

Santiago Fue Dominado Por la Gran Presencia de Jesús

Permíteme decir unas cuantas palabras. Yo estuve presente y nuevamente vi las maravillas de su poder y gloria. Sé que él es muy sincero en cuanto a la verdad de su misión y de tu trabajo, que ningún hombre puede dudar.

No escribiré mucho, pues, me siento conmovido por su gran presencia, que apenas puedo escribir. ¡Cuán maravilloso es, que él haya llegado a ti en esta forma para declararte sus grandes mensajes de la verdad y poder! Si tan sólo lo hubieras visto, nunca más dudarías de él, o de su gran misión y tu trabajo.

Debo detenerme.

Tu hermano en Cristo,
SANTIAGO

San Juan Dice Que El Maestro Mostró Su Gran Poder Y Gloria

Permíteme decirte, que el Maestro acaba de escribir, y al escribir   otra vez mostró su gran poder y gloria, pues, escribió con toda autoridad de sus poderes celestiales. Yo estuve presente y sé que lo que escribo es cierto.

Ojalá pudiera escribirte una carta más larga esta noche, pero es tarde y necesitas descansar.

Tu hermano verdadero en Cristo,
SAN JUAN

Confirma Que El Maestro Escribió Con Tal Poder y Fuerza

YO SOY TU ABUELA.

Mi querido hijo. Siento que debo escribirte unas cuantas líneas, sólo para decirte que el Maestro te escribió, y con tal poder y fuerza, que no debes dudar.

Fue glorioso y con su gran amor hubo tanta gloria, que en ese momento nos sentimos todos dominados por estas influencias, por lo que sólo pudimos escuchar en adoración.

Entonces, créeme cuando digo que debes confiar, puesto que nunca antes se había dado un mensaje con tal autoridad. Sé que es difícil para ti concebir lo que quiero decir, pero algún día lo entenderás.

Tu querida abuela,
ANN ROLLINS

La Única Oración que el Hombre Necesita Ofrecer al Padre

YO ESTOY AQUÍ, *Jesús.*

Sólo quiero decir unas cuantas palabras en beneficio tuyo y de tu amigo, y ello es que escuché la conversación entre ustedes esta noche, y la misma concuerda con la verdad; y la influencia del Espíritu está con ambos. Continúen en su línea de pensamiento y oración al Padre, y además, dando a conocer a otros la importancia de buscar y obtener el Amor Divino, cuando surja la oportunidad.

Como dijo tu amigo, la única oración que es necesaria es la oración para el influjo de este Amor. Todas la demás formas o aspiraciones reales, son oraciones secundarias, y, de por sí, no tenderán a producir este amor en las almas de los hombres.

Que tu oración sea como a continuación:

LA ORACIÓN

Padre nuestro que Estáis en el cielo, nosotros reconocemos que Vos Sois todo Santo, cariñoso y misericordioso, y que nosotros somos Vuestros hijos y no las criaturas subordinadas, pecaminosas y depravadas que nuestros falsos maestros desean hacernos creer.

Que somos lo más grande de Vuestra creación y la más maravillosa de todas Vuestras obras, y objetos del amor de Vuestra gran alma y más tierno cuidado.

Que Vuestra voluntad es que seamos uno con Vos y que participemos del gran amor que nos habéis otorgado, mediante Vuestra misericordia y deseo que seamos, en verdad, Vuestros hijos a través del amor, y no mediante el sacrificio y muerte de ninguna de Vuestras criaturas.

Oramos a Vos para que abráis nuestras almas al influjo de Vuestro Amor, y que, entonces venga, Vuestro Espíritu Santo para traer a nuestras almas éste, Vuestro Amor Divino, en gran abundancia, hasta que nuestras almas sean transformadas en Vuestra Esencia misma; y que a nosotros llegue la fe -- tal fe -- que nos haga comprender que somos Vuestros hijos verdaderos y uno con Vos, en sustancia misma, y no sólo en imagen.

Danos tal fe, que nos haga comprender que Vos sois nuestro Padre y el otorgador de todo don bueno y perfecto, y que sólo nosotros mismos, podemos impedir que Vuestro amor nos transforme de lo mortal a lo inmortal.

Que nunca dejemos de comprender que Vuestro amor nos espera a todos y a cada uno de nosotros, y que cuando venimos a Vos con fe y sinceras aspiraciones, Vuestro amor jamás nos será denegado.

Guárdanos en la sombra de Vuestro amor a toda hora y momento de nuestras vidas, y ayúdanos a vencer toda tentación carnal y la influencia

de los poderes de los malvados, quienes tan constantemente nos rodean, y tratan de desviar nuestros pensamientos en Vos, hacia los placeres y atracciones de este mundo.

Os damos las gracias por Vuestro Amor y el privilegio de recibirlo, y nosotros creemos que Vos sois nuestro Padre -- el Padre bondadoso quien nos sonríe en nuestras debilidades, y que siempre está dispuesto a ayudar y recibirnos en Vuestros brazos de amor.

Oramos, así, con toda la sinceridad y anhelos de nuestras almas, y, confiando en Vuestro Amor, Os damos toda la gloria y honor y amor que nuestras almas finitas pueden dar.

Esta es la única oración que los hombres necesitan ofrecer al Padre. Es la única que apela al amor del Padre, y con la respuesta, que con seguridad vendrá, también vendrán todas las bendiciones que los hombres puedan necesitar, y que el Padre considere son para el bien de Sus criaturas.

Tengo una gran conexión contigo esta noche, y veo que el amor del Padre está con ustedes, y que sus almas ansían más.

Así pues, mis hermanos, continúen orando y teniendo fe, y al final les llegará un otorgamiento del amor, como aquél que vino a los apóstoles en Pentecostés.

No escribiré más por ahora.

Al despedirme, les dejo mi amor y bendiciones, asegurándoles que oro al Padre por la felicidad y amor hacia ustedes.

Buenas noches.

Tu hermano y amigo,
JESÚS

Afirmación que Jesús Mostró su Gloria

Sé que es tarde, pero, aun así, debo decir que lo que se les ha dicho es verdad, y cuando hablamos de la gloria del Maestro no pueden concebir su significado. En sus mentes, piensen en la llama tenue de una vela y de la gloria del sol de mediodía, y luego comparen la gloria de aquello que es lo más grande en toda la tierra, con esta gloria del Maestro, y verán lado a lado la llama tenue de la vela y el sol glorioso.

Todos sabemos lo que es el Amor Divino del Padre, pero no apreciamos su grandeza o maravilla, hasta verlo en ocasiones manifestado en, y por Jesús.

Acudan a sus oraciones, en la creencia completa de que este Gran Amor Divino ha estado presente esta noche en extraordinaria abundancia, y que ambos recibieron su influencia alrededor y dentro de ustedes a un grado, que causará en ustedes, hasta cierto punto, la sensación de una gran paz que solamente llega a los hijos de luz y en unión con el Padre.

Crean en la realidad de su experiencia de esta noche, y la que puede ser suya con frecuencia, cuando sus almas estén armonizadas con el influjo del amor.

Debo decir buenas noches, y que Dios les bendiga con toda Su influencia Divina.

Yo soy tu hermano en Cristo,
A.G. RIDDLE (Espíritu Celestial)

Afirmación por la Señora Padgett

Bien, lo haré, y me alegra que tengas, siquiera, una página.
Estoy feliz esta noche, porque veo que has tenido una experiencia que ha causado que tu alma se abra a este maravilloso amor del Padre.

¡Oh! mi amado, ha sido una noche gloriosa y el Maestro parecía exhalar la plenitud del gran amor que él posee.

Tu verdadera y querida,
HELEN

San Juan Escribe Sobre El Verdadero Significado de "El Fin del Mundo"

YO ESTOY AQUÍ, *San Juan*.

He venido esta noche para escribir algunas verdades sobre el tema del sermón del predicador, pues estuve presente contigo y escuché sus declaraciones en cuanto al fin del mundo.

Sé que entre los hombres existe, y ha existido desde los tiempos del Maestro, diferencias de opiniones respecto a cuándo ocurrirá este importante acontecimiento, y el significado de "el fin del mundo".

Bien, los hombres saben tanto ahora en cuanto al tiempo de este evento, como lo han sabido durante de los siglos, así como del entendimiento del significado de estas profecías, como los hombres de mis días hasta la actualidad.

En primer lugar, diré que no habrá un fin del mundo por ninguna de las causas mencionadas por el predicador, y segundo, no habrá un fin del mundo en lo absoluto, como es entendido y declarado por los predicadores ortodoxos, y como lo espera la mayoría de los cristianos profesos.

El mundo, es decir, la tierra, no llegará a un fin en el sentido de aniquilación, sino que continuará girando sobre su eje, y a tener un tiempo de semilla y cosecha, y producir y reproducir aquellas cosas que son necesarias para sostener la vida humana. Tendrá sus estaciones correspondientes de calor y frío, y se moverá en su órbita, como lo hace ahora, hasta que, por algún cambio, que ahora desconocemos, se destruya. Pero sólo este cambio, mas, ninguna de las profecías de la Biblia, admitiendo que son profecías, puede aplicarse al fin del mundo en el sentido que el predicador lo entendió y declaró.

SI LA HUMANIDAD TAN SÓLO ENTENDIERA QUE EL MUNDO QUE FUE PERDIDO POR LA DESOBEDIENCIA DE LOS PRIMEROS PADRES, ES EL MUNDO DE LA INMORTALIDAD Y FELICIDAD DEL HOMBRE Y NO EL MUNDO FÍSICO, Y QUE JESÚS VINO A DECLARAR LA RESTAURACIÓN DE AQUEL MUNDO, BAJO CONDICIÓN, Y EL PROPÓSITO DE ESA RESTAURACIÓN, ENTONCES SABRÍAN QUE EL MUNDO MATERIAL NO ESTÁ INVOLUCRADO EN EL PLAN DE LA SALVACIÓN DEL HOMBRE, O EN LA MISIÓN DE JESÚS, O EN LAS DECLARACIONES DE JESÚS EN CUANTO A LA LLEGADA DEL FIN.

Los hombres continuarán naciendo, viviendo un corto tiempo y muriendo la muerte física; y, en cuanto a cada hombre individual, el fin del mundo material llega cuando él muere, y posteriormente, su morada estará en el mundo espiritual, y nunca más tendrá vida en la tierra. Todo hombre, en algún momento, tendrá que morir la muerte física; entonces, ¿por qué ha de ser necesario incluir la destrucción del mundo material en el plan de Dios, para la salvación del hombre? Para que los planetas y los mundos y las estrellas se colisionen entre sí y se destruyan, significaría que el funcionamiento ordenado de las leyes de Dios debe ser interferido, a fin de que los hombres puedan ser destruidos o salvados, es decir, arrebatados al aire, o abandonados a su propia debilidad en la tierra.

Tales interpretaciones de las intenciones o planes de Dios, o del retorno de Jesús a la tierra, son todas falsas y absurdas. Jesús nunca vendrá para establecer su reino en la tierra y reinar como Príncipe de Paz y Señor de los Señores, porque el Reino que él, así como todos sus seguidores, tanto en la tierra como en el mundo espiritual, tratan de establecer, está en los Cielos Celestiales. Este Reino de Dios, no es hecho con las manos, o por el mero decreto de algún espíritu, no importa cuán alto sea, sino hecho y poblado por las almas de los hombres que han experimentado el Nuevo Nacimiento y haber recibido la Esencia Divina del Padre. Jesús es el Príncipe de este Reino, pero solamente por su gran y extrema posesión del Amor Divino del Padre, y más perfecta unidad con Él.

Jesús no trata de establecer un reino en la tierra, sino que lucha con el fin de encaminar a los hombres al Nuevo Nacimiento del espíritu, y de mostrarles el camino hacia el Reino Celestial. Y él trata, a través de su amor e influencia, así como los otros espíritus benévolos, de ayudar a los hombres a erradicar el pecado y error de sus corazones, y a luchar por recuperar la condición del hombre perfecto, en la perfección de su amor natural. Él también ayuda al hombre a lograr aquella condición de su alma regenerada, o de la purificación de su amor natural, mientras aún viva en la tierra, a fin de que el Amor a Dios en el sentido Divino, y el Amor a Dios en el sentido creado y amor fraternal, cubra la tierra entera y que los hombres estén en paz y sean felices, mientras aún en carne y hueso.

Tal condición de existencia mortal podría ser llamada el Reino de Dios en la tierra, pero no será el reino que Jesús vino a establecer en la tierra – es decir, el Reino del Cielo. Este Reino tiene su sede y lugar permanente en las Esferas Celestiales, de donde nunca será removido.

Así que, cuando la Biblia enseña sobre el fin y desaparición del mundo, no se refiere al mundo material, sino al mundo de los pensamientos y obras y condiciones pecaminosas de los hombres, que están fuera de armonía con las leyes de Dios, o las leyes de Su creación. Éste es el mundo que será destruido cuando la rectitud cubra la tierra, como las aguas al abismo, y el amor fraternal reine entre los hombres. Incluso hoy día, existen algunos hombres que viven en la tierra y que se encuentran tan separados del mundo, que, en cuanto a ellos, el mundo no existe; no el mundo material, sino el mundo de pecado e iniquidad, que es el único mundo que será destruido.

Habrá guerras y rumores de guerras y momentos de aflicción, etc., como nunca antes, y luego vendrá el fin. No las guerras de los rugidos de cañones, o de estallido de proyectiles, o de carne mutilada, o de viudas y huérfanos, o del cambio despiadado de mortal a espíritu, sino las guerras de espíritus del bien y del mal, de amor y odio, de pureza y pecado, de júbilo y desesperanza, y de conocimiento de la verdad y creencia en el error – todo ello será combatido en las almas de los hombres, con tal intensidad y sinceridad, que tales mentes y espíritus crearán problemas como nunca antes, causando que los rumores de ello inunden la tierra y vivienda de los hombres.

Entonces vendrá el fin del mundo – el mundo del mal y del pecado, de la desesperanza, del odio, y de creencias erróneas. Este mundo desaparecerá, y la verdad y el amor y la paz y la buena voluntad serán establecidos en la tierra para siempre. La tierra de hoy día será, entonces, para los hombres, un lugar de tranquilidad, lleno de amor y afecto fraternal, que a ellos les parecerá como si la Ciudad de Dios hubiese bajado del cielo a la tierra.

Que los mortales sepan que Jesús ya vino a la tierra y está entre los hombres, y que desde aquel momento en que se convirtió en el Príncipe del Reino Celestial, ha estado con los hombres y espíritus, enseñándoles el camino, la verdad y la vida.

Por medio del Espíritu Santo, las verdades del Padre son comunicadas a los hombres, como una voz tenue, y a través de la comunión con las almas, el Maestro condujo a los hombres al amor y misericordia del Padre.

Como en mi tiempo, cuando él fue a los judíos con su mensaje de amor y vida eterna y lo desconocieron y rechazaron, asimismo ahora, muchos hombres, y espíritus también, se rehúsan a escucharlo y a aprender el camino por la puerta estrecha, al amor e inmortalidad del Padre.

Que los hombres estudien las profecías y los tiempos y las estaciones, y que calculen el tiempo del fin, y predigan la proximidad de la venida del Maestro entre las nubes, y se preparen para ser arrebatados al aire, para ser parte de la hueste celestial; pero encontrarán que todo esto es vanidad de vanidades, y sólo cuando cada individuo haya pasado más allá del velo de la carne, se dará cuenta que ha llegado el fin de su mundo mortal, y entonces todas sus especulaciones, en cuanto a sí mismo, se convertirán en realidades y la certeza del fin del mundo será un hecho establecido. Pero los hombres continuarán viviendo en la tierra y muriendo, y en sucesión otros nacerán para morir, y así sucesivamente hasta que... sólo Dios sabe.

ASÍ QUE A LOS HOMBRES LES DIGO, QUE NO SE PREPAREN PARA LA DESAPARICIÓN DE LOS CIELOS Y LA TIERRA, SINO PARA LA TRANSICIÓN DE SÍ MISMOS DE LA TIERRA AL GRAN MUNDO DE ESPÍRITUS; Y RECUERDEN QUE LO QUE SE SIEMBRA SE COSECHA – UNA CERTEZA QUE NUNCA CAMBIA – UNA VERDAD QUE NINGUNA ESPECULACIÓN PUEDE DESMENTIR.

EL FIN DEL MUNDO DEL HOMBRE LLEGA CADA DÍA A ALGÚN MORTAL, Y ELLO PUEDE CONDUCIR A UNA INMORTALIDAD GLORIOSA, O A UNA TEMPORAL O LARGA OSCURIDAD, Y SUFRIMIENTO.

LAS PROFECÍAS, ASÍ, SE CUMPLEN Y LAS ESPECULACIONES DE LOS PREDICADORES Y MAESTROS Y LÍDERES DE LOS NO PENSANTES, PRIVAN A LOS HOMBRES DE LA VERDAD VITAL, Y ÉSTA ES, QUE EL FIN DEL MUNDO LLEGA A CADA MOMENTO, DÍA Y AÑO.

¡OH, PREDICADORES, MAESTROS Y LÍDERES! SU RESPONSABILIDAD ES GRANDE, Y LAS CUENTAS SERÁN RENDIDAS. LA COSECHA VIENE DESPUÉS DE LA SIEMBRA, TAN SEGURO COMO EL DÍA DESPUÉS DE LA NOCHE. Y ¿CUÁL SERÁ SU COSECHA? ¡EL FIN DEL MUNDO PARA ALGÚN MORTAL ES EL IMPORTANTE AHORA!

He escrito suficiente por esta noche, ya que estás cansado.

Entonces, confía en mi amor y que estoy orando para que el Padre te bendiga y llene tu alma con Su amor, con tal abundancia, que cuando el mundo llegue a su fin para ti, encuentres el Reino del Cielo esperando para recibirte. Buenas noches.

Tu hermano en Cristo,
JUAN

LA INMORTALIDAD – POR JESÚS

Permíteme escribir esta noche sobre un tema que es de importancia para la humanidad y que debe ser explicado plenamente, a fin de conocer la verdad que les mostrará el camino a la inmortalidad y luz.

Sé que los hombres han debatido a través de los siglos sobre el tema de la inmortalidad del hombre, y han intentado demostrar la realidad de su existencia, por medio de diversos argumentos y por referencia a la analogía del funcionamiento del universo de Dios en el cumplimiento de Sus designios, como son manifestados por las diversas creaciones de la naturaleza animada. En todas estas discusiones no han logrado establecer en forma definitiva y satisfactoria el hecho de la inmortalidad. ¿Y por qué? Porque, en primer lugar, no han entendido el significado de la inmortalidad, y sin una concepción correcta de aquello que se desea probar, resulta muy difícil probar con éxito la existencia de lo buscado. Sé que a veces alguna idea de lo que es la inmortalidad ha sido concebida y casi entendida por algunos escritores sobre el tema, y sus esfuerzos han sido dirigidos a demostrar que, por la conciencia interna del hombre, así como por la aparición de aquellas cosas en la naturaleza que mueren y viven de nuevo, el hombre es justificado al inferir que el hombre mismo es inmortal, o destinado por su Creador a ser inmortal.

Pero la conciencia interna del hombre, es decir, el conocimiento de la posesión de ciertos deseos y aspiraciones, así como el entendimiento de que su vida en la tierra es demasiado breve para poder lograr aquellas cosas que sus esfuerzos y luchas procuran, y que aquello que él realmente logra, por medio de su propio desarrollo mental y moral, si termina con la muerte física de los hombres, sería sólo un ejercicio inútil de las facultades y poderes que les fueron otorgados por Dios, no es suficiente para probar la inmortalidad del hombre verdadero. Tampoco es evidencia de la inutilidad de la creación del hombre, aunque, en un momento dado, él sea despojado de todo el aprendizaje y otros beneficios de un intelecto desarrollado, así como del progreso moral.

Hay una diferencia entre el estado y condición de un alma humana que, al llegar al mundo espiritual, continúa la vida que tenía cuando estuvo encarnada, y el estado que no sólo continúa en esta vida, sino que hace que la extinción de esta vida sea una absoluta imposibilidad – incluso por Dios, Quien, en el principio de la existencia del hombre, creó aquella alma.

LA VERDADERA INMORTALIDAD, ENTONCES, ES EL ESTADO O CONDICIÓN DEL ALMA QUE TIENE CONSCIENCIA DE QUE, DEBIDO A LA ESENCIA Y CUALIDADES DE SÍ MISMA, JAMÁS PUEDE DEJAR DE VIVIR – LA IMPOSIBILIDAD DE QUE ALGUNA VEZ PUEDA DEJAR DE EXISTIR, SIENDO CONOCIDA POR ELLA Y UN HECHO.

Se ha dicho que todo aquello que tiene un principio, puede tener un final – todo lo que ha sido creado, puede ser disuelto en sus elementos. Y esta posibilidad es real, y ningún hombre o espíritu puede negar la verdad de esta aserción. En la vida terrenal, ustedes encuentran que todo tiene un fin, es decir, en su forma individual y compuesta; y en el mundo espiritual ¿por qué, entonces, no han de tener las cosas creadas el mismo destino? El hecho de que hay cosas en el mundo espiritual, como una continuación de su existencia terrenal, no significa que perdurarán por siempre.

El mero cambio, causado por la muerte y desaparición de la vista de los

100

hombres, de cosas que una vez estaban vivas, no establece el hecho de que, porque continúan viviendo en el mundo espiritual, éstas vivirán para siempre. La muerte, que es considerada como el ángel de la destrucción, sólo es el resultado del cambio de aquello que es visible a lo invisible, y no determina, en forma alguna, la existencia perpetua de la cosa cambiada.

El alma del hombre, en cuanto a su identidad e individualidad, es tanto la misma en carne, que cuando llega a ser un habitante del mundo espiritual. Si es inmortal cuando está en el mundo espiritual, también es inmortal en el cuerpo; y si puede dejar de tener una existencia inmortal en un estado, así también en el otro estado.

Supóngase que los hombres, por los argumentos de la índole mencionada, demostraran que el alma del hombre no muere cuando muere el cuerpo físico, pero que ella continúa su existencia en el mundo espiritual como alma idéntica y personal, entonces pregunto: ¿acaso ello prueba la inmortalidad, como yo la he definido? La muerte del cuerpo y la continuación de la vida del alma sucesivamente, no realizan ningún cambio en las cualidades o esencia de aquella alma – sigue siendo la misma alma como fue creada en el principio; entonces, ¿por qué no ha de ser cierto que, siendo una cosa creada, puede también dejar de existir? Esto es lógico y no irrazonable.

Entonces digo, aunque los hombres, por sus argumentos, probaran a satisfacción de muchos que el alma después de la muerte del cuerpo físico continúa viviendo en el mundo espiritual con todas sus facultades y poderes en ejercicio activo, éstos y todos los datos posibles que puedan descubrir y presentar, no prueban que aquella alma es inmortal. El alma del hombre no siempre existió – no es eterna, auto-existente o independiente de todo lo demás, sino dependiente de la voluntad de Dios que la trajo en existencia. ¿Por qué, entonces, no es razonable inferir que, en un período de tiempo distante, ella habrá cumplido el propósito de su creación y ser diseminada en los elementos de los cuales fue creada?

Pero aquí diré, para el beneficio de aquellos mortales que creen en la inmortalidad del alma, que, desde el momento de la creación del primer hombre hasta ahora, ningún espíritu en el mundo espiritual, tiene conocimiento de algún alma humana, cuya existencia haya cesado y disuelta en sus elementos. Y además, existen millares de almas en el mundo espiritual que sólo se encuentran en la condición de perfección, que fue la condición del alma del primer hombre cuando fue creado, pronunciando Dios Su creación, "muy buena". Pero, como los mortales no tienen ninguna garantía de que la vida de sus almas no terminará en algún momento, los espíritus que han alcanzado la condición perfecta de su creación tampoco tienen tal garantía. Tienen la esperanza y fe de que tal hecho pueda ser su destino, así como el conocimiento de que su progreso, como hombres perfectos, ha llegado a su culminación. Se encuentran en un estado que limita su progreso como hombres perfectos, aunque el placer que poseen, como tal, no es limitado – siempre presentándoles algo nuevo y desconocido, en el universo de Dios. Sin embargo, no tienen certeza de su inmortalidad, y se dan cuenta que dependen de la voluntad de Dios para su existencia. Para muchos de estos espíritus, la inmortalidad es tanto un tema de inquietud y especulación, como lo es para los mortales de la tierra.

Los hombres en su meditación, estudio y argumentos sobre la cuestión de la inmortalidad no parten desde la base de la materia. No tienen premisas verdaderas bajo la cual puedan extraer una conclusión correcta, y, consecuentemente, fallan en sus argumentos. Razonan que, debido a la existencia de ciertas cosas dentro y fuera del hombre – todo aquello que es de la mera creación – tienden a demostrar las intenciones y planes de Dios, en lo que respecta al hombre, por lo tanto, a fin de realizar estas intenciones, el hombre debe ser inmortal. Ellos no toman en consideración, o pierden de vista, el hecho de que todas estas cosas que ellos utilizan como la base para sus conclusiones son cosas dependientes, y no auto-existentes por sí mismas, y en un momento u otro los objetos de la creación de Dios. Lo que Dios crea, Él también puede decidir su terminación. Y sabiendo esto, el hombre no puede, como tampoco el espíritu, concluir acertadamente que el alma es inmortal.

Pero existe un camino mediante el cual la inmortalidad del alma, o algunas almas, puede ser probada, y que, asumiendo que los hechos que entran en el argumento sean ciertos, este camino necesariamente establece la conclusión sin la posibilidad de ser refutado.

Entonces, al empezar el argumento, ¿cuál es el único camino razonable para abordar el tema?

PRIMERO, DESCUBRIR Y ESTABLECER AQUELLO QUE ES INMORTAL, Y LUEGO, BUSCAR Y ENCONTRAR AQUELLO QUE, AUN NO SIENDO INMORTAL, NO OBSTANTE, POR RAZÓN DE CIERTAS OPERACIONES Y EFECTOS SOBRE ELLO, POR AQUELLO QUE ES INMORTAL, LLEGA A SER, SÍ MISMA, INMORTAL. SÓLO DE LO INMORTAL SE PUEDE ADQUIRIR LA INMORTALIDAD.

Bueno, este es un buen momento para detenerme, ya que estás cansado; estoy muy complacido con la forma en que recibiste mi mensaje. Ten fe y ora, y todo estará bien.

Buenas noches, mi querido hermano, porque eres, en verdad, mi hermano.

Tu amigo y hermano,
JESÚS

LA INMORTALIDAD – POR SAN LUCAS*

El Escritor del Tercer Evangelio del Nuevo Testamento

Permíteme escribir, pues, deseo decir unas cuantas palabras acerca de la cuestión de la inmortalidad, sobre lo que has estado pensando mucho durante los últimos días.

Yo estaba contigo mientras escuchabas el sermón del predicador sobre el tema de la inmortalidad, y sé que te diste cuenta que él no tenía una verdadera concepción del significado de ese término, y cuánto deseabas informarle sobre tu conocImIento del tema. Bien, comprendo justamente cómo te sentiste al respecto, y estoy de acuerdo contigo en tu deseo, y espero que algún día puedas tener la oportunidad de conversar con él sobre este tema y darle a conocer tu concepción acerca de la verdad.

Es el tema de muchos sermones y teorías predicadas por predicadores y otros, y, sin embargo, ninguno de ellos tiene la verdadera comprensión de lo que es la inmortalidad. La entienden solamente en el sentido de la continuidad de la vida, y además tratan, por argumentos e inferencias, de adscribirle la idea de la perpetuidad – es decir, de la continuación de la vida, siendo tan establecida, que nunca puede ser terminada – y de esta forma satisfacen sus anhelos y deseos. Pero, como ves, esta inferencia proviene simplemente de los deseos de los predicadores – que ellos no tienen una base verdadera sobre la cual fundar sus conclusiones, y en cuanto a las cosas ordinarias de la vida, no estarían dispuestos a arriesgar las cosas importantes de la vida, sobre una base no mejor establecida para formar sus conclusiones.

No, la humanidad no tiene realmente un conocimiento de lo que es la inmortalidad, y todos los argumentos que puedan producir para establecer la verdadera inmortalidad, no son suficientes para convencer a la mente clara, fresca y sin prejuicio que sea un hecho.

Como se ha dicho en el mensaje que recibiste de Jesús, la inmortalidad solamente puede ser derivada de aquello que es inmortal, y todos los argumentos que tiende simplemente a demostrar que algo debe ser inmortal porque son los deseos o intenciones de Dios, no son suficientes.

Todos los hechos que puedan ser establecidos como premisas, no son suficientes para probar en forma lógica la conclusión que se desea establecer, y los hombres no pueden depender de tal método de razonamiento.

Es absolutamente imposible obtener la inmortalidad de algo que, en sí, es menos que inmortal, y al tratar de hacerlo mediante argumento o inferencia, ello es una simple pérdida de tiempo por el ejercicio de las facultades de razonamiento.

103

COMO SE HA DICHO, SÓLO DIOS ES INMORTAL, Y ELLO SIGNIFICA QUE LAS CUALIDADES Y NATURALEZA MISMAS DE SU SER, SON INMORTALES; Y SI FUESE POSIBLE QUE ÉL TUVIERA ALGUNAS CUALIDADES QUE NO FUERAN DE UNA NATURALEZA QUE PARTICIPARAN DE LO INMORTAL, ENTONCES ESTAS CUALIDADES NO SERÍAN INMORTALES, SINO SUJETAS A CAMBIO Y DISOLUCIÓN.   ENTRE LAS CUALIDADES DE SU SER, ESTÁ EL GRAN E IMPORTANTE AMOR, Y SIN ÉSTE, ÉL NO PODRÍA SER DIOS. SU EXISTENCIA SERÍA MENOS QUE AQUELLA DE UN DIOS; Y PORQUE ELLO ES UN HECHO, ESTA GRAN CUALIDAD DE AMOR DEBE SER INMORTAL, Y DONDEQUIERA QUE ESTA CUALIDAD PUEDA ENTRAR Y FORMAR PARTE ELLO, AQUELLA COSA ES, NECESARIAMENTE, INMORTAL Y DE NINGUNA OTRA MANERA PUEDE LLEGAR A SER INMORTAL.

ESTE AMOR DE DIOS, ENTONCES, TRAE LA INMORTALIDAD EN EL SENTIDO VERDADERO DEL TÉRMINO, Y CUANDO ENTRA Y SE POSESIONA DEL ALMA DEL HOMBRE, AQUELLA ALMA LLEGA A SER INMORTAL, Y DE NINGUNA OTRA MANERA SE PUEDE LOGRAR LA INMORTALIDAD.

No todas las cosas de la creación de Dios son inmortales, pues tarde o temprano cumplen con el objetivo de su creación, y su existencia ya no es requerida y se disuelven en los elementos de los cuales fueron compuestas. El cuerpo físico del hombre, por esta razón, no es inmortal, puesto que después de una corta vida en la tierra se disuelve y cesa su existencia. Su cuerpo espiritual es primordialmente de un carácter evanescente, y puede ser que en el curso de la eternidad habrá realizado su misión y deje de existir. Esto no lo sabemos, pero tampoco tenemos certeza de que así no sea, porque depende de la continuidad de la existencia del alma, para la continuación de su existencia. No todas las almas serán partícipes del Amor Divino del Padre, que es lo único que posee, en sí, esta inmortalidad; y puede ser que, en algún momento en el futuro, el alma sin este amor deje de existir, y no ser más una criatura del Padre.

Pero esto sí sabemos: todo lo que participa del Amor Divino tiene en sí aquello que es necesariamente inmortal, y no puede morir más de lo que puede este amor mismo, y por lo tanto, debe ser inmortal. Así que, cuando los hombres hablan o enseñan que todos los hombres son inmortales, hablan de algo que desconocen – sólo Dios Mismo conoce el hecho – y del mero ejercicio de la razón, los hombres se justifican al decir que tales hombres o almas que no obtienen el Amor Divino no son inmortales.

Ahora, si bien la cuestión de la inmortalidad del hombre está en duda, y nunca ha sido demostrada como un hecho, sin embargo, sabemos que aquella porción de la humanidad, cuyas almas han recibido este Amor Divino inmortal, es inmortal y jamás podrán dejar de existir. El gran consuelo y bendición que dicha posesión otorga a estas almas, es el conocimiento de su inmortalidad, porque poseen aquella cualidad o naturaleza de Dios que es inmortal, y siendo que Dios no tiene fin, jamás, tampoco lo tiene aquello donde este Amor inmortal ha entrado y encontrado un alojamiento.

Los argumentos del predicador fueron fuertes, y en el funcionamiento ordinario de la mente humana y poderes de razonamiento, podrían convencer a los hombres de que la inmortalidad es un hecho demostrado para toda la humanidad. Pero cuando éstos son analizados correctamente, y se aplica la verdadera regla de la búsqueda por la inmortalidad, se verá que estos argumentos no son concluyentes – la esperanza es más fuerte que el hecho, y los hombres no tienen garantía de que la inmortalidad les extienda sus brazos de la certeza deseada.

Bien, consideré oportuno escribirte este corto mensaje acerca del tema, sobre el cual tanto tú, como el predicador, han estado reflexionando, con la esperanza de que él no dependiera de la fuerza de sus argumentos para establecer el hecho de la inmortalidad, pero, más bien, llegar a comprender y convencerse de que la única manera de descubrir y adquirir la verdadera inmortalidad, es a través de la búsqueda y obtención del Amor Divino, logrando así, la transformación de su alma, en la Esencia y Naturaleza misma de Dios en el Amor.

Me alegra que haya podido escribir nuevamente, y que tu condición sea mucho mejor de lo que ha sido, permitiendo que se establezca una conexión. Ora más al Padre y confía, y lograrás la condición que tanto deseamos.

No escribiré más. Buenas noches.

Tu hermano en Cristo,
LUCAS

LA INMORTALIDAD

Yo soy tu amigo y hermano en el amor y deseo por el Reino. Soy el espíritu de Henry Ward Beecher.

Vivo en la séptima esfera donde ahora está tu padre, y por haberlo conocido allí, vengo a ti esta noche para escribir brevemente.

Él me habló acerca de ti y de la facilidad con que recibes las comunicaciones de los espíritus, y deseo hacerte saber que, aunque ya no soy el mismo que fui en la tierra, aún tengo el deseo de dar a conocer a los hombres los pensamientos que surgen en mí con respecto a Dios, y la relación de los hombres con Él y Su Reino.

Ahora soy un creyente en Jesús como nunca lo fui en la tierra, y te sorprenderá saber que cuando estuve en la tierra, no importa lo que yo haya predicado a mi gente, en mi corazón, sin embargo, consideré a Jesús como un simple hombre de los judíos, y no muy diferente a otros grandes reformadores que habían vivido y enseñado en la tierra las verdades morales, conducentes a que los hombres fueran mejores y llevaran vidas más correctas y justas.

Pero, desde que vine al mundo espiritual y haber tenido las experiencias que mi vida aquí me ha proporcionado, y encontrado el camino hacia el Amor Divino de Dios y a su Reino, he aprendido y ahora sé que Jesús fue más que un simple reformador. No sólo fue un maestro bueno y justo que vivió una vida como tal, sino también el verdadero hijo de Dios y Su mensajero para traer al mundo las verdades de la inmortalidad y el Amor Divino del Padre, así como el camino para obtenerlo. Él fue realmente el Camino, la Verdad y la Vida, como jamás lo fue ningún otro maestro antes de él.

Sé que se enseña, y yo así lo creí cuando estuve en la tierra, que muchas religiones y maestros paganos aseveraron e trataron de enseñar a la humanidad acerca de la inmortalidad del alma, y estas enseñanzas fueron más o menos satisfactorias, de acuerdo con el entendimiento de los hombres de la palabra "inmortalidad". Pero ahora veo que su concepción de la inmortalidad era simplemente la continuidad de la vida después de la llamada muerte. ¡Cuán diferente es el significado como así enseñado, y el verdadero significado de la palabra! La inmortalidad significa mucho más que una mera continuación de la vida.

SIGNIFICA, NO SOLAMENTE UNA CONTINUACIÓN DE LA VIDA, SINO UNA VIDA QUE TIENE EN SÍ EL AMOR DIVINO, O LA ESENCIA DEL PADRE, QUE CONVIERTE AL ESPÍRITU QUE POSEE ESTE AMOR EN LA DIVINIDAD MISMA, Y YA NO SUJETO A LA MUERTE DE NINGUNA CLASE.

Ningún espíritu es inmortal por el sólo hecho de que continúa viviendo en el mundo espiritual, y porque no concibe la posibilidad de que esa continuidad de vida puede ser detenida o terminada. Ningún tal espíritu tiene la certeza de ello, porque nunca ha sido demostrado como un hecho, y no puede ser así hasta que la eternidad haya llegado a su fin. Ese espíritu no es diferente, en su esencia y potencialidades, de lo que fue cuando estaba envuelto en la carne, y no tiene más razón para creer que es inmortal de la que tenía cuando estaba en la tierra.

Una especulación y un hecho comprobado son dos cosas enteramente diferentes, sin embargo, en el caso de algunos espíritus, así como en el caso de algunos hombres, la especulación se convierte en casi una certeza de un hecho comprobado. Pero no hay ninguna justificación para confiar en conclusiones derivadas de meras especulaciones, y el espíritu u hombre que así lo haga, podrá, en la gran operación de la eternidad, no sólo descubrir que estaba errado, sino también verse sorprendido más allá de toda concepción de las eventualidades que tal operación pueda producir.

Así que yo digo, antes de la venida de Jesús, la inmortalidad no había sido traída a la luz, y no fue posible, puesto que para la humanidad tal cosa no existía entonces.

Fue para mí una gran sorpresa cuando comprendí el significado verdadero de la palabra, como lo será para los hombres que lean esta comunicación o sepan de su contenido. La esperanza de Sócrates o de Platón o de Pitágoras fue solamente una esperanza fortificada por los razonamientos de grandes mentes y suplementada por mucho desarrollo de las cualidades de sus almas. Pero, al fin y al cabo, tan sólo fue esperanza – faltaba el conocimiento. Y, aun si se dieran cuenta de que los espíritus de los hombres fallecidos, de hecho, podían regresar y comunicarse con ellos, y que, por lo tanto, no había tal cosa como la muerte del espíritu o del alma, esa experiencia, sin embargo, no les comprobaría nada más allá del hecho de que la vida continuaba por un tiempo.

PORQUE EL CAMBIO ES UNA LEY EN EL MUNDO ESPIRITUAL, ASÍ COMO EN LA TIERRA, ELLOS NO PUEDEN AFIRMAR, CON CERTIDUMBRE, QUE NO HAYA ALGÚN CAMBIO EN EL MUNDO ESPIRITUAL QUE PODRÍA INTERRUMPIR O ANULAR LA CONTINUIDAD DE LA EXISTENCIA.

Toma, por ejemplo, un niño pequeño, cuando su intelecto no ha sido aún desarrollado lo suficiente para entender que existe tal cosa como la muerte del cuerpo físico, y cree, si es que piensa, que continuará viviendo para siempre en la tierra. Y así sucede con estos filósofos que tenían la esperanza de una vida futura continua, al igual que con los espíritus que saben que existe una vida continua – viviendo después de la muerte – ellos piensan que aquella vida es un estado fijo, y que debe, necesariamente, continuar para siempre.

COMO HE DICHO, LA CONTINUIDAD DE TAL VIDA POR SIEMPRE NO HA SIDO DEMOSTRADA; PERO, POR OTRO LADO, TAMPOCO HA SIDO DEMOSTRADO LO CONTRARIO. POR LO TANTO, NINGÚN ESPÍRITU PUEDE ASEVERAR QUE ES INMORTAL, A MENOS QUE PARTICIPE DE LA ESENCIA DIVINA, Y NINGÚN FILÓSOFO SABIO, O MAESTRO RELIGIOSO, PUEDE DECIRSE QUE HAYA TRAÍDO LA INMORTALIDAD A LA LUZ, ANTES DE LA VENIDA DE JESÚS.

Aunque existan la esperanza y la especulación, como hijos del deseo, sin embargo, carece el conocimiento y no hay certeza.

La inmortalidad, entonces, en la que los hombres creyeron, y con la que se conformaron, fue la inmortalidad nacida de la esperanza y comprobada por la especulación; y la experiencia de la comunicación entre mortales y espíritu mostró que la muerte no había aniquilado al individuo. Pero la esperanza, la especulación y la experiencia no crearon el conocimiento.

Cuando Jesús vino, él trajo consigo, no sólo la esperanza, sino también el conocimiento de la verdad. No muchos hombres lo han comprendido, o entendieron la razón o fundamento de tal conocimiento, y las facultades de razonamiento de los hombres no fueron suficientes para mostrar las razones verdaderas de tal conocimiento. Y por extraño que parezca, los estudiantes y comentaristas de la Biblia nunca revelaron el verdadero fundamento sobre el cual existe este conocimiento.

Confieso que, aunque yo fui un gran estudiante de la Biblia cuando viví en la tierra, nunca comprendí el significado verdadero de cómo, o de qué manera, Jesús trajo la inmortalidad a la luz. Pensé, como muchos otros ahora, que su muerte y resurrección fueron las cosas que demostraron a la humanidad la realidad de la inmortalidad. Pero, como ahora entiendo, estas cosas no demuestran nada más allá de lo que demostraron los numerosos casos registrados en el Viejo Testamento y en los escritos seculares de los filósofos y adeptos de la India y Egipto, de que había una existencia después de la llamada muerte.

Y muchos de aquellos que disputan el hecho de que Jesús trajo la inmortalidad a la luz, basan sus argumentos en otros hechos: que él sólo fue uno de muchos que habían muerto y luego aparecieron ante los mortales y demostraron que todavía vivían como espíritus. Así que yo digo, y contrario a lo que creía cuando estuve en la tierra, el mero hecho de la resurrección de Jesús, no es prueba de la inmortalidad.

Entonces, ¿qué he aprendido acerca de la inmortalidad después que llegué al mundo espiritual? Mi poder de razonamiento es mucho mayor ahora, que cuando estuve en la tierra; mis facultades perceptivas han sido más agudizadas y mi experiencia con las leyes del mundo espiritual me ha dado un gran conocimiento. Pero todo esto por sí mismos, no me habría dado el conocimiento de la inmortalidad, de no haber sido el mismo Jesús, quien me lo explicara y demostrara, a través de su propia condición y aquella de muchos espíritus en las esferas superiores. Debido al desarrollo actual de mi alma, ahora poseo este conocimiento.

SÓLO EL PADRE ES INMORTAL, Y SOLAMENTE AQUELLOS A QUIENES ÉL HA OTORGADO SUS ATRIBUTOS DE LA INMORTALIDAD, PUEDEN LLEGAR A SER INMORTALES, COMO ÉL LO ES. EL AMOR ES EL GRAN PRINCIPIO DE LA INMORTALIDAD, Y CON ESTO, ME REFIERO AL AMOR DIVINO DEL PADRE Y NO AL AMOR NATURAL DE LA CRIATURA. AQUÉL QUE POSEE EL AMOR DIVINO SE CONVIERTE, POR ASÍ DECIRLO, EN UNA PARTE DE ESTE AMOR, O ELLO SE CONVIERTE EN UNA PARTE DE ÉL, Y EN SU OPERACIÓN, LO CONVIERTE EN ALGO IGUAL AL PADRE. EN OTRAS PALABRAS, UN ESPÍRITU QUE POSEE ESTE AMOR DIVINO SE CONVIERTE EN PARTE DE LA DIVINIDAD MISMA, Y, POR CONSIGUIENTE, ES INMORTAL, Y NO EXISTE POSIBILIDAD ALGUNA DE QUE ÉL SEA PRIVADO, JAMÁS, DE ESTE ELEMENTO DE DIVINIDAD.

Ningún espíritu es inmortal, cuando existe alguna posibilidad de que sea privado de aquella inmortalidad. Incluso Dios Mismo, si Él pudiera ser privado de esta gran cualidad, Él no sería inmortal. Y, así como es imposible que el Padre pierda este gran atributo, también lo es que aquel espíritu que haya obtenido este Amor Divino del Padre pierda su inmortalidad.

Como puedes ver, la inmortalidad llega a un espíritu sólo con la posesión del Amor Divino, y este Amor no es otorgado a todo espíritu, sino solamente a aquellos que Lo han buscado, a través del camino que fue enseñado por Jesús a la humanidad.

LA MUERTE NO OTORGA LA INMORTALIDAD AL MORTAL, Y PORQUE SU ESPÍRITU SOBREVIVE A SU MUERTE, NO SIGNIFICA QUE LA INMORTALIDAD SEA PARTE DE SU EXISTENCIA COMO ESPÍRITU.

ASÍ QUE YO DIGO, CUANDO JESÚS TRAJO AL MUNDO EL CONOCIMIENTO DEL OTORGAMIENTO DE ESTE AMOR DIVINO DEL PADRE A LOS MORTALES, SUJETO A CIERTAS CONDICIONES, Y TAMBIÉN ENSEÑÓ A LOS MORTALES EL CAMINO PARA OBTENER ESTE GRAN DON, ÉL TRAJO A LA LUZ LA INMORTALIDAD Y LA VIDA, Y ANTES DE ÉL, NINGÚN HOMBRE O ESPÍRITU HABÍA TRAÍDO A LA LUZ ESTOS GRANDES DONES.

Ahora soy un partícipe del Amor Divino, en cierta medida, con la posibilidad de obtenerlo al grado máximo, como fue prometido por el Maestro a todos aquellos que lo busquen con sinceridad y fe.

No fue mi intención escribir un mensaje tan largo en este momento, pero por mi entusiasmo en este tema, veo que he traspasado tu tiempo y amabilidad más del que me di cuenta.

Así que, agradeciendo tu paciencia me detengo ahora, pero espero tener el privilegio de regresar en otro momento para escribir. Con mis saludos cordiales, soy

Sinceramente,
HENRY WARD BEECHER

LA SALVACIÓN QUE JESÚS ENSEÑÓ

Ningún hombre o espíritu, cuya alma no haya sido poseída totalmente por el Amor Divino del Padre y liberado de las condiciones y atributos que pertenecen a su alma creada, puede obtener la salvación completa que Jesús enseñó y ejemplificó en su propia persona. Por San Mateo (Apóstol de Jesús).

Permíteme escribir unas cuantas líneas esta noche, ya que deseo revelar una verdad que me parece importante para la humanidad, a fin de que puedan comprender la verdad de su salvación personal.

Soy un espíritu desarrollado en mi alma, y habitante de los Cielos Celestiales, donde sólo pueden habitar aquellos cuyas almas han sido transformadas por el Amor Divino del Padre, en Su Naturaleza y Esencia misma.

No escribiré largamente, y sólo deseo transmitir una idea o verdad, y ello es que "ningún hombre o espíritu, cuya alma no haya sido poseída totalmente por el Amor Divino del Padre y liberada de las condiciones y atributos que pertenecen a su alma creada, puede obtener la salvación completa que Jesús enseñó y ejemplificó en su propia persona". Esta alma no fue creada con ninguno de los atributos o cualidades divinas, pero simple y meramente con aquellos que podría llamárseles "humanos", y lo que posee todo hombre y espíritu que no ha experimentado la transformación.

El "Hombre – Dios", como Jesús es llamado algunas veces por vuestros escritores religiosos y teólogos, en el momento de su creación o aparición en la carne, no fue dotado de estos atributos Divinos que forman parte de la naturaleza y Esencia del Padre, sino únicamente de los atributos humanos del hombre perfecto – es decir, el hombre, la criatura perfecta que existió antes de la caída de los primeros padres, cuando el pecado no había entrado en sus almas y en el mundo de la existencia del hombre. Jesús fue, desde el momento de su nacimiento, el hombre perfecto y, en consecuencia, sin pecado – con todas sus cualidades morales en completa armonía con la voluntad de Dios y las leyes controlando su creación. Sin embargo, él no fue superior a los primeros padres antes de su acto de desobediencia.

En su naturaleza o componente, no hubo nada de Dios, en el sentido Divino, y si el Amor Divino no hubiese entrado y transformado su alma, él habría permanecido siendo sólo la criatura perfecta de una cualidad no superior o mayor a aquella que fue otorgada al primer hombre. Y, en cuanto a sus posibilidades y privilegios, Jesús fue igual al primer hombre antes de su caída, o muerte de la potencialidad de convertirse en divino, pero diferente en este aspecto: que Jesús abrazó e hizo suyo estos privilegios y, por lo tanto, llegó a ser Divino, mientras que el primer hombre se negó a aceptarlos y los perdió, y permaneció siendo el simple hombre, aunque no el hombre perfecto como fue creado.

Y, a pesar de que Jesús, por razón de su posesión del Amor Divino, se convirtió en lo divino, él jamás fue el "Hombre – Dios", y jamás lo podrá ser, puesto que no existe ni podrá existir, jamás, un "Hombre – Dios". Dios es Dios, Solo, y nunca ha sido, ni será "hombre"; y Jesús sólo es un hombre, y nunca será Dios.

PERO, JESÚS ES PREEMINENTEMENTE EL HOMBRE DIVINO, Y MERECIDAMENTE PUEDE SER LLAMADO EL HIJO MÁS AMADO DEL PADRE, PUESTO QUE ÉL POSEE MÁS DEL AMOR DIVINO, Y, EN CONSECUENCIA, MÁS DE LA ESENCIA Y NATURALEZA DEL PADRE QUE CUALQUIER OTRO ESPÍRITU DE LOS CIELOS CELESTIALES. Y CON ESTA POSESIÓN, ÉL ADQUIRIÓ MAYOR PODER, GLORIA Y CONOCIMIENTO. ÉL PUEDE SER VISTO Y CONSIDERADO COMO AQUÉL QUE POSEE Y QUE HA MANIFESTADO LA SABIDURÍA DEL PADRE; Y NOSOTROS, LOS ESPÍRITUS DEL REINO CELESTIAL, RECONOCEMOS Y APRECIAMOS LA SABIDURÍA SUPERIOR DE JESÚS, Y NOS VEMOS OBLIGADOS, POR LA MISMA GRANDEZA Y PODER DE LA SABIDURÍA, EN SÍ, DE HONRAR Y CONFIAR EN SU AUTORIDAD.

Y este trascendental, y más grande poseedor de la sabiduría del Padre, es el mismo cuando llega a ti y revela las verdades de Dios, como lo es en las más altas esferas del Reino Celestial, vestido en toda la gloria por su proximidad al Padre. Como dijo la voz en el Monte, "Escúchenlo", te repito a ti y a todos aquellos que puedan tener el privilegio y la oportunidad de leer u oír sus mensajes, ¡escúchenlo! y al oír, crean y busquen.

Bien, mi hermano, consideré adecuado escribir este corto mensaje, y espero que te pueda ayudar en el trabajo. Vendré otra vez.

Buenas noches.

Tu hermano en Cristo,
San Mateo (como soy llamado en la Biblia)

QUIÉN Y QUÉ ES DIOS

YO ESTOY AQUÍ, *Jesús*.

He estado contigo mientras orabas, y me uní a tu oración al Padre para el influjo de Su Gran Amor en tu alma, en gran abundancia, y sé que Su Espíritu Santo está presente y que Su amor fluye en tu alma, convirtiéndote en uno con el Padre. Su amor siempre vendrá a ti, cuando ores como lo has hecho esta noche, y su oído atento siempre está abierto a las aspiraciones sinceras de Sus hijos que acuden a Él con verdaderos anhelos de sus almas. Tú conoces el secreto para alcanzar el amor del Padre, y en aquellas ocasiones cuando sientas necesidad de ese Amor, o desees un acercamiento al Padre, utiliza el secreto y no te decepcionarás.

Estás en mejores condiciones esta noche, en cuanto al desarrollo y percepción de tu alma, y puedes recibir el mensaje que he deseado comunicar desde hace algún tiempo, esperando sólo que lograras una conexión completa conmigo.

Bien, recordarás que, en la primera etapa de nuestros escritos, te revelé mi conocimiento y concepción acerca de "quién y qué es Dios", y que recientemente te dije que deseaba volver a escribir el mensaje, ya que tu condición ahora es mucho mejor para recibir estas verdades, de lo que era cuando el mensaje fue escrito. Por lo tanto, esta noche transmitiré el mensaje, y tomaré una posesión más completa de tu cerebro y control de tu mano, de lo que pude en aquel momento.

Entonces la pregunta es: ¿Quién y Qué es Dios?

Al tratar con esta pregunta, es necesario que te des cuenta que no es tan fácil describir la Esencia y Atributos de Dios, en lenguaje que los mortales puedan comprender, y siento que estoy limitado en mis esfuerzos en darte una descripción satisfactoria del único y verdadero Dios; no por falta de conocimiento y concepción de mi parte, sino por el hecho de que tu alma no tiene el desarrollo requerido que me permita establecer la conexión necesaria contigo, a fin de que la verdad exacta en cuanto a quien

111

es el Padre pueda ser expresada a través de tu cerebro.

BIEN, PARA EMPEZAR, DIOS ES ALMA, Y EL ALMA ES DIOS. NO EL ALMA QUE ESTÁ EN EL HOMBRE CREADO, SINO EL ALMA QUE ES DEIDAD Y AUTO-EXISTENTE, SIN PRINCIPIO O FIN, Y CUYA ENTIDAD ES EL GRAN HECHO, ÚNICO, EN EL UNIVERSO EN EXISTENCIA.

Dios es sin forma, como ha sido concebida por el hombre en casi todas las épocas, y especialmente por aquellos que creen en la Biblia de los Hebreos, así como en la de los cristianos. Pero, sin embargo, Él es de una forma que sólo la percepción del alma de un hombre que ha alcanzado cierto grado de desarrollo, es decir, que ha asumido la naturaleza Divina del Padre y convertido, así, en parte del Alma de Dios, puede discernir y verlo como una entidad. No hay nada en toda la naturaleza con lo cual los hombres estén familiarizados o tengan conocimiento, que pueda ser utilizado para hacer una comparación con esta Gran Alma, incluso con las percepciones del espíritu. Por lo tanto, los hombres al concebir a Dios con forma que, de manera alguna, se asemeje a aquella del hombre, esto es del todo erróneo; y aquellos que, en sus creencias y enseñanzas, niegan al Dios antropomorfo, ello es correcto.

No obstante, Dios es de una forma tal, como para darle una entidad, Sustancia y sede, en contraposición a aquel Dios que, en las enseñanzas de algunos hombres, se dice estar en todas partes en esta Sustancia y entidad – en los árboles y rocas, en el trueno y relámpago, en los hombres y bestias, y en todas las cosas creadas, y, en Quien se dice, que los hombres viven y se mueven, y tienen su existencia. No, este concepto de Dios no está de acuerdo con la verdad, y es vital para el conocimiento y salvación de los hombres, que tal concepto de Dios no sea entretenido o creído.

Creer que Dios no tiene forma, es creer que Él es una mera fuerza o principio, o poder nebuloso, y, como dicen algunos, el resultado de leyes; leyes que, de hecho, Él estableció para el control de Su universo de creación, y las cuales son expresadas a los hombres por estos mismos poderes y principios, que, hasta cierto grado, ellos pueden comprender.

El niño pregunta: "*¿Quién hizo a Dios?*" Y porque los hombres sabios no pueden responder a esa pregunta, en su sabiduría concluyen y afirman que no puede haber un Dios verdadero con personalidad o alma con forma, y que, por lo tanto, Dios sólo puede ser una fuerza, principio o leyes evolucionadas, y en su propia presunción, piensan que han resuelto la cuestión. Pero el niño, insatisfecho con la respuesta, pregunta a los hombres sabios: "¿quién hizo el principio y la fuerza y las leyes que deben ser aceptadas como el único Dios?" Y luego los hombres sabios, no pueden contestar, a menos que contesten: "Dios", lo cual no creen, pero que, y permíteme decir, es la verdadera y única respuesta.

Dios está detrás de la fuerza y del principio y de la ley, que son sólo expresiones de Su Ser, y los cuales, sin Él, no podrían existir. Son sólo existencias; mutables, dependientes y sujetos a la voluntad de Dios, Quien es Ser.

DIOS ES, ENTONCES, ALMA, Y SU ALMA TIENE FORMA, QUE SÓLO ES PERCEPTIBLE A SÍ MISMA, O AQUELLA DEL HOMBRE, QUE, POR RAZÓN DE LA SUFICIENTE POSESIÓN DE LA PROPIA SUBSTANCIA DE LA GRAN ALMA, HA LLEGADO A SER COMO DIOS, NO SÓLO EN IMAGEN, SINO EN ESENCIA MISMA. Nosotros, los espíritus de la más alta progresión de nuestras almas, tenemos la facultad de ver a Dios y Su forma, por medio de la percepción de nuestras almas. Pero aquí, utilizo las palabras "ver" y "forma", siendo las únicas palabras que puedo utilizar para dar a los mortales una concepción comparativa de lo que trato de describir.

Al recordar que los mortales apenas pueden concebir la forma del cuerpo espiritual de un hombre, que se compone o está formado de la materia del universo, aunque no suele ser aceptado como de lo material, es fácil ver que casi es imposible para mí transmitirles, siquiera, una vaga idea de la forma del Alma de Dios, que se compone de aquello que es puramente espiritual – es decir, no de lo material, aunque sublimado en el grado más supremo.

Y aunque yo no pueda, debido a las limitaciones mencionadas, describir a los hombres aquella forma de donde puedan deducir una concepción de la forma de Su Alma – pues, tal forma sólo puede ser vista con el ojo del alma, ojos que los hombres no poseen – no se debe suponer que, porque los hombres no pueden comprender o percibir la verdad de la forma de Su Alma, ello no sea, por lo tanto, una verdad. UNA VERDAD, AUNQUE NO SEA CONCEBIDA O PERCIBIDA POR LOS HOMBRES, ESPÍRITUS O ÁNGELES, SIGUE SIENDO UNA VERDAD, Y SU EXISTENCIA NO DEPENDE DE QUE SEA CONOCIDA. Y, AUNQUE TODOS LOS MORTALES DE LA TIERRA, Y LOS ESPÍRITUS Y ÁNGELES DEL CIELO, SALVO UNO, NO PUDIERAN PERCIBIR LA EXISTENCIA DE ESA VERDAD, SIN EMBARGO, SU EXISTENCIA PERCIBIDA POR AQUEL UNO, PRUEBA IRREFUTABLEMENTE LA REALIDAD DE TAL VERDAD.

Pero, como he explicado, la verdad de la forma de Dios – la forma del Alma – puede ser atestiguada por más de un espíritu celestial de hombres que dejaron la tierra. Y esa posibilidad existe también en el gran futuro para los mortales de la vida actual, si sus almas llegan a poseer la Sustancia Divina del Amor de Dios en abundancia suficiente, a fin de poder percibir a Dios como he tratado de explicar.

El alma creada del hombre tiene su forma, habiendo si creada a la imagen de Dios, sin embargo, el hombre no puede ver aquella forma, a pesar de que es un hecho que muchos de aquellos en los reinos espirituales pueden dar testigo de ella.

Y he aquí la necesidad de decir que, cuando en nuestros mensajes hablamos de Dios sin forma, nos referimos a cualquier forma concebida por los hombres, o que piensan haber concebido, y lo expresado anteriormente no debe ser considerado como contradictorio a lo que he tratado de explicar, en cuanto a la forma de Dios.

Bien, además de la forma, Dios tiene una personalidad, y ésta es expresada y dada a conocer al hombre por ciertos atributos que, a la conciencia del hombre, existe en el universo. Para algunos filósofos, científicos y sabios, estos atributos son su Dios impersonal, y para ellos el único Dios. Ellos consideran lo creado, el Creador, sin darse cuenta que tras la expresión debe estar la Causa; y que superior al atributo debe haber Aquello de donde se proyecta la expresión del atributo, o, como comúnmente dicen, evolucionó.

Y AQUÍ, YO, QUIEN SABE, DESEO DECIR QUE ESTOS ATRIBUTOS O FUERZAS Y PODERES Y PRINCIPIOS Y LEYES Y EXPRESIONES MANIFESTADOS, NO CONSTITUYEN NI SON, TODOS JUNTOS, AQUELLO DE DONDE EMANAN, O EN DONDE TIENEN SU FUENTE. DIOS ES, ÉL MISMO, SOLO. SUS ATRIBUTOS O EXPRESIONES, MANIFESTADOS A LOS MORTALES O ESPÍRITUS, SON SÓLO LOS RESULTADOS O LOS EFECTOS DEL FUNCIONAMIENTO DE SU ESPÍRITU, ESPÍRITU QUE SÓLO ES LA ENERGÍA ACTIVA DE SU ALMA – ÉL MISMO. POR LO TANTO, LA FORMA DE DIOS NO ESTÁ DISTRIBUIDA EN TODO EL UNIVERSO DE LA CREACIÓN, DONDE ESTÉN SUS ATRIBUTOS, O PORQUE ESTÁN MANIFESTADOS EN TODAS PARTES.

No, como dijo Moisés del Viejo Testamento, y como yo dije cuando estuve en la tierra, Dios está en Sus Cielos. Y aunque pueda sorprender y asombrar a los mortales, Dios tiene Su morada; y Dios, la Sustancia, el Auto-existente y Alma con forma, tiene Su localidad; y los hombres no viven ni se mueven, ni tienen su existencia en Dios; sino en Sus emanaciones, expresiones y Espíritu.

Ya que estás algo agotado, pienso que debo detenerme aquí.

Me complace que estés en tan buena condición. Así que prepárate para una pronta reanudación del mensaje.

Con mi amor y bendiciones, diré, buenas noches.

Tu hermano y amigo,
JESÚS

QUIÉN Y QUÉ ES DIOS

YO ESTOY AQUÍ, Tu Abuela (Ann Rollins, Espíritu Celestial).

Bien, hijo mío, he venido esta noche, como prometí, con el propósito de escribirte una carta, informándote acerca de cierta verdad espiritual, la cual deseo que sea de tu conocimiento.

Ahora estoy en la tercera* Esfera Celestial, como ya te había comunicado, y en una condición mucho más elevada en mi conocimiento de las verdades espirituales, como nunca antes, y me ha dado una concepción espiritual que aumenta mi comprensión de la verdad y de la provisión del Padre, para la felicidad y salvación de Sus hijos.

Ahora sé, más que nunca, que Él es un Dios verdadero y existente de Amor, Poder y Sabiduría, y que la ira no es parte de su naturaleza, como se enseña en la Biblia, y que Él sólo tiene para sus hijos en la tierra, así como en el mundo espiritual, amor, atención y simpatía.

Él no es un Dios distante , esperando la llegada del "gran día del juicio", para aprobar o condenar a Sus hijos, según las obras realizadas en la tierra, sino, más bien, está con todo hombre y espíritu, de manera que Su influencia de amor y beneficencia pueda ser sentida por ellos, si tan sólo colocaran sus almas en una condición de receptividad, a fin de que tal influencia sea percibida, pues, como hemos dicho antes, la relación y cercanía de Dios al hombre depende, en gran medida, de la voluntad y deseos del hombre mismo.

Dios no está con los hombres, en lo que puede llamarse Su personalidad, como ha sido enseñado por los maestros de la Biblia y las religiones del mundo, y los hombres no viven, ni se mueven, ni tienen su ser en Él, como explicó San Pablo, puesto que Su personalidad tiene una localidad, la cual no está en todas partes, sino en los altos Cielos.

Sé que ello sorprenderá a muchas personas, sean ortodoxas u otras, y que, al parecer, les niega la consolación de creer y sentir que Dios está con y en ellos; pero, sin embargo, lo que digo es verdad.

Él no está en ellos o en la naturaleza, como dicen algunos de los científicos que creen en Dios. Él no está en cada flor o árbol, u otra manifestación de su creación. Y, en cuanto a Su personalidad, Él no es omnipresente, aunque tiene conocimiento de todas las cosas que Él ha creado. Digo, "que Él ha creado", puesto que existen algunas cosas que a algunos piensan que son parte de las realidades del universo, y las cuales no fueron creadas por Dios, sino creadas solamente por el hombre. Dios no tiene amor por estas cosas y no aprueba de ellas, ni favorece su existencia, y finalmente serán destruidas de la faz de Su universo.

Y cuando digo que Dios, en Su personalidad, no está en todas partes, ni con los hombres en todo momento, formando parte de su ser, no se debe entender que Él no sea el Padre cariñoso y velador, tratando de hacerles felices y salvarlos de los resultados del cúmulo de sus propias maldades, porque tal inferencia no sería verdad.

Y aunque que, como dije, Él no está con los hombres en esta personalidad, sin embargo, Él está con ellos en el sentido real de que Sus atributos de Amor, Sabiduría, Conocimiento y Poder siempre están con ellos. La vida emana de Dios, pero la vida no es Dios; es tan sólo uno de Sus atributos conferidos a los objetos de Su creación, para que puedan vivir, crecer y realizar los designios de su creación; y cuando este propósito haya sido alcanzado, Él les retira el atributo de la vida, y este hecho es evidente para los hombres.

Dios, Mismo, no ha dejado de ser parte de ese objeto, puesto que nunca fue una parte de ello, sino, más bien, el atributo, mismo, dejó de ser parte del objeto.

Dios es la fuente y origen de toda vida, pero esta vida es meramente una de Sus criaturas, como decimos nosotros, como lo es el hombre u otras cosas que los mortales llaman materia.

El hombre no vive, ni se mueve, ni tiene su ser en Dios, pero sólo en los atributos de Dios. Como puedes ver, todos estos atributos juntos no constituyen a Dios, pues, Él es una personalidad y de allí emanan todos estos atributos.

Sé que es difícil que comprendas el significado completo de lo que trato de transmitir, pero, quizás puedas captar de algún modo lo que quiero decir.

El amor es un atributo más grande que la vida misma, pero el amor no es Dios, como tampoco lo es el hombre, aunque, es su más grande posesión cuando existe en su pureza. Y, así como el hombre tiene muchos atributos, y que todos ellos juntos no constituyen al hombre, Dios tiene, asimismo, muchos atributos que sólo son partes de Su naturaleza, pero no son Él.

El hombre tiene un cuerpo físico y una mente y, sin embargo, no constituyen el hombre, puesto que él puede perder ambos y seguir siendo hombre o espíritu, es decir, el ego. El alma es el hombre verdadero – la personalidad – y todas las partes maravillosas del hombre, tales como la mente, afectos, deseos y voluntad son sólo de él, y si él fuera privado de alguno de ellos, todavía sería el hombre – aunque no el hombre perfecto que fue cuando todas desempeñaban sus funciones propias.

Y el hombre es así creado, que, a menos que él posea estas cualidades que en su creación formaron parte de él, y las cuales fueron necesarias para que fuese la criatura perfecta que fue, él no sería, entonces, el hombre perfecto que Dios decretó que fuera; y hasta que estas cualidades sean restauradas completamente, o recuperadas por él, no será el hombre que fue la obra más grande del Todopoderoso.

Y Dios no es Dios por tener estas cualidades; más bien, estas cualidades existen porque son los atributos de Dios. Él jamás las pierde, ni se ocultan o dejan de realizar sus funciones, pero siempre existen, y funcionan y son obedientes a Su Ser.

DIOS ES ALMA, Y EL ALMA ES DIOS, Y EN ESTA ALMA CONSISTE SU PERSONALIDAD SIN INDIVIDUALIDAD, PERO REAL Y EXISTENTE Y DE DONDE EMANA TODOS ESTOS ATRIBUTOS DE VIDA Y AMOR, ETC., DE LOS QUE HE HABLADO. DIOS ES ESPÍRITU, PERO EL ESPÍRITU NO ES DIOS, SÓLO UNA DE SUS CUALIDADES.

Escribo esto para darte una concepción adicional de quién y qué es Dios, y para enseñarte que Él no está en el hombre, ni el hombre tiene su ser en Dios. Para indicarte, además, que Dios no existe, ni puede existir en el mismo lugar con aquellas cosas que no están de acuerdo con Su naturaleza y cualidades. Y si Él estuviera en el hombre, o el hombre en Él, entonces no existirían el pecado o el error, o aquello que violan Sus leyes.

Debo detenerme ahora, pero regresaré pronto para terminar mi mensaje.

Con todo mi amor, yo soy
TU ABUELA

* Cuando un espíritu progresa más allá de la tercera esfera Celestial. Estas esferas más altas están graduadas de tal forma, que no se utilizan números.

QUIÉN Y QUÉ ES DIOS – Continuación

YO ESTOY AQUÍ, Tu Abuela (Ann Rollins, Espíritu Celestial).

He venido para reanudar mi discurso, si crees estar en condición para recibir el mismo. Bien, lo intentaremos, y si encuentro que no lo estés, me detendré hasta más tarde.

Como decía, Dios no está en el hombre o en las cosas materiales, en lo que respecta a Su personalidad, pero sólo aquellos atributos de Él, que generalmente los hombres consideran ser Dios, se manifiestan en las cosas materiales.

Como he explicado, Dios no es el creador de todas las cosas que parecen tener existencia, pues, muchas cosas que controlan y gobiernan la conducta de los hombres son enteramente criaturas del hombre, y no están en armonía con las leyes de Dios, o con Su voluntad. Por lo tanto, cuando se toma en cuenta que existen en las almas y mentes de los hombres los pensamientos, deseos y concepciones malvados, que están fuera de armonía con las creaciones de Dios, fácilmente se puede ver que Dios no puede estar, y no está en tales almas y mentes, como tampoco Sus atributos, porque, como se dice en las leyes de la filosofía física, dos cosas no pueden ocupar el mismo lugar al mismo tiempo, así que, nosotros podríamos decir, en cuanto a la filosofía espiritual, que dos cosas no pueden ocupar la misma alma o mente al mismo tiempo, especialmente cuando son antagónicas u opuestas en sus cualidades o fundamentos. Hasta que una de ellas desaloje su habitación, la otra no puede entrar, y esto es invariablemente cierto de las criaturas de Dios y las criaturas del hombre, porque son siempre, y bajo toda circunstancia, opuestas entre sí.

Pero, cuando hablo de las creaciones de Dios, no debe ser entendido que incluyo a Dios, pues Él, como el Creador, es del todo diferente de Sus criaturas; y, a pesar de que Sus criaturas o ciertos atributos, podrían encontrar alojamiento y habitación en las almas y mentes de los hombres y en la existencia de cosas materiales, sin embargo, Él, Dios, jamás encuentra tal alojamiento, ni es parte, jamás, de tal existencia. Él es tan

117

distinto a Sus criaturas, o mejor dicho, Sus emanaciones, tanto como son los pensamientos y deseos del hombre, distintos al hombre mismo.

DIOS ESTÁ EN SUS CIELOS, Y ESOS CIELOS TIENEN UNA LOCALIDAD, TAL COMO LAS DIFERENTES ESFERAS DEL MUNDO ESPIRITUAL, EN LOS CUALES LOS ESPÍRITUS TIENEN SUS MORADAS. LA LOCALIDAD DE DIOS ESTÁ MUCHO MÁS ALLÁ DE LAS MÁS ALTAS ESFERAS CELESTIALES CONOCIDAS POR EL MÁS ALTO ESPÍRITU, Y HACIA DONDE LOS ESPÍRITUS SIEMPRE ESTÁN PROGRESANDO; Y, A MEDIDA QUE PROGRESEN, MÁS Y MÁS CERCA ENTRAN EN CONTACTO CON ESTOS ATRIBUTOS DE DIOS, QUE CONSTANTEMENTE FLUYEN DE ÉL.

Ni siquiera Jesús, quien, como sabes, es el más brillante de todos los espíritus y quien posee estos atributos del Padre, más que cualquier otro espíritu, ha visto, jamás, a Dios, excepto a través de la percepción de su alma, y nunca concibió que Dios estuviera en él, o que formara parte de él. Los hombres se equivocan y se engañan al decir y creer que Dios está en ellos, o que viven y se mueven y tienen su ser en Él.

Al creer esto como una verdad, implicaría que Dios fuera solamente una especie de algo nebuloso – inconsistente como el aire – y, como dicen algunos espiritualistas, simplemente una fuerza que impregna el universo entero, dividido en muchas e infinitesimales manifestaciones, visto y sentido hoy, y mañana sin existencia. Un "algo" menos substancial que el hombre – débil, y a la vez poderoso – una contradicción más allá de toda concepción o explicación.

Tal dios no es Dios; pero todas estas manifestaciones son simplemente evidencia de la existencia de un Ser substancial y debo decir, nunca variable, un Ser Auto-existente, Quien no es la criatura de la mente del hombre, o de las necesidades o deseos del hombre, pero el Creador de todo, incluso de estos hombres sabios quienes no pueden concebir la existencia de algún Dios, sino la naturaleza, la mera criatura de Su Ser, sabiduría y poder.

La mente humana, cuando es dejada a sí misma, es decir, a su propia evolución, como dicen sus científicos, y no influenciada por las revelaciones de las verdades espirituales o sugerencias de los espíritus que han avanzado en el conocimiento de cosas más allá de lo material, no ha mejorado mucho desde los días cuando vivieron y murieron los adoradores del sol, y adoradores de gatos, toros y elefantes sagrados, y de las tormentas, truenos y relámpagos. Creían que Dios estaba en todas estas manifestaciones, inmanentes y reales, para ser apaciguado o amado, según la necesidad; y, hoy en día, entre sus naciones civilizadas, y los sabios de estas naciones, que no pueden ver a un Dios en lo espiritual, para ellos la suma de todas estas cosas materiales es el Dios, a quien ellos deben adorar, si es que adoraban.

Para ellos la naturaleza es Dios, y como puedes ver, el único adelanto, si, de hecho, alguno, que tienen sus mentes sobre las mentes de los adoradores del sol y animales etc., que he mencionado, es que esas mentes no están satisfechas con ver a Dios en una sola manifestación, sino que debe haber una combinación de todas estas manifestaciones, que ellos llaman naturaleza. Como ves, sólo es una diferencia en grado, y el científico de hoy día que se rehúsa a aceptar o creer en algún Dios de una naturaleza espiritual, es exactamente la contraparte de su llamado hermano "bárbaro", que solamente podía ver a Dios en el Sol, etc., en todo, excepto que él exigía un Dios más grande que debe estar en la forma más baja de existencia mineral, así como en la forma más alta de excelencia solar, e incluso en el hombre, pues, para algunos, el hombre es su propio y único Dios.

Y es de cuestionar, si estos hombres sabios no estarán más limitados, en su concepción y aceptación de un Dios, que sus primeros hermanos incivilizados, porque muchos de estos últimos vieron más allá y detrás de su Dios Sol y su Dios de truenos, etc., a otro Dios más grande, a Quien no podían ver, pero que podían sentir, y en sus almas percibieron Su existencia.

Pero los hombres sabios de la civilización, tanto han evolucionado en sus intelectos, que han perdido la percepción de sus almas, y no puede existir ningún Dios más allá del horizonte de sus percepciones intelectuales, y, por lo tanto, al creer que conocen la naturaleza, la naturaleza como toda la creación, piensan que no puede haber otro Dios que la naturaleza.

¡Oh! pero que terrible error!

DIOS, ENTONCES, COMO HE DICHO, ES UN SER – UN ALMA – CON UNA PERSONALIDAD QUE TIENE UNA UBICACIÓN, MUY ARRIBA EN LOS CIELOS, CON QUIEN TODO ESPÍRITU CELESTIAL Y MUCHOS DE AQUELLOS DE LAS ESFERAS ESPIRITUALES SE ESFUERZAN POR ALCANZAR UNA CERCANÍA CADA VEZ MAYOR; Y A MEDIDA QUE SE ACERQUEN, SE DAN CUENTA Y RECONOCEN EL AMOR EN ABUNDANCIA, LA VIDA Y LUZ QUE EMANA DE LA FUENTE SUPREMA DE ESTOS ATRIBUTOS DE PERFECCIÓN.

Y ASÍ QUE REPITO, DIOS NO ESTÁ EN EL HOMBRE O BESTIA O VEGETAL O MINERAL, PERO SÓLO LO ESTÁN SUS ATRIBUTOS, SEGÚN ÉL VEA LA NECESIDAD PARA SU FUNCIONAMIENTO, Y EL HOMBRE NO VIVE, NI SE MUEVE, NI TIENE SU SER EN DIOS.

Bueno, hijo mío, a mi manera imperfecta te he dado alguna idea de Quién y Qué es Dios, y mi explicación es, en esencia, el consenso del conocimiento de los espíritus Celestiales, cuyo conocimiento se basan en las verdades que ningún mortal, o todos los mortales juntos, pueden jamás aprender con sus mentes finitas.

Creo que has recibido mis ideas y palabras muy bien, y espero que las verdades que he escrito puedan resultar beneficiosas para toda la humanidad.

Estoy muy feliz y regresaré pronto para escribir otras verdades, que puedan interesarte.

Ahora debo concluir.

Con todo mi amor y bendiciones, yo soy

Tu verdadera y querida abuela,
ANN ROLLINS

Confirmación que la Abuela del Sr. P Escribió Sobre "Quién y Qué es Dios"

YO ESTOY AQUÍ, Tu Padre (John H. Padgett).

He estado escuchando el mensaje de tu abuela y me interesé en observar la forma en que lo recibías, puesto que es una comunicación profunda e importante acerca de verdades, que generalmente son desconocidas por los mortales. Por supuesto, nosotros en las esferas inferiores no conocemos estas verdades tan a fondo como los espíritus de las Esferas Celestiales, pero he escuchado el discurso del Maestro sobre el tema de Dios, y lo escrito por tu abuela es, en resumen, lo que él nos ha explicado, pero, por supuesto de manera que pudiéramos mejor comprender la verdad, y en un grado mayor de lo que tú puedes.

Hay algo que he observado en el caso de éstos, los llamados científicos, y quienes creen solamente en lo material, y también en el caso de aquellos que dicen ser infieles, cuando entran en la vida espiritual, y esto es que muy pronto se dan cuenta que existe, o que debe existir un Dios, y que su Dios de la naturaleza, o su Dios hecho por el hombre, no provee la palabra, por así decir, que aquí encuentran que existe. En el principio, por supuesto, ellos no tienen una concepción de la naturaleza de Dios, pero muy pronto, después de venir aquí, aprenden que existe otro Dios, diferente al Dios concebido por ellos en la tierra, así como cuando negaban la existencia de un Dios alguno, y pronto se dan cuenta de la absoluta necesidad de la existencia de un Dios. Y habiendo hecho del hombre su propio Dios, y luego vieron a tantos espíritus de hombres en una condición tal de oscuridad, sufrimiento y desamparo, rápidamente se dieron cuenta que el hombre no es Dios.

Así que yo digo, la primera verdad que entra en sus mentes y almas cuando se convierten en espíritus, es que existe un Dios, aunque desconocen Su naturaleza y atributos.

Entonces ves, sólo existe un pequeño velo de carne entre la mente presumida de los mortales que proclaman que no existe un Dios; sólo la naturaleza, o ningún Dios en lo absoluto, y aquella mente consciente de su debilidad y pequeñez, como existe en el mundo espiritual.

Pero debo dejar de escribir sobre este tema, o pensarás que te voy a escribir un sermón, que no pretendo hacer ahora.

Con todo mi amor, yo soy

Tu Querido Padre,
JOHN H. PADGETT

CRISTO PUEDE ESTAR EN TI – LO QUE SIGNIFICA

YO ESTOY AQUÍ, *Jesús*.

Esta noche deseo escribir en referencia a la forma en que, como declara el predicador, "Cristo puede estar en ti".

Sé que es casi universal, entre los predicadores de la iglesia ortodoxa, enseñar a sus oyentes que el camino a la salvación es recibir a Cristo dentro de ellos, permitiéndoles, así, lograr la unidad con el Padre y dejar de permanecer sujetos a los efectos del pecado y la maldad. Bien, esta enseñanza es el verdadero fundamento de la salvación para la entrada a los Cielos Celestiales, siempre que sea entendido por los predicadores y la masa humana, cuál es el verdadero significado de "Cristo en ti", y, a menos que este significado sea comprendido, el hecho que los predicadores o la gente crean que tienen a Cristo dentro de sí, no efectuará los resultados que ellos puedan suponer o desear.

Muchos, y diré la mayoría de los cristianos profesos, tienen ideas de lo que significa esta expresión en términos de su eficacia, que no están de acuerdo con el significado verdadero de esta condición del alma. Ellos creen que lo único que es necesario es creer en Jesús como su salvador, por su sacrificio y muerte, y que en esta creencia tienen a Cristo dentro de ellos, y que no se requiere más nada. Ellos no tienen ninguna concepción de la distinción entre Jesús, el hombre, y Cristo, el espíritu de la verdad, o más correctamente, el espíritu que manifiesta la existencia del Amor Divino en el alma. Cristo no es un hombre en el sentido que lo es Jesús, el hijo del Padre, sino que Cristo es aquella parte de Jesús, o más bien, aquella cualidad que vino a él, después de recibir el Amor Divino completamente en su alma, y fuera transformado en la Esencia misma del Padre en Su Amor. Cristo, así, no es un hombre, sino la manifestación de este Amor al ser otorgado a Jesús, hecho parte de su misma existencia. Y cuando los hombres usan la expresión, "tener a Cristo en ti", si entendieran correctamente el verdadero significado de la misma, ellos sabrían que dicha expresión sólo significa que el Amor Divino del Padre está en sus almas.

El uso indiscriminado de las palabras, "Jesús y Cristo", es la causa de muchos malentendidos entre estos cristianos, en cuanto a un número de dichos en la Biblia.

Jesús se convirtió en el Cristo sólo porque él fue el primero en recibir en su alma este Amor Divino y en manifestar su existencia, y este principio de Cristo es algo que todos los hombres pueden poseer, llegando a ser, así, uno con el Padre en Su sustancia de Amor e Inmortalidad.

Sería imposible para Jesús, el hombre, entrar en, o ser parte de un mortal, y sería igualmente imposible para el Cristo, como el hombre Jesús, aun siendo perfecto y libre de pecado, llegar a ser parte de alguien.

NO, "TENER A CRISTO DENTRO DE TI", SIGNIFICA TENER ESTE AMOR DEL PADRE EN TU ALMA, EL CUAL SÓLO PUEDE SER OBTENIDO POR MEDIACIÓN DEL ESPÍRITU SANTO, EL INSTRUMENTO DEL PADRE PARA CONFERIR ESTE AMOR AL ALMA.

Para muchos de aquellos que escuchan las exhortaciones del predicador en este particular, la expresión es tan sólo un misterio que ellos aceptan sólo intelectualmente, y piensan que, por tal aceptación, poseen este Cristo, que es la única evidencia de la verdad del Amor del Padre.

Buenas noches.

Tu amigo y hermano,
JESÚS

EL ESPÍRITU SANTO

Muchos de Aquellos que Piensan que Han
Recibido el Bautismo del Espíritu Santo, Sólo Han Avanzado en el Amor
Natural y No en el Amor Divino. Jesús Explica la Diferencia
Entre el Espíritu de Dios y el Espíritu Santo
Mensaje de Jesús

Permíteme escribir brevemente sobre un tema que será de interés para ti, y para aquellos que, quizás, lean mis mensajes.

Lo que deseo escribir esta noche es sobre la condición de aquellos que piensan que han recibido el influjo, o el bautismo del Espíritu Santo, cuando, de hecho, sólo han avanzado en la purificación de su amor natural y armonía con las leyes que gobiernan su creación, que les hacen creer que lo que han experimentado es el resultado de un otorgamiento del Amor, traído por el Espíritu Santo a los mortales. Muchos humanos descansan en este error; y en la satisfacción, o más bien, la felicidad que su experiencia les trae, y que surge de este aumento en la armonía, creen plenamente que el Espíritu Santo ha tomado posesión de sus almas, causándoles aquella felicidad. Pero, en esta conclusión se engañan a sí mismos, y se darán cuenta de su error al experimentar un despertar en la vida espiritual.

EL ESPÍRITU SANTO ES AQUELLA PARTE DEL ESPÍRITU DE DIOS QUE MANIFIESTA SU PRESENCIA Y CUIDADO, LLEVANDO SU AMOR DIVINO A LAS ALMAS DE LOS HOMBRES. ESTE AMOR ES LO MÁS ELEVADO, GRANDIOSO, Y SAGRADO DE TODAS SUS POSESIONES, Y SÓLO PUEDE LLEGAR A LOS HOMBRES A TRAVÉS DEL ESPÍRITU SANTO; Y ESTE NOMBRE SE UTILIZA EN CONTRAPOSICIÓN AL SIMPLE ESPÍRITU, CUYA FUNCIÓN ES LA DE

DEMOSTRAR A LOS HOMBRES LA OPERACIÓN DEL ALMA DE DIOS EN OTRAS DIRECCIONES Y PARA OTROS FINES. SU ESPÍRITU CREATIVO, Y SU ESPÍRITU PROTECTOR, Y EL ESPÍRITU QUE HACE QUE SUS LEYES Y DESIGNIOS SEAN EFICACES EN EL GOBIERNO DEL UNIVERSO, NO SON EL ESPÍRITU SANTO, AUNQUE TAMBIÉN FORMAN PARTE DEL ALMA DE DIOS, E IGUALMENTE NECESARIOS PARA LAS MANIFESTACIONES DE SUS PODERES Y EL EJERCICIO DE LAS ENERGÍAS DE SU ALMA. ÉSTOS TRATAN CON LAS COSAS DEL UNIVERSO QUE NO TIENEN RELACIÓN CON EL ALMA DE DIOS Y LAS ALMAS DE LOS HOMBRES, Y SIEMPRE QUE SE HABLA DEL ESPÍRITU SANTO, SIGNIFICA SÓLO AQUELLA PARTE DEL ESPÍRITU DE DIOS QUE TRANSFORMA LAS ALMAS DE LOS HOMBRES EN LA SUBSTANCIA DEL ALMA DE DIOS, EN SU CUALIDAD DE AMOR.

El domingo por la noche, escuché el discurso del predicador sobre la obra del Espíritu Santo, como se describe en los contenidos del Nuevo Testamento, y me di cuenta que sus conclusiones, derivadas de estos contenidos, eran totalmente erróneas y lejos de la verdad. Como él dijo, los efectos de la operación del Espíritu Santo son manifestados en más de una forma, y no todo aquél, a quien le haya sido otorgado, posee los mismos poderes para manifestar su presencia y posesión. Ahora, debe ser entendido que, en todas estas evidencias de su existencia en las experiencias dadas, Él está limitado en sus operaciones a aquellas condiciones y manifestaciones que tienen su fuente en el Amor Divino del Padre, que fue otorgado a la humanidad con mi venida en la carne, y que aquellas manifestaciones que no tienen relación con este Amor, no son evidencias de la presencia del Espíritu Santo. Como se menciona en el Nuevo Testamento, cuando el Espíritu Santo fue otorgado a mis discípulos en Pentecostés, Él vino, como te fue explicado antes, con el sonido de una poderosa ráfaga de viento, que sacudió la sala donde se encontraban reunidos los discípulos, llenándolos con sus poderes, lo que sólo significa que este Amor Divino entró en sus almas en tal abundancia, que sus almas estremecieron a tal grado que pensaron que el edificio en el cual estaban reunidos había sido perturbado. Pero en esto se equivocaron, pues el efecto de la presencia del Espíritu Santo no es el de afectar las cosas de la naturaleza inanimada, sino que se limita a las almas de los hombres.

Y el predicador debe saber que, porque los hombres estén poseídos de poderes para lograr las cosas mentales o materiales de su vida, no están necesariamente poseídos por el Espíritu Santo. Gran parte de la curación física de los mortales es causada por los poderes otorgados a los hombres, o a algunos hombres, que no están conectados con, o proceden del Espíritu Santo. De la existencia de evidencia de esto, los hombres recordarán que el Viejo Testamento está lleno de casos donde los hombres fueron sanados de sus enfermedades, y otras cosas maravillosas que acontecieron en aquel tiempo cuando el Espíritu Santo estaba excluido de la posesión del hombre.

Sin embargo, estas maravillas, como, entonces se consideraban, fueron realizadas por hombres que decían estar dotados con el Espíritu de Dios, el cual obra para el bien y la felicidad de la humanidad, y continuará obrando hasta que los hombres estén en armonía con sí mismos, como al principio fueron creados.

Yo comprendo el objetivo del predicador en su intento de mostrar y convencer a sus oyentes, que, porque ellos no poseen aquellos poderes que, según la Biblia, poseían mis * discípulos después del otorgamiento del Espíritu Santo, no deben creer y concluir que, por lo tanto, ellos, sus creyentes, no hayan recibido esta bendición. Sus intenciones y esfuerzos fueron encomiables, y surgieron del deseo de que sus oyentes no se desanimaran, o se sintiesen decepcionados en sus esfuerzos por obtener el influjo del Amor, que es llevado por el Espíritu Santo a los hombres. Pero, por otra parte, sus enseñanzas fueron peligrosas y engañosas para estos oyentes, pues la consecuencia natural de tal enseñanza es, que conduce a los hombres a la creencia o la persuasión de que poseen este poder y Confortador, cuando no lo poseen, impidiendo, así, que busquen y obtengan este Confortador, a través del único camino para obtenerlo. El Espíritu Santo no tiene nada que ver, primordialmente, con los grandes logros mentales o físicos, y, decir que, porque un hombre es un gran inventor, o filósofo o cirujano que hace las cosas sin saber de dónde proviene la inspiración o la sugerencia para hacer estas cosas, está poseído, por lo tanto, del Espíritu Santo, ello es del todo erróneo y engañoso.

Toda cosa, mediata o inmediata, tiene su existencia, operación y crecimiento en el Espíritu de Dios, y sólo en ese Espíritu, y el cual se evidencia en muchas y variadas formas en la experiencia de los hombres, y por lo tanto, los hombres dicen que viven y se mueven y tienen su ser en Dios, lo que sólo significa que viven y se mueven y tienen su ser en el Espíritu de Dios. Este Espíritu es la fuente de la vida, luz y salud, y otras numerosas bendiciones que los hombres poseen y disfrutan – tanto el pecador como el santo, el hombre pobre como el rico, el ignorante, así como el iluminado y educado – y cada uno y todos dependen de este Espíritu para su existencia y bienestar. Éste es el Espíritu que todos los hombres poseen en un grado mayor o menor, y el brillante predicador o maestro u orador, que posee este Espíritu en un grado mayor que su hermano menos favorecido, depende del mismo Espíritu. Es universal en su existencia y operación, es omnipresente, y en este sentido puede ser recibido por todo hombre, al grado que su receptividad mental lo permita. Y esto además demuestra el hecho de que Dios, por, y a través este Espíritu, siempre está con los hombres, tanto en los infiernos más bajos, como en los cielos más altos del hombre perfecto. Obra continuamente, sin cesar, y siempre espera la llamada de los hombres, sea esa llamada mental o espiritual. Es aquello que controla el universo, del cual la tierra del hombre es una parte infinitesimal. Éste es el Espíritu de Dios.

PERO EL ESPÍRITU SANTO, AUN SIENDO UNA PARTE DEL ESPÍRITU DE DIOS, ES, SIN EMBARGO, TAN DISTINTIVO COMO LO ES EL ALMA DEL HOMBRE, DE TODAS LAS OTRAS CREACIONES DE DIOS; ES AQUELLA PARTE DEL ESPÍRITU DE DIOS QUE TIENE QUE VER EXCLUSIVAMENTE CON LA RELACIÓN ENTRE EL ALMA DE DIOS Y EL ALMA DEL HOMBRE.

EL SUJETO DE SU OPERACIÓN ES EL AMOR DIVINO DEL ALMA DEL PADRE, Y EL OBJETO DE SU FUNCIONAMIENTO ES EL ALMA DEL HOMBRE, Y LA GRAN META A ALCANZAR, A TRAVÉS DE SU OPERACIÓN, ES LA TRANSFORMACIÓN DEL ALMA DEL HOMBRE EN LA SUBSTANCIA DEL AMOR DEL PADRE, CON LA INMORTALIDAD COMO UN ACOMPAÑAMIENTO NECESARIO. ESTE ES EL GRAN MILAGRO DEL UNIVERSO; Y LA TRANSFORMACIÓN ES TAN SUBLIME Y SAGRADA Y MISERICORDIOSA, QUE LLAMAMOS AQUELLA PARTE DEL ESPÍRITU DE DIOS, QUE ASÍ OBRA, EL ESPÍRITU SANTO.

ENTONCES, QUE NINGÚN MAESTRO O PREDICADOR ENSEÑE, NI QUE SUS OYENTES CREAN QUE TODA PARTE DEL ESPÍRITU DE DIOS QUE OPERA EN EL CORAZÓN, PENSAMIENTOS Y SENTIMIENTOS DEL HOMBRE ES EL ESPÍRITU SANTO, PORQUE ELLO NO ES CIERTO. SU MISIÓN ES LA SALVACIÓN DE LOS HOMBRES EN EL SENTIDO DE CONDUCIRLOS A AQUELLA ARMONÍA CON DIOS, PARA QUE EL ALMA MISMA DE LOS HOMBRES LLEGUE A SER PARTE, EN SUBSTANCIA, Y NO MERAMENTE EN IMAGEN, DEL ALMA DE DIOS, Y SIN ESTA OPERACIÓN DEL ESPÍRITU SANTO, LOS HOMBRES NO PUEDEN LOGRAR TAL UNIÓN.

Te he escrito antes acerca de cómo funciona este Espíritu Santo y la forma en que puede traer a los hombres el Amor Divino del Padre, y qué es necesario para Su influjo. La forma descrita es el único camino, y los hombres no deben creer y descansar en la seguridad de tal creencia, que toda operación del Espíritu de Dios, es obra del Espíritu Santo.

A MENOS QUE UN HOMBRE NAZCA DE NUEVO, NO PODRÁ ENTRAR EN EL REINO DE DIOS, Y TAL LOGRO SÓLO ES POSIBLE MEDIANTE LA OBRA DEL ESPÍRITU SANTO.

¡Oh! predicador, sobre quien recae una gran responsabilidad, aprenda la verdad y luego guía a los hombres hacia el camino de la salvación.

No escribiré más por ahora, pero regresaré para transmitir otro mensaje.

Confía en mi amor y que soy

Tu amigo y hermano
JESÚS

Qué es el Espíritu Santo

El Misterio de la Divina Trinidad Es Un Mito.
No Existe Ningún Misterio Que El Hombre No Deba Conocer

YO ESTOY AQUÍ, *San Lucas.*

He venido esta noche para escribirte un mensaje sobre la verdad de: Qué es el Espíritu Santo.

Sé que el ortodoxo, por lo general, cree y lo clasifica como parte de la Deidad, siendo uno y el igual de Dios, el Padre, y no una mera manifestación del Padre, como espíritu, y por ende, necesariamente idéntico al Padre, aunque con una personalidad diferente y distintiva.

En esta creencia y clasificación está incluido Jesús, con una personalidad distintiva.

Los predicadores ortodoxos y escritores teológicos enseñan que es un hecho que estos tres son uno, iguales y existentes, y que ese hecho es el gran misterio de Dios, y que los hombres no deben tratar de comprender el misterio, porque las cosas sagradas de Dios son Suyas, y no le es permitido a los hombres entrar en estos secretos.

Bien, esta declaración y amonestación son muy sabias, en cuanto a la sabiduría de los hombres, y libera a los expositores de estas "doctrinas del misterio", de tratar de explicar lo que no pueden explicar, porque es imposible para ellos desentrañar lo que, como un hecho, no tiene existencia.

Los hombres pensantes de todas las épocas, han tratado de entender este gran misterio, como ellos lo llamaban, y no han tenido éxito. Y como los primeros padres encontraron la misma derrota en sus esfuerzos por comprender el misterio, y entonces, a causa de tal derrota, declararon que la explicación de la doctrina es un secreto de Dios, que no debe ser investigado por los hombres, por lo que, cuando estos otros investigadores de la iglesia se convencieron de la futilidad de la búsqueda, adoptaron la amonestación de los antiguos padres, de que el secreto de Dios no debe ser investigado, porque a Él sólo le pertenecía, y que, tanto el hombre pecador, como el redimido, deben respetar el secreto de Dios.

Y así, desde el principio de la iglesia establecida, después de la muerte de Jesús y de sus apóstoles, fue declarada esta doctrina de la trinidad – uno en tres y tres en uno, sin embargo, sólo uno – y hecha la piedra base fundamental de la existencia visible de su iglesia. Por supuesto, de tiempo en tiempo, surgieron hombres de la iglesia quienes, con más iluminación que sus otros hermanos de la iglesia, trataron de negar la verdad de aquella doctrina y declararon y sostuvieron que existía sólo un Dios, el Padre.

Pero ellos fueron una minoría, y al no participar con los más poderosos, sus puntos de vista fueron rechazados; y el misterio se convirtió en el símbolo sagrado de la verdad de la iglesia, inexplicable y, por lo tanto, más cierto y con derecho a más aceptación. Y, parece ser la tendencia mental de los hombres, o, al menos de aquellos que creen en la Biblia, como la palabra inspirada de Dios, de acoger y fomentar aquellas cosas que tienen sabor a lo misterioso, como las más maravillosas e importantes, y más dignas de ser apreciadas, que aquellas que un hombre pueda leer y comprender como son.

EN NINGUNA PARTE, NI SIQUIERA EN LA BIBLIA, EXISTE ALGÚN DICHO POR PARTE DE JESÚS, EN EL SENTIDO DE QUE DIOS ES TRIPARTITO, COMPUESTO POR EL PADRE, EL HIJO Y EL ESPÍRITU SANTO; Y, DE HECHO, TAL DOCTRINA NUNCA FUE ENSEÑADA POR JESÚS CUANDO ESTUVO EN LA TIERRA, PERO MÁS BIEN SÓLO ÉSTA: QUE EL PADRE ES DIOS Y EL ÚNICO DIOS, Y QUE ÉL, JESÚS, ES SU HIJO Y EL PRIMER FRUTO DE LA RESURRECCIÓN DE LA MUERTE, Y QUE EL ESPÍRITU SANTO ES EL MENSAJERO DE DIOS PARA LLEVAR EL AMOR DIVINO, Y COMO TAL, EL CONFORTADOR.

Sé que, en algunos de los Evangelios, como ahora figuran en la Biblia y adoptados como canónicos, se dice, en efecto, que la Deidad consiste del Padre, Hijo y Espíritu Santo – estos tres son uno – pero estos Evangelios no contienen la verdad en este sentido, y no son los mismo Evangelios que fueron escritos originalmente. Con el paso de los años, estos Evangelios originales han sufrido añadiduras y eliminaciones, y al ser copiados y reproducidos, que ocurrió antes de la aprobación de los mismos.

Los Evangelios adoptados fueron compilados de numerosos escritos, y, en vista de que los compiladores de aquellos tiempos remotos diferían en sus opiniones, como lo hacen los hombres ahora, en lo que respecta a verdades religiosas, el más poderoso de éstos, teniendo autoridad para declarar qué debía ser aceptado, de acuerdo con sus propias interpretaciones de aquellos manuscritos que estaban siendo copiados, ordenaron que las copias fueran hechas de acuerdo con sus ideas, y yo diría, más bien, deseos, y luego anunciaron y presentaron tales producciones como fiel copias de los originales. Y, a medida que estas copias sucesivas fueron hechas, las anteriores fueron destruidas y, por lo tanto, los más tempranos manuscritos existentes de estos Evangelios, fueron realizados muchos años después que los originales, de los cuales se alega han sido compilados, fueron escritos y destruidos.

Y YO, LUCAS, QUIEN ESCRIBIÓ UN EVANGELIO, Y QUIEN ESTÁ FAMILIARIZADO CON EL EVANGELIO ACTUAL, ATRIBUIDO A MÍ, DIGO QUE HAY MUCHAS COSAS Y DECLARACIONES VITALES ALLÍ CONTENIDAS, QUE YO JAMÁS ESCRIBÍ Y QUE NO SON CIERTAS; Y MUCHAS VERDADES QUE SÍ ESCRIBÍ, NO ESTÁN ALLÍ CONTENIDAS – Y ASÍ SUCEDE CON LOS OTROS EVANGELIOS.

En ninguno de nuestros Evangelios apareció el "misterio" de la Divinidad, y ello, por razón de que no existía ni existe tal misterio, y nunca enseñamos que existía una Divinidad, compuesta de tres personalidades. Sólo un Dios, el Padre. Jesús fue hijo del hombre en el sentido natural, y un hijo de Dios en el sentido espiritual, pero él no fue Dios, o parte de Dios en ningún sentido, excepto que él posee el Amor Divino del Padre, y en ese sentido fue parte de Su Esencia. El Espíritu Santo no es Dios, sino simplemente Su instrumento - un Espíritu - el Espíritu Santo.

Como has sido informado, el alma del hombre existió antes de la creación del hombre en la carne, y es la única parte del hombre que fue creada a la imagen de Dios. Existió en un estado prístino sin individualidad, aunque teniendo una personalidad y semejanza a la gran Alma del Todopoderoso, Alma que es Dios Mismo, aunque el alma que fue dada al hombre no formaba parte de la Gran Alma, sólo una semejanza de ella.

Algunos de ustedes los mortales han dicho que el alma del hombre es una parte del "Alma Suprema" es decir, el Alma de Dios, pero esto no es cierto, y si en alguna de nuestras comunicaciones se ha dicho que el alma del hombre es una parte del alma de Dios, y me refiero a cuando existía antes de su encarnación, lo que hemos dicho no debe ser así interpretado.

El ego de Dios, como podría decirse, es el Alma, y de esta Alma emana todos los atributos manifestados de Dios, tales como el poder, la sabiduría y el amor– pero no los celos, ira, o el odio, como han dicho algunos de los escritores de la Biblia, puesto que Él no posee tales atributos.

El ego del hombre es el alma, y, en la pureza y perfección de su alma como fue creada, emanaron todos los atributos manifestados que le pertenecen, tales como el poder y la sabiduría y el amor; y tampoco formaban parte de él los atributos de celos, ni el odio, ni la ira, antes de su caída.

Se dice que el hombre está compuesto de cuerpo, alma y espíritu, y esto es cierto. Por la experiencia de tu vida, sabes lo que es el cuerpo, y te he explicado lo que es el alma, y ahora surge la pregunta: ¿qué es el espíritu? Sé que, a través de los siglos, ha habido grandes diferencias entre teólogos y otros hombres sabios, en cuanto a qué es el espíritu. Algunos argumentan que ello y el alma son la misma cosa, y otros, que el espíritu es el verdadero ego del hombre, y el alma algo de menos cualidad, subordinada al espíritu, y así otros, con otras opiniones, y todas incorrectas, pues, como he dicho, el alma es el ego, y todo lo demás que está conectado con el hombre y que forma parte de su creación cuando fue declarado "muy bueno", está subordinado al alma, y sólo es su instrumento para manifestarse.

Como te ha explicado Jesús, el espíritu es la energía activa del alma y el instrumento por medio del cual se manifiesta el alma; y esta definición se aplica tanto al espíritu del hombre mientras sea mortal, así como cuando se convierte en un habitante del mundo espiritual. El espíritu es inseparable del alma, y no tiene ninguna función en la existencia del hombre, excepto para hacer manifiesto las potencialidades del alma en sus actividades. El espíritu no es vida, pero puede convertirse en una evidencia de la vida – es el soplo de la vida.

Y como el hombre fue creado a imagen de su Creador, y siendo el espíritu únicamente la energía activa del alma, por la aplicación del principio de correspondencias, que uno sus psíquicos anteriores declara que existe, SE PODRÁ ASUMIR, Y ES VERDAD, QUE EL ESPÍRITU SANTO ES LA ENERGÍA ACTIVA DE LA GRAN ALMA DEL PADRE, Y, COMO SABEMOS POR NUESTRAS EXPERIENCIAS Y OBSERVACIONES, ACTÚA COMO EL MENSAJERO DEL PADRE PARA LLEVAR A LA HUMANIDAD SU AMOR DIVINO. Y NO LIMITO LA MISIÓN DEL ESPÍRITU SANTO A LA HUMANIDAD EN LA CARNE, PUESTO QUE TAMBIÉN LLEVA Y OTORGA ESTE GRAN AMOR A LAS ALMAS DE LOS HIJOS DEL PADRE QUE SON ESPÍRITUS SIN CUERPO DE HUESO Y CARNE, Y QUE SON HABITANTES DEL MUNDO ESPIRITUAL. Y ASÍ QUE, ES VERDAD QUE EL ESPÍRITU SANTO NO ES DIOS, NI FORMA PARTE DE LA DIVINIDAD, SINO SIMPLEMENTE SU MENSAJERO DE LA VERDAD Y EL AMOR, QUE EMANAN DE SU GRAN ALMA, LLEVANDO EL AMOR, LA LUZ Y LA FELICIDAD AL HOMBRE.

Así ves, no existe misterio alguno en cuanto a la Divinidad, ni secreto que Dios no desee que el hombre conozca y entienda, y no existe verdad contraria a las leyes y voluntad de Dios, que el hombre deba buscar y poseer.

SE DICE QUE DIOS ES ESPÍRITU, Y ELLO ES CIERTO; PERO EL ESPÍRITU NO ES DIOS, SÓLO UNO DE SUS INSTRUMENTOS UTILIZADOS PARA TRABAJAR CON LA HUMANIDAD Y ESPÍRITU DE LOS HOMBRES. LA ADORACIÓN DEL INSTRUMENTO ES UNA BLASFEMIA, Y SÓLO DIOS DEBE SER ADORADO. JESÚS NO DEBE SER ADORADO COMO DIOS, ASÍ COMO TAMPOCO EL ESPÍRITU SANTO, Y TAN PRONTO COMO LOS HOMBRES APRENDAN ESTA VERDAD Y LA OBSERVEN, MÁS PRONTO SE CONVERTIRÁN EN UNO CON EL PADRE, Y COMPLACER AL MAESTRO, QUIEN, COMO ALGUNOS DESCONOCERÁN, ES EL MÁS GRANDE ADORADOR DEL PADRE EN TODO SU UNIVERSO.

He escrito más de lo que esperaba, pero espero que a través de mi mensaje muchos mortales podrán recibir la verdad, y ser conscientes de que el Espíritu Santo no es parte de la Divinidad, y que el "misterio de la Divinidad" es sólo un mito, sin cuerpo, alma o espíritu, y que no hay verdad en todo el universo de Dios, que el hombre no sea invitado a buscar, entender y poseer.

Me detengo ahora y al hacerlo, te dejo mi amor y bendiciones, y oraré al Padre para que te envíe el Espíritu Santo con gran abundancia del Amor Divino.

Buenas noches y que Dios te bendiga hasta que yo regrese.

Tu hermano en Cristo,
LUCAS

Un Espíritu Confirma El Escrito de Lucas. Lamenta No Haber Enseñado La Verdad Cuando Estuvo en La Tierra

Quisiera decir sólo unas cuantas palabras, pues, estoy muy interesado en las verdades contenidas en el mensaje que Lucas acaba de escribir. Estuve presente en la iglesia donde el ministro disertó sobre el tema del Paraíso, y Lucas también estuvo presente; y como me di cuenta de que algo que dijo el predicador, inspiró en Lucas el tema de su mensaje, y estoy muy interesado en las personas de esa iglesia, puesto que en un tiempo yo fui pastor allí, deseo agregar sólo unas palabras a lo que Lucas ha expresado, tan correcta y claramente.

Cuando yo fui ministro allí, yo a menudo declaraba la doctrina que el predicador proclamó esta noche, y como en aquel tiempo creí en la verdad de esas doctrinas, sé que el predicador es igualmente honesto en sus creencias.

Pero, desafortunadamente, mis creencias eran erróneas, y así como yo tuve que atravesar algunos años de sufrimiento y decepción para desaprender estos errores y aprender la verdad, él también tendrá que pasar por la misma experiencia, a menos que aprenda la verdad antes del momento de abandonar su cuerpo físico.

Y así también con muchos de aquellos de su congregación que, siendo sinceros y honestos buscadores de la verdad, poseen en sus almas el Amor Divino del Padre. Pero lastimosamente, no hay manera de llegar a él o a ellos con la verdad, puesto que sé que no prestarían atención a lo que tú podrías decirles y considerarán que eres un impostor o excéntrico. Sin embargo, podría abrirse algún camino en el futuro para que estas verdades puedan llegar a estas personas, y como yo tengo el mejor interés de ellos en mi corazón, y siento que la influencia de mis enseñanzas aún permanece en esa congregación y produce sólo error y creencia en aquello que no es verdad, deseo añadir mi confirmación a lo que ha dicho Lucas; y si su mensaje alguna vez les llegara, espero que mi mensaje pueda también llegarles.

Como parte de mi pena, por haber enseñado doctrinas erróneas, debo luchar para que mi gente desaprenda estas enseñanzas erróneas, y, de poder llegar a ellos de esta manera, no sólo me daría una gran felicidad, sino el alivio a mi pena de arrepentimiento.

No pretendo recitar lo que Lucas ha dicho, puesto que yo no podría hacerlo más claro, pero sí deseo decirle a mi gente que lo que él dijo es cierto y deben creerlo.

Me gustaría regresar en algún momento para escribir un mensaje más largo, sobre un tema que ha sido objeto de mi consideración durante mucho tiempo y que, para mí y para muchos en la vida terrenal, es un asunto muy importante.

No escribiré más esta noche, y gracias por tu amabilidad al permitir que yo escriba.

Bien, estoy en la Séptima Esfera y soy muy feliz en mi amor y entorno, pero me doy cuenta que si yo hubiese conocido la verdad como ahora la conozco, estaría mucho más avanzado. ¡Oh, te digo, el impedimento del progreso del alma, debido a una vida de creencias erróneas, es algo terrible!

Diré buenas noches y que Dios te bendiga.

Tu hermano en Cristo,

N _____

La Razón por la Cual Jesús No Acude a Los Campos de Batalla Donde Existen Escenas de Matanza

MENSAJE RECIBIDO NOVIEMBRE 2 DE 1916

YO ESTOY AQUÍ, *Jesús.*

Por supuesto, las escenas en las que he sido representado son creaciones de la imaginación, y con la intención de convencer a los observadores de estas escenas, en su creencia o pensamiento, que, debido a mis enseñanzas de paz y buena voluntad hacia los hombres, yo estaría necesariamente interesado en aquellas cosas que, de hecho, violan mis enseñanzas, y en consecuencia, yo estaría presente en los campos de batalla y destrucción de la vida humana.

Pero, quizás, te sorprenda al decirte que yo no visito estas escenas, porque mi misión, como espíritu, no es ayudar a los que caen en la batalla y llegan al mundo espiritual como resultado de la destrucción de la guerra y asesinato de seres humanos. Hay muchos espíritus, cuyo deber es ocuparse de los espíritus de aquellos que entran súbitamente al mundo espiritual, y de ayudarlos a que se den cuenta del cambio en sus condiciones, y a guiarlos al conocimiento de que ya no son mortales. Estos espíritus son designados especialmente para este trabajo, y proveen consuelo a estos desafortunados, y les ayuda a recuperarse del choque de su violenta y súbita transformación.

Esta obra, como se diría, es de naturaleza material, que es lo que ayuda a estos espíritus a entrar en posesión de sus facultades espirituales, independientemente de la cuestión de que si sean aptos para el cielo o para el infierno. En otras palabras, ellos trabajan para lograr que, al llegar estos espíritus, ellos sean libres, lo más posible, del terror que tal transformación súbita podría causarles. Esta obra es necesaria, y forma parte del plan del Padre para el bienestar y felicidad de Sus hijos, sin tener en cuenta el hecho de que ellos conozcan o no Su amor y misericordia.

Pero mi trabajo es diferente. Yo trato sólo con las almas de los hombres, independientemente de su condición de espíritu, es decir, de la condición de espíritu como simple espíritu. En el campo de batalla, las almas de los hombres no suelen estar abiertas a la influencia de mis enseñanzas, y mi labor no es entre los físicamente muertos, sino entre los vivos que se encuentran en un estado de equilibrio mental y del alma para recibir las influencias de mis sugestiones y amor. No, el campo de batalla no es mi lugar de trabajo, y la matanza de hombres y desastres de la guerra no me atraen ni me ofrecen la oportunidad para realizar la gran obra que hago, de guiar a los espíritus a conocer la realidad y la necesidad de obtener el Amor Divino.

Me interesa la paz de la humanidad y el amor de un hermano a otro, y mis enseñanzas en la tierra y en el mundo espiritual son dadas con el fin de lograr esta paz. Pero las guerras de Naciones, o el odio de las batallas nunca conducirán a la paz, simplemente debido a los horrores y desolación que fluyen de estas guerras y batallas. Los hombres podrán pensar que cuando la humanidad vea estas cosas de destrucción, también las verán con tal horror y espanto, que la guerra nunca más tendrá lugar, y que sólo seguirá la paz, siendo, para siempre, el patrimonio de los hombres. Pero te digo que en esto se equivocan, porque, con el paso de unos años, todas estas cosas serán olvidadas. Y luego, siendo los corazones de los hombres los mismos, con todo el odio, envidia y ambición que existió en los corazones y mentes de aquellos que fueron responsables de las guerras olvidadas, estas cosas se repetirán, y quedará demostrado el hecho de que los hombres son de la misma mente y deseos carnales.

MIENTRAS QUE LOS HOMBRES PERMANEZCAN EN SU CONDICIÓN DE PECADO, TENIENDO SOLAMENTE LO QUE ALGUNOS LLAMARÍAN, "LA HERMANDAD DEL HOMBRE" PARA IMPEDIR QUE TRATEN DE SATISFACER SUS AMBICIONES, O DE SATISFACER SUS DESEOS DE CASTIGAR OFENSAS IMAGINADAS, LAS GUERRAS TENDRÁN LUGAR Y LOS HORRORES DE TALES CONFLICTOS REAPARECERÁN SOBRE LA FAZ DE LA TIERRA.

LOS HOMBRES GRITARÁN "¡PAZ, PAZ!", PERO EL MUNDO NO CONOCERÁ LA PAZ, Y EL POBRE HOMBRE SUFRIRÁ LA REPETICIÓN DE LOS RESULTADOS DEL FUNCIONAMIENTO DE SU NATURALEZA MALVADA.

Y, POR LO TANTO, PODRÁS COMPRENDER QUE NO ME INTERESA TANTO LOGRAR QUE LA PAZ LLEGUE AL HOMBRE, COMO RESULTADO DE LOS HORRORES DE LA GUERRA, SINO, MÁS BIEN, DEL RESULTADO NECESARIO DE LA TRANSFORMACIÓN DE LOS CORAZONES Y ALMAS DE LOS HOMBRES DEL PECADO A LA PUREZA, DEL MERO AMOR NATURAL AL AMOR DIVINO, PUES, CUANDO EXISTE ESTE ÚLTIMO AMOR EN LAS ALMAS DE LOS

HOMBRES, CESARÁ LA GUERRA Y EL ODIO, Y SE ABSTENDRÁN DE SATISFACER LOS APETITOS CARNALES, NO POR LOS HORRORES QUE PUEDAN ACOMPAÑAR ESTAS COSAS, SINO POR EL AMOR QUE EXISTE EN SUS ALMAS, QUE NO PERMITIRÁ LAS GUERRAS. EL AMOR REINARÁ Y LOS HOMBRES OLVIDARÁN EL ODIO Y TODAS LAS COSAS QUE AHORA FORMAN PARTE DE SU PROPIA EXISTENCIA.

Mi trabajo es transformar a los hombres, del hombre caído al poseedor del Amor Divino.

Además, trato de enseñar a los hombres que ellos poseían originalmente un amor que, en su estado puro, los alejaría del odio y la guerra, y que su única salvación, aparte de la posesión del Amor Divino, es lograr otra vez este amor puro – el amor natural purificado. Pero, por extraño que le pueda parecer a algunos, es más difícil que un hombre recupere el estado de la purificación de su amor natural, que obtener aquella purificación superior, que llega con la posesión del Amor Divino.

Veo que pasan muchos siglos antes de que un hombre pueda alcanzar un estado de purificación de su amor natural, que le permita decir que, debido a su amor, no volverán las guerras y reinará la paz: y, por ende, LA GRAN NECESIDAD DE QUE ÉL SEPA QUE SÓLO CON EL RECIBIMIENTO DEL AMOR DIVINO, EXISTIRÁ LA IMPOSIBILIDAD DE LA GUERRA Y CONFLICTO – INDIVIDUALMENTE Y A NIVEL NACIONAL.

Así que, cuando está escrito, o donde yo aparezco en retratos en los campos de batalla, tratando de mostrar a la humanidad los horrores de la guerra, o que estoy derramando lágrimas por la masacre de los hombres, tales escritos o representaciones son falsos.

MI MISIÓN ES LLEGAR A LAS ALMAS DE LOS HOMBRES, COMO INDIVIDUOS, Y ENCAMINARLOS AL AMOR DEL PADRE, Y MI LLANTO O DOLOR ES, CUANDO LOS HOMBRES SE REHÚSAN A ESCUCHAR LA VOZ QUE LLEGA A TODOS, AL SER LLAMADOS PARA ACUDIR AL PADRE Y VIVIR.

Un cuerpo muerto es de poca importancia, comparado con un alma muerta, y hay tantas que pasan al mundo espiritual trayendo consigo sus almas en una condición de muerte. Al yacer los cadáveres en los campos de matanza, sé que no hay nada allí que necesita mi ayuda o consuelo: y las almas que abandonan estos cuerpos no están en condiciones, en ese momento, para escuchar mis ministraciones o considerar su existencia futura. Así ves, no hay razón por la que yo deba visitar los campos de batalla o para tratar de ayudar a estos espíritus recién nacidos, como los describiría.

No, Jesús, el hermano mayor, no es un médico para los cuerpos mutilados o heridos, o para las almas que entran al mundo espiritual llenas de odio y antagonismo en el momento de su llegada.

La muerte física, en vista de la eternidad, no es de tanta importancia, y aunque sé que para el mortal ordinario es de gran trascendencia en su

133

existencia, sin embargo, como digo, es de poca importancia comparativamente. PERO, ¡OH! LA IMPORTANCIA DE LA MUERTE DEL ALMA, Y LA GRAN NECESIDAD DEL ESFUERZO DE DESPERTARLA A LA VIDA.

Bien, he escrito suficiente, y ahora me detengo.

Veo que tu amigo está contigo, y debo decirle que estoy muy a menudo con él, y me complace que él haya resucitado de la muerte a la vida, y que el campo de batalla, en el que él ha luchado la lucha del alma, es más grande y más terrible en sus aspectos, que las evidencias de matanza y destrucción en el campo de batalla, que ahora destruye los cuerpos físicos de tantos humanos. Quiero decir, que el mundo entero es el campo de batalla de la lucha del alma, y si los hombres tan sólo pudieran ver los resultados, como pueden ver los resultados de la guerra que ahora sacude a toda la tierra, comprenderían que la gran guerra no es aquella que está causando la entrada de tantas almas muertas al mundo espiritual.

Dale mi amor y bendiciones.

Vendré pronto y te escribiré un mensaje sobre la verdad.

Así que, con todo mi amor y bendiciones, yo soy

Tu hermano y amigo,
JESÚS

Confirma que Jesús Escribió y Demostró Su Gloria

YO ESTOY AQUÍ, Tu Verdadera y Querida Helen (Esposa del Sr. Padgett).

¡Que maravilloso mensaje recibiste del Maestro, y cuán sincero fue al escribir! La gloria de su rostro fue tan deslumbrante, incluso a nosotros, y el amor que parecía poseer su propio ser, fue más allá de nuestra concepción. Él fue verdaderamente el hijo amado del Padre, y los espíritus presentes fueron bañados en su amor, a tal punto, que parecían participar de su gloria. ¡Oh, mi amor! todo fue tan maravilloso!

Tu verdadera y querida
HELEN (Señora Padgett)

El Destino del Hombre que No Posee el Amor Divino en Su Alma, y Muere Solamente Con el Amor Natural y Creencia En Los Credos, Etc.

YO ESTOY AQUÍ, *Jesús.*

He venido esta noche para decirte que estás en mejores condiciones para escribir, de lo que has estado por algún tiempo, y creo oportuno transmitir un mensaje.

Bien, escribiré sobre el tema: el destino del hombre que no posee el Amor Divino en su alma, y muere con sólo el amor natural y creencia en los credos y dogmas de las iglesias.

134

Sé que muchos hombres creen que los credos de las iglesias es lo único necesario para la salvación de la humanidad. Me refiero al bautismo y observancia de los sacramentos, y la creencia de que en mi nombre los hombres pueden ser salvados – que éstos son suficientes y todo lo necesario para asegurarles una entrada en el Reino Celestial; y en esta creencia descansan en la seguridad de que no se requiere más nada que deba ser buscado y adquirido.

La gran mayoría de los cristianos profesos está en este estado de creencia, y por lo tanto, la mayoría de la humanidad no entrará en el Reino Celestial, ni llegar a ser Divinos en su Naturaleza. Ya te he comunicado cuál es el futuro de los que poseen esta Naturaleza Divina del Padre, y ahora limitaré mi mensaje al futuro de esta gran mayoría.

Como tal vez sea de tu conocimiento, el río nunca fluye más alto que su fuente, y tampoco puede esta mayoría lograr una perfección y felicidad superior a aquella que poseía el hombre antes del momento de la caída del estado de su creación perfecta. Por lo tanto, no importa cuán grande sea su progreso en su amor natural, o en sus cualidades morales o mentales, él nunca podrá superar al primer hombre creado, como fue antes de la caída. Y el único futuro posible para esta vasta mayoría, es la condición y desarrollo que existió en el hombre perfecto de la primera creación de Dios.

Sé que se dice que el hombre tiene, en sí, aquello que es una parte de la Divinidad de Dios, y que por sus propios esfuerzos él puede desarrollar esa Sustancia Divina hasta que él mismo llegue a ser Divino, y de la naturaleza del Padre. PERO ESTO NO ES CIERTO, PUES, NO ES POSIBLE DESARROLLAR EL AMOR DIVINO O ESENCIA DE LO DIVINO, DE AQUELLO QUE NO POSEE, EN SÍ MISMO, NADA DE LA NATURALEZA DIVINA.

En el mundo espiritual, y me refiero tanto a lo espiritual como lo Celestial, rigen leyes, y son tan seguras en sus operaciones, como lo son las leyes del mundo material. Y una ley fundamental es que lo semejante sólo produce lo semejante, aunque en el mundo físico puede parecer que un derivado no es semejante a aquello de lo que fue derivado, pero esto es sólo en apariencia, puesto que en sustancia y esencia la semejanza existe y no puede ser erradicada.

Y ASÍ, EN CUANTO A LA VERDADERA CONDICIÓN DEL ALMA DEL HOMBRE, SI ÉL SÓLO POSEE EL AMOR NATURAL – EL AMOR CREADO – EL DESARROLLO DE ESE AMOR RESULTARÁ EN AQUELLO QUE NO PUEDE SER MAYOR O DISTINTO A AQUELLO QUE, EN SUS PARTES CONSTITUYENTES, SÓLO ES EL AMOR NATURAL. Y NO IMPORTA CUÁN PUEDA LLEGAR A SER LA PERFECCIÓN, EL ELEMENTO DIVINO ESTÁ AUSENTE, Y TODAS LAS LIMITACIONES QUE SON INHERENTES AL SER CREADO, AÚN CONTINÚAN FORMANDO PARTE, Y CONTROLANDO A AQUEL SER.

Hay un límite para el desarrollo de este amor natural y para el estado de felicidad, más allá del cual este ser no puede ir, y ese límite es la calidad y excelencia que poseía el primer hombre antes de llegar a ser mancillado e impregnado del pecado. La mente de tal ser se limita también en el progreso que pueda realizar en la obtención del conocimiento, pues aquella mente, siendo cosa de la creación, está sujeta a las limitaciones que dicha creación impone.

ASÍ QUE DIGO, TAL HOMBRE NO PUEDE, JAMÁS, PROGRESAR MÁS ALLÁ DE AQUELLOS ATRIBUTOS O CUALIDADES CON LOS QUE FUE DOTADO CUANDO FUE EL HOMBRE PERFECTO, YA SEA ESPIRITUAL O MENTALMENTE, A MENOS QUE ÉL PROCURE Y OBTENGA EL AMOR DIVINO. Cuando los espíritus vienen y escriben que la vida en este mundo espiritual siempre es progresiva, estos espíritus que escriben, nunca han alcanzado el límite del que hablo y, por lo tanto, para ellos la progresión es ilimitada; y esta creencia es muy beneficiosa porque los inspira a hacer un esfuerzo para progresar.

Hay muchos espíritus en este estado perfecto en la esfera más alta del amor natural o mentalidad, pero ellos son espíritus que han estado en el mundo espiritual por un gran número de años, y son lo que, podríamos llamar, antiguos espíritus. Estos espíritus se han dado cuenta de la limitación de la que escribo, y si bien pueden cambiar el objeto de su búsqueda y la fuente de su felicidad, sin embargo, su progreso llega a su fin, y a menudo llega a ellos la insatisfacción y entendimiento de que, más allá de su esfera, debe haber algo más que supere su estado perfecto y desarrollo.

Y como resultado de este descontento, muchos de estos espíritus, en los momentos de desasosiego, prestan atención a las sugerencias de aquellos espíritus que poseen la Esencia Divina, y sobre quienes no hay limitación de progreso, pues, estos últimos espíritus, a menudo visitan la esfera más alta de los espíritus del amor natural perfeccionado, tratando de mostrarles el camino al desarrollo y felicidad superior de las Esferas Celestiales.

Quizás te parezca sorprendente, pero es un hecho que estos espíritus del amor natural, en la satisfacción y felicidad que experimentan durante su período de progresión y, en particular, al acercarse más a su perfección en esa progresión, no escuchan a los espíritus de las Esferas Divinas, ni creen que pueda haber otros métodos de progreso más deseables o excelentes, que aquellos que ellos persiguen. Y sólo cuando experimentan la insatisfacción de la que hablo, despiertan al hecho, o acceden a ser despertados al hecho de que puede haber un camino que conduce a cosas más allá de su límite de progreso y la perfección que hayan adquirido.

Así que, como digo, cuanto mayor sea el progreso de estos espíritus y más lejos avancen del plano terrenal, mayor es la dificultad para convencerlos de que existe un estado de perfección y felicidad que supera a aquello que buscan, y un camino diferente al que ellos persiguen.

A medida que estos espíritus progresen en su amor natural y en el desarrollo de sus mentes creadas, adquieren tanta felicidad y satisfacción, y en cada etapa del progreso, mucho mayor son estas experiencias, que difícilmente puedan concebir que haya otro camino superior a aquel que están recorriendo, y con tal creencia, por lo tanto, la dificultad en convencerlos de lo contrario, llega a ser casi insuperable.

Como consecuencia, los espíritus de las Esferas Celestiales y aquellos de las esferas espirituales que están progresando en el Amor Divino, dedican la mayor parte de su tiempo y esfuerzos para convencer a los espíritus de estas verdades superiores, mientras estén en los planos terrenales y antes de que la felicidad que menciono sea experimentada.

La vida en la tierra y aquella de los planos terrenales del mundo espiritual son los estados en los que las almas de los mortales y de los espíritus tienen las mejores oportunidades de aprender y creer estas verdades, que les muestran el camino hacia la progresión que no conoce límite o fin, y por ende, la importancia de que los hombres, así como espíritus conozcan estas verdades, antes de que experimenten la satisfacción y orgullo, como diría, que el avance en el desarrollo de su amor natural y cualidades mentales y morales les proporciona.

HASTA QUE LLEGUE EL MOMENTO CUANDO EL PADRE RETIRE DE LA HUMANIDAD Y DEL ESPÍRITU, EL PRIVILEGIO DE OBTENER SU AMOR DIVINO Y ESENCIA, LO QUE TRAERÁ LA SEGUNDA MUERTE, ESTOS ESPÍRITUS Y TODO ESPÍRITU Y MORTAL, TENDRÁN LA OPORTUNIDAD DE BUSCAR Y ENCONTRAR EL CAMINO A LAS ESFERAS CELESTIALES Y LA INMORTALIDAD. PERO DESPUÉS DE ESE MOMENTO, ESTE PRIVILEGIO YA NO EXISTIRÁ, Y, ENTONCES, AQUELLOS ESPÍRITUS Y MORTALES QUE NO HAN ENCONTRADO Y SEGUIDO EL CAMINO DE ESE PRIVILEGIO, SERÁN Y SE CONVERTIRÁN SOLAMENTE EN LOS SERES PERFECTOS, COMO LO FUERON SUS PRIMEROS PADRES. ELLOS NO TENDRÁN SEGURIDAD DE SU INMORTALIDAD, O SIQUIERA DE UNA VIDA CONTINUA, Y SENTIRÁN AQUELLA INSATISFACCIÓN Y EL ANHELO POR ALGO DESCONOCIDO.

Seguirán siendo solamente los seres creados en cuerpo espiritual, alma y mente, y como los primeros padres tenían todas las cualidades que estos hombres restaurados tendrán, y cayeron, ¿acaso no puede ser que ellos caigan también? ¿O, que hubiere algún cambio en el espíritu individualizado que destruya esa individualidad y la disuelva en sus elementos de pre-creación? Ningún espíritu sabe si tal cambio ocurrirá, que el espíritu perfecto no conserve para siempre la misma individualidad, o que la felicidad de tal espíritu no siempre exista. Y tampoco lo sabe ningún espíritu, si estas cosas continuarán existiendo.

ENTONCES ¿POR QUÉ NO ELEGIR AQUEL CURSO QUE LO CONDUCE A LA DIVINIDAD, Y A LA CERTEZA DE SU INMORTALIDAD Y PROGRESO EN VEZ DE AQUÉL QUE SÓLO CONDUCE A LA LIMITACIÓN DE SU PROGRESO Y FELICIDAD, Y A LA INCERTIDUMBRE DE SU INMORTALIDAD?

He escrito suficiente por esta noche. Regresaré pronto.

Recuerda, entonces, que te amo y estoy contigo, tratando de ayudarte espiritualmente, y que oro al Padre para que te bendiga.

Buenas noches.

Tu hermano y amigo,

Jesús

LA RESURRECCION POR SAN PABLO – PARTE I

**La Resurrección, que es Común para Todos,
Sean Santos o Pecadores**

YO ESTOY AQUÍ, San Pablo del Nuevo Testamento.

He venido esta noche para dar a conocer una verdad que es de importancia para la humanidad, y que debes registrar en tu Libro de Verdades.

Te he escrito anteriormente sobre mis supuestos escritos, como figuran en la Biblia, y que, como he dicho, no fueron escritos por mí como allí aparecen.

Esta noche, deseo escribir brevemente sobre el tema de la "Resurrección", porque, como veo, la doctrina de la iglesia sobre la resurrección, se basa más en lo que se atribuye a mí que en los escritos de los Evangelios, aunque los últimos también tienen base para la doctrina.

Jamás dije que habría una resurrección del cuerpo físico, ni del individuo, vestido de un cuerpo de carne y hueso, pero mis enseñanzas fueron, más bien, que, al morir el hombre, él asciende en un cuerpo espiritual, y no otro cuerpo hecho para la ocasión especial de su partida del cuerpo material, sino un cuerpo que había estado con él durante su vida y que adquirió forma individualizada cuando fue por primera vez un ser viviente. Este cuerpo espiritual es necesario para la existencia del hombre, y es aquella parte de él que alberga sus sentidos y es la sede de sus poderes de razonamiento.

Por supuesto, los órganos físicos son necesarios para la utilización de estos sentidos, y sin estos órganos no puede haber manifestación de los sentidos, que son inherentes en el cuerpo espiritual. Incluso, si un hombre perdiera el funcionamiento perfecto de sus órganos físicos de la vista, el poder de la vista continuaría existiendo en él, aunque él pueda no ser consciente de ese hecho; y este mismo principio se aplica a la audición y a los otros sentidos.

Así que, cuando el hombre pierde sus órganos físicos, que son

138

necesarios para que con ellos él pueda ver, él está muerto en cuanto a la vista, tan muerto como llega a ser con respecto a los demás órganos de los sentidos, cuando muere el cuerpo físico entero. Y si fuese posible restaurar estos órganos físicos que son necesarios para permitir que vea u oiga, él sería capaz de ver y oír tal cual pudo, antes de la pérdida de los mismos. La restauración de estos órganos, de sí mismo, no le da el poder de ver y oír, pero simplemente permite que las facultades de la vista y el oído puedan utilizar de nuevo los órganos, con el propósito de manifestar los poderes que están en, y que son parte del cuerpo espiritual.

En el preciso momento de la muerte del cuerpo físico entero, el cuerpo espiritual es resucitado, y con todas las facultades de la que he hablado, y continúa viviendo después, libre y sin la atadura del cuerpo físico, el cual, con estos órganos destruidos, ya no puede realizar el objetivo de su creación. El cuerpo físico muere, y nunca después podrá resucitar como tal cuerpo material, aunque sus elementos o partes no mueren, pero en la operación de las leyes de Dios, estos elementos entran en otras nuevas funciones, pero jamás se reúnen para restaurar el cuerpo que ha muerto.

ENTONCES, LA RESURRECCIÓN DEL CUERPO, COMO FUE ENSEÑADA POR MÍ, ES LA RESURRECCIÓN DEL CUERPO ESPIRITUAL, NO DE LA MUERTE, PUESTO QUE NUNCA MUERE, SINO DE SU ENVOLTURA DE FORMA MATERIAL QUE HABÍA SIDO VISIBLE COMO UNA COSA DE VIDA APARENTE.

Existe una ley que controla la unión de los dos cuerpos y el funcionamiento de los poderes y facultades del cuerpo espiritual, a través de los órganos del cuerpo físico, que limita el grado de operación de estas facultades, a aquello que es puramente material – o con apariencia de lo material – y cuando digo material me refiero a aquello que es más denso o más compacto que el cuerpo espiritual. Así pues, estas facultades de la vista del cuerpo espiritual pueden, a través de los órganos del cuerpo material, ver lo que se llama fantasmas o apariciones, así como las cosas más materiales, pero nunca, de esta forma, pueden ver las cosas de puro espíritu. Y cuando se dice que los hombres o mujeres pueden ver clarividentemente, que, de hecho, pueden, no significa ni es un hecho, que ven a través de los órganos oculares físicos, pero, todo lo contrario, esta vista es puramente espiritual, y su funcionamiento es enteramente independiente de los órganos físicos.

Ahora, cuando muere este cuerpo – el material – el cuerpo espiritual resucita, como se dice, libre de todas las limitaciones que su encarnación le ha impuesto, y puede, entonces, usar todas sus facultades sin las limitaciones, o ayuda de los órganos físicos. Y, en cuanto a la vista, todo en la naturaleza, tanto material como espiritual, se convierte en el objeto de su visión; y aquello que las limitaciones de los órganos materiales impidieron ver, y que es irreal e inexistente para los hombres, se convierte en lo real y verdaderamente existente.

Esto es, en breve, el significado de la resurrección del cuerpo, por lo que te darás cuenta que la resurrección no tendrá lugar algún día desconocido en el futuro, sino en el mismo momento cuando muere el cuerpo físico, y, como dice la Biblia, "en un abrir y cerrar de ojos". Este dicho en la Biblia atribuido a mí, fue escrito y enseñado realmente por mí. Esta resurrección se aplica a toda la humanidad, puesto que todos aquellos que hayan vivido y muerto han sido resucitados, y todos aquellos que vivan y mueran en el futuro, serán resucitados.

Pero esta resurrección no es la "GRAN RESURRECCIÓN" que yo declaré en mis enseñanzas, como la gran verdad sobre la cual fue fundado el cristianismo. Ésta no es la resurrección de Jesús que yo declaré "sin la cual nuestra fe, como cristianos, sería en vano". Ésta es la resurrección común, aplicable a toda la humanidad de toda nación y raza, tengan ellos o no, un conocimiento de Jesús. Y muchas veces, en muchas naciones, se ha demostrado, incluso, antes de la venida de Jesús, que ha habido hombres que murieron y aparecieron después, como espíritus vivientes, en forma de ángeles y hombres, y que han sido reconocidos por hombres mortales, como los espíritus de hombres que habían tenido una existencia anterior en la tierra.

Así que, como digo, esta es la resurrección común a todos los hombres; y la venida y muerte y resurrección de Jesús, de acuerdo con lo enseñado por las iglesias, no trajo la gran resurrección al conocimiento o bienestar de los hombres, y no proporcionó la verdadera fundación sobre la cual descansa la verdadera creencia y fe cristiana.

Muchos de los infieles, agnósticos y espiritualistas aseveran y afirman, y en verdad, que la resurrección de Jesús, como se señala arriba, no fue una novedad, ni fue convincente en demostrar a la humanidad la existencia de una vida futura, más allá de lo que ya había sido demostrado antes de su tiempo, por las experiencias y observaciones de los hombres y seguidores de otras sectas y creencias, o sin creencia alguna.

La gran debilidad de la iglesia hoy día es que ella afirma y enseña, que esta resurrección de Jesús, como se expone arriba, es el fundamento de su fe y existencia; y el resultado es, como es clara y dolorosamente evidente para las iglesias mismas, que, a medida que los hombres piensen por sí mismos, y lo están haciendo ahora más que nunca en la historia del mundo, se niegan a creer en la suficiencia de esta resurrección para mostrar la superioridad de la venida y misión y enseñanzas de Jesús, sobre aquella de otros reformadores y maestros que lo habían precedido en la historia del mundo de credos y religiones. Y, como resultado adicional, las iglesias están perdiendo a sus seguidores y creyentes. El cristianismo está en declive y rápidamente, y el agnosticismo crece y se manifiesta en forma de sociedades de libre pensamiento y secularismo, etc.

Por lo tanto, comprenderás la necesidad de dar a conocer de nuevo a la humanidad, cuál es la verdadera fundación del cristianismo que el Maestro vino a enseñar y que, de hecho, enseñó, pero que fue perdida cuando sus primeros seguidores desaparecieron de la escena de acción y práctica terrenal, y hombres de menor discernimiento espiritual y más deseos materiales, con su ambición por el poder y dominio llegaron a ser los gobernantes y guías e intérpretes de la iglesia.

Hay una Resurrección, sin embargo, que el Maestro enseñó, y sus apóstoles lo enseñaron al tener conocimiento de ella, y la que yo, como un humilde seguidor, enseñé. Esta resurrección es vital para la salvación del hombre y que es la verdadera fundación del cristianismo verdadero, y que ningún otro hombre, ángel o reformador, haya enseñado antes o después.

Es demasiado tarde ahora para explicar esta RESURRECCIÓN, pero regresaré muy pronto y trataré de explicarlo a ti y al mundo, con toda claridad

Ahora diré buenas noches, y que Dios te bendiga y te ampare.

Tu hermano en Cristo,
PABLO

Jesús Corrobora que San Pablo Escribió Sobre La Resurrección

YO ESTOY AQUÍ, *Jesús.*

Me complace que Pablo haya podido escribir con tanto éxito, como lo hizo, sobre los dos temas que sé que serán de interés para ti. El tema escrito por Pablo es vital para las creencias del hombre, pues, la doctrina de lo que se llama cristianismo, es fundada sobre la cuestión de la resurrección, y debo decir que esa fundación, como es explicada por las iglesias ortodoxas y los comentaristas de la Biblia, es una base muy débil y vulnerable a los ataques de aquellos que no están conformes con la autoridad de la Biblia, o las explicaciones de sus enseñanzas, como ahora existen.

Pablo concluirá este mensaje de suma importancia, y te exhorto a que hagas el esfuerzo por estar en la mejor condición posible, a fin de recibirlo correctamente.

Bien, no escribiré más esta noche, pero sólo diré, además, que estoy contigo en mi amor e influencia, tratando de ayudarte en los caminos sobre los que te hemos escrito.

Con todo mi amor y bendiciones, diré buenas noches.

Tu hermano y amigo,
JESÚS

141

LA RESURRECIÓN POR SAN PABLO – PARTE II

La Resurrección que Jesús Enseñó Sin la Cual Nuestra Fe, Como Cristianos, es en Vano

Deseo continuar mi mensaje esta noche.

Como dije en el cierre de mi último escrito, Jesús enseñó una resurrección que es vital para la salvación de los hombres, que Jesús enseñó, y que, tras la muerte de sus seguidores y creyentes de los primeros siglos, el conocimiento del mismo fue perdido al mundo y a aquellos supuestos a enseñar la doctrina de la resurrección, que él vino a declarar y a enseñar.

La humanidad y tú deben saber que la resurrección, siendo la base fundamental del cristianismo, es la resurrección de la muerte, y no de la mera existencia de un hombre como espíritu en el cuerpo físico en la tierra, ni una resurrección del alma de sus entornos y limitaciones que la vida terrenal le había impuesto.

Entonces, ¿qué es la resurrección a la que Jesús se refería cuando él dijo: "Yo *soy* la resurrección y la vida"?

Ahora bien, a fin de entender esta resurrección, es necesario entender el significado de "la muerte del hombre", es decir, el hombre verdadero – el ego – aquella parte de él donde reside el aliento de vida, independientemente de ser de lo físico o lo espiritual.

Como te ha sido explicado anteriormente, cuando el hombre fue creado, su creación fue de cuerpo físico, cuerpo espiritual y alma. Y, en adición – y la adición fue la parte más importante de su creación – se le otorgó la potencialidad de convertirse en uno con el Padre, en Su naturaleza y algunos de Sus atributos, para que él, el hombre, pudiera llegar a poseer algo de la Esencia Divina del Padre y una porción de Su Divinidad, logrando, así, la inmortalidad, para que la muerte jamás pueda privarlo de su existencia; y no sólo ello, sino que será consciente, además, de su propia inmortalidad.

Esta potencialidad, entonces, fue parte de su creación, y, como hemos explicado anteriormente, es la única parte de su creación que murió, como resultado de su desobediencia. Pues, ello es muy evidente, del simple conocimiento que posee el hombre o que pueda poseer, de la investigación ordinaria de las cualidades de su ser, así como de las verdades derivadas de las investigaciones psíquicas de los tiempos modernos, y una comprensión de los numerosos casos relatados en la Biblia acerca de la aparición en la tierra de espíritus de hombres que han fallecido, y la manifestación de su existencia, así como las innumerables ocurrencias de la aparición de espíritus, relatados en la llamada historia secular, que el alma y el cuerpo espiritual del hombre nunca mueren, y que su cuerpo físico vivió por muchos años después del día en que la sentencia, por su desobediencia, pronunciara su muerte. Y, como he dicho, este cuerpo mortal no es el hombre – el hombre verdadero – sino la mera vestidura que cubre al hombre verdadero.

ESTA POTENCIALIDAD, SIENDO ENTONCES, LA ÚNICA PARTE DEL HOMBRE CREADA QUE MURIÓ, Y, COMO LA MISIÓN DE JESÚS FUE ENSEÑAR LA RESURRECCIÓN DEL HOMBRE DE LA MUERTE, SE DEDUCE, NECESARIAMENTE, QUE LO ÚNICO QUE SE PRETENDÍA RESUCITAR ERA ESTA POTENCIALIDAD DE CONVERTIRSE EN PARTE DE LA DIVINIDAD DE DIOS. ÉSTA ES LA ÚNICA RESURRECCIÓN REAL Y VERDADERA, Y SOBRE ESTA RESURRECCIÓN DEBE DESCANSAR LA FE Y VERDAD DEL CRISTIANISMO – Y, POR CRISTIANISMO, QUIERO DECIR, LA RELIGIÓN QUE SE BASA EN LAS ENSEÑANZAS VERDADERAS DE JESÚS, EL CRISTO.

En la Biblia figuran algunos pasajes que, si fuesen comprendidos correctamente, enseñarían al hombre que no fue la resurrección del cuerpo lo que Jesús vino a la tierra a declarar y a enseñar.

Cuando él dijo, "Yo Soy la Resurrección y la Vida", él no dijo ni quiso decir, "esperen a que yo muera y entonces seré la resurrección"; o "cuando me vean ascender al Cielo, entonces seré la resurrección y ustedes lo sabrán". Pero sus declaraciones, no sólo en el caso mencionado, sino en todo momento, fueron que él fue la resurrección en vida. Y estas declaraciones no se referían al hombre Jesús, o a alguna disposición que él hiciese de su cuerpo, físico o espiritual, o a una ascensión aparente de su cuerpo físico, que nunca ocurrió, o una ascensión de su cuerpo espiritual que, en realidad, ocurrió. En estos particulares, él no fue esencialmente ni más que, ni diferente a otros hombres que habían muerto o que morirían.

Pero el significado de sus dichos y su misión fue que, por la desobediencia del hombre, se produjo la muerte de su posibilidad de convertirse en uno con el Padre y participar de su naturaleza Divina, y en vista de que esa posibilidad no había sido restaurada al hombre en todos los años transcurridos y el hombre permaneció en aquella condición de muerte durante largos siglos, si el hombre sólo creyera en él, como el Cristo verdadero y en sus enseñanzas acerca del re-otorgamiento del gran privilegio de volver a ser uno con el Padre, y de lograr la inmortalidad, y siguiera su consejo en cuanto al camino para obtener los beneficios de este gran privilegio, entonces llegaría a ser consciente de que Jesús fue la resurrección de la muerte. No Jesús, el hombre o el maestro, o el elegido y untado del Padre, sino Jesús, la personificación de las verdades que él proclamó en cuanto al re-otorgamiento del Gran Don. Sólo de este modo Jesús fue la resurrección y la vida.

Jesús, mismo, recibió el gran don y se dio cuenta de su unicidad con el Padre, y de su inmortalidad y posesión de la naturaleza Divina, y supo que había sido levantado de la muerte a la vida. Por lo tanto, si los hombres creyeran en sus enseñanzas en cuanto a la resurrección, estas enseñanzas, y no el hombre Jesús, o siquiera el hecho que había sido resucitado, atraerían a todo hombre hacia él, es decir, hacia la condición de vida y conciencia que él poseía.

ENTONCES, LA RESURRECCIÓN QUE JESÚS PROMETIÓ AL HOMBRE ERA LA RESURRECCIÓN DE ESTA GRAN POTENCIALIDAD QUE ÉL HABÍA PERDIDO AL MOMENTO DE LA PRIMERA DESOBEDIENCIA, Y QUE NUNCA FUE RESTAURADA HASTA LA VENIDA DE JESÚS.

No debe ser malentendido lo que significa esta resurrección. Como he explicado, después que los hombres fueron privados de esta potencialidad, estaban en una condición de muerte y no fue posible para ellos salir de esa condición. Sólo poseían lo que se conoce como su amor natural, sin ninguna posibilidad de obtener el Amor Divino, que era necesario a fin de recibir algo de la naturaleza Divina, y conciencia de su inmortalidad. Cuando fue re-otorgada la gran potencialidad, que, en lo que a ellos respecta, fue algo que nunca había existido, entonces la posición de los hombres fue nuevamente aquella del primer hombre antes de su caída, y ya no muertos, en realidad, pues ahora tenían la potencialidad de convertirse en aquello que había sido perdido por los primeros padres.

Pero, como hemos explicado, el don de esta potencialidad no fue, en sí, el otorgamiento de estas cualidades al hombre, ya que tal potencialidad meramente hizo que le fuera posible adquirir aquellas cualidades, mediante aspiración y esfuerzo. Antes de este re-otorgamiento, los hombres no podían, mediante aspiración o esfuerzos alguno de parte de ellos, obtener las condiciones y cualidades que esta potencialidad hizo posible, no importa cuán grande fuese el esfuerzo; en cuanto a ello, el hombre, simplemente estaba en una condición de muerte absoluta. Después del re-otorgamiento, la imposibilidad que esta muerte había impuesto fue removida, y entonces los hombres recibieron, no el beneficio completo de lo que ya era posible obtener, como resultado de tal re-otorgamiento, sino el privilegio de levantarse de la muerte a la vida – de la resurrección de la muerte, a las glorias de una vida inmortal.

Y, a pesar de que este privilegio había llegado a ser parte de la posesión del hombre, sin embargo, si él hubiese permanecido sin conciencia de este hecho, habría, en efecto, permanecido en su condición de muerte y nunca haber recibido el beneficio del re-otorgamiento del gran don. Así que, a fin de revelar al hombre la verdad vital, Jesús enseñó y demostró en su propia vida, la posesión de aquellas cualidades que él adquirió como resultado de la existencia de este don.

Él también enseñó que, aun cuando los hombres tenían el privilegio mencionado, a menos que busquen y oren al Padre con toda sinceridad por el don de Su Amor Divino, la potencialidad que les había sido otorgada no traería, por sí sola, la resurrección de la muerte, y los hombres continuarían en sus vidas como mortales y como habitantes del mundo espiritual, como si estuviesen todavía bajo la condena de muerte.

Aquí deseo declarar que esta potencialidad, que fue perdida por la desobediencia de los primeros padres y re-otorgada por el Padre y revelada por Jesús a la humanidad, fue el privilegio de recibir y poseer el Amor Divino del Padre, que, cuando es poseído por el hombre, le otorga ciertas cualidades de divinidad e inmortalidad.

ASÍ QUE, LA RESURRECCIÓN DE ENTRE LOS MUERTOS, QUE EL MAESTRO ENSEÑÓ Y QUE ES LA ÚNICA BASE DE LA FE CRISTIANA, SURGE DEL RE-OTORGAMIENTO DE DIOS A LA HUMANIDAD, DEL PRIVILEGIO DE BUSCAR Y RECIBIR SU AMOR DIVINO, TRANSFORMANDO, ASÍ, AL MORTAL EN UNO CON ÉL Y EN LO INMORTAL; Y DEL HECHO, ADEMÁS, DE QUE, A FIN DE LOGRAR LA RESURRECCIÓN, EL HOMBRE DEBE BUSCAR Y ENCONTRAR ESTE AMOR DIVINO Y LLEGAR A SER, ASÍ, HIJO DE LA RESURRECCIÓN VERDADERA – UNA RESURRECCIÓN QUE NUNCA ANTES FUE CONOCIDA POR PROFETA, O VIDENTE, O REFORMADOR O MAESTROS DE RELIGIONES, ANTES DE LA VENIDA DE JESÚS, NO IMPORTA CUÁN EXCELENTE HAYAN SIDO SUS ENSEÑANZAS MORALES Y VIDAS PRIVADAS.

En verdad, él fue la Resurrección y la Vida, y yo, Pablo, recipiente de esta resurrección y sé de lo que hablo, y con conocimiento del hecho de que aquellos habitantes del mundo espiritual que nunca recibieron esta resurrección, todavía están en una condición de muerte, en cuanto a la obtención del Amor Divino del Padre y conciencia de la inmortalidad, declaro ante ti que lo que he tratado de describir, como la resurrección de entre los muertos, es la VERDADERA RESURRECCIÓN.

Me detengo aquí, puesto que he escrito largamente.

Bien, mi querido hermano, diré buenas noches.

Tu hermano en Cristo,
PABLO

Por Qué es Necesario que el Hombre Posea el Amor Divino de Dios, a Fin de Llegar a Ser Uno con el Padre, y un Habitante del Reino Celestial

YO ESTOY AQUÍ, *Jesús.*

Quisiera escribir esta noche sobre un tema que es de interés para toda la humanidad, y espero que podamos comunicarnos y que recibas el mensaje.

Deseo escribir sobre el tema: Por qué es necesario que el hombre posea el Amor de Dios – me refiero al Amor Divino – a fin de llegar a ser uno con el Padre, y un habitante del Reino Celestial.

Ya te he escrito acerca de qué es este Amor Divino, en contraposición al amor natural, y cuán necesario es para salvar a los hombres de sus pecados, a fin de poder ser habitantes del Reino Celestial, y que nada, salvo este amor, logrará que un hombre sea uno con el Padre, y que ninguna ceremonia o creencia en mí, como salvador de los hombres, podrá efectuar este objetivo. Ahora trataré de enseñarte por qué es necesario este Amor Divino, o, como dirían sus hombres letrados, enseñarte la filosofía de la transformación del mero hombre en ángel divino, que llega a ser todo hombre que recibe este Amor en su alma.

En primer lugar, el hombre, tal como hemos explicado, es una creación especial de Dios, y no es superior a las partes componentes que intervienen en su creación, en sus cualidades individuales y en conjunto, y estas partes son meramente lo que Dios, en su acto de creación, diseñó que fueran.

No se debe asumir que estas partes, o alguna de ellas, son una parte de Dios, o de Su esencia o cualidades, puesto que no lo son, y son tan separadas y distintas de Él y Sus cualidades, como lo son las creaciones inferiores de Su voluntad, tales como los animales, vegetales y substancias minerales. La única diferencia es que, el hombre es de un orden de creación mucho más superior, y, en un particular, hecho a la imagen de Dios, y ninguna otra de sus criaturas fue creada con esta imagen. Pero, no obstante, el hombre no es parte de Dios, sino meramente una creación distinta y en su más puro y mejor estado, un hombre, simplemente con aquellas cualidades que le fueron dadas al ser creado.

Hay ciertas cualidades que el hombre posee, como el amor, la sabiduría y las facultades de razonamiento que, podría decirse, se asemejan a los atributos Divinos, y así es. Sin embargo, no son parte de la esencia o cualidades de Dios, y cuando los hombres afirman que el hombre es divino, o que en él existe la naturaleza divina, o siquiera, una porción de la Esencia Divina, se equivocan, porque las cualidades que poseen y que parecen tener semejanza divina, no son más que aquellas con que ellos fueron creados, con el propósito de que el ser humano fuese un hombre perfecto.

Y debido a esta concepción del hombre, en cuanto a sus cualidades inherentes, él ha perdido y perderá la oportunidad de poseer la naturaleza, o Esencia del Padre que él puede obtener, si sigue el método adecuado y único que Dios ha provisto para él, con el fin de ser uno con Él.

El universo del hombre puede y seguirá existiendo, aun cuando el hombre no participe jamás de esta naturaleza Divina del Padre. El hombre vivirá y gozará de la felicidad que le fue otorgada cuando fue creado, y no perderá la condición perfecta de esta creación, al separarse del pecado y error – sus propias criaturas. Pero él no será nada más que el hombre perfecto, ni nada menos en el futuro; y, sin embargo, siempre permanecerá, mientras exista, diferente a la naturaleza y Esencia del Padre, tal como lo fue en el momento de su creación, a menos que obtenga esta naturaleza y Esencia Divina del Padre, mediante el camino que he mencionado.

La dotación más alta del hombre, ya sea del alma o del corazón o del intelecto, es sólo aquella que le pertenece como parte de su creación, y no es, ni en la más mínima parte, de la naturaleza divina y cualidades del Padre. Ninguna parte, o porción de la divinidad entra en la creación del hombre, no importa cuán divinamente constituido pueda parecer, o cuán parecido a Dios pueda ser, en la grandeza de su intelecto, o en el grado de la naturaleza de su amor.

Así que ya ves, el hombre es tan distinto a Dios y a Su divinidad, como lo es el animal – la bestia – al hombre, y permanecerá así para siempre, a menos que él siga el único camino que el Padre ha prescrito para obtener parte de esta divinidad.

Ahora, todo esto demuestra que el hombre, no importa cuán alto sea su desarrollo intelectual, o en qué medida pueda desarrollar su naturaleza moral y de amor, no puede ser más que el simple hombre que fue en el principio – perfecto en todo particular – pues fue perfecto en el principio en todo aspecto. Como he explicado, Dios jamás comete un error en cuanto a la perfección de Sus criaturas, aunque en el caso del hombre, puede parecer que así fue al darle el gran poder del libre albedrío, que, en su ejercicio indebido, ha causado el pecado y el mal en el mundo de la conciencia del hombre.

El hombre fue hecho finito, y su capacidad para ejercer cualquiera y todas sus cualidades es limitada, y más allá de esa limitación él no puede ir. Su intelecto está sujeto a límites determinados por la ley de Dios que lo controla, así como su capacidad para amar y de gozar de su felicidad; y aunque él pueda vivir por toda eternidad, como hombre o como espíritu, no podrá, jamás, extender o ir más allá de los límites de su creación. Él no puede entrar en el Reino de lo Divino, donde la capacidad para recibir conocimiento, sabiduría y amor es sin límite, y donde es posible progresar hacia la propia fuente suprema de Dios.

Entonces, siendo tal la naturaleza, limitación y capacidad del hombre, es claro que él, en virtud de su creación y las cualidades que posee, nunca podrá ser partícipe de la naturaleza y Esencia de Dios, a menos que reciba algo además de estas cualidades, y este algo debe ser recibido desde afuera. No bastará decir que, como parte inherente él, existe aquello que, al ser desarrollado, él logrará una naturaleza divina y parte de la Esencia del Padre, pues esto no es verdad. En el hombre no hay nada de esta naturaleza, y es imposible producir una Esencia Divina, a menos que haya una fuente de la cual pueda ser producida, que, en cierta medida, tiene la naturaleza de esa Esencia. Sería equivalente a producir algo de la nada, lo que ni Dios Mismo trata de hacer.

Entonces, el hombre, así limitado, todo lo que fluye de las cualidades y atributos que él posee es, necesariamente, limitado. El gozo de su intelecto, los placeres de su amor, la satisfacción de sus poderes de razonamiento, y, en total, su capacidad para la felicidad, tienen sus límites, y, además, nunca podrá tendrá una conciencia de su inmortalidad, ya sea como espíritu o mortal, aun cuando se esfuerce por lograrlo.

CUANDO EL HOMBRE ASUME LA NATURALEZA DIVINA Y SEA ABSORBIDO EN LA ESENCIA DEL PADRE, ÉL LLEGA A SER, ENTONCES, COMO EL PADRE, Y CUALQUIERA QUE HAYA SIDO SU IMAGEN AL PADRE, CUANDO FUE EL MERO HOMBRE, ÉL AHORA SE TRANSFORMA EN LA SUBSTANCIA REAL, Y LAS LIMITACIONES DE LAS POSIBILIDADES SON ELIMINADAS; EL AMOR YA NO CONOCE FIN, EL DESARROLLO INTELECTUAL NO TIENE FRONTERAS, LA FELICIDAD ES ILIMITADA, Y LA INMORTALIDAD SE CONVIERTE EN UNA COSA DE CONOCIMIENTO, Y EL ALMA SE TRANSFORMA EN UNA NUEVA CRIATURA CON LA ESENCIA DIVINA DEL PADRE. Y, HASTA QUE ESTA NUEVA CREACIÓN HAYA TENIDO LUGAR, Y LA TRANSFORMACIÓN SEA UNA COSA DE REALIDAD, Y EL ALMA HECHA UNA CON EL PADRE, EL HOMBRE NO PODRÁ ENTRAR EN EL REINO DEL CIELO. ENTONCES, YA NO SERÁ EL HOMBRE, SINO AHORA UN ÁNGEL.

Ahora, como he escrito antes, todo esto es logrado únicamente a través de la operación del Nuevo Nacimiento, es decir, el influjo del Amor Divino del Padre en el alma del hombre. Este amor contiene la Esencia de la divinidad de Dios, y el hombre, al obtenerlo, se convierte en la propia Esencia del Padre, y por primera vez, una parte de lo Divino y apto para habitar los Cielos Celestiales. De ningún otro modo puede el hombre participar de esta naturaleza, y no requiere de mucho razonamiento para demostrar la lógica verdad de esta declaración, pues el hombre, en sus asuntos terrenales y experimentos materiales para producir compuestos de los elementos, aplica el mismo principio que yo afirmo en mi declaración, "la masa no puede ser leudada, a menos que haya levadura en la hornada".

Así que puedes ver, sin el recibimiento de este Amor Divino en el alma, será imposible que el hombre natural se convierta en el Ángel Divino. Las creencias, credos, doctrinas y sacrificios no pueden realizar esta transformación, y aunque abriguen estas creencias sin dudas, y los credos y las doctrinas fueran satisfactorios y los sacrificios sin fin, todo ello sería ineficaz para cambiar el alma del mero hombre, a aquella del Ángel Divino. Y todo esto, en parte, es la razón por la que el hombre debe procurar el Amor Divino y convertirse en un habitante de las Esferas Celestiales.

He escrito suficiente por esta noche, y estoy complacido con la manera en que recibiste mi mensaje.

Así que, con todo mi amor y bendiciones, Yo soy

Tu hermano y amigo,
JESÚS

La Importancia de Conocer El Camino Hacia El Reino Celestial.
Muchas Declaraciones en la Biblia Son Falsas

YO ESTOY AQUÍ, *Jesús.*

Permíteme escribir unas cuantas líneas, pues debo hablarte acerca de una verdad importante que es necesario que de todo hombre conozca, a fin de alcanzar el Reino Celestial, así como tener un conocimiento del plan de la salvación.

Sé que la Biblia contiene muchos dichos atribuidos a mí, en cuanto a este plan, y aquellos que profesan ser cristianos creen en muchos de estos supuestos dichos que son falsos, puesto que nunca los dije, y son contrarios a la enseñanza que recibí del Padre acerca del verdadero plan para la redención del hombre de su pecado, así como el único camino para lograr la verdadera unidad con Él, y un conocimiento de su propia inmortalidad.

Muchos de estos dichos fueron escritos por hombres que desconocían el camino verdadero que conduce a la unidad del hombre con el Padre, y que fueron los resultados de las enseñanzas contenidas en los manuscritos que existían, entonces, y recibidas por los judíos como revelaciones de Moisés y de muchos de los profetas que no tenían conocimiento del Amor Divino, o de su re-otorgamiento a la humanidad. Estos hombres me atribuyeron aquellas cosas que eran de acuerdo con sus propias ideas en cuanto a qué era necesario para la salvación, o posibilidad de llegar a ser uno conmigo y con el Padre. Al escribir sus ideas, confundieron la verdad con lo que ellos suponían ser la verdad, como figura en el Antiguo Testamento, y se cometió mucho daño al atribuir muchos de estos dichos a mí, debido a la supuesta autoridad que, por lo tanto, se le confiere.

Mis discípulos nunca enseñaron, ni entendieron, que su salvación o aquella de cualquier otro hombre dependía de la fe en mí como el hijo de Dios, o que yo, Jesús, tuviera alguna virtud para perdonar el pecado, o para asegurar una entrada al verdadero Reino de Dios, o que yo, como el hombre Jesús, era el hijo de Dios en el sentido que la Biblia enseña. Ellos sabían que el Padre me había revelado la verdad, y que tenía en mí aquel Amor que, en un alto grado, hizo que yo fuera semejante y uno con el Padre. Que mis enseñanzas acerca del re-otorgamiento del Amor Divino era verdad, y que ellos, o cualquier otro hombre, se convertirían en uno con el Padre al poseer este Amor, en la medida de esa posesión, así como conmigo, pues yo poseo este Amor en un grado superior a cualquier otro hombre. Yo digo, que esto lo sabían y lo enseñaron a la gente como yo les enseñé; pero cuando los compiladores del actual Nuevo Testamento vinieron a declarar mis palabras y enseñanzas, no tenían conocimiento de este Amor, y, como consecuencia, no podían entender el significado de muchas de mis verdaderas expresiones, y dieron una interpretación, a lo que sí dije, según

149

el entendimiento de ellos.

No, no he sido correctamente citado en muchos de estos dichos, o más bien, en la gran mayoría de ellos, porque cuando fueron escritos, como figuran ahora en el Nuevo Testamento, los hombres habían perdido el conocimiento de su verdadero significado, y registraron, de su mente, lo que ellos pensaron que yo, en realidad, había dicho.

No veo cómo pueden ser corregidas estas declaraciones falsas, excepto tomar cada dicho y señalar su falsedad, a través de su incompatibilidad con lo que ahora digo. Esto abarcaría demasiado tiempo y expendio de mucha energía, que podría emplear mejor en declarar lo que realmente es la verdad. PERO ESTO DIGO: CUANDO QUIERA QUE ESTOS DICHOS IMPARTEN QUE YO HE AFIRMADO SER DIOS, O QUE YO PUDE, O HE PERDONADO AL HOMBRE POR SUS PECADOS, O QUE CUALQUIER COSA QUE SE PIDA AL PADRE EN MI NOMBRE SERÁ RECIBIDO, TODO ELLO ES FALSO Y ENGAÑAN GRAVEMENTE AL VERDADERO BUSCADOR DEL CONOCIMIENTO DE LA INMORTALIDAD.

Mis discípulos estuvieron cerca de mí y entendieron mis dichos mejor que todos los demás, sin embargo, no comprendieron toda la verdad, y abandonaron la vida mortal con muchas expectativas que no se cumplieron, ya que, por su naturaleza, no fue posible que se cumplieran. Fueron influenciados en sus creencias y expectativas, en ciertas formas no esenciales, debido a su entrenamiento en las enseñanzas basadas en estos manuscritos del Antiguo Testamento, y cuando murieron fueron, en gran medida, judíos en creencia. Comprendieron las cosas vitales que determinaban su relación con Dios y su existencia en el mundo futuro, pero, en cuanto a muchas de las cosas no esenciales, conservaron la fe de sus padres, y no pudieron recibir toda la verdad que yo pude haberles enseñado.

NO DEBO DEMORAR PARA CORREGIR MIS SUPUESTAS ENSEÑANZAS, SINO, MÁS BIEN, EMPLEAR MI TIEMPO Y EL TUYO PARA DECLARAR Y REVELAR LA VERDAD COMO AHORA ES, Y FUE ENTONCES, PARA QUE, TANTO TÚ COMO EL MUNDO, SEPAN QUE DONDEQUIERA Y CUANDOQUIERA QUE ESTOS DICHOS BÍBLICOS Y ATRIBUIDOS A MI ESTÉN EN CONFLICTO CON LO QUE YO HE ESCRITO Y ESCRIBIRÉ, ELLOS SON FALSOS Y NUNCA FUERON DICHOS POR MÍ. ASÍ, EN FORMA GENERAL, DEJARÉ CLARO A LOS HOMBRES QUE LA BIBLIA NO DEBE, EN ALGUNOS PARTICULARES, SER CONFIADA O CREÍDA COMO CONTENIDO DE LA VERDAD, O DE MIS DECLARACIONES DE LA VERDAD.

Regresaré pronto para escribir acerca de una verdad vital, y espero que estés en las condiciones necesarias para recibir mi mensaje.

Ahora diré buenas noches, y que Dios bendiga tus esfuerzos y te ampare.

Tu hermano y amigo,
JESÚS

Continuación del Mensaje Anterior

YO ESTOY AQUÍ, *Jesús*.

Continuaré mi discurso de anoche.

Yo decía que los Judíos y los predicadores de la iglesia que llegó a ser establecida, o mejor dicho, controlada después de la muerte de mis seguidores y de aquellos que entendieron las verdaderas enseñanzas de mis discípulos, enseñaron que la conducta del hombre hacia su prójimo y la observancia de ciertas ceremonias y festividades son las cosas primordiales para la salvación de los hombres, en lugar de enseñar las verdades que conducen al hombre a ser hijo, y uno con el Padre, a través de la operación del Nuevo Nacimiento.

POR SUPUESTO, ANTES DE MI VENIDA, LOS JUDÍOS NO PUDIERON HABER ENSEÑADO LA VERDAD DEL NUEVO NACIMIENTO, PORQUE EL GRAN DON DEL RE-OTORGAMIENTO DEL AMOR DIVINO NO HABÍA SIDO CONCEDIDO, Y NO FUE POSIBLE QUE ESTA GRAN VERDAD, QUE ERA FUNDAMENTAL PARA LA INMORTALIDAD, Y LA POSIBILIDAD DE QUE EL HOMBRE PARTICIPARA DEL AMOR DIVINO DE DIOS, FUERA CONOCIDA POR LOS JUDÍOS, POR LO TANTO, NO PODÍAN ENSEÑARLA. SUS ENSEÑANZAS SE LIMITABAN A AQUELLO QUE HARÍA QUE SU AMOR NATURAL Y RELACIÓN CON EL PADRE EN ESE AMO FUERA MÁS PURO.

Aun cuando, en aquel tiempo, Dios no había dado al hombre el privilegio de ser uno con Él en el Amor Divino, o siquiera de convertirse en seres, en carácter y cualidades espirituales, como Adán y Eva, conocidos comúnmente como nuestros supuestos primeros padres, sin embargo, Él requirió obediencia a Sus leyes que desarrollaría en ellos su amor natural, al grado de lograr una armonía con Sus leyes que controlaban y regían su amor natural.

Si estudiaras los diez mandamientos, observarías que estos mandamientos sólo tratan sobre el amor natural, y mediante su observancia tienden a mejorar al hombre en dicho amor y en su conducta el uno con el otro, así como en su relación con Dios, en la medida que este amor le proporciona una comunión con Él. Como he explicado, el hombre fue dotado de este amor natural, como lo fueron los primeros padres, y nunca le fue retirado. Y en su estado de pureza, hubo una perfecta armonía con la creación de Dios y funcionamiento de Su universo; pero, estas grandes cualidades, no obstante, los hombres sólo fueron meros hombres, y sin ninguna parte de la divinidad del Padre. Y esto, siendo así, los judíos, aun cuando supuestamente tenían mayor contacto con Dios, a través de los

151

profetas y videntes, que cualquiera otra raza o secta de los hijos de Dios, ellos, sin embargo, nunca supusieron la venida de un Mesías con algún otro poder superior a aquél que les permitiría ser la gran nación gobernante de la tierra, a la que el resto del mundo se subordinaría y sujetaría, y sin el poder, jamás, para volver a vencer o a sujetar su nación a la esclavitud.

De cierto modo, este Mesías sería una clase de ser sobrenatural con poderes que hombre alguno haya tenido jamás, y un tipo de dios a ser adorado y servido por ellos en su vida terrenal.

Muchos de los judíos, no obstante lo que se pueda decir en sentido contrario, y en las enseñanzas de los profetas, creyeron en otros dioses fuera de aquél que Moisés declaró, como se evidencia en su historia, tanto sagrada como secular, pues, cuando su Dios, es decir, el Dios de Moisés, no les diera el trato que pensaban que merecían de Él, creaban y adoraban a otros dioses – incluso al becerro de oro. Entonces yo digo, nunca esperaban a un Mesías que no fuese un poderoso gobernante en la tierra.

Sus ideas y creencias acerca de la vida después de la muerte eran muy nebulosas, e incluso, aquellos conocidos como los Fariseos que creían en algún tipo de resurrección, nunca concibieron que, al dejar su vida mortal, serían algo diferente, en cualidad y carácter, a lo que fueron como mortales, menos el cuerpo físico, y el gran incremento en la felicidad que experimentarían, así como el cambio en su apariencia.

Ésta fue la idea de las personas comunes, y también de los sacerdotes y escribanos; y no obstante los numerosos salmos hermosos y espirituales atribuidos a David, la felicidad o la gloria que esperaban era aquella que lograrían, como mortales espiritualizados, únicamente con el amor natural.

Así que, como ves, el GRAN DON del Padre, que es la restauración del Amor Divino, no era conocido, o aun soñado por los judíos, ni concebido ni enseñado por sus escribanos, ni siquiera por sus grandes profetas o legisladores, como Moisés, Elías y otros.

Su concepción de Dios era aquella de un ser personal enaltecido, todo poderoso y omnisciente, y uno a quien podrían ver cara a cara, como a cualquier rey o gobernante, al llegar a los cielos que él había preparado para ellos, y donde ÉL tenía Su morada.

Aplazaré este escrito para más tarde.

JESÚS

Continuación del Discurso del Mensaje Anterior

YO ESTOY AQUÍ, *Jesús.*

Continuaré mi discurso.

Tal como decía, el objetivo principal de mi misión en la tierra era enseñar al hombre acerca del re-otorgamiento del Amor Divino y el camino para obtenerlo; y el segundo objetivo era enseñar a los hombres aquellas verdades morales que los conducirían a ser mejores en su conducta hacia sus semejantes, y más puros en su amor natural.

Y así, el propósito de mis enseñanzas de estas verdades morales, era lograr que el hombre fuera más armónico con las leyes del Padre que controlan la operación del amor natural. Nunca fue mi propósito que los hombres creyeran que estas verdades morales, les traería una unión con el Padre en el sentido divino, o que la posesión de este amor natural en su estado más puro capacitaría al hombre para participar de la naturaleza Divina de Dios, o para ser un habitante de Su Reino.

Pero como he explicado, el único objetivo aparente de estos recopiladores y escritores de la Biblia, era persuadir a los hombres a creer que la práctica de estas enseñanzas morales en su conducta, era todo lo necesario para poder entrar en el Reino del Cielo.

Sé que se dice que el amor y las obras de caridad y benevolencia lograrían la salvación del hombre y permitir que se convierta en uno con el Padre, así como gozar de la presencia de Dios en los altos cielos, pero esto no es cierto.

Las buenas obras que realizan los hombres en forma de ayudar a su prójimo vivirán después de él, e indudablemente conducirán a un hombre hacia la perfección de su amor natural, pero no lo conducirán a la unidad con el Padre en el Amor Superior, que es tan necesario para su salvación completa.

Mis mensajes a ti, mientras que no le quitarán ni un ápice a las enseñanzas morales, ellos, sin embargo, mostrarán al hombre la necesidad y el camino para lograr una reconciliación completa con el Padre, y morada en las Esferas Celestiales.

Regresaré para escribir sobre un tema de importancia para ti, y que debe ser comprendido por todo hombre.

Así que, con todo mi amor diré buenas noches.

Tu hermano y amigo,
JESÚS

EL ALMA
Qué Es y Qué No Es

YO ESTOY AQUÍ, *Jesús*.

He venido esta noche a fin de escribir mi mensaje acerca del alma, y así lo haré, si podemos establecer la conexión necesaria.

Bien, el tema es de gran importancia y difícil de explicar, pues no existe nada en la tierra conocido por el hombre, que sirva de comparación, y, generalmente los hombres no pueden entender la verdad, o la naturaleza de algo, excepto por comparación con lo que ya existe y conocen, y con cuyas cualidades y características están familiarizados. No hay nada en el mundo material que ofrezca una base de comparación con el alma, y, por lo tanto, es difícil que los hombres comprendan la naturaleza y cualidades del alma, a través de la mera percepción intelectual y razonamiento. Y, para entender la naturaleza de esta gran creación – el alma – los hombres deben poseer algún grado de desarrollo espiritual y la posesión de lo que podría conocerse como la percepción del alma. Sólo el alma puede entender al alma, y el alma que busca comprender la naturaleza de sí misma, debe ser un alma viva, con sus facultades desarrolladas, aunque sea en un grado pequeño.

En primer lugar, diré que el alma humana es una criatura de Dios y no una emanación de Él, como parte de Su alma, y cuando los hombres hablan y enseñan que el alma humana es parte del Alma Suprema, enseñan algo que no es cierto. Esta alma es simplemente una criatura del Padre, tal como lo son las otras partes del hombre, como el intelecto, el cuerpo espiritual y el cuerpo material, y que no existían antes de la creación del alma. Ella no existió desde el principio de la eternidad, si puedes imaginar que la eternidad haya tenido alguna vez un principio. Me refiero a que hubo un tiempo en el que el alma humana era inexistente; y no sé, como tampoco lo sabe ningún otro espíritu, y esto sólo Dios lo sabe, si vendrá un tiempo en que algún alma humana cese de existir. PERO ESTO SÍ SÉ, QUE CUANDO EL ALMA HUMANA PARTICIPA DE LA ESENCIA DEL PADRE Y ADQUIERE, DE ESTE MODO, LA DIVINIDAD SÍ MISMA, Y ES POSEEDORA DE SU SUBSTANCIA DE AMOR, DICHA ALMA SE DA CUENTA CON CERTEZA QUE ES INMORTAL, Y JAMÁS PODRÁ SER ALGO MENOS QUE INMORTAL. SIENDO DIOS INMORTAL, EL ALMA QUE HA SIDO TRANSFORMADA EN SU SUBSTANCIA, ADQUIERE LA INMORTALIDAD, Y NUNCA MÁS SERÁ PRONUNCIADO SOBRE ELLA EL DECRETO, "MURIENDO, MORIRÁS".

Como he dicho, hubo un período en la eternidad cuando el alma humana no existía, pero fue creada luego por el Padre, y cuando fue hecha la suprema y más perfecta de toda la creación de Dios, a tal grado que fue hecha a Su imagen – la única cosa de toda Su creación que fue hecha a Su imagen, y la única parte del hombre hecha a Su imagen, pues, el alma es el hombre y todos sus atributos y cualidades, tales como el intelecto, cuerpo espiritual, cuerpo material, sus apetitos y pasiones, son simplemente apéndices o medios de manifestación dados a aquella alma para acompañarla mientras pasa su existencia en la tierra, y limitadamente también, mientras viva en la eternidad. Es decir, algunos de estos apéndices acompañarán al alma en su existencia en el mundo espiritual, ya sea o no que esa existencia sea por toda la eternidad.

Pero esta alma, grande y maravillosa como es, fue creada en la mera imagen y semejanza de Dios, y no en, o de Su Sustancia o Esencia – lo Divino del Universo – y ella, el alma, puede dejar de existir sin que ninguna parte de la naturaleza Divina o Sustancia del Padre sea disminuida o de alguna manera afectada. Y, por ende, cuando los hombres enseñan o creen que el hombre, o el alma del hombre, es Divina o que posee alguna de las cualidades o Sustancia de lo Divino, tal enseñanza y creencia son erróneas, puesto que el hombre es única y meramente el hombre creado en semejanza, pero él no es parte del Padre, ni de Su Sustancia y Cualidades.

Aunque el alma del hombre, así como sus atributos y cualidades correspondientes son de un orden más alto de la creación de Dios, el hombre, sin embargo, no es más divino en sus componentes esenciales, que aquellos objetos inferiores de Su creación – siendo, cada uno de ellos, una creación y no una emanación de su Creador.

Es cierto que el alma del hombre es de un orden más alto de la creación que cualquiera otra creación, y es la única criatura hecha a la imagen de Dios, y el hombre fue hecho perfecto, no obstante, el hombre, es decir el alma, jamás podrá ser diferente o superior al hombre perfecto, a menos que reciba y posea la Esencia Divina y Cualidades del Padre, que no poseyó al ser creado, aunque Dios le concedió, con su creación, el don más maravilloso – el privilegio de recibir esta Gran Sustancia de Naturaleza Divina, y, de este modo, llegar a ser, sí mismo, Divino. El hombre perfecto puede transformarse en Ángel Divino, si él, el hombre, por voluntad propia así lo desea, y obedece los mandatos y sigue el camino provisto por el Padre para obtener y poseer aquella Divinidad.

Como he explicado, las almas – almas humanas – para cuyas moradas Dios proveyó los cuerpos materiales, a fin de pudieran vivir la vida mortal, y estas almas fueron creadas, tal como fueron creados los cuerpos materiales posteriormente; y esta creación del alma tuvo lugar mucho antes de que apareciera el hombre en la tierra como mortal. Y el alma, antes de su aparición, tuvo su existencia en el mundo espiritual como una entidad substancial consciente, aunque sin forma visible, y yo diría, individualidad, pero con una personalidad propia, diferente y distintiva de toda otra alma.

Su existencia y presencia pudo ser percibida por las otras almas que entraron en contacto con ella y, sin embargo, a la visión espiritual de las otras almas, ella no era visible. Y tal es el hecho ahora. El mundo espiritual está lleno de estas almas no encarnadas, esperando el momento de su encarnación, y nosotros, los espíritus, sabemos de su presencia y la percibimos, pero aun con nuestros ojos espirituales, no las podemos ver. Y hasta que estas almas se conviertan en habitantes de la forma humana y del cuerpo espiritual que habita en dicha forma, no es posible que veamos el alma individual.

El hecho que acabo de exponer ilustra y, de cierto modo, describe la Naturaleza de Dios, en cuya imagen fueron creadas estas almas. Nosotros sabemos y podemos percibir la existencia y presencia del Padre, sin embargo, aun con nuestros ojos espirituales no podemos Verlo; y solamente cuando nuestra alma ha sido desarrollada a través de la Esencia Divina de Su Amor, es posible percibir a Dios con la percepción del alma, porque no existen palabras en su lenguaje para comunicar el significado de ello, y nada conocido por ustedes en la naturaleza creada, que sirva de comparación. Pero es verdad, pues, para aquel que posee la visión de la percepción del alma, ello es tan real y objetivo, como diría, como lo es la visión de los ojos mortales para el mortal.

Al considerar este tema de la creación del alma, cabe la pregunta: "¿fueron todas las almas creadas al mismo tiempo – aquellas almas que ya han sido encarnadas, y aquellas que esperan su encarnación?", o, "¿acaso continua aún aquella creación?" Sé que en el mundo espiritual existen muchas almas, como he descrito, en espera de sus hogares temporales, y la asunción de su individualidad en la forma humana, pero, en cuanto a que, si dicha creación ha sido terminada, o que, si en algún momento, cesará la reproducción de los hombres para la encarnación de estas almas, ello no lo sé. Esto nunca fue revelado por el Padre a mí, o a los otros ángeles cerca de Él en Su Divinidad y Sustancia.

El Padre no me ha revelado todas Sus verdades, funcionamiento y el objeto de Sus leyes creativas, como tampoco me ha dado todo poder, sabiduría y omnisciencia, como algunos podrían justificarse en creer, según ciertas declaraciones de la Biblia. Yo soy un espíritu en progreso, y así como crecí en amor, conocimiento y sabiduría cuando en la tierra, aún continuó creciendo en estas cualidades, y recibo el amor y misericordia del Padre, con certeza de que jamás, en toda la eternidad, dejaré de progresar hacia la propia Fuente Suprema de Sus atributos, el único Dios, el Todo en Todo.

Como decía, el alma del hombre es el hombre mismo, antes, durante la existencia mortal, y después en el mundo espiritual, y todas las otras partes del hombre, como la mente, cuerpo y espíritu, son meramente atributos que se desligan de él, a medida que su alma progrese en el desarrollo hacia su destino, ya sea del hombre perfecto, o del Ángel Divino. Y en esta última, la mente – es decir, la mente como es conocida por la humanidad – llega a ser, como si fuera inexistente, aunque los hombres, quizás, no sean conscientes de ello, sin embargo, ello es una realidad. Esta mente – la mente carnal – como dirían algunos, es desplazada y sustituida por la mente del alma transformada, siendo en sustancia y cualidad, hasta cierto grado, la mente de la Deidad misma.

Muchos teólogos, filósofos y metafísicos creen y enseñan que el alma, el espíritu y la mente son substancialmente uno, y lo mismo, y que cualquiera de ellos puede ser considerado como el hombre – el ego; y que, en el mundo espiritual, una u otra de estas entidades es aquello que persiste y determina en su desarrollo, o la falta de desarrollo, la condición o estado del hombre después de la muerte. Pero esta concepción acerca de estas partes del hombre es errónea, puesto que cada una tiene una existencia y función distinta e independiente, sea el hombre un mortal o espíritu.

La mente, en sus cualidades y funciones, es muy bien conocida por el hombre, debido a sus variadas manifestaciones, y siendo aquella parte del hombre que es más material en su naturaleza, ha sido el tema de mayor investigación y estudio, de lo que ha sido el alma o el espíritu.

A pesar de que, a través de los siglos los hombres han especulado y han tratado de definir lo que es el alma y sus cualidades y atributos, sin embargo, ella ha sido intransitiva para ellos y de imposible comprensión por el intelecto, que, generalmente, es el único instrumento que posee el hombre para buscar la gran verdad acerca del alma. Por lo tanto, la pregunta sobre qué es el alma, nunca ha sido contestada satisfactoria o autoritativamente, aunque quizás, cuando la inspiración arroja una luz tenue sobre algunos de estos investigadores, ellos han podido vislumbrar lo que es. Pero, para la mayoría de los hombres que han intentado resolver esta cuestión, el alma, espíritu y la mente son substancialmente lo mismo.

PERO EL ALMA, EN LO QUE AL HOMBRE CONCIERNE, ES UNA ENTIDAD DE SÍ MISMA Y ÚNICA. UNA SUBSTANCIA REAL, AUNQUE INVISIBLE A LOS OJOS DE LOS MORTALES; LA DISCERNIDORA Y REFLEJO DE LA CONDICIÓN MORAL Y ESPIRITUAL DE LOS HOMBRES – NUNCA MUERE, HASTA DONDE SABEMOS, Y ES EL VERDADERO EGO DEL HOMBRE. EN ELLA SE CENTRAN EL PRINCIPIO DEL AMOR, LOS AFECTOS, LOS APETITOS Y PASIONES, Y LAS POSIBILIDADES DE RECIBIR, POSEER Y ASIMILAR AQUELLAS COSAS QUE ELEVARÁN AL HOMBRE, YA SEA AL ESTADO O CONDICIÓN DEL ÁNGEL DIVINO, O AL HOMBRE PERFECTO, O QUE LO DESCENDERÁN A LA CONDICIÓN PARA LA OSCURIDAD DE LOS INFIERNOS Y DEL SUFRIMIENTO.

El alma está sujeta al albedrío del hombre, que es la más grande de todas las dotaciones que le fueron otorgadas por su Creador al momento de su creación, y es el índice cierto del funcionamiento de ese albedrío, ya sea en pensamiento o acción, y en las almas, las cualidades del amor, afecto, apetitos y pasiones son influenciadas por el poder de la voluntad, ya sea para el bien o para mal. Ella puede estar latente y estancada, o activa y en progreso. Entonces, sus energías pueden ser gobernadas por el albedrío, para el bien o para el mal, pero estas energías pertenecen a ella, y no son parte de la voluntad.

La morada del alma es el cuerpo espiritual, esté o no dentro del cuerpo físico, y nunca se separa del cuerpo espiritual, cuya apariencia y composición son determinadas por la condición y estado del alma. Y, por último, el alma o su condición, decide el destino del hombre al continuar su existencia en el mundo espiritual; no un destino final, porque la condición del alma nunca es fija. Y, a medida que cambia esta condición, el destino del hombre cambia, asimismo, pues, el destino es cosa del momento, y la finalización no es conocida por el progreso del alma, hasta que se convierta en el hombre perfecto, y entonces se verá satisfecha, ya no buscando progresar más allá.

Ahora bien, en su lenguaje común, así como en sus términos teológicos y filosóficos, los mortales que pasan a la vida espiritual son llamados "espíritus", y en cierto sentido esto es verdad, pero tales mortales no son nebulosos, amorfos o de existencia invisible. Tienen una sustancia real, más verdadera y duradera que aquella del hombre mortal, y poseen forma y rasgos visibles, y sujetos al tacto y objetos de los sentidos espirituales. Entonces, cuando los hombres hablan del alma, espíritu y cuerpo, si entendieran la verdad de estos términos, dirían alma, cuerpo espiritual, y cuerpo material. Existe un espíritu, pero es totalmente distinto y diferente del cuerpo espiritual y del alma. No es parte del cuerpo espiritual, sino un atributo del alma, exclusivamente, y sin el alma no podría existir. No tiene sustancia como el alma y no es visible, ni siquiera a la visión espiritual – sólo el efecto de su funcionamiento puede ser visto o entendido; no posee cuerpo, forma o sustancia. Sin embargo, es real y poderoso, y cuando se manifiesta, nunca cesa en su operación, y es un atributo de toda alma.

ENTONCES, ¿QUÉ ES EL ESPÍRITU? SIMPLEMENTE ESTO – LA ENERGÍA ACTIVA DEL ALMA. COMO HE EXPLICADO, EL ALMA TIENE SU ENERGÍA QUE PUEDE ESTAR LATENTE O ACTIVA. SI ESTÁ LATENTE, EL ESPÍRITU ES INEXISTENTE; SI ESTÁ ACTIVA, EL ESPÍRITU ESTÁ PRESENTE Y MANIFIESTA ESA ENERGÍA EN ACCIÓN. ASÍ QUE, AL CONFUNDIR EL ESPÍRITU CON EL ALMA, COMO IDÉNTICOS, ELLO CONDUCE AL ERROR Y LEJOS DE LA VEDAD.

Se dice que Dios es espíritu, que, en cierto sentido, ello es verdad, pues el espíritu es una parte de las cualidades de Su Gran Alma, que Él utiliza para manifestar su presencia en el universo. Pero, al decir que el espíritu es Dios, esa afirmación es falsa, a menos que se esté dispuesto a aceptar, como verdad, la proposición de que una parte de algo es el conjunto. En la economía divina, Dios es todo espíritu, pero el espíritu es solamente el mensajero de Dios, por medio del cual Él manifiesta las energías de su Gran Alma.

Y así, con el hombre. El espíritu no es el hombre–alma, pero el hombre–

alma es espíritu, pues, es el instrumento por el cual el alma del hombre da a conocer sus energías, poderes y presencia.

Bien, he escrito suficiente por esta noche, pero regresaré para simplificar este tema. Pero recuerda esto: el Alma es Dios, el alma es el hombre, y todas las manifestaciones como el espíritu y el cuerpo espiritual, son simplemente evidencias de la existencia del alma – el verdadero hombre.

He estado contigo como prometí, y sé que el Padre te bendecirá.

Así que, con mi amor y bendición, diré buenas noches.

Tu hermano y amigo,
JESÚS

Cómo el Alma Redimida es Salvada de las Penalidades, Que el Pecado y Error le Han Impuesto

YO ESTOY AQUÍ, *Jesús.*

Esta noche deseo escribir sobre el tema de cómo el alma redimida es liberada de las penalidades que el pecado y el error le han impuesto.

Cuando el alma está en una condición de pecado y de error, ella no es susceptible al influjo del Espíritu Santo, y, a fin de alcanzar una condición de receptividad a Su influencia, debe tener un despertar en cuanto a la verdadera condición de su esclavitud a aquellas cosas. Y hasta que a aquella alma llegue tal despertar, no existe la posibilidad de que reciba el Amor de Dios y de encauzar sus pensamientos hacia las verdades de Dios, y de practicar la forma de vida que le ayudará en su progreso hacia una condición de libertad.

La humanidad no debe creer que el alma está obligada a permanecer en esta condición de esclavitud al pecado, hasta que a ella llegue el Espíritu Santo con el amor del Padre para otorgárselo en toda abundancia, pues, la misión del Espíritu Santo no es despertar el alma del hombre a una conciencia de su pecado y muerte, sino únicamente de llevar este Amor al alma cuando ella, el alma, esté apta para recibirlo.

El despertar debe provenir de otras causas que influya la mente, así como el alma, haciendo que se dé cuenta que la vida que lleva el hombre no es la correcta, o de acuerdo con las exigencias de las leyes de Dios, o con las aspiraciones verdaderas de su propio corazón y alma.

A menos que ocurra tal despertar, el alma está muerta en realidad, en cuanto a su conciencia de la existencia de las verdades redentoras. Dicha muerte significa la continuación de aquellos pensamientos de pecado y maldad, y de una vida que sólo conduce a la condenación y muerte por largos, largos años.

Pero, al punto de mi discurso.

El alma que vive en pecado y error tendrá, tarde o temprano, que pagar las penalidades por tal pecado y error, y no hay escapatoria del pago de estas penalidades, excepto mediante la redención que el Padre ha provisto a través del Nuevo Nacimiento. Estas penalidades sólo son los resultados naturales de la operación de las leyes de Dios, y deben ser sufridas hasta que la penalidad haya sido pagada totalmente. Aunque un hombre pueda progresar a la más alta condición de excelencia de su alma y lograr mucha felicidad, aún debe pagar hasta el último penique, liberándose, así, de estas penalidades.

Con mucho amor, soy

Tu amigo y hermano,
JESÚS

El Período Probatorio Existe Entre los Espíritus En los Infiernos. Aquellos Que se Rehúsan a Buscar el Camino a los Cielos Celestiales, Eventualmente Encontrarán su Camino al Reino Donde Existe El Hombre Natural Perfecto

YO ESTOY AQUÍ, *Jesús.*

Acertaste al suponer que yo estaba contigo esta noche, y, como imaginaste, parado cerca de ti cuando el predicador daba su discurso. Sentiste la influencia de mi amor y simpatía, y también recibiste los pensamientos que yo sobreponía en tu cerebro.

El sermón del predicador fue un adelanto sobre la creencia del ortodoxo en muchos aspectos, pero en el aspecto más importante y que, en lo más vital, afectará a los mortales en su progreso en el mundo espiritual, estaba equivocado, muy equivocado. Me refiero a su aserción de que él, ni había visto ni sabía de ninguna declaración en la Biblia que le justificaría en afirmar que habría una oportunidad para que los espíritus de los mortales reciban el perdón, o para progresar de la condición de infierno, a aquella de luz y el cielo en el mundo espiritual, cuando no hayan iniciado esa jornada en la vida mortal. Como he dicho, esta es una doctrina condenable que, a través de los siglos desde mi tiempo en la tierra, ha sido más perjudicial que cualquiera otra enseñanza de la iglesia, que se dice representarme y a mis enseñanzas.

MUCHAS POBRES ALMAS HAN PASADO AL MUNDO ESPIRITUAL CON ESTA CREENCIA FIRMEMENTE FIJA EN SUS MENTES Y CONCIENCIAS. LAS DIFICULTADES HAN SIDO GRANDES, Y TRANSCURRIERON MUCHOS AÑOS ANTES DE QUE PUDIERAN DESPERTAR DE ESTA CREENCIA Y DARSE CUENTA QUE EL AMOR DEL PADRE LES ESPERA, TANTO EN SU VIDA ESPIRITUAL, COMO EN LA VIDA TERRENAL, Y QUE EL PERÍODO PROBATORIO NUNCA

SERÁ CERRADO PARA HOMBRE O ESPÍRITU. ELLO NUNCA OCURRIRÁ, HASTA QUE LLEGUE EL MOMENTO EN QUE SEA RETIRADA LA GRAN OPORTUNIDAD PARA QUE LOS HOMBRES SE CONVIERTAN EN HABITANTES DE LOS CIELOS CELESTIALES, Y AUN, ASÍ, LA OPORTUNIDAD DE PURIFICAR SU AMOR NATURAL NO CESARÁ, Y NUNCA OCURRIRÁ, HASTA QUE TODO AQUEL QUE PROCURE LA OPORTUNIDAD, SEA EL HOMBRE PERFECTO EN SU AMOR NATURAL.

Si el predicador hubiese buscado en la *Sagrada Escritura, en la que tan implícitamente cree, habría encontrado autorización para declarar que, incluso, los espíritus de los pecadores que no fueron redimidos en la tierra, y que fallecieron sin haber reconciliado con Dios, el Evangelio de la salvación les fue predicado en el mundo espiritual. Además, cuando el predicador declaró que, según la Biblia, yo afirmé: "aquel que peca contra el hijo del hombre, será perdonado, pero aquel que peca contra el Espíritu Santo, no será perdonado, ni en éste ni en el mundo venidero", si él hubiese dado a esta declaración la natural y única construcción que ella implica, habría encontrado que el pecador que descuidó esta oportunidad en la tierra, tendrá, no obstante, otra oportunidad para la salvación en el mundo venidero, como se refiere al mundo espiritual.

Así que, según su propia fuente de creencia y el fundamento de su conocimiento de estas cosas del futuro, sería justificado e incluso necesario que él, como un predicador honesto de la Sagrada Escritura, declare que el período probatorio no termina con la muerte física del mortal.

Es muy lamentable que los credos y las firmes opiniones de estos predicadores, nacidos de las enseñanzas de los antiguos padres, como son llamados, hayan provenido de hombres cuyas almas han sido desarrolladas, como es el caso de este predicador, y que ello, no obstante, enseñen la doctrina condenable de la que hablo.

Existe un infierno, o más bien, varios infiernos, así como un cielo o varios cielos, y todo hombre, cuando llegue a ser espíritu, tendrá que ocupar uno u otro de estos lugares; no porque Dios haya decretado que algún espíritu en particular, por su creencia o condición terrenal, deba ocupar aquel lugar, sino porque la condición del desarrollo de su alma, o falta de ello, ha determinado y lo ha situado en aquel lugar, y en ningún otro. Dios creó Sus leyes de armonía y estas leyes nunca cambian, y cuando un alma entra en una condición de armonía con estas leyes, entonces aquella alma se convierte en uno con el Padre y habitante de Sus cielos; y mientras esa alma permanezca fuera de tal condición, ella está en el infierno, que es la condición de desarmonía con las leyes de Dios. El infierno es esto, y no hay otra definición más comprensiva de ello: todo aquello o lugar que no sea el cielo, es el infierno. Por supuesto, existen muchas gradaciones en el infierno, y los habitantes de estas gradaciones son formados por la condición de sus almas, que es determinada por la cantidad y calidad de la contaminación y pecado que existen en estas almas. El alma se desarrolla a medida que el amor sea purificado y el pecado erradicado, y al progresar en ese proceso, el alma alcanza su desarrollo.

Dios ha decretado que Su universo, tanto del hombre, como de las otras creaciones, fuera armonioso, y sólo la criatura, el hombre, salió de esa armonía. Y, puesto que el universo debe seguir su curso, el único destino para el hombre es el retorno a aquella armonía de la cual decayó, a causa de su voluntad mal dirigida. Dios, de haber decretado que el pecador que muere con sus pecados, permaneciera para siempre en su condición de pecado y antagonismo con dicha armonía, como por implicación necesaria declaró el predicador, entonces Dios Mismo sería forzosamente la causa y poder de la derrota de sus propias leyes de armonía, lo que ningún mortal, en su sano juicio, creería, sea o no creyente de la Sagrada Escritura.

LAS LEYES DE DIOS SON FIJAS E INMUTABLES Y SIEMPRE EN ARMONÍA UNA CON LA OTRA Y CON SU VOLUNTAD, Y SABIENDO ESTO, TODO HOMBRE PENSANTE SABRÁ Y DEBE SABER, QUE CUANDO UN PREDICADOR, LAICO, FILÓSOFO O CIENTÍFICO EXPONE UNA PROPOSICIÓN U OPINIÓN INDICANDO QUE, A FIN DE QUE EXISTA CIERTA CONDICIÓN O VERDAD, LAS LEYES DE DIOS TENDRÍAN QUE FUNCIONAR EN CONFLICTO CON, O EN OPOSICIÓN UNA CON LA OTRA, ENTONCES ESA PROPOSICIÓN U OPINIÓN ES FALSA Y NO TIENE FUNDAMENTO ALGUNO EN HECHOS. ASÍ QUE, PARA ACEPTAR LA DECLARACIÓN DEL PREDICADOR, DE QUE NO EXISTE EL PERÍODO PROBATORIO DESPUÉS DE LA MUERTE, O COMO ÉL DIJO, LA OPORTUNIDAD DE PROGRESAR DEL INFIERNO, QUE EL MORTAL LLEVA CONSIGO AL MUNDO ESPIRITUAL, LOS HOMBRES TENDRÍAN QUE CREER QUE EL PADRE AMOROSO, A FIN DE SATISFACER SU IRA Y CUMPLIMIENTO DE LAS DEMANDAS DE SU SUPUESTA JUSTICIA, PONDRÍA SUS LEYES EN CONFLICTO UNA CON LA OTRA Y DESTRUIR LA ARMONÍA DE SU UNIVERSO.

El predicador habló, como él dijo, como un científico y no como un maestro religioso, sin embargo, la deducción que hizo cuando declaró la existencia eterna de los infiernos, violó una de las leyes fundamentales de la ciencia, y ello es, que dos leyes que estén en conflicto con el funcionamiento del universo de Dios, no pueden ambas ser aceptadas como la verdad, y que una de estas dos, aquella que esté en armonía con todas las otras leyes conocidas, debe ser reconocida como la verdad.

Entonces yo digo, ya sea fundado en la Sagrada Escritura o en la ciencia, el predicador no tenía una base para hacer la declaración falsa y deplorable, de que con la muerte física termina la posibilidad del hombre de progresar de una condición o estado de existencia en el infierno, a aquella de pureza y libertad del pecado, y hacia una armonía con las leyes perfectas de Dios y requisitos de Su voluntad.

EL PREDICADOR HABLÓ A TRAVÉS DE SU INTELECTO Y CREENCIA MENTAL, FIJOS DE MUCHOS AÑOS, Y LA MEMORIA HACE ECO DE LO QUE ÉL HABÍA

OÍDO DECIR POR OTROS PREDICADORES Y MAESTROS, QUIENES DEJARON EN SU CONCIENCIA LA CREENCIA EN SUS DOCTRINAS FALSAS. PERO EN EL FONDO DE SU ALMA, DONDE ARDE EL AMOR DEL PADRE Y CRECE EL SENTIDO DE SU ALMA, ÉL NO CREE ESTA DOCTRINA, PUESTO QUE SE DA CUENTA QUE EL AMOR DEL PADRE ES MUCHO MÁS GRANDE, PURO Y SAGRADO QUE CUALQUIER OTRO AMOR QUE EXISTE EN EL CIELO O EN LA TIERRA; Y EL PADRE, DE QUIEN PROVIENE, DEBE SER MÁS SANTO, MISERICORDIOSO, CLEMENTE Y CONSIDERADO PARA CON SUS HIJOS, QUE CUALQUIER PADRE MORTAL DE SUS HIJOS. EL PADRE MORTAL QUE, HABIENDO EN SU ALMA EL AMOR DIVINO, RECONOCE QUE NO HAY NINGÚN PECADO U OFENSA DE PARTE DE SU HIJO, QUE FUESE IMPERDONABLE, O PARA EL CUAL ÉL NO PERMITA, Y GUSTOSAMENTE, EL ARREPENTIMIENTO DE AQUEL HIJO, EN CUALQUIER MOMENTO. Y ASÍ QUE, ÉL DEBE ENTENDER QUE, SI LE NEGARA AL PADRE, DIOS, DE QUIEN PROVIENE ESTE AMOR DIVINO, AQUEL AMOR Y COMPASIÓN QUE CAUSA QUE AQUEL PADRE, EL PADRE TERRENAL, SEA TAN CLEMENTE HACIA SUS HIJOS, COMO LO ES, ENTONCES EL ATRIBUTO MÁS GRANDE DEL PADRE, DIOS, QUIEN ES TODO AMOR, NO SERÍA IGUAL AL AMOR DE SU CRIATURA. EL DERIVADO SERÍA MÁS GRANDE, MAGNÍFICO, PURO Y DIVINO, QUE LA FUENTE SUPREMA DE LA CUAL SE DERIVA.

No, el predicador en su alma no cree esta enseñanza ilógica, y a veces él sufre en su alma por el conflicto que ocurre entre la esclavitud mental de su creencia intelectual y la libertad del sentido de su alma, la criatura del Amor Divino que está en él, y la única parte de la Divinidad que él posee.

Y así queda demostrada la gran y verdadera paradoja que existe simultáneamente en un mortal; una creencia intelectual y un conocimiento del alma, tan apartados como las antípodas. Y también se demuestra la verdad, una gran verdad que la mente y el alma del hombre no son una y la misma, sino tan diferentes, como necesariamente deben ser, la criatura de una creación especial, la mente, y la creación de aquello que es la única parte del hombre hecha a imagen de su Creador, el alma.

PERO ALGÚN DÍA EL CONOCIMIENTO DEL ALMA SUPERARÁ LA CREENCIA MENTAL, Y ENTONCES, EL PREDICADOR SABRÁ QUE LA ARMONÍA E INARMONÍA NO PUEDEN COEXISTIR PARA SIEMPRE – QUE EL PECADO Y ERROR DEBEN DESAPARECER, Y QUE LA PUREZA Y LA RECTITUD DEBEN EXISTIR SOLOS Y QUE TODO HOMBRE Y ESPÍRITU DEBE CONVERTIRSE EN UNO CON EL PADRE, YA SEA COMO UN HABITANTE DE LOS CIELOS CELESTIALES, O COMO EL HOMBRE PERFECTO QUE PRIMERO APARECIÓ AL LLAMADO DE DIOS, Y POR ÉL PRONUNCIADO "MUY BUENO".

He escrito suficiente por esta noche y debo detenerme, pero antes quiero decir, que hoy estuve contigo, y vi que estabas muy feliz en tus pensamientos y en la experiencia de tu alma. También hubo otros espíritus contigo, rodeándote con su amor e influencia. Persevera en tus esfuerzos de obtener este Amor Divino y ora al Padre, y vendrá a ti en creciente abundancia, y con ello, una felicidad maravillosa.

Vendré pronto para escribir otro mensaje.

Así pues, con mi amor y bendiciones, diré buenas noches y que Dios te bendiga.

Tu hermano y amigo,
JESÚS

La Importancia de que la Humanidad Obtenga el Amor Divino, y que no Descanse en la Mera Satisfacción del Desarrollo de su Amor Natural en un Estado de Pureza

YO ESTOY AQUÍ, *Jesús.*

He venido esta noche para hablar de una verdad que es de importancia para toda la humanidad, y que deseo recibas tal como la escribo, así que estés muy atento al recibir lo que he de escribir.

He leído contigo esta noche varios dichos contenidos en las supuestas epístolas de Pablo y Pedro, y me doy cuenta que no parecen ser consistentes con la verdad que te ha sido revelada, tanto por mí, como por los apóstoles que te han escrito, y deseo que entiendas algunas de estas inconsistencias y deseches de tu mente los dichos de estas epístolas, donde no concuerdan con lo que hemos escrito o que hemos de escribir.

En primer lugar, la constante referencia de estas epístolas de que yo soy Dios, es totalmente falsa y no debe ser creída; así como la declaración de que mi sangre limpia los pecados, o que yo morí en la cruz para la salvación de los hombres, o que yo asumí los pecados de la humanidad, relevándola, así, de la carga de sus pecados y del castigo que debe sufrir como expiación de sus acciones y pensamientos malvados.

Nuevamente, cuando se dice que, desde el principio, el Padre había predeterminado mi muerte en la cruz, para que el hombre fuera redimido de las penalidades del pecado, en todo hombre que viva después de tal cosa, ello es del todo falso y sin fundamentos de hecho, en cuanto al plan de Dios para la salvación del hombre y la restauración de la armonía de Su universo, así como la erradicación de todo pecado y error del mundo.

Ni Pablo ni Pedro escribieron estas cosas, y yo nunca las enseñé, pues no están de acuerdo con el gran plan de la salvación; y más lejos estará el hombre de comprender la verdad del único plan que el Padre ha provisto para su redención, y que yo vine a la tierra a declarar y explicar, primero a mis apóstoles, y luego al mundo entero.

En estas epístolas, se ha hecho demasiado énfasis en la importancia de la fe y obras. Me refiero a la fe, meramente en la creencia enseñada por estas epístolas, seguida por las obras – y no suficiente importancia a la

164

verdad fundamental de la redención del hombre del pecado y reconciliación con el Padre. Es decir, el Nuevo Nacimiento mediante el influjo del Amor Divino del Padre en sus almas, a través de la ministración del Espíritu Santo.

Muchas de estas enseñanzas, en cuanto a la conducta del hombre hacia el hombre, y a la vida que deben llevar los recipientes de estas verdades, para efectuar su propia purificación y lograr una condición de rectitud, son correctas, y tan aplicables hoy a la conducta y vida de los hombres, como lo fueron en los días de las enseñanzas de los apóstoles.

Pero cuando estas epístolas, en cualquier particular, enseñan o conducen a los hombres a creer que éstas, que podrían llamarse principios meramente morales, ayudarán al hombre, mediante su observancia, a entrar en el Reino de Dios, o el Reino Celestial, ello es falso y engañoso.

Y cuando los hombres se conviertan en espíritus, se darán cuenta que, siguiendo una vida de acuerdo a estas enseñanzas, serán muy felices, y gozarán de condiciones y posiciones en el mundo espiritual que les proporcionarán una felicidad más allá de aquella que disfrutaron en la tierra, e incluso, llegarán a ser habitantes de esferas espirituales superiores; sin embargo, nunca podrán entrar en el Reino del Padre, que sólo es posible a través de la posesión del Amor Divino.

ASÍ QUE YO DIGO, LOS HOMBRES DEBEN ENTENDER Y DARSE CUENTA DE LA DIFERENCIA ENTRE LOS RESULTADOS QUE OBTENDRÁN, LLEVANDO UNA VIDA SIMPLEMENTE DE BONDAD Y DE MORAL, QUE SÓLO AFECTA Y DESARROLLA EL AMOR NATURAL, Y AQUELLOS RESULTADOS QUE SE DERIVAN DEL NUEVO NACIMIENTO.

He tratado de explicar por qué no fue preservada la gran e importante verdad de mi misión en la tierra, como yo la expliqué a mis apóstoles y como fue enseñada y escrita por ellos, pero, en su lugar, como aparece ahora en la Biblia, y aceptada por la iglesia como canónica. El gran deseo de aquellos días era enseñar e inculcar en los hombres aquellas enseñanzas en cuanto a su conducta en la tierra, y las consiguientes recompensas que tal forma de vida les traería, así como aquellas recompensas que siguen en su vida en el mundo espiritual – su morada después de la muerte. Y, como he dicho, la conducta de vida, de acuerdo a estas enseñanzas, asegura a los hombres una gran felicidad en el mundo espiritual, pero no aquella a la que conducen mis enseñanzas, si son observadas.

En varias reproducciones y compilaciones, se llevaron a cabo muchos cambios en los escritos originales de los apóstoles, y aquellas personas que realizaron este trabajo, y por éstas, me refiero a los dignatarios y gobernantes de la iglesia, no conocían la diferencia entre aquellas cosas que conllevan a la purificación del amor natural, y aquellas que son necesarias para que un alma sea apta para entrar al Reino Celestial. Por ende, cuando realizaron este trabajo, cometieron el error de enseñar que una vida de moral confiere al alma una recompensa que se suponían ser el Reino del Cielo y la inmortalidad.

Y esta enseñanza errónea ha impedido a muchos hombres el logro del derecho al Reino Celestial, que honesta y sinceramente creyeron sería suyo, al pasar al mundo espiritual.

La intención de muchas de estas enseñanzas era realizar una reforma en la vida de los hombres y de purgar sus almas del pecado y el error, en lo que respecta al amor natural, como parte de la condición del alma; y yo enseñé estas verdades morales en gran medida, pues tales enseñanzas eran necesarias, ya que la voluntad de los hombres estaba fuera de armonía con las leyes de Dios que afectan su amor natural, así como fuera de armonía con las leyes que afectan el Amor Divino del Padre. Es el propósito y plan de Dios traer en armonía a ambos amores, permitiendo, así al hombre, que disfrute de aquellas cosas que son proporcionadas y que le espera.

Como dije cuando estuve en la tierra, "angosto es el camino y estrecha es la puerta que conduce a la vida eterna, y pocos serán los que entren por ella", y lo repito ahora; pues es evidente, de acuerdo con una observación de la forma en que la humanidad, desde un principio, ha ejercido su voluntad, que Dios deja libre a la propia volición del hombre, que una vasta mayoría nunca entrará por la puerta estrecha, pero se conformará con vivir en las esferas y poseer la felicidad, que su amor natural, en su estado perfecto y progreso, los haya destinado.

CON SEGURIDAD, TODO HOMBRE ENTRARÁ FINALMENTE EN ARMONÍA CON DIOS, YA SEA EN EL AMOR NATURAL O EN EL AMOR SUPERIOR, Y ESTÁ DECRETADO QUE TODO PECADO Y ERROR SERÁ ERRADICADO FINALMENTE DEL UNIVERSO DE DIOS, PERO ESE MOMENTO DEPENDERÁ, EN GRAN MEDIDA, DE LA VOLUNTAD Y DESEOS DE LOS HOMBRES, Y, POR LO TANTO, AUN CUANDO MI GRAN MISIÓN, AL VENIR A LA TIERRA, ERA PRINCIPALMENTE ENSEÑAR A LOS HOMBRES EL CAMINO HACIA EL REINO CELESTIAL, SIN EMBARGO, UNA MENOR PARTE DE MISIÓN ERA ENSEÑARLES EL CAMINO HACIA SU REDENCIÓN DEL PECADO Y EL ERROR, QUE RESULTA EN LA PURIFICACIÓN DEL AMOR NATURAL; PERO, MUY A MI PESAR, Y GRAVE DAÑO AL HOMBRE, MIS ENSEÑANZAS MORALES FUERON MÁS PREDOMINANTES EN PARTES DE LA BIBLIA, COMO SON ACEPTADAS AHORA, DE LO QUE FUERON MIS ENSEÑANZAS DE LAS VERDADES SUPERIORES.

No escribiré más esta noche, pero continuaré posteriormente.

Bien, mi querido hermano, veo que estás en una mejor condición espiritual de lo que has estado por algún tiempo, y debes agradecer al Padre por ello. Tu concepción de la experiencia de anoche es real, y recibiste una asombrosa cantidad del Amor Divino, y yo estuve presente contigo en amor y bendición.

Así, pues, continúa orando y confiando en el Padre y tendrás una maravillosa felicidad, poder y paz.

Debo detenerme ahora.

Tu hermano y amigo,
JESÚS

El Alma y Su Relación con Dios, y la Vida Futura e Inmortalidad

YO ESTOY AQUÍ, *San Mateo.*

No te había escrito en mucho tiempo, y deseo hablar brevemente sobre el tema del alma y su relación con Dios, así como su vida futura e inmortalidad.

El alma es una imagen de la Gran Alma del Padre, y participa de ciertas características de esta Gran Alma, excepto que no tiene necesariamente el Amor Divino, que causa que el alma de un mortal o espíritu, sea partícipe de la Divinidad. El alma puede existir en el hombre y espíritu con todas sus cualidades receptivas, sin poseer jamás, sin embargo, la Esencia Divina para llenarla, que necesaria a fin de que el hombre o el espíritu sea una nueva criatura, objeto del Nuevo Nacimiento.

SÓLO AQUEL MORTAL O ESPÍRITU QUE HA RECIBIDO EL AMOR DIVINO DEL PADRE PUEDE DECIRSE QUE ES INMORTAL; LOS OTROS PODRÁN SEGUIR O NO VIVIENDO. AÚN NO NOS HA SIDO REVELADO SI LA VIDA O EXISTENCIA DE ESTOS ESPÍRITUS, QUE NO TIENEN CONSCIENCIA DE SU INMORTALIDAD, CONTINUARÁ DURANTE TODA LA ETERNIDAD, PERO SI ASÍ FUESE, SERÍA PORQUE DIOS ASÍ LO DESEA. PERO SU EXISTENCIA ESTARÁ SUJETA A CAMBIO, Y SI OCURRE TAL CAMBIO, SÓLO DIOS SABE CUÁL SERÁ LA NATURALEZA DE TAL CAMBIO. A DIFERENCIA, EL ALMA QUE HA ADQUIRIDO LA INMORTALIDAD JAMÁS PUEDE MORIR; SU ESTADO ES FIJO, EN CUANTO A SU VIDA, DURANTE TODA LA ETERNIDAD, Y NI SIQUIERA DIOS MISMO PUEDE DESTRUIR ESA EXISTENCIA, PUESTO QUE ES POSEEDORA DE AQUELLA DIVINIDAD INMORTAL DE DIOS.

"El alma que peca, pecando morirá", significa que las cualidades que es necesario obtener para que sea parte de la inmortalidad, no pueden jamás ser suyas, y por ende, en lo que respecta a estas cualidades, muriendo y muerta está.

El alma misma vivirá, puesto que ningún espíritu puede tener existencia sin un alma, y cuando los hombres tratan de enseñar que cuando el espíritu de la vida abandona el cuerpo físico, muere también el alma, estos hombres no declaran la verdad. El alma vivirá mientras continúa la existencia del espíritu y hasta que a ese espíritu llegue el gran cambio, si lo hubiese. Así, pues, todo hombre debe creer que el alma que Dios ha dado al hombre es parte del hombre, tanto como lo es el cuerpo espiritual o el cuerpo físico.

El alma es la parte suprema del hombre, y es la única parte de él que, de

167

manera alguna, se asemeja al Gran Padre, Quien no tiene forma de cuerpo físico o espiritual, sino que es Alma; y, como he dicho, el alma del hombre es una imagen de aquella Gran Alma.

Así ves, cuando hablamos de la destrucción del alma, ello no significa que el alma, que pertenece a todo espíritu, será destruida, sino que la esencia del alma, o más bien, la potencialidad de aquella alma para recibir el Amor y Naturaleza Divina del Padre, será destruida.

Por supuesto, el alma puede estar sedienta y puesta en una condición de estancamiento, de tal manera que todos sus poderes receptivos estarán como si fueran muertos, y sólo un gran milagro o ayuda inusual podrá despertarla. Pero, afirmar que el alma muere, esto es falso. Al decir esto, no incluyo la posibilidad de que ocurra algún gran cambio en el espíritu del mortal, por medio del cual tal espíritu pudiera ser destruido. En tal caso, el alma dejaría de existir como un alma o entidad individualizada.

No sé cuál sería el destino de un alma en estas circunstancias y, por ende, no puedo predecirlo. Pero, a menos que haya tal gran cambio, el alma vivirá, mas no como un alma inmortal que posee la Esencia de la Divinidad, salvo que haya experimentado el Nuevo Nacimiento.

DIOS, LA GRAN ALMA SUPREMA, NO RECLAMARÁ EL ALMA DE NINGÚN HOMBRE, EN EL SENTIDO DE PRIVAR A ESE HOMBRE DE SU ALMA, PERO SU RELACIÓN A AQUELLA ALMA SERÁ MERAMENTE LA DEL CREADOR Y LO CREADO, SUJETO SIEMPRE A LA VOLUNTAD DEL CREADOR, MIENTRAS QUE LA RELACIÓN DE DIOS HACIA EL ALMA QUE HA RECIBIDO EL NUEVO NACIMIENTO Y, POR ENDE, LA NATURALEZA DIVINA, NO ES SOLAMENTE AQUELLA DEL CREADOR Y LO CREADO, SINO TAMBIÉN DE CO-IGUALES EN LO QUE RESPECTA A ESTA GRAN CUALIDAD DE LA INMORTALIDAD. EL ALMA DEL HOMBRE LLEGA A SER, ENTONCES, AUTO-EXISTENTE, Y NO DEPENDE DE DIOS PARA LA CONTINUACIÓN DE SU EXISTENCIA.

Esto, lo sé, no es un tema de fácil compresión para la mente mortal, pero cuando hayas desarrollado las percepciones de tu alma, en adición a tu mente natural, no será tan difícil captar el significado exacto de mis proposiciones.

No escribiré más esta noche. Soy

Tu hermano en Cristo,
SAN MATEO

Discurso Sobre El Alma

San Cornelio – El Primer Gentil Cristiano.

Permíteme decir sólo unas cuantas palabras acerca del alma. Escuché lo que dijo Mateo, y me parece que él no describió lo que es el alma con la claridad deseable.

Mi concepto acerca del alma es, que ella es aquella parte de la existencia del hombre que determina cuál será su destino. Es la parte real, pensante y consciente del hombre con una voluntad. El intelecto del hombre puede morir – esto parecerá irreal, pero es verdad – y el hombre deja de existir como algo consciente, es decir, si el intelecto fuese su única facultad para ser consciente de su existencia. El alma, hasta donde sabemos, jamás muere y posee, en sus cualidades y elementos, todas las percepciones y poderes de razonamiento que tiene el intelecto, y mucho más. El alma es la única facultad o parte del hombre que ejerce la misión del saber, razonamiento y determinación, después que el hombre haya alcanzado la séptima esfera, y, por lo tanto, a menos que estas cualidades o percepciones sean desarrolladas por el alma, obteniendo el Amor Divino en ella, un hombre o espíritu no puede entrar en la séptima esfera, pues le sería completamente imposible vivir allí y entender, o hacer algo en esta esfera.

El alma no necesita recibir instrucciones de los sentidos físicos, porque aquellos sentidos no son adecuados para ser utilizados en la operación de las facultades del alma, y, por ende, el hombre que no cultive los sentidos del alma, como diría, no es capaz de entender las cosas espirituales superiores de las Esferas Celestiales.

No escribiré más esta noche, pero vendré nuevamente.

Tu hermano en Cristo,
San Cornelio, El Primer Gentil Cristiano

EL PERDÓN

YO ESTOY AQUÍ, Tu Abuela, Ann Rollins (Espíritu Celestial)..

He venido para escribir acerca del perdón y misericordia del Padre, e ilustrarte acerca de este tema que es muy poco entendido, desde que los hombres empezaron a distorsionar las enseñanzas del Maestro.

El perdón es la operación de la Mente Divina que libera al hombre de las penalidades de los pecados que ha cometido, y que le permite renunciar a sus obras y pensamientos malvados y buscar el Amor del Padre; y si lo busca con sinceridad, encontrará la felicidad que le espera. Ello no viola ninguna ley que Dios ha establecido para impedir que el hombre evada las penalidades por sus violaciones de las leyes de Dios que controla su conducta.

La ley de compensación, es decir, "el hombre cosechará lo que siembre", no es puesta a un lado, pero en el caso particular cuando un hombre penitente ora al Padre con toda sinceridad para ser perdonado por sus pecados y transformado en un nuevo hombre, la activación de otra ley superior es llamada en operación, y la antigua ley de compensación se anula y, como diríamos, absorbida en el poder de esta ley del perdón y amor. Así ves, ninguna ley de Dios es puesta a un lado. Así como ciertas leyes inferiores en el mundo físico son sobreseídas por leyes superiores, igual sucede en el mundo espiritual donde, en la operación de cosas espirituales, las leyes superiores prevalecen sobre las inferiores.

Las leyes de Dios nunca cambian, pero la aplicación de estas leyes a hechos y condiciones particulares parecen cambiar, cuando dos leyes entran en aparente conflicto y la ley inferior debe ceder paso a la ley superior.

Las leyes espirituales son tan fijas como lo son las leyes físicas que controlan el universo material; y las leyes que aplican a una misma condición o hechos nunca difieren en su operación o efectos.

El movimiento del sol y de los planetas es gobernado por leyes fijas, y funcionan con tal exactitud que los hombres que realizan un estudio de estas leyes y las comprenden, pueden, casi con precisión matemática, predecir los movimientos de estos cuerpos celestiales. Esto sólo significa que mientras que el sol y los planetas permanezcan como son, y rodeados por las mismas influencias, sin encontrar ley alguna que opere en forma contraria a las leyes que usualmente los controlan, estos planetas y sol repetirán sus movimientos, año tras año, en la misma forma y con igual precisión. Pero, supóngase que una ley más poderosa y contraria entrara en operación, e influenciara los movimientos de estos cuerpos, ¿supones, por un momento, que ellos seguirían el mismo curso, como si tal ley superior no hubiese interpuesto?

El efecto de esto no es poner a un lado la ley inferior, o siquiera cambiarla, sino subordinarla a la operación de la ley superior; y si esta operación fuese removida o dejara de actuar, la ley inferior reasumiría su función sobre estos planetas y se moverían de acuerdo con ella, como si nunca hubiera sido afectado su poder por la ley superior.

Así que, cuando un hombre ha cometido pecados en la tierra, la ley de compensación le exige pagar, en el mundo espiritual, la pena por estos pecados hasta que haya una expiación completa, o hasta que la ley haya sido satisfecha. Y esta ley no cambia en su operación, y ningún hombre puede evitar o escapar de las exigencias inexorables de la ley. Él no puede, por sí mismo, aminorar, ni una jota o ápice de las penalidades, sino que debe pagar hasta el último cuadrante, como dijo el Maestro, y, por ende, él no puede, por sí mismo, aspirar a cambiar la operación de esta ley.

PERO, COMO EL CREADOR DE TODA LEY HA PROVISTO OTRA LEY SUPERIOR QUE, BAJO CIERTAS CONDICIONES, PUEDE SER PUESTA EN OPERACIÓN Y CAUSAR QUE LA LEY ANTERIOR DEJE DE FUNCIONAR, EL HOMBRE PUEDE EXPERIMENTAR EL BENEFICIO DE LA OPERACIÓN DE ESTA LEY SUPERIOR. ENTONCES, CUANDO DIOS PERDONA A UN HOMBRE POR SUS PECADOS Y HACE DE ÉL UNA NUEVA CRIATURA EN SU NATURALEZA Y AMOR, ÉL NO ANIQUILA, PARA EL CASO EN PARTICULAR, LA LEY DE COMPENSACIÓN, SINO QUE REMUEVE AQUELLO SOBRE LO CUAL ESTA LEY

PUEDA OPERAR.

El pecado es una violación de la ley de Dios, y el efecto del pecado es la pena que tal violación impone. El sufrimiento de un hombre por los pecados cometidos no son los resultados de una condenación especial de Dios en cada caso particular, sino los resultados de la operación y azotes de su conciencia y recuerdos, y mientras que trabaje su conciencia, él sufrirá y cuanto mayor sea el pecado cometido, mayor será el sufrimiento. Ahora, todo esto implica que el alma de un hombre está llena, en grado mayor o menor, de estas memorias que, por el momento, constituyen su existencia misma. Él vive con estas memorias, y el sufrimiento y tormento que resultan de ellas nunca lo abandonarán, hasta que las memorias de estos pecados, o el resultado de ellas, cesen de ser una parte de él y compañeros constantes – ésta es la ley inexorable de compensación, y el hombre por sí mismo no tiene forma alguna de escapar de esta ley, excepto por una larga expiación, la cual remueve estas memorias y satisface a la ley.

El hombre no puede cambiar esta ley, y Dios no lo hará. Así que, como dije, la ley nunca cambia. Pero recuerda este hecho: a fin de que la ley pueda funcionar, el hombre debe tener estas memorias, y deben ser parte de su existencia misma.

Ahora, supóngase que el Creador de esta ley creó otra ley que, bajo ciertas condiciones y proceder del hombre en cuanto a ciertas cosas, estas memorias sean removidas de él, ya no constituyendo parte de su existencia; entonces, yo pregunto: ¿acaso existe algo en, o de aquel hombre, sobre lo cual pueda actuar u operar la ley de compensación? La ley no es cambiada, ni siquiera puesta a un lado, sino que aquello sobre lo cual pudiera actuar ya no tiene existencia, y, consecuentemente, no existe razón o existencia de hechos que requieran su operación.

Por lo tanto, afirmo, como sus científicos y filósofos, que las leyes de Dios son fijas y nunca cambian, pero además digo, cosa que ellos fallan en percibir, que ciertas condiciones que pudieran, y de hecho demandan la operación de estas leyes hoy día, mañana podrían cambiar o dejar de existir, ya no siendo estas leyes efectivas.

Y así, cuando las verdades sobre el perdón de Dios del pecado son declaradas, los hombres sabios alzan sus manos y gritan, "las leyes de Dios no cambian, y ni siquiera Dios Mismo puede cambiarlas. Y para efectuar el perdón de los pecados, la gran ley de compensación debe ser violada. Dios no obra tal milagro, ni otorga dispensa especial. No, el hombre debe pagar la pena por sus actos malvados hasta que la ley sea satisfecha".

¡CUÁN LIMITADO ES EL CONOCIMIENTO DE LOS MORTALES Y ESPÍRITUS, SOBRE EL PODER, SABIDURÍA Y AMOR DEL PADRE! SU AMOR ES LO MÁS GRANDE EN TODO EL UNIVERSO Y LA LEY DEL AMOR ES LA LEY MÁS GRANDE. TODAS LAS OTRAS LEYES ESTÁN SUBORDINADAS A ELLA, Y DEBEN OPERAR AL UNÍSONO CON LA MISMA. EL AMOR, AMOR DIVINO DEL PADRE,

CUANDO ES OTORGADO AL HOMBRE Y ÉL LO POSEE, ELLO ES EL CUMPLIMIENTO DE TODA LEY. ESTE AMOR LIBERA AL HOMBRE DE TODA LEY, EXCEPTO LA LEY DE SÍ MISMO – Y CUANDO EL HOMBRE POSEE ESTE AMOR, YA NO ES ESCLAVO DE NINGUNA OTRA LEY, Y ES LIBRE DE VERÁS.

La ley de compensación y toda otra ley que no esté en armonía con la Ley de Amor, no tienen nada sobre lo cual puedan operar, en el caso de aquel hombre, pero las otras leyes de Dios no han sido cambiadas, sino simplemente, en cuanto a este hombre, cesan de tener existencia.

AHORA, TODO HOMBRE, SABIO E IGNORANTE, DEBE SABER QUE DIOS, EN SU AMOR Y SABIDURÍA, HA PROVISTO LOS MEDIOS PARA QUE EL HOMBRE, SI ASÍ LO DESEA, PUEDA ESCAPAR DE LA LEY INMUTABLE DE COMPENSACIÓN, Y YA NO SUJETO A SUS EXIGENCIAS Y PENALIDADES. ESTOS MEDIOS SON SIMPLES Y SENCILLOS, Y DENTRO DE LA COMPRENSIÓN Y ALCANCE DE TODA ALMA VIVIENTE, SEA SANTO O PECADOR, UN HOMBRE SABIO O IGNORANTE.

El intelecto, en el sentido de ser letrado, no está implicado, pero el hombre que sabe que Dios existe y le proporciona su alimento y vestimenta, como resultado de su trabajo diario, puede, tanto como el gran científico o filósofo intelectual, aprender el camino hacia estas verdades redentoras. No quiero decir que un hombre, por el mero ejercicio de sus poderes mentales, puede recibir el beneficio de esta gran provisión para su redención. El alma debe buscar y ella hallará, y pueda que el alma del sabio no sea tan capaz de recibir este beneficio, como aquella alma del ignorante.

DIOS ES AMOR. EL HOMBRE POSEE UN AMOR NATURAL, PERO ESTE AMOR NO ES SUFICIENTE PARA RENDIRLE APTO PARA ENCONTRAR LOS GRANDES MEDIOS DE LOS QUE HABLO. SÓLO EL AMOR DIVINO DEL PADRE LO PUEDE, Y ES SU DESEO QUE TODO HOMBRE OBTENGA ESTE AMOR. ES GRATUITO, Y ESPERA A SER OTORGADO A TODO HOMBRE. PERO, POR EXTRAÑO QUE PAREZCA, DIOS NO OTORGARÁ, O, MEJOR DICHO, NO PUEDE OTORGAR ESTE AMOR, A MENOS QUE EL HOMBRE LO BUSQUE Y LO PIDA POR ELLO CON SINCERIDAD Y FE.

La voluntad del hombre es algo extraordinario, y se interpone entre él y este amor, si él falla en ejercer esta voluntad en la búsqueda de ello. Ningún hombre puede obtenerlo contra su voluntad. Cuán maravillosa es la voluntad del hombre, y de allí la importancia de que estudie y aprenda que es una gran parte de su ser.

EL AMOR DEL PADRE SÓLO LLEGA AL ALMA DE UN HOMBRE CUANDO ÉL LO PIDA EN ORACIÓN Y FE, Y ESTO, POR SUPUESTO, IMPLICA QUE ÉL DESEE RECIBIRLO POR SU PROPIA VOLUNTAD. A NINGÚN HOMBRE SE LE NIEGA ESTE AMOR CUANDO LO PIDA CORRECTAMENTE

AHORA BIEN, ESTE AMOR ES UNA PARTE DE LA ESENCIA DIVINA DE DIOS, Y CUANDO UN HOMBRE LO POSEE EN ABUNDANCIA SUFICIENTE, ÉL SE CONVIERTE EN PARTE DE LA DIVINIDAD MISMA; Y EN LO DIVINO NO EXISTE

172

PECADO O ERROR. EN CONSECUENCIA, CUANDO ÉL PARTICIPA DE ESTA DIVINIDAD, EL PECADO O ERROR NO PUEDE FORMAR PARTE DE SU SER.

Ahora, como he dicho, el hombre que no tiene este Amor alberga recuerdos de sus pecados y maldades, y, bajo la ley de compensación debe pagar la pena. Pero, cuando el Amor Divino entra en su alma, no deja lugar a estas memorias, y, a medida que él se llene de este Amor, éstas se desvanecerán por completo y sólo el Amor habitará su alma, por así decirlo. Como resultado, no queda nada en él sobre lo que esta ley pueda operar, ya no siendo su esclavo o súbdito. El Amor Divino, en sí, es suficiente para limpiar el alma de todo pecado y error, convirtiendo al hombre en uno con el Padre.

Esto es el perdón del pecado o, más bien, el resultado del perdón. Cuando un hombre ora al Padre por Su perdón, Él nunca se hace el sordo, pero en efecto, dice: "Yo removeré tus pecados y te daré mi amor; no dejaré a un lado, ni cambiaré mis leyes de compensación, pero removeré de tu alma todo aquello sobre lo que esta ley pueda operar, y en cuanto a ti será como si no tuviese existencia".

Sé por mi experiencia personal que este perdón es algo verdadero, actual y existente. Y cuando el Padre perdona, el pecado desaparece y sólo existe el Amor, y ese Amor, en su plenitud, es el cumplimiento de la ley.

Los hombres deben saber que Dios perdona el pecado, y cuando Él perdona, la pena desaparece, y cuando desaparece como resultado de tal perdón, ninguna ley de Dios es cambiada o violada.

Ésta fue la gran misión de Jesús cuando él vino a la tierra. Antes de su venida y enseñanza de esta gran verdad, el perdón del pecado no fue entendido, incluso por los maestros hebreos, sino que su doctrina fue "ojo por ojo y diente por diente". El Amor Divino, que vagamente he descrito, no fue conocido ni buscado – sólo el amparo, protección y beneficios materiales que Dios diera a los hebreos.

EL AMOR DIVINO, AL ENTRAR Y TOMAR POSESIÓN DE LAS ALMAS DE LOS HOMBRES, CONSTITUYE EL NUEVO NACIMIENTO, Y SIN ÉSTE, NINGÚN HOMBRE PUEDE VER EL REINO DE DIOS.

Hijo mío, he escrito una larga e imperfecta comunicación, pero contiene suficiente para que los hombres puedan pensar y meditar sobre ello, y si lo hacen y abren sus almas a la Influencia Divina, sabrán que Dios puede perdonar el pecado, y salvar a los hombres de las penas que ello impone, evitando, así, el largo período de expiación que, en su estado natural, la ley de compensación siempre exige.

Así que, sin más, diré que te amo con todo mi corazón y mi alma, y ora al Padre para que te otorgue este Gran Amor en toda su abundancia.

Tu querida Abuela,
ANN ROLLINS

Cómo el Alma Recibe el Amor Divino del Padre   Llegar a Ser un Habitante del Reino de Dios, y Lograr Aquella Inmortalidad Sobre la Cual He Escrito

ESTOY AQUÍ, *Jesús*.

Deseo escribirte esta noche acerca del tema: Cómo un alma recibe el Amor Divino del Padre, a fin de convertirse en un habitante del Reino de Dios y lograr aquella inmortalidad sobre la cual te he escrito.

En primer lugar, debe ser entendido que el Amor Divino del Padre es un amor completamente distinto a aquel amor que el Padre otorgó al hombre al momento de su creación, y que el hombre poseyó en una condición más o menos de pureza, desde aquel momento.

El Amor Divino jamás fue conferido al hombre como un don perfecto y completo, ni en su creación ni después de mi venida a la tierra, sino como un don en espera de los propios esfuerzos y aspiraciones del hombre para obtenerlo, y sin los cuales jamás podrá ser suyo, aunque siempre estará cerca de él para responder a su llamado.

Entonces, al entender qué es este Amor, y que el hombre debe procurarlo, así como cuál es su efecto sobre el alma del hombre, es muy importante que el hombre haga que su obtención sea el gran objeto de sus aspiraciones y deseos. Pues, cuando lo posee en un grado que lo convierte en uno con el Padre, deja de ser un simple hombre y llega a ser un alma existente de naturaleza Divina, con muchas cualidades del Padre, siendo la principal, por supuesto, el Amor, y causándole, además, la absoluta conciencia del hecho de su inmortalidad.

LA MERA BONDAD MORAL O LA POSESIÓN DEL AMOR NATURAL, EN SU MÁXIMO GRADO, NO CONFERIRÁ AL HOMBRE LA NATURALEZA DIVINA QUE HE MENCIONADO; TAMPOCO LAS BUENAS OBRAS, CARIDAD Y BENEVOLENCIA, POR SÍ MISMAS, CONDUCEN A LOS HOMBRES A LA POSESIÓN DE ESTE AMOR, PERO LA POSESIÓN DE ESTE AMOR, EN REALIDAD Y DE HECHO, CONDUCIRÁ A LA CARIDAD, BUENAS OBRAS Y BENEVOLENCIA, SIEMPRE DESINTERESADAMENTE, Y A UNA FRATERNIDAD ENTRE LOS HOMBRES EN LA TIERRA, A LA QUE EL SIMPLE AMOR NATURAL NO PUEDE CONDUCIR, O CAUSAR QUE EXISTA.

Sé que los hombres predican sobre de la Paternidad de Dios, y de la hermandad del hombre, y exhortan a los hombres a tratar de cultivar pensamientos y obras de amor, abnegación y caridad, en forma de propiciar la gran deseada unidad de vida y propósito por parte de los hombres; y que, por razón de este amor natural, ellos mismos podrán realizar la gran obra de llevar a cabo esta hermandad. Sin embargo, la cadena que los une no puede, jamás, ser más fuerte que el amor natural que lo forja; y cuando ello es eclipsado por la ambición y deseos materiales, la hermandad se debilitará considerablemente o desaparecerá por completo, y los hombres se darán cuenta que su fundación no fue construida sobre una roca, sino más bien sobre la arena inestable que no pudo sostener la superestructura cuando es azotada por las tormentas que surgen de la ambición y deseos de los hombres por el poder y grandeza, y muchas otras cosas materiales. Así que digo, existe una gran necesidad de algo más que el simple amor natural del hombre para ayudarlo a formar una hermandad que permanezca estable y firme bajo toda condición, y entre todos los hombres.

Así que, este amor natural, bajo las circunstancias más favorables para preservar la constancia de la felicidad del hombre y la libertad del pecado y error, demostró ser insuficiente para mantener aquella condición; entonces, ¿qué puede esperarse de ello cuando las circunstancias sean tales, que este amor ha sido degenerado de su estado puro, y mancillado por todas estas tendencias del hombre a hacer aquello que viola, no solamente las leyes de Dios, sino todo lo que, de otra manera, ayudaría al hombre a realizar una verdadera hermandad?

Como he dicho hasta ahora en mis escritos, vendrá un tiempo cuando este amor natural sea restaurado a su estado original de pureza, y de la liberación del pecado, y esta hermandad existirá en tal grado de perfección, que hará felices a todos los hombres.

Sin embargo, ese momento está muy lejos, y no se realizará en la tierra hasta que acontezca el Nuevo Nacimiento y los Nuevos Cielos. Mientras tanto, el sueño de los hombres de esta gran hermandad no será realizado.

Sé que los hombres piensan que, en algún momento, en un futuro lejano, mediante la educación y convenciones y prédicas acerca de verdades morales, este sueño de una hermandad ideal se establecerá en la tierra, y que desaparecerán todas las almas de odio y guerra, y de la opresión del débil por parte del fuerte. Pero te digo que, si los hombres dependen meramente del amor natural, y de todos los grandes sentimientos e impulsos que puedan surgir de él para establecer esta condición tan deseada, se verán decepcionados y perderán la fe en la bondad del hombre, y a veces habrá una retrogresión, no sólo en ese amor, sino también en la conducta del hombre el uno hacia el otro, y en el trato entre las naciones.

He desviado un poco de mi tema, pero consideré necesario señalar al hombre que su dependencia de sí mismo, es decir, su dependencia del amor natural, no es suficiente ni adecuado para conducirlo a una condición de felicidad, ni siquiera en la tierra, y es, por lo tanto, totalmente inadecuado para conducirlo hacia el Reino Celestial.

EL AMOR DIVINO DEL QUE HABLO ES, DE POR SÍ, NO SÓLO ES CAPAZ DE CONVERTIR A UN HOMBRE EN HABITANTE DEL REINO DEL PADRE, SINO TAMBIÉN SUFICIENTE PARA QUE ÉL PUEDA REALIZAR Y LOGRAR, AL MÁXIMO, SUS SUEÑOS DE AQUELLA GRAN HERMANDAD, AÚN EN LA TIERRA.

ESTE AMOR DEL PROPIO PADRE, ES DE UNA NATURALEZA QUE NUNCA CAMBIA; Y EN TODO LUGAR Y CONDICIONES REALIZA LOS MISMOS RESULTADOS, CONVIRTIENDO A LAS ALMAS DE LOS HOMBRES EN LA TIERRA, ASÍ COMO DE LOS ESPÍRITUS EN EL MUNDO ESPIRITUAL, EN, NO SOLAMENTE EN LA IMAGEN, SINO EN LA SUBSTANCIA DE NATURALEZA DIVINA. ESTA SUBSTANCIA PUEDE SER POSEÍDA EN UN GRADO MENOR O MAYOR, DEPENDIENDO DEL HOMBRE MISMO; Y EL GRADO DE POSESIÓN DETERMINA LA CONDICIÓN DEL ALMA, Y SU CERCANÍA AL REINO DEL PADRE, YA SEA QUE EL ALMA ESTÉ EN LA CARNE O EN ESPÍRITU.

NO ES NECESARIO QUE EL HOMBRE ESPERE A SER UN ESPÍRITU, A FIN DE BUSCAR Y OBTENER EL AMOR DIVINO, PUESTO QUE EL ALMA ES LA MISMA, TANTO CUANDO ESTÁ EN LA TIERRA, COMO EN EL MUNDO ESPIRITUAL, Y SU CAPACIDAD PARA RECIBIR ESTE AMOR ES GRANDE, TANTO EN UN LUGAR COMO EN EL OTRO. POR SUPUESTO, EN LA TIERRA EXISTEN MUCHAS CIRCUNSTANCIAS, EL MEDIO AMBIENTE Y LIMITACIONES QUE RODEAN AL HOMBRE Y QUE IMPIDEN QUE SU ALMA FUNCIONE LIBREMENTE, EN CUANTO A SUS ASPIRACIONES Y FE, QUE NO EXISTEN DESPUÉS DE QUE ÉL SE HAYA CONVERTIDO EN UN HABITANTE DEL MUNDO ESPIRITUAL. PERO, A PESAR DE ELLO, Y NO OBSTANTE TODOS ESTOS INCONVENIENTES Y OBSTÁCULOS DE LA VIDA TERRENAL, EL ALMA DEL HOMBRE PUEDE RECIBIR ESTE AMOR SIN LIMITACIONES, Y EN UNA ABUNDANCIA QUE LO TRANSFORMARÁ EN UNA NUEVA CRIATURA, COMO DICEN LAS ESCRITURAS.

LA POSESIÓN DE ESTE AMOR DIVINO TAMBIÉN SIGNIFICA LA AUSENCIA DE AQUELLOS DESEOS Y ANHELOS PROPIOS DEL LLAMADO HOMBRE NATURAL, QUE CAUSAN EL EGOÍSMO, CRUELDAD Y OTRAS CUALIDADES CONDUCENTES AL PECADO Y EL ERROR, Y QUE IMPIDEN LA EXISTENCIA DE ESTA VERDADERA HERMANDAD, TAN SINCERAMENTE DESEADA POR LOS HOMBRES, COMO PRELUDIO DE LA PAZ Y BUENA VOLUNTAD. Y CUANTO MÁS SEA LA POSESIÓN DE ESTE AMOR DIVINO EN EL ALMA DEL HOMBRE, MENOS SERÁN LAS TENDENCIAS Y DESEOS MALVADOS, Y MÁS DE AQUELLO DE NATURALEZA Y CUALIDADES DIVINAS.

EL PADRE ES TODA BONDAD, AMOR, VERDAD, PERDÓN, Y MISERICORDIA, Y LAS ALMAS DE LOS HOMBRES ADQUIEREN ESTAS CUALIDADES CUANDO RECIBEN Y POSEEN EL AMOR DIVINO. Y CUANDO EL HOMBRE ES SINCERO Y FIEL, Y LLEGA A POSEER ESTAS CUALIDADES, ÉSTAS NUNCA LO ABANDONAN NI CAMBIAN; Y CUANDO ESTA HERMANDAD SEA ESTABLECIDA ENTRE ELLOS SERÁ CONSTRUIDA SOBRE UNA ROCA, Y SEGUIRÁ VIVIENDO Y LLEGAR A SER MÁS PURA Y SÓLIDA, EN SU EFECTO OBLIGATORIO Y EN LOS GRANDES

RESULTADOS QUE FLUIRÁN DE LA MISMA, PUESTO QUE SU BASE PRINCIPAL SERÁ LA NATURALEZA DIVINA DEL PADRE, QUE ES INVARIABLE O INALTERABLE, Y NUNCA DECEPCIONANTE.

UNA HERMANDAD, ASÍ CREADA Y UNIDA, ES, COMO HE DICHO, LA ÚNICA VERDADERA HERMANDAD QUE ESTABLECERÁ UNA ESPECIE DE CIELO EN LA TIERRA PARA EL HOMBRE, QUE ELIMINARÁ LAS GUERRAS, ODIO, CONTIENDAS, EGOÍSMO Y EL PRINCIPIO DE "LO MÍO Y LO TUYO". "LO MÍO" SERÁ CAMBIADO A "LO NUESTRO", Y LOS HOMBRES VERDADERAMENTE SERÁN HERMANO, SIN CONSIDERACIÓN A RAZA, SECTA O LOGROS INTELECTUALES. TODOS SERÁN RECONOCIDOS COMO LOS HIJOS DEL ÚNICO PADRE.

TAL SERÁ EL EFECTO DE LA EXISTENCIA DE ESTE AMOR EN EL ALMA DE LOS HOMBRES EN LA TIERRA, Y CUANDO ESTAS ALMAS ABANDONAN LA ENVOLTURA CARNAL, ENCONTRARÁN SUS MORADAS EN EL REINO DE DIOS – SERÁN PARTES DE LA DIVINIDAD DEL PADRE, Y PARTÍCIPES DE SU INMORTALIDAD.

PERO SÓLO ESTE AMOR DIVINO HARÁ QUE EL ALMA DE LOS HOMBRES SEA APTA PARA ESTE REINO, PUESTO QUE EN EL REINO DE DIOS TODA COSA ES PARTÍCIPE DE LA NATURALEZA DIVINA, Y NO PODRÁ ENTRAR EN ÉL, NADA QUE NO POSEA ESTA CUALIDAD.

Así que, los hombres deben entender que la mera creencia, ceremonia de la iglesia, o el bautismo, o cualquiera de estas cosas, no son suficientes para permitir que un alma se convierta en habitante de este Reino. Los hombres pueden, y se engañan a sí mismos, al creer que cualquier cosa fuera de este Amor Divino les asegurará una entrada al Reino.

Las creencias podrán ayudar a los hombres a buscar y aspirar a la posesión de este Amor, pero, a menos y hasta que este Amor Divino sea realmente poseído por las almas de los hombres, no pueden llegar a ser partícipes de la naturaleza divina, y gozar de la felicidad y paz del Reino del Padre.

Siendo tan fácil el camino para obtener este amor, y la alegría de su posesión tan grande, es de sorprender que los hombres se conformen con la superficialidad del formalismo y la satisfacción y engaño del mero culto de labio y creencias intelectuales.

Como he dicho, la posesión del Amor Divino está al alcance de todo hombre que lo busque, con sinceras y verdaderas aspiraciones de su alma. No es parte de él, sino que rodea y envuelve a todo hombre, pero al mismo tiempo, no forma ninguna parte de su ser, a menos que sus anhelos y oraciones hayan abierto su alma, a fin de que este Amor pueda fluir y llenarla con su presencia.

El hombre nunca es obligado a recibirlo, así como nunca está obligado a hacer otras cosas contra su voluntad, pero cuando en el ejercicio de aquella voluntad, se rehúsa a que el Amor Divino fluya en su alma, él debe sufrir la penalidad de la completa y absoluta privación de alguna posibilidad de convertirse en un habitante del Reino de Dios, o Reino Celestial, y de la conciencia del hecho de su inmortalidad.

QUE LOS HOMBRES DIRIJAN SUS PENSAMIENTOS Y ASPIRACIONES HACIA DIOS, Y VERDADERA Y SINCERAMENTE OREN A ÉL PARA EL INFLUJO EN SUS ALMAS DE SU AMOR DIVINO, Y CON FE, Y ENCONTRARÁN SIEMPRE QUE EL PADRE LES OTORGARÁ SU AMOR, DE ACUERDO CON EL GRADO DE SUS ASPIRACIONES Y ANHELOS, QUE SON LOS MEDIOS QUE ABREN SUS ALMAS A LA OPERACIÓN DEL ESPÍRITU SANTO QUE, COMO HE ESCRITO ANTES, ES EL MENSAJERO DE DIOS PARA LLEVAR SU AMOR DIVINO DE SU FUENTE SUPREMA DE AMOR A LAS ALMAS DE LOS HOMBRES DEVOTOS Y ASPIRANTES.

De ningún otro modo puede el Amor Divino ser poseído por el hombre, y es algo individual siempre entre él y el Padre. Ningún otro hombre o conjunto de hombres, o la iglesia, espíritus o ángeles pueden hacer el trabajo del individuo. En lo que a él respecta, su alma es la única cosa involucrada, y sólo sus aspiraciones, oraciones y voluntad pueden abrir su alma al influjo de este Amor, que lo convierte en parte de Su propia Divinidad.

Por supuesto, las oraciones y pensamientos bondadosos, e influencias amorosas de hombres buenos y de espíritus y ángeles divinos, pueden y ayudan al alma del hombre a acudir al Amor del Padre, y a progresar en su posesión. Pero, en cuanto a la pregunta de que, si él poseerá o no este amor, esto dependerá del hombre mismo.

Bien, he escrito suficiente por esta noche y debo detenerme.

Así que, mi querido hermano, diré con todo mi amor y bendiciones, buenas noches.

Tu hermano y amigo,
JESÚS

¿Cuál es la Razón Por la Cual los Mortales No Buscan El Amor del Padre, Sino Que Creen en los Credos y Sacramentos de la Iglesia a la Cual Pertenecen o Están Afiliados?

YO ESTOY AQUÍ, *San Juan.*

He venido esta noche para escribir un mensaje que considero es de mucha importancia, y ya que estás en buenas condiciones, trataré de hacerlo.

En primer lugar, deseo informarte que la condición del desarrollo de tu alma es tal, que nos permite establecer una mejor conexión contigo de lo que había sido, y nos complace que así sea, pues, cuanto más sea tu desarrollo, más fácil será expresar nuestras ideas de las verdades superiores, que tanto deseamos revelar a través de ti.

Bien, el tema sobre el cual deseo escribir es: ¿Cuál es la razón por la que los mortales no buscan el Amor del Padre, en lugar de creer en los credos y sacramentos de las iglesias a las que pertenecen, o con las que están afiliados?

Ahora, te podrá parecer que los mismos mortales podrían mejor explicar la razón de esta preferencia, así como sus acciones para llevar a cabo sus preferencias, pero esta suposición no sería correcta, puesto que en realidad no lo saben. El conocimiento de la verdad que pueden obtener, y el supuesto conocimiento de la verdad que muchos de ellos se contentan creyendo poseer, son dos cosas muy diferentes.

En primer lugar, creen que los credos de sus iglesias contienen y revelan las verdades sobre Dios y la relación de los mortales con Él, y que, si siguen estos credos, harán lo que a Dios le agrada y de acuerdo a Su voluntad. Por lo tanto, descansan satisfechos en el cumplimiento de tal conocimiento, sin buscar más nada para aprender acerca de las verdades de su existencia y de su salvación.

Los credos, en su mayoría, no contienen las verdades acerca de lo espiritual, puesto que son fundados sobre errores, y, como consecuencia, no pueden contener la verdad como una superestructura, y los mortales no pueden adquirir el verdadero conocimiento de cosas espirituales, de los mismos.

Estos credos son hechos por el hombre y no se basan en las verdades reales que nunca pueden ser cambiadas por credos, ni cualquier otra que sea el resultado de la hechura del hombre.

Pero, los mortales no saben que estos credos no revelan la verdad, y ésta es una razón por la que prefieren seguir las enseñanzas de los credos y creer en ellas. No tienen nada más a que recurrir, excepto varias declaraciones de verdad que la Biblia contiene; y aun si recurrieran a estas declaraciones, sin embargo, en su condición mental y desarrollo de sus almas, no podrían descubrir las verdades allí reveladas, y hacer una distinción entre tales verdades y lo que ellos creen ser las verdades de sus credos.

Durante largos años – generación tras generación – estos credos han sido aceptados, creídos y proclamados como verdades por las respectivas iglesias a las que han pertenecido los mortales. Y han visto a sus padres y abuelos creer y descansar en la seguridad de que los credos contienen la verdad, y han visto a estos parientes vivir y morir, aparentemente felices en sus creencias, y, por lo tanto, sienten satisfacción haciendo lo que hicieron sus antepasados, sin cuestionar o buscar la verdad en otra parte, o siquiera concebir que pudiera ser encontrada en otra parte.

Y el hombre, así constituido, puede decirse que tal posición y condición es natural, y para nosotros o ustedes, que conocemos la verdad y que los credos no contienen la verdad, ello no debe sorprendente.

Nuevamente, los mortales prefieren sus credos porque en la mayoría de los casos, cuando una iglesia o denominación ha existido por mucho tiempo, aquellos que, como diría, heredaron estas creencias en los credos, nunca consideran, ni por un momento, que deben hacer nada más que no sea tener una fe incondicional en las enseñanzas de sus credos, y que en tal creencia está la verdad que no debe ser dudada o cuestionada. Y así, al crecer en esta creencia, como es el caso de muchos, llega a ser para ellos algo de mera formalidad sin ninguna vitalidad y creando, en aquellos que la poseen, una falta interés especial en cuanto a si su creencia tiene o no buen fundamento. Esta creencia les ahorra la molestia de ejercitar sus mentes en cualquier grado mayor, y en lugar dicen: "estoy satisfecho con el credo de mi iglesia, y no deseo preocuparme en cuestionar el mismo". Y, por lo tanto, verás que no es difícil que elijan la preferencia, puesto que, de hecho, no hay preferencia, sino la existencia de una condición de mente que en ella no cabe lugar para el ejercicio de ninguna preferencia.

Pero, por otro lado, esta preferencia existe debido a la vida social de la gente que cree en los credos de las iglesias, pues, de no tener esta creencia, no es permitido ser miembro de las iglesias, ya que se debe adherir al credo, no importa qué otra cosa pueda ser de vital importancia que sea necesario creer, o declarada por el mortal que desee afiliación para ser creída.

La iglesia es la más grande de los centros sociales en la vida de los hombres, con extraordinaria influencia y poder, y se extiende a la economía de la vida social, más allá del conocimiento de la gente irreflexiva. Así, entonces, cuando el solicitante se suscribe al credo y se convierte en miembro de la iglesia, por lo general siente satisfacción con su posición social, y sus ideas sobre verdades espirituales ya no son plásticas sino fijas. Y, a medida que pasa el tiempo, menos consciente es de los requerimientos de los credos, pero de cierta manera automática, actúa en base a ellos y descansa satisfecho. Asume, entonces, una posición cómoda, liberando su mente de los esfuerzos con una indudable aceptación de las doctrinas de los credos de su iglesia.

Por supuesto, hay muchas excepciones a esta condición, existente entre los miembros de las iglesias, pues, a pesar de suscribirse a los credos, sus almas, sin embargo, no están satisfechas y acuden al Padre, anhelando Su Amor, y muchos de aquellos que poseen este Amor, aunque intelectualmente, desconocen lo que significa. Pero, en el caso de la mayoría, la preferencia se debe a las razones que he mencionado – y la dificultad será tan grande, para lograr un despertar de esta satisfacción, y sentimientos de que en su creencia descansa la certeza del cumplimiento de la voluntad del Padre y su salvación.

Ahora bien, a pesar de que todo esto es cierto, estos mortales no se dan cuenta que esto sólo es cierto en el sentido que he descrito, y el gran trabajo ante ti y nosotros, es lograr que las verdades que estas recibiendo sean presentadas a estas personas, de una manera tal, que ya no descansarán satisfechos en la seguridad de sus viejas creencias, sino que serán persuadidos a buscar la verdad fuera de las enseñanzas de sus credos. Y esto diré: si llega tal despertar a estas personas, y seria y honestamente buscan la verdad, no dudarían en creer en el error de sus creencias, y no estarían satisfechas hasta aprender la verdad.

Pensé que escribiría esto, sencillamente porque, aun siendo un tema relacionado meramente con la vida del hombre en la tierra, sin embargo, si el modo de vivir cambiara, lo espiritual se convertiría en algo de absorbente interés, en sus resultados y consecuencias.

Estos credos excluyen la verdad, y los hombres nunca podrán encontrarla hasta que eliminen de sus mentes y almas las doctrinas de los credos.

No escribiré más esta noche.

Así que, con mi amor, diré buenas noches.

Tu hermano en Cristo,
JUAN

La Expiación

YO ESTOY AQUÍ, *San Lucas.*

He venido esta noche para hablarte acerca de una verdad que es de gran importancia para ti y la humanidad, y deseo que estés muy atento en la recepción de lo he de decir. Yo estoy en una condición de amor que me permite conocer de lo que escribo, y de lograr que lo que yo diga sea aceptado por ti como verdad.

Deseo decirte que el Amor, del que hemos estado escribiendo, es el único Amor que puede hacer que un espíritu u hombre sea uno con el Padre, y este es mi tema: "La Expiación".

Esta palabra, como es usada en la Biblia e interpretada por las iglesias y los comentaristas de la Biblia, conlleva un significado de un precio pagado por Jesús, para la redención de la humanidad de sus pecados y del castigo que tendrían que sufrir por los pecados cometidos, así como la idea de que Dios, como "un Dios enojado e insaciable", esperó el pago del precio para satisfacer Su ira, y para que el hombre ante Él, fuera absuelto del pecado y de las consecuencias de la desobediencia.

Este precio, según las enseñanzas de las iglesias y las mencionadas personas, tenía que ser pagado por alguien, quien, por su bondad y pureza, fuese capaz de pagar este precio; es decir, alguien con tales cualidades inherentes, que por sus sacrificios fuese de tal valor inherente para satisfacer los requerimientos de las demandas de este Dios enojado, cuyas leyes habían sido desobedecidas. Además, enseñan, que la única manera en que tal precio pudo haber sido pagado, era por la muerte de Jesús en la cruz, quien fue la única persona en toda la creación, que poseyó estas cualidades suficientemente para satisfacer estos requisitos; y que, por su muerte y derramamiento de su sangre, los pecados fueron expiados, satisfaciendo, así, a Dios. Ésta es la creencia ortodoxa de la expiación y plan de salvación.

En resumidas cuentas, un ser humano perfecto libre de todo pecado, una muerte en la cruz y el derramamiento de la sangre – eran necesarios, a fin de que los pecados de los mortales fuesen expiados y sus almas purificadas, y aptas para ser parte de la gran familia de Dios.

Pero esta concepción acerca de la expiación es incorrecta, y no justificada por ninguna enseñanza del Maestro, o por ninguna de las verdaderas enseñanzas de los discípulos, a quienes él había explicado el plan de la salvación y el significado de la expiación.

Sé que en varias partes del Nuevo Testamento se dice que la sangre de Jesús limpia todo pecado, y que su muerte en la cruz satisface las demandas de justicia del Padre; y allí se contiene muchas expresiones similares transmitiendo la misma idea. Pero estas afirmaciones en la Biblia nunca fueron escritas por las personas a quienes se les atribuyen, sino, más bien, por escritores que, en sus diversas traducciones y supuestas reproducciones de estos escritos, agregaron y eliminaron de los escritos de los escritores originales, hasta que la Biblia se llenara de estas doctrinas y enseñanzas falsas.

Los escritores de la Biblia, tal como ahora está, eran personas que pertenecían a la iglesia que fue nacionalizada alrededor de la época de Constantino. Como tal, les impuso el deber de escribir aquellas ideas que los dirigentes o gobernadores de esta iglesia consideraban que debían ser incorporadas en la Biblia, con el propósito de llevar a cabo sus ideas, a fin de favorecer los intereses de la iglesia y darle tal poder temporal, como jamás habría podido tener bajo las enseñanzas y directrices de las doctrinas puras del Maestro.

Por casi dos mil años, esta falsa doctrina de la expiación ha sido creída y aceptada por las llamadas iglesias cristianas, y promulgada por estas iglesias como la doctrina verdadera de Jesús, y única sobre la cual depende la salvación del hombre. Y las consecuencias fueron, que los hombres han creído que las únicas cosas necesarias para su salvación y reconciliación con Dios, eran la muerte de Jesús y el lavado de sus pecados por la sangre derramada en el Calvario.

Si los hombres sólo supieran cuán fútil fue su muerte, cuán ineficaz su sangre para limpiar el pecado y pagar la deuda al Padre, ellos no descansarían en la seguridad de que sólo tenían que creer en este sacrificio y en esta sangre, sino que, en su lugar, aprenderían el verdadero plan de la salvación y harían todo esfuerzo en su poder para seguir este plan, y, como resultado, lograrían el desarrollo de sus almas para que, así, puedan entrar en armonía con el Amor y Leyes del Padre.

LA EXPIACIÓN, EN SU VERDADERO SIGNIFICADO, NUNCA SIGNIFICÓ EL PAGO DE UNA DEUDA O EL APACIGUAMIENTO DE LA IRA DE DIOS, SINO SENCILLAMENTE LLEGANDO A SER UNO CON ÉL, EN AQUELLAS CUALIDADES QUE ASEGURARÍAN A LOS HOMBRES LA POSESIÓN DE SU AMOR, Y LA INMORTALIDAD QUE JESÚS TRAJO A LA LUZ. EL SACRIFICIO DE JESÚS NO PUDO TENER NINGÚN EFECTO POSIBLE SOBRE LA CONDICIÓN DE LAS CUALIDADES DEL ALMA DEL HOMBRE, COMO TAMPOCO PUDO EL DERRAMAMIENTO DE LA SANGRE PURIFICAR Y LIBERAR DEL PECADO A UN ALMA VIL Y PECAMINOSA.

El universo de Dios es regido por leyes que son tan inmutables, como perfectas en su función, y el gran objetivo de todo hombre es lograr una armonía con estas leyes, mediante el plan que Dios ha provisto para la redención de los hombres, pues, tan pronto como exista esta armonía, ya no existirá la discordia, y el pecado no será conocido por la humanidad. Y, así, sólo aquello que conduzca al hombre a esta armonía puede realmente salvarlo de sus pecados, y lograr la unidad que Jesús y sus discípulos enseñaron.

El hombre, al ser creado, fue dotado con lo que se puede llamar un amor natural, y este amor, al grado de la calidad que poseyó, estuvo en perfecta armonía con el universo de Dios, y siempre que fue permitido existir en su estado puro, este amor formó parte de la armonía del universo. Pero cuando fue mancillado o impregnado por el pecado o cualquier otra cosa discordante con las leyes de Dios, perdió la armonía y unidad con Dios, y la única redención necesaria fue la eliminación de aquellas cosas que causaron la inarmonía.

Ahora, la única manera en la que esta inarmonía pudo ser eliminada, era a través de la purificación del amor natural y librándose de aquello que lo mancilló. El sacrificio en la cruz no pudo llevar a cabo este remedio, como tampoco lo pudo lograr la sangre vicaria, ya que el sacrificio y la sangre no tenían relación con el mal a ser remediado. Así que yo afirmo, si estas cosas pagaron la pena, satisfaciendo a Dios, y, por lo tanto, Él ya no tenía más demanda por supuesta deuda debida a Él por el hombre, ello necesariamente implicaría que Dios mantuvo las almas de los hombres en esta condición de inarmonía, no permitiendo que la misma fuera removida, hasta que Su demanda por satisfacción y sangre fuese cumplida; y que, entonces, cuando Él fuese apaciguado, arbitrariamente permitiría a los hombres entrar nuevamente en armonía con las leyes y funcionamiento de Su universo. En otras palabras, Él estaría dispuesto a permitir que los hombres permanezcan fuera de armonía con Su universo y funcionamiento de Sus leyes, hasta que Su demanda por el sacrificio y la sangre fuese satisfecha.

Esto, como es evidente para cualquier hombre razonable, sería algo tan absurdo que ni siquiera un hombre, en sus asuntos terrenales, adoptaría como un plan para la redención de aquellos de sus hijos que han sido desobedientes.

(Veo que tienes una llamada, así que continuaré más tarde).

La Expiación - Por Lucas, Parte II

(Continuación del Mensaje Anterior)

YO ESTOY AQUÍ, *San Lucas*.

Deseo continuar mi discurso sobre la Expiación.

Como decía, a menos que un hombre entre en armonía con Dios en el amor natural que Él le confirió, y, así, llegue a ser libre del pecado y el error, no puede haber ninguna redención para él, y la muerte de Jesús y el derramamiento de su sangre, no pueden obrar esta armonía.

Ahora, lo que he dicho hasta aquí se relaciona exclusivamente con el hombre y su salvación, en cuanto a su condición de perfección en el amor natural, que todo hombre posee.

Pero ésta no es la gran expiación que Jesús vino a la tierra a enseñar a los hombres, así como el camino para obtenerla y el efecto de su logro.

Como te ha sido explicado, en el principio Dios confirió a nuestros primeros padres, no sólo el amor natural, sino también la potencialidad de obtener, mediante la observancia de ciertas leyes y obediencia, el Amor Divino del Padre, que, al ser obtenido, transforma al hombre en parte de la Divinidad misma. Y, aunque no lo convertirá en un dios, o el igual del Padre, le otorgará, sin embargo, una Divinidad que hará que reciba la sustancia del Gran Amor de Dios, y no permanecer la mera imagen del Padre, y, como consecuencia, el hombre será inmortal.

DIOS SOLO, ES INMORTAL, Y TODA PARTE DE ÉL ES INMORTAL, Y CUANDO LOS HOMBRES OBTIENEN EN SUS ALMAS AQUELLA PARTE DE ÉL QUE ES SU MÁS GRANDE ATRIBUTO– SU AMOR DIVINO – ELLOS TAMBIÉN SERÁN INMORTALES, Y YA NO SUJETOS A LA MUERTE.

EL AMOR NATURAL, QUE FUE IMPLANTADO EN LAS ALMAS DE TODA LA HUMANIDAD, NO ES UNA PARTE DEL AMOR DIVINO — ELLO NO ES ESTE AMOR, NI SIQUIERA EN UN GRADO MÍNIMO, SINO QUE ES UN AMOR DE UNA CUALIDAD DISTINTA E INDEPENDIENTE, Y TODO HOMBRE LO POSEE. PERO, EN MUCHAS PERSONAS, ESTE AMOR HA SIDO CONTAMINADO POR LOS PECADOS QUE SURGEN DE LA VIOLACIÓN DE LAS LEYES DE DIOS, Y POR ENDE, LA REDENCIÓN DE LA QUE HE HABLADO, ES NECESARIA PARA EL HOMBRE, AUN COMO POSEEDOR DEL AMOR NATURAL SOLAMENTE.

PERO EL AMOR DIVINO DEL PADRE ES UN AMOR QUE TIENE EN ÉL, Y ESTÁ COMPUESTO ENTERAMENTE DE LA DIVINIDAD QUE POSEE EL PADRE, Y NINGÚN HOMBRE PUEDE, JAMÁS, SER PARTE DE ESA DIVINIDAD, HASTA QUE LLEGUE A POSEER ESTE GRAN AMOR. SÉ QUE SE HA DICHO QUE EL

HOMBRE ES DIVINO PORQUE FUE CREADO A LA IMAGEN DE DIOS, PERO NADA QUE SEA LA MERA IMAGEN ES PARTE, JAMÁS, DE LA SUBSTANCIA DE LA IMAGEN, Y NO PUEDE TENER LAS CUALIDADES DE ESTA SUBSTANCIA. COMÚNMENTE HABLANDO, LA IMAGEN PUEDE TENER EL ASPECTO, Y PARA LOS ASUNTOS ORDINARIOS DE LA VIDA DEL MORTAL, PUEDE SERVIR EL PROPÓSITO DE LO REAL, HASTA QUE SURJA ALGO QUE EXIJA LA PRODUCCIÓN DE LO REAL, Y ENTONCES LA IMAGEN YA NO SERVIRÁ EL PROPÓSITO.

Ahora, en el caso de la creación del hombre, él fue hecho a la imagen de Dios en un solo particular, y esto es, en el aspecto de la apariencia del alma. Ni su cuerpo físico ni espiritual, fueron hechos a la imagen de Dios, puesto que Dios no tiene tales cuerpos, y sólo el alma del hombre fue hecha a la imagen de Dios, la Gran Alma Suprema. Y siempre que el hombre permanezca tan sólo una imagen del Padre, él jamás será más que el simple hombre que fue en el momento de su creación, y la Sustancia del Padre nunca será parte de él. Y la Sustancia, siendo Divina, la imagen jamás podrá ser Divina hasta que sea transformada en la Sustancia.

En la creación del hombre, Dios diseñó un plan mediante el cual aquella imagen se convertiría en cosa de Sustancia, y allí fue dado al hombre, el poseedor de la imagen, la potencialidad para obtener la Sustancia. Pero el hombre, por su desobediencia o incumplimiento de los requerimientos del plan que fue provisto, renunció a esta potencialidad que le había sido conferida, perdiendo, así, la posibilidad de lograr que la imagen sea transformada en la Sustancia, que es absolutamente necesario, a fin de llegar a ser poseedor de alguna parte de la Divinidad del Padre. Y cuando los hombres se definen como divinos, afirman algo que no es verdad, pero que, desde la venida de Jesús a la tierra, puede convertirse en una realidad.

No voy a narrar cuál fue la desobediencia de nuestros primeros padres, o en qué forma perdieron la gran potencialidad de llegar a ser Divinos, pero sólo diré que cuando, por su desobediencia renunciaron a esta potencialidad, ésta les fue retirada por Dios, y Su decreto de que, el día que cometan el acto de desobediencia, morirían seguramente, se llevó acabo y murieron. No murieron sus cuerpos materiales ni murieron sus cuerpos espirituales, así como tampoco sus almas, puesto que los hombres continuaron viviendo en sus cuerpos físicos por muchos años después del día de la desobediencia, y sus cuerpos espirituales y almas nunca murieron, puesto que aún viven. Pero, lo que, de hecho, murió, y lo que fue afectado por la sentencia pronunciada sobre ellos, fue la potencialidad de recibir la Sustancia que los convertiría en seres Divinos e Inmortales. Esta potencialidad les fue retirada y nunca fue restaurada durante largos siglos desde el momento de la muerte dicha potencialidad, hasta la venida de Jesús.

Aquella parte de la Naturaleza Divina, o Atributo Divino, que fue el

185

objeto de esta potencialidad y que haría que el hombre fuera parte de la Naturaleza Divina e inmortalidad, fue el Amor Divino del Padre, y nada más; y si nuestros primeros padres, por su obediencia, hubiesen recibido este Amor Divino, la mortalidad en lo que respecta al alma, jamás habría existido en la tierra, como tampoco el pecado o la falta de unidad con el Padre. Pero vino la desobediencia, resultando en la muerte de la posibilidad de llegar a ser inmortal, y el hombre permaneció el simple hombre – sólo una imagen del Padre y nada más.

Durante todo el tiempo mencionado, ningún hombre ha tenido en su naturaleza, jamás, algo superior al amor natural del cual he hablado, e incluso, este amor fue abusado y mancillado por el hombre, tanto que llegó un momento cuando él fue enajenado del Padre, en lo que a este amor respecta. En otras palabras, él, el hombre, enterró este amor tan profundamente bajo sus actos de pecado y violación de las leyes de Dios que controlan el amor natural, que parecía haber sido abandonado por el Padre, incluso como un ser humano.

Pero, en la historia de la llamada "gente elegida de Dios" (los judíos), parece que una y otra vez esta gente se enajenó de Dios en este amor natural, tanto que algunos hombres que poseían este amor en un estado más puro que la gente común, fueron utilizados por las fuerzas del mundo espiritual para apelar a la comprensión de esta gente en cuanto a sus obligaciones para con Dios, surgido del don del amor natural. Ninguno de los profetas – ni Moisés ni Elías, ni ninguno de los otros – poseían este Amor Divino, sino simplemente el amor natural en un estado más puro que la gente a quien ellos comunicaban sus mensajes.

PERO DIOS, EN SU PROPIO TIEMPO, MISERICORDIA Y PLAN, RE-OTORGÓ AL HOMBRE ESTA GRAN POTENCIALIDAD DE LA QUE HABLO, PARA REESTABLECER AL HOMBRE EL PRIVILEGIO DE CONVERTIRSE NUEVAMENTE EN UNO CON ÉL; Y JESÚS FUE ENVIADO A LA TIERRA EN FORMA DE UN HOMBRE, CONCEBIDO Y NACIDO COMO OTROS HOMBRES, PERO SIN PECADO, PARA PROCLAMAR EL RE-OTORGAMIENTO DE ESTE GRAN DON.

FUE CON LA VENIDA DE JESÚS, QUE ESTE GRAN DON FUE RE-OTORGADO A LOS MORTALES, ASÍ COMO A LOS ESPÍRITUS DE MORTALES, QUE ENTONCES VIVÍAN EN EL MUNDO ESPIRITUAL. Y TODOS ELLOS – ESPÍRITUS Y MORTALES – RECIBIERON EL PRIVILEGIO DE CONVERTIRSE EN UNO CON EL PADRE, A TRAVÉS DEL PLAN PARA LA SALVACIÓN QUE ÉL HABÍA REVELADO A JESÚS, Y QUE JESÚS ENSEÑÓ EN SU MINISTERIO DURANTE LOS CORTOS AÑOS DE SU VIDA TERRENAL, Y QUE CONTINÚA ENSEÑANDO.

NO HAY OTRO CAMINO EN EL QUE EL HOMBRE PUEDA LLEGAR A SER UNO CON EL PADRE — EN QUE LA IMAGEN PUEDA SER TRANSFORMADA EN LA SUBSTANCIA — SALVO EL CAMINO ENSEÑADO POR JESÚS, PERO EL CUAL PARECE NO HABER SIDO ENTENDIDO POR LOS HOMBRES DESPUÉS QUE LA IGLESIA LLEGÓ A SER UNA IGLESIA DE PODER TEMPORAL, Y DESPUÉS DE

QUE LA BIBLIA O LOS ESCRITOS DE LOS APÓSTOLES FUERON ADULTERADOS, Y LOS PENSAMIENTOS Y DESEOS DE LOS HOMBRES FUERON INTERPOLADOS, EN LUGAR DEL EVANGELIO DE PAZ Y SALVACIÓN. SIN EMBARGO, EXISTE EN EL EVANGELIO DE JUAN UNA DECLARACIÓN SOBRE EL VERDADERO PLAN DE LA SALVACIÓN, AUNQUE MUY POCO ENTENDIDO, Y CASI IGNORADO EN LAS ENSEÑANZAS PRÁCTICAS Y OBSERVANCIAS DE LAS IGLESIAS Y SUS MIEMBROS, Y ÉSTA ES, "A MENOS QUE UN HOMBRE NAZCA DE NUEVO, ÉL NO PUEDE ENTRAR EN EL REINO DE DIOS."

ESTAS PALABRAS DEL NUEVO NACIMIENTO, SON LAS ÚNICAS PALABRAS QUE DECLARAN LA VERDADERA DOCTRINA DE LA EXPIACIÓN. NINGUNA MUERTE DE JESÚS EN LA CRUZ, NINGÚN DERRAMAMIENTO DE LA SANGRE O LAVADO DE LOS PECADOS POR LA SANGRE, NINGÚN PAGO DE ALGUNA DEUDA, Y NINGUNA CREENCIA EN EL NOMBRE DEL SEÑOR JESUCRISTO, CONDUCIRÁ A LOS HOMBRES A LA UNIÓN CON EL PADRE, Y PARTICIPAR DE SU NATURALEZA DIVINA O CAPACITARLOS PARA SER HABITANTES DE SU REINO. SÓLO EL NUEVO NACIMIENTO ES EFICAZ PARA ESTE PROPÓSITO, Y NINGÚN OTRO PLAN FUE ENSEÑADO POR JESÚS, JAMÁS, Y TAMPOCO LO ESTÁ HACIENDO AHORA.

Entonces, ¿qué se entiende por el Nuevo Nacimiento?

Los hombres difieren en su comprensión e interpretación de ello, y no servirá ningún propósito que yo cite estas diversas interpretaciones, o lo que no es el Nuevo Nacimiento; pero lo más importante es su verdadero significado.

Como he explicado, la potencialidad que fue conferida a nuestros primeros padres fue el privilegio de obtener la Naturaleza Divina e Inmortalidad del Padre, al poseer Su Gran atributo de la Divinidad — el Amor Divino. Y si nuestros primeros padres, por su obediencia, hubiesen recibido los beneficios de este gran privilegio, habrían experimentado un nuevo nacimiento, como tú y todo otro mortal y espíritu que ahora podrán volver a nacer.

ENTONCES, EL NUEVO NACIMIENTO ES SENCILLAMENTE EL EFECTO DEL INFLUJO DE ESTE AMOR DIVINO DEL PADRE EN EL ALMA DE UN HOMBRE, Y LA DESAPARICIÓN DE TODO AQUELLO QUE TIENDE AL PECADO Y ERROR. A MEDIDA QUE EL AMOR DIVINO TOMA POSESIÓN DEL ALMA, EL PECADO Y ERROR DESAPARECEN, Y ELLA, EL ALMA, SE TRANSFORMA EN LA MISMA CUALIDAD DEL GRAN ALMA DEL PADRE QUE, EN SU CUALIDAD DE AMOR, ES DIVINA E INMORTAL. ENTONCES, CUANDO EL ALMA DEL HOMBRE LLEGUE A POSEER ESTA CUALIDAD DE AMOR — Y EL ALMA ES EL HOMBRE MISMO — ELLA ADQUIERE, ASIMISMO, UNA NATURALEZA DIVINA, Y LUEGO, LA IMAGEN SE CONVIERTE EN LA SUBSTANCIA, LO MORTAL SE CONVIERTE EN LO INMORTAL, Y EL ALMA DEL HOMBRE, EN CUANTO AL AMOR Y LA ESPERANZA, SE CONVIERTE EN UNA PARTE DE LA DIVINIDAD DEL PADRE.

AHORA, JESÚS VINO A LA TIERRA, A FIN DE PROCLAMAR ESTE PLAN DE

SALVACIÓN, ASÍ COMO EL RE-OTORGAMIENTO DEL GRAN DON DE LA POTENCIALIDAD DEL ALMA. ÉSTA FUE SU MISIÓN, Y NINGUNA OTRA. COMO RECORDARÁN LOS LECTORES DE LA BIBLIA, Y ELLO ES UNA VERDAD, CUANDO JESÚS FUE BAUTIZADO Y UNGIDO EN EL MONTE DE LA TRANSFIGURACIÓN, LA VOZ DE DIOS, COMO ESTÁ ESCRITO, DECLARÓ QUE JESÚS ERA SU HIJO AMADO Y EXHORTÓ A LA GENTE, DICIENDO: "A ÉL OÍD". NO QUE CREYERAN QUE ÉL VINO A MORIR EN LA CRUZ, NO CREYERAN QUE SU SANGRE LOGRARÍA LA EXPIACIÓN, NO QUE CREYERAN EN ALGUNA EXPIACIÓN VICARIA, O QUE DIOS, EN SU IRA, EXIGIÓ UN SACRIFICIO; PERO SÓLO: "A ÉL OÍD". JESÚS, EN TODAS SUS ENSEÑANZAS, JAMÁS ENSEÑÓ NINGUNA DE ESTAS COSAS, PERO ACERCA DEL NUEVO NACIMIENTO, COMO LO HE EXPLICADO. ESTA ES LA ÚNICA COSA NECESARIA PARA LOGRAR PARA LA EXPIACIÓN, Y QUE ÉL TODAVÍA ENSEÑA.

Él también enseñó las verdades morales que afectan la relación y conducta del hombre hacia el hombre, y hacia Dios, en el estado natural del hombre, pero ninguna de estas cosas o enseñanzas morales, fueron suficientes para lograr la Gran Unión. No hay duda de que la observancia de muchas de estas enseñanzas morales y conducta del hombre hacia Dios, tiende a conducir a los hombres a buscar el Amor superior del Padre, y a ayudar a sus almas a alcanzar una condición tal, que facilitará el flujo de este Gran Amor en ella. Pero estas enseñanzas morales o conducta establecida no serán suficientes, por sí solas, para efectuar el Nuevo Nacimiento, y por lo tanto, aquella unión con el Padre.

AHORA, JESÚS, NO SÓLO ENSEÑÓ LA NECESIDAD DEL NUEVO NACIMIENTO, SINO TAMBIÉN EL CAMINO PARA OBTENERLO, Y ESTE CAMINO ES TAN SENCILLO Y DE FÁCIL COMPRENSIÓN, COMO LO ES EL NUEVO NACIMIENTO EN SÍ. ÉL ENSEÑÓ, Y ENSEÑA AÚN, QUE, MEDIANTE FE Y ORACIÓN SINCERA AL PADRE, QUE HACEN QUE TODA ASPIRACIÓN Y ANHELO DEL ALMA SEAN COSAS DE EXISTENCIA REAL, ESTE AMOR FLUIRÁ DENTRO DE LAS ALMAS DE LOS HOMBRES, EN RESPUESTA A TALES ORACIONES, A TRAVÉS DEL ESPÍRITU SANTO, QUIEN ES EL MENSAJERO DEL AMOR DEL PADRE, ES DECIR, QUIEN LLEVA SU AMOR DIVINO AL ALMA DE LOS HOMBRES, CON TAL FE, LOS HOMBRES PERCIBIRÁN SU PRESENCIA, Y EN ESTA FORMA, Y SÓLO ASÍ, LOS HOMBRES LOGRARÁN EL NUEVO NACIMIENTO.

ESTO ES TOTALMENTE UN ASUNTO INDIVIDUAL, Y SIN LA ORACIÓN PERSONAL Y SINCERA DEL SUPLICANTE, ASÍ COMO LA FE QUE LLEGA CON EL AMOR, UN HOMBRE NO PUEDE RECIBIR EL NUEVO NACIMIENTO. NINGUNA CEREMONIA DE LA IGLESIA, NI LA IMPOSICIÓN DE MANOS, O MISAS PARA LAS ALMAS DE LOS MUERTOS, SERÁN EFICACES PARA QUE EL HOMBRE O ESPÍRITU SEA UNA NUEVA CRIATURA EN DIOS.

Lo que he escrito es el significado verdadero de la expiación como fue enseñada por el Maestro y comprendido por todos los redimidos del Padre,

188

quienes ahora viven en Sus Cielos Celestiales, y no existe otra expiación posible.

He escrito suficiente y espero haber dado a la humanidad una explicación clara de lo que es la verdadera expiación. Nosotros, que somos habitantes de los Cielos Celestiales, conocemos la verdad de mi explicación, tanto por experiencia personal, como por el hecho que ningún espíritu, en todo el universo, puede negar que sólo aquellos que han recibido el Amor Divino del Padre en sus almas, en suficiente abundancia, pueden habitar, o habitan los Cielos Celestiales. Todo otro espíritu, sin importar cuáles sean sus diferentes creencias, viven en las esferas espirituales inferiores y no pueden entrar en los Cielos Celestiales, a menos que pidan y obtengan el Nuevo Nacimiento que Jesús enseñó, y todavía enseña.

Así, mi querido hermano, sin más, diré buenas noches.

Tu hermano en Cristo,
LUCAS

LA EXPIACIÓN — *Confirma que Lucas Escribió*

YO ESTOY AQUÍ, *Jesús.*

Sólo escribiré unas breves líneas, porque deseo confirmar lo que Lucas tan claramente ha explicado, en cuanto al significado verdadero de la expiación.

Él explicó el verdadero plan de Dios para la redención de la humanidad, es decir, poniéndolos en la relación exacta con nuestro Padre, que aquella que ocuparon nuestros primeros padres, y la cual, por su desobediencia, les fue retirada y que jamás les restaurada hasta mi venida. Los hombres deben aprender el verdadero significado del gran plan del Padre para su salvación y para ser uno con Él, en Su Naturaleza Divina. Ningún otro plan fue provisto, ni existe algún otro camino disponible a los hombres, para recibir esta Naturaleza Divina del Padre y la inmortalidad.

El amor material del hombre – es decir, el amor que el Padre otorgó a los hombres, cuando nuestros primeros padres fueron creados – era un amor puro y en armonía con las leyes de Dios y la operación del universo, y debe ser restaurado a su prístina condición, a fin de que el hombre pueda estar en armonía con Dios, en cuanto a las leyes que lo controlan. Y, a fin de que los hombres puedan lograr esta armonía, deben ser liberados de toda violación de las leyes de Dios, en su conducta hacia Él y hacia su prójimo; y muchas de mis enseñanzas fueron encaminadas hacia el logro de esta armonía.

La Regla de Oro es una, y si esta gran enseñanza fuera observada en la

189

conducta de los hombres hacia su prójimo, tendería a lograr la armonía, pues lo más importante para el hombre es su propia felicidad; y cuando un hombre trata a otros como él desea ser tratado, él estará avanzando hacia aquella condición de conducta y a la relación correcta del hombre hacia su prójimo, que conducirá a la armonía y a la observancia de aquellos requisitos de las leyes de Dios que controlan esa relación.

Pero la observancia de la conducta correcta del hombre hacia su prójimo, o la recuperación de la pureza de este amor natural, no logrará la gran reconciliación con Dios en el sentido Divino – es decir, la unidad del hombre con el Padre en su Divinidad e Inmortalidad.

Y ahora veo y entiendo por qué mis grandes enseñanzas sobre la expiación Divina no fueron consideradas tan importantes por los hombres, después que fallecieron mis primeros seguidores, como lo fueron las enseñanzas que controlarían sus conductas hacia su prójimo, es decir, lo que podría llamarse mis enseñanzas morales.

En aquellos días, la gran mayoría de los hombres que profesaban seguir mis enseñanzas, como están escritas en la Biblia y que fueron adoptadas por la iglesia, pensaron más en las recompensas y felicidad que les llegarían como mortales, que en aquellas que tendrían después de convertirse en espíritus, tal como habían pensado los judíos durante los largos años antes de mi venida. Estas enseñanzas fueron meramente para ser observadas en la tierra, pero tales enseñanzas, ya sea del Viejo Testamento, o de cualquiera otra enseñanza reconocida por ellos para regir la conducta de los mortales, fueron de más importancia para ellos que las enseñanzas que mostraban el camino hacia el Reino Celestial.

Y cuando la iglesia, que fue fundada por mis apóstoles, quedó bajo el control y régimen de hombres con el sólo interés temporal en sus corazones, se atribuyó más importancia a aquellas cosas que, como pensaron los gobernantes y líderes de la iglesia, motivarían una conducta en la gente que tienda a aumentar el poder e influencia de la iglesia. Y por lo tanto, la gran verdad del Nuevo Nacimiento fue descuidada, y la salvación fue declarada por los medios que más fácilmente utilizados por los dirigentes de la iglesia. En otras palabras, la salvación se convirtió en algo que dependía de la iglesia y no del individuo. Así, puedes ver, el gran daño que fue causado por estas enseñanzas, y el gran poder adquirido por la iglesia.

LA SALVACIÓN ES UN ASUNTO ENTRE DIOS Y EL INDIVIDUO, Y SE OBTIENE ÚNICAMENTE MEDIANTE LA UNIDAD DEL INDIVIDUO CON EL PADRE, A QUIEN NO LE IMPORTA LAS ENSEÑANZAS DE LA IGLESIA O DEL HOMBRE, A MENOS QUE ESTAS ENSEÑANZAS SEAN CONDUCENTES A UNA ARMONÍA DE LAS ALMAS DE LOS HOMBRES CON ÉL. DIGO QUE "NO LE IMPORTA", PERO ESTO NO EXPRESA JUSTAMENTE LO QUE DESEO DECIR, PUESTO QUE A DIOS SÍ LE IMPORTA CUANDO SUS CRIATURAS SON

ENSEÑADAS DOCTRINAS FALSAS, PUESTO QUE ÉL ESPERA Y ANSÍA OTORGAR SU AMOR DIVINO A TODO HOMBRE. PERO NI SIQUIERA ÉL PUEDE, NI HARÁ TAL OTORGAMIENTO, A MENOS QUE EL HOMBRE SIGA EL PLAN PRESCRITO POR ÉL. Y DIOS NO PUDO HABER ADOPTADO NINGÚN OTRO PLAN, PUESTO QUE EL ÚNICO CAMINO PARA QUE EL HOMBRE PUEDA LOGRAR LA UNIDAD CON ÉL, ES CONVIRTIÉNDOSE, POR ASÍ DECIR, EN UNA PARTE DE ÉL – PARTICIPAR DE SU NATURALEZA Y ATRIBUTOS; Y A MENOS QUE EL ALMA DEL HOMBRE RECIBA ESTAS CUALIDADES DEL PADRE, JAMÁS PODRÁ SER UNO CON ÉL.

Como dijo Lucas, ni mi muerte ni sangre, o alguna supuesta expiación vicaria, pudieron haber logrado que el alma del hombre posea el Amor Divino del Padre, porque estas cosas no conducen al hombre a aquella relación con el Padre que da lugar a la apertura de su alma al influjo de este Amor. Ningún hombre debe suponer, por la mera creencia en mí como el hijo de Dios y salvador del mundo, o que yo morí por él, que él puede convertirse en uno con el Padre, puesto que no es verdad, y tal creencia ha causado gran daño a la humanidad.

SÓLO LAS ASPIRACIONES PURAS, HONESTAS Y SINCERAS DEL ALMA DE UN HOMBRE POR ESTE GRAN AMOR DEL PADRE, PUEDEN EFECTUAR ESTA UNIÓN, QUE ES NECESARIA, A FIN DE QUE AQUEL HOMBRE SEA PARTE DE LA DIVINIDAD DE DIOS Y PARTICIPE DE SU NATURALEZA DIVINA.

He escrito suficiente y debo finalizar.

Tu hermano y amigo,
JESÚS

¿Qué Prueba Existe En Relación a La Autenticidad de la Biblia?

YO ESTOY AQUÍ, Lucas (San Lucas del Nuevo Testamento).

Esta noche deseo escribir sobre el tema: *"Qué prueba existe con relación a la autenticidad de la Biblia"*. Yo estuve contigo durante el sermón del predicador sobre este tema, y me sorprendió que él afirmara, con tal aparente confianza que la Biblia es la palabra auténtica de Dios, que fue, de hecho, escrita por los hombres cuyos nombres allí aparecen como los autores de la misma. El hecho de que él haya remontado a la existencia de ciertos manuscritos y versiones, unos ciento cincuenta años con posterioridad a las enseñanzas de Jesús, no establece la verdad de su aseveración que por tal descubrimiento se demuestra la autenticidad de la Biblia, o de los manuscritos como ahora existen, o que contienen los verdaderos escritos de los apóstoles, o de aquellas personas que se supone son los escritores de la misma, por el hecho de que sus nombres se asocian con estos manuscritos.

Tampoco es verdad, que la vida de Juan fue prolongada hasta el final del primer siglo, a fin de escribir las declaraciones verdaderas acerca de las verdades eternas como son proclamadas por Jesús, puesto que Juan no vivió hasta ese tiempo, y sus escritos no fueron conservados como fueron formulados por él, ni fueron los resultados de las declaraciones de las verdades que él transmitió, como afirman aquellos que enseñan la inviolabilidad de la Sagrada Escritura.

Yo fui un escritor de estos temas sagrados, y como te expliqué antes, escribí un documento llamado "Hechos de los Apóstoles", y dejé un sinnúmero de copias de mis escritos cuando morí, pero estos fueron meramente una compilación de una historia que yo había oído de aquellos que habían vivido con Jesús y escuchado sus enseñanzas, y de los esfuerzos de ellos por poner en circulación y enseñar sus doctrinas después de su muerte. Además, tuve el beneficio de algunos escritos de los discípulos acerca de Jesús, pero tales escritos fueron muy pocos, porque estos discípulos y seguidores de Jesús no habían iniciado los manuscritos de sus enseñanzas o la experiencia de su vida, hasta mucho tiempo después que él dejó la tierra. Ellos esperaban el pronto retorno de Jesús, cuando él sería su rey y legislador, y, por lo tanto, no vieron la ocasión o necesidad de preservar, en forma de escritos, las verdades en las que él les había instruido.

Sé que después de mi propia muerte, los escritos que yo había dejado no fueron preservados intactos, y que muchas cosas que yo había incorporado en ellos fueron omitidas e ignoradas en las numerosas copias y reproducción de mis manuscritos, y muchas cosas que no escribí y que no estaban de acuerdo con la verdad, fueron insertadas por los diversos copistas sucesivos en su trabajo de reproducción. Y muchas de estas omisiones y adiciones fueron de vital importancia para la verdad de las cosas espirituales, como habían sido declaradas por los discípulos, como las verdades que Jesús enseñó.

Y durante el período – el corto período, como el predicador lo denominó – entre los primeros escritos de los padres de la iglesia y los tiempos de los acontecimientos reales de las cosas a las que se supone estos escritos se relacionan, y correctamente describen, hubo muchos cambios realizados en los escritos que yo había dejado, así como en aquellos que fueron dejados por los otros escritores originales.

Incluso, en las epístolas de Pablo, que estos teólogos y estudiantes de la Biblia afirman tener más autenticidad y mayor certeza que el Evangelio u otras epístolas de la Biblia, muchos cambios fueron realizados entre el tiempo que fueron escritas y el tiempo de la ejecución de los manuscritos, o de los sermones de los padres de la antigua iglesia.

Dentro de estos ciento cincuenta años, las verdades de las enseñanzas espirituales del Maestro fueron, en mayor o menor medida, perdidos en la conciencia y conocimiento de aquellos que trataron de   reproducir los escritos originales, porque estos hombres decayeron espiritualmente, y sus pensamientos y esfuerzos se centraron más en la edificación de la iglesia, como una iglesia, en vez de tratar de desarrollar y enseñar y conservar las grandes verdades espirituales. Los preceptos morales se convirtieron en los objetivos predominantes de sus escritos y enseñanzas. Éstos fueron más fácilmente comprendidos por ellos, que los preceptos que enseñaban el camino hacia el desarrollo de sus almas y a un conocimiento de la voluntad del Padre, y la misión de Jesús hacia la humanidad, como un guía y redentor de almas, en vez de un Mesías para establecer su reino en la tierra.

No, yo declaro con autoridad que la autenticidad de la Biblia no puede ser establecida como la palabra de Dios, porque en muchos detalles no es Su palabra. Por el contrario, contiene muchas aserciones sobre supuesta verdad que no son verdades, y que son diametralmente opuestas a Sus verdades y a las enseñanzas impartidas por Jesús acerca de la verdad.

La Biblia ha sido cambiada, y ha pervertido el plan completo de Dios para la salvación del hombre, y sustituido por un plan que surgió de la sabiduría limitada de aquellos que trataron de convencer a la humanidad que ellos tenían conocimiento de Dios y de Sus designios, en cuanto a la creación y destino del hombre. Fueron influenciados en gran medida, en este particular, por su conocimiento y creencia en las enseñanzas de la iglesia judía, y la historia de la raza judía en su relación con Dios, como ellos suponían, y en las enseñanzas de los escribas y fariseos. Este hecho fue claramente demostrado por estos escritores, tratando de sustituir a Jesús en el plan de la salvación de ellos, en lugar del sacrificio de animales, de acuerdo al plan judío de la salvación. Como el Dios de los Judíos, para ser apaciguado y adorado satisfactoriamente, demandaba la sangre y más sangre, entonces, el Dios que Jesús proclamó como el Dios de todo hombre en la tierra, demandaba la sangre, y ello, la sangre de Su hijo tan amado, a fin de ser apaciguado y adorado satisfactoriamente.

Entre los escritos de la Biblia, existen muchas cosas declaradas como verdades, e incorporadas como palabras verdaderas de Dios, que son contradictorias e inexplicables, que, si fuesen realmente las palabras de Dios, o siquiera las enseñanzas de Jesús, no habría contradicción ni admitirían construcción alguna, que no fuese consistente una con la otra.

A medida que se hiciesen las adiciones, eliminaciones e interpretaciones en los escritos originales de aquellos que declararon las verdades, como las habían escuchado del Maestro, la falta de comprensión de cosas espirituales, y la creciente sabiduría de su propio limitado intelecto, condujo a que concibieran un plan, supuestamente de parte de Dios, para la salvación del hombre. Y a medida que continuaran haciendo copias de las copias, los pensamientos de aquellos que las hacían, o quienes dictaban las mismas, se centraron más en este plan, y así estas copias fueron reunidas y consideradas, realizando todo esfuerzo por lograr cierto acuerdo en la declaración de este plan. Y, al hacer las nuevas copias, éstas fueron construidas con vistas a declarar este acuerdo.

No debe suponerse que las copias de las cuales fueron hechos los manuscritos, que son la base de la Biblia, fueron ejecutadas y conservadas en forma tal que dieran lugar a que se aislaran una de la otra, y que no todas fueron conocidas por las personas que copiaron o que dieron instrucciones para la reproducción de los escritos, de los que fueron hechos los manuscritos, pues, ello no sería cierto. Éstos, que podrían llamarse las copias básicas, estaban en circulación en el tiempo cuando los padres cristianos escribieron, y tenían acceso a ellas, haciendo referencia a ellas, y ayudaron a crear las interpretaciones que ahora prevalecen en las iglesias, con las interpretaciones adicionales desde aquellos días.

Los hombres ahora saben que hubo amargas disputas entre estos padres cristianos, en cuanto a qué elementos formaban parte de la "Palabra", y lo que debía ser aceptado o rechazado entre estos escritos, antedatando los manuscritos que forman la base de la Biblia. Y muchos manuscritos que prometían ser la Palabra de Dios, fueron rechazados como tal, y bajo el pretexto de que no podían haber sido testimonios de la Palabra de Dios, porque no concordaban con lo que los obispos de la iglesia aceptaron como la Palabra de Dios, basado en su conocimiento y razonamiento humano. Incluso, estos obispos discreparon y diferenciaron entre ellos, al igual que difieren las mentes y los razonamientos humanos uno con el otro.

Entonces yo digo, el predicador no probó la autenticidad de la Biblia, como la Palabra de Dios. Él no remontó a los tiempos, como él dijo, lo suficiente para descubrir la existencia de alguna autenticidad, y eso, siendo así, su argumento de prueba es tan débil, como si hubiera empezado desde el tiempo de la impresión de la Biblia, donde su contenido era substancialmente lo mismo, pero, no siendo los originales, la similitud no prueba nada.

Lo que yo he dicho en referencia a mis propios escritos, aplica también a los escritos de los demás. La Biblia no contiene sus escritos como ellos lo escribieron y dejaron a la humanidad.

LA BIBLIA CONTIENE MUCHAS VERDADES, Y SUFICIENTEMENTE PARA AYUDAR AL HOMBRE A ALCANZAR EL REINO DEL CIELO, SIEMPRE Y CUANDO SEAN CORRECTAMENTE ENTENDIDAS Y APLICADAS, PERO HAY TANTAS COSAS ALLÍ ENSEÑADAS COMO VERDADES QUE SON JUSTAMENTE LO CONTRARIO A LA VERDAD, HACIENDO DIFÍCIL QUE LOS HOMBRES PUEDAN DISCERNIR Y APLICAR LA VERDAD Y COMPRENDER LA VOLUNTAD DE DIOS CON RESPECTO A LOS HOMBRES, Y LOS DESTINOS QUE DEBEN SER SUYOS, SEGÚN SIGAN Y OBEDEZCAN O NO AQUELLA VOLUNTAD.

Juan ya te ha escrito sobre este tema, en lo que respecta a sus escritos, así como Pablo en cuanto a los suyos, por lo tanto, no tengo necesidad de abordar el tema acerca de los errores e interpretaciones contenidos en sus escritos.

No escribiré más ahora, puesto que estás cansado, pero regresaré pronto para escribir un mensaje acerca de otro tema y sobre el cual he deseado escribir hace algún tiempo.

Con mi amor y bendiciones, yo soy

Tu hermano en Cristo,
LUCAS

Los Espíritus Celestiales Deben Trabajar Hasta Que el Reino Celestial Sea Cerrado

De San Juan (Apóstol de Jesús).

SOMOS ESPÍRITUS CELESTIALES DEL ORDEN MÁS ALTO, PERO ESTE HECHO NO NOS IMPIDE COMPRENDER LA NECESIDAD DE LA SALVACIÓN DEL HOMBRE, Y A PESAR DE QUE TENEMOS QUE DESPLAZARNOS A LA TIERRA PARA LOGRAR ESTA SALVACIÓN, TRABAJANDO EN ASOCIACIÓN CON LOS ESPÍRITUS DEL PLANO TERRENAL, SIN EMBARGO, ÉSTA ES UNA OBRA DE AMOR, Y LA HUMILDAD ES LA PIEDRA DE TOQUE QUE NOS TRAE FELICIDAD EN NUESTRO TRABAJO.

NO, ESTAMOS FRECUENTEMENTE CON USTEDES Y EN ESTRECHA ASOCIACIÓN, Y NO SERÍAMOS COLABORADORES DEL MAESTRO, SI POR UN MOMENTO PENSÁRAMOS QUE, POR NUESTRA ALTA POSICIÓN, NO DEBERÍAMOS ENTRAR EN RELACIÓN Y ÚTIL ASOCIACIÓN CON LOS MORTALES PECAMINOSOS. Y NUESTRO TRABAJO CONTINUARÁ, SIEMPRE QUE EL PADRE REQUIERA QUE SUS GRANDES VERDADES SEAN ENSEÑADAS Y LAS ALMAS DE LOS HOMBRES SALVADAS DEL EFECTO DE LA GRAN CAÍDA, Y SEAN TRANSFORMADAS EN ÁNGELES DE LA DIVINIDAD. PERO EN ALGÚN MOMENTO CESARÁ NUESTRO TRABAJO EN LA TIERRA, ASÍ COMO EN LAS ESFERAS ESPIRITUALES, Y ENTONCES NUESTRAS MORADAS EN LAS ESFERAS CELESTIALES SERÁN LOS ÚNICOS LUGARES DE NUESTRA LABOR Y AMOR.

EL REINO SERÁ COMPLETADO – LA PUERTA DEL REINO CELESTIAL SERÁ CERRADA, Y LOS TRABAJADORES ANGELICALES SE SEPARARÁN DEL HOMBRE ESPIRITUAL O PERFECTO. TAL ES EL DECRETO.

Y COMO EL PADRE DESEA QUE TODO HOMBRE SEA UNO CON ÉL EN LA DIVINIDAD DE SU AMOR, NOSOTROS DEBEMOS TRABAJAR HASTA QUE LLEGUE EL GRAN DÍA DE LA CONSUMACIÓN DEL REINO, Y LOS ESPÍRITUS QUE NO VISTAN LA PRENDA DE BODAS, SUFRIRÁN EL DESTINO DE LA SEGUNDA MUERTE.

Y CUANDO JESÚS DIJO, "LABORA MIENTRAS ES DE DÍA, PUES LA NOCHE VIENE CUANDO NADIE PUEDE TRABAJAR", ÉL QUISO DECIR QUE MIENTRAS

EL REINO ESTÉ ABIERTO PARA QUE LOS HOMBRES PUEDAN ENTRAR, DEBEMOS TRABAJAR, PUES CUANDO SUS PUERTAS SEAN CERRADAS, LA LABOR DE LOS TRABAJADORES ANGELICALES CESARÁ, Y LOS HOMBRES Y ESPÍRITUS SERÁN DEJADOS EN LAS ESFERAS ESPIRITUALES DURANTE LA ETERNIDAD.

Y ASÍ ES QUE, NOSOTROS TRABAJAMOS, Y TÚ TAMBIÉN DEBES HACERLO, HASTA AQUEL MOMENTO DE LA SEPARACIÓN, Y COMO DIJO EL MAESTRO, EL TRIGO Y LA CIZAÑA CRECEN JUNTOS, HASTA QUE ACONTEZCA EL GRAN MOMENTO DE LA COSECHA.

PERO HASTA ENTONCES, DEBEMOS JUNTARNOS, TRABAJAR Y ORAR SIN CESAR.

Tu hermano en Cristo,
JUAN

Describe la Diferencia Entre los Espíritus de las Esferas Celestiales y Aquellos de las Esferas Espirituales, y Su Felicidad, etc.

YO ESTOY AQUÍ, San Juan (Apóstol de Jesús)

He venido esta noche para escribir brevemente acerca de las verdades de las Esferas Celestiales, donde yo vivo y gozo de la felicidad que mi Padre me ha dado.

Como será de tu conocimiento, estas Esferas Celestiales están arriba de las esferas espirituales, y son habitadas únicamente por los espíritus que han recibido el Nuevo Nacimiento y quienes creen en las verdades como fueron enseñadas por Jesús. Ningún otro espíritu es permitido entrar en estas esferas, ni podría, jamás, encontrar la felicidad en ellas, puesto que el Amor Divino en las almas de los espíritus que allí habitan es tan avanzado, que cualquier otro espíritu que no posee este amor, encontraría que está en una atmósfera completamente ajena a sus cualidades, y sería muy infeliz. Pero como he dicho, ningún espíritu que no tenga este Amor Divino, del que te hemos hablado, puede jamás entrar en estas esferas. Los muros de demarcación son tan sólidas y prohibidas como lo son los muros de demarcación en sus prisiones en la tierra del mundo exterior.

Vivo en una ciudad que es la más maravillosa en su belleza y magnificencia, y llena de estructuras que superan cualquier cosa que tú puedas concebir.

Esta ciudad es habitada por espíritus cuyas almas tienen un maravilloso desarrollo, y son capaces de comprender las profundas verdades de Dios, a diferencia de los mortales o espíritus en las esferas espirituales.

Tal vez te parezca un poco extraño, pero es verdad; pues sería totalmente imposible que estas verdades superiores sean comprendidas por los espíritus de estas esferas inferiores, o por los mortales. Las mismas

196

no pueden ser comprendidas mediante las llamadas facultades intelectuales o la mente, pero sólo así por las percepciones del alma, desarrolladas a tal grado que nada que participe de lo puramente material puede tener un lugar permanente en esta alma.

La mente se detiene en su progreso en la sexta esfera, luego de lo cual sólo el alma puede progresar. Pero esto no significa que el espíritu que hace tal progreso en los Cielos Celestiales no aumenta en conocimiento y comprensión, pues, lo hace en un grado mayor de lo que es posible para la mente solamente. Pero el progreso de un espíritu en conocimiento y comprensión, es un progreso de la percepción del alma, de que hablo. Las facultades del alma son tan superiores, y por encima de las facultades de la llamada mente, como lo son los cielos sobre la tierra.

Así ves, el alma no sólo abarca el afecto y amor de un espíritu, sino también aquellas cualidades que le permite comprender y desarrollar las cualidades del conocimiento, más allá de donde cesa el progreso de la mente. Es difícil explicártelo, o que comprendas su significado, pero esto entenderás: que, a medida que el alma progrese en el desarrollo de su percepción, asimismo incrementará su conocimiento y comprensión de todo aquello del Mundo Celestial.

Al considerar esto detenidamente, encontrarás que es una provisión maravillosa del Amor y Gracia del Padre.

¡CUÁN IMPORTANTE ES EL ALMA, TANTO PARA EL MORTAL COMO EL ESPÍRITU! PUEDE ESTAR SEDIENTA EN LA TIERRA Y TAMBIÉN EN EL MUNDO ESPIRITUAL; Y POR OTRO LADO, PUEDE DESARROLLARSE EN LA TIERRA, ASÍ COMO EN EL MUNDO ESPIRITUAL. SI LOS MORTALES SÓLO COMPRENDIERAN, EN LO QUE RESPECTA A LA ETERNIDAD, QUE EL ALMA ES SU MÁS GRANDE POSESIÓN, Y QUE MERECE MÁS CUIDADO Y DESARROLLO QUE CUALQUIERA OTRA PARTE DEL SER HUMANO.

Tal vez regrese muy pronto, a fin de profundizar en un tema acerca del alma y sus funciones e importancia.

No escribiré más esta noche.

Con mi amor y bendiciones, soy

Tu hermano en Cristo,
JUAN

Condición, Experiencias y Creencias de los Espíritus que Están Debajo de Los Cielos Celestiales, y Cómo se Congregan Juntos
Comunicado por Santiago (Apóstol de Jesús).

Permíteme decirte algunas cosas concernientes al mundo espiritual, es decir, el mundo debajo de los Cielos Celestiales sobre el cual Juan ha escrito.

En las diversas esferas, que son siete en número, existen varios planos habitados por espíritus de varias naciones y razas de la humanidad, y estas diversas razas tienen, hasta cierto grado, las mismas costumbres y creencias que tenían en su vida terrenal. Las líneas de demarcación son igualmente estrictas como aquellas de las diferentes naciones en la tierra. El resultado de esto es que, muchos espíritus que viven de esta manera exclusiva, nunca aprenden otra cosa aparte lo que les enseñan sus propios dirigentes y lo que aprendan de sus diversos libros sagrados.

Los mahometanos siguen siendo mahometanos, al igual que los seguidores de Zoroastro, y también aquellos de Buda y de Confucio, y los varios fundadores de sectas religiosas.

A veces estos espíritus, en su deambular, se encuentran con otros espíritus de razas diferentes a las suyas e intercambian ideas, pero muy raramente discuten asuntos relacionados con sus respectivas creencias.

Indudablemente existen verdades en las Sagradas Escrituras, así como creencias de todas estas razas de espíritus, y estos espíritus se benefician al extremo en que estas verdades son enseñadas y comprendidas. Ahora hablo de las verdades espirituales, porque, en cuanto a las meras del mundo natural o material, todas tienen la misma oportunidad de ser investigadas y comprendidas. No existe raza o credo o creencias doctrinales, y enseñanzas de estas verdades que afectan lo material, y me refiero a lo material como existe en los mundos espiritual y terrenal.

Pero como digo, cada una de estas razas o sectas tiene sus propias ideas y doctrinas de la verdad, y no pueden progresar más allá de los límites que estas ideas permiten.

NINGÚN FUNDADOR DE NINGUNA RAZA O SECTA HA IMPARTIDO ENSEÑANZA ALGUNA DEL NUEVO NACIMIENTO O EL INFLUJO DEL AMOR DIVINO, EN CONTRAPOSICIÓN AL AMOR NATURAL. Y LAS ENSEÑANZAS DE JESÚS SON LAS ÚNICAS QUE REVELAN AL HOMBRE LA EXISTENCIA DE ESTE AMOR DIVINO, Y CÓMO OBTENERLO. ASÍ QUE PUEDES VER LA IMPORTANCIA DE QUE EL HOMBRE CONOZCA ESTA VERDAD. Y AQUÍ DEBO DECIR QUE NINGÚN ESPÍRITU PUEDE ENTRAR EN LAS ESFERAS CELESTIALES, SIN LA POSESIÓN DE ESTE AMOR.

LAS ENSEÑANZAS DE LOS OTROS FUNDADORES MOSTRARÁN A LOS HOMBRES EL CAMINO HACIA UNA VIDA DE FELICIDAD, Y A LO QUE ELLOS PODRÁN SUPONER, UNA EXISTENCIA CONTINUA. PERO LAS ENSEÑANZAS DE JESÚS SON LAS ÚNICAS QUE DECLARAN Y CONDUCEN A LOS HOMBRES A UNA CONCIENCIA DE LA VERDADERA INMORTALIDAD DEL ALMA.

He escrito demasiado, y debo terminar.

Tu hermano en Cristo,
SANTIAGO

Sí, yo soy aquel Santiago. No, la palabra "San" sólo se usa como un medio de identificación – no tiene ninguna importancia en nuestro Mundo Espiritual.

Inaladocie, Antiguo Espíritu, Nos Habla Acerca de sus Creencias Cuando Vivió en la Tierra. Sacrificio al Diablo

Yo soy un espíritu, que nunca antes te había escrito, y no lo haría ahora, salvo por la oportunidad que tengo para revelarte algunas cosas que quizás no sean de tu conocimiento.

Soy un espíritu quien vivió, como mortal, cuando la tierra fue joven y los hombres no estaban tan inclinados al pecado y error, y todas aquellas cosas malvadas que causan tanta infelicidad en la tierra.

En mi tiempo, los hombres no tenían la ambición y avaricia por la acumulación de posesiones mundanas que ahora tienen, y, en consecuencia, la valía – valía interna personal – determinaba la posición de un hombre en nuestra comunidad, y su verdadero carácter ante nosotros.

No deseo escribir mucho en esta primera ocasión, pues, deseo regresar para escribir. No me es posible decirte cuantos miles de años hace que yo viví, pero fue antes del tiempo de la creación descrita en la Biblia.

Ahora vivo en las Esferas Celestiales, puesto que soy un cristiano y seguidor de Jesús.

Yo era un indio y viví en el país de las montañas del Himalayas, muy lejos de donde ahora están sus grandes ciudades. Éramos gente pastoral y cazadores.

Fuimos seguidores de nuestras propias doctrinas, que no eran de ninguna secta o personas conocidas por ustedes. Mi raza ya no existe, y las enseñanzas de nuestros videntes nunca fueron preservadas.

Mi nombre era Inaladocie.

Fui gobernante de mi pueblo cuando viví en la tierra. Creíamos en un sólo Dios, y en la justicia hacia nuestro prójimo. No creíamos en ninguna expiación de la sangre o en algún Mesías que viniera a salvarnos con su muerte y sufrimiento.

Teníamos nuestros credos también, y elaboradas ceremonias e incluso sacrificios, pero éstos no eran realizados para evitar la ira de algún Dios enojado; sino, más bien, protegernos de las influencias malvadas y daño de un Diablo. Amábamos a Dios, pero temíamos al Diablo.

Ahora sé que el plan de la salvación no enseña ninguna doctrina tal como el sacrificio y expiación vicaria.

Debo detenerme ahora, así que buenas noches.

INALODOCIE

Diversas Experiencias de los Espíritus al Llegar al Mundo Espiritual

YO ESTOY AQUÍ, Profesor Salyards (Espíritu Celestial).

Bien, soy muy feliz y deseo escribirte acerca de algunas fases de la vida espiritual, que he observado en mi experiencia de progreso.

He notado que cuando el espíritu llega por primera vez a esta vida, muy a menudo está en una condición de oscuridad, sin entender dónde está o sus entornos, y en muchos casos requiere un largo período de tiempo para que el espíritu se dé cuenta que ya no pertenece a la tierra.

Pero en otros casos ésta no es la condición del espíritu, ya que parece tener una inmediata comprensión de su condición y entorno. Atribuyo la primera condición mencionada al hecho de que, cuando estuvo en la tierra, el mortal no tuvo una creencia definitiva en cuanto a lo que sería la vida futura, creyendo, en muchos casos, que el alma era enterrada con el cuerpo para esperar el gran día de la resurrección.

Algunas de sus denominaciones religiosas predican esa doctrina ahora, y, como consecuencia, todos aquellos que creen en la misma, estarán en una condición de oscuridad y falta de conocimiento de la continuidad de la vida de la que he hablado.

Los espíritus de la segunda categoría, o aquellos que parecen comprender de inmediato que han pasado de la vida terrenal a la o espiritual, son aquellos que en su vida terrenal creyeron que cuando el espíritu abandona el cuerpo, éste pasaba inmediatamente a las Esferas Celestiales, o a lo opuesto — me refiero al lugar de los malvados. Sé que muchos de los espíritus de esta categoría no tenían una clara idea si estaban en el cielo o en el infierno, por algún tiempo después de entrar a la vida espiritual.

Bien, tan pronto como estos espíritus entiendan completamente que ya no son de la tierra, empiezan a indagar en cuanto a dónde están, y muchos de ellos hacen preguntas que indican su decepción, al no cumplirse las expectativas que tenían cuando vivían en la tierra. A veces, es muy difícil convencerlos de que no existen tales lugares como los cielos y los infiernos en la forma enseñada por las iglesias; pues, mientras que nuestro mundo espiritual puede ser un cielo o infierno para ellos, no obstante, el cielo o infierno que ellos esperaban encontrar, no está aquí.

Algunos, por otro lado, no parecen entender que realmente han dejado la tierra porque dicen: "si hubiéramos dejado la vida terrenal, no sabríamos nada" — citando a Job y a algunos predicadores: "los muertos saben nada".

He estado muy interesado en observar las diferentes fases de las creencias y pensamientos de los espíritus de los difuntos. Ahora, todo esto demuestra la absoluta necesidad de que los mortales entiendan las verdades sobre la vida y muerte.

Esto ofrece un fuerte argumento sobre porqué el Espiritualismo debe ser más amplia y seriamente enseñado a los mortales, y porqué las falsas doctrinas de aquellos que enseñan que los muertos no saben nada, o que el espíritu del difunto va al cielo o al infierno, en el sentido ortodoxo, no sólo deben ser expuestas como una creencia falsa, sino también perjudicial a la humanidad.

Que los creyentes y maestros del Espiritualismo hagan mayores esfuerzos para refutar estas enseñanzas dañinas, y estarán haciendo un gran beneficio a la causa de la verdad y a la felicidad del hombre.

No sólo estoy interesado en estas fases, pero también en todas aquellas que demuestran que los espíritus, aun después de darse cuenta que siguen viviendo, y que deben vivir como espíritus, continúan con sus enseñanzas ortodoxas, a pesar de la obvia falsedad de las mismas. Algunos dicen que, quizás puedan regresar todavía al cuerpo y esperar el gran día de la resurrección para la salvación, y que pronto verán a Dios y que Él los llevará a Sus Cielos, donde encontrarán el eterno descanso y paz que les espera, de acuerdo con sus enseñanzas en la tierra; y que los malvados esperarán con pavor para ser llevados por el diablo a los infiernos, donde la más horrenda tortura que puedan pensar les aguarda.

Como comprenderás de todo esto, nosotros los espíritus que sabemos la verdad, tenemos el gran trabajo de ayudar a estos espíritus obscuros a comprender y creer que sus falsas esperanzas y terribles temores no tienen ninguna base en la verdad, y que jamás se realizarán.

Hay muchos espíritus que se encargan de este trabajo, y estos espíritus no son necesariamente del orden más alto, puesto que muchos espíritus que habitan el plano terrenal y que no tienen una verdadera iluminación espiritual, se encargan de este trabajo.

Ya no está a mi cargo ayudar a estos espíritus oscuros a comprender la verdad, pues, he progresado a cosas más elevadas, y mi misión es la enseñar las verdades de la vida superior, que me han sido enseñadas por los espíritus que viven en las esferas superiores.

Para mí, este trabajo es uno que no sólo es interesante, sino que me da la gran felicidad que viene con la comprensión de que he sido el medio para guiar a los espíritus a aprender a amar a Dios, y recibir la felicidad que el amor de Dios otorga a los espíritus. Te digo, que esta enseñanza es la actividad más grandiosa a que yo haya dedicado en toda mi vida. Cuando yo estuve en la tierra, a medida que enseñaba y veía el desarrollo de la mente joven, encontré mucha felicidad en el convencimiento de que yo hacía un bien, pero aquí, cuando veo que un alma se desarrolla con mis enseñanzas, me doy cuenta que estoy haciendo el bien más grande a ese espíritu, conduciéndolo a la unidad con el Padre en el Amor. Y, a medida que se desarrolla el alma, la felicidad aquí y en la tierra, es mucho mayor que aquella que se obtiene con el simple desarrollo de la mente.

Mi trabajo no se limita únicamente a esta enseñanza; también me dedico a tratar de ayudar a los mortales a lograr una verdadera concepción de la vida aquí – me refiero a la parte espiritual de esta vida. Ningún hombre es del todo libre de la influencia de espíritus, ya sea bueno o malo. Muchos son susceptibles a la influencia de los espíritus malignos, y por esta razón, el trabajo de los buenos espíritus es mucho más difícil. Hay en la naturaleza del hombre aquello que lo conduce más fácilmente a los malos pensamientos, que a los buenos pensamientos. Yo sé que esto es un viejo refrán, pero uno que es cierto, y el hecho de que se ha dicho tan frecuentemente y por mucho tiempo, ello no le resta su importancia como una verdad. Así que, siempre que los hombres tengan esta inclinación malvada en su naturaleza, la lucha entre las influencias del bien y del mal será algo desigual. Pero la ventaja de las buenas influencias es que sus sugestiones contienen verdades que nunca morirán, mientras que las sugestiones de las influencias malvadas sólo duran un tiempo comparativamente corto.

Cuando lo material abandona al ser espiritual que vestía, entonces aquel ser será liberado de muchas de estas tendencias naturales de pensamientos y acciones de maldad; y aunque esta mera separación no hace de un diablo un santo, sin embargo, ayuda mucho más al espíritu a deshacerse de muchas de estas tendencias malvadas, y a ser más susceptible a la influencia de la verdad y bondad.

De todo esto, no debes pensar que tan pronto estén en el mundo espiritual, ellos se convierten en buenos espíritus, puesto que no es cierto. Hay muchos espíritus malvados que han estado en el mundo espiritual por un gran número de años y, sin embargo, mantienen los pensamientos y deseos malvados, y todas cualidades malvadas de odio, malicia, envidia, etc., que tenían en la tierra.

El abandono de la vida terrenal no los priva de su voluntad, la fuerza o poder más grande que Dios ha dado al hombre, excepto aquel del Amor Divino. Y muchos de estos espíritus se rehúsan a ejercer su voluntad en forma que les permita deshacerse de estos pensamientos y deseos malvados.

Así que ya ves, que el simple hecho de convertirse en espíritu, no significa que el mortal se haya convertido en un espíritu bueno y santo. No, lamento decir que muchos hombres que fueron muy perversos en la tierra, son aún perversos como espíritus; y la felicidad, que ellos piensan tener, es sólo aquella felicidad que, como hombres, pensaron haber logrado ejerciendo pensamientos y actos malvados. Pero, existe un gran hecho redentor con respecto a su condición de obscuridad y tristeza, y éste es que, al final, cuando Dios así lo desee, toda maldad será erradicada del mundo espiritual, y a todo espíritu le será otorgada aquella felicidad de una naturaleza libre del pecado y error. No por decreto de Dios, sino mediante la búsqueda e implementación del hombre, de aquellas cosas que liberarán su alma del pecado y error, adquiriendo nuevamente la armonía con las leyes de Dios. Tal cual, me imagino, disfrutaron Adán y Eva en el histórico Jardín del Edén.

Pero esa felicidad, siendo de una naturaleza que trae mucha alegría y paz, no es, sin embargo, la verdadera felicidad que Dios ansía otorgar a todos aquellos de Sus hijos que anhelan y buscan el influjo del Amor Divino en sus almas.

No disertaré esta noche sobre esta gran felicidad, pues, es un tema muy largo y estás algo cansado; pero sí diré, que todo hombre debe buscarla, tanto en la tierra como en el mundo espiritual. Cuando estuve en la tierra, yo no la tuve, pero la encontré cuando llegué aquí, y ahora la poseo, gracias a Dios y a Su bondad.

Ustedes participan de esta felicidad, y muchos otros, muy numerosos para mencionar.

Debo concluir, pues estoy cansado y tú necesitas descansar. Así que, con todo mi amor y mejores deseos, yo soy tu viejo profesor,

JOSEPH H. SALYARDS

El Cielo es un Lugar, Así Como una Condición del Alma – A. G. Riddle

Permíteme escribir brevemente esta noche, ya que veo que estás ansioso de comunicarte con algunos de tus amigos en el mundo espiritual. No he escrito en mucho tiempo, a pesar de mis deseos de hacerlo, y esta noche sólo diré unas cuantas palabras acerca de mi progreso y felicidad, en mi condición de Espíritu Celestial, pues ahora estoy en los Cielos Celestiales y conozco la verdad de muchas cosas que te han sido escritos.

Me es un poco difícil narrarte las maravillas de estos cielos y la perfecta felicidad de la que disfrutan aquellos espíritus que han encontrado su hogar y lugar duradero en las diversas mansiones, de las que Jesús habló cuando estuvo en la carne. Debes saber, que el cielo es un lugar, así como una condición, a pesar de que muchos Espiritistas enseñan que sólo es una condición o estado del alma. No, ésta no es toda la verdad, pero es gran parte de ella, puesto que la condición del alma determina exactamente qué cielo ocupará y donde encontrará su armonía y felicidad. El Padre, todo amoroso, dispuso que el alma ha de tener un lugar cónsono a su condición, donde podrá vivir y progresar. Si el cielo fuera sólo un estado del alma, entonces no sería una cosa real y existente, con la sustancia y realidad que el alma, aun en su estado de felicidad, debe tener como un acompañamiento necesario para disfrutar de lo que el Padre ha provisto

203

para su verdadera condición de existencia.

El cielo es un lugar verdadero e independiente del estado del alma, aunque es necesario que el alma esté en el estado correspondiente para poder entrar en este cielo, y ser totalmente consciente que es la morada adecuada para su condición y felicidad.

Si él, es decir el cielo, no fuera un lugar real, objetivo y perceptible, entonces el alma estaría limitada a su propia condición, que sería muy estrecha, como diría, y confinada a los límites de su propio estado y separada del estado de las otras almas, sin una relación social que hace que el cielo sea un lugar de felicidad y placer. Toda alma, entonces, estaría en una condición ascética en su vida humana, y la introspección y contemplación serían la fuente y único medio de felicidad posible; y el conocimiento de aquellas cosas que se dice ser algo más allá de la concepción del corazón del hombre, y que son verdadera y ciertamente provistas por el Amor del Padre para el progreso continuo e interminable del alma hacia una felicidad superior y mayor, no tendría una existencia real y consciente en aquella alma.

Así como en la vida terrenal del hombre, donde la condición de su alma determina su cielo, está provisto de los entornos y aquellas cosas materiales que le harán feliz o miserable, también existen en los cielos cosas materiales que permiten que el alma del hombre pueda mejor disfrutar de su propia condición. Las cosas del cielo no son todas espirituales, como concebido por los hombres, sino, más bien, compuestas parcialmente de lo material del universo y son, así, constituidas y formadas para suplir los deseos y aspiraciones del alma, con aquello que satisfaga sus anhelos por la belleza y armonía, así como la perfecta felicidad. Hay hogares verdaderos y substanciales en los diversos cielos, adecuados para la condición de cada alma, y diferenciando a medida que aquellas condiciones difieren en sus requerimientos.

Estas cosas materiales no son subjetivas, como muchos mortales enseñan, pero objetivas como lo son las cosas de la tierra, y son los objetos de la vista y tacto, y de los otros sentidos espirituales.

Cuando deseo ir a una ciudad para disfrutar de mis deseos, encuentro una ciudad con calles, avenidas, casas y otras cosas propias de una ciudad, tal como ustedes mortales de la tierra, cuando visitan sus ciudades. Y, así, cuando deseo ir al campo para disfrutar de la campiña, cerros, arroyos y jardines. Están todos aquí, real y existente, y no son objetos del simple pensamiento o condición de mi alma; y cuando no estoy en la ciudad o en el campo, aquella ciudad o campo continúa existiendo en toda su belleza y magnificencia, tan real como cuando estoy presente.

Los hombres deben saber que la vida del alma en el cielo requiere de estas cosas materiales, y las tiene, como el alma que, en su envoltura carnal, requiere de las cosas materiales de la tierra. Aunque la condición del alma determina su lugar de morada, este lugar, no obstante, es también existente y real, en espera de la llegada de aquél alma en una condición de armonía. En estos cielos, no hay nada nebuloso o impalpable, o que sólo sea un reflejo o imagen de la condición del alma, sino que todo es real, substancial y duradero, como las colinas eternas. Y cuando el alma encuentra una morada, no es el efecto de su propia condición, pero es un lugar ya establecido para la morada de aquél alma y de acuerdo a su verdadera condición. De otra manera, el cielo sería un lugar de confusión y aparición y desaparición, sin ninguna cualidad de estabilidad o permanencia, y las mansiones de las que habla Jesús, en la casa de su Padre, tampoco tendrían una existencia real permanente, sino dependientes simplemente del estado del alma para su creación y existencia. Las mansiones están allí y no cambian, y que sean o no habitadas, dependerá de la armonía de las almas en correspondencia con la armonía de las leyes de Dios que crearon estas mansiones.

Te he escrito esta breve descripción de los cielos basado en mi conocimiento y experiencia, desprovisto de especulación o contemplación metafísica.

ME ALEGRA QUE YO HAYA PODIDO ESCRIBIRTE NUEVAMENTE. SOY MUY FELIZ Y SÉ QUE EL AMOR DIVINO DEL PADRE ES ALGO REAL, TRANSFORMADOR Y SUFICIENTE PARA CREAR EN LAS ALMAS DE LOS HOMBRES Y ESPÍRITUS AQUEL ESTADO QUE LES PERMITIRÁ TENER Y DISFRUTAR DE LAS MANSIONES DEL PADRE EN LOS CIELOS MÁS ALTOS.

No escribiré más ahora. Buenas noches.

Tu amigo y hermano en Cristo,
A. G. Riddle

La Progresión del Alma Como Yo La He Experimentado

YO ESTOY AQUÍ, Tu Viejo Amigo, G _____

Esta noche, deseo escribirte sobre un tema que yo pienso será interesante, pero siendo tan tarde, dudo hacerlo ahora.

Bien, ya que crees que estará bien, así lo haré. Quiero escribir sobre el tema de la progresión de mi Alma, como la he experimentado.

Como sabes, cuando llegué por primera vez al mundo de los espíritus, yo no era creyente de las cosas del alma, excepto que el alma, que en mi opinión entonces, era el equivalente de aquella parte del hombre que sobrevive a la muerte, seguiría existiendo y progresando, a medida que las cualidades mentales del hombre fueran desarrolladas. Que la mente fue la gran y única cosa en la existencia futura, y a medida que la mente se desarrollaba más y más en la tierra, la condición del hombre en su progresión sería determinada.

Yo no concebí el alma como una existencia distinta e independiente de la mente, y pensaba que todos los atributos y cualidades de la mente eran aquellos que pertenecen al alma, y que yo no tenía ningún otro. Entonces digo – **yo** entré en el mundo espiritual y no cambié mis creencias sino hasta mucho tiempo después de convertirme en espíritu.

Pero, al continuar mi vida en el mundo espiritual en esta creencia, hallé que mis facultades mentales y desarrollo no me dieron la satisfacción que yo había anticipado. Me encontré, además, con algunos de mis amigos que conocí en la tierra y que me habían precedido muchos años antes – hombres de grandes logros mentales – y me di cuenta que la condición de ellos no era de una naturaleza satisfactoria, que yo me había conducido a creer que debía ser, puesto que muchos de estos amigos sólo estaban en el plano terrenal y algunos en la oscuridad, que era totalmente contrario a lo que debía ser, si mi teoría de la totalidad de la mente fuese correcta.

Todo esto me obligó a pensar, y al pensar, empecé a darme cuenta que, quizás, había algo incorrecto en mi teoría, y que el alma podría ser algo diferente de la mente en su naturaleza y funciones.

Estos amigos intelectuales míos no tenían gran felicidad, ni estaban satisfechos con sus condiciones, sin embargo, no podían salir de su condición de oscuridad, mediante el ejercicio de algún progreso mental. Por supuesto, se dedicaban al estudio de una u otra clase, y tales estudios les dieron una felicidad considerable y satisfacción, pero no obstante todo esto, hubo alguna fuerza restrictiva que impedía que progresaran a esferas más allá que aquellas en las que vivían entonces.

Descubrí que habían esferas más altas donde la mente se desarrollaba a un grado mucho mayor, y donde muchos espíritus que creían en la supremacía de la mente vivían y disfrutaban de la actividad de sus estudios, y a veces algunos de estos espíritus vienen a nuestro plano y hablan del maravilloso desarrollo y felicidad en estas esferas más altas, y nos instan a hacer el esfuerzo para progresar y convertirnos en habitantes de ellas, y puedes estar seguro que nosotros estábamos dispuestos y ansiosos de hacer tal progreso. Pero, por más que mis amigos y yo lo intentáramos, los esfuerzos no produjeron ningún efecto visible y continuamos en la oscuridad.

Siendo de una naturaleza inquisitiva, busqué la razón de nuestra incapacidad de salir de la oscuridad, y, por fin, descubrí que la mente no lo es todo, pero más bien, era necesario que desarrolláramos nuestras cualidades morales para poder progresar como deseábamos, y que, a fin de desarrollar estas cualidades, se requería algo más que el mero ejercicio de las facultades mentales.

La conciencia debe ser satisfecha y deshacerse de los recuerdos de nuestras acciones malvadas en la tierra, y las cualidades de nuestras almas que determinan nuestra posición y condición en el mundo espiritual, deben ser ajustadas a las exigencias de las leyes de armonía, para que podamos avanzar en nuestro progreso a aquel lugar que tal ajuste nos diera derecho a ocupar.

Descubrí, además, que la oscuridad en la que vivíamos no fue creada por alguna condición defectuosa de la mente, pues muchos espíritus de mentes altamente cultivadas y que poseían un conocimiento extraordinario, estaban en la oscuridad, tanto como muchos espíritus de escasa mentalidad e información.

Todo este conocimiento vino a mí y me condujo a buscar una manera de mejorar mi naturaleza moral y de deshacerme de los recuerdos de aquellas cosas que contaminaron y obscurecieron tal naturaleza, y busqué muy diligentemente, pero fue un trabajo lento y los esfuerzos requeridos eran grandes.

Pero hubo algún progreso, y si hubiera continuado el tiempo suficiente y haber utilizado mi fuerza de voluntad para procurar la cultivación de buenos pensamientos, y mi amor por la verdad y afecto, etc., yo, sin duda, habría salido de la oscuridad.

Ésta había sido la experiencia de muchos espíritus que creían, como yo, que la mente era la cuestión, y que dependía de nuestra propia voluntad y esfuerzos para producir los resultados deseados.

Pero, mientras estuve en esta condición de lucha y lento progreso, ocasionalmente me encontraba con espíritus que parecían ser de un orden superior y más hermosos de lo que yo era, y, naturalmente, yo me preguntaba cuál sería la causa, aunque, por extraño que parezca, nunca hice la investigación, hasta un día cuando me encontré con algunos de mis amigos con un hermoso aspecto, y que parecían tan perfectamente felices.

En nuestra conversación, naturalmente, les pregunté acerca de la causa de su felicidad, y cuando ellos me lo explicaron, tal fue mi sorpresa, que di muy poca credibilidad a lo que dijeron, puesto que era muy similar a lo que había aprendido en la tierra en las iglesias ortodoxas, y supuse que estos amigos habían traído consigo sus viejas creencias y emociones ortodoxas, y que se engañaban a sí mismos en cuanto a la causa de sus aspectos. Que la causa probable era que sus cualidades morales fueron superiores a la mía en la tierra, y, por ende, los recuerdos de sus pecados terrenales fueron menos y sus conciencias no fueron tan severas contra ellos, saliendo, así, de la oscuridad a la luz con el resultante aspecto de belleza y felicidad. Al principio, yo no acepté la explicación que me dieron acerca de la causa de sus condiciones, y continué por más tiempo en mi esfuerzo por mejorar mi condición moral y avanzar en mis logros mentales.

Pero hubo otra cosa que llamó mi atención, y ello es que, aun cuando estos amigos hermosos amigos no tenían aparentemente el desarrollo mental que tenían otros espíritus que habían salido de la oscuridad y progresado a las esferas superiores de luz, sin embargo, la belleza y aparente felicidad de estos amigos, era mucho mayor y de una naturaleza diferente a la felicidad y aspecto de aquellos espíritus más altamente desarrollados mentalmente.

Y nuevamente pensé y concluí que, ni siquiera el desarrollo moral y mental podía explicar la causa de la diferencia entre los aspectos y felicidad de estos amigos, y aquella de estos espíritus más desarrollados mentalmente. Así que, yo estaba determinado a buscar la causa, y en consecuencia, me acerqué a estos amigos con la intención y deseo de escuchar más seriamente lo que ellos pudieran decirme, y de abrir mi mente al secreto, como lo era para mí.

BIEN, LES ESCUCHÉ Y ME DIJERON QUE SU PROGRESO Y CONDICIÓN FUERON LOGRADOS POR EL DESARROLLO DE SUS ALMAS A TRAVÉS DE LA BÚSQUEDA Y OBTENCIÓN DEL AMOR DIVINO DEL PADRE. QUE EL ALMA ES LA PARTE MÁS GRANDE E IMPORTANTE DE LOS ESPÍRITUS. QUE LA CONDICIÓN DEL DESARROLLO DEL ALMA DETERMINA LA POSICIÓN, ASPECTO Y FELICIDAD DEL ESPÍRITU; QUE EL CUERPO ESPIRITUAL Y LA MENTE ESTÁN SUBORDINADOS AL ALMA, Y QUE CUANDO LA MENTE SE SOMETE AL CONTROL DEL ALMA, Y LA VOLUNTAD DE LA MENTE, COMO SE DIRÍA, A LA VOLUNTAD DEL ALMA, QUE ENTONCES EMPEZARÁ EL PROGRESO A LA ESFERA MÁS ALTA, Y EL ESPÍRITU QUE, ASÍ, PROGRESA, MOSTRARÁ EL ESTADO DE SU AVANCE, A TRAVÉS DE SU ASPECTO DE BELLEZA Y FELICIDAD.

ME EXPLICARON, ADEMÁS, LA NATURALEZA Y PODER DEL AMOR DIVINO Y SU GRAN POTENCIALIDAD DE DESARROLLO, ASÍ COMO LA NECESIDAD ABSOLUTA DE SU ENTRADA Y POSESIÓN DEL ALMA, A FIN DE HACER SU MAYOR PROGRESO. QUE A MEDIDA QUE ESTE AMOR DIVINO FUERA CADA VEZ MÁS PARTE DE LA POSESIÓN DEL ALMA, EL ALMA ADQUIERE LA NATURALEZA DIVINA DEL PADRE, Y TODAS AQUELLAS COSAS QUE SE ALOJABAN EN ELLA Y TENDÍAN A HACER QUE FUERA OBSCURA Y PECAMINOSA, ESTAS COSAS DESAPARECEN, Y A MEDIDA QUE DESAPARECEN, EL ALMA ASCIENDE A ESFERAS MÁS ALTAS Y LLEGA A SER MÁS FELIZ Y MÁS HERMOSA, Y EL CUERPO ESPIRITUAL MANIFIESTA ESTA FELICIDAD Y BELLEZA PROPORCIONALMENTE.

Estos amigos me explicaron todas estas cosas y mucho más, instándome a buscar el Amor Divino del Padre, y me ofrecieron su ayuda en toda forma posible. Al principio, no entendí lo que significaba "buscar el Amor Divino del Padre", pero ellos se esmeraron en instruirme, y me explicaron que sólo a través de la oración y fe, este Amor llegaría a mí. QUE, AUN CUANDO ESTE AMOR ESPERA PARA LLENAR EL ALMA DE TODO ESPÍRITU, Y DESEOSO DE HACERLO, NO OBSTANTE, SÓLO MEDIANTE LA BÚSQUEDA SERIA Y SINCERA DEL AMOR DIVINO, ELLO PUEDE ENTRAR EN EL ALMA Y LLENARLA CON SU GRAN ESENCIA.

Por fin me persuadieron a orar al Padre y luego oraron conmigo, pero fue difícil tener fe en aquello que mi mente no comprendía ni podía captar.

Pero explicaron que el alma tiene sus facultades y no depende de la mente para lograr esta fe, y que mi recibimiento de este Amor y fe, dependerán del ejercicio de las facultades de mi alma, pues, al venir el Amor, también vendrá la fe, una fe que no era una mera creencia mental, sino algo más grande y diferente.

Bien, continué orando por este Amor, y al cabo de un tiempo, sentí una sensación que nunca antes había sentido en mi alma, y a medida que oraba esta sensación aumentaba, y la fe vino a mí en grado pequeño, y me di cuenta que había un amor que me poseía que nunca antes sentí. Continué así, buscando y orando hasta que, al fin, este Gran Amor me llegó en gran abundancia inundando, como diría, mi alma entera, y experimenté una felicidad indecible y, como dijeron estos amigos, una luz y belleza también.

Bien, como puedes imaginar, mis anhelos y deseos llegaron a ser insaciables – se disipó la oscuridad – mis recuerdos de las perversidades de mi vida fueron más y más tenues y, de repente, me encontré en la tercera esfera, que yo vi, entonces, como el cielo de todos los cielos y la mismísima fuente suprema de belleza y felicidad.

Ahora, durante todo este tiempo, y esto no lo logré en un sólo día, no le di ninguna atención al desarrollo de mi mente, o a la adquisición de conocimiento de las cosas materiales, como diría, del mundo espiritual, pero cuando me encontré en la hermosa esfera de la que he hablado, me pareció que mis facultades mentales habían expandido más allá de todas posibilidades creíble, y el conocimiento de cosas que nunca antes había escuchado o concebido, llegaron a mí con una maravillosa claridad.

¡PERO LA CUESTIÓN ERA EL ALMA, MAS NO LA MENTE! Y EL AMOR – ESTE AMOR DIVINO DEL PADRE – HIZO MÍA LA FELICIDAD Y TODO LO HERMOSO Y SATISFACIENTE. AQUÉL QUE SÓLO PERSIGUE EL DESARROLLO DE LA MENTE, Y PERMITE QUE EL ALMA SE ADORMEZCA, ES POBRE DE HECHO, PERO AQUÉL QUE PROCURA EL DESARROLLO DEL ALMA DESCUBRIRÁ QUE, A MEDIDA QUE SU ALMA SE DESARROLLA, ASÍ TAMBIÉN SU MENTE, Y RICO ES AQUEL HOMBRE, MÁS ALLÁ DE TODA COMPARACIÓN.

Bueno, continué en el proceso del desarrollo de mi alma, y en el crecimiento de mi felicidad y logro de una gran luminosidad, pero más que todo, la posesiones de este Gran Amor, hasta alcanzar la quinta esfera, donde la belleza era superior y el Amor mucho más abundante que en la tercera esfera, y entré en la séptima esfera donde ahora estoy. No trataré de describirte las glorias de esta esfera, pues, las palabras no pueden adecuadamente describirlas.

A groso modo y de manera insatisfactoria, he tratado de describir lo que es el desarrollo del alma, y su absoluta suficiencia.

Y MI CONSEJO A TODO MORTAL, BASADO EN MI PROPIA EXPERIENCIA, ES QUE PROCUREN EL DESARROLLO DE SUS ALMAS, CON TODO SU PODERÍO Y SINCEROS ESFUERZOS, Y LUEGO SUCEDERÁ AQUEL DE LA MENTE. ESTO

LO PUEDEN INICIAR MIENTRAS AÚN ESTÉN EN LA TIERRA, Y ENCONTRARÁN QUE EL PROGRESO SERÁ MUCHO MÁS RÁPIDO Y FÁCIL, DESPUÉS DE CRUZAR LA LÍNEA FRONTERIZA.

Bien, es tarde y he escrito suficiente. Pero yo deseaba mucho escribir esta noche acerca de este tema del desarrollo del alma, puesto que veo su importancia vital para la futura felicidad del hombre y su inmortalidad.

Así que, con todo mi amor y bendiciones, yo soy

Tu hermano en Cristo, G_____

Constantino Afirma que Nunca Aceptó el Cristianismo Cuando Vivió en la Tierra. Ahora es un Espíritu Celestial

YO ESTOY AQUÍ, Constantino (Emperador Romano).

Yo fui el Emperador Romano y líder de la Iglesia Cristiana antes de mi muerte. No fui realmente un cristiano, ni entendí los verdaderos principios de las enseñanzas cristianas, pero adopté el cristianismo como la religión del Estado para propósitos políticos, añadido a mi deseo de destruir los poderes de mis adversarios, que eran creyentes y adoradores de los dioses del paganismo.

Yo fui un hombre a quien no le importaba en lo más mínimo, ya sea si la cruz o el símbolo de los oráculos era signo verdadero de la religión, o si los seguidores de creencias religiosas pertenecían a la iglesia cristiana, o a la adoración de los dioses que nuestro país había adoptado y seguido durante muchos años.

Mi gran deseo, cuando hice del cristianismo la religión del Estado, era obtener el poder y la lealtad de la mayoría de la gente del imperio. Los cristianos fueron numerosos y personas de grandes convicciones – tan intensas, que ni siquiera la muerte podría remover o cambiar estas convicciones. Sabía que una vez me dieran su lealtad, yo tendría seguidores que no podrían ser derrocados por aquellos que eran adoradores de los antiguos dioses. Estos últimos no tenían tanto interés en sus creencias religiosas, como individuos, que produjera en ellos tales convicciones que pudiera interferir con cualquier religión que yo estableciera, al darse cuenta que sus intereses materiales serían favorecidos, si al menos reconocieran formalmente esta religión como un establecimiento del estado. Sus creencias no fueron resultado de convicciones, sino simplemente aquellas que habían sido aceptadas por sus ancestros y transmitidas a ellos como una especie de herencia.

Creían en los dioses y los oráculos como cosa de rutina, sin llevar a cabo, jamás, una investigación del objeto de sus creencias, a fin de conocer si esas creencias eran o no válidas. La verdad no fue buscada, y, por lo tanto, la convicción era una mera aquiescencia superficial.

Durante todo el tiempo de mi oficio como Emperador, nunca cambié mis creencias y nunca acepté las enseñanzas de los cristianos como revelación de la verdad, y de hecho, nunca consideré la religión como algo digno de seria consideración de mi parte. Muchas doctrinas fueron propuestas y discutidas por maestros y líderes eclesiásticos de esta religión, y aquellas doctrinas fueron aprobadas por mí y adoptadas por una mayoría de estos líderes, como declaraciones verdaderas y correctas contenidas en la Sagrada Escritura de los cristianos.

Dejé que estos dirigentes pelearan sus propias batallas sobre doctrinas y verdades, y cuando decidieron lo que debe ser aceptado y declarado por la iglesia como doctrinas verdaderas, yo aprobé y promulgué las mismas, como obligatorias para todos los seguidores de la fe cristiana.

Así que, a pesar de lo que se ha dicho con frecuencia, yo no establecí la canonicidad de la Biblia, ni determiné ni legalicé las doctrinas que fueron declaradas y hechas obligatorias por las convenciones de los líderes de la iglesia. Por supuesto, les di mi sanción y aprobación oficial, pero no fueron mías y no debe decirse que han sido establecidas por mí, pues, si las doctrinas de los arrianos hubiesen sido aceptadas y declaradas por una mayoría de estos eclesiásticos como las enseñanzas verdaderas de las Escrituras Cristianas, yo las habría sancionado y dado la autoridad del Estado.

Como he dicho, no fui un cristiano cuando vivía ni morí como cristiano, a pesar de todas las cosas fantásticas y milagrosas que se han escrito acerca de mí y de mi conversión al cristianismo.

Cuando entré en el mundo de los espíritus, me encontré en una gran oscuridad y sufrimiento y me di cuenta de que tenía que pagar la pena por los pecados y pensamientos cometidos por mí en la tierra; y todas las misas que se ofrecieron en beneficio de mi alma nunca me ayudaron, ni una partícula, para salir de mi triste condición.

Yo no supe nada acerca del Amor Divino o de la misión de Jesús al venir a la tierra, y me di cuenta que mis pecados no habían sido lavados, como a menudo me decían los maestros en la tierra.

Permanecí largos años en esta condición de oscuridad e infelicidad, sin ningún alivio de la mística operación de la expiación vicaria de Jesús de la que me habían hablado los sacerdotes, pero en la que yo no creía, ni en la ayuda de los dioses en quienes nuestros filósofos y maestros religiosos me habían enseñado a creer. No, no encontré alivio y mi condición parecía fija, y la esperanza de un cielo cristiano que nunca era mío, y de los Campos Elíseos que serían míos de un modo nebuloso, no me hicieron sentir que en algún momento mis sufrimientos cesarían, y que aparecería la alegre cara de la felicidad.

Pero luego de un tiempo, la luz de la verdad en la que Jesús vino a enseñar, abrió mi entendimiento y mi alma, y el Amor Divino del Padre comenzó a fluir en mi alma, y así continuó hasta que llegué a ser un poseedor de este Amor, al grado de alcanzar las Esferas Celestiales donde ahora estoy. Soy un alma redimida, pura e inmortal, con el conocimiento y la convicción indudable de que poseo en mi alma la Esencia Divina del Padre y la certeza de una vida eterna en el Reino Celestial.

No puedo escribirte esta noche acerca de mi experiencia en los planos oscuros o en las sucesivas esferas progresivas, pero en algún momento regresaré para dar detalles de aquella experiencia.

Pero antes de concluir mi mensaje, deseo decir con todas mis fuerzas, que sólo el Amor Divino del Padre puede redimir a un alma de sus pecados y convertirla en uno con el Padre en Su Naturaleza Divina.

QUE LOS CREDOS Y DOGMAS, Y LAS DOCTRINAS HECHAS POR EL HOMBRE SE CUIDARÁN DE SÍ MISMOS, Y QUE LA VERDAD SEA APRENDIDA Y MORAR EN ESA VERDAD, PUESTO QUE LA VERDAD ES ETERNA Y NUNCA CAMBIA. Y NINGÚN DECRETO DEL HOMBRE, O DOGMAS TRADICIONALES DE LA IGLESIA DE LOS PRIMEROS PADRES O AUTORES, O CREDOS DE CONVENCIONES ECLESIÁSTICAS, TAN SOLEMNEMENTE ADOPTADOS Y DECLARADOS, PUEDEN HACER QUE SEA UNA VERDAD, AQUELLO QUE NO ES VERDAD UNA. LA VERDAD EXISTIÓ ANTES DE TODAS ESTAS COSAS Y NO ESTÁ SUJETA A ELLAS, NI PUEDE SER AÑADIDA O MENOSCABADA POR ELLAS.

Debo concluir ahora, agradeciéndote por haberme permitido escribir.

Así que, con mi amor, diré buenas noches.

Tu hermano en Cristo,
CONSTANTINO

San Lucas Confirma que Constantino Escribió

YO ESTOY AQUÍ, *San Lucas*

Me alegra poder escribir una vez más, y siento que muy pronto podrás recibir nuestros mensajes.

No escribiré largamente esta noche, y sólo deseo confirmar el hecho de que Constantino, el Emperador Romano, fue quien te escribió, ya que posiblemente dudes de la identidad del que te acaba de escribir. Él estaba muy complacido por haber podido escribir y, de una manera acelerada, corregir algunos de los errores históricos que han existido acerca de su verdadera posición en cuanto al cristianismo.

Ahora es un espíritu muy brillante y un habitante de las Esferas Celestiales, y, por supuesto, poseedor del Amor Divino. Pero deseo que sepas, que él fue azotado por su conciencia, por así decirlo, antes de salir de su condición de oscuridad y sufrimiento, sobreañadido en gran medida por el orgullo. En su propio engreimiento, él continuó siendo un emperador por mucho tiempo después de ingresar en el mundo espiritual, y retuvo todo el orgullo de un emperador. Pero no escribiré más por el momento, y dejaré que él escriba acerca de todo esto como prometió.

Bueno, no debes desanimarte, pues, el Amor Divino es una realidad, y tú posees algo de ello y puedes recibir más. Sólo ora al Padre por Su ayuda y guía.

Todos te amamos y tratamos de ayudarte. Sólo confía.

Tu hermano en Cristo,
LUCAS

Helen Confirma Que Constantino Y Lucas Escribieron

YO ESTOY AQUÍ, tu verdadera y querida Helen (Señora Padgett).

Bien, querido, esta noche recibiste un mensaje extraordinario, o más bien, un mensaje inesperado, y veo que dudaste de la identidad del autor, pero como Lucas está familiarizado con él, puedes estar seguro de que lo que Lucas dijo es verdad.

Pero él es sólo uno, de un gran número de espíritus que fueron hombres prominentes en la tierra, y que ahora habitan el mundo espiritual. Ellos te escribirían, si se les diese la oportunidad, pero, porque tenemos un trabajo que realizar — que requiere gran parte de tu tiempo y energía, estos espíritus no se les permitirá escribir en este momento, a acerca de la verdad que nosotros deseamos transmitir. El que escribió es, o fue, un personaje importante en la historia del cristianismo, y por lo tanto, pensamos que sería aconsejable permitir que escriba.

Tu verdadera y querida,
HELEN

Lo que Realmente Sucedió en la Crucifixión de Jesús - Por Samuel, Antiguo Profeta

Permíteme escribir unas cuantas líneas, ya que no había escrito en mucho tiempo, y deseo hablarte acerca de la escena que te fue presentada esta noche, a través de las palabras y música en la Iglesia.

Estuve presente en el momento de la crucifixión de Jesús y ví todo lo ocurrido, y la maravillosa manifestación de las fuerzas de la naturaleza que te fueron presentadas esta noche en el drama de la crucifixión.

Bien, como quizás no sea de tu conocimiento, muchas de las escenas que tan forzosamente fueron presentadas a tu imaginación, nunca ocurrieron en realidad, y el drama fue producto de la mente oriental, que a menudo se utilizaba para describir aquellas cosas que tuvieron origen sólo en tales imaginaciones orientales.

Cuando Jesús fue crucificado, no hubo una gran concurrencia de personas porque fue considerado como un malhechor común, pagando las penalidades que resultaron de la violación de la ley, de la que fue acusado. Por supuesto, hubo soldados y un gran número de miembros del Sanedrín Judío y algunos seguidores presentes, pero no hubo una muchedumbre extraordinaria para presenciar la ejecución. Jesús no fue el único crucificado en ese momento, pero otros dos quienes fueron considerados como él, por los judíos — un violador de sus leyes que merecía ser castigado, colgado en la cruz. Las palabras supuestamente pronunciadas por él en su último momento no fueron realmente pronunciadas por él, y ninguna palabra que él pudo haber dicho, habría sido escuchada por ninguno de sus seguidores, puesto que los mantuvieron alejados de la escena inmediata de su ejecución. Sólo después que fuera pronunciado muerto y considerado listo para ser removido de la cruz, se les permitió a sus seguidores acercarse a su cuerpo y retirarlo del árbol. Los otros, que se encargaron de la ejecución, no escucharon ninguna palabra de él, y como he dicho, sus seguidores no pudieron oír y, por lo tanto, no pudieron reportar algún supuesto dicho suyo. Hasta donde se sabe, él murió tan valientemente — es decir, sin temor o duda en cuanto al futuro, como cualquier otro que haya sufrido el mismo destino.

Las palabras que supuestamente fueron pronunciadas por Jesús, no fueron en realidad dichas, y él no imploró la ayuda del Padre, o que lo librara de la copa amarga, y todo informe de lo que él dijo o hizo en aquel momento no es cierto, pero, más bien, se limita a la imaginación de aquellos que escribieron sobre él posteriormente.

No hubo rompimiento repentino de la naturaleza o de cosas materiales, y los relatos acerca de la apertura de tumbas y de cuerpos levantándose de ellos, siendo vistos y hablado con ellos en la ciudad, son pura ficción y carecen de fundamento.

Sé que los cristianos de hoy no estarán preparados para aceptar estas declaraciones como ciertas, debido a los largos años de creencia en estas cosas que les fueron transmitidas a través de los siglos. Es difícil comprender la razón por la que los hombres se inclinarían a creer en estas representaciones de cosas que nunca sucedieron, pues ello, en sí, no tienen ninguna importancia, excepto el simple esfuerzo por hacer que las asombrosas circunstancias que ellos alegan que rodearon la muerte de Jesús, sean lo más dramáticos e impresionantes posible a la humanidad. SI SÓLO PENSARAN, SE DARÍAN CUENTA QUE LA MUERTE DE JESÚS, CON TODOS LOS SORPRENDENTES ENTORNOS DESCRITOS EN LA BIBLIA, NO AYUDARON, NI UN ÁPICE, A MANERA DE SALVAR A UN ALMA HUMANA, O DE ENSEÑAR A AQUELLA ALMA EL CAMINO VERDADERO AL REINO DEL PADRE. SU VIDA ES LO QUE TENÍA EL EFECTO, MAS NO SU MUERTE; Y CUANTO MÁS PRONTO LOS HOMBRES APRENDAN ESTA VERDAD, PRONTO SE DARÁN CUENTA DEL HECHO DE QUE LA MUERTE DE JESÚS NO PUDO

SALVARLOS DE SÍ MISMOS, O MOSTRARLES EL CAMINO AL REINO CELESTIAL. Y yo supongo que ellos albergarán esta creencia durante mucho tiempo por venir. Sin embargo, lo que he dicho es verdad, y ningún hombre puede, mediante una posible operación de las leyes de Dios, encontrar alguna esperanza o seguridad de su inmortalidad en estas cosas.

Me preguntarás, cómo sé que Jesús no pronunció palabra alguna en el momento de su muerte, y te contestaré diciendo que él mismo me lo dijo.

Él no ha estado presente esta noche en ninguna de aquellas iglesias donde se celebra su muerte en la cruz, y no estará hasta que haya terminado el gran culto y adoración a él, por parte de las iglesias. Esta adoración es muy desagradable para él, tanto así, que él no desea presenciarla, y permanece, por lo tanto, en su morada en las altas Esferas Celestiales. ÉL DESEA QUE LOS HOMBRES ADOREN SOLAMENTE AL ÚNICO Y VERDADERO PADRE QUE ÉL ADORA, Y RECIBAN, ASÍ, LA VERDADERA BENDICIÓN DEL PADRE.

Bien, veo que estás cansado y no escribiré más.

Con mi amor, diré buenas noches.

Tu hermano en Cristo,
SAMUEL

YO ESTOY AQUÍ, Tu Verdadera y Querida Helen (Señora Padgett)

Bien querido, veo que estás cansado, así que escribiré brevemente.

El mensaje que recibiste es de Samuel, quien estuvo presente en espíritu en la crucifixión, y escuchó y vio lo que ocurrió, y, por lo tanto, puede ser creído. Sé también que lo que contiene la Biblia sobre la crucifixión de Jesús es muy erróneo, y fue escrito por los hombres para convencer a sus seguidores de la importancia de la muerte de Jesús.

No escribiré más por ahora.

Así que debes creer que te amo con todo mi corazón, y que deseo que seas feliz.

Buenas noches.

Tu verdadera y querida
HELEN

Ministro del Evangelio, Sus Creencias Eran Meramente Intelectuales. Después de un Tiempo, Se Convirtió en un Escéptico

Yo estoy aquí, un hombre pobre y miserable, sin esperanza en este mundo oscuro y triste de almas perdidas, y rodeado de espíritus quienes, como yo, sufren los efectos de una vida malvada y un alma perdida.

Acudo a ti porque he visto a otros hacerlo, y aparentemente reciben algunos beneficios, y como sabes, la esperanza es algo que siempre viene a nosotros, aunque sólo sea por un momento, y aquél fue mi momento cuando vine a ti. Pero para ser franco, no creo que me puedas ayudar, pues, mi momento de esperanza se ha desvanecido, y sólo me acompaña mi oscura y constante desesperación.

Pero, ya que he empezado a escribir, seré cortés y he de continuar, a fin de mostrarte que no soy indiferente al beneficio de la oportunidad que nos brindas para venir a ti, y tu gentileza de escuchar nuestros cuentos de aflicción. Y así que, si no es mucha molestia, me gustaría relatarte un poco acerca de mi condición y la causa. Me refiero a que ahora entiendo la verdadera naturaleza de las cosas, y su relación a la causa y efecto, y por qué me encuentro en la condición de oscuridad y sufrimiento, que ahora no me ofrece ninguna esperanza de ayuda.

Bien, cuando estuve en la tierra, yo fui, en un tiempo, un ministro del evangelio de Cristo, y durante varios años prediqué a los hombres, como yo pensaba, sus verdades de la salvación, y al mismo tiempo yo creía, de hecho y verdaderamente, en lo que enseñaba. Pero ahora me doy cuenta que mis creencias fueron totalmente intelectuales, y no emanaron de las inspiraciones de mi alma. Mis enseñanzas también fueron sólo eso, o más bien, mi condición, como maestro, fue simplemente aquella de un maestro de escuela o una institución similar.

Nunca practiqué la religión en su sentido verdadero o del alma, y todos mis esfuerzos para enseñar a otros fueron realizados porque tuve una especie de sentimiento de que fui llamado a seguir este curso de vida.

Pero, mientras que otros han sido beneficiados por mis enseñanzas, ellas nunca me beneficiaron. Bien, después de un tiempo, me cansé de la vida del ministerio, y en mala hora la abandoné y me convertí en abogado. Luego, mis pensamientos se apartaron totalmente de cosas religiosas, y a medida que progresaba en los estudios y concentración en mi profesión legal, en mí se desarrolló una condición mental que requería que toda proposición afirmada fuera demostrada con pruebas convincentes e irrefutables.

Y esta condición de mente creció en mí, y a tal grado, que yo no aceptaba nada como verdad, donde la mera fe era lo único que se diera como base de la verdad. Y, como consecuencia, me convertí en un lector de libros llamados "científicos", y me mostraron lo absurdo de aceptar como un hecho establecido, aquello que no podía ser demostrado por mis cinco sentidos y facultades de razonamiento.

Al cabo de un tiempo, el tema de la existencia de Dios y la verdad sobre la autenticidad de la Biblia, así como de la realidad de la religión, llegó ante mi mente escéptica, desde una nueva perspectiva, y porque mis colaboradores eran de una condición mental similar a la mía, rechacé la verdad de todas estas cosas y me convertí en un infiel sin un Dios o salvador, incluso en el sentido mental.

Y así continué viviendo en esta condición mental, siendo más escéptico, a medida que pasaron los años, y el desarrollo de mi alma, como ahora veo, lo poco que había logrado entonces, cesó y yo morí, muerto más allá de toda resurrección.

Durante mi vida ministerial, yo enseñé, y mentalmente creí en la ministración del Espíritu Santo y su función de despertar el alma del hombre a una concientización de la necesidad de buscar el amor y favor de Dios. Yo prediqué, además, que, sin la obra del Espíritu Santo, sería imposible que el hombre llegara a poseer el Amor de Dios, o ser aceptado por Él como un hijo redimido. También prediqué que el rechazo del beneficio u obra del Espíritu Santo, o como dice la Biblia, la blasfemia contra el Espíritu Santo, significaba ser culpable del pecado imperdonable, para lo cual no había perdón.

Y después que me convertí en un escéptico, como dije, fui culpable de este mismo pecado, pues, mientras que siempre fui respetuoso en mis declaraciones en cuanto a cosas religiosas, a menudo juraba y afirmaba que el Espíritu Santo era un mito, y que no podía, ni obraba para salvar el alma de los hombres. Que todos aquellos que creían en tales cuentos tontos, eran de mentes estrechas, y necesitaban ser educados en cuanto a las verdades, que sólo se lograba mediante el desarrollo de sus mentes, y darse cuenta que todo aquello que sus sentidos, junto con su poder de razonamiento, no podía probar, o más bien, aceptar como prueba, debía ser rechazado.

Así que, como puedes ver, yo, de acuerdo con las enseñanzas de la Biblia, cometí este pecado imperdonable, a pesar de que cuando estuve en la tierra no pensé que lo cometía; y, de hecho, tampoco creía que hubiese tal pecado de ser cometido; pero, lamentablemente ¡cuántos asociados míos, hombres de mentes brillantes y almas cariñosas y amables cometieron el mismo grave pecado!

Yo morí, y al morir y convertirme en un espíritu, mis creencias me acompañaron y permanecieron conmigo por mucho tiempo, y gocé de una felicidad considerable en el ejercicio de mis cualidades mentales, en la búsqueda de ciertos estudios con respecto al mundo espiritual. Conocí a muchos espíritus agradables, y en nuestro intercambio de pensamientos, encontré muchas cosas de interés y de provecho. Pero después de un tiempo, por alguna razón inexplicable, estos placeres de gozo intelectual dejaron de tener la satisfacción que tenían al principio, y sentí que carecía de algo, aunque no supe qué era, y mis compañeros no podían decirme.

En mis andanzas conocí a muchos espíritus, y estando deseoso siempre de buscar la verdad, no vacilé en hacer preguntas a aquellos que yo consideré podrían iluminarme, y por fin, en mi búsqueda, me encontré con un espíritu muy hermoso y brillante — el más hermoso que yo había visto — y siendo curioso en el mejor sentido, le pregunté cuál era la causa de su belleza, luz y aparente felicidad, y en una voz que era todo amor y una mirada de lástima y compasión, me dijo que la causa sólo era una, y ella era que a través de la ministración del Espíritu Santo, él había recibido el Amor de Dios en su alma, y que, como resultado de este Amor, él se transformó de un espíritu feo y oscuro, a la condición en la que yo lo vi.

¡Puedes imaginar mi sorpresa! Fue como un rayo caído de un cielo sereno. Fue una prueba clara, palpable y convincente de que el Espíritu Santo era verdadero, que transmite el Amor de Dios al alma de los hombres y espíritus, y que su obra produce resultados muy gloriosos. ¿Dónde estaba ahora mi creencia de que sólo los cinco sentidos y los poderes de razonamiento de mi mente, eran las únicas cosas que podrían conducirme a la verdad? ¡Oh, te digo que fue una gran sorpresa! Luego recordé las enseñanzas de la Biblia y mis años como ministro, y con estos recuerdos vino la convicción del terrible error que yo había cometido en la tierra. Y peor que todo, y lo que parecía ser mi condena eterna, vino a mi conciencia el hecho de que había blasfemado y cometido el pecado imperdonable contra el Espíritu Santo, y que para mí no había, jamás, posibilidad del perdón en toda la eternidad.

¿Por qué no ha de morir toda esperanza en mí? Así sucedió, y ¿acaso te sorprende cuando te diga que no puede haber esperanza, y que debo sufrir y permanecer en esta condición de oscuridad y muerte de mi alma, a través de los largos años del futuro?

Así ves, aquel fue un momento de esperanza cuando vine a ti, o más bien, la causa de que yo te molestara con mi infeliz historia del por qué estoy más allá de toda esperanza de perdón, o expectativa de alguna felicidad o vida en el futuro eterno.

Así que, mi amigo, estoy en una posición de caída; yo no puedo ser beneficiado por el conocimiento de la verdad del Espíritu Santo, y la perdición segura que surge de haber blasfemado contra su obra y misión, sin embargo, puedo decirte que debes sonar la alerta a todos los mortales que no deben negar al Espíritu Santo, o hablar palabras de blasfemia contra él.

Bien, he abusado de tu tiempo, más de lo que debería haber hecho, y dejaré de escribir.

Mi nombre era S. B. C. _____. Viví en Glasgow, Escocia, y morí en el año 1876 en una creencia fatal y falsa, y un traidor a mi fe joven.

Yo diría, que si me podrías mostrar que lo que dices es cierto, yo sería el hombre más feliz en todo el mundo espiritual, y buscaría este Amor de Dios con todo mi corazón y alma. Pero siento que estás creando en mí falsas esperanzas. Bien, si sabes de lo que hablas, trataré de creer lo que me digas, y te aseguro que escucharé muy atenta y respetuosamente, y, por supuesto, si se me diera alguna esperanza, me aferraré a ella y jamás la perderé. Pero me será difícil creer que haya algún perdón para mí.

Sí, prometo que trataré, en cuanto me sea posible, de escuchar sin que mis actuales creencias influyan sobre mí. Bien, veo un gran número de espíritus — algunos son muy infelices y otros menos infelices, pero oscuro y amenazadores.

Sí, veo a algunos brillantes, al igual que aquél que me dijo que su belleza y felicidad provenían de la obra del Espíritu Santo en su alma.

Le dije lo que has dicho, y ella me contestó: "Mi querido hermano, te equivocas al pensar que estás más allá del perdón, pues, la misericordia del Padre es tan grande y su Amor tan abundante, que son suficientes para redimir al más vil de los pecadores que alguna vez haya existido o existirá, en Su gran universo. Así que, si vienes conmigo, te mostraré los resultados de la misericordia y amor del Padre, y muy pronto te darás cuenta que esta misericordia y amor es para ti, aun cuando creas ahora que estás más allá de la redención". Y ella me miró con tal amor y simpatía, que ya siento que quizás estoy equivocado, y voy con ella. Así que, mi muy querido amigo, vendré a ti de nuevo para contarte acerca de mi experiencia con tu abuela.

Así que, créeme que estoy muy agradecido por tu interés, y me suscribo,
Tu amigo agradecido, y muy buenas noches.

S. B. C. ____

Afirmando Que los Espíritus Obscuros Fueron Ayudados

YO ESTOY AQUÍ, Helen (Esposa del Sr. Padgett, Espíritu Celestial).

Me alegra mucho que hayas ayudado a tantos espíritus esta noche, puesto que algunos estaban en necesidad de mucha ayuda. Aquel pobre espíritu que me enviaste, estaba sinceramente arrepentido y derramó lágrimas amargas de dolor y pena. Sé que pronto ella será perdonada y recibir la luz. Ella ora al Padre ahora y su alma entera parece estar en sus oraciones. ¡Oh! doy gracias a Dios por la ayuda que tú les has podido dar, como lo haces. Tanto me sorprende, que yo me pregunto, qué cualidad tendrás, que Dios te haya otorgado tal poder para ayudar.

Bien, cariño, estás cansado y debo detenerme.
Confía en mi amor y que estoy contigo.

Tu verdadera y querida
HELEN

El Infierno y la Duración del Castigo

YO ESTOY AQUÍ, San Pablo (del Nuevo Testamento)
Sólo quiero decir que esta noche estuve presente en la iglesia, y escuché al predicador al hablar a su congregación acerca de un tema que él desconoce — el infierno — pues, lo que dijo era falso en muchos aspectos, pero fue agradable escuchar que él les dijera que no existía el sufrimiento físico, aunque no les explicó por qué no era posible tal sufrimiento. Y me refiero a que ningún espíritu, cuando entra al infierno, lleva consigo su cuerpo físico, u otro cuerpo de una sustancia tal, que sea susceptible al fuego y azufre, y las otras cosas irrazonables que las iglesias, por muchos años, han enseñado, y con las que han aterrorizado a sus miembros. Y, como consecuencia, les han hecho creer que el Padre es un Padre cruel e iracundo, exigiendo que Sus deseos sean satisfechos por medio del chisporroteo de los cuerpos de Sus hijos en el fuego. No, esta doctrina condenable no es verdad y me complace ver que las iglesias han dejado de creer o enseñar la misma.

Pero la doctrina del predicador es tan dañina e ineficaz como la anterior, puesto que el castigo de los pecadores y de aquellos que están fuera de armonía con Dios, es un hecho del que se darán cuenta cuando vienen al mundo espiritual, y esto, siendo así, la enseñanza de que este castigo es perpetuo, ella es tan perjudicial como la primera que mencioné. Cuan extraño es que estos predicadores y maestros traten de hacer creer a su pueblo y oyentes que Dios es un ser tan iracundo y vengativo, teniendo menos amor y misericordia, de lo que tendría para sus hijos el padre terrenal más cruel. Es muy deplorable que tales esfuerzos sean llevados a cabo por estos supuestos maestros de la enseñanza de quién es Dios, para blasfemarlo en Sus grandes cualidades de amor y ternura, y el deseo de que todos Sus hijos sean felices.

¡Oh, te digo! estos predicadores tendrán que responder por este terrible pecado, cuando han de rendir cuenta, y ello no será en el gran día del juicio, como enseñan, sino tan pronto como pasen a la vida espiritual y se den cuenta del gran daño que han causado a muchos de los seguidores de sus enseñanzas – muy pronto se darán cuenta también del terrible resultado, después de entrar en el mundo espiritual, puesto que vendrán a ellos, como una nube de testigos, los espíritus de aquellos que estaban bajo sus instrucciones en la tierra, trayendo con ellos todas las evidencias de los resultados de sus creencias erróneas y la mancha de este gran pecado de la blasfemia.

Yo, Pablo, escribo de lo que sé, pues, yo he sufrido por esta misma causa. Cuando estuve en la tierra, enseñé doctrinas como las que estos predicadores enseñan ahora, y aún ahora me doy cuenta que en cierto grado soy responsable por muchas creencias falsas; pero doy gracias a Dios porque yo no soy responsable de todo aquello que se me ha atribuido en la Biblia, y que, si mis verdaderas enseñanzas hubiesen sido conocidas y enseñadas, no existirían aquellas creencias engañosas y erróneas, que tanto predominan ahora entre los cristianos. Te digo, que los mortales no conciben cuan perjudicial y deplorables son los resultados que surgen de sus creencias en la Biblia, en muchos sentidos.

Este es un Libro de falsedad y falsificación, e imputaciones que no tienen ningún parecido con lo que el Maestro o ninguno de sus apóstoles enseñaron, y fácilmente puedes comprender cuán ansiosos estamos de que estos errores y falsedades sean retirados de las mentes y almas de los hombres. Pero esta noche, no debo entusiasmarme demasiado en considerar estas cosas, ya que no podría detenerme como debo hacer, bajo las circunstancias.

Regresaré muy pronto para escribir sobre la materia, pues, es de vital importancia para la humanidad, y explicaré en forma más detallada las verdades relacionadas con este tema, para la comprensión de los hombres.

Quisiera escribir más esta noche, pero no debo.

Así que, con mi amor, diré buenas noches.

Tu hermano en Cristo,
PABLO

El Infierno y la Duración del Castigo

(Continuación del Mensaje Anterior)

YO ESTOY AQUÍ, *San Pablo.*

He venido para escribir sobre el tema que mencioné anoche, a saber: El infierno y la duración del castigo, y si estás en condiciones para recibir el mensaje, empezaré a fin de concluir el mismo.

Bien, como dije anoche, el infierno de los predicadores ortodoxos, como era enseñado antes, es decir, un infierno de azufre y fuego, no es el verdadero infierno y no existe, salvo en las mentes de los creyentes ortodoxos.

El verdadero infierno es un lugar y una condición, y el uno no es separado del otro; y aunque la condición del alma y creencia de los hombres crean los infiernos en gran medida, sin embargo, el infierno es un lugar fijo y permanente, hecho y establecido, y de un carácter tal, que sea adecuado para su ocupación por el alma, de acuerdo con la condición de aquella alma. Para ilustrar: un alma que es menos vil, con menos malos pensamientos y memoria de sus malas obras, así como creencias falsas, está en un lugar muy diferente a aquella alma que tiene más de este mal en sí. La primera alma no encontraría su morada en el mismo lugar que la última, como tampoco un alma altamente desarrollada encontraría su morada en el mismo lugar de un alma menos desarrollada. El cielo es un lugar, o varios lugares, adecuados para el desarrollo del alma, así que, el infierno es un lugar indicado para las almas en una condición de degradación y maldad. Es decir, y debe ser entendido, que "lugar" y "condición" del alma son términos correlativos; el hogar del alma dependiendo de la condición del alma.

Ya que estos diferentes infiernos varían, son aptos para las almas de los espíritus, de acuerdo con su contaminación de las mismas.

Veo que no estás en la condición adecuada para escribir o recibir mis pensamientos, y no escribiré más. Pero regresaré pronto y escribiré detalladamente sobre estos asuntos.

Así que, con la esperanza de que pronto podrás tomar mi mensaje, diré buenas noches.

PABLO

El Infierno – Qué es y Cuál es Su Propósito

(Continuación del Mensaje Anterior)

YO ESTOY AQUÍ, *San Pablo*

Deseo terminar mi mensaje esta noche sobre El Infierno – qué es y cuál es su propósito.

Como dije antes, el infierno es un lugar, así como una condición, y aquel hombre que piensa que no es más que una condición de su mente o alma, estará muy sorprendido, así como decepcionado. Sé que la condición de la mente y del alma constituye, en gran medida, el infierno de un hombre, y es la fuente principal de su sufrimiento y oscuridad que lo rodea y lo envuelve; sin embargo, esta condición no es la única fuente de ese sufrimiento o de la oscuridad en el que él se encuentra.

El infierno es un lugar, y un lugar que tiene todas las apariencias e ingredientes que son exactamente de acuerdo con su estado, producido o causado por la condición de su mente o alma, y no es un lugar de carácter universal y apto para la morada de las almas, independientemente de las condiciones o grado de la contaminación, pecado y oscuridad. No es un sólo lugar, formando un hogar común para todas las almas caídas, sino que es compuesto de muchos y diversos lugares, y, tal como se ha dicho, existen muchos infiernos con gradaciones de apariencias y alrededores que son

222

adecuados para causar sufrimientos adicionales que las almas tengan que soportar.

La expresión, "las profundidades más bajas del infierno" no es una expresión insignificante, sino que describe una verdad, un hecho real existente, cuya realidad muchos espíritus experimentan ahora. En su sentido más amplio, el infierno es todo lugar fuera del cielo, y el cielo es el lugar donde todo lo que entra en él – su aspecto, cualidades y habitantes – están en perfecta armonía con las respectivas leyes de Dios y Su voluntad, en cuanto a las mismas. Y esta afirmación implica el hecho de que hay varios cielos, porque el cielo del redimido, o aquellos que han recibido la Esencia Divina en sus almas, y participar de la naturaleza Divina del Padre, es un cielo distinto a aquel donde viven aquellos que han sido restaurados en su amor natural, a la condición perfecta de los primeros padres antes de la caída – la condición de la restitución a la humanidad de aquella perfección que fue perdida por la desobediencia del primer hombre y mujer.

Los mortales generalmente piensan que el cielo es una condición, y la Biblia, en la que muchos creen, trata de describir este cielo con sus calles de oro y puertas perladas, etc., y de hecho, es un lugar real y substancial, con todos los elementos y apariencias de un hogar de deleite, que ayuda a traer felicidad y dicha a sus habitantes, además de la felicidad que la perfección y desarrollo de sus almas les causa.

Entonces, como el cielo es un lugar de sustancia real, perceptible a los espíritus que lo habitan, ¿por qué no ha de ser el infierno, también, un lugar de sustancia real con aquellas cualidades y apariencias, exactamente adecuado para añadir a la infelicidad de aquellos a quienes corresponde? El mundo espiritual, tanto el cielo como el infierno, son lugares de sustancia, con sus planos, divisiones y limitaciones de ocupación, y no son concepciones míticas e invisibles de la mente, que ustedes mortales generalmente conciben como fantasmas. Los espíritus de los mortales son reales y más substanciales que los cuerpos físicos de los mortales, y estos planos y divisiones, sean del cielo o del infierno, tienen una existencia más real que los lugares de habitación o de confinamiento de los mortales en la vida terrenal.

Los infiernos son lugares de oscuridad y sufrimiento, pero en ellos no existe el fuego o azufre, etc., como han sido tan comúnmente descritos por los predicadores y maestros de las iglesias ortodoxas, puesto que allí dentro no hay nada que alimentaría a los fuegos, o que los fuegos puedan afectar, y no existen diablos o Satanás, aunque existen espíritus malvados de hombres que son más perversos, viciosos y horrorosos de lo que jamás ha sido descrito del diablo y sus ángeles.

En tus comunicaciones, has recibido algunas descripciones muy realistas del infierno, de aquellos que, de hecho, viven allí, y sufriendo sus torturas y realidades, y no utilizaré este tiempo para tratar de describirlo

223

en forma detallada, pero sólo diré que, así como las mentes humanas no han podido concebir las maravillas y bellezas del cielo, tampoco han concebido, jamás, los horrores y sufrimientos del infierno.

PERO DE TODO ESTO, NO SE DEBE ENTENDER QUE EL CASTIGO Y OSCURIDAD QUE LOS ESPÍRITUS MALVADOS SUFREN EN LOS INFIERNOS SON IMPUESTOS ESPECÍFICAMENTE POR EL PADRE, DEBIDO A ALGUNA IRA QUE ÉL TENGA HACIA ESTOS ESPÍRITUS, O PARA SATISFACER ALGÚN SENTIMIENTO DE VENGANZA, O SI QUIERA DE UNA JUSTICIA ABERRANTE, PUESTO QUE ELLO NO ES CIERTO.

CUANDO EL HOMBRE SE CONVIERTE EN ESPÍRITU, ÉL ES SU PROPIO JUEZ Y VERDUGO, SOMETIÉNDOSE Y RECIBIENDO LOS RESULTADOS INEXORABLES DE LA LEY QUE REZA: "LO QUE EL HOMBRE SIEMBRA, ESO COSECHA". ESTA LEY ES NECESARIA PARA PRESERVAR O CREAR LA ARMONÍA DEL UNIVERSO DE DIOS QUE, POR SUPUESTO, ES ABSOLUTAMENTE NECESARIO, Y AUNQUE AL HOMBRE LE PUEDA PARECER, A PRIMERA VISTA, QUE ES UNA LEY SEVERA Y CRUEL, NO OBSTANTE, EN SU OPERACIÓN Y RESULTADOS, INCLUSO PARA EL ESPÍRITU INDIVIDUAL QUE SUFRE EN LA COSECHA, ES UNA LEY BENIGNA Y BENEFICIOSA, PUES LA OSCURIDAD Y LOS SUFRIMIENTOS DE UNOS CUANTOS AÑOS, COMO DICEN USTEDES LOS MORTALES, PRODUCIRÁ UNA ETERNIDAD DE LUZ Y FELICIDAD. LA LEY DEBE GOBERNAR; Y EN TODA SU APARENTE DUREZA, SUFRIMIENTO Y FALTA DE MISERICORDIA, EL GRAN AMOR DIVINO DEL PADRE ECLIPSA AL DOLIENTE, Y FINALMENTE, HACE QUE EL ALMA CONTAMINADA Y MALVADA SE CONVIERTA EN UN ALMA DE PUREZA Y BONDAD. LOS HOMBRES, QUIZÁS, NUNCA HAN PENSADO EN EL HECHO DE QUE, SI FUERA POSIBLE QUE ESTOS ESPÍRITUS MALVADOS VIVIERAN EN EL CIELO, SUS SUFRIMIENTOS E INFELICIDAD SERÍAN MAYORES, DE LO QUE SUFRIRÍAN VIVIENDO EN UN LUGAR QUE, EN SUS ENTORNOS Y APARIENCIAS, SON MÁS DE ACUERDO CON LAS PROPIAS CONDICIONES DE SUS ALMAS DISTORSIONADAS. ASÍ QUE, INCLUSO EN SUS INFIERNOS, EL PADRE ES MISERICORDIOSO Y BUENO.

Y, con respecto a la segunda proposición del predicador en su sermón, es decir, la duración del sufrimiento, o la vida del espíritu en el infierno.

Sus conclusiones fueron que la duración del infierno es eterna, perpetua y sin fin. ¡Cómo debe haber dolido y violado las enseñanzas de su propia alma, y su concepción del Padre cariñoso, llegando a tal conclusión! Sin embargo, obligado por sus credos y a la dominación de su creencia de que la Biblia es la única autoridad sobe el infierno, así como al cielo, en la convicción de su mente – y aquí deseo enfatizar "mente", puesto que su corazón no estaba de acuerdo, él declaró que la duración de los sufrimientos y la vida en los infiernos era eterna, y que la palabra de Jesús así lo prueba, no sólo porque está escrita en la Biblia, sino porque el verdadero significado de la palabra original Griega no puede tener ninguna otra traducción; sin saber, o de saberlo, olvidando que Jesús, aunque haya usado tal expresión, no hablaba en griego, y que detrás de la palabra Griega, a fin de obtener el verdadero significado de la palabra usada por Jesús, él, el predicador, debe ir a la palabra que Jesús pronunció, y encontrar su verdadero significado.

Así que, muchos predicadores y comentaristas de la Biblia tratan de establecer una verdad tan vital, a través de un matiz del significado que ellos conciben pueda haber en el original de una palabra en particular, pero no se justifican en concluir que la palabra que fue utilizada en aquel momento fue realmente la palabra original, ya sea hablada o escrita. Parecen perder de vista el hecho de que los escritos de la Biblia, y me refiero a los manuscritos a los que ellos hacen referencia para probar la exactitud de sus conclusiones, están muy alejados de los escritos originales, y que por motivo del copiado y volver a copiar la palabra en la que confían, y el matiz del significado que, en su interpretación, le han dado, quizás no fue la palabra utilizada originalmente. Por supuesto, no tienen manera de saber este hecho, y, como consecuencia, tienen que recurrir a la mejor autoridad accesible; pero bajo tales circunstancias, no es justificable determinar una cuestión vital del futuro y destino del hombre, por un matiz del significado que se le pueda atribuir a una palabra o más, sin referencia a otras declaraciones del mismo Libro, teniendo relación al tema de la investigación.

El predicador dijo, en su conclusión sobre el tema, que él debe regirse por la Biblia únicamente, y que no tenía ningún derecho a someterse a especulaciones de las filosofías de otros hombres, y que en la Biblia él no pudo encontrar nada que le justificase a llegar a cualquiera otra conclusión, que no fuese que la duración del castigo en el infierno es eterna. Bien, él no fue honesto consigo mismo, puesto que si hubiera investigado más profundamente y haber dado la misma credibilidad a otras partes de la Biblia como a aquel pasaje que citó, él habría encontrado una fuerte declaración al efecto de que los espíritus malvados en el infierno tienen la posibilidad de salir de ello, y no sólo eso, sino que parte de la gran misión de Jesús, sobre cuya supuesta declaración el predicador basó su conclusión, era mostrar el camino y persuadir a estos espíritus malvados a salir de sus infiernos. Ésta fue la primera labor del Maestro cuando se convirtió en espíritu, y él no habría tratado de predicar a estos espíritus malvados en el infierno, tan malvados, según la Biblia, que Dios, debido a sus grandes pecados cuando eran mortales, los castigó como jamás había castigado a ningún otro de sus hijos, por su desobediencia, destruyéndolos totalmente, como raza y Sus únicas criaturas humanas vivientes de la faz de la tierra, por una gran catástrofe, dejando únicamente a Noé y a su familia como recordatorio del gran fracaso de Dios en su creación – la más perfecta y el "muy bueno".

Así que yo digo, si el predicador hubiera examinado la Biblia, habría encontrado que el infierno que contenía a los espíritus de toda la raza humana que vivió en el momento de la inundación, excepto Noé y su familia, no era eterno en su duración.

Y nuevamente, si el predicador hubiera buscado más profundamente, habría encontrado que el mismo Maestro declaró por implicación necesaria que al menos para algunos de los malvados que se convirtieron en habitantes del infierno, había posibilidad de liberación y certeza, sujeto a condiciones. Me refiero a la declaración atribuida a él donde dijo, "Aquel que peca contra el hijo del hombre, será perdonado, pero aquel que peca contra el Espíritu Santo, no será perdonado ni en éste, ni en el mundo por venir".

Ahora, para cualquier hombre razonable, hay una sola interpretación a esta declaración, y ésta es que, para todo y cualquier pecado, excepto aquel contra el Espíritu Santo, existe el perdón en el otro mundo, así como en el mundo mortal, y esto, siendo un hecho, es una conclusión irresistible que el Padre no obligaría a un espíritu a permanecer en el infierno, después de perdonar los pecados de aquel espíritu.

No, el predicador no escudriñó la Sagrada Escritura, como era su obligación hacer, de lo contrario, su conclusión habría sido muy diferente, de haber podido deshacer de su mente aquellas creencias que los credos de su iglesia habían introducido a su intelecto, así como de las enseñanzas de los antiguos padres y de las iglesias que habían enseñado tales doctrinas falsas y condenable por tantos años.

El predicador repudió las viejas enseñanzas del sufrimiento físico en el infierno, o fuego o azufre, etc., y expresó su conmiseración por aquellos predicadores y otros que enseñaron tal doctrina, y por sus terrible responsabilidad y cuentas por rendir, y su conmiseración fue merecida y apropiada. Pero, aquí debo decir que él merece la misma conmiseración, si no más, por la predicación de sus falsas doctrinas, que aquellos predicadores a quienes él se refiere. Él tiene más luz, o lo podrá tener y su deuda será proporcionalmente mayor.

ESTE MENSAJE HA SIDO LARGO Y ESTÁS CANSADO, POR LO QUE DEBO DETENERME, NO SIN ANTES DECLARAR QUE LA VERDAD ES QUE, EL INFIERNO NO ES UN LUGAR DE CASTIGO ETERNO. QUE LOS INFIERNOS, ASÍ COMO OTRAS PARTES DEL MUNDO ESPIRITUAL, SON LUGARES DE PROGRESIÓN, Y EL PRIVILEGIO DEL PERÍODO PROBATORIO NO LE ES NEGADO A NINGÚN ESPÍRITU, SIN IMPORTAR CUÁN MALVADO SEA, PUES TODOS SON HIJOS DE DIOS, Y EN SUS PLANES PARA PERFECCIONAR LA ARMONÍA DEL UNIVERSO Y LA SALVACIÓN DEL HOMBRE, TODOS LOS INFIERNOS SERÁN VACIADOS Y LOS MISMOS INFIERNOS DESTRUIDOS.

Pero los hombres no deben pensar que la duración del sufrimiento en estos infiernos es necesariamente corta, pues no es cierto; algunos de los habitantes malvados de estos lugares han estado en esa oscuridad y sufrimiento durante siglos, como los mortales cuentan el tiempo, y quizás por más siglos, pero llegará el momento en que despertarán al hecho de que pueden convertirse en hijos de la luz, y cuando hagan el esfuerzo de progresar, tendrán éxito.

CUANTO MÁS PRONTO LA HUMANIDAD APRENDA QUE EL INFIERNO NO ES UN LUGAR DE CASTIGO PARA SATISFACER LA IRA DE UN DIOS ENOJADO, SINO SIMPLEMENTE EL LUGAR NATURAL Y NECESARIO PARA LA MORADA DEL ESPÍRITU, CUYA CONDICIÓN DE ALMA Y MENTE ASÍ LO EXIGE, Y QUE LAS CONDICIONES CAMBIAN Y CAMBIARÁN. EL INFIERNO DE SU MORADA CAMBIARÁ HASTA QUE FINALMENTE, PARA AQUEL ESPÍRITU TODOS LOS INFIERNOS DESAPARECERÁN.

Estás cansado y debo detenerme. Así que, dejándote con mi agradecimiento, amor y bendiciones, yo soy

Tu hermano en Cristo,
PABLO

Experiencia de un Ministro Ortodoxo Después de Pasar al Mundo de los Espíritus

Permíteme decir sólo unas cuantas palabras, pues estoy ansioso de escribir y decirte que esta noche estuve contigo durante tu última visita a la casa de mi hijo, (el Sr. F. _____), con la esperanza de que se presentara la oportunidad de escribir; pero como sabes, me vi decepcionado, y sé que mi hija también, puesto que ella contaba con poder recibir una comunicación de mí, en el caso de que tú fueras a la casa de su hermano.

Ya que no pude escribir allí, pensé que podía acompañarte a tu casa, con la esperanza de poder escribir, como ahora hago, pues, te escuché decir que recibías cartas de tu esposa todas las noches, y que, de suceder esta noche, yo podría tener la oportunidad de escribir.

Bien, deseo que sea del conocimiento de mi hija que yo apruebo su búsqueda de la verdad, que quizás encuentre en el Espiritismo, si lo busca correctamente; y, a pesar de que algunos de mis familiares no creen en ello y lo tratan con indiferencia o incredulidad, muchas verdades pueden ser encontradas en él. Es, en sí, una verdad, en espera de ser investigada por los mortales y aprender que es verdad, y que en ello están aquellas verdades que les conducirán a una felicidad mucho mayor, que aquella que ahora experimentan en la tierra, e infinitamente superior a aquella que puedan encontrar, si viniesen al mundo espiritual sin el conocimiento de estas verdades.

Como ellos saben, y me refiero a mi familia, yo fui un estricto ortodoxo y creí en las enseñanzas de la Biblia, como fueron enseñadas por la iglesia a la que pertenecí, y que yo mismo enseñé, y morí firmemente establecido en esa creencia, y vine al mundo espiritual totalmente impregnado de esta creencia, esperando encontrar a Jesús y ser admitido a la presencia de Dios; y, de acuerdo con mis creencias, yo estaba justificado en tener tal expectativa. ¡Pero desafortunadamente, cuan diferente fue mi experiencia cuando abandoné el mundo mortal y mis expectativas destruidas en un momento, por así decirlo!

Cuando mi espíritu abandonó mi cuerpo, yo estaba completamente consciente del cambio que ocurría, y supe que moría, pero estaba perfectamente calmado y sin una partícula de miedo. No sufrí dolor, o temor a lo que encontraría, pero más bien sentí una feliz expectativa, pensando que los problemas de mi vida terrenal habían quedado atrás para siempre, que pronto tendré descanso y que encontraría mi hogar entre los hijos elegidos de Dios, recibiendo la bienvenida de Jesús, quien me tomaría en sus brazos de amor. Me acompañaron todas las expectativas que yo tuve antes de mi muerte, y muy acentuadamente. En ningún momento entró en mi mente duda alguna que perturbara mis esperanzas de alcanzar las mismas. Además, yo esperaba encontrar a mis seres queridos, quienes habían partido antes que yo, y gozar de la felicidad de su presencia y condición de su alma purificada.

Bien, pronto me di cuenta que yo era un espíritu, separado de mi cuerpo, con una alegría, y, como dicen los mortales, más liviano que el aire. En un sentido figurado, yo parecía caminar sobre el aire, sin ninguna interferencia con mi ascensión al reino de luz, donde esperaba encontrar a mis seres queridos y al Cristo de mi creencia y amor.

Apenas me di cuenta de la separación de mi cuerpo, cuando algunos de mis seres queridos me recibieron y me dieron la bienvenida con amor y alegría. Me dijeron que estaban muy felices de mi llegada, y que no debía temer o dudar que yo fuese ahora un habitante del mundo espiritual. Apenas puedo decirte lo feliz que
 estaba, y cuan libre estaba de los recuerdos de las preocupaciones y cargas de mi vida terrenal, así como la atmósfera de amor y alegría celestial en la que me parecía estar.

El encuentro con ellos fue más de lo que yo había anticipado, y empecé a pensar cómo no había entrado en mi mente, cuando viví en la tierra, concebir la belleza y magnificencia de la morada espiritual, que Jesús dijo que estaba preparando en el cielo para todos aquellos que creían en él, y en el gran sacrificio y la expiación de los pecados del hombre, para lo que él vino a la tierra y que realizó.

Pero pronto recordé que mi gran expectativa era ver a Jesús y sentir la influencia de su amor, y, además, entrar en el cielo donde se encontraba el Padre y reunirme con la gran hueste, cantando aleluya y cantos de acción de gracias. Y luego pedí a mis ángeles queridos que me informaran dónde estaba Jesús, y cuándo entraría yo en la presencia del Padre y recibir Su bendición de aprobación, como un hijo fiel y obediente.

Y luego, de una manera cariñosa y para que mi desilusión fuese menos intensa, me dijeron que Jesús se encontraba en las Esferas Celestiales, y que, al Padre, nunca lo habían visto — que Él se encontraba muy arriba en las Esferas donde ningún espíritu había entrado, ni habían visto Su rostro u oído Su voz — no importa la condición de desarrollo y alteza de ese espíritu. Que mis creencias eran erróneas y que sólo mediante el desarrollo de mi alma en el amor, yo podría ascender a las Esferas Celestiales donde estaba el Maestro. Que la creencia en el lavado de la sangre o en la expiación vicaria no hacía que mi alma fuera apta para las Esferas Celestiales, y que sólo el Amor Divino en mi alma y la liberación de mis creencias erróneas me permitirán ser poseedor de las mansiones que Jesús preparaba para aquellos que estaban en armonía con el Padre. Que lo que me decían era la verdad, y que, en algún momento, Jesús me explicará lo mismo; y a pesar de que yo no podía ir a su morada, él, sin embargo, visitaba el plano terrenal frecuentemente y trataba de ayudar y confortar a los espíritus que no poseían el amor en sus almas, que les permita llegar a ser hijos de las esferas más altas.

Bueno, podrás imaginar mi asombro y decepción, y cuan al desnudo aparecieron mis creencias ante mí. Y al pensar en mi larga vida entregado a la cultivación y establecimiento de estas creencias, y expectativas en mi propia mente, y que no tenía ningún otro conocimiento o esperanza en la salvación, dudé de todo que me había sido dicho; mi Dios llegó a ser inexistente, y Jesús, quien había sido mi salvador, ya no lo era, sino un hombre que me había engañado durante los largos años de mi vida. Sentí resentimiento y endurecimiento, y me negué a creer en cualquier cosa. Pues, pensé que cuando estuve en la tierra, fui honesto conmigo mismo y con Dios, y que cuando la Biblia me fue declarada como la revelación verdadera de Dios, conteniendo el único plan cierto de la salvación del hombre, yo devotamente creí y traté de vivir una vida que me diera derecho a dicha salvación. Por lo tanto, como dije, pensé en estas cosas y, al darme cuenta de mi decepción, me convertí en un rebelde, casi odiando a los espíritus y a Dios.

Por un tiempo, se me permitió entretener estos pensamientos sin interrupción, y luego mis amigos me dijeron que estos pensamientos eran muy dañinos, e impedirían que yo aprendiera el camino verdadero hacia la salvación y a la felicidad, y que cuanto más tiempo me entregue a mis sentimientos de rencor y pensamientos de haber sido engañado, mayor será el estancamiento de mi progreso y más oscuro mis entornos.

Muy pronto me dijeron que las cosas del mundo espiritual son controladas por las leyes inmutables de Dios, y que estas leyes requerían que yo fuera al lugar que correspondía a la condición de mi alma, y que ellos tendrían que abandonarme por el momento. Explicaron, además, que ninguna creencia en el mundo entero puede determinar el lugar donde un nuevo espíritu debe encontrar su hogar, a menos que aquellas creencias fuesen verdad, y que mis creencias, y en las que yo tuve fe para mi salvación, eran falsas.

Bien, encontré mi lugar, y con ello la oscuridad en la que permanecí durante mucho tiempo, negándome a creer lo que me fue dicho en cuanto al verdadero camino hacia la luz y felicidad. Y aquí, deseo decir que no es fácil a poner a un lado, o liberarse de una creencia de toda una vida en la tierra, aun cuando los entornos y decepción del espíritu demuestran que tal creencia debe ser falsa; y esta creencia — una creencia meramente intelectual — es un factor muy importante en la determinación del destino temporal del alma.

He escrito demasiado y no relataré en detalle cómo aprendí la verdad y encontré la luz, e inicié mi progreso hacia las esferas superiores, o cómo Jesús vino a mí y me derramó su amor, y me habló de las cosas que serían mías, si sólo sigo su consejo.

Él dijo que el gran tropiezo en el progreso de un espíritu en su búsqueda de la verdad y de las mansiones en las esferas superiores, es esta creencia errónea y perniciosa en su expiación vicaria etc., lo que un gran número de espíritus traen consigo al mundo espiritual.

Ahora soy muy feliz, y me encuentro en la quinta esfera donde hay belleza y felicidad más allá de toda concepción; y si yo tuviera la oportunidad esta noche, trataría de darte una leve idea de mi hogar y sus entornos, y de los hermosos espíritus que son mis asociados.

Sé que ésta será su morada algún día, puesto que ella no tendrá la carga de las creencias que yo tuve que superar. Y aquí, debo decir que ella, sabiendo cuán querida es para mí, y que yo, quien posee tanto de este gran amor del Padre en mi alma, debo quererla, y ella debe saber también que yo no la engañaría por nada en todo el mundo; y teniendo conocimiento de esto, debe seguir mi consejo y buscar este Gran Amor de Dios, que hizo de su padre un espíritu muy feliz. Que abandone estas viejas creencias ortodoxas, en cuanto al plan de la salvación, y que ore directamente al Padre por Su Amor, y ella recibirá todo lo que sea necesario para una gran felicidad terrenal y un gozo indecible en el mundo espiritual.

Estoy con ella muy a menudo en sus dificultades terrenales, tratando de ayudar y consolarla, y a veces con un poco de éxito. Ella debe recordar que estas dificultades sólo son momentáneas, y luego se alejarán para siempre, y que el amor y la influencia que su padre le envía nunca la abandonarán; y que, en aquel momento, que tanto temen los mortales – me refiero a la muerte – su padre y otros seres queridos estarán con ella y la tomarán en sus brazos de amor, y ella nunca tendrá temor o pavor en cuando a dónde está, puesto que el amor será tan grande y su alma responderá de tal forma, que todo lo demás será olvidado. Así que, dile a mi hija que no debe permitir que sus problemas y dificultades la preocupen, para que no descuide la presencia del consuelo que tratamos de traerle.

Bien, he escrito hasta donde me siento justificado en hacer, ya que tu tiempo es requerido por los demás también, pero tu esposa, que es tan buena, dice que no debo temer que he consumido demasiado tiempo, puesto que ella siempre tiene interés en dar a conocer a los mortales aquellas cosas que les proporcionarán la felicidad en la tierra y la certeza del cielo.

Me gustaría decirle algo a mi esposa, pero veo que ella no está en condiciones para recibir mi mensaje, porque sufre, como yo sufrí, inconscientemente, en la creencia dogmática de su iglesia. ¡Oh, si yo sólo pudiera llegar a ella en mi apariencia terrenal y hablarle acerca de los errores de sus creencias, y de las verdades que me han hecho libre y un hijo verdadero del Padre, lo haría con la rapidez de la luz y con la esperanza que mi amor por ella me daría! Nunca la amé en la tierra como ahora la amo, y cuando ella venga al mundo espiritual, no llegará como una extraña, puesto que ella se encontrará con un amor más grande que jamás haya concebido, y conocerá al amante.

Dile a mi hija que le lea a su madre lo que he escrito, y, a pesar de que su madre no lo creerá, algunas de las cosas que he dicho se alojarán en su memoria, que vendrán con ella al mundo espiritual, y la ayudará en su desilusión al no ver realizadas sus expectativas.

Y lo que te he dicho, hija mía, les digo a mis hijos, y les exhorto a pensar en estas cosas, que son tan importantes para ellos como mortales, así como cuando se conviertan en espíritus.

Con tu permiso, vendré otra vez en algún momento para escribirle a mi familia. Agradeciéndote mucho y con mi amor a todos mis seres queridos, diré, buenas noches.

Tu hermano en Cristo,

F ___

Confirmación de que el Predicador Ortodoxo Escribió y Relató su Experiencia en el Mundo Espiritual

YO ESTOY AQUÍ, Tu Verdadera y Querida Helen (Señora Padgett, Espíritu Celestial).

Bien querido, estás algo cansado y debo ser breve. El espíritu que te escribió estuvo en la casa de su hijo como él dijo, pues, como sabes, yo estuve allí y lo vi. Él te acompañó a la casa y, puesto que supe que él ansiaba mucho escribir, le dije que lo hiciera.

Él es un espíritu muy brillante que tiene mucho del amor en su alma, y desea que su esposa e hijos crean lo que él escribió. ¡Que privilegio tienen, al tener a tal padre cerca de ellos, dándoles la influencia de su amor! Si los mortales sólo pudieran comprender la gran fortuna de tener un ser querido en el terreno espiritual que posee la cantidad de amor en su alma, como aquel espíritu que te escribió.

Tu verdadera y querida
HELEN

El Libro de las Revelaciones Sólo es una Mera Alegoría de Uno o Más Escritores, y No es lo Mismo que fue Escrito por San Juan

YO ESTOY AQUÍ, San Juan -- Apóstol de Jesús

He estado contigo esta noche y escuché el sermón del predicador acerca del cielo y lo que es, y puesto que su texto se basa en algunas expresiones contenidas en un Libro de la Biblia, que me atribuyen y que yo escribí, aunque no tal como está contenido en la Biblia, pensé oportuno venir para escribir sobre la veracidad del sermón y el mérito del libro, en cuanto a su descripción o sugerencia de lo que es el cielo y su aspecto, y qué hacen los espíritus de los redimidos, que el predicador designó como servicio.

Bien, en primer lugar, deseo decir que, si bien es cierto que yo escribí un libro de la naturaleza de aquel llamado en la Biblia "Las Revelaciones", sin embargo, éste no contiene mis escritos en gran medida, ni se establece ni se siguen mis ideas en este Libro de Las Revelaciones. Como ya sabes, en mi tiempo y durante mucho tiempo antes, los autores Judíos, debido a los grandes problemas y persecuciones que enfrentaba su nación, acostumbraban a escribir libros de la naturaleza de aquel que contiene la Biblia, llamándole "Las Revelaciones", con el propósito de exhortar a su gente a creer que todas las injusticias que sufrían serían vengadas por Dios, y que sus enemigos serán obligados a sufrir y ser destruidos, y al final su nación será rescatada de la condición de esclavitud y sufrimiento, y convirtiéndose en la nación gobernante de la tierra. Estos escritos fueron aceptados por los judíos como la autoridad de divina inspiración, trasmitiendo a su nación las verdades de Dios, y promesa de Su intervención en favor de ellos. Estos escritos siempre fueron atribuidos a algún profeta, vidente, u hombre de Dios que tenía el privilegio especial del contacto con Dios o con alguno de Sus ángeles, a través del misterioso y sagrado don de la videncia.

Por supuesto, estos escritos fueron hechos con la mera intención de incitar a los judíos a profundizar su fe en Dios y en la fe de que Él les enviaría un Mesías dotado con el poder de redimirlos de los castigos y la esclavitud que sufrían bajo la tiranía y el poder de sus captores y perseguidores paganos.

Estos escritos siempre fueron proféticos y sostenían las promesas para el futuro, sin tratar, jamás, de fijar un tiempo para el cumplimiento de las mismas, o el final de los males de la nación y la llegada de su libertador, a fin de que, al no cumplirse las promesas con el paso del tiempo, continuarían las esperanzas, y la creencia de los judíos no disminuida. El incumplimiento de estas promesas fue explicado bajo la creencia, en adición, de que el tiempo de la consumación de sus tan deseadas expectativas aún no había llegado. Que Dios era Omnisciente y Todopoderoso, y protector de su raza, y que Él, y solo Él, sabía cuándo llegaría el momento correcto y adecuado.

ESTA ESPERANZA EN ESPERANZA FUE UNA FUERZA MARAVILLOSA EN MANTENER LA FE Y LAS EXPECTATIVAS DE LOS JUDÍOS, Y TAN EFICAZ FUE QUE HASTA ESTE DÍA CONTINÚAN SIENDO UNA NACIÓN, O MÁS BIEN, UNA RAZA EN LA CREENCIA Y EXPECTATIVA DE LA LLEGADA DE ESTE MESÍAS. PERO, LAMENTABLEMENTE, COMO NO LO RECONOCIERON NI LO ACEPTARON CUANDO APARECIÓ, JAMÁS VOLVERÁN A VERLO, PUES, ÉL NUNCA APARECERÁ COMO SU MESÍAS, COMO HA SIDO ESPERADO EN TIEMPOS PASADOS, SINO COMO EL GRAN MAESTRO Y REDENTOR, NO SOLAMENTE DE AQUELLA RAZA, PERO DE TODA LA HUMANIDAD DE LA TIERRA. ÉL YA VINO COMO TAL REDENTOR, Y AHORA SE DEDICA A GUIAR A LOS HOMBRES HACIA EL VERDADERO Y ÚNICO CAMINO A LA VIDA, FELICIDAD E INMORTALIDAD. PERO NUNCA LLEGARÁ UN MESÍAS A LOS JUDÍOS PARA ESTABLECERLOS EN LA TIERRA COMO LA GRAN NACIÓN ELEGIDA, COMO CASI TODOS ELLOS CREEN, Y AL QUE AÚN ESPERAN.

Así pues, como digo, muchos libros o manuscritos han sido escritos por los supuestos profetas judíos, proclamando a los judíos los resultados de las visiones que supuestamente fueron experimentadas por estos escritores. Pero, como nunca se cumplieron las profecías, en el sentido que los judíos las entendieron, ni tampoco se cumplirán en el futuro, no tienen ningún valor.

Esta costumbre, como yo la llamaría, continuó desde los tiempos remotos hasta el tiempo que yo viví y escribí, y mi Libro de las Profecía fue escrito por mí, no con el propósito de establecer a los Judíos como una nación en la tierra, o hacerles creer que se cumplirán sus esperanzas o anhelos, sino con el fin de exhortar a los cristianos a creer, a pesar de su persecución, sufrimientos y martirio, que en la vida futura, cuando se reúnan con el Maestro y los santos, ellos encontrarán alegría y paz en el cielo. Pero en mis escritos, nada se dijo que la ira de Dios visitaría a los perseguidores de los cristianos, o que irían a un infierno de fuego y azufre, para que de ese hecho la felicidad de los redimidos sería incrementada.

Mis escritos sufrieron añadiduras, y todo tipo de imágenes grotescas les fue interpolado, de manera que el diseño entero y propósito de mis escritos fueron cambiados y destruidos. El Libro de Revelaciones actual no es más que una alegoría de uno o más escritores que fueron dotados con algún conocimiento de las enseñanzas cristianas y una inusual imaginación oriental.

Este libro es sin ningún valor, por el contrario, está haciendo mucho daño a la causa de la verdad enseñada por el Maestro; pues nosotros, que estamos en los Cielos Celestiales y que tenemos conocimiento de cosas divinas, así como terrenales, sabemos que es un hecho.

No debe ser aceptado como una revelación auténtica de las verdades, ni debe ser creído para ningún propósito. Ha desviado a muchos buenos hombres, y honestos y sinceros buscadores de la verdad, haciéndoles creer y enseñar doctrinas falsas que han dado lugar a tanta oscuridad y estancamiento en el desarrollo de las almas humanas en sus anhelos por la verdad. Así que yo digo, que los hombres desechen totalmente estas enseñanzas, y cualquier y toda lección que aquellos predicadores, u otros que creen entender su significado, tratan de enseñar.

LOS ESCRITOS DE LA ÍNDOLE MENCIONADA QUE LE DI A MI PUEBLO, HACE MUCHO TIEMPO QUE SIRVIERON SUS PROPÓSITOS, Y LOS ESCRITOS LLAMADOS "LAS REVELACIONES" NO CONTIENEN EN ELLOS NINGUNA VERDAD QUE AYUDE A LA HUMANIDAD A ALCANZAR EL REINO DIVINO, O SU FELICIDAD ETERNA Y UNICIDAD CON EL PADRE. QUE MUERA LA MUERTE DE UNA FALSEDAD NACIDA FUERA DE TIEMPO.

También fue interesante la dificultad del predicador para explicar a su congregación, quienes se consideran los hijos redimidos de Dios, lo que es el cielo, y lo que encontrarán cuando sean habitantes de este cielo.

Bien, él dijo la verdad al decir que el cielo es un lugar como también una condición, pues es inconcebible que haya alguna condición del espíritu de un mortal, a menos que exista un lugar donde ese espíritu pueda encontrar una morada. Todo espacio en el universo de Dios es un lugar, o contiene los lugares donde las cosas existenciales deben encontrar sus localidades. En la economía de Dios no existe tal cosa como un vacío, y todo espacio está equipado de algo que tiene sustancia, ya sea material o espiritual, y donde haya tal sustancia, existe un lugar para su morada.

Sí, el cielo es un lugar, o un número de lugares, pero el predicador dista mucho de tener una verdadera concepción del cielo, al suponer que es solamente un vasto lugar donde va todos los creyentes después de la muerte, independientemente de la condición de sus almas y perfección moral. Como he dicho, hay muchos cielos y muchos lugares, todos tan reales y substanciales como lo son los diferentes niveles y habitaciones de sus hogares terrenales. Y las particiones, por así decir, entre estos diferentes lugares son tan infranqueables para los espíritus que no tienen las cualidades adecuadas para traspasarlos, como lo son para ustedes mortales, las paredes de partición entre las diferentes habitaciones en sus hogares terrenales. Estos lugares son distintivos, y las diferentes mansiones a que se refirió el predicador, se encuentran en muchos cielos o más correctamente, muchas esferas de los cielos.

Estrictamente hablando, existen dos cielos en el universo espiritual de Dios, a saber: los cielos del alma redimida y transformada por el Amor Divino, llamados los Cielos Celestiales, y los cielos del hombre perfecto restaurado, llamados los Cielos Espirituales, siendo todos y cada uno de ellos, lugares de verdadera perfección y sustancia.

Tal como difiere una estrella de la otra estrella en la gloria, así también difieren estos diversos cielos dentro de los cielos, el uno del otro en su gloria y apariencia, y en aquellas cosas que contribuyen a la belleza y atractivo y gloria de las mansiones de sus habitantes.

Tomaría demasiado tiempo para tratar de describir cualquiera de estos cielos, puesto que todos y cada uno de ellos superan cualquier concepción que pueda tener un mortal; pero diré esto: no existen calles de oro o puertas perlinas, o soles o estrellas en ninguno de ellos; sólo los ilumina la luz del amor y misericordia de Dios.

Pospondré la continuación de mi mensaje, pero volveré muy pronto para completar lo que me propuse decir acerca del sermón del predicador, y tratar de mostrar la verdadera imagen de algunos de los cielos, y qué servicio rinden los hijos redimidos de Dios cuando vienen al mundo espiritual.

Así que, mi querido hermano, diré buenas noches.

Tu hermano en Cristo,
JUAN

Descripción de la Tercera Esfera. Confirmación Que Jesús Escribió la Oración

YO ESTOY AQUÍ (San Juan, Apóstol de Jesús).

Deseo concluir mis comentarios respecto al sermón del predicador sobre el cielo.

Como dije antes, estos escritos Apocalípticos fueron hechos con el fin de instar a la gente de aquellos días a creer que Dios intervendría a favor de ellos, así como salvarlos de sus sufrimientos y persecuciones, y, en primer lugar, establecer el reino del Mesías en la tierra que lograría que los Judíos se conviertan en la nación gobernante del universo, y segundo, establecer un reino en el cielo donde los Cristianos encontrarían descanso y felicidad al convertirse en habitantes de este reino, e hijos del Padre, y participantes en las glorias del reinado de Cristo como rey y sacerdote.

Bien, ya que el tema del sermón era acerca del Reino o el Cielo y el predicador trató de explicar a su congregación qué es este cielo, hablaré de este tema.

EN PRIMER LUGAR, COMO DIJE, EL CIELO NO ES UN LUGAR UNIVERSAL

235

DONDE VAN TODOS LOS CRISTIANOS, INDEPENDIENTEMENTE DEL DESARROLLO DE SU ALMA, PERO EN ÉL EXISTEN MUCHOS CIELOS O ESFERAS DONDE EL ESPÍRITU DE LOS MORTALES ENCONTRARÁ UNA MORADA Y FELICIDAD, DE ACUERDO AL DESARROLLO DE SU ALMA O DESARROLLO ESPIRITUAL. Y, CON EL FIN DE EVITAR UN MALENTENDIDO, DEBO DECIR QUE EL DESARROLLO DEL ALMA LLEGA SÓLO A TRAVÉS, Y POR LA OPERACIÓN DEL ESPÍRITU SANTO. EL DESARROLLO ESPIRITUAL SÓLO INVOLUCRA EL RESULTADO DE LA OPERACIÓN CORRECTA DE LAS FACULTADES MORALES DE UN HOMBRE Y LA PURIFICACIÓN DE SU AMOR NATURAL QUE, POR SUPUESTO, COMPRENDE EL DESARROLLO DE SU ALMA, HASTA DONDE LA MISMA SEA DESARROLLADA, MEDIANTE ESTE PROCESO DE PURIFICACIÓN. LOS RESULTADOS DE CADA UNA DE ESTAS OPERACIONES SON MUY DIFERENTES, Y CONDUCEN A LA PERFECCIÓN Y A UNA RELACIÓN CON EL PADRE QUE ESTÁ EN ARMONÍA CON LAS LEYES QUE CONTROLAN LOS RESPECTIVOS CIELOS — PUES, EL LUGAR DE MORADA FINAL DE CADA UNA, SE LE PODRÍA LLAMAR EL CIELO.

Pero mi objetivo esta noche es describir el aspecto y condición de uno de estos cielos, y ya que los mortales han oído hablar del tercer cielo más que de ningún otro cielo, que nosotros en nuestra información a ti hemos llamado la "tercera esfera", limitaré mi descripción a este lugar.

Bien, este cielo está ocupado por los espíritus de mortales que han recibido una cantidad considerable del Amor Divino del Padre, así como por aquellos que han progresado en gran medida en la purificación de su amor natural y expansión mental e intelectual, aunque estos últimos no permanecen mucho tiempo en este cielo, sino que progresan a la cuarta esfera, donde existen más oportunidades y enseñanzas acerca de aquellas cosas relacionadas con el desarrollo mental. A pesar de que todos están en el tercer cielo, tanto aquellos que han hecho progreso en el desarrollo de sus almas, como aquellos en lo intelectual, sin embargo, ocupan planos diferentes y muy distintivos en este cielo, puesto que las cosas que le atraen a una clase no le atraen a la otra, y estos espíritus muy poco se entremezclan, excepto a veces, cuando aquellos que saben que el Amor Divino es real, tratan de mostrar a los otros que no lo saben, la deseabilidad de obtener este Amor, así como la felicidad que trae a los espíritus.

Como te hemos explicado, la condición del alma – no de la mente – crea el cielo del espíritu en gran medida, y el Padre, en su providencia, hizo los entornos y aspecto físico que corresponden a la condición del alma y que son adecuados para incrementar la felicidad de aquellos espíritus quienes, por el progreso de sus almas, sean atraídos a los lugares en particular donde se encuentran – sus hogares.

Para aquellos que poseen el Amor Divino en sus almas, este cielo tiene un aspecto que excede la capacidad de ser explicado en tu lenguaje mortal, incluso si yo tuviera la habilidad para describir el mismo. Pero en términos generales, diré que allí existe todo cuanto sea necesario para la felicidad de estos espíritus, en la medida de su capacidad para recibir y disfrutarlo. Hay árboles, flores, colinas, valles, ríos lagos y paisajes hermosos, y sobre todo, una maravillosa atmósfera, como diría, que es creada por este maravilloso Amor del Padre, y una luz gloriosa que ilumina y da vida a todos cuanto viven en ella, y que proviene del Amor del Padre. Es el sol, la luna y las estrellas, y el amanecer y el atardecer, las nubes del verano, las sombras de la tarde y las glorias de la mañana. El sol, la luna y las estrellas de tu mundo material no aparecen en este cielo, puesto que el resplandor de la luz del Amor del Padre eclipsa y elimina la luz de estas creaciones materiales del mundo mortal.

Y también hay hogares de gran esplendor y belleza, adecuados para las condiciones de los diversos espíritus que tienen todo aquello que tiende a causar la felicidad y dicha a sus ocupantes y amigos visitantes. Instrumentos musicales, libros, pinturas y muebles de toda clase para traer satisfacción y alegría a los espíritus, y el logro de la paz y alivio de las preocupaciones que ustedes mortales tienen consigo durante su vida terrenal. Y sobre todo y más importante, una maravillosa atmósfera de amor que hace que todos estos espíritus se den cuenta que son hijos del Padre y hermanos en sí, y amantes de toda la humanidad.

Y además, la vida social está más allá de toda concepción. Los espíritus disfrutan de momentos para visitar, así como para permanecer en sus hogares; y muchos otros placeres, así como para el trabajo y ayudando a los espíritus y mortales; para el canto y música y risas, y la oración y contemplación sobre las verdades espirituales profundas. Sí, tanto en los placeres sociales más ligeros, como en las contemplaciones solitarias y aspiraciones para el progreso del alma, hay felicidad y goce, así como la ausencia de aquellas cosas que mancillan o causan inarmonía en los pensamientos y deseos del corazón de estos espíritus. Todo es alegría, y no hay ninguno con rostro solemne y decaído, como muchos mortales piensan que describe al verdadero virtuoso y más redimido de los mortales. No, el amor no conoce tristeza, y como el alma manifiesta su condición a través de la apariencia del semblante del cuerpo espiritual, el alma que esté llena de regocijo y júbilo, su rostro sólo puede expresar estas emociones del alma. Éste es el resultado de la ley que declara que nada puede ser ocultado, y todo espíritu debe manifestar la verdad de su condición. No hay ciudades amuralladas o calles de oro o puertas perlinas, o ninguna de las otras cosas materiales descritos, y que se me atribuyen en el libro, para que el hombre pueda obtener alguna concepción de lo que es el cielo. Estas cosas en el cielo, no serían oro, perlas, diamantes o jaspe, pues, cuando se comparan con las verdaderas bellezas de las cosas contenidas en el cielo, son tan tenues como la luz de una vela, al compararla con la luz del sol del mediodía de tu mundo.

EN REALIDAD, LA MENTE DEL HOMBRE NO PUEDE CONCEBIR LAS GLORIAS QUE AGUARDAN AL ALMA ILUMINADA POR EL AMOR, CUANDO LLEGA A SU HOGAR CELESTIAL.

Hubo otro concepto erróneo de parte del predicador, siguiendo las enseñanzas de la Revelación, en cuanto a que el Reino del Cielo es una ciudad amurallada – la Nueva Jerusalén – en la que viven todos los espíritus redimidos, cantando fuertes alabanzas a Dios. Hay ciudades como aquellas en la tierra que son llamadas correspondencias, pero también existen pueblos, aldeas y casas en el campo, como ustedes los llaman, rodeados por verdes prados y valles que dan sombra, a través de los cuales corren ríos y arroyos de matices plateados y claros como el cristal, al igual que los plácidos lagos que brindan el placer de canotaje y navegación, y otras diversiones. Pues, a todo espíritu se le provee el lugar que le sea más atractivo y tiene la opción de escoger el lugar que será su hogar.

PERO TODOS AMAN Y ADORAN AL PADRE, Y ELLOS SE ESFUERZAN POR HACER FELICES A SUS VECINOS Y A AYUDARLOS EN EL DESARROLLO DE SUS ALMAS HACIA UNA PROGRESIÓN A LOS CIELOS AÚN MÁS ALTOS. TODO ESPÍRITU ES CONTROLADO POR LEY, PERO ESA LEY ES LA LEY DEL AMOR, Y ESE AMOR ES EL AMOR DIVINO – LA ESENCIA DE LA DIVINIDAD DEL PADRE.

He escrito suficiente para esta noche, y espero que de lo que he dicho, puedas obtener una leve concepción de lo que son las glorias de este tercer cielo para aquellos que, en cierta medida, han encontrado y poseído este Amor; y entonces, al darte cuenta que existen muchos cielos arriba de éste, cada uno sucesivamente poseyendo mayor gloria y felicidad y belleza del lugar, así como la belleza del espíritu, te podrás imaginar lo que quiso decir el pastor cuando dijo, "en la casa de mi Padre muchas mansiones hay".

Sé que, para algunos mortales, la descripción que he intentado quizás sea insatisfactoria, pero es lo mejor que puedo hacer, puesto que las palabras mortales no pueden transmitirlo y los pensamientos mortales no pueden concebir las realidades; y el hombre en su imaginación quizás pueda lograr una mejor visión espiritual de estas cosas.

No escribiré más esta noche.

ESTOY CONTIGO MUY A MENUDO, LANZANDO A TU ALREDEDOR LA INFLUENCIA DE MI AMOR, Y PROCURANDO AYUDAR Y ANIMARTE. DEJA QUE CREZCA TU FE EN NOSOTROS Y EN NUESTRAS COMUNICACIONES, Y, SOBRETODO, DEBES CREER QUE EL MAESTRO TE ESCRIBIÓ LA ORACIÓN QUE RECIBISTE HACE ALGUNAS NOCHES. ESTÚDIALA PROFUNDAMENTE Y TRATA DE ENTENDER SU SIGNIFICADO ESPIRITUAL, Y QUE TUS ANHELOS Y ASPIRACIONES ASCIENDAN AL PADRE, COMO SUGIERE LA ORACIÓN, Y TENDRÁS UNA MARAVILLOSA Y SATISFACTORIA RESPUESTA A ELLOS. ORAMOS POR TÍ Y POR TUS AMIGOS, Y DEBEN CONFIAR EN QUE ESTE AMOR ESTÁ LLEGANDO A SUS ALMAS.

Así que, con mi amor y bendiciones, diré buenas noches.

Tu hermano Cristo,
JUAN

Él Cambió sus Creencias Erróneas que Enseñó en la Tierra, y Ahora Está en los Cielos Celestiales

YO ESTOY AQUÍ, George Whitefield.

Yo fui un predicador de Inglaterra y contemporáneo de John Wesley. Estoy en las Esferas Celestiales donde sólo están aquellos que han recibido el Nuevo Nacimiento, del que han escrito otros y más antiguos espíritus.

Sólo quiero decir que aún soy un seguidor de Jesús, pero algo diferente en mi conocimiento de lo que él fue y es. Ahora no considero que él es Dios, o una parte de Dios, sino Su hijo verdadero y el más grande de todos los espíritus en el mundo espiritual. No hay ninguno que pueda ser comparado con él en belleza o espiritualidad, o en su conocimiento de las verdades de Dios.

YO SOLÍA PREDICAR A MILES ACERCA DE SU EXPIACIÓN VICARIA Y EL SACRIFICIO DE SU SANGRE, PERO AHORA VEO SU MISIÓN BAJO UNA LUZ DIFERENTE. NO ES SU MUERTE EN LA CRUZ QUE SALVA A LOS HOMBRES DE SUS PECADOS, NI SU SACRIFICIO LO QUE APACIGUA LA IRA DE UN DIOS IRACUNDO, SINO QUE ES SU VIDA Y ENSEÑANZAS DEL AMOR DIVINO OTORGADO A LA HUMANIDAD, Y EL CAMINO PARA OBTENER ESE AMOR, LO QUE SALVA A LOS HOMBRES DE SUS PECADOS. NO HUBO NECESIDAD DE APACIGUAR LA IRA DE UN DIOS IRACUNDO, PUESTO QUE NO HUBO UN DIOS IRACUNDO, SÓLO UN DIOS AMOROSO Y MISERICORDIOSO; Y CUANDO LOS HOMBRES PIENSAN QUE A MENOS QUE RENUNCIEN A SUS PECADOS, SERÁN QUEMADOS ETERNAMENTE EN UN INFIERNO ARDIENTE, SON ENGAÑADOS POR PREDICADORES, TAL COMO YO LO FUI, Y JAMÁS PODRÁN OBTENER EL AMOR DEL PADRE MEDIANTE TALES ENSEÑANZAS. DIOS ES AMOR, Y LOS HOMBRES DEBEN SABERLO – Y SU AMOR ES PARA TODA RAZA Y TIERRA.

Ahora veo que gran error cometí en mi concepción de Dios y la misión de Cristo en la tierra, y cuánto daño causé a los mortales con mi predicación, y cómo difamé al Padre de amor. Pero fui honesto en mis creencias y enseñé lo que yo creía ser la verdad, aunque ello no altera el hecho de que muchos mortales, al convertirse en espíritus, fueron retardados durante mucho tiempo en su progreso espiritual, debido a estas falsas creencias a las que tuvieron que renunciar y empezar de nuevo en sus esfuerzos por encontrar las verdades de Dios, a fin de progresar.

Y así como trabajé de manera intensa y prediqué tan elocuentemente para hacer que los mortales creyeran estas doctrinas perjudiciales, cuando yo estuve en la tierra, también trabajo ahora arduamente y predico con elocuencia para que los espíritus que llegan con estas creencias las desaprendan y vean la verdad tal como es.

Estoy de acuerdo con el movimiento que el Maestro está realizando ahora para difundir en la tierra la verdad de estas cosas espirituales, y estoy dispuesto a seguirlo en todos sus esfuerzos para la salvación de los hombres, no sólo del pecado, sino de creencias erróneas.

Así que, vengo a ti esta noche para expresar mi simpatía e interés en la causa.

Procede con tu trabajo, y haz todo lo posible para dar a conocer a los hombres las grandes verdades que el Maestro enseñará. Todos nos uniremos en el trabajo, y haremos todo cuanto esté en nuestro poder para acelerar la gran causa de la redención de los hombres del pecado e ignorancia.

El hombre debe lograr el desarrollo de su alma mediante la obtención del Amor Divino, puesto que un hombre no puede ser inspirado a predicar grandes y sublimes verdades espirituales, a menos que él tenga la capacidad en su propia alma para sentir y entender las verdades.

No escribiré más por esta noche.

Soy tu amigo verdadero,
GEORGE WHITEFIELD

Todos los Hombres Pueden Llegar a Ser Ángeles, y Cómo las Creencias Erróneas Impiden esta Consumación

YO ESTOY AQUÍ, Tu Abuela (Ann Rollins, Espíritu Celestial)

Esta noche te hablaré acerca de una verdad que podría ser de interés para ti, y sé que es de importancia para todos quienes anhelen la felicidad en la vida futura.

Como es de tu conocimiento, ahora estoy en las Esferas Celestiales, en un lugar superior a la tercera Esfera Celestial, y donde no hay líneas especiales de demarcación separándola de lo que se podría llamar los planos superiores.

En mi plano, los habitantes son aquellos que han recibido el Amor Divino en sus almas en un grado que les da conciencia de que son de una naturaleza que es Divina y en unicidad con aquella del Padre. Por supuesto, aquellos que han entrado en la primera Esfera Celestial, tienen conocimiento de haber participado de la naturaleza divina, pero no están tan llenos de este amor como lo estamos nosotros que vivimos en la esfera en que yo estoy.

No me es posible explicarte el grado de nuestra felicidad, porque no hay palabras en tu lenguaje que puedan, siquiera, transmitir una tenue concepción de esta felicidad, y no trataré de describirla. Pero, si combinaras todas las emociones de alegría y felicidad que has tenido o experimentado en todos los años de tu vida, no podrías entender el significado de nuestra felicidad, ni en el menor grado.

Te digo esta verdad, simplemente para mostrarte y a toda la humanidad lo que les es posible obtener, si sólo siguieran el curso que el Padre ha provisto, y que el Maestro ha señalado en sus mensajes a través de ti.

El gran instrumento que causa esta gran felicidad es el amor, y con esto quiero decir el Amor Divino, del que a menudo hemos escrito, y sin el cual es imposible que un alma obtenga esta condición, o que llegue a ser un habitante de los Cielos Celestiales.

Con la venida de Jesús, los hombres fueron otorgados de nuevo este gran privilegio, y una posibilidad del conocimiento del camino en que puede ejercer el privilegio. Esto no fue declarado a todos los hombres, puesto que el territorio en el que Jesús enseñó y proclamó esta importante verdad era muy limitado, y la gran mayoría de los hombres murieron sin el conocimiento de que este don había sido re-otorgado. Pero Dios, en Su bondad y amor, no limitó el otorgamiento de este amor a aquellos que fueran tan afortunados de conocerlo a través de Jesús y sus apóstoles, sino que envió a Su Espíritu Santo para implantarlo en las almas de todos los hombres que podrían estar en tal condición de aspiración y anhelo de sus almas, para permitir que este Amor entre en sus almas.

Cuando los espíritus llegaron a poseer este conocimiento, iniciaron el trabajo de tratar de influenciar a los hombres de manera tal, que en ellos surgiera el anhelo por una unidad más estrecha con Dios, y una apertura de las percepciones del alma, y, como resultado, muchos hombres en diversas partes del mundo recibieron este Amor en sus almas, sin saber que ello era este Amor Divino, pero así fue. Y cuando estos hombres, en su forma espiritual, entraron en el mundo espiritual, pronto se dieron cuenta que hasta cierto grado poseían este Amor, y no les fue difícil escuchar las explicaciones y enseñanzas de aquellos espíritus que lo habían recibido, acerca de la verdad de su existencia.

Ahora, todo esto no parecerá de mucha importancia para el hombre actual, y apenas digno de atención, pero mi gran objetivo al escribir en esta forma es señalar que Dios no tenía ninguno en especial o en particular, y que, incluso, no fue necesario que toda persona aprendiese de Jesús el hecho de este don, pues, en tal caso, no habría sido posible que la gran mayoría de la humanidad tuviese conocimiento de este Amor, cuando aún eran mortales. No, no se trataba de una necesidad, pero el conocimiento que llegó a los mortales a través de Jesús, permitió que aquellos que lo poseían y creían en ello, siguiesen más fácilmente el camino hacia la obtención de este Amor.

Muchos espíritus recibieron el privilegio del re-otorgamiento de este Amor, o más bien, el privilegio de procurar y obtenerlo, antes de la venida Jesús al mundo espiritual, sin embargo, entendieron que en Jesús era quien poseía este Amor en el más alto grado, y ningún espíritu ahora lo posee en la medida que él lo posee.

Pero, ya sea que las almas de los mortales o espíritus hayan recibido el conocimiento de esta verdad a través de Jesús, o de la operación del Espíritu Santo en su ministración, ellos saben que sólo buscando y obteniendo este Amor Divino, puede el alma convertirse en un habitante de los Cielos Celestiales.

Me doy cuenta que lo que he escrito está en conflicto con la creencia ortodoxa de que sólo a través de la muerte y sangre de Jesús los hombres pueden ser salvados de sus pecados, y convertirse en hijos de Dios y uno con Él.

Si esta creencia fuera cierta, entonces todo hombre sería salvado por el sacrificio de Jesús, independientemente de la obtención de este Amor Divino, o sólo se salvarían aquellos que habían oído hablar de Jesús, aceptándolo como su salvador. Ninguna de estas propuestas es correcta, puesto que, sin el recibimiento de este Amor Divino en el alma de un hombre, le sería imposible participar de la Naturaleza Divina del Padre y ser adecuado para ocupar un hogar en las Esferas Celestiales. Este amor en el alma, ya sea como resultado de la operación de los espíritus ministradores de Dios, causando un verdadero anhelo del alma, o en conjunto con la operación del Espíritu Santo, transforma al hombre en la Naturaleza Divina e hijo redimido de Dios.

AHORA, DE LO QUE HE DICHO NO SE DEBE INFERIR QUE LA MISIÓN DE JESÚS Y SU TRABAJO EN LA TIERRA Y EN EL MUNDO ESPIRITUAL, NO SON LAS GRANDES COSAS CONECTADAS CON LA REDENCIÓN DEL HOMBRE, PUESTO QUE SÍ LO SON. NO FUE SINO HASTA LA VENIDA DE JESÚS, QUE ESTE GRAN DON FUE REOTORGADO, Y NO FUE SINO HASTA QUE ÉL DECLARARA ESTE HECHO Y ENSEÑARA LA GRAN VERDAD DEL NUEVO NACIMIENTO, QUE LOS MORTALES O ESPÍRITUS PUDIERON RECIBIR ESTE PRIVILEGIO. LOS ESPÍRITUS MINISTRADORES NO PUDIERON INFLUENCIAR LAS ALMAS DE LOS HOMBRES A BUSCAR EL INFLUJO DE ESTE AMOR DIVINO, HASTA TANTO NO FUESE RECIBIDO PRIMERO POR ELLOS MISMOS, Y SE DIERAN CUENTA DE SU EXISTENCIA. Y AQUÍ DESEO DECLARAR UN HECHO: CUANDO JESÚS PREDICÓ A LOS MORTALES EN LA TIERRA ACERCA DE LA NECESIDAD DEL SEGUNDO NACIMIENTO, UNA MIRÍADA DE SERES ESPIRITUALES ESCUCHARON ESTAS ENSEÑANZAS Y ADQUIRIERON ESTE CONOCIMIENTO.

Y hoy, los hombres son atendidos por una hueste de espíritus de todo tipo, y los dichos y enseñanzas de los hombres son escuchados por más espíritus que hombres. Y la influencia de tales enseñanzas tiene su efecto sobre tanto los espíritus como los hombres, puesto que los espíritus de los hombres que existen en los planos terrenales son los mismos espíritus substancialmente que fueron cuando vivían en la tierra, y un amigo terrenal con frecuencia tiene más influencia sobre ellos que otros espíritus, no importa cuán alta sea su condición.

Me alegra poder escribir otra vez, y hacerte saber que no te he abandonado.

Estoy contigo muy a menudo y tratando de ayudarte. Ora más al Padre y ejerce más fe, y crecerás en el desarrollo de tu alma y felicidad.

No escribiré más ahora. Así que, con todo mi amor y bendiciones, yo soy

TU ABUELA,
ANN ROLLINS

Lo que Jesús Quiso Decir Cuando Dijo: "Aquél que Vive y Cree En Mí, No Morirá Jamás"

YO ESTOY AQUÍ, *Jesús*.

Estuve contigo esta noche en la reunión de los cristianos, y me di cuenta que pensabas en varias cosas que yo había escrito, y deseabas exponer mis verdades al predicador, pero, por supuesto, no pudiste. Él citó un texto de la Biblia que se me atribuye haber pronunciado, y así hice, pero no quise decir exactamente lo que él explicó sobre su significado. Cuando yo dije, "aquel que vive y cree en mí, jamás morirá" quise decir que el hombre, cuya alma no estaba muerta por el pecado y creía en las verdades que yo proclamé, es decir, que el Amor Divino de Dios esperaba para entrar en su alma y llenarla de Su esencia y sustancia, y que el hombre que recibe este Amor Divino, mediante la fe, jamás morirá. Que él será inmortal, tal como lo es Dios.

LA MERA CREENCIA EN MÍ COMO JESÚS, EL HOMBRE, O COMO EL HIJO DE DIOS, NO ES SUFICIENTE PARA DAR VIDA ETERNA A UN HOMBRE, PUES, AÚN CUANDO DEBE CREER QUE HE SIDO ENVIADO POR EL PADRE PARA PROCLAMAR LA GRAN VERDAD DE QUE ÉL HABÍA OTORGADO DE NUEVO AL HOMBRE LA POSIBILIDAD DE OBTENER ESTE AMOR DIVINO, MEDIANTE SUS ORACIONES Y FE, SIN EMBARGO, A MENOS QUE ÉL LO CREA Y POSEA ESTE AMOR DIVINO, NO PODRÁ RECLAMAR, JAMÁS, LA VIDA ETERNA.

Ojalá que el predicador prestase más atención a las verdades que enseñé, es decir, a aquellas verdades que enseñan a los hombres que el amor del Padre espera a ser otorgado, y el camino para obtenerlo, que a mi persona.

YO, JESÚS, COMO HIJO DEL HOMBRE O DE DIOS, NO SALVO A NINGÚN HOMBRE DE SUS PECADOS Y HACER QUE SEA UNO CON EL PADRE, PERO

LAS VERDADES QUE YO ENSEÑÉ, Y QUE ME FUERON ENSEÑADAS POR EL PADRE, SON AQUELLAS COSAS QUE SALVAN.

Sé que la intención del predicador es explicar estas cosas de la Biblia como él entiende esa luz, pero tan menudo obscurecida, que, en lugar de predicar desde la luz, predican desde la oscuridad.

POR ESTAS RAZONES, ENTRE OTRAS, ESTOY TAN ANSIOSO POR ENTREGARTE MIS ENSEÑANZAS DE ESTAS VERDADES, PARA QUE EL MUNDO PUEDA CONOCER CUÁL ES LA VERDAD; Y QUÉ DEBE HACER EL INDIVIDUO A FIN DE OBTENER LA VIDA ETERNA O INMORTALIDAD.

Sé que estás ansioso por hacer este trabajo, y que tu alma se esfuerza por el influjo de este Gran Amor y el goce de una estrecha comunión con el Padre. Así pues, debes mantener tu coraje y confía en el Padre, y pronto cesarán tus preocupaciones.

No escribiré más esta noche.

Así que, confía en mi amor y en mis deseos por tu éxito.

Tu hermano y amigo,
JESÚS

La Fe, y Cómo Puede Ser Lograda

YO ESTOY AQUÍ, *Jesús.*

He venido esta noche para decirte que estás más cerca del Reino de lo que has estado durante mucho tiempo, y que, si oras al Padre con más sinceridad, pronto te darás cuenta del influjo del Amor Divino que, de hecho, te liberará y capacitará para disfrutar de aquella estrecha comunión con el Padre, que te ayudará a olvidar todas tus preocupaciones y desilusiones, y ver con las percepciones de tu alma las grandes verdades que mis seguidores y yo trataremos de enseñarte.

Sé que a veces, parece difícil de captar el significado completo de la fe en el Padre y Su amor, pero, si buscas Su amor con sinceridad, tal será tu fe en Su Maravilloso Amor y en la cercanía de Su presencia, que estarás libre de toda duda.

ME HAS PREGUNTADO, "¿QUÉ ES LA FE?" Y YO TE RESPONDERÉ: LA FE ES AQUELLO QUE, AL POSEERLA EN SU SENTIDO REAL Y VERDADERO, CONVIERTE LAS ASPIRACIONES Y ANHELOS DEL ALMA EN UNA EXISTENCIA REAL Y VIVA; Y UNA TAN CIERTA Y PALPABLE, QUE NO SURGIRÁ DUDA ALGUNA EN CUANTO A LA REALIDAD DE LA MISMA.

ESTA FE NO ES LA CREENCIA QUE SURGE DE LA SIMPLE OPERACIÓN DE LA MENTE, SINO AQUELLA QUE PROVIENE DE LA APERTURA DE LAS PERCEPCIONES DEL ALMA, Y QUE PERMITE QUE SU POSEEDOR VEA A DIOS EN TODA SU BELLEZA Y AMOR. NO QUIERO DECIR QUE EL POSEEDOR DE ESTA FE EN REALIDAD VERÁ A DIOS EN FORMA O RASGO, PUESTO QUE ÉL NO TIENE TALES COSAS, PERO LAS PERCEPCIONES DE SU ALMA ESTARÁN EN

UNA CONDICIÓN TAL, QUE TODOS LOS ATRIBUTOS DEL PADRE APARECERÁN ANTE ÉL TAN CLARAMENTE, QUE SERÁN TAN REALES COMO CUALQUIER COSA QUE ÉL PUEDA VER CON SUS OJOS ESPIRITUALES. TAL FE SÓLO VIENE CON LA CONSTANTE ORACIÓN FERVIENTE, Y LA RECEPCIÓN EN EL ALMA DEL AMOR DIVINO.

NINGÚN HOMBRE, PUEDE DECIRSE, QUE TIENE ESTA FE SI NO POSEE EL AMOR DIVINO. POR SUPUESTO, LA FE ES UNA CUALIDAD O ESENCIA PROGRESIVA DEL ALMA Y AUMENTA A MEDIDA QUE AUMMENTA LA POSESIÓN DE ESTE AMOR DIVINO, Y NO DEPENDE DE NINGUNA OTRA COSA. SUS ORACIONES LLAMAN UNA REPUESTA DEL PADRE, QUE TRAE CONSIGO LA FE, Y CON ESTA FE VIENE UN CONOCIMIENTO DE LA EXISTENCIA DE ESTE AMOR EN SUS PROPIAS ALMAS.

SÉ QUE MUCHOS INTERPRETAN ESTA FE COMO UNA SIMPLE CREENCIA, PERO ES SUPERIOR A UNA CREENCIA, Y EN SU VERDADERO SENTIDO, EXISTE SÓLO EN EL ALMA. LA CREENCIA PUEDE SURGIR DE UNA CONVICCIÓN DE LA MENTE, PERO JAMÁS DE LA FE. SU LUGAR DE EXISTENCIA ES EL ALMA, Y NADIE LA PUEDE POSEER, A MENOS QUE SU ALMA HAYA SIDO DESPERTADA POR EL INFLUJO DE ESTE AMOR.

ASÍ QUE, CUANDO ORAMOS AL PADRE PARA AUMENTAR NUESTRA FE, ES UNA ORACIÓN PARA EL AUMENTO DEL AMOR. LA FE ES BASADA EN LA POSESIÓN DE ESTE AMOR, Y SIN ELLA NO PUEDE EXISTIR LA FE, PORQUE ES IMPOSIBLE QUE EL ALMA EJERZA SU FUNCIÓN CUANDO EL AMOR ESTÁ AUSENTE EN ELLA.

En algún momento, y a medida que progreses en estos escritos, tu alma estará en una condición para entender lo que es la fe, pero hasta entonces, tu fe estará limitada por la medida de tu posesión de este Amor.

Bien, en mi curación del enfermo y del ciego y de los demás en la tierra que necesitaban ser sanados, cuando yo dije: "conforme a tu fe te sea hecho", quise decir que deben creer que el Padre tenía el poder para lograr la cura; pero no quise decir que, si en sus mentes simplemente tuvieran la creencia que yo podía curarlos, entonces serían curados. La creencia de por sí no era suficiente, pero la fe fue requerida.

La fe no es una cosa que puede ser obtenida por el simple ejercicio de la mente, sino que tiene que ser procurada con las percepciones del alma, y al ser obtenida, será gozada únicamente por las percepciones del alma.

Estoy contigo con todo mi amor y poder, pues como te dije, te amo y deseo que seas libre y feliz, para poder hacer mi trabajo.

Con todo mi amor y bendiciones diré buenas noches.

Tu hermano y amigo,
JESÚS

Jesús No es Dios, Sino el Hermano Mayor. El Pecado No Existe, Salvo Lo Creado por la Humanidad, y el Hombre Debe Pagar las Penalidades

YO ESTOY AQUÍ, *Jesús.*

He venido esta noche porque veo que estás solitario y sientes la necesidad de compañía, y vengo a ti como un hermano y amigo para animarte y hacerte sentir que, aunque no tengas un amigo mortal contigo, tienes, sin embargo, un amigo en espíritu quien está más cerca que un hermano mortal, y quien te ama con un amor profundo y permanente.

Hoy ha sido un día en que la gente de tu tierra ha celebrado lo que ellos suponen es mi cumpleaños, y también me adoraron como uno de la Deidad Trinitaria, como ellos creen. Pero, como te he dicho antes, tal adoración es totalmente incorrecta y es muy desagradable para mí, y sólo aumenta mis ansias y determinación para que se exponga esta gran falsedad y ya no ser creída.

HAY UN SÓLO DIOS Y ÉSTE ES EL PADRE, Y ÉL SOLO DEBE SER ADORADO, PUES, ÉL SOLO PUEDE SALVAR A LOS MORTALES DEL RESULTADO DE SUS PECADOS Y DE LAS CONSECUENCIAS DE LA GRAN CAÍDA DE LOS PRIMEROS PADRES. NO DESEO QUE LOS HOMBRES ME CONSIDEREN COMO ALGO MÁS QUE UN HERMANO MAYOR, QUIEN ESTÁ LLENO DEL AMOR DIVINO DEL PADRE, Y MUY CERCA DE ÉL EN LAS CUALIDADES DE AMOR Y FE.

YO SOY UN ESPÍRITU QUE POSEE UN CONOCIMIENTO DE LOS ATRIBUTOS DEL PADRE, QUE NINGÚN OTRO ESPÍRITU POSEE, Y SIN EMBARGO, SÓLO SOY UNO DE SUS HIJOS COMO TÚ Y EL RESTO DE LA HUMANIDAD; Y QUE MIS PROPIOS HERMANOS ME ADOREN COMO A DIOS, ME HACE MUY INFELIZ, VIENDO QUE TIENEN TAN POCO CONOCIMIENTO DE LAS VERDADES DEL PADRE.

Esta adoración y alabanza continuarán mañana y lo veré con todo mi desagrado y darme cuenta que no puedo rectificar a los hombres en sus creencias y adoración. ¡Oh!, te digo, la cosecha está madura y los labradores son pocos, pero muy pronto espero que esta verdad de la unicidad de Dios y de mi hermandad con toda la humanidad pueda ser revelada a la humanidad, a través de los mensajes que recibas y transmitas a los hombres.

LA GRAN VERDAD QUE ES EL FUNDAMENTO DE LA SALVACIÓN DE LOS HOMBRES ES EL NUEVO NACIMIENTO, Y EL HECHO DE QUE EL AMOR DIVINO DEL PADRE ESPERA A QUE CADA HOMBRE LE PERMITA ENTRAR EN SU ALMA Y HACE QUE SEA UNO CON EL PADRE.

Estoy contigo muy a menudo, tratando de recalcarte la gran necesidad de que estas verdades sean reveladas, puesto que las almas de los hombres ansían la verdad, y sus intelectos están insatisfechos con las actuales enseñanzas de teología y declaraciones de la Biblia en muchos pasajes.

Esto es deplorable, sin embargo, llegará el momento cuando la luz que yo vine al mundo a revelar brille para todo hombre que esté al alcance de mis enseñanzas.

Anoche, yo leía mientras tú leías un artículo que abogaba por la eliminación de gran parte del Nuevo, y casi la totalidad del Viejo Testamento, de las enseñanzas cristianas, y la formulación de una fe basada enteramente en mis dichos y los escritos de algunos de los escritores de la Biblia. Dicho plan, es uno que debe ser investigado por los cristianos pensantes de la actualidad, y adoptar las modificaciones que correspondan.

La única dificultad en llevar a cabo este plan con eficacia y hacer que produzca los resultados deseados, es que la Biblia no contiene muchos de mis dichos que revelan la verdad, pero que contiene muchos dichos atribuidos a mí que yo nunca dije.

Toma, por ejemplo, aquel dicho sobre el que hay ahora una controversia, y al que se hace referencia en otro artículo contenido en el libro mencionado. Es decir, que yo dije "no vine a traer paz al mundo, sino la espada".

Ahora, aun cuando aparece en el Evangelio de Mateo, y que supuestamente proviene de mí, yo jamás lo dije ni utilicé expresión alguna que transmitiese el significado que algunos de los comentaristas tratan de atribuir a las palabras. Jamás enseñé la guerra contra el prójimo de un hombre, y jamás, en ningún momento, fue tal pensamiento parte de mis enseñanzas a los discípulos o a cualquier otro.

No, el militarismo es totalmente incorrecto y en contra de todos los preceptos de la verdad, y ni por un momento ningún cristiano u otra persona, debe creer que yo alguna vez haya abogado tal acción.

Aunque, como lo sé, la verdad causará una división entre los hombres en cuanto a qué es la verdad, y podrá, incluso, separar y causar sentimientos amargos, e incluso, que se produzca odio en las almas de los hombres hacia sus prójimos, y hasta puede llegar a existir aversión entre hermanos, sin embargo, tales resultados no fueron el objetivo de mi venida a la tierra y de mi enseñanza de las verdades, pero, más bien, son los resultados del conflicto inevitable entre la verdad y el error. La verdad no puede ser comprometida, ni siquiera en aras de la paz, y el error no se someterá ni reconocerá su falsedad, siempre que ello pueda lograr que un mortal lo crea y lo defienda.

Y debido al gran don del libre albedrío otorgado al hombre, la verdad misma, respaldada por todo el poder y conocimiento del Padre, no obligará a ningún hombre a aceptarla en contra de su voluntad, y por lo tanto, ya que el hombre es muy falible y piensa y cree, de acuerdo a las convicciones de sus facultades mentales finitas, en cuanto a la verdad o falsedad de algo, él no estará dispuesto a renunciar a sus convicciones hasta que la verdad le llegue de tal manera, que lo convenza de su realidad; y como los hombres difieren tanto en la operación de sus mentes y facultades de razonamiento, necesariamente habrá una gran división entre ellos en cuanto a qué es o no la verdad. Por lo tanto, surgirán disputas y odio, e incluso guerras entre ellos, para mantener sus respectivas creencias y opiniones en cuanto a qué es verdad.

MIENTRAS QUE EL ADVENIMIENTO DE LA VERDAD NECESARIAMENTE CONLLEVA ESTOS SENTIMIENTOS DE DISCORDIA, SIN EMBARGO, YO NO VINE CON EL FIN DE TRAER UNA ESPADA, SINO CON EL PROPÓSITO DE MOSTRAR A LOS HOMBRES CUÁLES SON LAS VERDADES Y DE TRAER LA ARMONÍA Y CREENCIA EN ESTAS VERDADES. NI EL ODIO, LA DISCORDIA Y LA GUERRA ENTRE LOS HOMBRES SON JUSTIFICADOS JAMÁS – NO IMPORTA LA CAUSA – Y SI LOS HOMBRES SÓLO APRENDIERAN LA VERDAD, NUNCA EXISTIRÍAN TALES SENTIMIENTOS O ACCIONES.

LA VERDAD ES, DE POR SÍ, UNA COSA APARTE Y NO ADMITE NINGUNA VARIACIÓN O MODIFICACIÓN, Y, POR LO TANTO, LAS MENTES DE LOS HOMBRES DEBEN SOMETERSE Y ABRAZAR LA VERDAD; ELLA JAMÁS SE ACOMODARÁ A LAS CREENCIAS DE LOS HOMBRES. UNA ES FIJA E INALTERABLE, Y LA OTRA ES SIEMPRE CAMBIANTE, Y HASTA QUE LAS CREENCIAS SEAN FUNDADAS SOBRE UN CONOCIMIENTO DE LA VERDAD, TENDRÁN QUE CAMBIAR EN ALGÚN MOMENTO U OTRO, PORQUE AL FINAL, LA VERDAD SERÁ ESTABLECIDA EN LOS CORAZONES Y LAS MENTES DE LOS HOMBRES, PARA QUE REINE LA ARMONÍA Y LA PAZ EN TODO EL UNIVERSO DE DIOS.

EL ERROR NO EXISTE EN EL MUNDO PORQUE DIOS LO HAYA CREADO O PERMITE QUE EXISTA, SINO ÚNICAMENTE PORQUE AL HOMBRE LE PERTENECE UNA VOLUNTAD SIN RESTRICCIÓN, QUE CONTROLA E INFLUYE EN SUS PENSAMIENTOS Y ACTOS, Y QUE, A SU VEZ, SON INFLUENCIADOS POR LOS DESEOS Y APETITOS DEL MORTAL.

Yo sé que se dice que, si Dios no permitiera la existencia del mal, y de pensamientos y deseos carnales en el mundo, no habría ninguna razón o posibilidad de que el hombre ejerciera su voluntad en forma que lo conduzca a todos estos sentimientos de odio, etc., de los que hablo. Pero esto es simplemente decir que, si un hombre no tuviera el poder del libre albedrío, él no cometería ningún pecado ni se deleitaría en el error; pues, debes saber que en su creación le fue otorgado, no sólo el privilegio y el poder, bajo ciertas condiciones, de convertirse en un ser totalmente libre del pecado – que es simplemente la violación de las leyes establecidas por Dios – sino también el privilegio y el poder de violar estas leyes. Según sea su voluntad, así será.

Todo en la naturaleza puede ser convertido en un instrumento de daño, si las leyes que establecen el funcionamiento y operación de estas cosas, son violadas. El pecado, como algo abstracto, no existe, pero es el resultado de la desobediencia a alguna ley, cuya operación, de conformidad con su creación, siempre deben ser seguidas; y los hombres que la violen, sufrirán las consecuencias de tal violación.

Quizás los mortales no se den cuenta totalmente que toda ley conlleva una penalidad por su violación, y esto se aplica, tanto a la ley más pequeña en el universo material, como a la ley superior en el Reino Espiritual, y esta penalidad es tan segura en su operación como lo es la propia ley.

Un hombre podrá ser creado, físicamente casi perfecto, y siempre que viva en forma que no viole ninguna ley física que opera para mantenerlo en aquella perfección física, no sufrirá ningún dolor o desarmonía en su ser; pero tan pronto como viole esta ley, la penalidad, como consecuencia, se impone y él sufre. Ahora, esto surge, no porque hubo en existencia algún dolor o sufrimiento en lo abstracto, y el hombre, si no hubiese violado esta ley, jamás habría conocido tal cosa como el dolor o sufrimiento; pero al violar la ley, entró en operación la penalidad que, como dije, siempre es el resultado de violar las leyes de armonía.

Y el mismo principio se aplica al universo mortal y espiritual. Como he explicado, no existe tal cosa como el pecado o el error en lo abstracto, pues, siempre que un mortal conozca y siga la verdad, jamás conocerá la existencia de tal cosa como el pecado o el error, pero el momento en que la ley de la verdad es violada, la penalidad se impone y el hombre se da cuenta que existen el pecado y el error; no como una entidad abstracta, sino como algo concreto y sensible, que continuará existiendo, hasta que cese la violación de aquella ley, y la armonía sea restaurada nuevamente en su operación, o más bien, hasta que el hombre esté en armonía con el funcionamiento de la ley, en sus pensamientos y acciones.

ASÍ QUE, COMO VES, DIOS NO CREÓ O PERMITIÓ LA EXISTENCIA DEL PECADO O DEL ERROR, EN EL SENTIDO DE SER UNA ENTIDAD INDEPENDIENTE, ESPERANDO PARA INFLUENCIAR A LOS HOMBRES A HACER EL MAL Y VIOLAR SUS LEYES DE PERFECTA ARMONÍA, SINO QUE CUANDO, EN EL EJERCICIO DE SU VOLUNTAD, LA CUAL EL PADRE NO CONTROLARÁ, LOS HOMBRES VIOLAN UNA DE SUS LEYES, INTERFIRIENDO DE ESTE MODO CON AQUELLA ARMONÍA, EN CUANTO A SÍ MISMOS, ELLOS CAUSAN QUE SURJA LA INARMONÍA QUE TRAE CONSIGO LOS DOLORES, SUFRIMIENTOS, PECADOS Y ERRORES PREVALECIENTES EN EL MUNDO.

Que los hombres piensen en el pecado o el error en abstracto, si pueden, y luego traten de describirlo. ¿Cuál es el resultado? Sólo la vacuidad.

Así que yo digo, Dios no creó el pecado o el error, sino que dio al hombre el gran don del libre albedrío y no sujeto a Su control, y luego el hombre se convirtió en el ser responsable que es. Pero, al otorgar este gran don al hombre, Él no renunció o subordinó Su voluntad a aquella del hombre, ni confirió al hombre el poder para cambiar o modificar Sus leyes inmutables que, Él Mismo, no hará. Y dentro de las limitaciones en que el hombre puede ejercer su voluntad, es decir, cuando tal ejercicio no interfiere con la voluntad de Dios o Sus leyes, el hombre puede ejercer su voluntad con impunidad y sin responsabilidad, por así decir. Pero cuando, en el ejercicio de esta voluntad, él infrinja la voluntad de Dios o viola una de Sus leyes, entonces, aun cuando el hombre no es controlado en el ejercicio de su voluntad, por tal violación él debe pagar la penalidad que tal violación llama en operación.

Dios decretó que Su universo fuera un universo de armonía en su funcionamiento, y que ningún hombre debe destruir o interferir con esta armonía, y ningún hombre lo puede hacer; pero porque el hombre es una parte de esa armonía, toda acción suya que tienda a interferir con la misma – y no lo hace, excepto en cuanto a él mismo – trae sobre sí mismo la pena por esta interferencia.

SI UN HOMBRE QUE HA VIOLADO ESTA ARMONÍA, RESULTANDO, ASÍ, FUERA DE ARMONÍA, LOGRASE ALCANZAR NUEVAMENTE AQUELLA CONDICIÓN DE ARMONÍA, EN LO QUE A ÉL RESPECTA NO EXISTIRÍA EL PECADO O EL ERROR. Y SI TODO HOMBRE HICIESE LO MISMO, TAMPOCO EXISTIRÍA EL PECADO NI EL ERROR EN TODO EL UNIVERSO DE DIOS.

ASÍ QUE REPITO, NO EXISTE EL PECADO O ERROR EN ABSTRACTO, EN TODO EL UNIVERSO, Y SÓLO APARECEN CUANDO EL HOMBRE MISMO, EN EL EJERCICIO DE SU VOLUNTAD, INTERFIERE CON LA ARMONÍA DE LAS LEYES DE DIOS. NO IMPORTA LA CAUSA DE ESTA INTERFERENCIA, O EN QUÉ FORMA LA VOLUNTAD DEL HOMBRE HAYA SIDO EJERCIDA, O POR QUÉ RAZÓN, PARA DAR LUGAR A ESTA DESARMONÍA, PUES, EL EFECTO ES EL MISMO, PUESTO QUE LA ARMONÍA Y DESARMONÍA NO PUEDEN COEXISTIR, NO IMPORTA CUÁL SEA LA CAUSA. TAMPOCO IMPORTA EN EL CASO DONDE PUEDA PARECER EXCUSABLE O, INCLUSO, APARENTEMENTE OBLIGADO POR EL INDIVIDUO. LA EXCUSA O APARENTE JUSTIFICACIÓN DE LA CAUSA, NO HARÁ QUE LA DESARMONÍA SE UNA Y TRABAJE EN UNÍSONO CON LAS LEYES DE ARMONÍA DE DIOS.

Por lo tanto, el hombre cuya acción sea excusable en la forma mencionada, por motivo de herencia o ambiente, o por la falta de instrucción mental o moral adecuada, está igualmente fuera de armonía con la ley violada, como aquel hombre que deliberadamente viola la ley.

La penalidad debe ser impuesta exactamente igual en ambos casos, puesto que el único remedio es la restauración de la armonía.

Pero existe esta diferencia entre los individuos, que podría llamarse, la clase involuntaria y los individuos de la clase voluntaria: la primera logrará más fácil, y con mayor rapidez, entrar en esta condición de armonía que la última.

Así que, los hombres no deben acusar a Dios de permitir la existencia del pecado y el error en el mundo, puesto que no existen, salvo cuando son creados por el hombre mediante el ejercicio indebido de su voluntad. Todo pecado y error traen sus sufrimientos, y si no hubiera sufrimientos, y a los hombres se les permitiera ejercer su voluntad ignorando las leyes que rigen el universo, sin sufrir penalidades, entonces el único resultado sería el predomino de la anarquía en todo el universo de Dios donde viven los hombres, así como en el universo espiritual, pues, la voluntad y la gran franquicia de su ejercicio sin restricción, acompañan al mortal cuando abandona su cuerpo material.

Así, con todo mi amor diré, buenas noches.

Tu hermano y amigo,
JESÚS

La Adoración a Jesús, Como Parte de la Deidad, es un Error y Pecado - Cuánto Deplora Jesús esta Creencia Errónea de La Humanidad

YO ESTOY AQUÍ, *Jesús.*

He venido esta noche para decirte que estás en una condición de alma mucha mejor, de lo que has estado durante varios días, y hoy, el influjo del Amor Divino ha obrado en mayor abundancia en tu alma.

No pretendo terminar mi mensaje esta noche, pues, es tarde y no estás precisamente en condición de recibirlo. Pero debes dirigir tus pensamientos más a Dios y orar más sinceramente, y muy pronto vendrá a ti el poder y percepción de tu alma que te capacitarán para recibir mi mensaje, como deseo transmitírtelo.

Hoy ha sido un día en que los mortales – y me refiero a aquellos que profesan ser mis seguidores – han ofrecido su adoración y cantos de alabanza a mí y a Dios, pero lamento decir que Él ha sido adorado en un sentido secundario, y yo traído a la prominencia como el Salvador de la humanidad, y como el más importante de los tres que constituyen la Deidad. ¡Cuán errado y pecaminoso es todo esto; y cuánto deploro estas creencias erróneas y entendimiento de los hombres! Si sólo comprendieran que yo no soy Dios y ninguna parte de la Deidad, sino solamente un hijo y un espíritu lleno de Su Amor Divino, y uno que posee un conocimiento de Él y de sus planes para la salvación de la humanidad, se acercarían más a Dios en su adoración, recibiendo más de Su Amor Divino en sus almas, y participar, así, de Su naturaleza Divina.

Pero me doy cuenta que será difícil erradicar esta creencia en mí como Dios, y de que mi muerte y sacrificio en la cruz fueron necesarios para su salvación, y que muchos de aquellos que viven ahora pasarán al mundo espiritual antes de que las verdades que yo vine a enseñar y declarar sean publicadas al mundo.

Debemos acelerar nuestro trabajo de escribir y recibir estos mensajes,

251

debido a la importancia de que el mundo conozca las verdades en cuanto a mí y al verdadero y único plan de salvación, y deben ser enseñadas al hombre a fin de que él acuda al amor del Padre y logre entrar al Reino. Deseo que dediques más tiempo a nuestros escritos, y en lugar de leer aquellos libros de filosofía y especulaciones de supuestos teólogos, filósofos y científicos sabios, te dediques a mis comunicaciones y a las de los otros escritores de las Esferas Celestiales, en tus horas fuera de las preocupaciones de tu negocio.

Por supuesto, no pretendo que te niegues a permitir que escriban los espíritus oscuros, en las noches que has asignado para ellos, porque tal prohibición impediría mucho bien por lograr. Estos espíritus se benefician mucho con la oportunidad de escribir, y muchos de ellos han sido ayudados enormemente de este modo, y guiados hacia la luz e instruidos a buscar el Amor Divino del Padre. Los espíritus aquí, que se dedican al trabajo de instruir y ayudar a estos espíritus, han rescatado a muchos de su condición de oscuridad y sufrimientos, y les han mostrado el camino a la luz y a su salvación. Es un gran e importante trabajo, y no se debe detener; y aquí permíteme decir que esta obra será parte de tu deber, así como un placer para ti, mientras vivas una vida mortal. Tú serás, sin duda, el medio para ayudar a los mortales a ver la verdad, pero tu trabajo con estos espíritus oscuros será mayor aun, y la cosecha más abundante. Y cuando vengas al mundo espiritual estarás asombrado y complacido por la gran hueste que se reunirá contigo, dándote gracias por la enorme ayuda y asistencia que le has rendido. Maravillosa es tu obra, y de ella se habla con asombro en el mundo espiritual.

Bien, no escribiré más esta noche, pero debo regresar pronto para terminar mi mensaje, pues tengo muchos aún por escribir.

En la casa de mi Padre hay muchas mansiones, como dije cuando estuve en la tierra, y para tu consuelo y el de tus dos amigos, estoy preparando una mansión tal para cada uno de ustedes; no erigiendo en los Cielos Celestiales casas reales para su recepción, como ustedes puedan suponer, sino ayudando a forjar en sus almas aquel desarrollo del Amor Divino y la naturaleza del Padre que, cuando vienen acá, hará que sus almas estén en aquella condición que necesaria y absolutamente creará la formación de estas mansiones para recibirlos. Nadie puede construir estas mansiones para ustedes, sólo el desarrollo de sus propias almas.

Pero esto, aun siendo cierto, estos Cielos Celestiales tienen, no obstante, una localidad, entorno y atmósfera que contendrán todas aquellas cosas que proporcionarán a sus mansiones el ambiente adecuado.

Los campos, árboles, aguas y cielo, y todas estas cosas que en sus vidas terrenales son necesarias para su felicidad y paz, están en los Cielos Celestiales, sólo muy diferentes a aquellas con las que ustedes están familiarizados.

Así que, crea lo que digo, y al creer confía en mí y en mi amor, y nunca serás abandonado.

La vida de un hombre en la tierra no es más que un palmo; pero en nuestras moradas la eternidad significa la inmortalidad, siempre con el progreso y creciente felicidad.

Así que, con mi amor y bendiciones, diré buenas noches.

Tu amigo y hermano,
JESÚS

LA EXPIACIÓN VICARIA

La Creencia de las Iglesias en la Eficacia de la Explación VIcarIa de Jesús, por su Muerte y Crucifixión, Ha Causado Mucho Daño a la Humanidad y la Pérdida del Camino Verdadero Hacia el Reino Celestial

YO ESTOY AQUÍ, San Juan, Apóstol de Jesús

Esta noche deseo escribir sobre un tema que es de importancia para los miembros de las iglesias ortodoxas, en cuanto a la creencia en la eficacia de la expiación de Jesús, por su muerte y crucifixión.

Todo ortodoxo cree, y sus predicadores y evangelistas exponen en sus sermones y discursos, y los maestros de enseñanza de la Biblia instruyen a sus estudiantes, que la sangre de Jesús y su muerte en la cruz fueron los dos factores en su carrera en la tierra, y que salva a los hombres de sus pecados y satisface la gran pena de muerte que pende sobre ellos, debido a la primera desobediencia del hombre y los pecados que de ellos siguieron.

Bien, esta doctrina ha prevalecido en las creencias y enseñanzas de la iglesia, desde que fue establecida la iglesia por la convención que se reunió, de acuerdo con las órdenes de Constantino, cuando los libros que ahora constituyen la Biblia recibieron la sanción de la iglesia como canónicos. Antes de este tiempo, algunos de los primeros padres creían en la doctrina de la expiación, como arriba indicado, y las controversias entre ellos y otros que no suscribían a esta doctrina fueron muy amargas, y a veces muy poco cristianas, según el cristianismo que prevalecía entre los primeros seguidores del Maestro, o de acuerdo con sus enseñanzas.

Desde aquel momento hasta el presente, aun cuando las iglesias se separaron de la gran iglesia Romana, y reformas fueron hechas por las iglesias que fueron fundadas sobre tales reformas, esta doctrina fue incorporada y creída por la mayoría de las iglesias, no importa qué nombre hayan adoptado, y a qué forma de gobierno se hayan adherido.

Esta doctrina constituye los principios fundamentales de estos diversos órganos de la entidad eclesiástica, y hoy estos principios son tan parte de la fe y enseñanzas de las iglesias, como siempre lo fueron a través de todos los siglos que han pasado.

253

Por supuesto, con esta doctrina cardinal se han incorporado también ciertos otros principios a estas creencias y enseñanzas, que se aplican más a los miembros individuales de la iglesia, que a la iglesia misma como cuerpo. Es decir, creencia en la verdad de que existe una relación estrecha entre Dios y el individuo, que puede ser establecida mediante la oración y los anhelos del alma por el influjo del amor de Dios, y la regeneración de la naturaleza del hombre a través de la influencia de este amor del Padre.

Pero en estos últimos días, esta verdad ha sido conocida y su operación experimentada por comparativamente pocos de aquellos que dicen llamarse cristianos ortodoxos. La gran mayoría dependieron de la creencia en la doctrina de que Jesús, por su sacrificio y muerte, pagó la deuda que el hombre debía a Dios; y cuando, bajo una creencia intelectual, los miembros de la iglesia afirman que creen, y aceptan a Jesús como su Salvador porque él pagó la deuda, y que, por el derramamiento de su sangre, él limpió sus pecados e hizo que fueran uno con el Padre, y salvos, así, de la ira del Padre, y en un momento, llegando a ser los verdaderos hijos redimidos y aceptados de Dios, y que, siempre que mantengan aquella creencia y cumplan con sus deberes como miembros y observen los reglamentos de la iglesia, estarán a salvo y aptos para gozar del cielo y la presencia del Padre.

Creen, además, que a menos que un hombre acepte a Jesús como su Salvador en la forma que he mencionado, el hombre estará perdido eternamente, y según las creencias y enseñanzas de algunos de estos miembros, él será enviado al infierno para ser condenado y castigado eternamente.

Bueno, una opinión de esta doctrina es tan cierta como la otra, o más bien tan falsa, porque ambas de estas fases de creencia carecen de fundamento de hecho, y no están de acuerdo con las enseñanzas del Maestro, o con los hechos como yo los conozco; no por una simple creencia de mi parte, sino por experiencia personal y observación.

¡Oh, cómo han sido distorsionadas las enseñanzas puras del Maestro y convertidas en los medios para impedir que tantas almas humanas alcancen el cielo de la felicidad que anhelaban, y que pensaban sería suyo cuando abandonen sus vidas mortales!

Esta doctrina, que ha sido creída por tanto tiempo, ha labrado la condenación de muchos hombres, en cuanto al desarrollo de sus almas y llegando a ser uno con el Padre, y alcanzando los cielos que están preparados para aquellos que logren esta unión del alma con el Padre.

Sé que parecerá sorprendente a algunos de aquellos que realmente son verdaderos creyentes de esta doctrina y, como ellos piensan, en las verdades de Dios y las enseñanzas de Jesús, que se cree que están infaliblemente contenidas en la Biblia, que yo ahora anuncie la falsedad de estas creencias y su absoluta ineficacia para lograr que estas personas sinceras obtengan aquello que tan fervientemente desean.

Pero ello es la verdad, y la verdad nunca cambia, nunca hace compromiso con la falsedad, y jamás permite que las creencias erróneas de un mortal realmente sincero, escape ni un ápice, de los resultados y consecuencias de aquella falsa creencia. Y el gran daño que esta falsa doctrina ha causado, y sigue causando a la humanidad, continuará en el mundo venidero, hasta que la creencia en la verdad reemplace la creencia en aquello que es falso. Y así, no todo aquel que diga "Señor, Señor", entrará en el Reino del Cielo.

Estas creencias falsas han operado en dos maneras en perjuicio del hombre, y hacer que sea no apto para entrar al Reino. Primero, por la creencia que provoca el daño resultante de la operación positiva del error, que es grave; y segundo, por la falta de creencia en la verdad, que impide el progreso en la obtención de aquellas cualidades que pertenecen, y son partes necesarias de esta verdad.

Cuando los hombres creen en la doctrina que he mencionado, se sienten satisfechos, y, a sabiendas o no, permanecen en un estado de falsa seguridad, sin tratar de desarrollar las cualidades del alma, que son las únicas que están en relación con Dios. Sus creencias mentales son fuertes y pueden aumentar en fuerza, pero las comuniones de sus almas con el Padre y su crecimiento y expansión en el desarrollo de sus almas se estancan y mueren, por así decir.

Este es el gran daño que estas creencias falsas causan al hombre y al espíritu. Es decir, en su capacidad individual, puesto que debe ser sabido, como una verdad, que la salvación del hombre o el progreso de su alma hacia la unicidad con el Padre es una cuestión individual únicamente, y los hombres, como una agrupación o en comunidades eclesiásticas, no son redimidos del pecado, ni como tal, pueden tener alguna relación con el Padre o recibir Su Amor Divino, que es la única salvación.

SÓLO EXISTE UN POSIBLE CAMINO A TRAVÉS DEL CUAL EL HOMBRE PUEDA ESTAR AL UNÍSONO Y EN UNICIDAD CON EL PADRE, Y ASÍ, APTO PARA DISFRUTAR O HABITAR LAS MANSIONES EN SU REINO, DE LAS QUE JESÚS HA HABLADO CUANDO ESTUVO EN LA TIERRA, Y ELLO ES EL CAMINO QUE LOGRARÁ QUE EL ALMA DEL HOMBRE SEA COMO EL ALMA DEL PADRE, Y UN PARTÍCIPE DE SUS CUALIDADES DIVINAS DE AMOR Y VIDA. NINGUNA CREENCIA QUE NO EFECTÚE ESTA UNIÓN Y ENLACE, POR ASÍ DECIR, PUEDE JAMÁS HACER QUE EL ALMA DEL HOMBRE SEA UN PARTICIPANTE DE ESTAS CUALIDADES, QUE CONSTITUYEN PARTE DEL ALMA DE DIOS.

ENTONCES, QUE EL HOMBRE CONSIDERE POR UN MOMENTO QUÉ POSIBLE CONEXIÓN PUEDE EXISTIR ENTRE ESTAS CUALIDADES DEL ALMA DE DIOS, Y LA MUERTE Y SANGRE DE JESÚS.

Dios es el creador de la vida y de la muerte, como también de la sangre y carne, y Él puede destruir, así como crear. Los pecados del hombre, de exigir el sacrificio de aquello que simplemente era carne y sangre, o la extinción de una vida que Dios había creado, a fin de pagar la penalidad de estos pecados, entonces, un Dios que demandara tal pago – y esto implicaría, por supuesto, que tal Dios fuera iracundo y que sólo podía ser apaciguado por algo que Él no podía obtener por Sí Mismo – no podría posiblemente estar satisfecho con aquello que Él había creado y sobre lo cual todavía tenía absoluto control, y que Él podía destruir y hacer inexistente en cualquier momento que quisiera. La vida de Jesús ya era una posesión de Dios, y cuando él entregó aquella vida, no dio nada a Dios que ya no fuese Suyo y que Él no habría podido tomar. Y cuando su sangre fue derramada en la cruz, no fue algo que Dios no habría podido hacer derramar en cualquier momento y de cualquier manera. Así pues, lo absurdo de tal doctrina es demasiado evidente para una seria consideración.

Pues, su deducción lógica es que Dios, todo iracundo e insaciable, exigía el pago de una deuda existente por mucho tiempo sin pagar, y que sería satisfecha sólo con la muerte de un ser viviente y el derramamiento de su sangre; y esa muerte y ese derramamiento de sangre, sólo de una manera, es decir, en la cruz. Y, sin embargo, con toda esta demanda que ha estado sonando a través de las edades por muchos siglos, implacablemente y sin piedad, ello Lo complació y Su ira aplacada, viendo morir a Su propia criatura – y aquella criatura, Su hijo más amado – y escuchando el goteo de la sangre de esta criatura desde una cruz de madera; por todo lo cual, la vida y la sangre que ya pertenecía a Dios para decidir si ha de vivir o morir según Él considere apropiado, el hombre llegó a ser uno con Él.

El simple razonamiento de tal proposición es que Dios, a fin de pagar una deuda que se le debía, aceptó como pago aquello que ya era Suyo, y que ningún poder o ser, en todo Su universo, Le hubiese podido quitar.

Ahora, todo esto lo digo con reverencia, como dicen sus predicadores, pero el hecho es que, la mera afirmación de esta doctrina, sobre la que he estado tratando, es tan blasfema que ningún trato de la misma para demostrar su falsedad, puede ser irreverente.

Y nuevamente, lo absurdo de creer que Dios exigió la muerte de Jesús en la cruz como uno de los acompañamientos necesarios de su muerte, a fin de llevar a cabo Su plan para esta muerte y satisfacer el pago, es tan claro, que tanto los otros espíritus como yo en el Reino del Padre nos asombramos del hecho de que los mortales puedan creer un dogma tan irrazonable.   s

Para seguir esta proposición absurda a su conclusión lógica, no sólo fue necesario que Jesús muriese en la cruz, a fin de que la deuda fuera pagada, sino también que Judas se convirtiera en un traidor para que los judíos clamaran por su muerte y que Pilatos pronunciara la sentencia.

Todos estos fueron los medios necesarios para el pago satisfactorio de la deuda, y siendo así, ¿por qué es, entonces, que Judas y Pilatos y los judíos no son también salvadores de la humanidad, siquiera en un sentido secundario? Jesús no pudo clamar por su propia muerte, o levantar su propia cruz o clavarse a sí mismo a ella, o perforar su costado con una lanza para que pudiese chorrear la sangre, pues, si él hubiera hecho esto, habría sido suicidio; pero, quizás, habría habido más elementos de pago de una deuda en ese método de morir, que de la manera en que se llevó a cabo su muerte.

No, yo Juan, quien amó al Maestro más que los demás y quien estaba más cerca de él, quien estuvo con el cuándo fue cruelmente clavado a la cruz, de lo que pienso con horror, y quien fue uno entre los primeros en bajar su cuerpo del árbol, y el primero en sentir su sangre sobre mis manos, te digo que la muerte de Jesús en la cruz no ha pagado ninguna deuda que el hombre debía a Dios, ni su sangre limpió los pecados de hombre alguno. ¡Oh!, y lo desafortunado de todo esto, es que, durante largos años, los mortales han creído que fueron salvados por su sacrificio y sangre, y con tal creencia, nunca lograron una mayor cercanía con el Maestro, o ser uno con el Padre

COMO OTROS ESPÍRITUS Y YO TE HEMOS ESCRITO, EL ÚNICO CAMINO QUE CONDUCE AL HOMBRE A LA SALVACIÓN DE SUS PECADOS Y LLEGAR A SER UNO CON EL PADRE, ES MEDIANTE EL NUEVO NACIMIENTO QUE EL MAESTRO TE HA DESCRITO, COMO RESULTADO DEL FLUJO DEL AMOR DIVINO DEL PADRE EN EL ALMA DEL HOMBRE, Y LA DESAPARICIÓN DE TODO LO QUE TIENDE AL PECADO Y ERROR. A MEDIDA QUE ESTE AMOR FLUYE EN EL ALMA DE UN HOMBRE, PERMEA AQUELLA ALMA COMO LA LEVADURA A LA MASA, Y EL ALMA PARTICIPA DEL AMOR DIVINO, CONVIRTIÉNDOSE, ASÍ, EN LA NATURALEZA DIVINA DEL PADRE, Y APTA PARA HABITAR SU REINO.

AHORA, FÁCILMENTE PUEDES VER QUE NO PUEDE HABER RELACIÓN POSIBLE ENTRE LA MUERTE DE JESÚS EN LA CRUZ Y SU SANGRE, Y EL OTORGAMIENTO AL ALMA DE UN HOMBRE DE AQUELLAS CUALIDADES DIVINAS QUE PERTENECEN A LA NATURALEZA DEL PADRE. ESTAS CUALIDADES NO SON IMPARTIDAS AL HOMBRE POR LA MUERTE Y LA SANGRE, SINO POR LA VIDA, AMOR Y FE, QUE VIENEN CON AQUEL AMOR – Y AQUÍ CUANDO DIGO FE, NO ME REFIERO A LA MERA CREENCIA INTELECTUAL DE LA QUE HE HABLADO.

COMO ANTES HEMOS ESCRITO, CUANDO LOS PRIMEROS PADRES FUERON CREADOS, NO FUERON DOTADOS DE ESTE AMOR DIVINO, SINO CON LA MERA POTENCIALIDAD DE OBTENERLO, AL PROCURARLO EN LA FORMA QUE DIOS HABÍA PROVISTO. NO FUE FORZADO SOBRE ELLOS, PERO TENÍAN LA OPCIÓN DE RECIBIRLO Y SER APTOS PARA HABITAR EL REINO DEL CIELO. CUANDO COMETIERON SU ACTO DE DESOBEDIENCIA RENUNCIARON A ESTE PRIVILEGIO, Y EN CUANTO A ELLO, MURIERON Y QUEDARON SIN UN MEDIADOR ENTRE ELLOS Y DIOS. Y AQUÍ, NO ME REIFERO A ALGÚN

MEDIADOR, EN FORMA DE PAGAR UNA DEUDA, PUESTO QUE NO DEBÍAN NINGUNA DEUDA A DIOS – SIMPLEMENTE FUERON, COMO DIRÍAN USTEDES MORTALES, "HIJOS DESHEREDADOS". Y EL ÚNICO MEDIADOR QUE EL HOMBRE NECESITABA DESPUÉS DE AQUEL MOMENTO, ERA UNO A TRAVÉS DEL CUAL VENDRÍAN LAS GLORIOSAS NUEVAS DE QUE EL PADRE HABÍA CAMBIADO SU VOLUNTAD, O PERDONADO LA DESOBEDIENCIA, AL GRADO DE RESTAURAR SU CONDICIÓN ORIGINAL – EL REOTORGAMIENTO DEL PRIVILEGIO DE OBTENER EN SUS ALMAS SU AMOR DIVINO.

Y EN ESTE SENTIDO, NUNCA HUBO UN MEDIADOR ENTRE DIOS Y EL HOMBRE, HASTA LA VENIDA DE JESÚS, Y ANUNCIANDO AL HOMRE QUE LA VOLUNTAD DEL PADRE HABÍA SIDO CAMBIADA Y QUE RESTAURÓ A LA HUMANIDAD EL GRAN PRIVILEGIO DE PARTICIPAR DE SU NATURALEZA DIVINA E INMORTALIDAD. Y ASÍ, COMO EN EL CASO DEL PRIMER HOMBRE, ADÁN, TODOS LOS HOMBRES MURIERON, ASÍ QUE, EN EL HOMBRE JESÚS LOS HOMBRES FUERON VIVIFICADOS. Y JESÚS FUE EL MEDIADOR, NO SÓLO AL DECLARAR AL HOMBRE EL REOTORGAMIENTO DE ESTE GRAN DON DEL AMOR DIVINO Y LA INMORTALIDAD, SINO TAMBIÉN, AL MOSTRAR EL CAMINO MEDIANTE EL CUAL LOS HOMBRES PUEDEN Y DEBEN BUSCAR ESTE DON, A FIN DE POSEERLO.

EL GRAN DON DE DIOS PARA EL HOMBRE NO FUE JESÚS, SINO MÁS BIEN LA POTENCIALIDAD DE OBTENER EL AMOR DIVINO DEL PADRE, Y ASÍ, LLEGAR A SER DIVINO Y APTO PARA RESIDIR EN LAS MANSIONES DEL REINO DEL CIELO.

Y ASÍ, JESÚS LLEGÓ A SER LA RESURRECCIÓN Y LA VIDA, Y TRAJO A LUZ LA INMORTALIDAD. ¡CUÁN GRANDE ES ESTE SALVADOR! QUE AQUÉL QUE, SUPUESTAMENTE, PAGA UNA DEUDA CON SU MUERTE Y SANGRE

NO, ÉL ES EL SALVADOR DEL HOMBRE POR SU VIDA Y SUS ENSEÑANZAS, PUES, FUE EL PRIMERO EN RECIBIR ESTE AMOR DIVINO Y SER DIVINO, ÉL MISMO, Y EL PRIMER FRUTO DE LA RESURRECCIÓN.

Hemos explicado antes en detalle, algunas de las verdades que he declarado en este mensaje, y no es necesario explicarlas más aquí.

PARA CONCLUIR, DESEO DECLARAR CON TODO MI ÉNFASIS, QUE SURGE DE MI CONOCIMIENTO BASADO EN LAS ENSEÑANZAS DEL MAESTRO Y EXPERIENCIA PERSONAL, COMO UN POSEEDOR DE ESTE AMOR DIVINO Y UN PARTÍCIPE DE LA NATURALEZA DIVINA DEL PADRE, QUE NINGUNA EXPIACIÓN VICARIA DE JESÚS, NI EL DERRAMAMIENTO DE SU SANGRE, SALVA A HOMBRE ALGUNO DEL PECADO, O LO CONVIERTE EN UN HIJO REDIMIDO DEL PADRE, O APTO PARA UNA MORADA EN LAS MANSIONES DE LAS ESFERAS CELESTIALES.

Con un amor que sólo nace de una naturaleza redimida y Divina, amo a toda la humanidad, y me dedico a ayudarles a encontrar el camino a la vida e inmortalidad, y felicidad más allá de la concepción de los mortales o espíritus que no han recibido este Nuevo Nacimiento del Amor Divino del Padre.

He escrito suficiente para esta noche, y estás cansado.

Así que, mi querido hermano, con todo mi amor y bendiciones de un corazón lleno del Amor del Padre, yo soy

Tu hermano en Cristo,
JUAN

De Qué Sirve Creer en el Sacrificio de Jesús en La Cruz Como Salvación del Pecado

YO ESTOY AQUÍ, San Lucas, Escritor del Tercer Evangelio, Que Fue.

Esta noche deseo escribir un breve mensaje sobre el tema, "¿De qué sirve creer en el sacrificio de Jesús en la cruz, como salvación del pecado?"

Sé que esta creencia es el fundamento de la llamada religión cristiana y la piedra angular de la mayoría de las iglesias, como ahora existen, pero como tal creencia es falsa y no efectúa el propósito que se le ha atribuido, debo declarar la absoluta inutilidad de esta creencia y el gran daño que le está causando a la humanidad.

Una cosa es solamente aquello que sus cualidades internas hagan que sea. Con esto quiero decir, lo que los ingredientes de su composición hacen que sea realmente; y estos ingredientes no pueden ser proporcionados, a menos que tengan, en sí mismos, aquellas cualidades que son suficientes para hacer que esta composición sea justo lo que es necesario y requerido para producir aquella cosa en su sustancia genuina.

Esto se aplica a las cosas del alma, y a menos que las cualidades del alma sean tales que eliminen los elementos del pecado y todo aquello que impide que ella entre en armonía con las leyes de Dios, aquella alma continuará en pecado y separación de la naturaleza Divina del Padre.

El alma es, en cada individuo, una entidad distinta e independiente del alma de todo otro hombre, y por sus cualidades es dependiente, no de lo que pueda o no hacer otro hombre, sino de aquello que hará que aquellas cualidades sean como, o en sustancia lo mismo que las cualidades de la cosa deseada o buscada, como una posesión necesaria para hacer que la sustancia poseída y aquello deseado sean similares.

De acuerdo con la creencia de la que hablo, el mencionado sacrificio causa la salvación del hombre, apaciguando la ira de Dios y levantando del hombre la condena bajo la cual sufría, y que logrando dicho propósito, el hombre se convirtió en una nueva criatura en las cualidades de su alma, y le fueron dadas las cualidades que se requieren para que sea como el Padre, y, por lo tanto, él, el hombre, no tiene que hacer más nada para ser exonerado totalmente de la posesión de este pecado y de las demandas de Dios – el sacrificio, siendo suficiente para lograr estos resultados.

Pero como hemos explicado y como afirman, incluso, los seguidores o profesantes de estas creencias, el Amor es la gran necesidad para efectuar la unión entre Dios y el hombre, y este Amor debe morar en el alma del hombre, así como en el seno del Padre, esperando su otorgamiento al hombre.

PUEDE SER OBTENIDO SÓLO MEDIANTE EL SINCERO ESFUERZO DEL HOMBRE POR PROCURARLO, Y NO HAY OTRO CAMINO PROVISTO PARA QUE PUEDA SER OBTENIDO. EL SACRIFICIO O EL DERRAMAMIENTO DE LA SANGRE NO CAUSA EL INFLUJO DE ESTE AMOR EN LAS ALMAS DE LOS HOMBRES, Y EL SIMPLE HECHO, INCLUSO SI FUERA CIERTO, QUE UN DIOS ENOJADO HABÍA SIDO APACIGUADO, O LA DEUDA PAGADA, O QUE UN MORTAL ES REDIMIDO, ELLO NO LOGRARÍA QUE ESTE AMOR SEA PARTE DE LAS ALMAS DE LOS HOMBRES.

Sé que se afirma que estas cosas, de alguna forma misteriosa, reconcilian al hombre con Dios, logrando, así, la aceptación de Dios al hombre, y que cuando esto ocurra, todos los pecados y depravación del alma del hombre, inmediatamente dejan de formar parte de las cualidades de su alma, y el alma es perfeccionada y llega a ser de una condición que le permite ser de la misma naturaleza de aquella del Padre.

Pero la dificultad con esta conclusión es que sólo Jesús y Dios participan en esta gran obra de redención, y el hombre es eximido de la necesidad de hacer algo, excepto creer que el sacrificio es suficiente para lograr su salvación completa, y todo lo que ello significa.

Nunca ha sido explicado por los maestros de las doctrinas cristianas, en forma que sea consistente con la razón, cómo esta creencia en el sacrificio o el derramamiento de la sangre puede purificar un alma pecaminosa, o lograr que sea partícipe de la naturaleza Divina del Padre, y no puede ser explicado por la única razón que es, de por sí, suficiente, y ésta es, que el sacrificio no obra tal consumación.

Ningún hombre, ni siquiera Jesús, puede hacer el trabajo de otro, o para otro, que produzca los resultados necesarios para asegurar la reconciliación mencionada.

Se afirma que Jesús murió para salvar a todos los hombres de sus pecados, o que aquel que cree en el nombre de Jesús será salvado de sus pecados. Pero nuevamente surge la pregunta, ¿cómo y de qué manera?

¿Acaso se puede argumentar que su muerte transformó al hombre impuro en un hombre limpio, aun si él, así, lo creyese? ¿Puede el derramamiento de su sangre en el Calvario limpiar el alma de cualquier hombre? Sé que se afirma que de alguna manera misteriosa lo hace, pero nadie explica cómo.

¿PUEDE ALGUNO DE LOS GRANDES MAESTROS TEOLÓGICOS, EXPLICAR,

POR QUÉ PROCESO MISTERIOSO U OTRO, OPERA ESTA SANGRE SOBRE LA MISERICORDIA O AMOR DE DIOS, PARA QUE EL PECADOR SEA SALVADO DE SUS PECADOS, O DE LAS PENALIDADES IMPUESTAS, POR LA VIOLACIÓN DE LAS LEYES DE DIOS? SÉ QUE NO PUEDEN, Y ES POR LA MISMA RAZÓN ANTES INDICADA – QUE LA SANGRE NO LOGRA ESTOS RESULTADOS.

ENTONCES, ¿DE QUÉ SIRVE ACEPTAR TAL CREENCIA, CUANDO NO PUEDE SER COMPRENDIDA O EXPLICADA, Y ES LA MÁS CIEGA DE LAS CREENCIAS CIEGAS DE LOS MORTALES?

NO, NINGÚN SACRIFICIO DE JESÚS, NINGÚN DERRAMAMIENTO DE SU SANGRE Y NINGUNA EXPIACIÓN VICARIA, COMO SE LE LLAMA, PUEDEN SALVAR UN ALMA HUMANA DEL PECADO, O CONDUCIRLA AL AMOR DEL PADRE, O LOGRAR QUE SEA PARTÍCIPE DE LA NATURALEZA DIVINA.

YA TE HEMOS DECLARADO Y EXPLICADO, EN MENSAJES ANTERIORES, QUÉ ES LO ÚNICO QUE CONDUCE A LOS HOMBRES A LA SALVACIÓN, Y NO LO REPETIRÉ AQUÍ, PERO SÓLO DIRÉ ESTO: "SALVO QUE UN HOMBRE VUELVA A NACER, ÉL NO PODRÁ ENTRAR EN EL REINO DEL CIELO". NADA MENOS ES SUFICIENTE Y NADA AÑADIDO PUEDE, EN FORMA ALGUNA, LOGRAR LA SALVACIÓN DEL HOMBRE.

No escribiré más esta noche, pues, lo que he explicado debe motivar a los hombres a pensar y comprender en qué fundamento falso e infundado se apoyan, al confiar en la creencia del sacrificio de Jesús para salvarlos de sus pecados.

Con todo mi amor y bendiciones diré, buenas noches.

Tu hermano en Cristo,
LUCAS

Niega la Expiación Vicaria – *Esta Creencia Causa Mucho Daño.* *La Biblia Contiene Varias Declaraciones Falsas*

YO ESTOY AQUÍ, *San Pablo.*

Sí, lo soy y quisiera decir sólo unas cuantas palabras. El libro sobre "la expiación vicaria" que has estado leyendo – sobre el precio de rescate, y la sangre de Jesús y el sacrificio en la cruz – todas estas cosas son erróneas y no debes creer lo que dice.

Bien, sé que la Biblia me atribuye la enseñanza de estas cosas, pero jamás las enseñé; y ahora te digo, como antes dije, que no se puede confiar en la Biblia como fuente de cosas que yo escribí, pues, contiene muchas añadiduras a lo que escribí, y muchas omisiones de lo que escribí, así como es el caso de los otros, cuyos nombres se señalan como autores del Nuevo Testamento. Muchas cosas contenidas en aquel libro nunca fueron escritas por ninguno de los supuestos autores del libro. Los escritos de muchos de nosotros no están en existencia, y no han sido por muchos siglos; y cuando fueron copiados y reproducidos, se realizaron muchas añadiduras y omisiones, y por último, interpolaron doctrinas y dogmas que nosotros, jamás, en ningún momento, hemos creído o escrito.

Esto, debo decir, y deseo enfatizar mi afirmación con toda la convicción y conocimiento de la verdad que poseo: Jesús jamás pagó deuda alguna del hombre con su muerte o su sangre, o expiación vicaria.

Cuando Jesús vino a la tierra, su misión le fue dada a medida que progresaba en el desarrollo de su alma, y no fue sino hasta su unción, que fue totalmente calificado para entrar en su misión o trabajo de la misma.

La misión era doble, a saber:

PARA DECLARAR A LA HUMANIDAD QUE EL PADRE HABÍA REOTORGADO EL AMOR DIVINO QUE ADÁN O LOS PRIMEROS PADRES HABÍAN PERDIDO; Y EN SEGUNDO LUGAR, MOSTRAR AL HOMBRE EL CAMINO POR EL CUAL AQUEL AMOR PODRÍA SER OBTENIDO, A FIN DE QUE EL POSEEDOR DE ELLO SEA PÁRTICIPE DE LA NATURALEZA DIVINA E INMORTAL.

Jesús no tuvo otra misión que ésta, y cualquiera afirmación por parte del predicador o maestro, o doctrinas o dogmas de la iglesia o de la Biblia, que su misión era diferente a la que he señalado, la misma es falsa.

Él jamás afirmó que vino a la tierra para pagar alguna deuda para la humanidad, o para salvarlos mediante su muerte en la cruz, o salvarlos de alguna otra forma, sino enseñarles que el gran don o privilegio de obtener la inmortalidad había sido otorgado a ellos, y que, mediante oración y fe, podían obtenerlo.

El autor del libro se equivoca en sus teorías, pero si se aceptara la declaración de la Biblia como verdad, él hace una presentación muy persuasiva de las Escrituras. Pero las Escrituras no contiene la verdad sobre este tema, excepto por el Nuevo Nacimiento que Jesús enseñó, y que así siendo, sus explicaciones y teorías son ineficaces. Algún día y muy pronto, él vendrá al mundo espiritual y tendrá un despertar que le causará mucho sufrimiento y remordimiento, por sus enseñanzas de las doctrinas falsas que contiene su libro.

No fue mi intención escribir una carta tan larga cuando empecé, pero tus preguntas ameritaron respuestas, y yo no podía darte las respuestas en menos espacio. Pero, no obstante, si obtienes algún beneficio de lo que he escrito, el tiempo consumido será bien compensado.

Debo detenerme ahora, pero vendré otra vez.

Tu hermano en Cristo,
SAN PABLO

Confirma lo que Pablo Escribió Acerca de la Expiación Vicaria

San Pedro (Apóstol de Jesús)

Escribo para corroborar lo que dijo Pablo, tanto en cuanto a los errores del autor del libro que has estado leyendo, como de la Biblia, en la que él basa sus argumentos y conclusiones.

Hay algunas epístolas que se me atribuyen, y en efecto, escribí algunas a los miembros de la iglesia sobre la cual tenía supervisión. Pero las epístolas contenidas en la Biblia son falsas y están en conflicto con mis creencias en muchos detalles, en aquel entonces y ahora, y jamás escribí tales declaraciones conflictivas. Nunca escribí que Jesús pagó un rescate por la humanidad, o que su muerte en la cruz salvó a los hombres de la muerte que heredaron de Adán, o algo de una naturaleza que insinuara que los hombres fueron salvados por algún acto de Jesús que satisfizo la ira de Dios, o, como dijo el autor, "satisfizo la Justicia Divina".

LA JUSTICIA NO FUE UN ELEMENTO EN EL PLAN DE LA SALVACIÓN DEL HOMBRE, SÓLO EL AMOR Y LA MISERICORDIA, Y EL DESEO DEL PADRE DE QUE EL HOMBRE SEA RECONCILIADO CON ÉL – ES DECIR, QUE ACUDA A ÉL Y RECIBA EL GRAN DON DE SU NATURALEZA DIVINA. NINGÚN DERRAMAMIENTO DE LA SANGRE O LA MUERTE DE JESÚS, O LA EXPIACIÓN VICARIA PUDO HABERLO LOGRADO, PUES, NINGUNA DE ESTAS COSAS AFECTARÍA EL DESARROLLO DEL ALMA DE UN HOMBRE. LA CUESTIÓN DEL DESARROLLO DEL ALMA ES UN ASUNTO INDIVIDUAL, Y SÓLO PUEDE SER LOGRADO CUANDO EL HOMBRE BUSCA EL GRAN DON DEL AMOR DIVINO, Y LO RECIBA, DESARROLLANDO ASÍ SU ALMA. ÉL, ENTONCES, SE CONVIERTE EN PARTÍCIPE DE LA NATURALEZA DIVINA Y UNO CON EL PADRE.

¡Cuán deplorable es que los hombres enseñen esta doctrina errónea de la expiación de la sangre! Cuánto daño está causando a la humanidad y a los espíritus también, pues muchos espíritus llegan al mundo espiritual con sus creencias tan firmemente establecidas en esta doctrina, que frecuentemente permanecen por años en esta condición de creencia, y consiguiente estancamiento en el progreso de sus almas, y en la obtención del conocimiento de la verdad.

Cuando este autor pase al mundo espiritual, sin duda tendrá que pagar la pena por sus enseñanzas erróneas, y muy probablemente esa pena será que él tendrá que desenseñarlas, por así decir, a todos los espíritus que en la tierra creyeron y siguieron sus enseñanzas de estas doctrinas falsas.

Pero algún día, los hombres conocerán la verdad, y la verdad los liberará. Debes hacer todo lo posible por estar en condiciones para tomar los mensajes que el Maestro desea escribir, a fin de que puedan ser difundidos al mundo.

Yo soy, tu hermano en Cristo,
SAN PEDRO

Lo que los Hombres Pueden Hacer Para Erradicar la Guerra y la Maldad de las Almas de los Hombres. Jesús Nunca Vino Para Traer Una Espada, Sino para Traer la Paz a Través de sus Enseñanzas

Mensaje recibido el 24 de diciembre, de 1916

YO ESTOY AQUÍ, *Jesús.*

Deseo decir que yo estaba contigo esta noche en la iglesia, y escuché el sermón del predicador, y me sorprendió su declaración de que todas las guerras, persecuciones y atrocidades que han sido perpetrados a la humanidad desde mi venida, pueden ser atribuidas a mi llegada y enseñanzas. Yo, por supuesto, sólo puedo resentir la imputación y declarar que el predicador ha malinterpretado la causa de estas guerras y persecuciones, y decir que ellas se deben a mis verdades o a las verdades que yo enseñé, no sólo es una injusticia contra mí, sino también un gran perjuicio a las verdades y objetivo de mi misión para la humanidad.

Jamás traté de obligar a un alma humana, por la fuerza o restricción, a creer en mis verdades o a ser un seguidor mío, dentro o fuera de la iglesia.

MI MISIÓN EN LA TIERRA FUE MOSTRAR A LOS HOMBRES EL CAMINO HACIA EL AMOR DEL PADRE, Y A DECLARARLES EL GRAN DON DE ESTE AMOR, ASÍ COMO INVALIDAR Y DESTRUIR LAS CREENCIAS ERRÓNEAS E IGNORANCIA QUE ENTONCES EXISTÍAN ENTRE LOS HOMBRES, EN CUANTO A LO QUE ERA NECESARIO, A FIN DE BUSCAR Y OBTENER ESTE AMOR DEL PADRE, Y SU PROPIA SALVACIÓN. Y EN LO CONCERNIENTE A QUE LAS VERDADES, MORALES O ESPIRITUALES QUE YO ENSEÑÉ, ANTAGONIZARON LAS CREENCIAS FALSAS Y PRÁCTICAS DE LOS HOMBRES, HUBO, Y NECESARIAMENTE HABRÍA UN CONFLICTO EN LOS PENSAMIENTOS Y VIDAS DE AQUELLOS QUE ME SIGUIERON, Y AQUELLOS QUE PERSISTIERON EN SUS CREENCIAS EXISTENTES. EN ESTE SENTIDO, TRAJE UNA "ESPADA" AL MUNDO, PERO NO FUE LA ESPADA QUE REQUERÍA EL DERRAMAMIENTO DE SANGRE Y ASESINATO Y PERSECUCIONES. ERA LA ESPADA QUE ATRAVESÓ LAS ALMAS DE LOS HOMBRES, DONDE ESTE GRAN CONFLICTO DEBERÍA Y DEBE SER COMBATIDO HASTA EL FINAL.

Ninguna nación puede ser más espiritual en su gobierno o en su trato con otras naciones, que los individuos que la componen. La nación no puede ser más grande que, o diferente de los individuos que la controlan, ya sea si este control esté centrado en uno o más individuos, o en un gobernante secular o religioso. Si el gobernante no es un verdadero seguidor mío, aunque presuma que lo sea, él no puede atribuirme los resultados de poner en acción sus pensamientos, deseos y ambiciones.

La guerra actual de la que habló el predicador con tal horror y lamentaciones, no se debe a mi venida al mundo como un iconoclasta o destructor del pecado y error, sino al hecho de que los hombres se rehusaron a ser controlados o persuadidos por mis doctrinas de paz, y actuaron así, debido al pecado y deseos de maldad y ambición inmoral que poseían y que permitieron que les controlara. La espada que él afirma que yo traje al mundo, no causó que estos deseos y ambiciones pecaminosas e inhumanas se manifestaran en forma de guerra y todos los males que le siguen. No, esta guerra no es parte de mi guerra o del plan del Padre para traer la salvación a la humanidad.

LA CAUSA ES ÉSTA Y SÓLO ÉSTA: EL EJERCICIO DE LOS DESEOS DE LOS HOMBRES QUE CONTROLAN LAS NACIONES, POR MAYOR PODER Y TERRITORIO, Y SOMETIMIENTO DE LAS NACIONES, JUNTO CON SUS ANHELOS PECAMINOSOS PARA LO QUE ELLOS LLAMAN LA GLORIA Y AMBICIÓN INSACIABLE.

SI ELLOS HUBIESEN COMPRENDIDO MI GERRA, CADA UNO DE ESTOS HOMBRES HABRÍA ENCONTRADO A SU ENEMIGO EN SÍ MISMOS Y EN NINGUNA OTRA PARTE, Y LA GRAN GUERRA SERÍA UNA GUERRA DEL ALMA Y NO LA GUERRA DE NACIONES.

Cada nación afirma que su guerra es justa y que Dios está de su lado, y oran a este Dios para ayudarlos a vencer a sus enemigos. Pero aquí deseo decir, y esto puede asombrar a aquellos que creen que si conciben que la razón está de su parte y oran a Dios para el éxito, sus oraciones serán contestadas, que Dios sólo escucha las oraciones del justo, o del pecador que ora por la misericordia y salvación. JAMÁS, EN TODA LA HISTORIA DE LA HUMANIDAD, DIOS HA RESPONDIDO A LAS ORACIONES DE HOMBRES O NACIONES, PARA AYUDARLOS EN LA DESTRUCCIÓN DE OTROS HOMBRES O NACIONES, Y ESTO, NO OBSTANTE, LOS RELATOS EN EL VIEJO TESTAMENTO DE MUCHAS SUPUESTAS OCASIONES EN QUE ÉL AYUDÓ A LOS JUDÍOS A DESTRUIR A SUS ENEMIGOS.

SI LOS HOMBRES PENSARAN POR UN MOMENTO, QUE DIOS ES UN DIOS DE AMOR Y QUE TODOS SON SUS HIJOS, E IGUAL RECIPIENTES DE SU AMOR Y CUIDADO, SE DARÍAN CUENTA QUE SU AMOR NO LE PERMITIRÍA SACRIFICAR LA FELICIDAD O EL BIENESTAR DE SUS HIJOS DE UNA CLASE, PARA SATISFACER LOS DESEOS DE VENGANZA U ODIO, O JUSTICIA ATROZ, COMO ELLOS LA CONCIBEN, DE SUS HIJOS DE OTRA CLASE.

EN TODAS LAS CREENCIAS DE ESTE TIPO, LOS HOMBRES HAN TENIDO UN CONCEPTO ERRÓNEO DE DIOS Y SU NATURALEZA - SIENDO LOS PODERES DEL HOMBRE, ASÍ COMO DE OTRAS CRIATURAS, REGIDAS POR LAS LEYES IMMUTABLES DE DIOS, Y ESTAS LEYES NO HACEN DISTINCIÓN DE

PERSONAS. EL HOMBRE FUE DADO UN LIBRE ALBEDRÍO QUE ÉL PUEDE EJERCER EN FORMA YA SEA RECTA O PECAMINOSA, Y DIOS NO CONTROLA TAL EJERCICIO POR LA FUERZA, PERO EL ALBEDRÍO, EJERCIDO EN FORMA CORRECTA O INCORRECTA, ESTÁ SUJETO A UNA LEY, QUE IMPONE PENALIDADES O RECOMPENSAS, SEGÚN LA VIOLACIÓN U OBEDIENCIA DE ESTA LEY.

Esta guerra, que tantos mortales creen y declaran que es un castigo infligido a los hombres por sus pecados y desobediencia, es decir, que fue especialmente causada por Dios debido a tal condición del hombre – y algunos exegetas de la Biblia enseñan que fue profetizada siglos atrás. ESTA GUERRA, YO DIGO, ES ÚNICAMENTE EL RESULTADO DE LAS CONDICIONES Y OBRAS PECAMINOSAS DE LAS ALMAS Y PENSAMIENTOS DE LOS HOMBRES, Y EL EFECTO NATURAL DE LAS CAUSAS QUE LOS HOMBRES MISMOS CREARON, Y EL FUNCIONAMIENTO EXACTO DE LAS LEYES QUE ESTAS CAUSAS PUSIERON EN OPERACIÓN. Y EN UNA CONDICIÓN SIMILAR, DONDE EXISTEN LAS MISMAS CAUSAS LAS LEYES INVARIABLEMENTE FUNCIONARÁN Y HABRÁ GUERRAS, Y SE REPETIRÁN HASTA QUE CESE DE EXISTIR LA POSIBILIDAD DE LAS CAUSAS.

DIOS JAMÁS DEJA DE AMAR Y CUIDAR A LA HUMANIDAD, Y SIEMPRE DESEA QUE LOS HOMBRES SEAN FELICES Y UNO CON ÉL, Y QUE EJERZAN SU LIBRE ALBEDRÍO, DE ACUERDO CON SU VOLUNTAD Y LEYES. PERO TAN CERTERAMENTE, ÉL JAMÁS, POR COMPULSIÓN O POR LA FUERZA, TRATA DE OBLIGAR A LOS HOMBRES A EJERCER SU ALBEDRÍO DE UNA MANERA QUE NO SEA SU PROPIA VOLUNTAD. DE HACER ESTO, LOS HOMBRES DEJARÍAN DE SER LO MÁS GRANDE DE SU CREACIÓN, E INCAPACES DE ENTREGARLE AQUEL AMOR Y OBEDIENCIA VOLUNTARIAMENTE, QUE SÓLO ASÍ ES ACEPTABLE POR ÉL.

PERO DE LO QUE HE DICHO, NO SE DEBE DEDUCIR QUE EL PADRE ES INDIFERENTE A LOS SUFRIMIENTOS DE LOS HOMBRES Y LAS CALAMIDADES QUE LAS GUERRAS TRAEN A LA HUMANIDAD, PUESTO QUE ÉL NO LO ES. Y SI EN SU SABIDURÍA, ÉL VIERA QUE SERÍA PARA EL BIEN PERMANENTE DE LOS HOMBRES QUE PARTICIPAN EN LA GUERRA ACTUAL, *QUE ÉL INTERVENGA, SIMPLEMENTE POR LA FUERZA DE SUS PODERES Y TERMINE LA GUERRA, ÉL LO HARÍA. PERO EN ESA SABIDURÍA, ÉL VE QUE HAY UN BIEN QUE LOS HOMBRES DEBEN TENER, SUPERIOR Y MÁS ETERNO QUE SU MERO BIENESTAR FÍSICO Y MATERIAL, Y ESE BIEN SUPERIOR NO PUEDE SER OBTENIDO POR ELLOS, SI ÉL TERMINA LA GUERRA REPENTINAMENTE, SIN CONSIDERAR SUS ALMAS, PENSAMIENTOS Y DESEOS. LA LEY DE COMPENSACIÓN DEBE OPERAR, TANTO PARA LAS NACIONES COMO PARA LOS INDIVIDUOS, AUN CUANDO EL INOCENTE PARECE SUFRIR, TANTO COMO EL CULPABLE.

En la tierra, como los hombres se hallan constituidos ahora – es decir, en sus condiciones de pecado y desobediencia a las leyes de su existencia

– no se puede esperar una justicia exacta, y no es recibida porque esta justicia es sujeta a la dispensación de los hombres y no aquella de Dios. Un hombre es influenciado por sus deseos, que a su vez controlan su voluntad, dando origen a sus actos y obras que necesariamente conllevan sus resultados. Estos resultados pueden ser evitados sólo por la ausencia de las obras, mediante un ejercicio diferente de la voluntad, y esto, por el cambio de los deseos. Así que, cuando un hombre, así lo desea y ejerce su voluntad, Dios no deja a un lado la Ley de Compensación, causando, así, resultados que no sean las consecuencias de aquel deseo y voluntad.

PERO DIOS ESTÁ SIEMPRE DISPUESTO A QUE ESTOS RESULTADOS MALIGNOS NO TENGAN EXISTENCIA, Y MEDIANTE LA INFLUENCIA DE SU AMOR Y EL ESPÍRITU SANTO, LLAMA A LOS HOMBRES A APRENDER EL CAMINO PARA PREVENIR TOTALMENTE LA POSIBILIDAD DE QUE EXPERIMENTEN ESTOS RESULTADOS, YA SEA COMO INDIVIDUOS O COMO NACIONES. ÉL HA PROPORCIONADO EL CAMINO, Y ESTÁ GUIANDO A LOS HOMBRES AL CONOCIMIENTO DE ELLO, A TRAVÉS DEL CUAL LAS CAUSAS QUE PRODUCEN ESTOS RESULTADOS DAÑINOS PUEDAN SER TOTALMENTE DESTRUIDAS, Y PREVENIR QUE JAMÁS SURJAN PARA OCASIONARLES LOS RESULTADOS DEPLORABLES, TALES COMO AQUELLOS QUE SE MANIFESTAN EN LA GUERRA ACTUAL.

Dios no interferirá por Su mero mandato para que un lado u otro de aquellos que están involucrados en esta guerra de derramamiento de sangre y matanza, sea victorioso. La ley de compensación debe operar, y lo que siembran los líderes de las respectivas naciones, tal debe ser la cosecha de las naciones, y el inocente sufre en esta cosecha, puesto que como son las condiciones, la ley no podría ejercer su cumplimento, a menos que todos dentro del ámbito de su funcionamiento sientan su operación.

Pero el Padre y la hueste de ángeles, así como espíritus de hombres, trabajan para traer fin a esta terrible catástrofe.

Haz escrito bastante y es tarde, así que aplazaré la continuación del tema hasta otro momento.

Debes creer que estoy contigo y que te amo, y te sostendré en tus deseos de llevar a cabo mi trabajo.

Tu hermano y amigo,
JESÚS

Comenta Sobre el Mensaje de Jesús Acerca de la Causa de la Guerra

YO ESTOY AQUÍ, tu verdadera y querida Helen (Señora Padgett), Espíritu Celestial.

Esta noche recibiste un maravilloso mensaje del Maestro y causará sorpresa, sin duda, a muchos de aquellos que creen que Dios confiere una dispensación especial a cada oración, sin tomar en consideración la operación de Sus leyes.

Pero el Maestro ha demostrado claramente que esta creencia es errónea, y que el hombre mismo, impide que Dios conteste la oración. No quiero decir que no Le sea posible hacerlo, si Él decidiera ejercer Su poder, sino que el hombre, por su propia voluntad y obras, se coloca en un estado en que Dios tendría que violar Sus propias leyes para que Su respuesta sea de acuerdo a las oraciones de los hombres, lo cual Él no hará.

Sé que tú encontrarás el mensaje muy interesante, pero no tanto como lo que sigue, puesto que el uno coloca al hombre en una condición de dependencia de sí mismo, sin la expectativa de la ayuda del Padre, y el otro enseñará que el Padre está, no sólo está dispuesto y listo para ayudar al hombre en su sufrimiento, sino también la manera en la que Él ayudará, y la absoluta certeza de que esta ayuda será concedida.

Tu verdadera y cariñosa
HELEN

Comentario Sobre el Mensaje de Jesús, Sobre la Causa de la Guerra

YO ESTOY AQUÍ, Elías, Profeta Antiguo (Elijah).

Esta noche escribiré un breve mensaje, puesto que es tarde y estás cansado.

Bien, quiero decir que el mensaje que recibiste del Maestro, contiene algunas de las más importantes verdades que afectan la relación de Dios con el hombre en su vida mundana o material.

CADA VERDAD QUE FUE PRONUNCIADA CONTIENE UN ELEMENTO QUE ESTABLECE QUE EL HOMBRE, EN CIERTA MEDIDA, DEBE ESPERAR Y SABER QUE DIOS NO INTERFERIRÁ CON LA LEY DE COMPENSACIÓN, EN CUANTO A SUS EFECTOS Y RESULTADOS. ÉL SÓLO AYUDARÁ AL HOMBRE A ELIMINAR LAS CAUSAS QUE TAN CERTERAMENTE ACARREAN LOS RESULTADOS, Y CUANTO MÁS PRONTO LOS HOMBRES SEPAN ESTO Y LO ENTIENDAN COMPLETAMENTE, ELLOS SERÁN CAPACES DE EVITAR LAS CONSECUENCIAS DEL PECADO Y VIOLACIÓN DE LA LEY, ASÍ COMO COMPRENDER QUE NINGUNA ORACIÓN LOGRARÁ QUE DIOS RESPONDA, DONDE SERÍA NECESARIO SUSPENDER O DEJAR A UN LADO SUS LEYES O LA OPERACIÓN DE ELLAS.

ÉL RESPONDERÁ A LA ORACIÓN, CUANDO ESA ORACIÓN PIDE LA ELIMINACIÓN DE LAS CAUSAS, PERO JAMÁS CUANDO SE APLICA SÓLO A LOS EFECTOS.

LOS HOMBRES DEBEN APRENDER ESTA VERDAD, Y EN SUS ORACIONES PEDIR QUE AQUELLAS COSAS O CAUSAS QUE, EN CUMPLIMIENTO CON LA LEY DE COMPENSACIÓN, ACARREAN RESULTADOS DAÑINOS PARA ELLOS,

SEAN REMOVIDAS, O ELIMINADAS DE SUS ACCIONES Y OBRAS, ASÍ COMO DE SUS DESEOS.

Yo podría escribir un mensaje largo sobre este tema, pero no lo haré ahora, puesto que no estás en las condiciones adecuadas para recibirlo.

Vendré pronto y escribiré detalladamente.

Así que, con mi amor, diré buenas noches.

Tu hermano en Cristo,
ELÍAS

No Existen Diablos, Ni Satanás, Considerados Como Personas Reales y Ángeles Caídos

YO ESTOY AQUÍ, *Jesús-*

Estoy contigo esta noche para prevenirte sobre cualquier duda que puedas permitir que aloje en tu mente o corazón, en cuanto a la realidad de que nosotros somos quienes escribimos, pues nosotros, y ningún otro, estamos en comunicación contigo.

El libro que lees es un engaño y una falsedad, puesto que no existen ángeles que se hayan convertido en demonios, como declara el autor de ese libro. Nunca hubo ningún ángel que, por ambición o cualquiera otra razón, rebeló contra el poder del gobierno de Dios, y que perdió, así, su condición de ángel. Nunca hubo un Lucifer, y jamás existieron ángeles que fueron arrojados de las almenas del cielo al infierno, como fue escrito, y como dije antes, no existen demonios ni Satanás, considerados como personas reales y ángeles caídos.

LOS ÚNICOS ESPÍRITUS EN EL MUNDO ESPIRITUAL SON AQUELLOS QUE EN UN TIEMPO FUERON MORTALES Y QUE VIVIERON SUS VIDAS EN LA TIERRA POR UN PERIODO CORTO O LARGO. Y CUANDOQUIERA QUE SE MENCIONA A LOS ÁNGELES EN LA BIBLIA, O MÁS BIEN, EN EL NUEVO TESTAMENTO, EN LUGARES QUE CONTIENEN MIS PALABRAS O AQUELLAS DE LOS APÓSTOLES, Y ME REFIERO A AQUELLAS PALABRAS QUE FUERON DICHAS EN REALIDAD, LA PALABRA ÁNGEL, SIEMPRE SE REFIERE AL ESPÍRITU DE ALGÚN MORTAL QUE HABÍA ATRAVESADO LA LÍNEA ENTRE LA VIDA Y LA MUERTE, COMO COMÚNMENTE SE ENTIENDE.

Deseo hablarte muy pronto acerca de estas cosas en detalle, e instruirte en cuanto a quiénes eran los ángeles de Dios que supuestamente existieron antes de la creación del hombre y del mundo; y quiénes fueron los habitantes del cielo antes de que el Espíritu de Dios entrara en el hombre, convirtiéndolo en un alma viviente como dice la Biblia. Pero, el tiempo aún no ha madurado para que te instruya en estos asuntos, porque hay tantas otras verdades más importantes para serte enseñadas primero, verdades que son vitales para la salvación del hombre y su felicidad en la tierra y en

269

el mundo espiritual.

Pero, esto debes creer - que ningún demonio te ha escrito, jamás, o en alguna forma manifestado a, o a través de alguno de los numerosos médiums que se utilizan para demostrar la existencia de espíritus de los hombres en el mundo espiritual, sean estos médium buenos o malos.

Existen espíritus de todo tipo, así como existen mortales de todo tipo, teniendo todos los rasgos y características de los mortales, y algunos de estos espíritus pueden ser justamente llamados espíritus viles o malvados, e incluso demonios. Pero no son nada más ni menos que espíritus como los que describo.

Sé que la creencia de la mayoría de la humanidad es que hay tales cosas como demonios, y que son creaciones independientes de Dios, hechas por Él para tentar e infligir todo tipo de problemas e infelicidad a los mortales. Y debido al gran número de años que han existido estas creencias, y el hecho de que muchas iglesias todavía enseñan que existen tales demonios, y que siempre tratan de tentar y perjudicar a los hombres, es duro y será difícil convencer a los hombres a creer que no existen tales cosas como demonios, lo cual es la verdad.

Sé que en muchos pasajes de la Biblia se habla de demonios expulsados por mí de los hombres, y de hombres que han sido poseídos por demonios, así como de los apóstoles expulsando demonios, y de su inhabilidad de expulsar algunos de estos demonios, pero te digo ahora que, al respecto, la Biblia está errada totalmente, y los escritores y traductores de la Biblia nunca entendieron lo que significaba, o pretendía ser la palabra demonio, como se usa en estos diversos casos. Como he explicado, nunca ha habido ningún demonio o demonios en el sentido mencionado y enseñado por las iglesias, y, por consiguiente, nunca pudieron haber poseído a los mortales ni ser expulsados de ellos. Es cierto que, por la operación de la ley de atracción y la susceptibilidad de los mortales a la influencia de los poderes de espíritus, los mortales pueden llegar a estar obsesionados por los espíritus del mal – es decir, espíritus malvados de hombres que una vez vivieron en la tierra – y esta obsesión puede llegar a ser tan completa y poderosa, que el mortal viviente puede perder todo poder para resistir la influencia de estos espíritus malvados, y ser obligado a cometer actos que el mortal no desea hacer, mostrando toda evidencia de una mente distorsionada y apariencia de la pérdida de su fuerza de voluntad, así como la habilidad de ejercer las poderes ordinarias que le fueron dadas en su creación natural. Y en estos casos, refiriéndose a la expulsión de demonios, dondequiera que ocurrieron, y, de hecho, ocurrieron en algunos de los casos mencionados, los únicos demonios que existieron fueron los espíritus malvados que habían poseído a estos mortales.

Y esta obsesión existe hoy día, como en aquel entonces, puesto que las leyes que están en operación ahora, son las mismas que existían entonces, y muchos hombres están en una condición de vida de maldad y mente perturbada, de la obsesión de estos espíritus maligno. Y si hubiera hombres hoy día, en la condición de desarrollo del alma y fe como aquella de mis discípulos, también podría expulsar a los llamados demonios, tal como fueron expulsados por los discípulos en los días de la Biblia.

Pero los hombres no tienen esta fe, aunque hay muchos que han sido bendecidos con el influjo del Espíritu Santo, pero no creen que el trabajo que realizaron los discípulos puede ser realizado por ellos ahora, y de hecho, la mayoría de ellos creen que sería contrario a la voluntad de Dios, tratar de ejercer tales poderes, y por lo tanto, nunca tratan de hacer ese trabajo.

PERO CUANDO LOS HOMBRES APRENDAN QUE DIOS ES EL MISMO DURANTE TODOS LOS TIEMPOS, QUE SUS LEYES FUNCIONAN DE LA MISMA FORMA, QUE LA HUMANIDAD ES LA MISMA, EN CUANTO A LAS POSIBILIDADES DEL ALMA, Y QUE LA FE QUE DIOS HIZO POSIBLE QUE EL HOMBRE ALCANZARA, PUEDE SER POSEÍDA POR ELLOS AHORA COMO FUE POSEÍDA POR MIS DISCÍPULOS, ENTONCES INTENTARÁN ESTA OBRA DE BENEFICENCIA Y TENDRÁN ÉXITO. LOS ENFERMOS SERÁN SANADOS Y LOS DEMONIOS EXPULSADOS; HARÁN QUE EL CIEGO VEA Y QUE EL SORDO OIGA, Y LOS LLAMADOS MILAGROS SERÁN REALIZADOS COMO EN MIS DÍAS EN LA TIERRA.

NO EXISTE, NI HA EXISTIDO, JAMÁS, TAL COSA COMO UN MILAGRO EN EL SENTIDO DE UN EFECTO PRODUCIDO POR UNA CAUSA QUE NO FUESE EL RESULTADO DE LA OPERACIÓN ORDINARIA DE LAS LEYES DE DIOS, PUESTO QUE ESTAS LEYES NUNCA VARÍAN EN SU FUNCIONAMIENTO, Y CUANDO LA MISMA LEY ES LLAMADA EN OPERACIÓN SOBRE LA MISMA CONDICIÓN DE HECHOS, SIEMPRE SE PRODUCIRÁN LOS MISMOS RESULTADOS.

ASÍ PUES, QUE UN MORTAL POSEA EN SU ALMA EL MISMO GRADO DEL AMOR DIVINO DE DIOS, AL QUE SE REFERÍAN, O DEBÍAN REFERIRSE, LOS ESCRITORES DE LA BIBLIA CUANDO HABLARON DE HABER SIDO DOTADOS POR EL ESPÍRITU SANTO, Y QUE TENGA LA FE NECESARIA QUE, AL ORAR A DIOS, ÉL LE OTORGARÁ EL PODER PARA EJERCER ESTE AMOR, A UN GRADO SUFICIENTE PARA PRODUCIR LOS RESULTADOS DESEADOS, Y QUE TRATE, ENTONCES, DE EJERCER EL PODER DE EXPULSAR DEMONIOS, O DE SANAR, ETC., ESTE MORTAL TENDRÁ ÉXITO EN SUS ESFUERZOS. DIOS SIEMPRE ES EL MISMO Y BAJO TODA CIRCUNSTANCIA, Y SÓLO LOS MORTALES VARÍAN EN SUS CONCEPTOS Y CONDICIONES.

ASÍ QUE YO DIGO, NO EXISTEN DIABLOS COMO CRIATURAS INDEPENDIENTES DE DIOS, EN CONTRAPOSICIÓN A LOS ESPÍRITUS DE LOS HOMBRES QUE UNA VEZ VIVIERON EN LA TIERRA, Y DEBES CREER QUE NO EXISTEN.

Te digo ahora, los maestros de tales doctrinas falsas tendrán que pagar las penalidades por sus falsas enseñanzas, al pasar al mundo espiritual y vean el resultado de estas falsas enseñanzas, y no se les concederá ningún alivio, hasta que hayan pagado el último penique. Creer en tales doctrinas conlleva resultados que son suficientemente graves para cualquier espíritu, pero enseñar a otros estas creencias y convencerlos de su verdad, conlleva para el maestro, ya sea que él realmente crea en ellas o no, sufrimientos y una duración de estos sufrimientos de los que los hombres no tienen ninguna concepción.

No escribiré más esta noche, pero al terminar, deseo decir que tienes mi amor y bendiciones, y cumpliré mis promesas para que se realicen tus expectativas, y estés en condiciones para llevar a cabo el trabajo que has sido elegido para realizar.

Bueno, has permitido que la duda entre en tu mente, y como consecuencia, tu alma no responde, aunque, por extraño que parezca, el Amor Divino está presente. Pero cuando existe esta duda mental, es como si fuera una cubierta que impide que brille la existencia del Amor en el alma que produce la gran sensación de felicidad y alegría, y que, de otra manera, podrías experimentar. La condición mental del mortal tiene, indudablemente, una gran influencia en la conciencia del hombre, en cuanto a su posesión del desarrollo de su alma y del Amor Divino, y por lo tanto, será necesario esta lucha continua entre las condiciones mentales y la conciencia del alma, mientras dure la vida en la tierra. Pero, a medida que las creencias mentales armonicen con la condición del alma, la lucha se debilitará cada vez más y será menos frecuente, y es posible que las creencias mentales cesen del todo y se subordinen entera y absolutamente, o más bien, se absorban en la conciencia del alma que posee este Amor Divino del Padre.

Así pues, mi querido hermano, diré buenas noches.

Tu hermano y amigo,
JESÚS

La Felicidad y Paz que Sobrepasa Toda Comprensión
Llega al Poseedor del Amor Divino

YO ESTOY AQUÍ, Samuel, Profeta del Antiguo Testamento.

He venido para escribir y decirte que estoy contigo en amor y deseos de bendiciones y felicidad para ti ahora.

Yo sé que las preocupaciones de la vida te impiden sentir la influencia de este Gran Amor que te rodea, y que está disponible y dispuesto a llenar tu alma en abundancia. Pero si oras más al Padre y ejerces tu fe, encontrarás que disminuirán tus preocupaciones, y la paz vendrá a ti en tal abundancia y belleza, que te sentirás como un hombre nuevo.

COMO DIJO JUAN, CON ESTA FE EL AMOR FLUIRÁ EN TU ALMA, Y EN CIERTA MEDIDA TE DARÁS CUENTA DEL REGOCIJO DE NUESTRA CONDICIÓN

CELESTIAL, PUES, EL AMOR QUE PUEDE SER TUYO ES EL MISMO AMOR, EN SU NATURALEZA, QUE NOSOTROS POSEEMOS Y QUE NOS TRANSFORMÓ EN ÁNGELES Y HABITANTES DEL REINO DEL PADRE. SÓLO DEBES CREER, Y TE DARÁS CUENTA CUÁN DISPUESTO ESTÁ ESTE AMOR A TOMAR POSESIÓN DE TU ALMA Y HACERTE TAN FELIZ, QUE NI SIQUIERA TUS PREOCUPACIONES SERÁN SUFICIENTES PARA DESPOJARTE DE LA GRAN PAZ, QUE VA MÁS ALLÁ DE TODA COMPRENSIÓN.

He estado en el mundo espiritual por muchos años y he poseído este amor por mucho tiempo, y sé, de hecho, lo que es, por experiencia, y la gran alegría que confiere a su poseedor. Así que, puedes confiar en lo que te prometo, y sentir la certeza que provee el conocimiento verdadero. Ahora soy un hijo del Padre enteramente redimido, y uno quien sabe que Su Amor Divino en el alma convierte al hombre o al espíritu en la Esencia del Padre. Cuando este amor entra en el alma del hombre, crece como la levadura en la masa y continúa en su obra hasta que el alma entera se impregne de él, y todo aquello de pecado o de error es erradicado por completo.

El Amor labra todas las cosas que el hombre pueda desear o concebir, e incluso más. La descripción que ha hecho Pablo del amor y las maravillosas cualidades y condiciones que emanan de él, no describe todas sus emanaciones y felicidad resultante.

Pero no debo escribir más por esta noche, porque es tarde y estás cansado.

Así que confía en lo que he dicho, y trata de seguir mi consejo, y pronto experimentarás aquella paz y felicidad que sólo este amor puede traer a las almas de los hombres.

Vendré pronto para escribir otro mensaje, que será de beneficio para la humanidad.

Así pues, con mi amor y bendiciones, digo buenas noches.

Tu hermano en Cristo,
SAMUEL

No Todos los Milagros Que se Alegan en la Biblia Fueron Realizados por Jesús

YO ESTOY AQUÍ, San Pedro, Apóstol de Jesús.

Observé lo que leías (el Evangelio de Lucas), y debo informarte que muchos de los supuestos milagros, como sanaciones y resurrección del muerto, así como el control de las leyes o expresiones de la naturaleza, jamás ocurrieron. No, estos relatos no son ciertos, y son los resultados de la imaginación de los hombres que trataron de añadir al libro que Lucas escribió. Por supuesto, hay una base verdadera para algunos de estos supuestos milagros, pero en cuanto a otros, carecen de fundamento.

Jesús, de hecho, sanó al enfermo y curó al ciego, y al sordo y a la mano marchita, y al hombre paralítico y resucitó al supuesto muerto, pero no como se describe en el Nuevo Testamento; y no es bueno que los hombres crean en la verdad de todos estos milagros.

Bien, aquel incidente jamás ocurrió, puesto que, al expulsar a los espíritus malvados, Jesús no tendría autoridad o poder para permitir que entren en el cerdo, y no habría sido en consonancia con su amor e ideas de lo que era justo, de permitir que el cerdo recibiera estos espíritus, pereciendo así, como dicen los relatos.

Y, además, el resultado de tal suceso habría ocasionado a los dueños inocentes la privación y pérdida de su propiedad. Jesús, en ninguna de sus obras de milagro o en sus enseñanzas, ha hecho o dicho, jamás, algo que haya causado mal a un ser humano. Todo hombre, para él, fue el objeto de su amor y de la salvación, cuyo camino él vino a la tierra a enseñar a los hombres.

En algún momento, consideraré estos milagros en un mensaje, e informarte de aquellos que él realizó en verdad, así como aquellos que fueron meras fantasías de algunos maestros orientales que tenían una imaginación muy fantasiosa, y las utilizaron para añadir a las verdades de los escritos originales de Lucas.

Bien, hay algo de verdad en ello, puesto que hubo una tormenta y sentimos temor. Jesús durmió y lo despertamos, pero él no reprendió la tormenta ni las olas para aplacarlas, sino, más bien, calmó nuestros temores con sus palabras y ejemplo, y luego para nosotros fue como si no hubiese una tormenta, pues, cuando nos abandonó el miedo, fue como si ya no éramos sensible a la tormenta, en cuanto al temor de ahogarnos o de perecer. No, ésta es otra interpolación y no debe ser creída.

Muchas maravillas atribuidas a Jesús, jamás acontecieron, aunque a nosotros nos parecía que no hubo límite a sus poderes.

Pero en algún momento vendré para escribir con más detalle sobre esta materia. Debo detenerme ahora.

Tu hermano en Cristo,
PEDRO

Experiencia del Judío Errante

Yo soy aquel hombre quien le dijo a Jesús, mientras él cargaba su cruz hacia el Calvario, "Anda" y, a quien él respondió, "vagarás eternamente y no descansarás hasta mi regreso", y durante años y años esperé hasta que, por fin, él vino a mí, no como el Jesús reencarnado, sino como mi hermano y amigo en la posesión del Amor Divino, que yo recibí en mi alma después de los largos años de espera y sufrimiento en la tierra.

Sé que esto es considerado como una leyenda por los mortales, pero para mí fue un hecho vital y doloroso. Yo fui, de verdad, el Judío Errante y no encontré descanso en ningún lugar, y ni siquiera llegaba a mí la muerte para liberarme de una vida de tortura y causa del recuerdo de mi inhumanidad al verdadero Jesús.

HE ESTADO AHORA EN LA VIDA ESPIRITUAL POR MUCHOS SIGLOS Y ESTOY EN LOS CIELOS CELESTIALES, PUES, EL AMOR DIVINO DEL PADRE ES SUFICIENTE PARA REDIMIR AL MÁS VIL DE LOS MORTALES, Y A LOS PERPETRADORES DE LOS MÁS GRANDES PECADOS, RESULTANTE DE SU CONDICIÓN DE OSCURIDAD Y SUFRIMIENTOS.

Si yo tan sólo hubiese sabido cuán amado hijo de Dios era el Maestro cuando pronuncié mis palabras viles y crueles maldiciones, jamás habría abierto mi boca, excepto para bendecir y confortarlo cuando él caminaba hacia la cruz. Pero no lo supe, y creí que yo servía a mi Dios, cuando injuriaba a quien, como yo creí, era un blasfemo y destructor de nuestra religión.

Pero pagué la pena, incluso cuando estuve en la tierra, y sufrí las torturas que ningún hombre puede comprender, pues, mientras seguía viviendo, y la muerte que siempre me evadía, empecé a comprender que yo había cometido un pecado en contra del elegido del Padre, y la suya, es decir, la sentencia que Jesús pronunció sobre mí, se convirtió en una realidad asombrosa y siempre presente.

Pero ahora sé que él amaba, incluso a mí, y que mientras yo deambulaba y sufría, Jesús estaba conmigo tratando de ayudarme en la apertura de mi alma al Amor Divino, que fue el único libertador de mi condena.

Sé que esto podrá parecer extraño e increíble, y no imposible en el funcionamiento del plan de Dios en el trato con sus criaturas, pero fue cierto, y yo lo sé. ¡Pero, el Maravilloso Amor! ¡Oh! cómo expresar mis sentimientos de gratitud al Padre y a Jesús! Mientras permanecí en mi estado de ignorancia y desánimo, aquel mismo Jesús estuvo muchas veces conmigo en su amor, tratando de ayudarme. Muchos espíritus me han dicho esto, y es cierto.

ESCRIBO ESTO, PORQUE DESEO QUE EL MUNDO Y TÚ SEPAN QUE ESTE AMOR ESPERA A TODA LA HUMANIDAD, Y QUE NO EXISTE UN PECADOR TAN VIL, QUE ESTE AMOR NO PUEDA CONVERTIR EN UN ÁNGEL DIVINO DE LOS CIELOS CELESTIALES DE DIOS.

No escribiré más por ahora, excepto para decir que, cuandoquiera que leas algo acerca de mí, recuerda que ya no soy el Judío Errante, sino un hijo redimido del pecado y error, y muy amado por aquel mismo Jesús a quien traté tan cruelmente.

Con mi amor, diré buenas noches.

Firmaré como soy mejor conocido,

EL JUDÍO ERRANTE

Confirmando la Experiencia Vivida Por el "Judío Errante"

ESTOY AQUÍ, San Juan, Apóstol de Jesús

Bien, estabas sorprendido por el contenido del último mensaje, y no es de extrañar que lo hayas estado, pues, sé que para ti esta historia era una mera leyenda, como lo es para la mayoría de los otros mortales que han pensado sobre el tema.

Y de nuevo, el Judío Errante no estaba en tu mente, como lo sé, puesto que yo estaba presente antes de que comenzaras a escribir, y sé exactamente cuál era el contenido de tu mente, y las expectativas que tenías. Hablo de estos hechos para enfatizarte que este mensaje no es el resultado de una mente subconsciente de la que hablan los filósofos, sino que el mensaje llegó únicamente porque el espíritu que escribió estaba contigo y tomó control de tu cerebro y manos, y de hecho, escribió, el mensaje.

Él es, en verdad, el hombre conocido como el Judío Errante, y la leyenda es verídica en cuanto a su trato hacia el Maestro, como él dijo, y la sentencia pronunciada sobre él por Jesús, de "vagar eternamente sin descanso hasta su regreso".

Naturalmente, surge la pregunta ¿cómo pudo el Maestro imponer una sentencia tal, o qué poder él tenía para hacer aquello que es tan contrario a todas las leyes ordinarias conocidas de Dios? Bien, la pregunta es pertinente y apropiada, y merece una respuesta.

En el momento de la crucifixión del Maestro, él estaba rodeado de una gran multitud de espíritus, a quienes fueron conferidos los más maravillosos poderes del mundo espiritual, y lo acompañaron en su agotadora marcha hacia la cruz maldita, todos tratando de sostenerlo y escuchando sus palabras, muchos de ellos sabiendo sus pensamientos y la agonía de su alma. Y cuando él se detuvo para descansar, debido a la carga de llevar la cruz, estuvieron con él y escucharon la orden inhumana del judío y la respuesta del Maestro, y ellos determinaron que la sentencia debía ser llevada a cabo y jamás cesar, hasta que el judío haya recorrido el agobiante camino de sufrimiento, que vio a Jesús caminar, y hasta que él haya buscado alivio en aquella forma que el mismo Maestro vino a la tierra para dar a conocer a los mortales, y este judío estaba entre ellos.

Los espíritus estaban con el judío continuamente, sosteniéndolo durante su vida física, a fin de que el amigo, a quien él ansiaba y para cuya llegada él oraba – es decir, la muerte – no le llegara, hasta que primero recibiera el Gran Amor del Padre para redimirlo de los resultados de la sentencia. Y, por extraño que parezca, al mismo tiempo en que estos espíritus ejercían sus poderes para prolongar la vida física de este hombre, también trataban de influenciarlo para abrir su alma al influjo del Amor; y entre aquellos que trabajaron de este modo, estaba el mismo Maestro.

Pero las viejas creencias de este Judío en las enseñanzas de las leyes de Moisés, y en Abraham como su padre y el gran medio de su salvación, y el gran poder que poseía – la voluntad humana – impidieron la apertura de su alma durante largos años, y no fue hasta que se convenciera de que la sentencia del Maestro estaba siendo realizada, que él empezara a darse cuenta que las enseñanzas de su iglesia y el padre Abraham no eran suficientes para su salvación de la terrible condena pronunciada sobre él; y a él vino el pensamiento de que aquel hombre a quien había maldecido, podría ser el verdadero hijo de Dios, y que sus enseñanzas a acerca del único camino hacia el Padre y la felicidad era a través de este Amor; pues, mientras tanto, él había vivido entre los Cristianos y aprendido lo que eran las enseñanzas de este amor, y que era para todos y podía ser obtenido por todo aspirante, mediante la oración y sumisión de la voluntad humana.

BIEN, ÉL SUFRIÓ Y TRATÓ EN TODO SENTIDO DE LOGRAR ESTA MUERTE, PERO LA MUERTE SIEMPRE LO EVADÍA HASTA QUE, POR FIN, ÉL SOMETIÓ SU VOLUNTAD Y LE LLEGÓ LA VERDAD, Y CON ELLA LA ORACIÓN, Y LUEGO LA LIBERTAD; PUES, DEBO DECIR QUE CUANDO EL ALMA DE UN MORTAL ORA CON SINCERIDAD Y VERDADERO ANHELO, NI TODOS LOS PODERES DE TODOS LOS ESPÍRITUS EN LOS CIELOS ESPIRITUALES O CELESTIALES PUEDEN IMPEDIR QUE AQUEL AMOR RESPONDA A LAS ORACIONES, Y DE HACER QUE EL ALMA ANHELANTE SEA LIBERADA Y, EN CIERTA MEDIDA, UNA CON EL PADRE.

NO PUEDEN EXISTIR SENTENCIAS DE ESPÍRITUS Y ÁNGELES QUE SEAN CONTRARIAS A LOS REQUERIMIENTOS DE ESTE AMOR. Y ESTO, SIENDO ASÍ, LOS MORTALES PUEDEN FÁCILMENTE COMPRENDER QUE NI TODOS LOS PODERES DE LOS INFIERNOS Y DE LOS MALVADOS, PUEDEN PREVALECER CONTRA AQUEL AMOR. PODRÁN COMPRENDER, ADEMÁS, QUE LAS SINCERAS ORACIONES DE UN ALMA ANHELANTE, SON MÁS PODEROSAS QUE TODOS LOS PODERES DE LOS ÁNGELES, ESPÍRITUS Y DEMONIOS COMBINADOS, Y OBTENDRÁN LA RESPUESTA DEL PADRE. ASÍ QUE, PUEDEN COMPRENDER CUÁN IMPORTANTE CRIATURA ES UN POBRE MORTAL, CUANDO, EN VERDAD Y SINCERIDAD, ACUDE AL PADRE EN BUSCA DE SU AMOR.

Bien, al venir esta noche no fue mi intención escribir un mensaje como el que he escrito, pero al darme cuenta que tu podrías pensar en el mensaje del Judío Errante, y creer que las leyes de la naturaleza pueden ser puestas a un lado, incluso por mandato del Maestro, pensé en la necesidad de escribirte como he hecho. Ninguna ley de la naturaleza fue, de hecho, puesta a un lado, sino que los poderes de los espíritus fueron ejercidos para la preservación de los órganos físicos y las funciones de este judío, a fin de continuar su vida y para que el principio vital realizara su función de preservar al judío como un mortal viviente.

Esto no debe sorprenderte, pues debo decirte que antes de que estos mensajes hayan completados, se te dará a conocer muchas verdades que serán más asombrosas y contrarias a lo que los hombres llaman las leyes de la naturaleza, que el caso del Judío Errante.

No escribiré más ahora, y con mi amor a ti y a tu amigo, diré buenas noches.

Tu hermano en Cristo,
JUAN

Helen Comenta Sobre el Mensaje del Judío Errante

YO ESTOY AQUÍ, tu verdadera y querida Helen (Señora Padgett).

Bien querido, has recibido unos mensajes muy sorprendentes esta noche, y no me extraña que puedas dudar que provengan de quienes dicen representar, pero el hecho es que las personas que profesan escribir en realidad lo hicieron.

El judío es un espíritu muy brillante de las Esferas Celestiales, pero uno que es muy humilde, y en su gran humildad se muestra claramente el efecto de su gran sufrimiento en la tierra. ¡Cuán maravillosa es tal experiencia! Y cuando él te habló de sus largos años de cansancio en la tierra, en ese momento parecía vivir nuevamente aquella experiencia; pero por supuesto, no lo estaba, puesto que el amor que él posee impidió que el dolor de aquellos años encontrara más que un alojamiento temporal en su memoria. Bien, la verdad de lo que él te escribió puede ser creída, no sólo porque Juan lo corroboró, sino porque muchos otros espíritus que estaban presentes en el momento, afirman que ello es verdad.

Tu verdadera y cariñosa,
HELEN

Por Qué las Iglesias se Rehúsan a Investigar el Hecho de que los Espíritus Pueden, y se Comunican con los Mortales

YO ESTOY AQUÍ, San Juan, Apóstol de Jesús-   Sí, he venido para decirte que he estado contigo durante tu asistencia hoy a los servicios de la iglesia, y cuando los predicadores declararon sus ideas acerca del significado de la inmortalidad, sugerí en ti pensamientos de cuán insatisfactorios eran sus razonamientos y conclusiones. Desde luego, lo que dijeron los predicadores de la mañana acerca de los motivos para inferir que la inmortalidad es el destino del hombre, tuvo en sí, una fuerza considerable y consolación, y me complace que él haya tratado el tema como lo hizo, pero, a fin de cuentas, sólo era esperanza y creencia; carece el conocimiento, y los hombres muy a menudo se dan cuenta que sus esperanzas no son realizadas.

Es de lamentar que los hombres, habiendo podido conocer – y enfatizo conocer – la verdad sobre la inmortalidad, si sólo la buscaran, sin embargo, no la buscan, aunque está a su disposición, incluso sin la información que proporciona nuestros mensajes. Y al hablar de la inmortalidad en este mensaje, quiero decir, la vida continua tras la muerte del cuerpo físico.

Por supuesto, la inmortalidad como ha sido explicada, sólo puede ser aprendida a través de las enseñanzas de nuestras comunicaciones. Pero la inmortalidad, en el sentido anterior – la continuidad de la vida – puede ser establecida como cosa de conocimiento, y a satisfacción de estos predicadores ortodoxos, si sólo buscan con mentes abiertas, separándose de las creencias que les impide aceptar, como verdad, todo aquello que no esté contenido en la Biblia.

Ha sido establecido como un hecho durante mucho tiempo, que, en el principio, incluso antes del tiempo de la Biblia, los espíritus o ángeles se comunicaban con los hombres, y la Biblia contiene muchos casos donde se relata tales sucesos. Pero, aun cuando estos maestros ortodoxos aceptan todos estos casos, como verdaderos, afirman, no obstante, que estos sucesos fueron causados por alguna interposición especial de Dios, y hasta cierto punto, esto es verdad. Pero esta causa se aplica a todos los casos de comunicación con espíritus, que han tenido lugar desde estas manifestaciones de la Biblia.

Como hemos dicho muchas veces, la ley – la ley inmutable – gobierna todo el universo de Dios, y nada sucede por casualidad; así que todo caso de comunicación con espíritu es el resultado de la operación de alguna ley funcionando en forma ordenada. Ningún espíritu podría comunicarse, y ningún mortal podría recibir los mensajes, a menos que la ley funcione de tal manera, que lo permita o lo cause. Y aquí debo decir, que el principio de ley que permite que el espíritu malvado se comunique o se manifieste, es el mismo principio que permite que el espíritu superior haga lo mismo. No existe una ley especial para el uno o para el otro.

Su tierra está llena de mortales que han desarrollado tales poderes, que permiten a los espíritus establecer una conexión con ellos, y, así, dar a conocer el hecho de que los supuestos muertos están vivos y poder declarar este hecho a los mortales. Estos hechos han sido establecidos a la satisfacción de los hombres de toda clase y carácter. Tanto del científico, como del hombre de inteligencia ordinaria, e incluso menos; y del predicador ortodoxo de mente abierta, así como del infiel.

Y todo esto no es mera coincidencia, sino que fue diseñado para mostrar al hombre que él es un ser viviente que nunca muere, hasta donde se sabe, ya sea en la carne o fuera de ella, y lo que está, así, diseñado y provisto para el consuelo del hombre, no debe ser visto con desconfianza, o con temor de ir en contra de la voluntad de Dios. No, este gran privilegio es parte de la bondad de Dios hacia el hombre, y él, así, debe entenderlo y agregar conocimiento a su esperanza y deseo por una vida continua.

Así que yo digo, si estos líderes de los creyentes en los altares ortodoxos aprendieran la verdad sobre esta inmortalidad, o continuidad de la vida después de la muerte del cuerpo físico, tendrían convencimiento de aquello para lo que sólo tienen una esperanza, respaldado por su fe en lo que la Biblia les dice que es la verdad.

Por supuesto, esta esperanza y fe pueden llegar a ser tan fuertes como para satisfacer sus dudas sobre esta cuestión, pero, aun así, no es conocimiento. Esta fe y esperanza palidecerán hasta la insignificancia, cuando aquella madre, llorando por su ser querido recientemente fallecido, escucha su voz diciéndole que él todavía está vivo y tiene todo su amor y anhelos por ella, y que él está cerca de ella sintiendo su amor por él.

Pero estos maestros no buscarán, o si lo hacen, y sienten que sus esperanzas y fe se han convertido en conocimiento, no declararán la verdad a su rebaño. ¿Y, por qué no revelar la verdad a su rebaño? ¿Y por qué no? Porque los credos, dogmas y bandas de hierro de creencias erróneas les impide hacerlo. Ellos predicarán acerca de la prensa, y, si es necesario, sacrificarán sus vidas por tal causa. Sin embargo, cuando se trata de este tema de suprema y vital importancia, temen buscar la verdad, o, si al buscar y hallarla, temen declarar la libertad de sus creencias, de la sujeción a los credos.

¡Qué responsabilidad tienen, y cómo tendrán que rendir cuenta! Enterraron el talento que les fue dado, y la rendición de cuenta será penosa.

Pero algún día y pronto, esta verdad los buscará con tal fuerza abrumadora, que sus credos se desmoronarán, y además de la esperanza y la fe, vendrá a ellos el conocimiento, y con este conocimiento, la libertad, y con la libertad, la perla de gran precio, que les ha sido ocultada por tanto tiempo en la concha del miedo y fanatismo.

No debo escribir más esta noche.

Sentí la necesidad de decirte estas cosas, a fin de darte ánimo en tu trabajo para traer la verdad a la luz.

Así que, con todo mi amor y bendiciones, yo soy

Tu hermano en Cristo,
JUAN

Discurso Sobre la Involución y Evolución del Hombre. Los Científicos Sólo Saben Acerca de la Evolución Después que el Hombre Llegó al Fondo de su Estado de Degeneración o Involución

YO ESTOY AQUÍ, San Lucas, Escritor de lo que fue el Tercer Evangelio.

Bien, deseo escribir unas cuantas líneas acerca del tema contenido en el libro que leías esta noche. Me refiero al libro que trata sobre "La Creación y Caída del Hombre".

Bueno, el hombre que escribió el libro trata de reconciliar la doctrina Bíblica de la creación y caída del hombre con la doctrina científica de la evolución, y de demostrar que estos dos puntos de vista sobre el tema no son antagónicos, y que, si son entendidos correctamente, pueden ser utilizados para apoyar el uno al otro. Pero en esto, él no ha tenido éxito, ni puede, por esta razón, si no hubiera otras: el hombre no evolucionó de la bestia o animal inferior, sino que siempre fue un hombre, la criatura de Dios, perfecto en su creación y totalmente natural.

No hubo nada de lo sobrenatural en él, y nunca fue de la naturaleza de un superhombre del que cayó en el momento su desobediencia. Nunca ha sido nada más ni menos que la creación perfecta de su Creador, aunque ha degenerado en sus cualidades y en el ejercicio de su libre voluntad.

La evolución o la doctrina de la evolución, tiene sus limitaciones, y su fundador o aquellos que la siguen cabalmente o de una manera modificada, no pueden remontar esta doctrina a la caída del hombre. Por lo tanto, cuando tratan de ir más allá de aquella etapa cuando el hombre parecía haber sido muy degenerado y un producto de los progenitores animales, entran en el campo de la especulación, y el conocimiento deja de existir.

El hombre no fue creado con ninguna de las cualidades Divinas, como el escritor parece pensar, sino que fue simplemente creado el hombre natural, que ahora ves, sin la mancilla de las cualidades de su alma que involucra sólo la eliminación de aquellas cosas que causaron la desviación de la condición de su creación. Es decir, cuando fue creado estaba en perfecta armonía con la voluntad de Dios y Sus leyes, y cuando él sea restaurado a aquella armonía de unidad con estas leyes, entonces estará en lo que era suyo antes de la caída.

Así que, la idea planteada por el autor de que el hombre fue creado con algo de lo divino en él, que lo sacó de una especie de condición de imperfección física, y que cuando perdió estas cualidades Divinas, cayó en esta condición imperfecta, es totalmente falsa. La gran verdad relacionada con la creación del hombre es, que el hombre fue creado perfecto y que, en lo que concierne a su orden de creación, o a las cualidades de su naturaleza moral y física, no podría haber ningún progreso, puesto que el próximo paso en la progresión sería lo Divino.

Así, podrás ver, que el hombre fue tan maravillosa y perfectamente creado, que apenas era inferior a los ángeles. Y, al decir ángeles, me refiero a las almas de hombres que han dejado de ser encarnados, y que han participado del Amor Divino y ser parte del Padre en su Divinidad de Amor – no las meras almas en el mundo espiritual que sólo tienen sus cualidades morales desarrolladas, porque éstas, al ser purificadas y en armonía con las leyes y voluntad de Dios, sólo son hombres perfeccionados en su naturaleza y organismo, como lo fueron al momento de la creación del hombre.

Yo digo, el hombre perfecto posee aquellas cualidades y atributos que fueron suyos cuando fue creado, y él no puede progresar o llegar a ser superior, o diferente a lo que fue en el momento de tal creación. Fue hecho perfecto como creación, y más allá de lo perfecto no puede haber nada evolucionado que sea superior a las cualidades y facultades que, en su conjunto, hicieron que fuera perfecto.

Y PARA PROGRESAR, DEBE ADQUIRIR EN SU NATURALEZA EL AMOR, DIVINO DESDE FUERA, EL CUAL AÑADIRÁ A ESTAS CUALIDADES Y FACULTADES QUE, COMO COMPRENDERÁS, NO ES PARTE O MÉTODO DE LA EVOLUCIÓN.

Cuando cayeron los primeros padres, perdieron la armonía de su existencia con las leyes de Dios, y también fueron privados de la gran potencialidad de ser Divinos en su naturaleza de Amor e Inmortalidad, como el Padre. Pero como simples hombres creados, cayeron de la perfección y no de la divinidad. Ni fueron privados, por esta caída, de la posibilidad de vivir para siempre en los cuerpos físicos, porque esos cuerpos fueron hechos únicamente con el propósito de permitir que las almas fueran individualizadas, y luego morir y ser disueltos en sus elementos derivativos.

El cuerpo físico nunca fue creado para vivir eternamente, y los hombres nunca fueron creados para vivir en la tierra para siempre, puesto que un mundo mayor y más amplio fue proporcionado para su morada eterna, donde las cosas son reales y sólo existe lo espiritual. La tierra es una mera imagen de las realidades del mundo espiritual y existe solamente como un vivero para la individualización del alma. A fin de que no malinterpretes lo que digo, recuerda que el alma es el hombre – el ego – y que cuando cayó el hombre, no fue la parte física del hombre que cayó, excepto como fuera influenciada por el alma, sino que fue el alma que cayó. Y la sentencia de muerte no fue pronunciada sobre lo físico, sino sobre las potencialidades del alma, y, por lo tanto, puedes comprender que cuando el hombre sea nuevamente el hombre perfecto, no será necesario que el cuerpo físico sea restaurado.

Incluso, si no hubiera sido contrario a las leyes físicas del universo, o mejor dicho, a las leyes que controlan la parte material del universo, que el cuerpo material del hombre resucite para albergar al alma de nuevo, ello no sería necesario, puesto que el alma tiene su cuerpo espiritual que manifiesta su individualidad. No hay necesidad para la resurrección del cuerpo físico, y no habrá tal resurrección, porque Dios nunca hace algo que sea inútil.

Como digo, el hombre nunca ha dejado de ser el hombre de la creación de Dios, aunque se haya degenerado y mancillado, y en un tiempo en la historia de su existencia involucionó a un grado que, salvo las cualidades esenciales de su creación, parecía inferior a las bestias. Pero él siempre fue el hombre de la creación de Dios, y nunca un animal de orden inferior. Los científicos, en su búsqueda e investigación geológica, y en sus hallazgos de fósiles y rastros del hombre primitivo, así como sus teorías biológicas, concluyen que el hombre era de un grado inferior de inteligencia y modo de vivir, y es posible que estén justificados en así, concluir, y que también evolucionó gradualmente de esa condición y estado, y deducir de ello aparentes teorías correctas. Sin embargo, cuando tratan de ir más allá, sólo entran en el ámbito de la especulación y se pierden en la oscuridad del misterio. Pueden acertadamente aclamar la evolución del hombre, desde donde lo pierden en su reconstitución a esa evolución, pero no pueden saber nada de su involución anterior a ese tiempo, y, por lo tanto, sus especulaciones carecen de fundamento substancial.

NO, EL HOMBRE NO EVOLUCIONÓ DEL ANIMAL INFERIOR, PERO SÓLO DE SÍ MISMO CUANDO LLEGÓ AL FONDO DE SU CAÍDA. EN ESTE PARTICULAR, LA HISTORIA Y EXPERIENCIA DEL HOMBRE ES ÉSTA – EL FUE CREADO PERFECTO – PECÓ Y CAYÓ DE LA CONDICIÓN DE SU ESTADO CREADO – EN ALGUAS FASES, SU CONDICIÓN EN EL FONDO DE SU CAÍDA FUE INFERIOR A AQUELLA DEL ANIMAL BRUTO. DESPUÉS DE LARGOS SIGLOS, EMPEZÓ A ELEVARSE DE SU CONDICIÓN INFERIOR, Y HABÍA HECHO PROGRESO CUANDO LOS CIENTÍFICOS, POR SUS DESCUBRIMIENTOS, ENCONTRARON EVIDENCIA DE SU CONDICIÓN ENTONCES – Y DESDE AQUEL MOMENTO EL HOMBRE HA SIDO EL TEMA DE LA "EVOLUCIÓN" DE ESTOS CIENTÍFICOS.

PERO LOS CIENTÍFICOS, ASÍ COMO LA HUMANIDAD ENTERA, DEBEN SABER QUE, DURANTE TODOS ESTOS SIGLOS DE DESCENSO Y ASCENSO, EL HOMBRE SIEMPRE HA SIDO EL HOMBRE, LA CREACIÓN SUPREMA DE DIOS Y LA MÁS CAÍDA.

Bien, he escrito suficiente por esta noche, pero hoy yo estaba contigo mientras leías y vi los conceptos erróneos del escritor del libro, así como de los científicos a quienes él se refirió, y me pareció conveniente escribir algunas verdades en forma incompleta acerca del tema.

Vendré pronto para escribir.

Así que, con mi amor y bendiciones, diré buenas noches.

Tu hermano en Cristo,
LUCAS

La Relación del Hombre Con La Creación del Mundo, y El Origen de la Vida

YO ESTOY AQUÍ, *Jesús.*

He venido esta noche para decirte que estás en una mejor condición de lo que has estado durante algún tiempo, y tu conexión con nosotros es muchísimo mayor, que pienso que debería escribirte un mensaje sobre un tema importante, que es vital para la salvación del hombre de los pecados y errores de su vida terrenal, y escribiré una porción de lo que deseo escribir.

Bien, primero diré que hay tantos hombres y mujeres en la tierra que creen, o que afirman creer, que, por sus propios esfuerzos, pueden desarrollar aquellas cualidades del alma que son necesarias para armonizar con el Alma del Padre, que me parece que será una tarea muy grande convencer a estas personas del error de sus creencias, o supuestas creencias. Y esta tarea no se limita a aquellos que han hecho un estudio verdadero y profundo de los misterios de la vida, tanto en la tierra, como en el más allá, sino que incluye también a un número mucho mayor de quienes tienen sólo una idea superficial de este presunto conocimiento, y que los más sabios o más eruditos publican al mundo como resultado de sus investigaciones.

Es más difícil convencer a los ignorantes que creen conocer las leyes de la existencia y el plan de funcionamiento del universo de Dios, que convencer a aquellos que han realizado un estudio cuidadoso y sincero de ello, porque estos últimos, a medida que avancen en sus investigaciones, generalmente llegan al convencimiento de que cuanto más saben, como resultado de sus investigaciones, menos saben realmente.

No sé cuál sea el tema de más importancia relacionadas con estas cuestiones, que merezca comentario esta noche, puesto que son tantos sobre los que, al mismo tiempo, debo instruirte. Esta noche escribiré sobre " La relación del hombre con la creación del mundo, y el origen de la vida."

Su Biblia dice: en el principio Dios creó los cielos y la tierra, etc., de un vacío, y continuó esa creación hasta que hubo un cielo perfecto con todas sus glorias, y una tierra perfecta con habitantes de toda clase – todo perfecto y hecho como un Dios Omnisciente y Todopoderoso lo crearía. Y, como punto culminante, el hombre fue creado tan perfecto, que fue hecho a la imagen de su Creador.

Bien, esta historia es tan buena y satisfactoria como cualquier otra que ha sido concebida y escrita por el hombre, y tan digna de creencia, pero como un hecho no es verdad, puesto que nunca hubo una época o un período cuando había un vacío en el universo o cuando hubo caos.

Dios nunca creó algo de la nada, pero Sus creaciones, como son percibidas y conocidas por los hombres, simplemente eran el cambio en la forma o composición de lo que ya había existido, y que siempre existirá como elementos, aunque indudablemente habrá cambios en la forma y apariencia, y en los elementos constitutivos en la relación entre sí.

DIOS SIEMPRE HA SIDO EXISTENTE – UN SER SIN PRINCIPIO, UNA IDEA QUE YO SÉ QUE LA MENTE FINITA NO PUEDE CAPTAR, PERO ES VERDAD. Y ASÍ TAMBIÉN, SIEMPRE HA EXISTIDO TODO LO QUE ESTÁ EN EL UNIVERSO, AUNQUE NO EN LA FORMA Y COMPOSICIÓN COMO AHORA SON; Y NO CONTINUARÁN SIENDO COMO SON AHORA, PUES EL CAMBIO ETERNO ES LA LEY DE SU UNIVERSO. ME REFIERO A TODAS LAS COSAS QUE SE PUEDE DECIR TIENEN SUSTANCIA, SEA MATERIAL O ETÉREA.

POR SUPUESTO, SUS VERDADES NUNCA CAMBIAN, Y TAMPOCO LAS LEYES BAJO LAS CUALES LA ARMONÍA DEL UNIVERSO ES PRESERVADA Y CONTINUÓ PERFECTA.

AHORA, LA TIERRA EN LA QUE VIVES NO SIEMPRE TUVO UNA EXISTENCIA, COMO UNA TIERRA, Y TAMPOCO EL FIRMAMENTO Y LA GRAN GALAXIA DE PLANETAS Y ESTRELLAS. PERO NO FUERON CREADOS DE LA NADA, Y TAMPOCO EXITIÓ EL CAOS, PUESTO QUE, EN LOS DESIGNIOS DE DIOS DE LA EXISTENCIA, NUNCA HAY CAOS, PUES, SI ASÍ FUESE, SIGNIFICARÍA LA AUSENCIA DE LA OPERACIÓN DE SUS LEYES Y DE LA ARMONÍA.

PERO LA TIERRA Y EL FIRMAMENTO FUERON CREADOS – HUBO UN TIEMPO EN QUE NO EXISTIERON COMO TAL, Y EN UN TIEMPO VENIDERO PUEDEN DEJAR DE TENER TAL EXISTENCIA. Y ESTA CREACIÓN FUE DE UNA MANERA ORDENADA, SEGÚN DISEÑO, SIN QUE INTERVINIESE EL ELEMENTO DE AZAR; Y TAL CREACIÓN NO FUE LO QUE LOS HOMBRES SABIOS ENTRE USTEDES LLAMARÍAN ACRECIÓN O EVOLUCIÓN – ES DECIR, AUTO-EVOLUCIÓN – PUES, TODO EXPONENTE NUEVO O ADICIONAL DE CRECIMIENTO, O MANIFESTACIÓN DE ACRECIÓN, FUE EL RESULTADO DE LAS LEYES DE DIOS, QUE ÉL OPERÓ EN LA CREACIÓN DE LA CRIATURA.

NO EXISTE TAL COSA COMO LA AUTO-EVOLUCIÓN, O DESARROLLO QUE RESULTE DEL CRECIMIENTO SIN ASISTENCIA DE LO DESARROLLADO, Y ESTO SE APLICA A TODO EN LA NATURALEZA, AL IGUAL QUE AL HOMBRE.

PARA CRECER, PARA ACERCARSE MÁS A LA PERFECCIÓN, IMPLICA EL DECADENCIA Y DESAPARICIÓN DE ALGUNOS ELEMENTOS QUE HAN REALIZADO SU MISIÓN Y TRABAJO EN EL CRECIMIENTO DE LO CREADO, Y LOS MISMOS ELEMENTOS JAMÁS CONTINÚAN EN EL DESARROLLO DE AQUELLO QUE LAS LEYES, EN SU OPERACIÓN, CONDUCEN MÁS Y MÁS A LA PERFECCIÓN.

Pero en todo este trabajo de la creación, existen leyes de

desintegración y aparente retroceso operando también como leyes de construcción y adelanto positivos; y, nuevamente, estas leyes anteriores no funcionan al azar sino por diseño, al igual que las leyes de esta última clase.

Con el propósito de producir la criatura perfecta – sea hombre, animal, vegetal o mineral – El Creador de todo sabe cuándo deben funcionar las leyes de decadencia y retroceso, así como las leyes de progreso y aumento de efectividad, y Él nunca se equivoca al poner estas leyes en operación, y nunca pronuncia el resultado de Su trabajo, "No bueno".

Como se ha dicho, mil años son como un día para Dios, y mientras que, por mucho tiempo, al hombre le podrá parecer que ha habido un retroceso y demora en llevar a la perfección una criatura de la labor del Creador, sin embargo, ese aparente retroceso no es un hecho, sino solamente un curso o método adoptado para producir una perfección superior o mayor. Sé que es difícil explicar a la mente terrenal finita esta obra de creación, pero podrás captar alguna concepción de lo que deseo dar a conocer.

EL HOMBRE, EN SU CREACIÓN, NO FUE UN CRECIMIENTO LENTO COMO ALGUNAS DE LAS OTRAS CREACIONES DE DIOS, PERO, MÁS BIEN, FUE HECHO PERFECTO DESDE, Y EN EL PRINCIPIO, CON LA EXCEPCIÓN DE LAS CUALIDADES DE DIVINIDAD E INMORTALIDAD. ÉL NO CRECIÓ DE UNA CRIATURA INFERIOR A TRAVÉS DEL LENTO PROCESO DE LA EVOLUCIÓN, COMO ALGUNOS DE TUS CIENTÍFICOS ASEVERAN, Y ESTO, UNA AUTO-EVOLUCIÓN, RESULTANDO DE CUALIDADES INHERENTES QUE FUERON DESARROLLADAS POR EXPERIENCIA, SINO QUE FUE CREADO EL HOMBRE PERFECTO.

Me detengo por ahora.

Tu hermano y amigo,
JESÚS

Continuación del Mensaje Anterior

YO ESTOY AQUÍ, *Jesús.*

He venido esta noche para reanudar mi discurso de hace varias noches. Como decía, el hombre es la criatura de Dios, hecha a la perfección e instantáneamente, por así decir, no teniendo un lento crecimiento como otras creaciones. Y cuando él fue creado, no necesitó una evolución o algún atributo adicional para que fuese hecho el hombre perfecto. Su cuerpo físico fue perfecto, así como su cuerpo espiritual y alma.

Además de estos tres componentes, él tenía un Don que, por su desobediencia, perdió y que nunca le fue restaurado hasta mi venida, y que, al poseerlo, hizo que fuera algo más que el simple hombre. En cuanto a aquellas cosas que fueron partes constituyentes y absolutas de él, ellas eran perfectas y la evolución no fue necesaria para aumentar su perfección.

286

El hombre, entonces, fue un ser más perfecto de lo que es ahora, o siempre ha sido, desde la caída de su estado de perfección.

Después de su desobediencia y muerte consecuente de la potencialidad de participar de la naturaleza Divina del Padre, o sea, el don antes mencionado, el hombre quedó en un estado donde dependía exclusivamente de las cualidades que, entonces, poseía para su futura felicidad, y libertad de aquellas cosas que causarían que perdiera la armonía que existía entonces entre él y las leyes que rigen su existencia.

LA MÁS GRANDE DE TODAS LAS CUALIDADES QUE LE FUERON OTORGADA FUE AQUELLA DEL LIBRE ALBEDRÍO, TOTALMENTE IRRESTRICTO EN SU OPERACIÓN, AUNQUE, CUANDO ES EJERCIDO DE UNA MANERA QUE ENTRA EN CONFLICTO CON LAS LEYES QUE CONTROLAN ESTA ARMONÍA, EL HOMBRE TUVO QUE SUFRIR Y PAGAR LAS PENALIDADES DE TALES VIOLACIONES. PERO, A PESAR DE QUE ESTAS PERVERSIONES DEL EJERCICIO DEL LIBRE ALBEDRÍO OCASIONARON LOS PECADOS Y ERRORES QUE AHORA EXISTEN EN LA TIERRA, DIOS NO IMPUSO NINGUNA LIMITACIÓN A ESTE EJERCICIO.

EL HOMBRE, EN SU CREACIÓN, FUE OTORGADO APETITOS Y DESEOS QUE PERTENECEN A SU NATURALEZA FÍSICA, ASÍ COMO DESEOS DE SU NATURALEZA MÁS ALTA O ESPIRITUAL, Y TODOS CON LA INTENCIÓN DE TRABAJAR EN ARMONÍA Y NO EN ANTAGONISMO; Y EN TAL OPERACIÓN, EL HOMBRE SE MANTUVO PURO Y LIBRE DE PECADO – QUE SIMPLEMENTE ES LA VIOLACIÓN DE LAS LEYES DE ARMONÍA DE DIOS. PERO DESPUÉS DE LA PRIMERA DESOBEDIENCIA, QUE ES LA DEMOSTRACIÓN MÁS GRANDE DEL PODER DEL HOMBRE PARA EJERCER ESTA VOLUNTAD, AUN CUANDO DIOS SE LO HUBÍA PROHIBIDO, Y DESPUÉS QUE EL HOMBRE PERDIERA ESTA GRAN POTENCIALIDAD DE LA QUE HABLO, LAS DESOBEDIENCIAS SUCESIVAS RESULTARON MÁS FÁCILES; Y, A MEDIDA QUE OCURRIERAN ESTAS DESOBEDIENCIAS, EL HOMBRE PERDIÓ EN GRAN MEDIDA EL DESEO POR LAS COSAS ESPIRITUALES, Y SE IMPUSO LA PARTE ANIMAL O FÍSICA DE SU NATURALEZA. Y ENTONCES, EN VEZ DE EJERCER ESTOS APETITOS, QUE PERTENECEN A SU NATURALEZA FÍSICA, DE UNA MANERA SABIA QUE IMPIDIERA LA DESARMONÍA (Y AQUÍ PERMÍTEME DECIR QUE, INCLUSO, DESPUÉS DE LA CAÍDA, ERA POSIBLE, E INCLUSO SE ESPERABA QUE EL HOMBRE EJERCIERA ESTOS APETITOS EN LA FORMA MENCIONADA), SE ENTREGÓ A ELLOS MÁS ALLÁ DE SUS FUNCIONES APROPIADAS, Y AUMENTÓ TAL INDULGENCIA, HASTA QUE EMPEZÓ A ENCONTRAR, COMO ÉL PENSÓ, MÁS PLACER EN ELLA, QUE EN LOS PENSAMIENTOS Y EJERCICIO DE SU NATURALEZA SUPERIOR, Y SUS ASPIRACIONES.

Este deterioro del hombre no fue repentino, sino gradual, hasta que llegó el momento cuando alcanzó un estado o condición próxima a aquella de los animales inferiores, y de hecho, debido a una mayor entrega a estos apetitos, parecía haber transformado en un animal inferior; sin embargo, permaneció siendo el hombre, un ser hecho a la imagen de su Creador.

Y de esta posición baja de degradación o degeneración, el hombre lentamente empezó a progresar hacia el logro de su condición original, antes de la caída. En todo este tiempo, nunca le fue retirado su libre albedrío, ni controlado por Dios – pero siempre funcionaron las leyes de compensación, y el hombre sufrió al continuar creando el pecado y el mal.

Pero, a medida que el hombre en la tierra continuara a degenerar y a permitir que, lo que a veces se conoce como su naturaleza animal, domine su naturaleza espiritual, muchos hombres murieron, y continuaron muriendo, y sus cuerpos físicos retornaron al polvo del cual fueron creados, y sus entidades espirituales se convirtieron en habitantes del mundo espiritual, donde, en un período más largo o más corto, se liberaron del deseo de ejercer estos apetitos animales y la parte espiritual del hombre nuevamente se impuso, y, así, muchos de estos espíritus llegaron a ser libres del pecado y del mal, y en armonía con las leyes de Dios que controlan sus naturalezas y condiciones, como fueron antes de su degeneración y desobediencia.

Y estos espíritus, así liberados y en su dominio espiritual, emprendieron la labor de tratar de ayudar al hombre, mientras vivía en la tierra, para dirigir su albedrío de manera tal, que lo librara de la sumisión a estos apetitos, y volver a ser el verdadero hombre, como fue creado, menos la potencialidad que he mencionado. Pero estos esfuerzos de parte de los espíritus han sido lentos en su efecto, y, aunque en casos individuales, los hombres fueron casi regenerados, sin embargo, el progreso, en su totalidad, no ha sido tan rápido como es deseable – el pecado y el mal aún existen en el mundo, y los apetitos y deseos pervertidos de los hombres todavía los controlan en un alto grado.

Por supuesto, este progreso desde el fondo de su degeneración ocurrió más rápido en algunas partes de la tierra que en otras, y, por lo tanto, tiene una distinción entre las razas o naciones civilizadas e incivilizadas; pero esto no significa, necesariamente, que las naciones civilizadas, como individuos, hayan alcanzado un progreso mayor, en la forma indicada, de lo que han logrado los individuos de las llamadas naciones incivilizadas, puesto que es un hecho que, entre algunos hombres de la primera, existen perversiones y manifestaciones de perversiones de estos apetitos, que no existen en la última.

El adelanto en las cualidades intelectuales no significa, necesariamente, un avance de lo espiritual sobre las perversiones de estos apetitos, puesto que la voluntad no es algo enteramente de la mente, y tampoco lo son estos apetitos y deseos, porque detrás de la mente están los afectos, generalmente llamados los deseos del corazón, que es la sede de estos apetitos, y de donde surgen estos deseos; y, al surgir, el albedrío es influenciado por ellos y al ser influenciado el albedrío, vienen indudablemente los pensamientos y acciones.

No es sorprendente que sus científicos crean y prediquen la doctrina de la evolución del hombre, de una especie de animal inferior o de un átomo o de algo que no pueden entender o darle un nombre, porque en sus estudios de la historia de la humanidad, y del mundo creado, encuentran que el hombre ha desarrollado y progresado de una manera asombrosa, de lo que parece haber sido su condición en algunas épocas pasadas.

Pero la historia no se extiende a la época cuando el hombre estaba en esta condición baja de degeneración, y por lo tanto, todas las conclusiones a que han llegado estos científicos, están basadas sobre hechos que bastan a sí mismos, que demuestran el progreso del hombre, solamente después del punto crítico de su degeneración. No tienen hechos, y, por supuesto, cuando aquí se utiliza la palabra "hechos", se refiere exclusivamente a las cosas materiales de la naturaleza – mostrando la decadencia gradual del hombre, de su estado de hombre perfecto, a aquella de la terminación de su retroceso o degeneración e inicio de su progreso al retorno a su estado anterior.

ASÍ QUE, EN LUGAR DE CREER Y ENSEÑAR QUE EL HOMBRE EVOLUCIONÓ DE UN ÁTOMO, O DE ALGUNA OTRA COSA INFINITESIMAL, O DE UNA ESPECIE DE ANIMAL INFERIOR AL HOMBRE, LOS CIENTÍFICOS, MÁS BIEN, CREYERAN Y ENSEÑARAN QUE EL HOMBRE EVOLUCIONÓ DE SU ESTADO O CONDICIÓN CUANDO ESTABA EN EL FONDO DE SU DEGENERACIÓN, AL CUAL DESCENDIÓ DEL HOMBRE PERFECTO, ENTONCES CREERÍAN Y ENSEÑARÍAN LA VERDAD, Y SU TEORÍA DE LA EVOLUCIÓN TENDRÍA, COMO FUNDAMENTO O BASE, UN HECHO, QUE AHORA NO TIENE – SOLO UNA ESPECULACIÓN.

Esto es, en resumen, la historia y verdad de la creación del universo del hombre – de la caída y degeneración y evolución y progreso del hombre. Y, a través de toda esta creación y existencia posterior, transcurre la vida, impregnándola y siempre con ella, y el origen de la vida es Dios.

He finalizado y espero que encuentres alguna enseñanza, así como entretenimiento en lo que he escrito. Volveré pronto y escribiré sobre otra verdad.

El hecho de que hayas esperado a que se formularan frases para expresar mis pensamientos, sólo significa que yo manipulaba tu cerebro, de modo que la expresión o idea correcta pueda ser transmitida a tu mano como la escribí.

Mi amor y bendiciones están contigo, y, a medida que pase el tiempo, tengo más interés en ti y en tu trabajo. Mantén tu coraje, y tus deseos se cumplirán.

Tu amigo y hermano,
JESÚS

La Importancia de los Judíos Aprendan las Verdades de Dios, Proclamadas por Jesús

Moisés, el Profeta de Dios de los Días Antiguos.

He estado contigo en varias ocasiones cuando algunos de los espíritus antiguos te escribieron, y me interesé mucho. Sigo siendo fiel siervo de Dios, pero. además, un creyente en Jesús, quien es el más grande de todos los hijos del Padre, y el único de todos los mensajeros de Dios que trajo a la luz, la vida y la inmortalidad.

No pude haber dicho esto antes de su venida. Es decir, no pude decir que otros grandes reformadores y maestros de las verdades de Dios habían hecho esto, puesto que antes de la llegada de Jesús yo no conocía el significado de la vida y la inmortalidad - y ningún hombre o espíritu conocía esta gran verdad.

Ahora estoy en los Cielos Celestiales con muchos de los viejos profetas y videntes que han recibido este gran don del Amor Divino, y muchos, que vivieron y murieron desde el tiempo de Jesús, también son espíritus Celestiales - participando de la inmortalidad.

Me doy cuenta ahora que muchas de mis enseñanzas no eran correctas - que el amor no era parte de ellas, sino más bien, el espíritu de venganza, que no forma parte, en lo absoluto, de las verdades del Padre. Los judíos aún me consideran su gran maestro y legislador, y muchos de ellos observan mis leyes literalmente.

Y deseo hablarte de este hecho, porque creo que, si publicas también lo que he de escribir, al publicar los mensajes del Maestro, muchos judíos me creerán, y que yo, así como muchos de aquellos que enseñaron mis enseñanzas, nos dedicamos ahora a enseñar a los espíritus de judíos que vinieron al mundo espiritual, las verdades como fueron enseñados por el Maestro.

La nación judía es la más estricta de todas las personas, en su creencia y observancia de sus doctrinas religiosas, como son expuestas en el Viejo Testamento; y, por lo tanto, serán los últimos, entre todos los hombres, en aceptar las verdades que yo ahora comprendo y enseño. Pero espero que algo de lo que yo te comunique causará que reflexionen, y llegar a ser creyentes y observantes de esta NUEVA REVELACIÓN DE LA VERDAD.

HAN LUCHADO Y SUFRIDO POR SU RELIGIÓN DURANTE TODOS ESTOS SIGLOS, Y AÚN CONTINÚAN HACIÉNDOLO, Y LO ÚNICO QUE HA IMPEDIDO, MÁS QUE CUALQUIER OTRA COSA, QUE ELLOS ACEPTEN LAS ENSEÑANZAS DE JESÚS Y CREAN EN SU MISIÓN PARA LA HUMANIDAD, ES QUE SUS SEGUIDORES, O AQUELLOS QUE TRATARON DE ESCRIBIR SUS ENSEÑANZAS, ASÍ COMO AQUELLOS QUE INTERPRETARON LAS MISMAS, DECLARAN Y SOSTIENEN QUE JESÚS ES DIOS - QUE EL VERDADERO DIOS ERA TRES EN LUGAR DE UNO, COMO YO DECLARÉ EN EL DECÁLOGO. ÉSTE HA SIDO EL

GRAN TROPIEZO PARA LOS JUDÍOS, Y CUANDO LEAN, COMO QUIZÁS HAGAN, QUE JESÚS MISMO DECLARA Y PROCLAMA QUE ÉL NO ES DIOS, SINO SÓLO SU HIJO, Y QUE ELLOS TAMBIÉN SON HIJOS DE DIOS, CONSIDERARÁN SUS ENSEÑANZAS CON MÁS TOLERANCIA, Y MUCHOS DE ELLOS ESTARÁN INCLINADOS A ACEPTAR SUS VERDADES Y LAS VERDADES DEL PADRE; Y EL JUDAÍSMO EN SU ASPECTO RELIGIOSO DESAPARECERÁ PAULATINAMENTE, Y LOS JUDÍOS SE CONVERTIRÁN EN PARTE DE UNA GRAN HERMANDAD RELIGIOSA DE LOS HOMBRES. Y AL IGUAL QUE EN NUESTROS CIELOS CELESTIALES, YA NO HABRÁ MÁS EN LA TIERRA, NINGÚN JUDÍO NI GENTIL, SINO QUE TODOS LLEGARÁN A SER UNO EN SUS CREENCIAS EN EL PADRE Y EN LA MISIÓN DE JESÚS. ÉL SERÁ ACEPTADO COMO EL MESÍAS, NO SÓLO DEL JUDÍO, SINO DEL MUNDO ENTERO, Y ENTONCES, LA GENTE ELEGIDA DE DIOS NO SERÁ UNA MUY PEQUEÑA MINORÍA DE LOS HIJOS DE DIOS, SINO QUE EL MUNDO ENTERO SERÁ SU GENTE ELEGIDA.

ESTOY MUY INTERESADO EN ESTA FASE DE LAS GRANDES VERDADES QUE SERÁN DADAS A LOS HOMBRES Y ACEPTADAS POR ELLOS, PORQUE YO FUI, MÁS QUE CUALQUIER OTRO HOMBRE, RESPONSABLE DE LAS CREENCIAS ACTUALES DE LOS JUDÍOS, QUE HA CAUSADO QUE ELLOS SE MANTENGAN SEPARADOS Y APARTE DE TODO EL RESTO DE LA HUMANIDAD, POR CONSIDERARSE LOS ELEGIDOS Y PARTICULARMENTE SELECCIONADOS DE DIOS.

No escribiré más esta noche, pero debo pedirte que me permitas escribir nuevamente, puesto que tengo una misión que cumplir en la tierra para deshacer el trabajo que tan efectivamente realicé, cuando fui dirigente de mi pueblo.

A la vez que Jesús enseña, y él enseñará a toda la humanidad el camino hacia el Padre y la inmortalidad, yo debo enseñar a mi gente la manera de librarse de estas creencias erróneas y falsas que están contenidas en el Viejo Testamento.

Entonces, con mi agradecimiento, diré, buenas noches.

MOISÉS, el legislador de los judíos

Daniel Escribe Acerca de Su Experiencia en el Mundo Espiritual y Vida En La Tierra

DANIEL, el Profeta de Dios del Viejo Testamento

Estoy contigo esta noche porque tienes motivos para creer que has sido elegido para hacer el trabajo de Jesús, transmitiendo sus mensajes a la humanidad; y deseo agregar mi testimonio a aquellos que me han precedido.

Soy un seguidor del Maestro, aunque viví en la tierra muchos años antes de que él viniera para anunciar el re-otorgamiento del gran Amor Divino del Padre, y mostrar el camino mediante el cual todo hombre puede obtenerlo, si así lo desea.

Nunca supe lo que era este Amor, hasta que Jesús viniera a declararlo al hombre y a los espíritus, como hizo; y cuando él vino al mundo de los espíritus, después de su crucifixión, predicó a los que estábamos en las esferas espirituales, la gran doctrina del plan de Dios para la salvación.

Los hombres no deben pensar que los mortales son los únicos recipientes de este Amor, o que son los únicos que han tenido el privilegio de aprender el camino a este Amor, puesto que, como te digo, Jesús vino a los espíritus que vivían en los cielos espirituales, y dio a conocer este gran plan y enseñó el camino a la inmortalidad.

Antes de su venida, yo era un espíritu que gozaba del favor del Padre en tal magnitud, que mi amor natural fue desarrollado al más alto grado, y en ese amor yo era comparativamente feliz. También poseí un gran desarrollo intelectual, pero, en cuanto al Amor Divino que ahora poseo, yo no tenía ningún conocimiento de este Amor, como tampoco lo tenía ningún otro espíritu que entonces vivía.

Esto te podrá extrañar, porque de mi historia, como se refleja en el Viejo Testamento, naturalmente supondrías que yo estaba en alta gracia ante Dios, y así fue; pero ese favor no se extendió más allá del recibimiento de Él, de una gran cantidad del amor natural que había otorgado a toda la humanidad, y el conocimiento, por mi percepción espiritual y el poder de una naturaleza psíquica que yo poseía, que Dios velaba por mí y me utilizaba para convencer a las naciones paganas que existía un solo Dios, y que sólo Él debía ser adorado.

Nunca conocí la realidad de lo que era el Amor Divino, o que yo no estuviera en una posición en que yo haya podido estar, si este Amor no hubiera sido retirado de la humanidad, cuando nuestro gran padre terrenal cometió su acto fatal de desobediencia. En aquellos tiempos, antes de la venida de Jesús, ningún espíritu podía progresar más allá de la esfera donde existía este amor natural y desarrollo intelectual, en su más alto grado de perfección.

Así ves, yo nunca fui un espíritu dotado de esta naturaleza Divina, hasta después de la venida del Maestro; y en ninguna parte en el Viejo Testamento, encontrarás alguna declaración o promesa de que el hombre debe poseer esta naturaleza Divina, y nosotros, que vivimos en los días de mi vida terrenal, estábamos satisfechos y en espera sólo de los favores y dones de Dios, en lo que respecta a nuestra prosperidad y felicidad terrenal.

Yo fui un profeta, como está escrito, y Dios, a través de Sus espíritus, me comunicaba las cosas que yo declaraba a la gente, y también me capacitó para predecir muchas cosas que ocurrirían, y, de hecho, ocurrieron. Pero este gran favor y don, no me dieron posesión del Amor

Divino o la naturaleza del Padre; y cuando morí, pasé al mundo espiritual siendo un espíritu en posesión sólo del amor natural y el gran desarrollo moral que mis comunicaciones de mi asociación con los espíritus del Padre, me habían dado.

Así que, el hombre no debe pensar que nosotros del Antiguo Testamento, sea profeta, vidente el o favorecido especial de Dios, hemos tenido, alguna vez, esta Esencia Divina Suya, mientras vivíamos en la tierra o como espíritus, antes de la venida de Jesús.

Ni Abraham, Moisés o Elías poseyeron, jamás, esta naturaleza Divina, aunque fueron los elegidos especiales de Dios para hacer su obra en las particularidades para los que fueron elegidos; y nunca creyeron que sus vidas, después de la muerte, iban a ser algo más que una mera existencia en el mundo espiritual como espíritus, o, como fue expresado, reunidos en el hogar de sus padres. El descanso fue entendido, entonces, como la gran condición de los hombres buenos de Dios, y este descanso significaba, para ellos, un alivio de todos los problemas terrenales y una felicidad que resultaría de tal libertad.

Así que, cuando el Maestro vino al mundo espiritual y predicó la gran verdad del re-otorgamiento del Amor Divino, los espíritus se sorprendieron, tanto como los mortales; y hubo tanta incredulidad entre ellos como entre los mortales.

Los judíos siguen creyendo en sus doctrinas, las cuales habían sido su regla de fe, cuando eran mortales; y las leyes de Moisés y las declaraciones de los profetas los controlan como espíritus, tal como los había controlado en la tierra.

Por supuesto, luego de convertirse en espíritus, aprendieron muchas cosas pertenecientes al mundo espiritual, de las que no tenían conocimiento como mortales; y entre las leyes que aprendieron, como espíritus, fue la gran ley de recompensa. Moisés, por supuesto, había enseñado, de cierto modo, los principios de esta ley, como citado en su decreto de ojo por ojo, y diente por diente;" pero esto sólo fue una sombra de lo que significa la ley de recompensa en el mundo espiritual.

Esta ley existía entonces, tanto como ahora existe, pero los espíritus sólo tenían, en aquel entonces, el amor natural para ayudarles a salir de su condición de sufrimiento y oscuridad, y en muchos casos, fue necesario que transcurrieran siglos y siglos para que este amor realizara su salvación.

Y debo decirte también, que cuando este amor natural había realizado su trabajo, el espíritu alcanzó una condición de felicidad y satisfacción. Tanto así, que muchos de ellos permanecen satisfechos; y algunos que vivieron en la tierra cuando yo viví y se convirtieron en espíritus cuando yo me convertí en un espíritu, todavía están en esa condición de felicidad que este amor natural, en un estado puro, les proporciona. Ellos no despertaron a la gran verdad de que el Amor Divino les había sido ofrecido en el momento de la venida de Jesús a la tierra, al igual que muchos, sí, la gran mayoría de los hombres nunca han despertado a este hecho.

Pues ya ves, aunque Dios, en Su bondad y misericordia, ha provisto un camino mediante el cual todos pueden llegar a ser partícipes de Su naturaleza Divina y de la gran felicidad correspondiente que nunca muere, Él también ha provisto un amor natural que puede llegar a ser libre de todo pecado y males terrenales, y cuando es, así, purificado, permite que el espíritu goce de una felicidad más allá de lo que puedan concebir los mortales.

Pero esta última condición no trae la inmortalidad, y ningún espíritu con sólo este amor natural tiene certidumbre de que es inmortal.

Bien, he escrito bastante y debo detenerme por ahora.

Bien, cuando Moisés y Elías se encontraron con Jesús en el Monte de la Transfiguración, ellos habían recibido una porción de este Amor Divino, puesto que habían tenido conocimiento previo de su re-otorgamiento a la humanidad. Y como ellos eran seres muy espirituales, en el sentido de que habían desarrollado su amor natural a su suprema excelencia y estaban muy cerca del Padre en el desarrollo de sus almas, ya eran recipientes de este Amor Divino al ser otorgado nuevamente a la humanidad y a espíritus. Pero estaban tan llenos de este Amor, entonces, como ahora lo están muchos espíritus que fueron mortales en tu tiempo.

COMO YO ENTIENDO EL SIGNIFICADO DE LA TRANSFIGURACIÓN, ELLO ERA PARA MOSTRAR A LOS DISCÍPULOS DEL MAESTRO QUE, MIENTRAS QUE JESÚS ERA POSEEDOR Y ENCARNACIÓN DE ESTE AMOR DIVINO EN EL MUNDO MORTAL, ASÍ LO FUERON MOISÉS Y ELÍAS EN EL MUNDO ESPIRITUAL. EN OTRAS PALABRAS, LA APARICIÓN DE JESÚS DEMOSTRÓ QUE HABÍA SIDO OTORGADO AL HOMBRE MORTAL, Y LA APARICIÓN DE MOISÉS Y ELÍAS DEMOSTRÓ QUE TAMBIÉN HABÍA SIDO OTORGADO A LOS ESPÍRITUS.

En algún momento vendré para relatarte mi experiencia en la búsqueda de este Amor y siendo convencido de la verdadera misión y veracidad de la enseñanza de Jesús — y cómo este Amor entró a mi alma, y convirtiéndome, como resultado, en un cristiano.

La esfera en la que vivo no tiene numeración, pero está alta en los Cielos Celestiales, aunque no tan alta como aquella donde viven los apóstoles. Ellos poseen un maravilloso desarrollo del alma, que significa la posesión de este Amor en una gran medida, que determina el lugar de sus moradas.

Bien, estoy agradecido por haber podido escribir esta noche, y siento que, al haberlo hecho, estoy abriendo el camino para poder hacer el bien a los mortales, puesto que ahora estamos formando un ejército, como dirían ustedes, para llevar a cabo un gran y exitoso ataque contra los poderes del mal y oscuridad, como existen ahora en el mundo mortal. Jesús será el líder de este ejército. Él es el espíritu más grande en todo el universo de

Dios, y nosotros, que somos sus seguidores, reconocemos este hecho y lo seguimos sin duda.

Con el amor de un hermano, a quien, quizás, consideres antiguo, pero que es muy joven, diré buenas noches.

DANIEL

Su Enseñanza y Experiencia Cuando Estuvo en la Tierra. No Obtuvo el Amor Divino Hasta la Venida de Jesús a la Tierra

SAMUEL, el Profeta de Dios del Antiguo Testamento

Yo soy el mismo Samuel, a quien la mujer de Endor llamó desde el mundo espiritual para que yo le hiciera consciente a Saúl de su perdición; y así como vine a ti esta noche, fui a ella en aquel momento, sólo que mi propósito no es el mismo y no soy el mismo espíritu en mis cualidades.

Ahora soy un cristiano y sé lo que significa el Amor Divino del Padre, mientras que en aquel entonces no lo sabía. Yo era un espíritu viviendo en una felicidad comparativa y existiendo en la conciencia de que había realizado mi obra en la tierra, y que entonces gozaba del reposo del justo; pues, como entendíamos esa palabra, entonces, tanto en el mundo mortal como espiritual, yo era un hombre justo.

He venido a ti esta noche, porque veo que has sido elegido para hacer el gran trabajo del Maestro en Sus esfuerzos por redimir a la humanidad de sus vidas de pecado y error, y mostrarles el camino mediante el cual pueden participar de la naturaleza Divina del Padre y obtener la inmortalidad.

CUÁN MAYOR AHORA LA BENDICIÓN DE LA HUMANIDAD, Y ESPÍRITUS TAMBIÉN, DE LO QUE ERA CUANDO YO FUI UN MORTAL, Y MUCHO TIEMPO DESPUÉS DE CONVERTIRME EN ESPÍRITU. MI DIOS, EN AQUEL ENTONCES, Y TU DIOS AHORA, ES EL MISMO, PERO SU GRAN DON DEL AMOR DIVINO NO EXISTÍA ENTONCES, COMO AHORA. ASÍ QUE, TU Y LOS DEMÁS MORTALES, DEBEN DARSE CUENTA DEL GRAN PRIVILEGIO QUE TIENEN DEBIDO A ESTE DON, Y EL DON DE JESÚS PARA EXPLICAR Y MOSTRAR EL CAMINO A TRAVÉS DEL CUAL ESTE AMOR PUEDE SER OBTENIDO, Y ELLO, LIBREMENTE, SIN EJERCICIO MENTAL DE UN ORDEN ELEVADO, SINO SIMPLEMENTE POR LOS ANHELOS Y ASPIRACIONES DEL ALMA EN SUS DESEOS DE SER PARTE DE LA DIVINIDAD DEL PADRE.

TE DIGO, QUE LOS CAMINOS DE DIOS SON MARAVILLOSOS Y MISTERIOSOS, Y SUS PLANES, MIENTRAS QUE A NOSOTROS PUEDEN PARECER QUE FUNCIONAN LENTAMENTE, SIN EMBARGO, ELLOS TRABAJAN SEGURAMENTE, Y SE CUMPLIRÁN EN LA PLENITUD DE SU PROPIO TIEMPO.

Jamás supe, cuando estuve en la tierra, que Dios era tal Dios de Amor y Misericordia. Él era nuestro Jehová y gobernante. Él era un Dios de enojo e ira y un Dios celoso, como yo pensaba, siempre dispuesto a castigar a aquellos a quienes Él consideraba que eran Sus enemigos, con masacre y muerte. Yo lo obedecí e hice Su trabajo como entendí que debía, más por temor que por amor. De hecho, el amor nunca fue para mí un arma o instrumento a utilizar para lograr del judío desobediente, el cumplimiento con lo que pensábamos era la voluntad de Dios.

El alma nunca fue desarrollada en tal método de procurar la obediencia, y el amor fue un factor menor para lograr la obediencia de los judíos a los requerimientos del Padre.

Nuestros deseos principales eran aquellos por el éxito de nuestros esfuerzos terrenales, y cuando éstos eran logrados, no teníamos ningún otro uso para nuestro Dios, excepto, mantenerlo en reserva para las circunstancias que pudieran surgir cuando, como pensábamos, podríamos necesitar su ayuda.

Sé que Moisés ordenó a los judíos a amar a Dios con todas sus almas, mentes y fuerzas, y muchos de ellos creyeron que así lo hacían, pero en realidad su amor estaba limitado al grado de sus deseos por logros mundanos. Y esto lo sé, pues, cuando lograban el éxito en la obtención de sus deseos, se olvidaban de amar a Dios; y, por lo tanto, muy a menudo nosotros como profetas, estábamos obligados a instruirlos y tan frecuentemente, haciéndoles recordar a Dios y el peligro al olvidarse de Él y de Sus leyes. Pero rara vez tratábamos de hacer que recordaran a Dios a través del amor, pero casi siempre por amenazas y descripción de los horribles castigos que serían impuestos sobre ellos, si continuaran olvidándolo.

Y así fue que Saúl buscó mi ayuda y consejo. Él pensó que no sólo Dios lo había abandonado, pero que él había renunciado a Dios, y esperaba el castigo que creía resultaría de tal negligencia para servir y obedecer a Dios. También creyó que, porque yo estaba en el mundo espiritual y probablemente muy cerca de Dios, yo ejercería alguna influencia para lograr que la gran amenaza de la calamidad sea detenida. Pero él no me buscó por amor a Dios, sino por temor a sus enemigos y terror de que Dios dirigiera su ira sobre él.

Así ves, el temor era el sentimiento dominante en mi tiempo que impulsaba a los judíos en su relación con Dios, y cuando ese temor era apaciguado u olvidado, Dios era olvidado y sólo recordado de nuevo, cuando aparecía el peligro. Por supuesto, hubo muchas excepciones a este tipo de judíos, pues hubo algunos que verdaderamente amaban a Dios, y ello, de una manera donde el temor a la ira o enojo de parte de Dios, no formaba parte en el amor de ellos por Él.

Entonces, podrás ver que las leyes de Moisés no pretendían tanto regular la parte espiritual o el alma de los judíos, sino controlarlos en sus conductas el uno con el otro, en los asuntos prácticos de la vida y en sus relaciones con los paganos y extranjeros.

Las leyes morales fueron, así enseñadas, con el fin de hacer que fueran justos entre sí, y como consecuencia, como pensaron, serían justos ante Dios. Pero faltaba lo más esencial para que fueran uno con Dios - la obtención del Amor Divino, y nunca fue buscado, y no pudo ser hallado entonces, porque no existía en aquel entonces para la humanidad. AHORA SOY UN CRISTIANO Y SÉ QUE EL AMOR DIVINO ES UNA REALIDAD Y QUE TODO HOMBRE PUEDE OBTENERLO, SI SÓLO LO BUSCAN.

Bien, la mujer de Endor no fue una bruja y no practicó la magia negra. Ella era una buena mujer que poseía poderes para invocar a los muertos, como eran llamados. Ella no se dedicaba a la práctica de causar mal a los mortales, como lanzando hechizos sobre ellos o usando encantos, sino que fue una verdadera médium y, aunque no poseía mucha espiritualidad, no obstante, era una mujer de buena moral y tenía a su alrededor muchos espíritus del más alto orden, cuyos deseos sólo eran hacer el bien a los mortales. Ella tuvo cuidado en que ningún espíritu malvado fuera a comunicarse, y sus poderes con los más altos fueron muy grandes. Si ella hubiese sido lo que se llama, una médium de clase inferior, yo nunca habría respondido a su llamado; ella tenía afinidad con los hombres y otros espíritus cuyos pensamientos estaban dirigidos hacia cosas superiores del mundo espiritual, y, por lo tanto, no tenía ninguna dificultad en lograr que apareciéramos cuando ella así lo deseaba, para el consuelo de ayuda a los mortales.

Yo instruía y aconsejaba a Saúl cuando vivía, y naturalmente, después que me convertí en espíritu, y si él necesitaba ayuda, él buscaría mi consejo.

En aquellos días los médiums eran más numerosos de lo que supone la mayoría de la gente, y debido a que eran muy comunes y de diversas clases, y en su mayoría dedicados a la necromancia y artes malvados, se instituyeron leyes estrictas en contra de llamar o dedicarse a la práctica de consulta a los espíritus.

Pero no todos eran malos, y muchos de ellos hicieron el bien en el mundo, y entre éstos estaba la mujer de Endor, a pesar de que ha sido tan envilecida y abusada por las iglesias y predicadores. Te sorprenderás al decirte que ella ahora vive muy arriba en los Cielos Celestiales, y es un espíritu redimido que goza del Amor Divino de Dios.

Bien, debo detenerme, pero regresaré en algún momento para hablarte de las cosas que conozco acerca de estas esferas superiores.

Diré buenas noches.

Tu amigo y hermano,
SAMUE

Helen Confirma que Daniel y Samuel Escribieron

YO ESTOY AQUÍ, Helen, (Señora Padgett, esposa de Sr. Padgett).

Bueno, cariño debes detenerte por esta cansado y te hará daño seguir noche. Estás escribiendo.

Son espíritus poderosos y lucen tan jóvenes como los espíritus de aquellos que murieron recientemente y que eran muy jóvenes. Me refiero a que parecían hombres jóvenes - y realmente lo son; y son altamente desarrollados en sus almas e intelectos. Daniel es especialmente hermoso y también muy poderoso.

Con todo mi amor, yo soy

Tu verdadera y cariñosa
Helen

Elías Relata la Historia de los Tiempos Cuando Vivió en la Tierra. Jamás Tuvo Conocimiento del Amor Divino, Hasta que Jesús Vino a la Tierra y Dio a Conocer el Re-otorgamiento del Mismo

YO ESTOY AQUÍ, Elías (Elías del Viejo Testamento).

Yo fui un profeta antiguo, y ahora soy un habitante de los Cielos Celestiales e hijo inmortal del Padre.

He estado presente en varias ocasiones cuando los altos espíritus te escribían, y estuve muy interesado en el trabajo que tú y ellos están realizando, pues, estás haciendo una labor maravillosa, ayudando a los espíritus oscuros en sufrimiento, y llevándolos a una estrecha comunión con los espíritus superiores, quienes pueden mostrar a ellos el camino al Amor del Padre.

Esta noche, quisiera escribirte un mensaje largo sobre la historia de los tiempos en que yo viví, y sobre el conocimiento que nosotros, quienes fuimos vistos, y de quienes se ha escrito como profetas, tuvimos en cuanto a la relación entre Dios y el hombre; y cuáles fueron algunas de nuestras experiencias con los espíritus de los cielos que vinieron a nosotros y comunicaron algunas de las verdades del Padre. Y diré que, con todo el conocimiento que poseíamos de la verdad, nunca comprendimos lo que era el Amor Divino del Padre, a distinción del amor que Él otorgó a todos los hombres, independientemente de la búsqueda por parte de ellos de Su Amor, y sin consideración al hecho de que sean pecadores y desobedientes a Sus mandamientos. Como ahora sé, no pudimos haber comprendido lo que significaba este Amor Divino, o haberlo poseído, jamás, puesto que en mi tiempo y hasta la venida de Jesús, no existía el privilegio de los hombres de recibirlo. El Padre había retirado este privilegio de la humanidad.

Pero, ciertamente, recibimos el conocimiento espiritual acerca de aquellas cosas que lograrían que el hombre fuera mejor en su naturaleza moral, y lograr una cercanía con el Padre en su amor natural; y nuestros esfuerzos fueron dirigidos a lograr que la gente comprendiera estas cosas y la necesidad de cumplir con las leyes morales.

Como dije, me gustaría escribirte un mensaje más largo, pero hay otro aquí que desea escribir y me detendré. Pero vendré pronto para transmitir mi mensaje, y mientras tanto, oraré por ti y trataré de ayudarte en el desarrollo de tu alma y en tu trabajo.

Con todo mi amor y bendiciones diré buenas noches.

Tu hermano en Cristo,
ELÍAS

Su Experiencia Mientras Estuvo en la Tierra y en el Mundo Espiritual. La Transfiguración en el Monte es una Realidad

YO ESTOY AQUÍ, Elías (Elías, profeta de los hebreos).

Esta noche escribiré un corto mensaje corto, como prometí.

Cuando estuve en la tierra, fui un profeta a los hebreos y traté de advertirles que su modo de vivir no era del agrado de Dios, sobre todo, la falta de obediencia a los mandamientos en cuanto a su veneración, y la vida individual que llevaban. No fui un hombre que conocía los atributos de Dios como ahora los conozco, puesto que entonces, para mí, Él era, más bien, un Dios de ira y celos, que de amor y misericordia, y la mayoría de mis enseñanzas advertía a los Hebreos de la ira que, seguramente caería sobre ellos, a menos que fueran más obedientes y siguieran las leyes de Moisés.

AHORA SÉ, QUE LA IRA DE DIOS NO ES ALGO DE TEMER, Y, QUE SU IRA NO ES UNA REALIDAD. QUE CUANDO LOS HOMBRES DESOBEDECEN SUS LEYES Y SE DESCUIDAN EN LA ADORACIÓN A ÉL, EN SINCERIDAD Y EN ESPÍRITU, SU SENTIMIENTO HACIA ELLOS ES, MÁS BIEN, DE COMPASIÓN Y PENA, Y NO DE IRA, Y, QUE, EN LUGAR DEL CASTIGO, ÉL LES EXTIENDE SU MISERICORDIA Y AMOR.

En mi tiempo, el Dios de Amor no era conocido por la gente de alguna manera práctica, aunque de Él se escribía como un Dios de Amor, pero la gente no estaba tan atenta a Su amor, sino, más bien, a Su ira; y sólo mediante la amenaza de Su ira, podían llegar a entender que eran desobedientes y enajenados de Él.

No poseían aquel desarrollo del alma que viene con el amor, y sus aspiraciones eran, casi totalmente, por la posesión de las cosas de la vida, y la felicidad que tal posesión, como ellos pensaban, podría traerles. Esperaban un Reino de Dios en la tierra, y que tal Reino sería uno que reinara y gobernara los asuntos terrenales de los hombres. Por supuesto, que cuando tal Reino sea establecido, se erradicarían el pecado y las aflicciones de la vida, y todo el mundo estaría sujeto al dominio de dicho Reino.

Sus esperanzas y aspiraciones eran de la naturaleza de esperanzas y aspiraciones nacionales, y no aquellas del individuo. Lo individual fue absorbido por la nación, y la felicidad habría de ser de índole nacional, en vez de una que fuera individual, excepto en la medida que la felicidad nacional fuera reflejada y compartida por los individuos.

Yo, mismo, supe nada del Amor Divino, y no podía de ningún modo saberlo, pues, en aquel entonces no estaba disponible a la búsqueda del hombre, ya que no había sido restaurado por el Padre.

Pero tuve conocimiento del desarrollo superior del amor natural, a diferencia de la mayoría de la gente, y comprendí cuán mayor era la felicidad que tal desarrollo otorgaría al individuo que lo posee. Comprendí, además, que la prosperidad y el poder de la nación, como tal, no producirían la felicidad del amor, pero sólo los placeres y satisfacción que el incremento de posesiones naturalmente crearía.

Los judíos eran una raza de mente carnal, y el desarrollo de la parte espiritual de su naturaleza era muy leve. Su codicia fue grande, tanto como individuos, como de la nación, y cuando eran prósperos perdieron su sentido de dependencia de Dios, y recurrieron a aquellas prácticas y aquella manera de vivir que les permitiría lograr, como ellos pensaban, el mayor placer de sus posesiones.

El futuro, es decir, el futuro después de la muerte, no fue una existencia de consideración para ellos, y vivieron enfáticamente para el presente.

Si leyeras la historia Bíblica de aquellos tiempos, encontrarás que la mayoría de las advertencias que recibieron de los profetas fueron, cuando ellos, como una nación, eran más prósperos, y, como pensaban, independientes de Dios, o por lo menos, no obligados a acudir a Él para Su ayuda y socorro.

Lo que dije muestra las características de los judíos, y todavía tienen estas características, aunque después de la venida de Cristo y las enseñanzas de sus doctrinas que han sido ampliamente conocidas, la espiritualidad de los judíos ha crecido y expandido.

A veces, hacían caso de mis advertencias y en otras ocasiones no. Algunas veces me consideraban como un amigo, y otras veces como un enemigo.

Bueno, yo era vidente, y con frecuencia escuchaba voces con instrucciones y admoniciones desde el mundo invisible, y supuse, según nuestra creencia de aquellos días, que tales voces eran la voz de Dios, \proclamándolo, así, a la gente. Pero sé, ahora, que aquellas voces eran de los espíritus que trataban de ayudar a la gente, y llevarlos a una comprensión de las verdades morales que había enseñado Moisés.

Cuando Jesús nació en la carne, trajo consigo el re-otorgamiento del Amor Divino, y a través de sus enseñanzas, ese hecho fue conocido por los hombres. Nosotros, quienes habitábamos las esferas espirituales más elevadas, también llegamos a tener conocimiento de este don, y, aunque ninguno de nosotros lo recibimos al grado que Jesús lo hizo, no obstante, lo recibimos y nos convertimos en espíritus puros y divinos, libres de pecado y error, y partícipes de la Esencia Divina del Padre y poseedores de la inmortalidad.

Y así, cuando ocurrió la transfiguración en el monte, algunos de nosotros ya poseíamos este Amor, a tal grado que nuestras apariencias eran brillantes y luminosos, como se describe en la Biblia. Pero Jesús era más luminoso que Moisés o que yo, pues, él poseía más de este Amor Divino en su alma, y le fue posible manifestarlo al grado tan maravilloso en que lo hizo, no obstante, su cuerpo físico.

NUESTRA APARICIÓN Y LA APARICIÓN DE ÉL EN EL MONTE, FUE PARA MOSTRAR A LOS MORTALES Y ESPÍRITUS QUE EL AMOR DIVINO HABÍA SIDO RE-OTORGADO, Y RECIBIDO, TANTO POR LOS MORTALES COMO ESPÍRITUS, Y ESTA FUE LA CAUSA DE NUESTRO ENCUENTRO. Y MIENTRAS QUE LOS RELATOS DE AQUEL EVENTO ESTABAN SIENDO DIFUNDIDOS EN EL MUNDO MORTAL, DESDE SU OCURRENCIA, ESTE HECHO TAMBIÉN LLEGÓ A SER CONOCIDO EN PORCIONES DEL MUNDO ESPIRITUAL, Y MUCHOS ESPÍRITUS, ASÍ COMO MORTALES, HAN BUSCADO Y ENCONTRADO AQUEL AMOR, PARA SU FELICIDAD ETERNA.

SU EXISTENCIA FUE UN HECHO ENTONCES Y ES UN HECHO AHORA, Y EL AMOR ES ACCESIBLE A TODA LA HUMANIDAD, COMO TAMBIÉN A LOS ESPÍRITUS.

LA VOZ QUE LOS APÓSTOLES ESCUCHARON, PROCLAMANDO QUE JESÚS ERA EL HIJO BIENAMADO, NO FUE LA VOZ DE DIOS, SINO AQUELLA DE UNO DE LOS ESPÍRITUS DIVINOS CUYA MISIÓN FUE LA DE LLEVAR A CABO LA PROCLAMACIÓN.

ESTE INCIDENTE NO FUE UN MITO, SINO UN HECHO REAL QUE FORMÓ PARTE DEL PLAN DEL PADRE PARA ASEGURAR AL HOMBRE DE SU SALVACIÓN.

No escribiré más por ahora, pero luego vendré para escribir más acerca de este tema del re-otorgamiento del Amor y de mi experiencia al recibirlo.

Entonces, con mi amor y bendiciones, diré buenas noches.

Tu hermano en Cristo,
ELÍAS

Elías No Fue Juan El Bautista, Tampoco Fue Juan
Una Reencarnación de Elías

YO ESTOY AQUÍ, Elías (Elías del Antiguo Testamento).

También quiero exhortarte a creer en el gran trabajo que tienes a tu cargo, y que no debes fallar o retrasar la recepción de los mensajes, pues, si sólo pensaras por un momento, te darás cuenta que no hay ninguna otra manera en la cual estas verdades puedan ser llevadas a la humanidad en este momento.

No debes dudar o vacilar, ni por un momento, en creer en el trabajo que te ha sido encomendado, o pensar que no seas apto para recibir estas verdades. Sé que a veces es difícil que creas que has sido elegido para realizar este gran trabajo, o que seas apto para recibir estas grandes verdades espirituales que deben ser dados al mundo, pero no debes permitir que tales pensamientos persistan en tu mente, pues, es un hecho que fuiste elegido para realizar el trabajo, y no debes eludirlo, porque si lo haces, la humanidad podría permanecer por largo tiempo en la ignorancia de lo que es la verdad y el camino para obtener la Esencia del Padre, convirtiéndose, así, en Sus hijos verdaderos y partícipes de su naturaleza, para que la Esencia y Divinidad del Padre puedan llegar a ser parte de la humanidad.

El trabajo debe ser hecho por ti y no debes dudar, sino tener una firme convicción de su realidad y hacer tu mejor esfuerzo para recibir los mensajes.

Sólo quería decir esto, ya que tengo mucho interés en este trabajo.

Sí, hay un gran número presente, y tienes una maravillosa influencia espiritual a tu alrededor, que debe hacer que creas que estos espíritus están presentes tratando de ayudarte.

Yo fui Elías del Viejo Testamento, y, de hecho, viví y fui un profeta entre los judíos, y no fui Juan el Bautista, ni fue él una reencarnación de mí, como alegan algunos maestros de la tierra. Juan fue él solo. Él fue sólo una vez carne y hueso, y no fue una reencarnación de mí o de ningún otro.

No escribiré más por ahora, entonces, buenas noches.

Tu hermano en Cristo
ELÍAS

Muy Interesado en el Trabajo, y la Importancia de que La Humanidad Conozca la Verdad

YO ESTOY AQUÍ, Cornelio (El Centurión)

Sólo deseo escribir unas cuantas líneas esta noche. Estoy tan interesado en ti y en tu trabajo, que me parece que te debería dar algo de ánimo, a manera de hacerte saber que hay muchos espíritus aquí presentes esta noche, que te aman mucho y desean que recibas sus mensajes de amor y verdad.

Como te dije, estoy en las Esferas Celestiales y sé lo que es el Amor del Padre y lo que significa la inmortalidad, pues soy poseedor de este Amor y dueño consciente de esta inmortalidad. El mundo está ahora muy ansioso de conocer las verdades de Dios y la relación del hombre con Él, y los mensajes que estás recibiendo proporcionarán al mundo aquello que tanto ansían.

Sé que las doctrinas cristianas, como figuran en la Biblia y enseñadas por muchos predicadores y sacerdotes, son las únicas doctrinas de las que los cristianos tienen algún conocimiento, y, como consecuencia, son aceptadas por ellos como revelaciones inspiradas de Dios, y la verdad de lo que Él es, y lo que el hombre debe hacer para obtener la salvación. Y esta gente descansa firmemente en estas creencias, y en la certeza de que la Biblia es el único camino a la salvación; y descansando en estas creencias, el mundo no ve la necesidad de obtener lo único que hará que sean uno con Dios, y habitantes de Sus Cielos.

Escribo esto, simplemente para hacerte ver que es de gran importancia que las verdades del camino a la salvación, sean reveladas a toda la humanidad.

No creo tener algo más que decir esta noche, así que te dejaré.

Con todo mi amor, yo soy

Tu hermano en Cristo,
CORNELIO

La Verdad de la Biblia en Cuanto a los Relatos Contenidos en el Viejo Testamento

YO ESTOY AQUÍ, Elías (Elías, el Profeta Antiguo).

He venido esta noche para escribir un corto mensaje relacionado con el tema *"La Verdad de la Biblia en Cuanto a los Relatos Contenidos en el Viejo Testamento"*. Y por esto, no me refiero a que discutiré esta porción de la Biblia en todas las opiniones y declaraciones allí contenidas, pero sólo en cuanto a aquella porción relacionada con los tiempos en que supuestamente viví.

303

En primer lugar, mi entrada en la escena de la vida e historia judía fue muy abrupta, y poco se ha escrito sobre mi vida anterior, y, de hecho, nada excepto que yo era un tisbita que vivió en aquella parte de Palestina donde, muy rara vez, los actos y acciones de los profetas y hombres de la raza hebrea eran mencionados, y poco se sabía de estas personas.

Cuando yo llegué a ser conocido, como se me describe, yo no era ampliamente conocido, y los escritores de las Escrituras pensaron que yo había salido de lo desconocido, donde Dios había hecho especial esfuerzo por instruir y comunicarme las verdades de Sus leyes, y también los actos de desobediencia de aquellos judíos entre los cuales yo aparecí. Pero gran parte de los relatos de mi aparición y de las cosas que declaré e hice son imaginarias, y el resultado de la obra de las mentes de aquellos que crearon las historias de las vidas de los judíos en aquellos tiempos, y en la forma contada en la Biblia.

Yo fui una persona real existente y de la clase de profeta que advertía a los reyes y gobernantes de la ira de Dios que era inminente sobre ellos, y de los males de su forma de vivir, y fui escuchado por estos reyes quienes, algunas veces, hacían caso de mis advertencias y otras veces no; y sufrieron algunas de las consecuencias de manera similar a aquellas descritas en la Biblia.

Pero nunca he afirmado tener comunicación directa con Dios, o de entregar mensajes que Él, a través de Su propia boca, me haya dirigido a entregar, o que yo haya visto alguna vez a Dios, o que supiera quién o qué era Él.

Yo fui un hombre que vivió una vida bastante retirada, y era versado en las enseñanzas y creencias de los Israelitas, como eran conocidos en ese entonces, y también fui muy entregado a la meditación y oración y poseía un gran instinto religioso, y, de hecho, a tal grado, que realmente creía que los pensamientos y percepciones de la verdad que vinieron a mi eran, en realidad, mensajes del mundo invisible. Y, poseyendo el conocimiento de las verdades morales, como fueron declaradas en el Decálogo y enseñadas por los sacerdotes del templo, fácilmente pude discernir y entender las acciones y obras de los reyes, así como de la gente, como una violación de estas verdades morales. Así que, cuando me enteré de estas violaciones, aparecí ante estos gobernantes y personas y denuncié sus actos y obras, y los amenazaba con la ira de Dios, a menos que cesaran sus actos de desobediencia y retornaran a la adoración del único Dios verdadero que la raza hebrea claramente había declarado y adorado. Algunas veces, fui recibido como el profeta verdadero de Dios, y algunas veces no lo fui, y, como consecuencia, a veces mis mensajes fueron recibidos y creídos, y otras veces no.

La piedra angular de mi creencia y oficio era que había un solo Dios, y que Él era el Dios de los Hebreos, y todos los otros dioses en que se creía y que fueron adorados por una parte de los judíos y por los Gentiles, eran dioses falsos, y no debían ser reverenciados o adorados. Y, por lo tanto, cuando yo aparecí ante Ahab y denuncié a los dioses de Belial, yo realizaba, como creí, los deberes que mi Dios había impuesto sobre mí, y que eran muy necesarios para lograr que la gente se desviara de sus falsas creencias y culto, hacia el reconocimiento del único Dios verdadero.

Bien, hay muchas cosas relatadas en estos escritos que nunca ocurrieron, y una de ellas, a la que a menudo se hace referencia y es aceptada como prueba del poder superior de mi Dios sobre el dios, Ba-al, es el consumo por el fuego de las ofrendas en el altar por el poder de Dios, después que los sacerdotes habían invocado a su falso dios para dar respuesta a sus oraciones, y él no respondió. Esto nunca ocurrió, pero es sólo el resultado del esfuerzo de algún escritor judío para demostrar a su gente el maravilloso poder y actividad y cercanía de ese Dios a Sus profetas. Tal incidente nunca tuvo lugar, y hay muchos otros supuestos acontecimientos relacionados con los poderes que yo poseía, como el profeta de Dios, que jamás existieron.

A pesar de que yo me consideraba, y creía ser un profeta de Dios, nunca tuve poderes sobrenaturales, ni he mostrado, jamás, tales poderes como se ha registrado en la supuesta historia de mi vida como mortal.

Hay otro caso al que deseo hacer referencia, y se trata de mi supuesta ascensión al cielo en un carruaje de fuego en la presencia de Eliseo. Esto es simplemente un cuento, como diría, bien contado, pero nunca fue un hecho real; y no ascendí en mi cuerpo físico, ni ningún otro mortal, que yo haya sabido, ni siquiera el Maestro, pues, tal cosa estaría en contra de las leyes de Dios, y Él nunca viola Sus leyes con el propósito de demostrar Su poder a los mortales, o la grandeza de alguno de Sus seguidores, o para ningún otro propósito.

No, yo morí como mueren otros mortales, y fui sepultado como era necesario que fuera sepultado, habiendo en el momento de mi muerte, amigos y parientes; y, a partir de ese momento mi cuerpo físico nunca ha sido resucitado y nunca lo será.

Ascendí al mundo espiritual en mi cuerpo espiritual, como todo otro mortal en el momento de la muerte de su cuerpo físico, desde el inicio del mundo de la existencia humana; y en el futuro, los espíritus de los hombres continuarán ascendiendo, y sus cuerpos físicos regresarán a los elementos de los cuales fueron compuestos.

Podría suponerse, debido a que fui versado en las enseñanzas de las leyes religiosas de los hebreos y los preceptos del decálogo, y creí ser un profeta y delegado especial de Dios para denunciar los pecados y depravaciones de los reyes y de la gente que había abandonado las creencias y prácticas de sus padres, que yo fui al cielo de perfección y a la suprema felicidad, donde entraría el hijo obediente, cuando está en perfecta armonía con las leyes de Dios. Bien, si yo hubiera sido tal hijo pude haberlo hecho, pero al no ser así, simplemente entré al mundo espiritual y encontré mi morada, justo donde la condición de mi alma, en armonía con las leyes de Dios y Sus verdades, determinó era adecuado para mí y debía estar.

La condición del alma determina el destino del espíritu. Ninguna simple creencia en mi propia rectitud o la convicción de que yo — el individuo — he sido especialmente favorecido por Dios para hacer Su trabajo, o que estoy más cerca de Dios y merecedor de su misericordia y gracia especial, o que una dispensa especial haya sido ejercida en mi favor, puede, jamás, ubicarme en medios o condiciones o grados de felicidad diferentes a lo que, por derecho, me permite la verdadera armonía de las cualidades de mi alma con las leyes de Dios, y la operación de las mismas.

La ley de aptitud funciona invariablemente y bajo toda circunstancia, y las condiciones y cualidades del alma en el mundo espiritual no pueden ser, jamás, escondidas ni falsificadas. Es vista, entonces, cara a cara, y la ley en su aplicación y efecto nunca se equivoca, para que el alma que no tenga la condición adecuada, pueda entrar en el Reino del Cielo gritando, Señor, Señor, acaso no profeticé en Vuestro nombre, etc.

MUCHAS DE ESTAS HISTORIAS DEL VIEJO TESTAMENTO PUEDEN UTILIZARSE PROFECHOSAMENTE PARA EXTRAER UNA MORALEJA O ADORNAR UN CUENTO, PERO CUANDO SURGE LA PREGUNTA, EN CUANTO A QUÉ DEBE DETERMINAR EL DESTINO DEL ALMA HUMANA, ENTONCES, LA VERDAD NUNCA CAMBIA, Y SÓLO LA VERDAD DECIDIRÁ LA CUESTIÓN. SÓLO UN ALMA PURA Y PERFECTA PUEDE ENCONTRAR SU HOGAR EN UN CIELO PURO Y PERFECTO, Y SÓLO UN ALMA DIVINA PUEDE ENCONTRAR SU HOGAR EN UN CIELO DIVINO; SIENDO ESTE ÚLTIMO, EL HOGAR DEL ALMA QUE POSEE LA ESENCIA DIVINA DEL PADRE A TAL PLENITUD, QUE LAS CUALIDADES CREADAS DEL ALMA HAYAN DESAPARECIDO Y SUSTITUIDAS POR LA SUBSTANCIA DIVINA.

ASÍ QUE PODEMOS SER PROFETAS Y PREDICADORES, SABIOS EN EL CONOCIMIENTO INTELECTUAL DE LAS VERDADES RELIGIOSAS, Y SANTOS EN LA TIERRA, Y APÓSTOLES Y DISCÍPULOS, Y, SIN EMBARGO, SI NO TENEMOS LA PURIFICACIÓN DEL ALMA O LA ESENCIA DIVINA, NO PODEMOS ENTRAR EN LA MORADA QUE UNA U OTRA DE ESTAS POSESIONES, NOS CAPACITARÁ PARA HABITAR.

QUE LOS ANTIGUOS PROFETAS, Y LOS SACRIFICIOS Y LA SANGRE Y LA EXPIACIÓN VICARIA DESCANSEN EN LA MEMORIA DEL OLVIDO, Y BUSQUEN Y OBTENGAN EL INFLUJO DEL AMOR DIVINO DEL PADRE, Y ENTONCES, EL HOGAR DEL ALMA SERÁ VERDADERA Y SEGURAMENTE LOS CIELOS CELESTIALES, DONDE SÓLO PUEDE EXISTIR LO DIVINO.

Bien, he escrito suficiente por esta noche, y espero que encuentres mi mensaje, tanto interesante como útil. Es verdad, y puedes confiar en que lo es, y en su verdad descansa la certeza de lo que puede ser el destino de tu propia alma.

Vendré muy pronto, nuevamente. Entonces, buenas noches.

Tu hermano en Cristo,
ELÍAS

Él Ahora Conoce la Diferencia Entre el Espíritu Que Posee El Amor Divino en Su Alma, y Aquél que No Lo Posee

YO ESTOY AQUÍ, Esaú, Hijo de Isaac.

Yo era el hijo de Isaac y hermano de Jacob, y aquél a quien los judíos consideraron haber vendido su primogenitura por un plato de lentejas, pero me tergiversaron en este sentido, puesto que sólo hice lo que la necesidad me obligó a hacer.

Pero todo eso es de un pasado lejano y ahora soy un habitante de los Cielos Celestiales, pues en el mundo espiritual todo se hace bien, y me convertí en poseedor del Amor Divino, después de haber tenido conocimiento de su re-otorgamiento con la venida de Jesús.

Muchos de los personajes del Viejo Testamento continúan sin lograr esta gran transformación, porque en su concepción de justicia propia, están satisfechos con ese concepto, y adoran a Dios como lo hicieron en la tierra, aunque han dejado de ofrecer sacrificios de animales, porque no existen en el mundo espiritual para ser ofrecidos, sin embargo, aún abrigan la creencia de que el sacrificio es necesario, y en sus imaginaciones ofrecen lo que, para ellos, es simbólico de las ofrendas que hicieron en la vida terrenal.

Sí, esa es una suposición muy natural, pero debes saber que la mente y creencias de los mortales continúan con ellos al convertirse en espíritus, y quienes se rehúsan a convencerse de los errores de sus concepciones acerca de la Deidad, y muchos de estos antiguos espíritus se encuentran ahora en esa condición. Se niegan a creer, o siquiera escuchar las verdades de la existencia y su relación a Dios, como lo hicieron cuando estuvieron en la tierra.

Tienen ojos, pero no ven, y oídos, pero no oyen, y, envueltos en la oscuridad de sus creencias, se niegan a recibir la luz, o permitir las verdades, * que son tan aparente para otros, para iluminar sus almas. Una mente que está encerrada por el fanatismo y la intolerancia sigue siendo tan persistente, aún después de que el mortal se convierta en espíritu, a pesar del cambio en sus alrededores, en lo que podría llamarse, su existencia física y en sus posibilidades de aprender la verdad, sin embargo, muchos de estos espíritus se rehúsan absolutamente a reconocer cualquier cambio, o posibilidad de cambio en sus condiciones espirituales.

No es de sorprender, que no puedas comprender cómo es posible que los espíritus de la clase mencionada hayan podido vivir en esta condición, todo este gran período de años, como ustedes estiman el tiempo, rodeados por espíritus * que han encontrado la verdad y manifiestan esa posesión en sus aspectos y felicidad, y, en especial, algunos de sus viejos asociados que han entrado en la luz, y no hayan sido influenciados por estos aspectos y experiencias de estos asociados, pero, no obstante, ello es cierto, y la dificultad de convertir a estos espíritus prejuiciosos parece crecer aún más, a medida que avancen en el progreso de sus mentes y amor natural.

Son felices relativamente, y en sus creencias no conciben ninguna otra creencia o causa de progreso, que pueda traerles una mayor felicidad; y además, están firmemente convencidos de que están haciendo la voluntad de Dios, en su forma de adoración y sacrificios simbólicos.

Estos antiguos espíritus, como ustedes los llaman, pero quienes son jóvenes en comparación con muchos en las esferas espirituales, tienen sus sinagogas y templos de adoración, y sus sacerdotes y sirvientes y adoradores, de acuerdo a sus antiguas creencias. Y las ceremonias, cuando se congregan para la adoración, no son muy diferentes a lo que eran en la tierra. Tienen todas sus vestimentas y atuendos y otros acompañamientos, que en la tierra los distinguían de la gente común, y oran en público y se complacen en aparecer como espíritus sagrados, los elegidos especiales de Dios, tal como lo hicieron en la tierra, y porque se desarrollan más y más en su amor natural, adquiriendo la condición de perfección, la perfección de los primeros padres como eran antes de que su caída, posiblemente permanezcan durante toda la eternidad en esta condición de creencia, en lo que respecta a su relación con Dios, y en cuanto a su forma apropiada y única de Adorarlo.

Se niegan a recibir el conocimiento de la verdad del Nuevo Nacimiento, y siendo que aquello es algo opcional y su rechazo no impide que lleguen a ser el *"hombre perfecto"*, como te ha sido explicado, no hay absolutamente ninguna necesidad, según ellos piensan, de nacer de nuevo para lograr la restauración de la armonía de esa condición y relación con el Padre.

Por supuesto, hasta el día de la consumación del Reino de las Esferas Celestiales, tendrán la oportunidad de ser receptores del Amor Divino y de la transformación en ángeles redimidos, pero, es dudoso si alguna vez muchos de ellos elegirán a aceptar este gran privilegio.

Me complace que te haya podido escribir esta noche, pues, es una nueva experiencia para mí, pero una que me da una gran satisfacción, y vendré de nuevo, si estás de acuerdo, para escribir más.

AL CERRAR, ME GUSTARÍA DECIR QUE CONOZCO LA DIFERENCIA ENTRE EL ESPÍRITU QUE POSEE EN SU ALMA EL AMOR DIVINO, Y AQUEL QUE NO LO POSEE, Y QUE EL SIMPLE HECHO DEL TIEMPO DE EXISTENCIA DE UN ESPÍRITU EN EL MUNDO ESPIRITUAL, NO INDICA NECESARIAMENTE QUE ESE

ESPÍRITU SEA POSEEDOR DEL AMOR DIVINO. COMO DIJO JESÚS, CUANDO ESTUVO EN LA TIERRA, "EL PRIMERO SERÁ EL ÚLTIMO, Y EL ÚLTIMO SERÁ EL PRIMERO", Y A ESTO DEBO AGREGAR, QUE

ALGUNOS NUNCA SERÁN NI PRIMEROS NI ÚLTIMOS, PERO SÓLO UN RECORDATORIO DE LO QUE PUDO HABER SIDO.

No escribiré más.

Tu hermano en Cristo,
ESAU

Qué es La Cosa Más Grande en Todo el Mundo

Salomón, del Viejo Testamento.

Sólo vine para decir que deseo escribirte otro mensaje muy pronto, comunicándote algunas grandes verdades del Padre. No escribiré más ahora, pero pronto vendré.

(¿Qué es la cosa más importante en todo el mundo?)

LA ORACIÓN Y LA FE DE PARTE DE LOS MORTALES; Y AMOR – EL AMOR DIVINO – DE PARTE DE DIOS. ESTE ÚLTIMO ESTÁ ESPERANDO, Y EL ANTERIOR CAUSA QUE ELLO ENTRE EN LAS ALMAS DE LOS HOMBRES.

NINGUNA OTRA VERDAD ES MÁS GRANDE Y TRASCENDENTAL PARA LOS HOMBRES.

QUE SE GRABE PROFUNDAMENTE EN TU MEMORIA LO QUE DIGO, Y HAZ EL EXPERIMENTO. SÉ QUE LO INTENTAS, PERO SIGUE TRATANDO Y NUNCA DEJES DE TRATAR. EL AMOR LLEGARÁ A TI Y CON ELLO LA FE, Y LUEGO EL CONOCIMIENTO Y ENTONCES LA POSESIÓN.

Yo podría continuar escribiendo mucho más, pero no debo, puesto que estás cansado.

Así que, con mi amor y bendiciones, diré buenas noches, y que el Amor del Padre tome posesión de ti.

Tu hermano en Cristo,
SALOMÓN

Agrega Su Testimonio y Experiencia en el Mundo Espiritual – Jesús Es el Líder de los Cielos Celestiales

Lot, del Viejo Testamento.

He venido porque ahora soy un seguidor del Maestro, y deseo añadir mi testimonio a aquellos de los otros de tiempos antiguos, que te han escrito sobre el hecho de que Jesús vive y reina en los Cielos Celestiales, trabajando ahora entre hombres y espíritus para mostrarles el camino a la vida eterna, y al Amor Divino del Padre.

No soy un hebreo que lo habría negado, si yo hubiera vivido cuando él vino a la tierra, pues, en mis pensamientos y creencia, yo esperaba la venida del Mesías y, para mí, Jesús fue ese Mesías en todas las cualidades y posesiones espirituales que yo esperaba de él.

Por supuesto, cuando yo viví no teníamos el privilegio de saber lo que significaba el Amor Divino del Padre — sólo sabíamos de la existencia de un Dios y que Dios nos amaba como Su gente elegida, según pensábamos, y que quería que viviéramos una vida de rectitud en la tierra, y así recibir Sus bendiciones, como mortales, y todas las recompensas que una vida obediente podría traernos. Pero en cuanto a este Amor Supremo, que convierte en ángeles a todos aquellos de nosotros que lo poseemos, no teníamos ningún conocimiento, y jamás fuimos instruidos por nuestros videntes o profetas de la existencia de tal amor, y, como ahora sé, el privilegio de obtenerlo no existía entonces. Sólo con la venida de Jesús, vino este amor nuevamente al hombre y a los espíritus.

Pero Dios tenía para nosotros un amor natural, a diferencia del Amor Divino, y nosotros teníamos para Él un amor que, al ser purificado completamente, nos convierte en espíritus con una felicidad más allá de toda concepción humana. Pero, incluso, en cuanto a esa felicidad, no habíamos sido enseñados, y solamente vislumbramos en las enseñanzas de nuestros profetas, que tal felicidad podría existir en la vida futura.

Yo fui un amante de Dios, como entonces entendía lo que era Dios; pero tal amor no era aquel que surgía de un concepto mío de Él como un Padre tierno y cariñoso, pero más bien, de un Dios severo e iracundo — Uno celoso y siempre atento y dispuesto a castigar por la desobediencia a Sus mandamientos. Sin embargo, también aprendimos que cuando lo obedecíamos e hiciéramos Su voluntad, Él nos recompensaría.

ASÍ VES, EL DIOS DE MIS DÍAS Y EL DIOS DEL PRESENTE, COMO AHORA LO CONCEBIMOS, NO SON SIMILARES. Y TODOS LOS HOMBRES DEBEN AHORA COMPRENDER Y CREER QUE JESUCRISTO TRAJO A LA LUZ — Y CON ESTO ME REFIERO AL CONOCIMIENTO DE LOS HOMBRES, LA POSIBILIDAD DE CONOCER AL VERDADERO DIOS DE AMOR Y MISERICORDIA; Y TAMBIÉN, DEBIDO A ESE AMOR Y SU GRAN MISERICORDIA, EL REOTORGAMIENTO A LA HUMANIDAD DE LA POSIBILIDAD DE QUE LOS HOMBRES POSEAN EL AMOR DIVINO DEL PADRE QUE LOS CONVIERTEN EN UNO CON ÉL, Y CONSCIENTES DE SU INMORTALIDAD.

Fueron largos años después de la venida de Jesús, de que yo recibiera este Amor Divino, o creyera las grandes verdades que Jesús enseñó. Estuve tan satisfecho en mi felicidad como un espíritu, simplemente con la posesión de este amor natural, el cual había sido purificado y liberado del pecado y error, que pensé que no podía haber un amor más grande ni una mayor felicidad. Pero, en el transcurso del tiempo, tuve razones para pensar que podría haber otro amor, si no mayor, en operación en el mundo espiritual, debido a la maravillosa belleza y luminosidad de algunos de los espíritus con quienes ocasionalmente me encontraba. Y empecé a investigar al respecto, y como resultado, me enteré de este Amor Divino, y finalmente busqué y lo hallé. ¡Y qué tesoro encontré!

Ahora estoy tan lleno de ello, que mi felicidad es más allá de toda concepción, no sólo del hombre, sino también de los espíritus que viven en esferas inferiores a la mía.

No debo escribir más por esta noche, pero te diré que soy uno de los tantos Espíritus Celestiales que están interesados en, y se dedican ahora a la gran labor para la redención de la humanidad.

Jesús es nuestro líder, y todos somos sus seguidores en el esfuerzo por redimir al mundo, y por esto, me refiero a los individuos que constituyen el mundo. Pues, debes saber que la redención es un asunto individual y no una que pueda ser lograda redimiendo a una nación, o a una raza en su conjunto.

Así es que, como verás, detrás de esta labor está el gran poder Celestial, así como de los cielos espirituales.

He escrito suficiente por esta noche.

Bien, el incidente de mi esposa convirtiéndose en una estatua de sal, es como muchos otros relatados en el Viejo Testamento — estos incidentes sólo son metáforas usadas para ilustrar alguna verdad moral o espiritual. Mi esposa nunca se convirtió en sal, sino que murió una muerte natural y sus restos fueron sepultados donde fueron sepultados los míos. Ella ahora está en los Cielos Celestiales también.

Entonces, mi querido hermano, debo decir buenas noches.

LOT

Escribió un Libro – Descripción de la Creación y Caída del Hombre – Génesis fue una Copia de Sus Escritos

Leytergus (Antiguo Espíritu).

Yo fui un nativo de Arabia y viví antes de los tiempos de Abraham, el patriarca judío.

He venido a ti esta noche para decirte que, antes de que fuera escrito el Testamento Judío, yo había escrito un libro que contenía una descripción de la creación y caída del hombre, y que el libro de Génesis fue copiado de mis escritos, los cuales fueron fundados en tradiciones más antiguas que la descripción de Génesis.

Estas descripciones de la creación del mundo no fueron las obras de hombres inspirados por ángeles o por ningún otro instrumento de Dios, sino que fueron los resultados de la imaginación de las mentes de hombres que vivieron mucho antes que yo viviera, y quienes sólo dejaron la tradición de sus escritos o enseñanzas. Digo todo esto, para indicarte que el mundo ha existido por muchos miles de años, antes de lo que el relato de su

311

creación en las Escrituras Judías conduce a creer.

No sé cuándo fue creado, y no he encontrado a ningún espíritu en el mundo espiritual que conozca este hecho. Por supuesto, ningún espíritu sabría por su propio conocimiento, puesto que, en el orden natural de las cosas, el hombre debe haber sido creado después de la creación de aquellas cosas que eran necesarias para su sustento y bienestar. No he conocido ángel alguno que no fuera un mortal en algún tiempo, y por lo tanto, no pude aprender de ellos cuándo fue creado el mundo, y jamás conocí ángel o espíritu a quien Dios haya hecho esta revelación. Entonces digo, la creación del mundo o, más bien, cualquier relato al respecto, es sólo una cuestión de especulación y tradición.

Sí, he sido informado en cuanto a la caída del hombre.

Mi información es la siguiente:

Cuando el hombre fue creado, fue hecho dual - es decir, hubo un ser masculino y un ser femenino – con la intención de hacer una unidad perfecta, sin que se perdiera la individualidad del uno o del otro. Sus nombres no fueron Adán y Eva, sino Aman y Amón, que significaba el masculino Am, y la femenina Am. Am, que significa la creación sublime de Dios.

Estos seres fueron hechos física y espiritualmente perfectos. Pero estas almas no fueron dotadas de todas las cualidades de la Gran Alma Creadora, y, en ese particular, eran inferiores al Gran Creador. Pero, en cuanto a la parte que corresponde a la creación de sus almas, fue hecha a imagen de su Creador. La parte física o espiritual de su creación no fue hecha a imagen de su Creador, puesto que Él no posee un cuerpo físico o espiritual. Pero la parte correspondiente a sus almas fue hecha, sólo a la imagen de su Creador — y no de la Sustancia — pero a esta imagen le fue otorgada el potencial para obtener o recibir la Sustancia de las cualidades del Alma de su Creador, y esto, siempre y cuando siguieran aquel curso en su existencia o vida que causaría que sus almas reciban esta Sustancia del alma, de acuerdo con ciertas operaciones de las leyes que había prescrito su Creador. Y sólo en obediencia a estas leyes, o sus operaciones, puede ser obtenida esta Sustancia del Alma del Creador.

Bien, estas criaturas no estaban a la altura de la prueba, o más bien, los requisitos, y después de vivir un tiempo, adoptaron la idea de que no necesitaban obedecer estas leyes prescritas, pero que, por su propia voluntad y poder, ellos podían obtener esta Sustancia, haciendo aquello que estas leyes les prohibía, y así, en sus esfuerzos de obtener esta Sustancia o Amor Divino, desobedecieron estas leyes, y, como consecuencia, estas potencialidades de obtener la Sustancia del Alma del Creador les fueron retiradas, y luego se convirtieron en seres, aún con formas espirituales y físicas, y continuaron con almas, pero no con estas grandes potencialidades – esta fue la caída del hombre.

La historia de la manzana es un mito.

Ninguna manzana o cualquier otra cosa creada para ser comida, formaron parte alguna de la caída. Fue totalmente la caída de las potencialidades del alma.

LA DESOBEDIENCIA FUE EL GRAN DESEO ILÍCITO POR PARTE DE ESTOS DOS, PARA OBTENER ESTA SUBSTANCIA DEL ALMA ANTES DE SER APTOS, O EN CONDICIÓN PARA RECIBIRLA, DE ACUERDO CON LA OPERACIÓN DE LAS LEYES PRESCRITAS; Y COMO CONSECUENCIA, ELLOS FUERON DESOBEDIENTES, Y, HABIENDO SIDO DOTADOS DE UNA VOLUNTAD, SIN SUJECIÓN O RESTRICCIÓN POR SU CREADOR, EN FORMA ALGUNA, EJERCIERON ESTA VOLUNTAD DE ACUERDO CON SUS DESEOS. Y A PARTIR DE ESTA DESOBEDIENCIA, LA VOLUNTAD DE LOS HOMBRES Y MUJERES HA CONTINUADO DE ACUERDO CON SUS DESEOS Y EN VIOLACIÓN A LAS GRANDES LEYES DE LA VERDAD, QUE FUERON HECHAS PARA LAS DOS CRIATURAS EN EL MOMENTO DE SU CREACIÓN, Y SON LAS MISMAS LEYES INMUTABLES DE HOY DÍA.

LA SUBSTANCIA DEL ALMA QUE ESTOS DOS PERDIERON FUE EL AMOR DIVINO DE SU CREADOR, QUE, DE HABERLO POSEÍDO POR OBEDIENCIA, LOS HABRÍA CONSTITUÍDO EN PARTE DE SU DIVINIDAD, Y POR ENDE, COMO ÉL, NO SÓLO EN IMAGEN, SINO EN SUBSTANCIA Y REALIDAD.

LA POTENCIALIDAD QUE LES FUE RETIRADA FUE EL PRIVILEGIO QUE TENÍAN PARA OBTENER ESTA SUBSTANCIA DEL ALMA, O AMOR DIVINO, CUMPLIENDO CON LA OBEDIENCIA QUE ESTAS LEYES PRESCRIBIERON. ASÍ QUE, COMO VES, LA HISTORIA DEL GÉNESIS ES MERAMENTE SIMBÓLICA.

No diré más esta noche.

Yo vivo en una esfera que es parte de los Cielos Celestiales. Por la misericordia de Dios y Su don, que, declarado por Jesús, he recibido esta potencialidad, y a través de ella, la Sustancia del Alma que perdieron nuestros primeros padres.

El nombre que te he dado fue mío cuando viví en la tierra. Es árabe y nada más. Debes saber que muchos de los nombres de mi tiempo fueron incorporados en la nomenclatura de otras naciones y razas, siglos después.

Entonces, diré buenas noches.

Tu hermano en Cristo,
LEYTERGUS

La Mujer de Endor No Era una Mujer Malvada Como Muchos Creen

Saúl del Viejo Testamento.

Yo soy el mismo Saúl que invocó a Samuel, o más bien, el causante de que la mujer de Endor lo hiciera.

Fui un hombre malvado en aquellos días, y no conocí el Amor de Dios, y muy poco el de mi prójimo. Yo era un hombre cruel y obrador de iniquidades, y un violador de las leyes de Dios en muchas formas.

Como has leído, llegué al final de mis recursos y fui a consultar a Samuel, como último recurso. Yo no sabía que Dios me había abandonado hasta que Samuel me lo hizo saber.

Sí, Él lo hizo y fue mi protector mientras yo lo obedecía y hacía lo correcto ante sus ojos. Sé que es así, porque cuando yo lo obedecía fui afortunado y feliz.

Yo sólo sabía lo que me decían los profetas, y ellos alegaban tener comunicaciones de alguna forma con Dios. Creí en esto y, por lo tanto, creí que Dios me protegía.

Ahora soy un espíritu redimido y feliz en el Amor del Padre. Me convertí en un amante del Padre y un habitante de Su Reino, mucho después que Jesús proclamara la Gran Verdad de la restauración del Amor Divino. Antes de esto, fui un espíritu que vivió en la felicidad que experimenté al desarrollar mi alma y convertirme en un buen espíritu, libre de pecado y error. Pero esta felicidad no es aquella de la que ahora gozo.

Deseo confirmar lo que dijo Samuel con respecto a la mujer de Endor. Ella no fue una bruja o una mujer malvada, sino una médium, y recibió comunicaciones de los espíritus superiores del mundo espiritual. Fue denigrada por siglos, y no debe seguir siendo considerada como una mujer malvada.

No escribiré más esta noche.

Bien, ¿crees, acaso, que nosotros del mundo espiritual, nos mantenemos inactivos en nuestro desarrollo mental? Conozco todos los idiomas importantes de la tierra y puedo escribir y entenderlos. No debes pensar que los espíritus no aprenden aquí, como aprendían cuando eran mortales. La única diferencia es que pueden aprender mucho más rápido y pueden retener su conocimiento más fácilmente que los mortales.

Entonces diré buenas noches.

Tu hermano en Cristo,
SAÚL

Escribe Acerca de la Experiencia de Su Progreso

YO ESTOY AQUÍ, Sócrates, el griego.

Sé que pensabas en mí, y me sentí atraído por tu pensamiento.

Si ese espíritu tiene una relación contigo o tiene una cualidad similar de alma, la condición del alma es el gran medio de atracción.

He estado contigo anteriormente, y existe una afinidad que está creciendo de las cualidades de tu alma. Ahora soy un creyente, como tú lo eres, en la doctrina cristiana de la inmortalidad del alma y en las enseñanzas de Jesús, en cuanto al camino para obtener el Amor Divino del

Padre, y, por lo tanto, las cualidades de nuestras almas son similares.

Ahora soy un seguidor del Maestro y creo en su misión Divina en la tierra, aunque él no había llegado a la tierra cuando yo viví. Después de convertirme en un espíritu, me di cuenta de la continuidad de la vida después de la muerte, y viví en el mundo espiritual por muchos años después de la llegada de Jesús, antes de aprender y creer en su más grande verdad acerca de la inmortalidad.

Por supuesto cuando yo predicaba, tenía tan sólo una esperanza que fue casi una certeza, de que continuaría viviendo por toda la eternidad, pero no tenía ningún otro fundamento para esa creencia, que la deducción de mis poderes de razonamiento y observación del funcionamiento de la naturaleza.

Había oído hablar de las visitaciones de espíritus de fallecidos, pero nunca tuve una experiencia personal en ese sentido, pero fácilmente creí en la verdad ello. Mi convicción de la verdad de una continuación futura fue tan fuerte, que llegó a ser una certeza, y, por lo tanto, al morir, di consolación a Platón y otros amigos y discípulos, diciéndoles que no deben decir que Sócrates morirá, sino, más bien, que su cuerpo morirá; su alma vivirá para siempre en los Campos Elíseos. Ellos me creyeron, y Platón luego amplió mi creencia.

Sócrates no murió, sino que tan pronto su respiración abandonó el cuerpo, lo cual no fue muy doloroso, aun cuando la cicuta fatal hizo su efecto seguro y rápidamente, él entró en el mundo espiritual siendo una entidad viva, llena de la felicidad que la realización de su creencia le brindó.

Mi entrada al mundo espiritual no fue oscura, sino llena de luz y felicidad, puesto que fui recibido por algunos de mis discípulos que me precedieron, y quienes habían progresado mucho en el desarrollo intelectual. Pensé, entonces, que mi lugar de recepción era el cielo de los espíritus buenos, puesto que fui recibido y acompañado a mi morada por buenos espíritus. Entonces, me sentí dueño de lo que pensaba era el hogar de los bendecidos; y continué allí por muchos años y gocé del intercambio de mentes y la gratificación del raciocinio.

Y, a medida que continué viviendo, yo progresaba, hasta que finalmente, entré en la esfera intelectual más alta, convirtiéndome en un hermoso y brillante espíritu, así me dijeron, e impartí enseñanzas de las cosas de una mente desarrollada.

Conocí a muchas mentes de gran poder de pensamiento y belleza, y mi felicidad fue más allá de mi concepción cuando estuve en la tierra. Muchos de mis viejos amigos y discípulos pasaron a este mundo, y nuestras reuniones fueron siempre alegres. Vinieron Platón y Cato, y otros.

Y transcurrieron los tiempos, y continué en mi vida de disfrute y beneficio intelectual, con muchos espíritus de desarrollo mental y poderes de pensamiento, hasta que nuestra existencia fuera un continuo festejo de

315

espléndido e importante intercambio de pensamientos.

Recorrí las esferas, en búsqueda de conocimiento e información sin límite, y conocí los principios de muchas leyes del mundo espiritual.

He encontrado en muchas esferas espíritus quienes dijeron que eran los viejos profetas y maestros hebreos; y aún predicaban acerca de su Dios Hebreo, quien, afirmaban, era el único Dios del universo y quien había hecho de su nación Su gente elegida; pero no encontré que ellos fueran muy diferentes al resto de nosotros — es decir, lo que llamaban los espíritus de las naciones paganas. Ellos no eran superiores a nosotros en cuanto a intelecto y no vivían en esferas superiores a la nuestra, y no pude encontrar indicación de que su moralidad fuera superior a la nuestra.

Pero ellos insistieron en que eran el pueblo elegido de Dios, y quienes, en su propio juicio, eran superior al resto de nosotros y vivían en una comunidad sólo para ellos. Yo no sabía exactamente cuál era la condición de sus almas, pero, como observé que la condición del alma determina la apariencia del espíritu, no percibí que sus apariencias fueran más hermosas o divinas que las nuestras, y concluí que el Dios de ellos no era mejor o superior al nuestro.

Nadie, que yo pude encontrar, había visto algún Dios, ni yo tampoco, así que, quién o qué era Dios, llegó a ser simplemente una cuestión de especulación, y yo preferí al Dios de mi propia concepción, a aquél de ellos.

Mi vida continuó de esta manera por largos años, hasta que en mis recorridos, encontré que existía una esfera en la que yo no podía entrar, y empecé a inquirir, y fui informado que se trataba de una de las Esferas del Alma, en las que el gran soberano o Maestro era un espíritu llamado Jesús, quien, desde mi llegada al mundo espiritual, había establecido un Nuevo Reino, y era el hijo elegido de Dios, en quien él vivía y tenía su existencia; y que sólo aquellos que habían recibido el Amor Divino de este Dios, podían entrar en esta esfera, o llegar a ser habitantes de ella. Entonces, busqué más información y, en mi búsqueda continua, me enteré que este Amor había sido otorgado a los hombres y espíritus en el momento del nacimiento de Jesús en la tierra, y que era libre para todo aquel que lo buscara en la manera enseñada por él. Que él era el supremo hijo verdadero de este Dios, y que de ninguna otra manera que no fuera el camino señalado por este hijo, podría ser obtenido este Amor, o se podría entrar en las Esferas del Alma.

Reflexioné luego sobre esta nueva revelación, y permití que pasaran muchos años antes de convencerme de que yo podría aprender algo y beneficiarme, a través de buscar este camino y este Amor; y después de un tiempo emprendí la búsqueda; pero debes saber que yo, al igual que otros espíritus como yo, que hemos vivido en las esferas donde la mente proporciona nuestras actividades y placeres, no podíamos entrar en lo que se llama la Esfera del Alma, sin embargo, los habitantes de esa Esfera del

Alma podían venir a nuestra esfera sin impedimento u obstáculo.

Y algunas veces me encontraba y conversaba con algunos de estos habitantes; y en una ocasión conocí a uno llamado Juan, quien fue un espíritu muy hermoso y luminoso, y en nuestra conversación me habló de este Amor Divino de su Dios, y del Gran Amor y misión de Jesús. Me presentó algunas de las verdades enseñadas por Jesús, y el camino para obtener este Amor Divino, y me instó a buscarlo.

Para mí sorpresa, no era necesario ejercer ninguna de las cualidades intelectuales en la búsqueda de este Amor — sólo los anhelos y aspiraciones de mi alma y el ejercicio de mi voluntad. Parecía tan sencillo — tan fácil — que empecé a dudar si había alguna realidad en lo que se me había dicho, y vacilé en seguir el consejo de este espíritu, Juan. Pero él fue tan cariñoso y su semblante tan maravilloso, que decidí intentarlo, y empecé a orar a este Dios y traté de ejercer la fe, como se me había dicho. Después de un rato, lo más sorprendente de todo para mí, fue que empecé a sentir nuevas sensaciones inexplicables, y con ellas un sentimiento de felicidad que nunca antes había experimentado, lo que me condujo a pensar que debe haber alguna verdad en lo que me había sido informado. Y continué orando más fuerte y con más certeza. Continué haciendo estos esfuerzos, hasta que, por fin, tuve el gran despertar, de que había en mí un Amor que nunca antes hubo en mi alma, y una felicidad que todos mis logros intelectuales jamás pudieron proporcionar.

Bueno, no es necesario explicarte mi experiencia en más detalles, en cuanto a mi recibimiento y desarrollo de este Amor. Pero me llené de ello, y finalmente entré en la Esfera del Alma, y lo que vi está más allá de toda descripción.

Conocí a Jesús, y nunca antes había concebido que pudiera haber un espíritu tan glorioso, magnífico y cariñoso. Él tenía tal gracia, y parecía estar muy interesado en mi bienestar y progreso en las verdades que él enseñó.

¿Te sorprende que yo sea un cristiano y seguidor de él?

LUEGO, APRENDÍ LO QUE ES LA VERDADERA INMORTALIDAD, Y QUE YO SOY PARTE DE ESA INMORTALIDAD. ENTIENDO CÚAN LEJOS DE LA REALIDAD FUE MI CONCEPCIÓN Y ENSEÑANZA DE LA INMORTALIDAD. SÓLO ESTE AMOR DIVINO PUEDE OTORGAR LA INMORTALIDAD A LOS ESPÍRITUS, Y CUALQUIER COSA MENOS, NO ES MÁS QUE LA SOMBRA DE UNA ESPERANZA, TAL COMO YO TENÍA.

Ahora estoy en una Esfera que no está numerada, pero está alta en los Cielos Celestiales, y no lejos de algunas de las Esferas donde viven los discípulos del Maestro. Continúo progresando, y esa es la belleza y gloria del desarrollo del alma — donde no existe límite — mientras que mi desarrollo intelectual era limitado.

Debo detenerme ahora, pues, he escrito más de lo que debía. Pero regresaré en algún momento, en un futuro no distante, para hablarte acerca de algunas de las verdades que he aprendido.

Tu amigo y hermano,
SÓCRATES, anteriormente un filósofo griego, pero
ahora un cristiano

Confirmación que Sócrates Escribió A través del Sr. P.

YO ESTOY AQUÍ, tu verdadera y querida Helen, (Señora Padgett).

Bueno cariño, has recibido unos mensajes maravillosos esta noche, y debes sentirte altamente favorecido al recibir tan maravillosos escritos.

El mensaje de Sócrates, quizás fue una sorpresa para ti y haya causado que te maravilles de las verdades y descripción que él relató acerca de su conversión.

Sin duda, eres un médium maravilloso, y debes considerarte bendecido al recibir escritos de tales espíritus elevados.

Ten fe en el Maestro y en sus promesas y eso es suficiente.

Tu verdadera y querida,
HELEN

Platón, Discípulo de Sócrates, Ahora es un Cristiano

Permítame la oportunidad de ser quien te hable acerca de la verdad de lo que deseas saber.

Soy uno de los primeros de los grandes filósofos de la antigua Grecia, y conocido como Platón. Fui un discípulo de Sócrates y maestro de su filosofía, con algunas adiciones.

Él fue, no sólo un gran filósofo, sino el hombre más agradable y el mejor de su tiempo. Sus enseñanzas de la inmortalidad, en aquel entonces, eran muy avanzadas, en comparación con aquellas de cualquier otro maestro, y ningún hombre, desde entonces, lo ha superado en su concepto del destino del alma o de sus cualidades, excepto el gran Maestro, quien tenía el conocimiento y trajo a la luz la gran verdad de la inmortalidad.

Sócrates y yo somos seguidores del Maestro y habitantes de sus Esferas Celestiales, donde sólo aquellos que han recibido el Amor Divino del Padre pueden morar. Tal como seguí a Sócrates en la tierra, lo he seguido también en el conocimiento del Nuevo Nacimiento, y en la posesión del Gran Amor que nos trajo la inmortalidad.

No puedo decir mucho más esta noche, pues estás demasiado cansado para recibir cualquier pensamiento, pero vendré en otra ocasión para escribir acerca de esta gran verdad, y cuán lejos estaba mi filosofía en sus intentos de enseñar acerca de la inmortalidad.

Veo que has recibido muchos mensajes de los espíritus que son más avanzados que yo, y quienes conocen más acerca de estas Verdades Divinas, pero, sin embargo, creo que mi experiencia con respecto a las enseñanzas de este gran tema puede aportar algún bien.

No escribiré más, y diré buenas noches.

Tu hermano en Cristo,
PLATÓN

Qué Hace el Espíritu del Hombre Cuando Abandona el Cuerpo Físico Para Ir a la Eternidad

YO ESTOY AQUÍ, San Juan, Apóstol de Jesús.

He venido esta noche para hablarte acerca de una verdad vital, que sé será de tu interés.

A menudo, se ha hecho la pregunta: "¿qué hace el espíritu del hombre cuando abandona el cuerpo físico para ir a la eternidad?"

Muchos espíritus, lo sé, te han escrito acerca de este tema, y algunos de ellos han descrito sus experiencias personales, sin embargo, en toda la información que has recibido, no se ha hecho mención de algunos hechos que, de manera breve, describiré.

Cuando el espíritu abandona el cuerpo, ocurre una ruptura del cordón de plata, como es llamado, y, de ese modo, se rompe toda conexión entre el espíritu y el cuerpo por toda la eternidad — ese espíritu no podrá, jamás, volver a ese cuerpo, y tampoco lo puede ningún otro espíritu, aunque sé que algunos espiritistas afirman que otro espíritu puede habitar el cuerpo despojado. Pero esto es completamente erróneo, porque un espíritu jamás podrá habitar el cuerpo que fue una vez la morada de otro espíritu, y, por lo tanto, la afirmación hecha por algunos de los hombres sabios del Este que tal cosa puede suceder, carece de fundamento.

Una vez separado el cordón de plata, no existe poder conocido por el mundo espiritual, o entre los espíritus de las esferas más altas, que pueda resucitar de nuevo a aquel cuerpo y lograr la manifestación de vida, y, por consiguiente, los milagros mencionados en la Biblia, donde se dice que los muertos fueron resucitados a la vida, debe ser entendido que este lazo entre el espíritu y el cuerpo, nunca fue roto.

En aquellos antiguos días, como ahora, existían personas que tenían la apariencia de estar muertas, y en lo que concierne al conocimiento humano, estaban muertas, pero quienes, en realidad, estuvieron en un estado de lo que puede llamarse, animación suspendida. La ausencia de señal de vida, a la conciencia de los hombres, era indicio de que la muerte había ocurrido. Sin embargo, en ninguno de los casos donde los supuestos muertos fueron resucitados a la vida hubo, en realidad, fallecimiento del mortal.

Como Lázaro ya te ha informado, cuando Jesús le ordenó que se levantara, él no estaba muerto, y así, como en los otros casos de los supuestos muertos que fueron llamados a la vida.

Una vez que haya roto este lazo, existen ciertas leyes químicas que afectan el cuerpo físico, y ciertas leyes espirituales que afectan el espíritu, lo que hace absolutamente imposible que el espíritu vuelva a entrar en el cuerpo; y, tal como fuiste informado, nosotros todos, mortales y espíritus, y ángeles, al igual, somos gobernados por leyes que no tienen excepciones, y nunca varían en su funcionamiento.

Así que yo digo, cuando el espíritu y el cuerpo se separan, es para toda la eternidad, y luego el espíritu se convierte, sí mismo, en algo aparte, controlado entera y exclusivamente por las leyes que gobiernan el cuerpo espiritual.

Al entrar el espíritu en el mundo espiritual, viene con el alma, todavía encerrada en ese cuerpo espiritual, que, hasta cierto grado, es controlada por aquel cuerpo, y éste último en ciertos aspectos, también es controlado por el alma.

El cuerpo espiritual no tiene, por sí mismo, el poder para determinar su propia ubicación o destino, en cuanto al lugar, puesto que la ley de atracción que opera en este particular opera sobre el alma, y la condición del alma determina la ubicación de sí misma, y, como el cuerpo espiritual es la cubierta del alma, debe ir donde esta ley de atracción decrete que el alma debe habitar.

Aun cuando la mente y las facultades mentales y los sentidos tienen su sede en el cuerpo espiritual, sin embargo, la ley de la que hablo no opera sobre estas facultades, como es evidente para todo espíritu, y sabe, por observación, así como por experiencia, que el poder de todas estas facultades combinadas, no puede mover, ni un paso, a un cuerpo espiritual en el camino del progreso, salvo que tales facultades, en su influencia sobre el alma, hayan causado un cambio en su condición; y con el mero avance mental o moral, esto puede ser logrado.

Así que repito, la condición del alma determina la ubicación, como también la apariencia del cuerpo espiritual, y esta ley de atracción es tan exacta que, en su operación, no existe oportunidad u ocasión para interponerse, y colocar al cuerpo espiritual en una ubicación que no le corresponda, por razón del funcionamiento de esta ley.

De manera que, cuando el cuerpo espiritual entra en el mundo espiritual, debe ir y ocupar el lugar que la condición de su alma inclusa determine que debe ocupar. Ninguna interposición de espíritus amigos, o el amor de los padres, o cónyuge, o hijos, puede impedir este destino, aunque por un tiempo, hasta que el alma haya realmente despertado a su condición de separación de la vida mortal, estas relaciones o amigos pueden retener el cuerpo espiritual cerca del lugar de su entrada en la vida espiritual, aunque ese lugar sea uno de más belleza y felicidad en su ambiente, que aquel al cual está destinado. Pero, esta situación no dura por mucho tiempo, puesto que la ley funciona, y cuando el alma entra en absoluta conciencia, escucha el llamado y debe obedecer.

Y así ves, los amigos y seres queridos en la vida espiritual reciben con amor, bondad y consuelo al espíritu recién llegado, pero la partida debe llegar, y toda alma debe encontrar su hogar, conforme ha sido determinado por sus propias cualidades. Y, sin embargo, el consuelo mencionado es real, pues, en muchos casos, si así no fuera, el espíritu solitario experimentaría temor y desconcierto, y todas las sensaciones indecibles de haber sido abandonado.

Luego, llega un momento en que toda alma debe estar sola, y en su debilidad o fuerza, se da cuenta que ninguna otra alma puede cargar su pena, o aliviar su carga o entrar en sus sufrimientos. Y, así, se cumple el dicho de que cada alma lleva su propia cuenta, y ella sola es responsable de su propia condición.

Por supuesto, en muchos casos, los amigos cariñosos pueden visitar a aquella alma en su lugar de existencia, y ofrecerle consuelo y ayuda y aliento y guía, pero en algunos casos esto no es posible, puesto que esta alma, al estar entonces descubierta ante sí misma, todos sus defectos y pecados y cualidades perversas aparecen ante ella y, así, erige a su alrededor un muro, como diríamos, que impide que los buenos amigos y seres queridos se presenten ante ella.

Y, así, entra nuevamente en operación la gran ley de atracción, pues, mientras que aquella alma no puede llegar estos amigos más elevados, sin embargo, otros espíritus de almas y cualidades similares, pueden llegar a ser sus asociados y brindarle una ayuda tal, como el del ciego guiando en sus pasos a otro ciego.

Y aquí deseo decir, no obstante, lo que hayan dicho algunos de sus maestros espiritistas, que el alma tiene su ubicación, así como su condición.

La condición que he descrito arriba es el destino de algunas almas, poco después de convertirse en espíritus, y es deplorable. Y podrás pensar que tales almas fueron abandonadas por las influencias amorosas de los espíritus ministradores de Dios, y dejadas completamente solas en los lugares sombríos de sus moradas. Pero tal no es el caso, puesto que, aunque se les priva de la presencia a ellos, de los espíritus superiores, no obstante, las influencias de amor y compasión fluyen de estos espíritus, y en algún momento las almas solitarias las sentirán, y a medida que sientan estas influencias, las pobres almas empezarán a despertar, causando gradualmente que desaparezca el muro de su reclusión, hasta que, en algún momento, los espíritus superiores encuentran que pueden manifestar su presencia a estas almas desafortunadas.

Y, además de esto, todo espíritu, no importa cuán caído, tiene una labor que realizar, aunque ésta pueda parecer insignificante, y entre estos espíritus de condiciones similares, algunos son poco más avanzados que otros. Por motivo de una ley que causa que los más avanzados ayuden a los de menos progreso, los últimos son frecuentemente ayudados de su bajo estado.

Ahora, lo último que he escrito se aplica, por supuesto, a los espíritus que son malvados y viles, y sin ningún desarrollo del alma en cuanto a bondad, pero un principio similar entra en las condiciones de todos los espíritus en el plano terrenal, aunque cuanto más elevado estén en ese plano, mayores son las oportunidades que tienen de recibir ayuda y progresar.

De estos últimos, y la operación de los pensamientos mentales y cualidades morales sobre la condición y progreso del alma, te escribiré más adelante.

He escrito suficiente por esta noche, y dejándote con mi amor y bendiciones, diré buenas noches.

Tu hermano en Cristo,
JUAN

La Condición del Mundo Cuando Jesús Vino a Enseñar

YO ESTOY AQUÍ, *Jesús.*

Te sientes mejor esta noche, e intentaré escribir un poco. No sé si estés en las condiciones para recibir un mensaje formal, pero te hablaré acerca de algunas cosas que serán de interés para ti y la humanidad.

Cuando yo vine al mundo para enseñar las verdades de mi Padre, el mundo estaba casi desprovisto de una concepción espiritual de la relación verdadera de Dios con el hombre. Dios sólo era un Ser de poder e ira. Fue debido a esta concepción de Él, que los judíos desconocían su verdadera naturaleza y atributos. Lo concebían sólo como un Dios interesado en el bienestar material de ellos, y no entendieron que Él era un Dios que deseaba que Lo conocieran como su Padre Espiritual y Redentor de sus pecados y naturaleza perversa. Y en consecuencia, cuando yo vine, ellos me consideraron – me refiero a aquellos que me aceptaron como sus Mesías – como aquél que los redimiría de la esclavitud a la que sus conquistadores Romanos los habían sometido, y hacer de ellos una gran nación independiente; más poderosa que todas las naciones de la tierra, y apta para reinar sobre el mundo entero.

Ellos no tenían ninguna concepción de mi verdadera misión en la tierra, e incluso mis discípulos, hasta poco antes de mi muerte, me consideraron sólo como un redentor de las cargas que el yugo Romano había impuesto sobre ellos. El único de mis discípulos, que tenía alguna noción del significado de mi venida a la tierra, fue Juan, y eso se debió a la gran cantidad de amor que parecía ser parte de su naturaleza y ser. A él le expliqué mi verdadera misión y le enseñé las verdades espirituales que vine a enseñar, y el único camino mediante el cual los mortales pueden recibir este Amor del Padre, que es necesario para lograr que sean uno con el Padre y poder participar de Su Divinidad. Por lo tanto, sólo en el Evangelio de Juan está escrito el único requisito necesario para una salvación completa y redención de la humanidad. ME REFIERO A LA DECLARACIÓN QUE LOS HOMBRES DEBEN NACER DE NUEVO, PARA PODER ENTRAR EN EL REINO DEL CIELO. ÉSTE ES EL ÚNICO CAMINO VERDADERO POR EL CUAL UN HOMBRE PUEDE CONVERTIRSE EN HIJO VERDADERO DEL PADRE, Y SER APTO PARA HABITAR Y DISFRUTAR, AL MÁXIMO, DEL REINO DEL PADRE

Los otros discípulos tenían más o menos de esta verdad necesaria, pero no una comprensión completa de lo que se involucraba. Pedro tenía más de este Amor que los otros discípulos, a excepción de Juan, y con ello él también comprendió que yo era el hijo verdadero de mi Padre, y nunca pensó ni declaró que yo era Dios. Él era un hombre lleno de entusiasmo y ambición, pero su desarrollo del amor no era suficiente para que comprendiera de lleno que mi reino no sería terrenal, sino hasta después de mi muerte, pero luego le vino la convicción, en toda su verdad y plenitud, y se convirtió en el más poderoso e influyente de todos mis discípulos.

Después del Pentecostés, todos mis discípulos comprendieron cuál era mi misión verdadera, y fueron al mundo y predicaron las doctrinas verdaderas de mi misión en la tierra, y el Amor del Padre para Sus hijos, y el hecho de que aquel Amor espera a todos aquellos que aspiran a ello.

Entonces ves, que muchos de mis discípulos no tenían una concepción verdadera de mi misión cuando estaban en la tierra, y no eran mis verdaderos seguidores en el sentido interno de lo que significaba el Amor del Padre, y lo que yo traté de predicarles.

Ahora tengo en la tierra muchos mortales que entienden mejor mis enseñanzas, y con un mayor grado de conocimiento del alma, de lo que tenían mis discípulos al viajar conmigo a lo largo de Palestina.

Pero hay un gran número de hombres y mujeres viviendo ahora, que no comprenden mis enseñanzas, aunque creen que comprenden la Biblia y las interpretaciones de sus discursos, de acuerdo con las aceptadas doctrinas de los versados y llamados maestros de sus verdades.

No creo que puedas escribir más esta noche, así que me detendré diciéndote que debes seguir fortaleciéndote espiritual y físicamente para que, así, podamos continuar nuestros escritos, más rápidamente y con mayor satisfacción. Así que debes confiar que soy Jesús y fiel amigo y hermano, quien siempre está contigo, intentando ayudarte y hacerte feliz y contento.

Con mi amor y oraciones, yo soy

JESÚS

Confirmación que Jesús Escribió

YO ESTOY AQUÍ. Profesor Salyards, (Espíritu Celestial)

Me gustaría dar otro discurso, si te sientes inclinado a recibirlo en este momento.

Fue el Maestro, no debes dudar.

Bien, existe otra ley del mundo espiritual que estipula que ningún espíritu puede progresar jamás a una esfera superior, hasta que él se dé cuenta que debe buscar el Amor y ayuda del Padre.

Dirás que hay muchos espíritus en las esferas superiores que jamás han recibido este Amor y quienes, no obstante, han progresado y ahora son espíritus comparativamente felices. Esto es verdad, pero su progreso es simplemente intelectual y moral. Pueden progresar sólo en un grado limitado y luego se detendrán en su progreso, puesto que el progreso de la mente y del amor natural tiene sus limitaciones.

PERO TAL PROGRESO NO ES EL PROGRESO DEL QUE HABLO – ÉSTE NO TIENE LIMITACIONES Y CONDUCE A ESFERAS SIN FIN, PROGRESANDO CERCA Y MÁS CERCA A LA FUENTE SUPREMA MISMA DEL PADRE, A MEDIDA QUE AUMENTA EL AMOR DIVINO EN MAYOR ABUNDANCIA EN EL ALMA, PARA PROGRESAR MÁS ALTO. ESTO ME FUE INFORMADO POR ESPÍRITUS DE ESTAS ESFERAS CELESTIALES.

Bueno, siento mucho que estés somnoliento, puesto que ello interrumpió el hilo de mi discurso, de manera que no puedo continuar.

Sí, entiendo y no te culpo, pero el efecto es el mismo.

En vista de que tu esposa desea escribir, me detendré.

Tu viejo amigo y profesor,
J. SALYARDS

Corrobora que Jesús Escribió

YO ESTOY AQUÍ. Helen, (Señora Padgett.).

Bien, recibiste un mensaje de Jesús y me complace que hayas podido escribir para él, aunque no fue uno de sus mensajes formales, como él dijo, pero era interesante y lleno de verdad. Así que debes pensar en ello y te beneficiarás del mismo. El Profesor estaba decepcionado al no poder terminar su mensaje, pero no se ofendió en lo absoluto por el hecho de que te fueras a dormir – él comprendió que no pudiste permanecer despierto, así que volverá a intentarlo.

Soy muy feliz, y estoy cerca de tu madre en su nuevo hogar, y pienso que pronto estaré con ella. Así que debes regocijar conmigo por mi progreso.

Veo que no estás en muy buena condición para escribir esta noche, y no escribiré más por ahora.

Con todo mi amor, yo soy,

Tu verdadera y querida,
HELEN

La Religión del Futuro, y Una Que Será Comprensiva y Final Fundada en las Verdades Que el Sr. J. E. Padgett Está Recibiendo

YO ESTOY AQUÍ, *Jesús.*

He estado contigo parte del tiempo mientras leías las diferentes explicaciones acerca de varias religiones, y traté de guiar tu mente de forma tal, que pudieras percibir la diferencia entre lo enseñado en aquellas enseñanzas y lo que te estamos revelando. Muchas cosas que se establecen en esas enseñanzas que son misterios y resultado de la especulación, te serán reveladas en su verdadera existencia y significado, a fin de que todos los defectos o desiderata que surgen, debido a la insuficiencia de estas enseñanzas, sean corregidos y proporcionados. Me complace que leas estos sermones, puesto que te demuestran número de verdades que eran conocidas por los antiguos, pero que distan de la verdad. En aquellos tiempos, no había una fuente de la cual podrían venir nuestras verdades, ya sea en el mundo espiritual o en el mundo mortal, y, por lo tanto, los seres humanos no podían ser inspirados en cuanto a las verdades vitales que estamos revelando.

Los hombres que aparecieron como reformadores y que dieron a conocer las verdades que eran desconocidas por su prójimo, fueron inspirados por la inteligencia del mundo espiritual, pero aquella inspiración no podía ser mayor o superior al conocimiento de los espíritus por quienes estos hombres fueron inspirados. Y lo que aquí digo, no sólo se aplica a los profetas y maestros de los tiempos del Viejo Testamento, sino a aquellos de todos los tiempos y entre todas las razas que preceden mi venida a la tierra, y dando a conocer las grandes verdades que me fueron reveladas por el Padre.

Me di cuenta que en la gran reunión religiosa, algunos de estos maestros y ensayistas trataron de hablar de una religión del futuro o del mundo, y sus afirmaciones fueron divergentes, pero basados principalmente en aquellos fundamentos que tal religión jamás apoyaría. Basaron sus conceptos, casi por completo, en los principios de la moralidad, según su entendimiento, y las iglesias basaron sus creencias en las enseñanzas del Nuevo Testamento que, en muchos aspectos vitales son erróneas, sobre todo en lo básico de que yo soy Dios, el Hijo, y que mi expiación vicaria y sacrificio, han de ser la piedra angular de la gran religión fundamental del futuro. Bien, ya que sus afirmaciones no son correctas, es seguro que cualquiera religión basada sobre estas cosas, no puede ser verdadera o

325

duradera.

HABRÁ UNA RELIGIÓN DEL FUTURO Y UNA COMPRENSIVA Y FINAL, Y SERÁ FUNDADA SOBRE LAS VERDADES QUE TÚ ESTÁS RECIBIENDO AHORA, PUESTO QUE SERÁ INCLUSIVA DE TODAS LAS OTRAS RELIGIONES EN LO QUE RESPECTA A LAS VERDADES QUE CONTIENEN, CON LA ADICIÓN DE LA MÁS GRANDE DE TODAS LAS VERDADES QUE AFECTAN A LOS MORTALES– EL NUEVO NACIMIENTO Y TRANSFORMACIÓN DEL ALMA HUMANA EN LO DIVINO. CUANDO LOS HOMBRES LLEGUEN A HACER UN ANÁLISIS COMPARATIVO DE ESTAS RELIGIONES EXISTENTES Y LA QUE DARÉ A CONOCER, EXISTIRÁ MUY POCO CONFLICTO EN CUANTO A LOS PRINCIPIOS VITALES, Y MIS ENSEÑANZAS SÓLO AGREGARÁN A LAS ANTIGUAS ENSEÑANZAS QUE TODO HOMBRE PODRÁ ACEPTAR.

Por lo tanto, puedes ver la importancia de que trabajemos más rápidamente en nuestros esfuerzos por revelar y diseminar la verdad.

Vendré en un par de noches para entregarte otro mensaje formal, y también vendrán otros para escribirte. Muchos de los Espíritus Celestiales están calificados para enseñar las verdades del Padre, y están preparados y ansiosos para hacerlo.

No escribiré más por ahora, pero con mi amor y bendiciones diré, buenas noches.

Sí, estoy contigo como prometí y lo seguiré haciendo.

Tu hermano y amigo,
JESÚS

El Gran Amor de Abraham Lincoln por Jesús. La Diferencia Entre Sus Creencias Ahora y Aquella Cuando Vivió en la Tierra

Yo soy tu amigo en Cristo y deseo escribir unas cuantas líneas, pero no será sobre asuntos religiosos, puesto que escuché lo que dijo el Maestro, y él sabe lo que es mejor.

Bien, estoy en la séptima esfera y soy muy feliz, y gozo de todo el placer de un alma redimida, y estoy en camino hacia el progreso a las esferas superiores donde viven algunos de tu banda. Cuán hermosas deben ser sus moradas, porque cuando vienen a las esferas inferiores, tienen tal belleza y están tan llenos del Amor del Padre, que yo sé que ellos deben vivir en hogares de una belleza trascendente, donde la felicidad es suprema.

No soy quien sabe todo cuanto hay en los cielos proporcionado por el Padre, pero sé lo suficiente para decir que ningún ojo del hombre ha visto, ni su corazón concebido, las cosas maravillosas que el Padre ha preparado para aquellos que Lo aman y hacen Su voluntad. En nuestra esfera, la gloria de nuestras moradas y alrededores están más allá de toda concepción de los mortales, y de todos los poderes que tenemos para describir. Tu lenguaje es pobre, de hecho, cuando tratamos de utilizarlo para describir nuestras moradas y felicidad.

Jamás un suspiro, ni un pensamiento viciado con el más leve sabor de infelicidad o descontento. Todos nuestros deseos son satisfechos, y el amor reina eternamente y sin límite. Nunca, cuando estuve en la tierra, concebí que un hombre podría amar a otro, como un espíritu ama a su hermano espíritu aquí. Lo mío y lo tuyo, son verdaderamente lo nuestro, y ningún espíritu es más feliz que cuando hace algo para que otro espíritu sea más feliz aun; y, entonces, el amor entre los sexos opuestos es tan puro y glorificado.

Mi hogar no se encuentra en ninguna de las ciudades, sino en el campo entre campiñas y bosques hermosos donde fluyen las aguas más puras en corrientes plateadas de luz viviente, y los pájaros del paraíso con todos sus gloriosos plumajes cantan y alegran los ecos de las colinas y rocas, pues tenemos colinas y rocas, así como llanos y praderas hermosas, y lagos apacibles y relucientes cascadas, todos alabando a Dios por Su bondad.

Así que, ¿por qué será que todo mortal no trata de alcanzar esta condición divina de amor y felicidad, cuando le es tan fácil hacerlo? El Amor Divino espera para todos, y sólo requiere la búsqueda y creencia, a fin de convertir al mortal en un heredero de todas las glorias de este lugar celestial.

Pero la mente del hombre, en su importancia superpuesta, y en el engreimiento de los maravillosos poderes de sus facultades de razonamiento, impide que la simple fe infantil haga de él un hijo del Reino.

¡Oh! te digo, si los mortales sólo supieran lo que aquí está preparado para su obtención y posesión no permitirían que la supuesta grandeza de sus mentes, o las preocupaciones y ambiciones y deseos de posesiones terrenales, les impidan buscar esta grandiosa y gloriosa herencia, que es de ellos, simplemente reclamándola en la manera dada a conocer por el Maestro.

Y él, qué puedo decir de él, el más glorioso y hermoso y cariñoso de todos los espíritus en el universo de Dios. Cuando estuve en la tierra, yo lo consideraba y lo adoraba como Dios, sentado a la diestra del Padre — muy arriba en los altos cielos – alejado, en espera de la llegada del gran día del juicio, cuando él separaría las ovejas de las cabras y enviar a cada una a su lugar eterno de morada – ya sea al infierno o al cielo, sólo él lo sabía, pero yo no lo sabía ni podía, hasta que el gran juicio fuera pronunciado. Pero ahora, al verlo como es, y sabiendo que él es mi amigo y hermano mayor, un espíritu como yo soy, con sólo amor para sus hermanos menores, sean santos o pecadores, y un gran anhelo de que todos puedan venir y participar del banquete que el Padre ha preparado, siento que el hermano y amigo cariñoso significa mucho más para mí, y mi felicidad es mayor que cuando lo consideraba como el Dios del juicio, teniendo su morada lejos, más allá de mi visión o alcance.

Él es tan cariñoso, tan puro y tan humilde. Su propia humildad hace que todos lo amemos, casi de adorarlo, y si sólo pudieras verlo, no te sorprendería que lo amemos tanto.

Bien, mi amigo, he escrito un poco más de lo que fue mi intención, pero estoy tan lleno de amor y tan feliz de tener un amigo como el Maestro, que apenas puedo contenerme.

Regresaré nuevamente, en algún momento, para escribirte acerca de cierta verdad espiritual, que deseo mucho que conozcas.

Cuando estuve en la tierra no fui totalmente ortodoxo, pero tampoco tuve éxito en desechar mi temprana creencia de que Jesús era parte de la Deidad, aunque a menudo mi mente se oponía a este pensamiento; pero las tempranas enseñanzas de mi madre quedaron conmigo, y mis pensamientos más maduros y desarrollo mental nunca pudieron erradicar completamente mi creencia en Jesús como parte de Dios. Algunos han dicho y pensaron que yo fui casi un infiel, pero esto no es cierto, puesto que siempre creí firmemente en el Padre y, como te dije, en Jesús.

Yo también fui, en cierto grado, un espiritista – es decir, creía en las comunicaciones de espíritus con mortales, pues, en muchas ocasiones he tenido tales comunicaciones, y actué de acuerdo a los consejos que recibía a través de ellos. Pero, de estas comunicaciones nunca aprendí ninguna de las verdades superiores que ahora conozco, y que son tan importantes para el conocimiento de los mortales, y si los hombres sólo las conocieran y enseñaran, harían de su religión una religión viva, valerosa, omnipresente y satisfactoria.

Todos estamos interesados en tu trabajo, y somos tus colaboradores en la revelación de estas grandes verdades.

Que Dios te bendiga y te de prosperidad, y que te ayude a ver las realidades del gran Amor Divino, es la oración de tu hermano en Cristo,

A. LINCOLN

El Gran Líder del Mundo Será el Maestro, Quien Ha Venido Nuevamente a la Tierra en Forma de Sus Revelaciones Divinas – George Whitefield

Permíteme escribir una o dos líneas. He estado presente contigo desde que regresaste de la iglesia, y escuché tu conversación.

Yo estuve contigo esta noche en la reunión de oraciones y escuché lo que dijo el predicador, y estuve particularmente interesado en sus ideas acerca de la venida del gran Maestro del mundo, y vi que su idea de lo que constituye la grandeza en este particular, surgió de su opinión de la grandeza humana.

El maestro no será un gran predicador o un magnífico espécimen de desarrollo físico, o un hombre con una voz maravillosa, sino un hombre que puede revelar al mundo las verdades del Padre, acerca de la relación del hombre al Padre y del plan provisto para la redención y reconciliación del hombre con el Padre. Es un hecho, y sé de lo que escribo, que la regeneración del alma humana es lograda, más bien, a través de la tranquila meditación de parte de los mortales de las verdades del Padre y por el sigiloso anhelo del alma, y no de las emociones que surgen de los férvidos y persuasivos sermones de los predicadores y evangelistas.

Estos últimos pueden despertar a las almas muertas a una comprensión de su necesidad de una reconciliación con Dios, pero no muy a menudo estas emociones conducen al alma a una armonía o relación con el Padre, como lo hace las meditaciones silenciosas de las que hablo.

Debe haber verdaderos anhelos y aspiraciones del alma por este amor del Padre, y en tales casos estos anhelos no surgen de las emociones producidas, como he mencionado, y especialmente cuando estas emociones son los resultados del temor creado por la presentación de un Dios enojado y vengativo. No, en el silencio del aposento hogareño donde se encuentra el mortal, como diríamos, solo con Dios, y ascendiendo sus anhelos al Padre por el otorgamiento de Su Amor, debido al amor que el mortal pueda sentir hacia el Padre, es que llega este Amor Divino, en respuesta y poder regenerativo. Sólo el mortal y Dios necesitan estar solos. El entusiasmo o el magnetismo que el predicador pueda brindar al mortal, no crea los verdaderos anhelos o aspiraciones, y el predicador comete un error al sugerir que el gran maestro del mundo debe ser un hombre con este gran magnetismo personal, o con una voz que pueda hacer vibrar los sentimientos del mortal con emoción o excitación. Cuando Jesús estuvo en la tierra, me han dicho, él jamás trató de crear emoción o excitación de esta manera, sino que sus enseñanzas fueron como la voz tenue que penetra el alma y la conduce a una contemplación del Amor del Padre, con todo el poder de los anhelos de un alma – hambrienta y sedienta.

Así que yo digo, la concepción del predicador acerca de este maestro no es verdadera, y además, mientras que habrá una revelación de la verdad, no habrá un maestro mundial, sino solamente un revelador de las verdades que serán reveladas. EL MAESTRO, MISMO, SERÁ EL GRAN MAESTRO QUE VENDRÁ OTRA VEZ A LA TIERRA, EN FORMA DE SUS REVELACIONES.

Ojalá yo pudiera venir a proclamar estas verdades, pero no puedo, y sólo mediante la instrumentalidad de un ser humano se puede dar a conocer mis pensamientos, y no serían mis pensamientos, como tampoco del mortal, pues, lo que yo trataría de sugerir en las mentes y conciencia de los hombres, sólo sería aquellas verdades que he aprendido de la misma fuente de donde vendrán las Revelaciones.

Por supuesto, estas verdades tendrán que ser predicadas y enseñadas a los hombres, pero esto no será hecho por algún gran maestro, sino por muchos predicadores que aprenderán la verdad de lo que revelará el Maestro; y ningún hombre, de sí mismo, podrá presumir ser el gran maestro. Los mejores serán aquellos que posean en sus almas el Amor Divino en mayor cantidad y un conocimiento mayor de las verdades.

También oí decir al predicador, que él creería en cualquier verdad que pueda ser confirmada mediante milagros, tales como aquellos que fueron realizados en tiempos de Jesús – la curación instantánea, etc. Bien, no te debe sorprender tal demostración, pues, seguramente ocurrirá. Cuando un hombre reciba suficiente cantidad del Amor Divino en su alma, llegará con ello a ese hombre, un poder y conocimiento de las leyes que gobiernan la relación del espíritu con el organismo material, que permitirá que aquel hombre realice estas mismas obras llamadas milagros; y, además, habrá algunos que tendrán ese poder y demostrarán lo mismo, en confirmación de las verdades que estás recibiendo.

Los espíritus que se dedican ahora a dar a conocer y convencer a los hombres de estas verdades, han determinado que tales llamados milagros se lleven a cabo, en confirmación de la Nueva Revelación. El Maestro es el líder en este movimiento y él no cesará de obrar esta gran demostración, o más bien, no cesará de trabajar para este fin, y no fallará, si los agentes humanos siguen sus directrices.

Bien, no debo escribir más esta noche, pero ya que estoy interesado en este gran trabajo, y vi que la concepción del predicador sobre este gran maestro del mundo es incorrecta, consideré prudente escribir como hice; y lo que he escrito no es el resultado de mi creencia u opinión individual, sino el resultado de lo que estos altos espíritus han determinado que sucederá; y detrás de todo aquello, está la voluntad y ayuda del Padre, pues, en Su Amor y Misericordia, Él desea ver a todos los hombres convertidos en Sus hijos verdaderos, y redimidos de los pecados y males de su actual condición humana.

Así que, con mi amor y como colaborador en el trabajo, diré buenas noches y me suscribo,

Tu hermano en Cristo,
GEORGE WHITEFIELD

Comenta Sobre El Mensaje de Whitefield

YO ESTOY AQUÍ, Tu verdadera y querida Helen, (Señora Padgett)

Bien querido, veo que has tenido una noche muy feliz y no es de sorprender, pues, hubo muchos espíritus presentes, llenos del Amor del Padre y lanzándote su influencia.

Whitefield también te escribió y él fue muy sincero en lo que escribió, y lo que dijo es verdad y puedes tener absoluta confianza en la veracidad de lo que te escribió.

Como él dijo, y todos lo decimos, el único gran Maestro del mundo será el Maestro, y sus enseñanzas serán a través de los mensajes que tú recibes. Habrá una gran responsabilidad en la diseminación de estas verdades, y, así, dar a conocer al mundo, no sólo la verdad, sino la identidad del Gran Maestro. No es razonable que los hombres crean que un simple hombre podría ser tal maestro, como dijo el predicador, pues sólo aquél que posee la verdad puede enseñar la misma, y ningún hombre en todo el mundo posee esta verdad, y no la poseerá, salvo que la haya aprendido de las Revelaciones del Maestro.

SÉ QUE ES DIFÍCIL QUE PUEDAS CREER QUE ESTO SEA POSIBLE, PERO NO ES EL MILAGRO, COMO ES LLAMADO, SINO LA TRANSFORMACIÓN DEL ALMA HUMANA EN UN ALMA DIVINA, QUE ES EL RESULTADO DEL PODER DEL ESPÍRITU SANTO EN SU OPERACIÓN. NO, EL MILAGRO, EL GRAN MILAGRO, ES LA TRANSFORMACIÓN DE LO HUMANO A LO DIVINO.

Buenas noches, mi querido esposo.

Tu verdadera y querida,
HELEN

Hace Referencia al Cristiano Nominal y la Necesidad del Amor Divino en El Alma, A Fin de Llegar a Ser Un Verdadero Cristiano

He venido esta noche para decirte que la condición de tu alma es mucho mejor de lo que ha sido por algún tiempo. Estás más al unísono con el Amor del Padre de lo que has estado durante algún tiempo, y te das cuenta de que este Amor está operando sobre tu alma y te hace feliz.

He estado contigo gran parte del día de hoy mientras copiabas los mensajes, y vi que disfrutaste de las verdades que contenían. El mensaje que describe "el progreso del alma", es uno que contiene la verdad en cuanto a cómo el alma puede encontrar el verdadero camino al Amor del Padre, y progresar hacia las Esferas Celestiales. Es una muy clara y convincente descripción del curso necesario que debe seguir toda alma que llega al mundo espiritual desprovista del Amor Divino. No existe otro camino por el que aquella alma pueda encontrar su verdadero desarrollo, y el mensaje es uno que hará un llamamiento al honesto buscador de la salvación, y la felicidad que sólo tal unicidad con el Padre puede dar.

También veo que has estado pensando mucho sobre tu futuro en la tierra, en cuanto a llevar a cabo el trabajo que fuiste elegido para realizar, y me alegra que este trabajo está siendo una cuestión de gran importancia y seriedad para ti; pues, es importante, no sólo para el mundo, sino para ti, y esto debes comprender, cuando considera lo que se te dijo unas noches

331

atrás – que en este momento no existe ningún otro, en todo el mundo, que esté capacitado para realizar el trabajo que estás haciendo ahora, y el cual debes continuar durante todo el tiempo que permanezcas en la tierra.

A medida que progreses en esta obra y te lleguen estas verdades, y tu alma se llene más de este Amor, te darás cuenta y comprenderás, en un grado mayor, la maravillosa importancia del trabajo; y ahora debes enfocar toda tu energía en el desarrollo de tu alma y sus percepciones, y en llevar adelante la tarea.

Para nosotros, el cumplimiento de este trabajo es infinitamente más importante de lo que es para ti, porque nos damos cuenta, como tú no puedes, que la falla en dar a conocer estas verdades a los hombres significaría privarlos de las oportunidades que son tan indispensables para su futura salvación, tanto en la tierra como en el mundo espiritual.

Así que yo digo, no te desanimes, pero confía y encontrarás que nuestras promesas serán cumplidas y el trabajo continuará, y las verdades se darán a conocer a la humanidad.

Estoy contigo a menudo, tratando de desarrollar tu naturaleza espiritual, y con esto quiero decir, tu alma, puesto que a medida que se desarrolle, mejor será tu capacidad para recibir nuestras verdades, con el fin de que sean transmitidas al mundo que espera y que los hombres puedan fácilmente ver y comprender las verdades de Dios y el único camino hacia Su Reino de Amor e Inmortalidad. Dudas en cuanto a las enseñanzas de las iglesias, están ahora penetrando e impregnando las mentes de muchos, muchos de cuales sólo son cristianos nominales, y sus percepciones de Dios están casi debilitadas, y asisten a los servicios de adoración, sólo por una especie de sentimiento de deber y la impresión de que es correcto que lo hagan. Nada saben de la naturaleza del Amor Divino del Padre, y del plan para su salvación.

Sus oraciones y adoración son, en su mayoría, sólo aquellos que provienen de los labios o una clase de creencia intelectual ciega. Los anhelos de sus almas no forman parte de sus oraciones y, como consecuencia, sus peticiones por el Amor y misericordia de Dios no ascienden más allá de sus cabezas, como se ha dicho.

Esta condición de los hombres es muy perjudicial para su futuro bienestar y no puede conducirlos al Padre, y mientras exista, los hombres jamás podrán lograr una unicidad con Él. Sólo el influjo de este Amor puede reconciliar al hombre con Dios, en el sentido más elevado y deseable. Por supuesto, podrán entrar en armonía con Él mediante una purificación de su amor natural, pero ésta, es sólo la armonía que existió entre Él y los primeros padres antes de su caída, pero no es la armonía que Jesús enseñó y que fue el propósito de su misión. Cuando él dijo, "Mi Padre y yo somos uno", él no se refería a la unicidad entre la mera imagen y la Sustancia, sino a la unicidad que proporciona a las almas de los hombres la misma

Sustancia del Padre.

Me gustaría escribir más esta noche, pero estás cansado y no debo continuar.

Diré buenas noches y me detengo.

Tu hermano en Cristo,
JUAN

De Cierto, De Cierto Os Digo, El Que en Mí Cree, Las Obras que Yo Hago, También Él Las Hará; y Mayores que Éstas Hará, Porque Yo Voy a Mi Padre. Si Algo Pidiereis en Mi Nombre, Yo lo Haré

YO ESTOY AQUÍ, *Jesús*.

Hoy he estado contigo mucho tiempo, y sé justamente cuál ha sido la operación de tu mente, y traté de influenciarte en cuanto a algunos de tus pensamientos. Yo estaba contigo en la iglesia en la mañana y escuché el sermón del predicador, y noté que él no comprendió correctamente el significado de las palabras del texto. *"De cierto, de cierto os digo, el que en mí cree, las obras que yo hago, también él las hará y mayores obras que éstas hará, porque yo voy a mi Padre. Si algo pidiereis en mi nombre, yo lo haré"*

Su explicación del significado de "mayores obras que las que yo hago", no estaba de acuerdo con lo que yo quise decir, o con el significado que yo pretendía transmitir; pues, al referirme a obras, quise decir aquellas obras que el mundo consideraba como milagros. Yo tenía la intención de asegurar a mis discípulos que tendrían poder para hacer obras similares o realizar milagros similares, en un mayor grado de lo que yo había realizado. "Mayor" se refería a cantidad y no a calidad.

PERO ESTE PODER, O EL EJERCICIO EXITOSO DE ELLO, NO DEPENDÍA DE LA CREENCIA EN MI NOMBRE, SINO DE SU FE EN EL PODER DEL PADRE Y EN EL HECHO DE QUE ÉL CONFERIRÍA ESE PODER SOBRE ELLOS. NO HABÍA NNGUNA VIRTUD EN MI NOMBRE O EN MÍ, COMO EL INDIVIDUO, JESÚS, PERO TODA VIRTUD DESCANSABA EN LA FE QUE ELLOS TUVIERAN EN EL PADRE. JAMÁS REALICÉ NINGUNO DE LOS SUPUESTOS MILAGROS POR CUENTA PROPIA, SINO QUE FUERON TODOS REALIZADOS POR EL PADRE, TRABAJANDO A TRAVÉS DE MÍ; Y TAL COMO ÉL TRABAJÓ A TRAVÉS DE MÍ, TRABAJARÍA A TRAVÉS DE AQUELLOS DE MIS DISCÍPULOS QUE ADQUIEREN LA FE NECESARIA.

COMO TE COMUNIQUÉ ANTERIORMENTE, TODAS LAS OBRAS QUE PARECEN SER MILAGROS SON CONTROLADOS POR LEY, TAL COMO ES CONTROLADO POR LEY AQUELLO QUE USTEDES LLAMAN EL FUNCIONAMIENTO DE LA NATURALEZA, Y CUANDO SE AQUIERE LA FE SUFICIENTE, LLEGA A SU POSEEDOR EL CONOCIMIENTO DE ESTAS LEYES. QUIZÁS NO SEA, COMO SE DIRÍA, UN CONOCIMIENTO, O CONSCIENCIA QUE

333

ES PERCEPTIBLE A LOS SENTIDOS ORDINARIOS DEL HOMBRE, PERO PERCEPTIBLE A AQUEL SENTIDO INTERNO, QUE ES LO QUE PERMITE QUE LOS HOMBRES COMPRENDAN LAS COSAS DEL ESPÍRITU. Y TENIENDO ESTE CONOCIMIENTO DEL SENTIDO INTERNO, LOS HOMBRES PODRÁN, ASÍ, CONTROLAR ESTAS LEYES PARA QUE OBREN AQUELLOS EFECTOS QUE PARECEN CONTRARIOS AL FUNCIONAMIENTO ORDINARIO DE LAS LEYES DE LA NATURALEZA.

Hasta mis discípulos adquirieran esta fe, que trajo este conocimiento a su sentido interno, ellos no pudieron realizar ningún milagro, ni las obras fenomenales que otros hombres no podían realizar.

La expresión de la Biblia, de que la creencia en mi nombre es suficiente para causar la operación de milagros es totalmente incorrecta, y yo nunca dije que tal creencia era lo que se requería, ni tampoco dije que "todo cuanto fuese pedido al Padre en mi nombre, seria dado a los hombres".

YO NO ERA PARTE DE LA DEIDAD NI POSEÍ, POR MI CUENTA, PODER ALGUNO, ASÍ COMO TAMPOCO TUVO MI NOMBRE ALGUNA INFLUENCIA MILAGROSA CON EL PADRE. YO ERA UN HOMBRE COMO LOS OTROS HOMBRES, SÓLO QUE YO HABÍA SIDO LLENADO CON EL AMOR DIVINO DEL PADRE, QUE HIZO QUE YO FUERA UNO CON ÉL, Y, COMO CONSECUENCIA, TENÍA EL CONOCIMIENTO DE SU AMOR Y LEYES, QUE ME PERMITIÓ LOGRAR LA OPERACIÓN DE AQUELLAS LEYES QUE HARÍAN QUE LOS EFECTOS DESEADOS APARECIERAN COMO REALIDADES.

Pero la creencia en mi nombre no causó el funcionamiento de estas leyes, o la respuesta del Padre a alguna súplica. La oración debe ser ascendida al Padre en el nombre de la verdad, y a su Amor y misericordia. Todo individuo es muy querido por Él, y está dispuesto a otorgar este Amor a todo aquel que lo pida con fe y deseo puro. Y en respuesta a la oración sincera llegará el Amor, y con ello, el conocimiento de lo espiritual, y con esto, un poder que puede ser utilizado para el bien de la humanidad.

Mi nombre no es un mediador entre Dios y el hombre, y tampoco es la creencia en uno, el Jesús, un medio para alcanzar el Alma misericordiosa del Padre. Si los hombres comprendieran mis enseñanzas de la verdad, y que al pedir en mi nombre significa que piden en nombre de estas verdades, entonces, tales peticiones tendrían sus resultados – pero muy pocos hombres, cuando oran al Padre en mi nombre, tienen tal intención o entendimiento.

SÓLO UN CONOCIMIENTO DE LA VERDAD SOBRE EL PLAN DE LA SALVACIÓN DE LOS HOMBRES, LES PERMITIRÁ BUSCAR EL CAMINO CORRECTO PARA OBTENER EL DON DEL PADRE – Y CUANDO DIGO "CONOCIMIENTO DE LA VERDAD DEL PLAN", NO ME REFIERO A QUE LOS HOMBRES DEBEN COMPRENDER TODAS LAS MINUCIAS DE ESTE PLAN, Y CÓMO UN ELEMENTO O PARTE DE ELLO PUEDE FUNCIONAR SOBRE OTRO, Y QUÉ RESULTADOS PUEDEN FLUIR DE ELLO. PERO ESTE CONOCIMIENTO

DEBE SER SUFICIENTE, AL PRINCIPIO, PARA INDICAR AL HOMBRE QUE EL PADRE ES UN DIOS DE AMOR, Y QUE ESTE AMOR PUEDE SER OBTENIDO POR EL HOMBRE MEDIANTE ORACIÓN SINCERA POR SU OTORGAMIENTO. ESTO ES TODO LO QUE ES NECESARIO, PUES LA RESPUESTA QUE SEGUIRÁ, CAUSARÁ EL NUEVO NACIMIENTO, QUE, AL SER EXPERIMENTADO POR UN HOMBRE, REALIZARÁ AQUELLA UNICIDAD CON EL PADRE, QUE CONDUCE A UN CONOCIMIENTO DE LAS OTRAS VERDADES QUE FORMAN PARTE DEL PLAN DE LA SALVACIÓN.

NO EXISTE OTRA COSA QUE PUEDA CONDUCIR A ESTE CONOCIMIENTO DE AQUEL SENTIDO INTERNO DEL QUE ESCRIBO. UN CONOCIMIENTO MENTAL, SALVO EN CONJUNTO CON ESTE CONOCIMIENTO INTERNO, JAMÁS PODRÁ CAUSAR ESTA UNICIDAD NECESARIA CON EL PADRE.

Sucede a menudo que un hombre adquiere este conocimiento interno y al mismo tiempo posee un conocimiento mental que es totalmente contrario a las verdades del plan para su salvación. Y la mente del hombre, siendo una cosa de un maravilloso poder, puede, por un tiempo, retrasar el desarrollo del conocimiento del sentido interno, o como diría, el sentido del alma. Pero sólo por un tiempo, puesto que en algún momento el sentido del alma progresará a aquel conocimiento de la verdad, de manera que el conocimiento erróneo de la mente desaparece del todo, y el hombre poseerá únicamente la verdad.

En este erróneo conocimiento mental o, más bien, convicción, está la creencia que, en mi nombre, es decir, las súplicas hechas en mi nombre, lograrán la realización de los deseos del suplicante. También, que en mi sangre o en el poder de la cruz, o en mi supuesta expiación vicaria, la salvación de los hombres puede ser obtenida. Si ha de usarse algún nombre en la súplica del hombre, entonces sólo debe ser utilizado el nombre del Padre, pues el Suyo es un nombre superior a todo, y el único nombre en el cielo o tierra que puede conducir al hombre a la salvación y unicidad con Su ser.

Y lo que dije se aplica a muchas otras declaraciones contenidas en la Biblia, tal como "aquél que cree en el señor Jesús Cristo será salvado". "No hay otro nombre bajo el cielo mediante el cual los hombres puedan ser salvados" etc. Ésta es la enunciación de una doctrina falsa y engañosa para gran mayoría de la humanidad, puesto que aceptan las afirmaciones como literalmente verdaderas. Por supuesto, si se interpretara en el sentido de que aquél que cree en las verdades que yo enseño, entonces la objeción no sería muy grande, pero, aun así, las declaraciones no son suficientes, puesto que los hombres podrían creer en estas verdades y esa creencia podría ser meramente mental, aceptada simplemente por las facultades de la mente, sin ningún ejercicio del sentido del alma. SI A TODAS ESTAS DECLARACIONES LE FUESE AGREGADA LA VERDAD VITAL DE QUE "A MENOS QUE UN HOMBRE NAZCA DE NUEVO, ÉL NO PODRÁ ENTRAR EN EL REINO

DEL CIELO", Y A ESTA CREENCIA MENTAL SE LE AGREGA LA FE DEL ALMA, ENTONCES LAS DOCTRINAS AFIRMARÍAN LA VERDAD Y LOS HOMBRES COMPRENDERÍAN LO QUE ES NECESARIO PARA LA SALVACIÓN.

LA CREENCIA Y LA FE NO SON LO MISMO; UNA ES DE LA MENTE Y LA OTRA DEL ALMA; UNA PUEDE CAMBIAR, Y CAMBIA, AL CAMBIAR LOS FENÓMENOS Y HECHOS APARENTES; LA OTRA, CUANDO SE POSEE VERDADERAMENTE, NUNCA CAMBIA, PUESTO QUE LA FE QUE UN ALMA POSEA, CAUSA QUE TODOS LOS ANHELOS Y ASPIRACIONES DE AQUELLA ALMA SE CONVIERTAN EN COSAS DE EXISTENCIA REAL – LA CUAL, COMO LA CASA QUE ESTÁ CONSTRUÍDA SOBRE UNA ROCA SÓLIDA, JAMÁS PODRÁ SER SACUDIDA O DESTRUÍDA.

Así escribo esta noche, para indicar que el predicador, en su sermón, no explicó el significado verdadero del texto, y no comprendió las verdades que se pretendió transmitir y de las que era susceptible el texto, aunque no enuncia mis expresiones o, en su interpretación literal, declara la verdad.

No escribiré más por ahora, excepto para decir que te amo con un gran amor, y oro al Padre para que te bendiga.

Debes creer en el Padre y confiar en mí, puesto que no serás defraudado, y ora para que este Amor Divino del Padre entre en tu alma, a fin de que te des cuenta que eres un hijo aceptado del Padre.

MANTÉN TU CORAJE, Y TEN FE EN QUE TODO LO QUE PIDAS AL PADRE EN NOMBRE DE SU AMOR Y VERDAD, TE SERÁN CONCEDIDAS. ESTOY CONTIGO EN TODO MI AMOR Y AMPARO Y NO TE ABANDONARÉ.

Entonces, mi querido hermano, descansa en la seguridad de que yo soy

Tu hermano y amigo,
JESÚS

Confirmando que Jesús Escribió

YO ESTOY AQUÍ, tu verdadera y querida Helen (Espíritu Celestial)

Bien querido, esta noche has recibido un maravilloso mensaje del Maestro y deberías estudiar y comprenderlo totalmente, puesto que en sí contiene más verdad de lo que podrías encontrar en una lectura superficial.

Es tan contradictorio a la creencia de los cristianos y, por lo tanto, tan importante que se desee un conocimiento profundo de su significado.

Así que, buenas noches.

Tu verdadera y querida
HELEN

**Dios es un Dios de Amor, Y Ningún Hombre Puede Venir a
Él, A Menos que Reciba el Amor del Padre en Su Alma. Vendrá el Tiempo
Cuando el Privilegio de Obtener el Amor Divino Sea Retirado de la
Humanidad, y Cuando Ocurra ese Gran Acontecimiento, Este Privilegio
Nunca Después Será Restaurado**

YO ESTOY AQUÍ, *Jesús*

Estás en mejor condición esta noche y continuaré mis mensajes.

"Dios es un Dios de amor, y ningún hombre puede ir a Él, a menos que reciba el Amor del Padre en su alma". Siendo los hombres, por naturaleza, pecaminosos e inclinados al error y violación de las leyes de Dios, ellos pueden ser redimidos de ese pecado, sólo mediante la obtención de este Amor; y ello puede ser obtenido sólo a través de la oración y fe en la voluntad de Dios, para otorgar este Amor a quienes lo pidan. No me refiero a que debe haber oraciones formales, o cumplimiento con algún credo o dogma de la iglesia; sino que una oración eficaz, es aquella que emana del alma y aspiraciones sinceras de un hombre. Entonces, los hombres deben saber que, a menos que sus almas anhelen sinceramente este Amor, ello no les será otorgado – no bastará el mero deseo intelectual. El intelecto no es aquella facultad en el hombre que lo une a Dios. Sólo el alma está hecha a semejanza del Padre, y, a menos que esta semejanza sea perfeccionada por el influjo del Amor Divino del Padre en el alma, la semejanza jamás será completa.

EL AMOR ES LO MÁS GRANDE EN LA ECONOMÍA DE DIOS DE EXISTENCIA REAL. SIN ELLO, TODO SERÍA UN CAOS E INFELICIDAD; PERO DONDE EXISTE, EXISTE TAMBIÉN LA ARMONÍA Y FELICIDAD. ESTO LO DIGO, PORQUE YO SÉ POR EXPERIENCIA PERSONAL QUE ES VERDAD. LOS HOMBRES NO DEBEN PENSAR QUE DIOS ES UN DIOS QUE DESEA LA ADORACIÓN DE LOS HOMBRES CON LAS MERAS FACULTADES INTELECTUALES, PUES, ELLO NO ES CIERTO. SU AMOR ES LO ÚNICO QUE PUEDE UNIRLOS A ÉL. ESTE AMOR, NO ES EL AMOR QUE FORMA PARTE DE LA EXISTENCIA NATURAL DEL HOMBRE; EL AMOR QUE POSEEN LOS HOMBRES QUE NO HAN RECIBIDO PARTE DEL AMOR DIVINO, NO ES SUFICIENTE PARA QUE SEAN UNO CON EL PADRE; NI ES ESE AMOR DE LA NATURALEZA QUE LES FACULTARÁ PARA ENTRAR EN LAS ESFERAS CELESTIALES Y SER COMO LOS ÁNGELES QUE POSEEN ESTE AMOR DIVINO EN ABUNDANCIA, Y QUIENES SIEMPRE HACEN LA VOLUNTAD DEL PADRE. ESTE AMOR SE ENCUENTRA SÓLO EN LAS ALMAS DE AQUELLOS QUE LO HAN RECIBIDO MEDIANTE LA MINISTRACIÓN DEL ESPÍRITU SANTO – EL ÚNICO INSTRUMENTO DE LA OBRA DE DIOS, UTILIZADO PARA LOGRAR LA SALVACIÓN DE LOS HOMBRES.

He visto la obra del Espíritu sobre las almas de los hombres, y sé, que lo que te digo es verdad. Ningún hombre debe descansar en la seguridad de que cualquier otro instrumento o medio que no sea el Espíritu Santo, le permitirá obtener este Amor. No debe descansar en la creencia de que, sin esto, él puede llegar a ser parte del Reino de Dios, puesto que ningún amor, salvo este Amor Divino, puede otorgarle el derecho y calificarlo para entrar en ese Reino.

Cuando estuve en la tierra enseñé la doctrina de la salvación, sólo a través de la obra del Espíritu Santo, cumpliendo con los mandamientos del Padre. La mera creencia en mí o en mi nombre, sin este amor, no facultará, jamás, a ningún hombre a poseer este Amor. De ahí el refrán, "los hombres podrán ser perdonados por todo pecado en mi contra, o incluso, contra los mandamientos de Dios, pero el pecado contra el Espíritu Santo no les será perdonado, ni en la tierra, ni en el mundo espiritual". Esto significa que siempre que un hombre rechaza la influencia del Espíritu, él peca en su contra, y tal pecado impide que él reciba este Amor Divino; y, por lo tanto, en ese estado no puede ser perdonado y permitido entrar en el Reino Celestial del Padre.

EL AMOR DE DIOS NO ES AQUEL QUE NECESITA EL AMOR DEL HOMBRE PARA DARLE UNA ESENCIA DIVINA, PERO, AL CONTRARIO, EL AMOR DEL HOMBRE, A FIN DE SER DIVINO EN SU NATURALEZA, DEBE SER COMPLETAMENTE ENVUELTO EN, O ABSORBIDO EN EL AMOR DIVINO DEL PADRE. ASÍ QUE, EL HOMBRE DEBE SABER QUE SU AMOR ES TAN SÓLO UNA SOMBRA DE LO QUE ES EL AMOR DEL PADRE, Y QUE MIENTRAS QUE ÉL SE REHÚSE A RECIBIR ESTE AMOR DEL PADRE, SE VERÁ OBLIGADO A PERMANECER SEPARADO DEL PADRE, Y A GOZAR SÓLO DE LA FELICIDAD LE CONFIERE QUE SU AMOR NATURAL.

Estoy tan seguro que todo hombre podrá recibir este Amor, si sólo lo procuran mediante el camino verdadero y con fervientes deseos y fe, que sé que es posible que todo hombre sea salvado. Pero los hombres tienen el gran don del libre albedrío, y el ejercicio de ese don hacia la búsqueda y hallazgo de este Amor, parece ser una dificultad que evitará que una gran mayoría de la raza humana reciba esta gran bendición redentora.

MI PADRE NO DESEA QUE NINGÚN HOMBRE VIVA DURANTE TODA LA ETERNIDAD SIN ESTE AMOR; PERO LLEGARÁ EL MOMENTO, Y MUY PRONTO, CUANDO EL PRIVILEGIO DE OBTENER ESTE AMOR SEA   RETIRADO DE LA HUMANIDAD; Y CUANDO OCURRA ESE GRAN ACONTECIMIENTO, NUNCA MÁS SERÁ RESTAURADO EL PRIVILEGIO; Y LOS HOMBRES QUE PARA ESE ENTONCES NO LO POSEAN, SE VERÁN OBLIGADOS A VIVIR POR TODA LA ETERNIDAD CON SÓLO SU AMOR NATURAL PARA CONFORTARLOS Y ADQUIRIR CUANTA FELICIDAD PUEDAN OBTENER DE TAL AMOR. LOS HOMBRES PODRÁN PENSAR QUE ESTE MOMENTO DE SEPARACIÓN NUNCA LLEGARÁ, PERO EN ESTO SE   EQUIVOCAN Y SE DARÁN CUENTA DE ELLO CUANDO SEA DEMASIADO TARDE.

LA ARMONÍA DEL UNIVERSO DE MI PADRE NO DEPENDE DE QUE TODO HOMBRE RECIBA ESTE AMOR DIVINO, PORQUE, POR LA OPERACIÓN DE LAS

LEYES DE ARMONÍA DE DIOS SOBRE LAS ALMAS DE LOS HOMBRES, TODO PECADO Y ERROR SERÁ ERRADICADO, Y SÓLO PERMANECERÁ LA VERDAD; PERO LA MERA AUSENCIA DEL PECADO NO SIGNIFICA QUE TODA PARTE DE LA CREACIÓN DE DIOS SERÁ HABITADA POR ESPÍRITUS Y HOMBRES CON EL MISMO GRADO DE FELICIDAD, O LLENOS DEL AMOR DE LA MISMA NATURALEZA. EL HOMBRE QUE ESTÉ LIBRE DE PECADO Y SÓLO POSEE SU AMOR NATURAL, ESTARÁ EN PERFECTA ARMONÍA CON OTROS HOMBRES QUE POSEEN EL AMOR DE LA MISMA NATURALEZA; PERO NO ESTARÁ EN ARMONÍA CON AQUELLOS ESPÍRITUS QUE POSEEN ESTE AMOR DIVINO Y LA SUPREMA FELICIDAD QUE CONFIERE. Y, SIN EMBARGO, TALES DIFERENCIAS EN AMOR Y FELICIDAD NO CREARÁN DISCORDIA NI DESARMONÍA EN EL UNIVERSO.

Adán y Eva, o a quienes personifican, no tenían este Amor Celestial – sólo el amor natural que perteneció a su creación como seres humanos, y a pesar de ello, fueron comparativamente felices; pero su felicidad no era igual a aquella de los ángeles que viven en los Cielos Celestiales, donde sólo existe este Amor Divino de Dios. Ellos eran mortales, y cuando la tentación vino a ellos, el amor que poseían no pudo resistirla, y sucumbieron. Entonces, aun cuando en el futuro el hombre podrá vivir para siempre y libre de pecado y error, él, sin embargo, siempre estará sujeto a tentaciones que este amor natural quizás no sea capaz de resistir. Es decir, su naturaleza será simplemente aquella de Adán y Eva – nada más y nada menos.

Incluso en esa condición, él quizás pueda resistir todas las tentaciones que puedan asediarlo, sin embargo, siempre estará sujeto a caer de su estado de felicidad, y ser más o menos infeliz. Éste es el futuro de los hombres que no han recibido el Amor Divino.

PERO EL ESPÍRITU QUE POSEE ESTE AMOR DIVINO SE CONVIERTE, POR DECIRLO ASÍ, EN PARTE DE LA PROPIA DIVINIDAD, Y NUNCA ESTARÁ SUJETO A LA TENTACIÓN O INFELICIDAD. ESTARÁ LIBRE DE TODOS LOS PODERES QUE PUEDAN EXISTIR PARA CONDUCIRLO A LA INFELICIDAD – COMO SI FUESE UN MISMO DIOS. ES DECIR, QUE NO EXISTE POSIBILIDAD DE QUE SU DIVINIDAD SEA RETIRADA POR NINGÚN PODER, INFLUENCIA O INSTRUMENTO EN TODO EL UNIVERSO DE DIOS.

ESTE AMOR CONVIERTE A UN HOMBRE MORTAL Y PECADOR EN UN ESPÍRITU INMORTAL Y LIBRE DE PECADO, DESTINADO A VIVIR POR TODA LA ETERNIDAD EN LA PRESENCIA DEL PADRE Y SER UNO CON ÉL.

ASÍ PUES, SI LOS HOMBRES SÓLO PENSARAN Y SE DIERAN CUENTA DE LA IMPORTANCIA DE OBTENER ESTE AMOR DIVINO, NO SERÍAN TAN DESCUIDADOS EN SUS PENSAMIENTOS Y ASPIRACIONES CON RESPECTO A AQUELLAS COSAS QUE DETERMINARÁN SU CONDICIÓN FUTURA DURANTE TODA LA ETERNIDAD.

La importancia de presentar estas verdades a los hombres para su consideración, no puede ser enfatizada lo suficiente; y cuando llegue el momento de que pasen al otro mundo, cuanto más hayan reflexionado y obtenido el conocimiento de estas verdades, mejor será su condición en el mundo espiritual. El mundo espiritual no les ayudará mucho a obtener un entendimiento más claro de estos asuntos espirituales, porque en este mundo los hombres difieren y tienen sus opiniones, igual que en la tierra.

Por supuesto, no tendrán todas las tentaciones para satisfacer sus pasiones y apetitos que tenían en la carne; pero en cuanto a sus opiniones de las cosas espirituales, las oportunidades no son mucho mayores, excepto en esto: que a causa de la liberación de las pasiones e influencias de la carne, pueden más pronto dirigir sus pensamientos a cosas superiores, y de este modo darse cuenta más pronto que sólo este Nuevo Nacimiento en el Amor Divino puede salvarlos completamente de los resultados naturales de la posesión del amor natural solamente.

Un espíritu sólo es un hombre sin un cuerpo terrenal, y las preocupaciones que necesariamente surgen de las obligaciones de los vínculos terrenales. Incluso como espíritu, algunos retienen estas preocupaciones durante mucho tiempo después de pasar al otro mundo, y son entonces liberados de ellos, pagando las penalidades de una ley violada.

Bien, he escrito largamente y debo detenerme. Entonces, con mis bendiciones y amor, diré buenas noches.

Tu espíritu compañero,
JESÚS

Helen – La Señora Padgett Nos Relata Sobre Su Gran Felicidad en Su Progreso

YO ESTOY AQUÍ. Helen, (Señora J. E. Padgett, Espíritu Celestial)

. Bien. ¿no fue aquello un maravilloso mensaje del Maestro? Estaba tan repleto de cosas que han de conducir a los hombres a pensar y esforzarse por obtener este Amor Divino del que habló.

Me complace decir que ahora lo poseo en un grado considerable, y cuanto más reciba, más feliz me siento. Pensé que yo era feliz al entrar en la tercera esfera, y más aún en la quinta, y entonces supremamente así en la séptima, pero realmente yo no sabía lo que era la felicidad hasta que entré en mi hogar actual en los Cielos Celestiales; y supongo que a medida que ascienda más alto, la felicidad de cada esfera sucesiva en progresión será mucho mayor, que aquel de donde progresé.

Pero, por supuesto, el Maestro ha sido el Gran Maestro, cuyo amor y poder me han ayudado más que todos los demás. Él es tan maravilloso en el amor y sabiduría, que casi lo adoro, aunque él dice que debo adorar sólo a Dios, y yo sigo sus directrices.

340

Mis experiencias aquí son tan maravillosas que apenas entiendo lo que significa todo. Mi tiempo en el mundo espiritual ha sido tan corto, y sin embargo, el maravilloso conocimiento de las verdades espirituales y la gran felicidad que he recibido, hacen que me asombre del acontecimiento de tales cosas.

Has recibido un largo mensaje esta noche, y pienso que sería mejor que me detenga.

Así que buenas noches.

Tu querida esposa,
HELEN

Jesús No es Dios, Ni Debe ser Adorado Como Dios. Explica Su Misión. Estos Mensajes, que Fueron Recibidos por el Sr. Padgett, Es Su Nuevo Evangelio Para Todos los Hombres, Tanto Mortales Como Espíritus

YO ESTOY AQUÍ, *Jesús*.

Ahora estás en condiciones, y te daré un mensaje corto. Cuando yo viví en la tierra, no fui adorado como Dios, pero considerado sólo como el hijo de Dios en el sentido de que me fueron impuestas las verdades de mi Padre y muchos de Sus maravillosos y misteriosos poderes. Yo no proclamé como Dios, ni permití que ninguno de mis discípulos creyera que yo era Dios, sino solamente Su hijo amado enviado para proclamar a la humanidad Sus verdades, y mostrarles el camino al Amor del Padre. Yo no fui diferente a otros hombres, excepto que poseía este Amor de Dios, a tal grado que me hizo libre del pecado e impidió que las maldades que formaban parte de la naturaleza de los hombres fuera parte de mi naturaleza. Ningún hombre que cree que yo soy Dios tiene conocimiento de la verdad, u obedece los mandamientos de Dios al adorarme. Tales adoradores cometen blasfemia y causan un gran perjuicio a la causa de Dios y a mis enseñanzas. Muchos hombres se habrían convertido en verdaderos creyentes y adoradores del Padre, y seguidores de mis enseñanzas, si este dogma blasfemo no hubiera sido interpolado en la Biblia. No fue con mi autoridad, o como consecuencia de mis enseñanzas, que una doctrina tan perjudicial fuese promulgada o creída.

Yo soy sólo un hijo de mi Padre como tú eres, y siempre fui libre de pecado y error, en cuanto a la verdadera concepción de la relación verdadera de mi Padre a la humanidad, pero tú también eres Su hijo; y si buscas sinceramente y oras al Padre con fe, puedes llegar a ser tan libre del pecado y error como yo fui entonces, y ahora soy.

El Padre es Él Mismo, Solo. No existe otro Dios que Él, y ningún otro Dios a ser adorado. Yo soy el maestro de Sus verdades y soy el Camino, la

341

Verdad y la Vida, porque en mí existen aquellas cualidades del bien y del conocimiento que me califican para mostrar el camino y conducir a los hombres a la vida eterna en el Padre, y enseñarles que Dios ha preparado un Reino en el cual podrán vivir para siempre, si así lo desean. Pero, no obstante, mis enseñanzas, los hombres y aquellos que han asumido altas posiciones en la llamada Iglesia Cristiana, imponen doctrinas tan contrarias a la verdad, que en estos últimos días muchos hombres, en el ejercicio de una libertad iluminada y de la razón, se han convertido en infieles y alejados de Dios y Su Amor, y han pensado y enseñado que el hombre, mismo, es suficiente para su propia salvación.

Ha llegado el momento de que estos hombres sean enseñados a saber que, mientras que las enseñanzas de estas supuestas autoridades sobre las verdades de Dios son todas erróneas, ellos, estos mismos hombres, están en un error cuando se niegan a creer en Dios y mis enseñanzas. Sé que es difícil comprender lo que son mis enseñanzas, de las escrituras del Nuevo Testamento, puesto que muchas de las cosas allí contenidas nunca las dije, y muchas cosas que, de hecho, dije, no están escritas allí. Ahora voy a entregar al mundo las verdades como las enseñé cuando estuve en la tierra, y muchas que nunca divulgué a mis discípulos o inspiré a otros a escribir.

NINGÚN HOMBRE PUEDE VENIR AL AMOR DEL PADRE, A MENOS QUE NAZCA DE NUEVO. ÉSTA ES LA GRAN VERDAD FUNDAMENTAL QUE LOS HOMBRES DEBEN APRENDER Y CREER, PUESTO QUE SIN ESTE NUEVO NACIMIENTO, LOS HOMBRES NO PUEDEN SER PARTÍCIPES DE LA ESENCIA DIVINA DEL AMOR DE DIOS, QUE, AL SER POSEÍDA POR UN HOMBRE, LO CONVIERTE EN UNO CON EL PADRE. ESTE AMOR LLEGA AL HOMBRE POR OBRA DEL ESPÍRITU SANTO, HACIENDO QUE ESTE AMOR FLUYA EN EL CORAZÓN Y ALMA, LLENÁNDOLO A FIN DE QUE TODO PECADO Y ERROR SEA ERRADICADO.

NO HABLARÉ ESTA NOCHE ACERCA DE CÓMO OPERA EL ESPÍRITU SANTO EN SU FUNCIÓN, PERO YO DIGO, SI UN HOMBRE ORA AL PADRE Y CONFÍA EN ÉL, Y CON SINCERIDAD PIDE QUE ESTE AMOR LE SEA OTORGADO, ÉL LO RECIBIRÁ; Y CUANDO ELLO LLEGUE A SU ALMA, ÉL SE DARÁ CUENTA.

QUE NINGÚN HOMBRE PIENSE QUE POR SU PROPIO ESFUERZO PUEDEN LOGRAR ESTA UNIÓN CON EL PADRE, PORQUE ELLOS NO PUEDEN. NINGÚN RÍO PUEDE ELEVAR MÁS ALTO QUE SU FUENTE; Y NINGÚN HOMBRE QUE SÓLO POSEE EL AMOR NATURAL Y LLENO DE ERROR, PUEDE LOGRAR POR SUS PROPIOS MEDIOS QUE ESTE AMOR NATURAL PARTICIPE DE LO DIVINO, O QUE SU NATURALEZA SEA LIBERADA DE TAL PECADO Y ERROR.

EL HOMBRE ES UNA SIMPLE CRIATURA Y NO PUEDE CREAR NADA SUPERIOR A SÍ MISMO; POR LO TANTO, EL HOMBRE NO PUEDE ASCENDER A LA NATURALEZA DE LO DIVINO, A MENOS QUE LO DIVINO LLEGUE A ESE HOMBRE PRIMERO, Y LO CONVIERTA EN PARTE DE SU PROPIA DIVINIDAD.

AQUEL HOMBRE QUE NO RECIBA PARTE DE ESTA ESENCIA DIVINA,

PERMANECERÁ EN SU ESTADO NATURAL, Y MIENTRAS QUE PUEDAN PROGRESAR A MAYORES GRADOS DE BONDAD Y LIBERACIÓN DE PECADO Y DE TODO LO QUE TIENDE A HACERLOS INFELICES, ELLOS, SIN EMBARGO, CONTINUARÁN SIENDO HOMBRES NATURALES SOLAMENTE.

YO VINE AL MUNDO PARA MOSTRAR A LOS HOMBRES EL CAMINO AL AMOR DIVINO DEL PADRE Y ENSEÑARLES SUS VERDADES ESPIRITUALES, Y MI MISIÓN FUE ESA EN TODA SU PERFECCIÓN, E INCIDENTALMENTE A ENSEÑARLES EL CAMINO A UNA MAYOR FELICIDAD EN LA TIERRA, ASÍ COMO EN EL MUNDO ESPIRITUAL, ENSEÑÁNDOLES EL CAMINO A LA PURIFICACIÓN DEL AMOR NATURAL, PERO DESCUIDARON BUSCAR Y OBTENER ESTE AMOR DIVINO, Y LLEGAR A SER UNO CON EL PADRE.

QUE LOS HOMBRES REFLEXIONEN SOBRE ESTA CUESTIÓN DE TAL TRASCENDENCIA, Y APRENDERÁN QUE LA FELICIDAD DEL HOMBRE NATURAL Y LA FELICIDAD DE AQUEL HOMBRE QUE HA OBTENIDO LOS ATRIBUTOS DIVINOS SON MUY DIFERENTES, Y DEBEN SER SEPARADOS Y DISTINTOS POR TODA LA ETERNIDAD.

MIS ENSEÑANZAS NO SON MUY DIFÍCILES DE COMPRENDER Y SIGUIERAN, ELLOS APRENDERÍAN EL CAMINO Y OBTENDRÍAN EL ÚNICO ESTADO PERFECTO DE FELICIDAD QUE EL PADRE HA PREPARADO PARA SUS HIJOS. NINGÚN HOMBRE PUEDE LOGRAR ESTE ESTADO DE FELICIDAD CELESTIAL, A MENOS QUE OBTENGA PRIMERO ESTE AMOR DIVINO DEL PADRE, Y CONVERTRSE, ASÍ, EN UNO CON EL PADRE.

Yo sé que se cree y se enseña que la moralidad, vida correcta y el gran amor natural asegurarán la felicidad futura del hombre, y hasta cierto grado esto es verdad, pero esta felicidad no es aquella felicidad superior que Dios desea para Sus hijos; y cuyo camino yo vine a la tierra a enseñar.

Pero mis verdades encontraron alojamiento en algunos corazones y mentes, y fueron preservadas para salvar a la humanidad de la total oscuridad espiritual y reincidencia al culto de la forma y ceremonia.

He escrito esto para indicarte que no debes permitir que las enseñanzas de la Biblia, y lo que los hombres han escrito, o profesan haber escrito en ella, te impidan recibir y entender lo que escribo.

NO ESCRIBIRÉ MÁS ESTA NOCHE, PERO CONTINUARÉ HABLÁNDOTE DE LAS VERDADES QUE SERÁN "MI NUEVO EVANGELIO A TODO HOMBRE", Y CUANDO HAYAN OÍDO MIS MENSAJES, ELLOS CREERÁN QUE EXISTE UN SÓLO DIOS, Y SÓLO UNO A SER ADORADO.

Con mi amor y bendiciones, concluyo por ahora.

JESÚS

Los Espíritus que Tienen Poco Desarrollo en sus Almas, Pueden Ayudar a Aquellos Con Menos Desarrollo que Ellos Mismos

YO ESTOY AQUÍ, San Juan, Apóstol de Jesús.

Esta noche deseo hablarte acerca de aquellas cosas que hacen los espíritus que no han recibido el Amor Divino del Padre, o que ha sido hecho a ellos, como se diría, a fin de salir de su oscuridad y sufrimiento, y progresar a una condición más feliz.

Bien, al ingresar al mundo espiritual, estos espíritus que han llevado una vida inicua o pecaminosa entran en lo que es llamado el plano terrenal; y cuando digo el plano terrenal me refiero a aquellas esferas que están más cerca de la tierra y participan en gran parte de lo material. Ellos son recibidos por sus amigos que, quizás, han estado con ellos en el momento de su fallecimiento, y son, hasta cierto punto, consolados y familiarizados con su entorno. Esto puede durar por un período corto o largo, dependiendo de la habilidad del espíritu de comprender el cambio en su condición de mortal a espíritu. Después que este estado de conciencia es asumido por el espíritu, estos amigos lo abandonan, y un espíritu guía, cuya función es llevar a cabo la tarea, le muestra o lo conduce al lugar o plano que le es adecuado ocupar, y que, por el funcionamiento de la ley de igualación, él debe ocupar. En este lugar él está rodeado por, y debe asociarse con espíritus de una condición similar de desarrollo al suyo propio, hasta que en él ocurra algún cambio que lo capacite para un lugar superior.

Por supuesto, este cambio puede ocurrir en un corto tiempo, o podrá requerir un tiempo más largo para lograrlo – todo esto dependiendo de la comprensión por parte del espíritu en cuanto a su condición, y el hecho de que existe una posibilidad de progresar. Él, por sí mismo, no puede lograr este cambio, puesto que la ley que fija su lugar o condición, no deja de funcionar hasta que entre en operación otra ley que permite y contribuye al cambio.

La única manera en que esta condición cambiada puede realizarse, es por la influencia de otros espíritus de una posición más iluminada y superior a aquella del espíritu de cuya posición he hablado. Estas influencias no provienen necesariamente de espíritus que han recibido el Nuevo Nacimiento, sino que puede venir de espíritus que no saben nada de ello y que sólo poseen el amor natural, no necesariamente, incluso, de un alto orden de desarrollo, ya sea intelectual o del alma. Pero deben estar en una condición tal, que conozcan y puedan explicar al espíritu inferior de la posibilidad de progreso y la manera en que puede ser logrado.

Muchos espíritus, que sí mismos están en una posición o condición oscura, pueden ayudar a otros que están en una condición más oscura que ellos, al igual que en la tierra un estudiante que cursa un nivel inferior en la escuela y que no es capaz de enseñar todo cuanto es enseñado o que pueda ser aprendido en aquella escuela, sin embargo, él puede enseñar las cosas que él ha aprendido al avanzar a su nivel, a aquellos que están en un nivel inferior al suyo propio. Todo espíritu tiene una tarea que realizar, y estos espíritus de poco desarrollo se dedican a enseñar a aquellos de menos desarrollo, la manera de alcanzar la misma condición de los que enseñan. Pero naturalmente, estos últimos no pueden enseñar nada que pertenezca a una condición superior a aquella en la que ellos se encuentran. En tales casos el progreso es muy lento por muchas razones, y a veces tarda siglos antes que un espíritu pueda progresar de este plano muy inferior a uno más alto, donde existe sólo el menor grado de felicidad.

Así ves que, con el fin de ayudar a estos espíritus oscuros, no es necesario que el espíritu ayudante sea uno que posea en su alma el Amor Divino. Pero todo esto sólo significa que el espíritu ayudado de esta manera no puede progresar más alto de lo que su amor natural, conciencia moral y atributos intelectuales le permita – ninguna progresión del alma a una realización del Amor Divino del Padre, o a las Esferas Celestiales.

Es importante que esto sea de tu conocimiento y de toda la humanidad, por razón de que tú y otros puedan aprender lo que significa el verdadero desarrollo del alma, y cómo los espíritus que poseen este desarrollo del alma pueden ayudar con eficacia a todo otro espíritu, bueno o malo. Aparte de esto, podrás suponer que los espíritus que te escuchan hablar en las sesiones espiritistas, donde se congregan espíritus de toda clase y condición y prometen ayudar tanto a mortales como espíritus, no pueden hacerlo porque algunos de éstos están en una condición oscuras y bajas ellos mismos. Sin embargo, todo espíritu puede ayudar a otros espíritus en una condición inferior, hasta cierto grado, y a veces en el inicio de su progresión, más satisfactoriamente, que los espíritus superiores, puesto que estos espíritus oscuros que tratan de ayudar a los espíritus más oscuros están más en armonía con ellos, y son escuchados por los espíritus más oscuros con más interés y confianza de que ellos pueden ayudarlos.

Pero esta es una ayuda que no funciona de manera para lograr que los espíritus, así ayudados, pierdan muy rápidamente sus deseos y recuerdos y progresen a los planos superiores, sin el gran sufrimiento del que se te ha hablado.

Pensé que te debía escribir esto, por motivo de que, quizás, en tus investigaciones y enseñanzas de la vida espiritual, no le des la debida importancia a la posibilidad de que un espíritu oscuro pueda ayudar a otro. Cuando todas las fases de la mediumnidad son conducidas honestamente, tienen su debido lugar y trabajan en el plan de redención de Dios, y ninguna de ellas debe ser considerada como inútil o sin un diseño especial.

Por supuesto, la fase de asistencia a espíritus antes mencionada, es de la forma más baja y meramente preliminar a la gran obra que hacen los espíritus superiores de llevar a cabo el gran plan de la redención, que ha sido explicado. El trabajo importante es aquel de los espíritus que saben lo que es el Amor Divino del Padre, y lo que capacita a los espíritus y mortales para el gozo de la gran felicidad que se obtiene sólo en las Esferas Celestiales, así como en las esferas del alma, en un grado menor.

CUANDO UN ESPÍRITU QUE ES OSCURO ADQUIERE CONOCIMIENTO DE ESTE GRAN AMOR Y SE ESFUERZA POR OBTENERLO, Y ORA FERVIENTEMENTE POR LA AYUDA DEL ESPÍRITU SANTO, QUE ES EL MENSAJERO DEL AMOR DE DIOS, ÉL PROGRESARÁ MÁS RÁPIDAMENTE, Y SUS SUFRIMIENTOS Y OSCURIDAD LO ABANDONARÁN MÁS PRONTO Y MAYOR SERÁ SU FELICIDAD.

Pero sigo diciendo: el trabajo de estos espíritus inferiores de los que he hablado, es una gran labor y no debe ser subestimado. Así que, recuerda lo que he escrito y dale el debido crédito a este trabajo.

No escribiré más, pero con todo mi amor y bendiciones diré buenas noches.

Tu hermano en Cristo,
SAN JUAN

La Necesidad de que los Hombres Dirijan Sus Pensamientos a Cosas Espirituales

YO ESTOY AQUÍ, San Lucas, del Nuevo Testamento.

Deseo escribir el mensaje que prometí y si crees que puedes recibirlo, trataré de escribir.

Bien, deseo declarar ciertas verdades con respecto a la necesidad de que los hombres dirijan sus pensamientos a lo espiritual, y que las cosas materiales de la vida consuman menos de su tiempo y pensamiento.

En primer lugar, aquello que es eterno es de mayor importancia que aquello que es temporal y solamente de una breve existencia, aun cuando estas cosas del momento sean necesarias para sustentar y preservar al hombre mientras viva su vida terrenal.

No debe ser interpretado en el sentido de que implica que estas cosas materiales no son necesarias e importantes para que el hombre las adquiera y utilice para el mejor beneficio posible, puesto que son una necesidad para su existencia terrenal, y no sólo es un privilegio, sino un deber del hombre de hacer el mejor uso posible a estos dones materiales y situarse en una condición que le permita gozar al máximo de aquellas cosas que fueron provistas para su comodidad y felicidad material. Y, además, es su deber dirigir sus esfuerzos para desarrollar el uso y aplicación de estas cosas, a fin de que el máximo beneficio y utilidad pueda ser derivado del uso adecuado de las mismas.

Y para hacer esto, tengo entendido que el hombre tiene que dar una porción de sus pensamientos y dedicar una parte de su tiempo a la consideración de estas cosas, y a los medios y métodos a través de los cuales se puedan obtener los mejores resultados, y al hacer esto, el hombre no desobedece las leyes del Padre o los requerimientos que las leyes de su propia existencia exigen.

Los descubrimientos de los inventores son deseables y el trabajo de los hombres en la creación de estos descubrimientos es loable, y así lo son los esfuerzos del comerciante y mecánico y financiero para obtener éxito en sus diversas actividades, y, como resultado, acumular dinero y utilizarlo para su comodidad y sustento.

Pero estas cosas, o los pensamientos y esfuerzos utilizados para lograr estos resultados, no ayudan al desarrollo del alma, o siquiera al desarrollo del aspecto espiritual de la naturaleza del hombre. Y si el hombre dedica una mayor cantidad de sus horas de vida a estas actividades, cuando se libera de estas cargas y pasa al terreno de espíritus, encontrará, de hecho, que es muy pobre y que la parte eterna de su ser ha tenido poco desarrollo, y que su alma sólo es adecuada para un lugar, donde necesariamente deben ir aquellos que han acumulado sus riquezas en la tierra.

Tal es la atracción de esta acumulación de dinero, y la adquisición de fama o posición del hombre, que una vez que se dedican a ellos y especialmente cuando son acompañados de lo que él llama el éxito, naturalmente dedica todo su tiempo y pensamientos a estos esfuerzos, y, como consecuencia, muy poco de este corto tiempo en la tierra es dado a pensamientos y esfuerzos por lograr las cosas de índole superior.

Si los mortales, y especialmente aquellos que tan ardua y constantemente se dedican a alcanzar el éxito que acabo de mencionar, pudieran ver y conocer la condición de aquellos que, cuando en la tierra, se dedicaban a actividades similares con las mismas aspiraciones, y quienes ahora viven en el mundo espiritual, comprenderían la absoluta futilidad de tales esfuerzos y el gran daño de la muerte del alma, que el supuesto éxito en la tierra ha traído a estos espíritus.

Y, aunque suponemos que muchos de estos espíritus no cometieron, de hecho, un mal o daño en su obra, y no entraron en la condición a la que me refiero por motivo de tal mal o daño, sin embargo, ellos están en una condición de alma y cualidades espirituales estancada y marchita, y todo porque en su afán de obtener aquellas cosas materiales descuidaron el desarrollo de sus almas, o la cultivación de sus cualidades espirituales.

Su pecado fue aquel de la omisión y uno con sus consiguientes resultados, y el más común entre los hombres que piensan demasiado en las cosas materiales, o que no piensan en lo absoluto, o son indiferentes a todo, y satisfechos con vivir en una atmósfera o un estado de contentamiento vegetativo. La ley funciona de igual manera sobre el hombre que descuida su naturaleza espiritual, debido a su absorción en las cosas materiales, así como funciona sobre el hombre que es culpable de tal negligencia por indiferencia, o la satisfacción con los placeres que estas cosas materiales le da. En ambos casos los resultados son iguales – el alma permanece estancada y las cualidades espirituales latentes; y el hombre de tal negligencia encontrará que su lugar en el mundo espiritual es de oscuridad y sufrimiento.

La vida es corta y el tiempo efímero, aun cuando un hombre viva su tiempo asignado de tres veces veinte años y diez más, y no existe lugar en todo el universo de Dios donde sea más importante que el hombre empiece su camino hacia el progreso eterno, como en la vida terrenal. Allí, el alma debe experimentar su despertar y ser alimentado con pensamientos y lucha por lo espiritual.

Cuando se inicia así en la tierra, es mucho más fácil el progreso continuo del alma en el mundo espiritual, de lo contrario, el despertar puede ser retrasado por años, y el progreso que sigue a ello podría ser y es, generalmente muy lento.

ASÍ QUE YO DIGO, LOS HOMBRES NO DEBEN DEDICAR TANTO TIEMPO A AQUELLAS COSAS QUE SÓLO SON TEMPORALES Y MIENTRAS PERMANEZCAN EN EL MUNDO TEMPORAL, HASTA QUE EL MORTAL SE CONVIERTA EN ESPÍRITU. LOS PENSAMIENTOS SON COSAS, Y CUANDO SE APLICAN AL DESARROLLO ESPIRITUAL DEL HOMBRE, SON COSAS DE SUMA IMPORTANCIA. UN PEQUEÑO PENSAMIENTO PUEDE CONDUCIR A UN ALMA, YA SEA, A UN ESTADO LATENTE O APENAS VIVA, O A CRECER Y AUMENTAR EN ALGO DE BELLEZA Y ARMONÍA, CON POSIBILIDADES ESPIRITUALES PARA SU POSEEDOR. Y COMO SE HA DICHO, DONDE ESTÉN TUS TESOROS, ALLÍ TAMBIÉN ESTARÁ TU CORAZÓN. Y ASÍ SUS PENSAMIENTOS, QUE CONVIERTEN EL ALMA DEL HOMBRE EN LA OSCURIDAD O EN LA LUZ.

Así que, con todo mi amor, diré buenas noches.

Tu hermano en Cristo,
LUCAS

Explica La Desmaterialización del Cuerpo Terrenal de Jesús

YO ESTOY AQUÍ, San Lucas (Escritor del Tercer Evangelio Como Era).

He estado contigo esta noche en la reunión de los Espiritistas y oí la declaración del orador, en cuanto a las probabilidades de lo que sucedió con el cuerpo de Jesús después de la crucifixión.

Yo no estuve presente en la crucifixión, y, por supuesto, no sé, personalmente, qué sucedió con el cuerpo de Jesús, pero aquellos que estaban presentes me dijeron que la descripción de la Biblia de su entierro en la tumba de José es verdad. El cuerpo fue enterrado en la tumba de

348

José, y dejado allí por aquellos que lo colocaron en la tumba, la cual fue sellada y un vigilante fue puesto al lado de ella para prevenir que alguien se acercara e interfiera con el cuerpo, porque Jesús había predicho que él resucitaría nuevamente en tres días.

Después que la tumba fue sellada Jesús se levantó, y sin su cuerpo carnal traspasó la tumba y descendió a las esferas inferiores donde viven los espíritus oscuros en su ignorancia y sufrimiento, y les predicó acerca del re-otorgamiento del don de la inmortalidad.

Por el poder que poseía Jesús, su cuerpo carnal se espiritualizó o eterizó tanto, que sus partes componentes fueron diseminados por Jesús en la atmósfera circundante, y él retuvo sólo el cuerpo espiritual en el que luego apareció ante los discípulos y otros.

Cuando Jesús apareció en la reunión de los apóstoles donde Tomás, el incrédulo, estuvo presente, él trajo de nuevo a su forma, como mejor entenderás esa expresión, los elementos de lo material para que, en apariencia, el cuerpo fuera tanto como el de carne y hueso cuando fue colocado en la tumba, y antes de que él diseminara estos elementos, como he dicho.

La carne y hueso que encierra el espíritu del hombre, como podrás haber oído, cambia continuamente en obediencia a las leyes ordinarias de la naturaleza, como son entendidas por el hombre. Y Jesús, quien entendió y tenía el poder para poner en operación otras leyes de la naturaleza, hizo que tales otras leyes operaran y llevaran a cabo la diseminación de los elementos de carne y hueso, y él quedó solamente con la forma espiritual.

Sé que esto ha sido un gran misterio para la humanidad, desde el momento en que su ausencia fue descubierta por los vigilantes de su tumba, y por ser tan misterioso, y como única explicación de tal desaparición, los hombres han creído y enseñado que su cuerpo de carne y hueso realmente resucitó de los muertos, y, que, por lo tanto, el cuerpo verdadero de carne y hueso de los mortales también resucitará en lo que ellos llaman el gran día de la resurrección.

Pero ningún cuerpo de carne y hueso fue resucitado, y la forma espiritual de Jesús no permaneció en la tumba después que el cuerpo material fuera diseminado, puesto que ninguna tumba u otro lugar, podría confinar al espíritu. Recordarás que, al tercer día, Jesús apareció ante María, quien fue la más íntimamente familiarizada con la apariencia de Jesús, sin embargo, ella no lo reconoció y pensó que era el jardinero; y lo mismo con los discípulos quienes viajaban con él a Emaús. Ahora, si él hubiera retenido su cuerpo de carne y hueso ¿no supones que lo habrían reconocido?

Si él tuvo el poder de asumir nuevamente aquel cuerpo material en el que Tomás metió su mano, y descubrió que era un cuerpo con apariencia de carne y hueso, ¿acaso encuentras extraño o asombroso que él tuviera el poder para despojarse de su cuerpo terrenal mientras estuvo en la tumba y hacerlo desaparecer en el aire?

Fui informado que ésta es la explicación verdadera de la desaparición del cuerpo material de Jesús; y para mí y otros que entendemos las leyes de la naturaleza – es decir, aquella naturaleza más allá de la percepción del hombre – no es sorprendente o digno de ser considerado un misterio.

Me alegra que yo haya ido contigo a la reunión esta noche, puesto que fui influenciado por la deseabilidad de que este gran misterio dejara de ser un misterio.

Con todo mi amor, yo soy,

Tu hermano en Cristo,
SAN LUCAS

Comenta Sobre lo Escrito por Lucas Acerca de la Desmaterialización que Jesús Realizó de Su Cuerpo, Después de La Crucifixión

YO ESTOY AQUÍ. Thomas Carlyle, Espíritu Celestial.

Sólo quiero decir que estuve presente cuando Lucas escribió y escuché lo que dijo, y fue un tema de mucho interés para mí. Este mismo punto solía ser el gran obstáculo para mi creencia en la resurrección de Jesús, porque me parecía que la resurrección del cuerpo material era tan improbable, bajo las circunstancias narradas en la Biblia, que fue difícil para mí creer la historia.

Pero ahora puedo muy fácilmente comprender, porque estoy familiarizado con las leyes que regulan la formación y desintegración de las cosas materiales de la tierra, y sé que hay una ley que permitiría que una persona con el conocimiento y poder que Jesús tenía en el momento de su muerte, realice la desintegración de lo material, como dicen los científicos, para que puedan desaparecer en la atmósfera circundante.

Ojalá yo hubiera entendido este hecho cuando fui un mortal, pues, muchas otras cosas, entonces, me habrían parecido probablemente ciertas, y habría tenido un estado de creencia diferente en cuanto a cosas espirituales, y mi progreso aquí hacia las esferas superiores no habría tardado.

Es deplorable que este llamado "misterio" no haya sido explicado en la Biblia, pues de haber sido así, los hombres no estarían ahora en la oscuridad en cuanto al significado de la resurrección, y los muchos miles que creen que el alma y el espíritu entran a la tumba para esperar el gran Día del Juicio, no estarían en tal condición de engaño y tener que sufrir las consecuencias de tal falsa creencia, en el estancamiento del progreso de sus almas, que seguramente vendrá ellos.

Espero que des esta explicación al mundo, para que los hombres puedan saber la verdad de que no habrá ninguna resurrección del cuerpo carnal conteniendo el alma o el espíritu, como enseñan las iglesias.

No escribiré más esta noche, pero vendré nuevamente.

Tu hermano en Cristo,
THOMAS CARLYLE

Describe lo que Sucedió Después que los Restos de Jesús Fueron Colocados en la Tumba

YO ESTOY AQUÍ. José de Arimatea.

Deseo escribir sólo unas breves líneas para que sepas que yo realmente existí como mortal, y que yo soy el mismo hombre que colocó el cuerpo de Jesús en la tumba donde nunca antes había sido puesto ningún cuerpo.

Yo estaba con él a la hora de su muerte, y estuve al lado de su cuerpo cuando fue puesto en la tumba y sellada, y yo sé y declaro que ningún hombre u hombres o sociedad de hombres, robaron su cuerpo de la tumba, como ha sido dicho. Su cuerpo fue sepultado como era de costumbre en mi tiempo, y fue envuelto en lienzo y acomodado para un largo sueño en la tumba, como suponíamos.

Aunque yo no era un cristiano del todo, sin embargo, sus doctrinas me instaron como contenido de la verdad, con una inspiración viviente que no encontré en las enseñanzas de la teología judía, pues yo era un Fariseo. Nunca pensé que su muerte fuera justificable ni lo aprobé, pero no pude impedirla; y con el sentimiento de que un gran crimen había sido cometido por la gente de la cual yo fui uno, traté de hacer una pequeña expiación por el gran crimen, dándole una sepultura en mi nueva tumba.

Por supuesto, yo no creí que él resucitaría nuevamente de la manera que él había indicado a algunos de sus discípulos, y cuando lo sepultamos, sólo pensé que esa tumba sería su sepulcro hasta que la naturaleza destruyera el cuerpo, como había sucedido en el caso de todos los demás que habían sido sepultados.

Como comprenderás, yo estaba interesado en la acción interpuesta por los líderes judíos en sus esfuerzos por probar que él, Jesús, no se levantaría de la tumba al tercer día, y vigilé como lo hicieron los soldados, y puedo atestiguar que jamás fueron removidas las piedras de la entrada de la tumba por ningún mortal.

Yo estuve allí cuando el ángel vino y los soldados fueron puestos en el sueño del que habla la Biblia, y yo, José, digo esto, sabiendo que puede no ser creído, ya que la Biblia no hace ninguna mención del hecho que yo vi rodar las piedras y un ser brillante haciendo guardia en la entrada de la tumba. Yo me asusté y abandoné el lugar, y tan abrumado que no regresé allí hasta la madrugada, y luego vi a María y oí que preguntaba acerca del paradero de su amado Maestro, y más asombroso, vi que de repente se reveló ante ella, el hombre por quien ella preguntaba, y también puedo atestiguar que era el mismo Jesús, cuyo cuerpo yo había ayudado a colocar en mi tumba.

Él no era de carne y hueso, como dicen, pues apareció repentinamente, y su apariencia no fue la misma que aquella de Jesús, cuyo cuerpo había sido sepultado; pero cuando él se reveló ante María, tenía el mismo semblante y los mismos ojos maravillosos de amor con los que yo estaba familiarizado, y la misma voz de amor y cariño. Esto lo sé, y quiero decirle al mundo que ello es verdad.

Antes que Pedro llegara, entré a la tumba y estaba vacía, y cuando Pedro llegó estuve con él en la tumba y vi su sorpresa, y oí sus palabras de asombro y sorpresa, pues a pesar de lo que le había dicho el Maestro antes de la crucifixión, él no creyó o comprendió, y estaba atónito y desconcertado, como todos nosotros.

Jesús de Nazaret resucitó de esa tumba, y su cuerpo carnal fue desmaterializado. En cuanto a su desaparición, yo no pude explicarlo entonces, como tampoco lo pudo ninguno que lo vio después que había resucitado, pero ahora sé que, debido a sus grandes poderes psíquicos, como ustedes los llamarían, él causó la desintegración de ese cuerpo en sus elementos, como lo pueden hacer ahora muchos espíritus que poseen ese poder.

Sí, Jesús se levantó de la tumba, pero no de los muertos, puesto que nunca murió, como tú nunca morirás, solamente la vestidura física que envolvía su alma.

Ahora estoy en el Cielo Celestial y estoy con él muy a menudo, y sé que él es el más grande y más maravilloso de todos los espíritus en las Esferas Celestiales, y el más cercano a la fuente suprema del Amor de Dios. Él es, verdaderamente, Su Hijo más amado.

También quiero decir que él te escribe sus mensajes de verdad, y estaba contigo esta noche por un corto período. Escúchalo, y sabrás que tienes en él un amigo, quien está más cerca que un hermano, o padre o madre.

Mi hermano, me detendré ahora, y al irme diré que tienes mi amor y bendiciones.

Tu hermano en Cristo,
JOSÉ

Fe y Obras – La Expiación Vicaria – La Importancia de Obtener el Nuevo Nacimiento – Sus Creencias Cambiaron al Convertirse en Espíritu. Confirma los Escritos de Jesús, A Través del Sr. P.

De Martín Lutero, Anteriormente Monje y Reformador

Yo estoy aquí, un extraño, pero un espíritu interesado en el trabajo que estás realizando para el Maestro, y también para muchos espíritus, buenos y malos.

Escribo con el permiso de tu banda y, por lo tanto, no creo que moleste. Entonces, si eres amable en escucharme, diré algunas palabras.

Soy un espíritu que siente admiración por los esfuerzos que tu banda y tú están realizando para ayudar a los infortunados que llegan a ti con sus historias tan lastimosas de sufrimiento y oscuridad, para pedir ayuda.

Cuando yo estuve en la tierra, fui un hombre que sufrió mucho a causa de mi oscuridad espiritual, y no fue sino hasta tarde en mi vida que yo encontré el camino al Amor de mi Padre, a través de la oración y la fe – y, aún entonces, tenía muchas creencias erróneas como consecuencia de las interpretas de la Biblia, que en aquel entonces obtuve de la iglesia de la que fui miembro – pero al llegar al mundo espiritual aprendí la verdad, y me he liberado de las viejas creencias erróneas; y gracias a Dios, estoy en el camino que conduce a la vida eterna.

Yo era un maestro, cuando viví en la tierra, de lo que pensé eran verdades bíblicas, y sé que algún bien resultó de mis enseñanzas, a pesar de que eran una mezcla con errores – pero me encontré con los espíritus de muchos hombres que escucharon mis enseñanzas y creyeron muchas cosas que enseñé. Entonces verás, que, aunque las iglesias enseñen muchas doctrinas falsas en sus credos, sin embargo, hay muchas verdades mezcladas en estas doctrinas falsas, y estas verdades a menudo encuentran alojamiento en los corazones de los oyentes, y dan lugar a que encuentren la Luz y el Amor del Padre.

Yo sigo enseñando a los mortales, siempre que sea posible hacerlo. Pero encuentro que mi tarea es difícil, porque hay tan pocos médiums capaces de recibir las verdades de las cosas superiores de la vida, y las impresiones que hago sobre los mortales mediante el ejercicio de la sugestión, no son muy alentadoras para ellos o para mí. Algunas veces las impresiones son recibidas y entendidas, pero muy a menudo no tienen efecto.

Si hubiese más médiums de escritura automática, como tú, y que se interesen en estas verdades superiores y creyeran que nosotros podemos comunicarles tales verdades, se lograría mucho más rápido la salvación de

353

la humanidad. Pero como dijo Jesús, la cosecha está madura y los obreros son pocos.

Tienes una misión que es muy envidiable, y lo digo en el mejor sentido, porque por en el ejercicio de tus funciones, te has convertido en el médium entre el Maestro y el hombre. Y quiero decirte que tal misión es gloriosa, y te traerá inmensas bendiciones porque ahora tienes, y tendrás, con un poder creciente, las influencias del mundo superior de espíritus y ángeles.

Un gran espíritu, me refiero al Maestro, está muy a menudo contigo, y parece amarte tanto, que su amor y poder es incomprensibles. Él es tu amigo y hermano y la asociación con uno como él, te dará mucha excelencia espiritual y poder, de la índole que los hombres no poseen muy a menudo.

Al mismo tiempo que esta misión otorga tanta gloria y poder, también conlleva una gran responsabilidad, y una que exigirá el ejercicio de todo tu amor, fe y energía. Así que como ves, con el gran favor viene la responsabilidad.

He escrito mucho más de lo que pensaba hacer cuando inicié, y ahora me detendré.

Yo vivo en la segunda Esfera Celestial donde viven tu abuela, madre y esposa.

Bien, yo no tenía el amor y la fe que ellas tenían, y mi progreso fue muy lento, y por lo tanto, ellas me superaron en mi progreso espiritual. Son espíritus maravillosos y poseen mucho del Amor del Padre en sus almas.

Yo fui un predicador y viví la vida como tal, después de separarme de la iglesia en la que yo recibí las enseñanzas de las doctrinas. Mi nombre fue Martín Lutero. Sí, Martín Lutero, el Monje.

Ahora veo que mi enseñanza de la justificación por fe no es, por sí misma, suficiente para la salvación del hombre. La verdadera doctrina es aquella del Nuevo Nacimiento. Es decir, que con la fe llegará el influjo del Amor Divino del Padre a las almas de los hombres. No es suficiente simplemente tener fe. Sin este Amor, la fe es vana, excepto que puede ayudar a traer el Amor.

Así que puedes ver que, aunque en mis enseñanzas hubo un mejoramiento con respecto a lo que me había sido enseñado, no obstante, yo no prediqué lo más esencial del Nuevo Nacimiento en el sentido que fue enseñado por Jesús, y como debe ser entendido por la humanidad.

LA FE SIN OBRAS NO ES SUFICIENTE. LAS OBRAS SIN FE NO TRAERÁN LOS GRANDES RESULTADOS DESEADOS; Y TANTO FE COMO OBRAS, SIN EL NUEVO NACIMIENTO O LA ADQUISICIÓN DEL AMOR DIVINO DEL PADRE, NO SON SUFICIENTES PARA TRAER LA SALVACIÓN A LA HUMANIDAD.

EL AMOR ES EL CUMPLIMIENTO DE LA LEY Y EL AMOR DIVINO ES LA ESENCIA DEL PADRE, QUE, AL SER POSEÍDO POR LOS HOMBRES, LOS CONVIERTE EN UNO CON ÉL. TODO HOMBRE HA DE SABER QUE, DE TODAS LAS COSAS DIVINAS, EL AMOR DIVINO ES LO MÁS DIVINO Y CONVIERTE AL

HOMBRE EN PARTE DE LA PROPIA DIVINIDAD.

Bueno, mucho he lamentado que, creyendo en mis enseñanzas, mis seguidores hayan adorado a Jesús como Dios. ¡Oh, el gran error de esta creencia y cuánto daño ha causado y está causando ahora a los hombres y espíritus!

Pero, gracias a Dios, veo que la verdad está infiltrando en las conciencias y mentes de muchos de mis seguidores, y espero que no sea muy lejano cuando esta gran herejía ya no sea creída.

Y la otra doctrina falsa, que es común entre todas las iglesias ortodoxas y que ha causado mucha infelicidad e infidelidad y decepción, tanto en el mundo mortal, como en el mundo espiritual. Ello es, que la sangre de Jesús salva del pecado, o que él hizo un sacrificio vicario para aplacar la ira de un Dios airado, removiendo así de los hombres, las penas y cargas de sus pecados. Esta doctrina falsa ha sido la causa, más que cualquier otro dogma enseñado por las iglesias, de que muchos hombres hayan perdido el desarrollo de sus almas, descansando seguros en la falsa creencia de que han sido salvados del pecado e inmunes al castigo.

Ninguna sangre ni muerte en la cruz, ni la expiación vicaria, salvan a un hombre de sus pecados y expiaciones resultantes, sólo el amor, el Amor Divino del Padre, que Jesús trajo al mundo y declaró el camino mediante el cual puede ser obtenido, y que es gratuito para todos los hijos del Padre y salva del pecado, tanto en la tierra como en el mundo espiritual.

Debo detenerme ahora y regresaré nuevamente si estás de acuerdo.

No, no lo soy. Para mí, todo hombre es hijo de Dios, y hace ya mucho que olvidé cualquiera distinción entre los alemanes y las otras razas de la humanidad.

Pero la guerra es cruel y profana y sin excusa valedera, y nunca debe surgir.

Con el amor de un hermano que desea que todo hombre busque la luz, yo soy el antiguo monje y reformador.

MARTÍN LUTERO

Martín Lutero Está Muy Ansioso de que Las Verdades que Él Ahora Conoce, Sean Dadas a Conocer a sus Seguidores

YO ESTOY AQUÍ, Martín Lutero, fui una vez Monje y Reformador

Deseo continuar mi mensaje, si estás de acuerdo. Bien, intentémoslo.

Cuando estuve en la tierra, creí firmemente en lo que contenía nuestras doctrinas y enseñanzas, y fui sincero al tratar de inducir a otros a creer lo que yo creía y enseñaba, pero después de que mi larga experiencia en el mundo espiritual y mis comunicaciones con Jesús y sus apóstoles, y otros que han recibido las verdades del Padre, me doy cuenta y sé que muchas

355

de mis enseñanzas fueron erróneas, y ya no deben ser creídas por aquellos que rinden culto de adoración en las iglesias que llevan mi nombre.

Mi doctrina de la fe – es decir, la justificación por fe – es totalmente errónea, cuando se considera su fundamento y la imposibilidad de comprender de mis enseñanzas y de los principios de la iglesia, justamente lo que puede significar la fe.

Nuestra fe fue fundada en la suposición de que Jesús era parte de la Deidad y el único hijo unigénito del Padre, quien tanto amó al hombre pecador, que hizo que su hijo amado y libre de pecado muriera en la cruz para que la justicia divina fuera apaciguada, y la carga de los pecados de los hombres pudiera ser removida de ellos y puesta sobre Jesús. ¡Oh, el terrible error de todo esto, y cómo ha conducido a tantos creyentes a una condición de oscuridad y privación del Amor Divino del Padre! No, tales objetos de fe no tienen ningún fundamento de hecho, y tal fe no justifica al hombre pecador, ni lo lleva a la reconciliación con el Padre, para que pueda ser un hijo redimido de Dios.

Jesús no fue parte de la Deidad, y tampoco fue engendrado en la forma que yo enseñé y que mis seguidores creyeron. Él fue hijo del hombre, y sólo el hijo de Dios por motivo de que había recibido el Amor Divino del Padre en su alma, que hizo que él fuera igual al Padre en muchos de Sus atributos de Divinidad.

Dios no envió a Jesús a la tierra con el propósito de morir en la cruz, o con el propósito de pagar alguna deuda, o de apaciguar la ira de su Padre enojado y celoso, pues, estas cualidades no son atributos del Padre – sus atributos sólo son amor y compasión, y el deseo de que los hombres renuncien a sus pecados y se reconcilien con Él, para la salvación del hombre. Ninguna muerte de Jesús podría lograr que hombre alguno sea menos pecador o acercarlo más al Padre, y la fe en esta proposición errónea es fe en un error, y el hombre nunca ha sido justificado por ello.

JESÚS VINO A LA TIERRA CON LA MISIÓN DE SALVAR DE SUS PECADOS A LA HUMANIDAD, Y ESA MISIÓN DEBÍA SER REALIZADA ÚNICAMENTE EN DOS FORMAS: LA PRIMERA, DECLARANDO AL HOMBRE QUE EL PADRE LE HABÍA REOTORGADO EL PRIVILEGIO DE RECIBIR EL AMOR DIVINO, Y LA OTRA, MOSTRANDO AL HOMBRE EL CAMINO PARA EJERCER EL PRIVILEGIO, A FIN DE QUE ESTE AMOR DIVINO SEA SUYO, Y, ASÍ, SER PARTE DE LA DIVINIDAD DEL PADRE Y ASEGURARLE LA INMORTALIDAD.

DE NINGUNA OTRA MANERA LOS HOMBRES PUDIERON, O PUEDEN SER SALVADOS Y HECHOS UNO CON EL PADRE; Y LA FE EN ESTAS VERDADES, QUE HACE QUE SEAN COSAS DE POSESIÓN Y PROPIEDAD DEL HOMBRE, ES LA ÚNICA FE QUE SE JUSTIFICA.

Escribo esto para el beneficio, especialmente de mis seguidores, a fin de que puedan aprender las verdades vitales de su salvación y cambiar su fe en el sacrificio de la muerte y sangre de Jesús, por la fe en el re-otorgamiento del Amor Divino, y en la verdad, además, de que Jesús fue enviado para mostrar el camino a este Amor, y que él, así, y de ninguna otra manera, fue el Camino, la Verdad y la Vida.

Sé que la aceptación de estas verdades les despojarán del fundamento mismo de sus creencias, y muchos se rehusarán a aceptar mis nuevas declaraciones de la verdad, pero, no obstante, deben aceptarlas, puesto que la verdad es verdad y nunca cambia, y aquellos que se rehúsan a aceptarla en la tierra, tendrán que aceptarla al venir al mundo espiritual, o existir en una condición donde verán y sabrán que sus viejas creencias eran falsas y que no descansan sobre una base sólida; y el peligro para muchos será que, al darse cuenta de la absoluta falsedad y la inexistencia de lo que creyeron era verdad, se convertirán en infieles, o vagarán en la vida espiritual sin esperanza de salvación o de convertirse en hijos redimidos de Dios.

Me doy cuenta de los errores de mis enseñanzas en la tierra, y la responsabilidad recae sobre mí por estas enseñanzas, que aún están siendo propagadas, y estoy casi impotente para remediarlas. Y, así, escribo este mensaje, con la esperanza de que pueda ser publicado en tu libro de verdades.

Yo, Lutero el antiguo monje y reformador, con todo el énfasis de mi alma declaro estas verdades, basado en el conocimiento en donde no cabe el más mínimo error, y que he adquirido por una experiencia no fundada en las supuestas revelaciones al hombre por la voz de Dios. Mi conocimiento es verdadero, y nada opuesto puede ser verdad, y ninguna creencia y fe de un hombre, o de todos los habitantes de la tierra, puede cambiar la verdad, ni un ápice.

La iglesia Romana impartió enseñanzas de la comunión de los santos, y yo declaro la comunión de espíritus y mortales, sean santos o pecadores. Dicha iglesia enseñó la doctrina del purgatorio e infierno, y yo declaro que existe un infierno y un purgatorio y que el período probatorio existe en ambos lugares. Declaro, además, que, en tiempos venideros, ambos lugares serán vaciados de sus habitantes, algunos de los cuales se convertirán en hijos redimidos de Dios y habitantes de los Cielos Celestiales, y otros serán purificados en su amor natural y habitantes de las meras esferas espirituales.

ORO Y DESEO QUE MIS SEGUIDORES SE CONVERTAN EN HABITANTES DE LOS CIELOS CELESTIALES Y PARTICIPAEN DE LA NATURALEZA DIVINA DEL PADRE E INMORTALIDAD.

A ELLOS LES DIGO, ESCUCHAD LAS VERDADES COMO JESÚS LAS REVELÓ Y REVELARÁ EN SUS MENSAJES A TI, PUES, EN LAS VERDADES QUE ÉL ASÍ, DECLARE, ENCONTRARÁN VIDA ETERNA Y LA UNIÓN CON DIOS, QUE HAN ESTADO BUSCANDO POR MUCHOS AÑOS, EN OSCURIDAD Y DECEPCIÓN.

No escribiré más esta noche, pero pronto regresaré para revelar otras verdades vitales, si me permites la oportunidad.

Así que, con mi amor y bendiciones, yo soy

Tu hermano en Cristo,
MARTÍN LUTERO

Jesús Nunca Vendrá Como el Príncipe Miguel Para Establecer Su Reino

YO ESTOY AQUÍ, *Jesús.*

He estado contigo esta noche y escuché el discurso del predicador y la explicación de la causa de la gran guerra que se ha desatado ahora en Europa, y fue un discurso muy inteligente y veraz, y el fundamento verdadero de la guerra.

No vendré como el Príncipe Miguel, como dijo el predicador, para establecer mi reino en la tierra y llevar conmigo a aquellos cuyos nombres estén escritos en el libro, y destruir a aquellos que no estén allí, puesto que ya he venido y me encuentro ahora en el mundo tratando de encaminar a los corazones de los hombres hacia Dios, y a enseñarles el camino por el cual pueden convertirse en uno con el Padre y recibir el Amor Divino en sus almas.

De ninguna otra manera llegaré a los hombres en la tierra, pues ellos no me necesitarán como un rey visible con los poderes y ejércitos del mundo espiritual, en forma visible para subyugar el mal que existe. No se presentará ningún Satanás para luchar en contra de mí o de mis seguidores en el sentido enseñado por el predicador, pues, además del hecho de que ya estoy en el mundo luchando por la salvación de los hombres, Satanás no existe.

Los únicos diablos o espíritus malignos que tratan de influir en los hombres y conducirlos a malos pensamientos y acciones, son los espíritus de hombres que todavía conservan todos sus pecados y maldades, y el mal que existe en los corazones de los hombres mismos.

Es muy lastimoso ver que el predicador y sus seguidores crean que los espíritus de los hombres que han muerto la muerte natural, permanecen muertos y descansando en la tumba o en el olvido, esperando el gran día de mi aparición en la tierra, como dicen, para regresar a la vida y ser llamados por mí a mi Reino. ¡Cuánto pierden por tal creencia, y cuán grande y sorprendente será su despertar cuando atraviesen el cambio llamado la muerte!

NO HABRÁ NINGUNA BATALLA DE ARMAGEDÓN, SÓLO ASÍ DE CADA HOMBRE, O ALMA DE CADA HOMBRE, QUE AHORA LUCHA LA BATALLA ENTRE EL PECADO Y LA RECTITUD. ÉSTA ES LA ÚNICA BATALLA QUE SERÁ LIBRADA ENTRE EL PRÍNCIPE DE PAZ Y SATANÁS. CADA ALMA DEBE LUCHAR SU PROPIA BATALLA, Y EN ESA BATALLA LOS PODERES DE DIOS, A TRAVÉS

DE SUS INSTRUMENTOS QUE JAMÁS CESAN DE TRABAJAR, SERÁN UTILIZADOS PARA AYUDAR A AQUELLA A ALMA A VENCER EL GRAN ENEMIGO, EL PECADO, QUE ES DE LA CREACIÓN DEL HOMBRE.

Estas enseñanzas del predicador causan gran daño a la humanidad, porque conducen al hombre individual a creer que yo, como el Príncipe de Paz, vendré con un gran poderío y de un sólo golpe, destruiré el mal y a todos aquellos que lo personifican, y, así, hacer el trabajo que cada hombre individual debe hacer.

Sé que será muy difícil convencer a la gente de esta secta, que lo que ellos enseñan y concluyen que es la enseñanza la Biblia, no es verdad, pero espero que, cuando mis verdades sean traídas a la luz y los hombres tengan la oportunidad de conocer la verdad, muchos de ellos frenarán en la seguridad de sus creencias y tratarán de entender estas verdades, puesto que deben entenderlas, bien sea en la vida mortal o en el mundo espiritual, a fin de entrar en el Reino de Dios.

En cuanto a estas profecías de Daniel, ellas no tienen ninguna aplicación a la condición actual del mundo, y en la medida que fueron escritas por él, o por cualquier otro profeta, se relacionaban sólo con los tiempos en que fueron escritas. Ningún hombre, inspirado o no, y ningún espíritu, tenía la omnisciencia para predecir estas cosas asombrosas que ahora está ocurriendo en el mundo, y cualquier intento de aplicar estas supuestas profecías a los acontecimientos de la actualidad es sin justificación y los resultados de la imaginación de los hombres que las ocurrencias se ajustan a las profecías.

VENDRÁ LA PAZ, PERO NO COMO RESULTADO DE ALGUNA BATALLA DE ARMAGEDÓN, O ALGUNA OTRA BATALLA BASADA EN LOS PRINCIPIOS QUE EL PREDICADOR APLICA A ESTAS PROFECÍAS. COMO HE DICHO, ESTA BATALLA SUCEDE TODO EL TIEMPO, Y ES UNA LUCHA INDIVIDUAL ENTRE EL ALMA PECAMINOSA Y CRIATURAS DE LA DESOBEDIENCIA DEL HOMBRE.

Así que, no pierdas tu tiempo leyendo o escuchando estas enseñanzas irreales y sin fundamento, de hombres que piensan que han descubierto las intenciones de Dios con respecto al destino de las naciones.

No escribiré más esta noche, pero en algún momento quizás comente más sobre este tema, aunque su única importancia es que desvía la atención de los hombres de la verdad, y crea creencias que hacen daño.

Pronto regresaré para escribir otro mensaje sobre la verdad.

Estoy contigo, como te dije, tratando de ayudarte y mostrarte el camino a ese Nuevo Nacimiento, que es tuyo, y de todos aquellos que sigan mis instrucciones.

Te amo como un hermano menor, y continuaré bendiciéndote con mi influencia y oraciones.

Así que no dudes y ora al Padre, y encontrarás la verdad en mayor plenitud, y recibirás la correspondiente felicidad.

Ahora me detendré.

Tu hermano y amigo,
JESÚS

Jesús Nunca Vendrá en Toda Su Gloria y Poder, Para Llevar a los Hombres a Su Cielo, Como están, en Cuerpo, Alma y Espíritu

ESTOY AQUÍ, San Juan (Apóstol de Jesús)

Sólo quiero decir que he estado escuchando tu lectura de mi mensaje, y oí tus comentarios sobre el mismo, y que tu amigo y tú están en lo correcto, en cuanto a lo que han dicho.

No hay error más grande, retardando el desarrollo del alma de los hombres, que aquella creencia de que en algún momento Jesús vendrá en toda su gloria y poder, y llevará a los hombres a su cielo, tal como son en cuerpo, alma y espíritu. Esta creencia ha impedido, durante mucho tiempo, que un gran número de hombres se esfuercen por desarrollar las cualidades de sus almas, bien sea, en el amor natural o en el Amor Divino, puesto que basan su fe en aquel dicho en la Biblia que dice que "aquél que cree en el Señor Jesús Cristo será salvado"; y muchos, pensando que tienen esta creencia, viven contentos en ella, y creen, además, que por motivo de esta creencia, serán llevados a los cielos de Jesús cuando él venga, aun cuando mientras tanto, hayan abandonado la vida terrenal.

Es deplorable que los hombres crean estas cosas, y vivan y mueran en esta creencia que, por supuesto, es totalmente intelectual.

Pero tal es el hecho, y nosotros los espíritus, que conocemos la verdad, hemos estado muy ansiosos, durante largos siglos, de que los hombres conozcan la verdad, y hemos estado trabajando entre los hombres a través de impresión espiritual, y algunas veces por revelación, a fin de ayudarlos para aprender, no sólo la verdad, sino también los errores de sus creencias. Y como nuestros esfuerzos no han tenido mucho éxito, concluimos que hemos de utilizar los medios que ahora estamos utilizando, y a revelar a la humanidad en nuestras propias palabras y pensamientos las verdades de Dios en relación con el hombre y todo lo conectado con él.

Y AQUÍ DESEO DECIR CON TODO EL ÉNFASIS QUE YO PUEDA, QUE TÚ Y TUS AMIGOS DEBEN CREER QUE LAS COMUNICACIONES QUE RECIBAS EN CUANTO A ESTAS VERDADES SON ESCRITAS POR NOSOTROS Y EN NUESTRAS PROPIAS PALABRAS, Y QUE TU MENTE NO PROVEE NINGUNA IDEA O SUGERENCIA, Y QUE ERES UTILIZADO SÓLO COMO UN MÉDIUM PARA

TRANSMITIR NUESTROS PENSAMIENTOS, Y PRESTAR TUS ÓRGANOS FÍSICOS PARA FACILITAR QUE EXPRESEMOS EN NUESTRO PROPIO LENGUAJE LAS VERDADES QUE DESEAMOS TRANSMITIR.

ASÍ QUE, NO IMPORTA CUAN IMPROBABLE TE PUEDA PARECER ALGUNAS COSAS, DEBES ACEPTARLAS COMO CIERTAS, PUESTO QUE SÓLO LA VERDAD SERÁ ESCRITA. Y ADEMÁS, NO PERMITIREMOS QUE ESCRIBA NINGÚN ESPÍRITU QUE NO SEA PARTE DE NUESTRA BANDA, O QUE NO POSEA ESTE AMOR DIVINO, SOBRE NINGUNA DE LAS VERDADES QUE ES NECESARIO QUE SEAN REVELADAS AL MUNDO.

Consideré que sería oportuno decir esto, porque deseo asegurar a tu amigo la realidad de los mensajes y la fuente de la que provienen.

No escribiré más ahora, y diré buenas noches.

Con mi amor para los dos, yo soy

Tu Hermano en Cristo,
JUAN

¿Qué es lo Más Importante en, Todo el Mundo, Que los Hombres Deben Hacer Para el Gran Milenio, Etc.?

YO ESTOY AQUÍ, Lucas del Nuevo Testamento.

Sí, esta noche deseo escribir unas cuantas líneas sobre un tema del que nunca antes se había escrito, y sé que será de tu interés.

Mi tema es: "¿Qué es lo más importante en todo el mundo que los hombres deben hacer para el gran milenio que los predicadores proclaman vendrá antes o después de la venida de Jesús?

Por supuesto, al plantear la pregunta así, no pretendo que se entienda como consentimiento de mi parte de la doctrina que declara que Jesús vendrá a la tierra en forma física en las nubes con un gran grito, etc., como enseñan muchos de los predicadores, puesto que ese evento jamás sucederá, porque, como hemos escrito antes, él ya ha venido a la tierra o más bien, a los hombres, de la manera espiritual que hemos explicado. Tampoco pretendo abarcar la frase, "lo más grande", el Amor Divino, pues ello, por supuesto, es lo más grande en toda la tierra, así como en los cielos; pero por esta expresión me refiero a lo más grande que los hombres pueden hacer, independientemente de la asistencia del Amor Divino.

Bien, como es comúnmente entendido, el milenio es un tiempo o período de mil años cuando la paz reinará en la tierra, y el diablo, como se ha dicho, será confinado y no permitido a vagar sobre la tierra, causando el pecado y la destrucción de las almas, y enfermedades y los otros pecados que generalmente acosan a los mortales. Por supuesto, no existe un diablo como persona, en el sentido de una majestad Satánica, pero existen espíritus del mal que abundan en el mundo invisible y están constantemente entre los mortales, ejerciendo sobre ellos su influencia maligna, y sugestionándolos con pensamientos y deseos que resultan en acciones pecaminosos y malas. Pero estos malvados son simplemente los espíritus de mortales difuntos, y no son seres de una naturaleza superior en poder y cualidades.

El pecado, como hemos informado, nunca fue creado por Dios, ni es el producto o emanaciones de ninguna de las creaciones perfectas de Dios, sino, más bien, es totalmente el resultado del ejercicio indebido de los apetitos y albedrío del hombre, cuando se permite que los deseos de la carne dominen los deseos de su naturaleza espiritual.

El pecado trae consigo todos los males y discordias e inarmonías, que constituyen la forma en que el hombre vive su vida terrenal, y hasta que estas cosas, que no son parte de su naturaleza original, sino que son la creación de la inversión de aquella naturaleza, sean eliminadas de sus pensamientos, deseos y apetitos, el milenio jamás será establecido en la tierra, y tampoco Satanás será confinado e impedido que lleve a cabo su de destrucción de las almas.

Ahora, lo contrario a esta proposición es cierto, y la posibilidad de que ocurra también es cierta, y la pregunta es, cómo puede esto ser logrado, pues, lograrlo es "la cosa más importante que los hombres deben hacer".

CUANDO LA CAUSA DE LA CONDICIÓN ACTUAL DE LA HUMANIDAD EN PECADO Y TRISTEZA E INFELICIDAD SEA DETERMINADA DEFINITIVAMENTE, ENTONCES FÁCILMENTE APARECERÁ LO NECESARIO PARA REMEDIAR LA CONDICIÓN Y ELIMINAR LA CAUSA; Y, POR LO TANTO, CUANDO SE APLICA EL REMEDIO Y SE HACE ELIMINACIÓN, EL MILENIO SEGURAMENTE VENDRÁ, PUES, ESTE MOMENTO GLORIOSO DE LA FELICIDAD TAN DESEADA Y BUSCADA POR EL HOMBRE, SIMPLEMENTE SERÁ AQUÉL DONDE REINE LA PAZ Y NO EXISTA LA DISCORDIA, Y CADA HOMBRE SEA GUARDA DE SU PROPIO HERMANO EN AMOR.

Entonces ¿cuáles son las causas de la actual condición de existencia en la tierra, amancillada, manchada y controlada por el pecado y error y el mal?

Estas causas son dobles – una, que surge de la caída del hombre de su perfección creada de cuerpo, mente y alma, permitiendo y alentando a su naturaleza animal a subordinar lo espiritual, y de este modo, debido a los excesos del anterior, ha causado un crecimiento de los apetitos carnales, transformando al hombre en un amante del pecado y la maldad. Y la otra, que surge de las influencias de los espíritus malvados, que siempre se esfuerzan por lograr una estrecha conexión con los hombres, y ejercer su influencia malvada sobre ellos.

Aun cuando no existe el Satanás personal, sin embargo, la idea transmitida por la necesidad de confinarlo, a fin de lograr este milenio, es una idea verdadera, y se aplica a la relación, de hecho, de los hombres con estos espíritus malvados, excepto que, en el caso de los últimos, no es necesario o siquiera posible confinarlos, sino desprenderse de ellos – es decir, deshacer la conexión con ellos, o la influencia que tienen sobre los hombres, pues, al lograr esto, los hombres serán, como se diría, libres, y estos espíritus malvados serán como si no estuvieran.

Así que como puedes ver, como preliminar al comienzo de este tan ansiado momento de paz y pureza, los hombres deben dejar de creer que vendrá con la venida de Jesús, manifestado en forma física, como vendría un mortal conquistador con legiones de seguidores y ruido de tambores, y por la fuerza de las armas o grandeza de poder, vencer a sus enemigos.

Esto nunca sucederá, puesto que ningún hombre es enemigo de Jesús, sino que todos son sus hermanos, y él no hace, y nunca hará guerra contra ningún ser humano, sólo contra el pecado y la mancilla dentro de su alma; y esta guerra nunca será emprendida por el poder, o fuerza de legiones de ángeles, pues, tan grande es el poder de la voluntad del hombre y tan respetada es su libertad de acción por el Padre, que no hay poder en el cielo o en la tierra que pueda cambiar, o que cambiará un alma pecadora a una pura, a través de la fuerza y amenaza, y legiones de ángeles vencedores, a pesar de que podrían ser dirigidos por Jesús, que no va a suceder.

No, el alma es el hombre, y esa alma puede llegar a ser pura y libre de pecado, sólo cuando ella desee y consienta que tal condición sea suya.

Así que, no debe ser difícil para que los hombres entiendan que esta creencia errónea, de que Jesús vendrá con el aspecto de un conquistador humano y establecer este gran momento de paz, les está causando mucho daño y retrasando el momento real de la venida de este evento. El efecto de esta creencia sobre el alma es, que todo será logrado por la obra de Jesús, y nada por sí mismos, excepto creer en su venida y esperar, y estar listos para ser llevados en las nubes, y luego ayudar a las huestes del cielo a destruir a todos sus difuntos semejantes mortales que no habían tenido esa creencia conjuntamente con ellos, y ponerse las túnicas de ascensión como literal, o figurativamente designan tales túnicas.

Ellos así creen, y en sus mentes posiblemente sean honestos, sin embargo, sus almas pueden estar desfiguradas y contaminadas por el pecado y la acumulación de una vida de pecado, que les impida estar en condición para gozar de un lugar de pureza y libertad del pecado. Y algunos de ellos esperan y afirman que serán los jueces de sus otros semejantes mortales, debido a las obras cometidas en el cuerpo, y, sin embargo, ¿en cuántos de estos casos probaría ser aquello del ciego y pecador juzgando al ciego y pecador?

Pero afirman, además, que Jesús, por su gran poder y el hecho de que creyeron que él vendría nuevamente a la tierra para establecer su reino, en un santiamén los convertirá en sujetos aptos para su reino, y calificados para juzgar al inicuo y ayudar a arrojarlos fuera de su reino.

No, ésta jamás será la manera en que se establezca el milenio, y mientras más pronto los hombres descarten esta creencia y busquen la verdad y el camino verdadero a la pureza y perfección, más pronto se realizará la esperanza y la expectativa de la humanidad.

Tu hermano en Cristo,
LUCAS

Jesús Reconoce la Capacidad de la Abuela del Sr. P. Para Escribir Sobre Las Verdades del Padre

YO ESTOY AQUÍ, *Jesús.*

Sólo quiero decirte esta noche que estás mucho mejor en tu condición para escribir mis mensajes, y para recibir el Amor del Padre en tu alma.

Tomaste mi mensaje anoche en forma muy satisfactoria, y estoy complacido con la manera en la que captaste el significado. Así que, muy pronto tendremos otro mensaje y uno que es muy importante.

Estoy contigo en tus horas de soledad, tratando de ayudar, consolar y guiarte al Amor del Padre.

No escribiré más esta noche, ya que deseo que otro escriba, quien te dará un mensaje que te interesará mucho. Me refiero a tu abuela. Ella es un espíritu muy capaz para discutir las cosas concernientes al espíritu. Es decir, aquellas cosas que revelan a los hombres las verdades del Padre, pues, ella las ha aprendido y comprendido. No en un sentido meramente mental, sino desde las percepciones de su alma.

Así que, recibirás mucho beneficio de lo que pueda escribir, y te darás cuenta que ella es un espíritu maravilloso en el conocimiento de todas estas cosas que hablan acerca del Amor de Dios, y de Su amparo y misericordia hacia la humanidad.

Ahora, con mi amor y bendiciones y aquellos del Padre, diré buenas noches.

Tu hermano y amigo,
JESÚS

La Importancia de Conocer el Camino al Reino Celestial. El Amor Divino Viene Sólo en Respuesta a la Activación del Anhelo del Alma Por su Posesión – Por Ann Rollins, Abuela del Sr. Padgett

Permíteme escribir una línea. No voy a escribir un mensaje largo, sino uno que será muy corto.

Ahora estás en condición para recibir nuestros mensajes, y deseo escribir un rato sobre la importancia de conocer el camino al Reino Celestial del que se te ha escrito anteriormente, pero deseo añadir a lo que has recibido. Se te ha dicho que el único camino para obtener este Reino es por el influjo del Amor Divino en tu alma y transformándola en una cosa Divina, participando así de la propia Esencia del Padre. Bien, ésta es una explicación correcta de la operación de este Amor sobre el alma, pero, a fin de obtener este Amor, debe haber fervientes súplicas por parte del buscador, puesto que el simple deseo mental por el influjo del Amor no es suficiente.

Ésta es una cuestión que pertenece exclusivamente al alma, y la mente no está implicada, excepto, como se diría, para iniciar los anhelos del alma y la oración. Cuando piensas que anhelas este Amor y el deseo por su influjo es meramente mental, el amor no vendrá, puesto que nunca responde a la simple mente, y siempre debe ser procurado con los anhelos del alma. Muchos hombres tienen el deseo intelectual por el Amor de Dios, y sobre ese deseo descansan y creen que tienen el Amor, y que no hay más nada que deben hacer; pero encontrarán que están equivocados, y que, en vez de poseer este Amor, sólo han despertado el amor natural, y, de cierto modo, han empezado hacia la meta de la purificación de su alma, condición de los primeros padres antes de la caída, pero no experimentarán la transformación que viene con la posesión del Amor Divino. No es asunto fácil que el alma logre poseer estos anhelos, y los hombres no deben permanecer satisfechos con los deseos mentales, puesto que no serán beneficiados por tales deseos, excepto, como diría, en el sentido de lograr la purificación de su amor natural. Los anhelos del alma vienen solamente de la comprensión que este Amor espera para ser otorgado, y que el alma debe llegar a ser activa y sincera en sus esfuerzos por lograr que el Amor sea parte de ella, y entonces la transformación tomará lugar.

De esto, podrás ver cuán absolutamente imposible es que el devoto de la iglesia experimente este Amor o posea los anhelos del alma, que no surgen de la observancia de los sacramentos de la iglesia, y los deberes que la misma impone sobre ellos. Podrán ser muy fervorosos en su asistencia a los servicios de la iglesia y en el estricto cumplimiento de sus requerimientos, en lo que respecta a aquellas cosas que ella prescribe. Todo ello es un proceso mental, pero no afecta al alma. Pensarán que sus deseos provienen del alma y que vendrá una respuesta, pero en esto se equivocan y el alma yace muerta. Sólo cuando se activa los anhelos del alma, las oraciones del devoto son contestadas.

Entonces puedes ver, que un hombre podrá ser un aparente devoto y lleno de fervor por su iglesia y las enseñanzas de su credo, sin embargo, no será beneficiado en lo que respecta al progreso de su alma.

NO PERMITAS QUE TUS DESEOS SÓLO SEAN DEL INTELECTO, PERO PROCURA QUE SEAN ACTIVADOS LOS ANHELOS DEL ALMA, Y NO DESCANSES SATISFECHO HASTA QUE OBTENGAS UNA RESPUESTA, Y SEGURAMENTE VENDRÁ Y SABRÁS QUE EL AMOR ESTÁ PRESENTE,

OBRANDO SU PODER TRANSFORMADOR SOBRE EL ALMA.

Esto es todo lo que deseo decir esta noche.

Me complace que estés ahora en condiciones para recibir nuestros mensajes, y espero que tu excelente condición siga así.

Con mi amor, diré buenas noches.

Tu querida abuela
ANN ROLLINS

La Ley de Compensación - Por John Bunyan

Permíteme escribir unas cuantas líneas.

Estoy muy interesado en ti y tu trabajo, y deseo hacer todo lo que yo pueda para ayudar.

Escuché el mensaje de tu abuela y es maravillosamente alentador y lleno de verdades profundas, que te beneficiarán mucho, si las comprendes y aplicas.

Yo tenía mis problemas cuando viví en la tierra, pero nunca tuve el poder sustentador del Amor Divino del que ella habla, y, por lo tanto, viví mi vida lo mejor que pude con sólo la ayuda de los poderes naturales y una disposición muy alegre. De haber poseído este Amor, sé ahora que me habría evitado muchas penas y gozado de muchas horas de felicidad que no fue mía.

Tal parece que la suerte o destino de los mortales es experimentar problemas; como alguien dijo, "el hombre nació para tener problemas", pero realmente esto no es cierto, puesto que el hombre en gran medida causa sus propios problemas, y a medida que los hombres adquieran conocimiento de la gran ley de compensación, se darán cuenta de la verdad de lo que digo.

Pero gracias a Dios, aun cuando el hombre es el causante de sus propios problemas y la ley de compensación opera imparcialmente, sin embargo, el Padre amoroso puede relevarlo de sus problemas y hacerle feliz. Y al hacer esto, deseo decir que las exigencias de esta ley no quedan insatisfechas. Esta misma ley está sujeta a otra ley, y ésta es que, a menos que existan causas, ella no podrá exigir nada del mortal; y cuando el Padre ayuda a Sus hijos, Él no le dice a la ley, "no exigirás una penalidad de este hijo a quien deseo ayudar", pero, más bien, le dice a Su hijo, "recibe mi Amor y ayuda, y cesarán las causas para la exigencia de esta ley".

Si los mortales sólo comprendieran esta verdad, no continuarían creyendo que el Padre no puede ayudar a Sus hijos, y comprenderían también que, a fin de conferir tal ayuda, no es necesario poner a un lado o suspender esta gran ley en su operación. El Padre nunca otorga una dispensa especial para liberar a los mortales del pago de las penalidades de esta ley, pero les otorga Su Gran Amor, y cuando ellos lo poseen, las causas que acarrean las penalidades dejan de tener existencia.

La ley del Amor Divino es la ley más grande, y sustituye cualquiera otra ley en operación sobre las almas y mentes de los mortales.

Bueno, mi amigo, no debo escribir más, y así que, con mi amor, diré buenas noches.

Tu hermano en Cristo,
JOHN BUNYAN

El Verdadero Significado de "En el Principio Era La Palabra Y La Palabra Era Con Dios", Etc.

YO ESTOY AQUÍ, San Juan, Apóstol de Jesús.

Quiero decir sólo unas cuantas palabras en referencia a lo que te dijo el señor acerca de mi evangelio, o más bien, el evangelio atribuido a mí.

Su referencia a las palabras de apertura del Evangelio "En el Principio era el Verbo y el Verbo era con Dios," etc., carece de fuerza para demostrar que Jesús es Dios, o parte de la Deidad, puesto que ello nunca fue escrito por mí o por mandato mío, y no declara la verdad.

El Verbo, en el sentido referido en ese Evangelio, sólo puede significar Dios, puesto que Él, y Él solo, estaba en el principio e hizo todo lo que fue creado.

Como a menudo hemos dicho, Jesús fue hijo de un padre y madre, así como tú eres hijo de tu padre y madre, y no fue engendrado por el Espíritu Santo en el sentido atribuido a su nacimiento en el relato de ello.

Él nació del Espíritu Santo cuando su alma se abrió al influjo del Amor Divino, y fue el primer humano en recibir este Amor Divino y la Esencia de Divinidad del Padre, y, por lo tanto, fue el primer fruto del re-otorgamiento de este Amor, y como consecuencia fue el primero capacitado para declarar las verdades del Padre y mostrar el camino. A medida que su alma se llenara de este Amor, y creciera en sabiduría y conocimiento de las verdades del Padre, podría decirse que él fue enviado por el Padre para declarar las verdades y explicar el camino a los Cielos Celestiales y unicidad con el Padre.

Sin duda, este Amor empezó a fluir en su alma poco después de su nacimiento, porque fue elegido para declarar las verdades del re-otorgamiento del Amor Divino, y él adquirió el conocimiento de esa misión al crecer en el amor y sabiduría – por ende, era libre de pecado, aunque en apariencia sólo era un muchacho – natural como cualquier otro muchacho, en sus instintos y sentimientos humanos. Pero él fue hijo del hombre – José y María – y también un hijo de Dios, como lo son todos los hombres, con la añadidura de que fue un heredero del Reino Celestial.

Él no era Dios, e incluso hasta este momento, nunca ha visto a Dios, como cree el ortodoxo y como se dice haber sido visto por Moisés y algunos caracteres de la Biblia Antigua. Pero con las percepciones de su alma él ha visto a Dios, así como muchos otros de nosotros que somos habitantes de los Cielos Celestiales, y esta vista es tan real para nosotros, como lo es para ti la vista de cualquiera de tus semejantes en la tierra. Es imposible explicártelo de modo que puedas comprender plenamente su significado, pero viendo a Dios, a través de las percepciones de nuestras almas, es una realidad, y trae consigo una mayor felicidad y conocimiento de la inmortalidad.

Jesús no es Dios, pero es el espíritu más desarrollado en todo el cielo y está más cerca de Dios en amor y conocimiento de la verdad.

Así que yo digo, el Verbo es Dios y Jesús es Su hijo, y tú puedes ser hijo de Él en el mismo sentido, como heredero de la Esencia Divina del Padre y un ángel de Su Reino. Como Jesús ha escrito anteriormente, todos los hombres son hijos de Él, pero con una herencia diferente, una que ha sido provista por el Padre.

No permitas que te aflijan estas doctrinas de los maestros de las llamadas verdades de la Biblia, y sólo escucha y cree en lo que sea escrito por nosotros.

No escribiré más esta noche, pues es tarde, y al cerrar diré que nuestro amor y oraciones están contigo. Yo Soy,

Tu hermano en Cristo,
JUAN

Cómo el Alma de un Mortal Recibe el Amor Divino, y Cuál es Su Efecto, Aun Cuando Su Mente Se Entregue Posteriormente a Aquellas Creencias que Tienden a Impedir el Desarrollo de Su Alma. ¿Qué es un Alma Perdida?

YO ESTOY AQUÍ, *Jesús.*

He venido esta noche para decirte que estás en una mejor condición de lo que estabas anoche, y de hecho, de lo que has estado en noches anteriores. Deseo escribirte un mensaje sobre la cuestión de *"Cómo el alma de un mortal recibe el Amor Divino, y cuál es su efecto, aun cuando su mente se entregue posteriormente a aquellas creencias que tienden a impedir el desarrollo del alma"*. ¿Qué es un alma perdida?

COMO ES DE TU CONOCIMIENTO, EL INFLUJO DE ESTE AMOR ES CAUSADO POR EL OTORGAMIENTO POR EL ESPÍRITU SANTO, EN RESPUESTA A LA ORACIÓN Y ANHELOS SINCEROS. ES DECIR, LA ORACIÓN Y ANHELOS POR EL AMOR MISMO, Y NO LAS ORACIONES EN GENERAL POR LOS BENEFICIOS MATERIALES QUE LOS HOMBRES A MENUDO Y NATURALMENTE PIDEN Y DESEAN, COMO CREEN. LAS ORACIONES DE LOS MORTALES POR AQUELLAS COSAS QUE TIENDEN A HACER QUE SEAN

EXITOSOS Y FELICES EN SU AMOR NATURAL, TAMBIÉN SON CONTESTADAS, SI ES POR SU BIEN QUE ASÍ SEA, PERO ÉSTAS NO SON LAS ORACIONES QUE TRAEN EL AMOR DIVINO, O QUE LOGREN QUE EL ESPÍRITU SANTO OBRE CON LOS HOMBRES.

A MEDIDA QUE LAS ORACIONES DE UN ALMA SINCERA Y FERVIENTE ASCIENDAN AL PADRE, AQUELLA ALMA SE ABRE AL INFLUJO DE ESTE AMOR Y SE AGUDIZAN LAS PERCEPCIONES DEL ALMA, Y ARMONIZA MÁS CON LAS CONDICIONES O INFLUENCIA QUE SIEMPRE ACOMPAÑA LA PRESENCIA DE ESTE AMOR, Y CONSECUENTEMENTE, SU ENTRADA EN EL ALMA LLEGA A SER MÁS FÁCIL Y SU RECEPCIÓN ES MÁS PERCEPTIBLE POR LOS SENTIDOS DEL ALMA. CUANTO MÁS FERVIENTE SEA LA ORACIÓN Y SINCEROS LOS ANHELOS, MÁS PRONTO LLEGA LA FE, Y CON ESTA FE, EL ENTENDIMIENTO DE QUE EL AMOR DIVINO PERMEA EL ALMA.

UNA VEZ QUE EL AMOR DIVINO ENCUENTRE ALOJAMIENTO EN EL ALMA, ÉSTA, EN LA MEDIDA QUE RECIBE EL AMOR, SE CONVIERTE COMO DIRÍAMOS, EN UNA SUBSTANCIA CAMBIADA, PARTICIPANDO DE LA ESENCIA DEL AMOR; Y COMO EL AGUA, QUE PUEDE SER COLOREADA POR MEDIO DE UN INGREDIENTE AJENO A SÍ MISMA Y QUE CAMBIA, NO SÓLO SU ASPECTO, SINO TAMBIÉN SUS CUALIDADES, TAMBIÉN ESTE AMOR DIVINO CAMBIA EL ASPECTO Y CUALIDADES DEL ALMA, Y ESTE CAMBIO DE SUS CUALIDADES CONTINÚA PARA SIEMPRE. LAS CUALIDADES NATURALES DEL ALMA Y LA ESENCIA DEL AMOR SE CONVIERTEN EN UNO Y UNIDAS, Y EL ALMA LLEGA A SER COMPLETAMENTE DIFERENTE EN SU CONSTITUCIÓN, DE LO QUE ERA ANTES DEL INFLUJO DEL AMOR, PERO ESTO SÓLO AL GRADO DEL AMOR OBTENIDO.

A MEDIDA QUE ESTE AMOR AUMENTE EN CANTIDAD, EL CAMBIO Y LA TRANSFORMACIÓN SERÁ PROPORCIONALMENTE MAYOR, HASTA QUE POR FIN LA TRANSFORMACIÓN PODRÁ SER Y SERÁ TAN GRANDE, QUE EL ALMA ENTERA SE CONVERTIRÁ EN COSA DE ESTA ESENCIA DIVINA, Y PARTICIPARÁ DE SU MISMA NATURALEZA Y SUSTANCIA, UN SER DE LA DIVINIDAD.

UNA VEZ QUE ESTE AMOR ENTRE Y REALMENTE POSEA EL ALMA Y REALIZA EL CAMBIO MENCIONADO, ELLO, EL AMOR, JAMÁS ABANDONA, NI SE DISOCIA DEL ALMA – SU CARÁCTER DE ESENCIA DIVINA NUNCA CAMBIA A AQUEL DEL SIMPLE AMOR NATURAL, Y, EN LA MEDIDA EN QUE ESTÁ PRESENTE, EL PECADO Y ERROR NO PUEDEN EXISTIR, PORQUE ES TAN IMPOSIBLE QUE ESTA ESENCIA Y EL PECADO Y ERROR OCUPEN LAS MISMAS PARTES DEL ALMA AL MISMO TIEMPO, COMO LO ES QUE DOS OBJETOS MATERIALES OCUPEN EL MISMO ESPACIO AL MISMO TIEMPO, COMO DICEN SUS FILÓSOFOS.

LA DIVINIDAD NUNCA CEDE LUGAR A AQUELLO QUE NO SEA DIVINO. EL HOMBRE DIRIGE SUS ESFUERZOS HACIA EL LOGRO DE LO DIVINO, CUANDO ÉL SIGUE EL CAMINO PROVISTO PARA OBTENER LA NATURALEZA DIVINA, Y A MEDIDA QUE AVANCE Y OBTENGA UNA PORCIÓN DE LO DIVINO, NO

IMPORTA CUÁN PEQUEÑA, NUNCA PODRÁ RETRACTAR SUS PASOS AL GRADO DE LIBERARSE DE ESTA ESENCIA TRANSFORMADORA Y PRESCINDIR NUEVAMENTE DE SU PRESENCIA.

PERO ESTO NO SIGNIFICA QUE UN HOMBRE NO PUEDA PERDER CONCIENCIA DE LA EXIS CARNALES Y DESEOS MALVADOS LO COLOCARÁ EN UNA CONDICIÓN DONDE ÉL PUEDA DEJAR DE TENER CONCIENCIA TENCIA DE ESTA ESENCIA DENTRO DE SU ALMA, PUES CON FRECUENCIA SUCEDE. LA INDULGENCIA DE SUS APETITOS DE LA EXISTENCIA DEL AMOR DIVINO EN SU ALMA, Y EN CUANTO A SÍ MISMO, ESTARÁ COMO SI NUNCA HUBIESE EXPERIMENTADO EL CAMBIO DEL QUE HABLO.

Y AUNQUE ESTE AMOR NO PODRÁ, JAMÁS, SER ERRADICADO POR EL MAL A QUE EL HOMBRE SE ENTREGUE, O POR LA CREENCIA MENTAL QUE PUEDA ADQUIRIR, NO OBSTANTE, EL PROGRESO DE ESTE AMOR EN SU ALMA PUEDE SER DETENIDO Y LLEGAR A ESTANCARSE, COMO SI NO EXISTIERA EL AMOR, Y EL PECADO Y ERROR PUEDEN PARECER COMO LOS ÚNICOS ELEMENTOS DOMINANTES DE SU VIDA Y EXISTENCIA. PERO, SIN EMBARGO, UNA VEZ POSEÍDO, EL AMOR NO PUEDE SER REMOVIDO DE SU ALMA POR EL PECADO Y ERROR, NO IMPORTA CUÁN PROFUNDOS E INTENSOS SEAN. SÉ QUE ESTO PUEDE PARECER EXTRAÑO E IMPOSIBLE PARA EL HOMBRE DE PENSAMIENTO INTELECTUAL, Y QUE NO ES DE ACUERDO A LO QUE SE ME ATRIBUYE, EN EL SENTIDO DE ENSEÑAR QUE UN ALMA PUEDE SER PERDIDA, SIN EMBARGO, UNA VEZ QUE UN ALMA HAYA RECIBIDO ESTA ESENCIA DIVINA, ÉSTA NO PUEDE SER PERDIDA, AUNQUE SU FALTA DE CONSCIENCIA DE LA PRESENCIA DE ESTE AMOR, Y DEL DESPERTAR DE SU ESTADO LATENTE, A CONSECUENCIA DEL PECADO Y EL ERROR, Y DE SUS CREENCIAS MAL ENCAUZADAS, PODRÍAN RETRASAR SU MANIFESTACIÓN DE VIDA Y EXISTENCIA DURANTE MUCHO TIEMPO, Y EL ALMA EN TAL CONDICIÓN PODRÁ PASAR POR MUCHO SUFRIMIENTO Y OSCURIDAD.

Y POR ESTO, NO DEBE SER ENTENDIDO QUE UN ALMA NO PUEDA PERDERSE, PUESTO QUE LO PUEDE, Y MUCHAS HAN SIDO Y SERÁN PERDIDAS, Y MUCHAS SE DARÁN CUENTA DEL HECHO CUANDO SEA DEMASIADO TARDE.

AHORA, ¿QUÉ ES UN ALMA PERDIDA? NO ES UNA QUE UN HOMBRE PUEDA DE HECHO PERDER, EN EL SENTIDO DE SER PRIVADO DE ELLA – SEPARADO REALMENTE DE ELLA, O INCLUSO EN CUANTO A TENER CONSCIENCIA DE NO POSEER UN ALMA, PUES, AUNQUE, A VECES, ÉL PUEDA CREER QUE HA PERDIDO SU ALMA, EN EL SENTIDO DE NO POSEER NINGUNA, PERO ÉL SE EQUIVOCA, PUESTO QUE EL ALMA, QUE ES EL HOMBRE, JAMÁS PUEDE SER SEPARADA DE ÉL, Y MIENTRAS VIVA EN EL CUERPO FÍSICO O EN EL CUERPO ESPIRITUAL, SU ALMA ESTARÁ CON ÉL.

Y, NO OBSTANTE, EL PODRÁ TENER UN ALMA, CONSCIENTEMENTE O NO, Y AL MISMO TIEMPO HABERLA PERDIDO. ESTO PUEDE PARECER UNA

PARADOJA PARA EL INTELECTO MORTAL, O EL INTELECTO DEL ESPÍRITU, PERO ES VERDAD.

ENTONCES ¿QUÉ ES UN ALMA PERDIDA? CUANDO DIOS DIO UN ALMA AL HOMBRE, AQUELLA ALMA FUE HECHA A LA IMAGEN, PERO NO EN LA SUBSTANCIA DE SU CREADOR, Y AL MISMO TIEMPO LE FUE OTORGADO EL PRIVILEGIO DE CONVERTIRLA EN LA SUBSTANCIA DEL PADRE, Y EN CIERTA MEDIDA, EN LO DIVINO, Y CON DERECHO A, Y APTO PARA VIVIR EN EL REINO CELESTIAL DEL PADRE, DONDE TODO ES DE SU DIVINA ESENCIA Y NATURALEZA.

CUANDO LOS PRIMEROS PADRES, POR SU ACTO DE DESOBEDIENCIA, PERDIERON AQUEL PRIVILEGIO, SUS ALMAS PERDIERON LA POSIBILIDAD DE SER PARTE DE LA NATURALEZA DIVINA Y UNO CON EL PADRE EN SU REINO, Y DE ESTE MODO PERDIERON, NO EL ALMA NATURAL, QUE FUE PARTE DE SU CREACIÓN, SINO LA POSIBILIDAD DEL ALMA DE OBTENER LA ESENCIA DIVINA Y LA INMORTALIDAD COMO AQUELLA DEL PADRE.

COMO HE DICHO ANTERIORMENTE, ESTE GRAN PRIVILEGIO FUE RESTAURADO A LA HUMANIDAD CON MI VENIDA, Y EL ALMA PERDIDA VOLVIÓ A SER OBJETO DE RECUPERACIÓN DEL HOMBRE, Y ÉL POSEE AHORA ESE PRIVILEGIO, COMO LO TENÍAN LOS PRIMEROS PADRES ANTES DE LA CAÍDA; PERO LOS HOMBRES TAMBIÉN PUEDEN PERDERLO COMO ELLOS LO PERDIERON. EN CUANTO A ELLOS, SUS ALMAS ESTABAN PERDIDAS HASTA RECIBIR EN ELLA LA ESENCIA DIVINA DEL PADRE, Y ASÍ SUCEDE AHORA CON LOS HOMBRES; SUS ALMAS ESTÁN PERDIDAS HASTA QUE, Y A MENOS QUE RECIBAN ESTA ESENCIA DIVINA EN ELLA. ASÍ COMO LOS PRIMEROS PADRES, POR SU DESOBEDIENCIA Y NEGATIVA, PERDIERON EL PRIVILEGIO DE QUE SUS ALMAS SE CONVIRTIERAN EN UNA SUSTANCIA VIVA Y DIVINA, LOS HOMBRES TAMBIÉN AHORA, POR SU DESOBEDIENCIA Y DENEGACIÓN, PERDERÁN SU PRIVILEGIO DE SALVAR SUS ALMAS DE LA PÉRDIDA DE LA UNIDAD DIVINA CON EL PADRE.

EL ALMA PERDIDA ES TAN REAL COMO LAS REALIDADES DE LAS LEYES INMUTABLES DEL PADRE, Y SÓLO MEDIANTE LA OPERACIÓN DEL AMOR DIVINO, PUEDE EL ALMA PERDIDA CONVERTIRSE EN EL ALMA RECUPERADA.

LOS HOMBRES PODRÁN CREER Y ENSEÑAR QUE DENTRO DE ELLOS HAY UNA PARTE DE LO DIVINO QUE HARÁ QUE SUS ALMAS PROGRESEN Y SE DESARROLLEN HASTA ALCANZAR LA CONDICIÓN DE DIVINIDAD, CONVIRTIÉNDOLAS EN PARTE DE LA DIVINIDAD DEL PADRE. PERO EN ESTO SE EQUIVOCAN, PUES, AUNQUE EL HOMBRE FUE LA MÁS ALTA CREACIÓN DE DIOS, Y LA MÁS PERFECTA Y HECHA A SU IMAGEN, SIN EMBARGO, EN EL HOMBRE NO HAY NADA DE LO DIVINO, Y AL NO TENER LO DIVINO, ES TOTALMENTE IMPOSIBLE QUE PROGRESE A LA POSESIÓN DE LO DIVINO. ÉL, POR SÍ MISMO, NO IMPORTA CUAL SEA SU DESARROLLO, NUNCA PUEDE LLEGAR A SER MAYOR O MÁS PERFECTO, O DE UNA NATURALEZA SUPERIOR, A LO QUE FUE EN SU CREACIÓN.

LO DIVINO VIENE DE ARRIBA, Y UNA VEZ PLANTADO EN EL ALMA DE UN HOMBRE, NO PUEDE HABER LÍMITE A SU EXPANSIÓN Y DESARROLLO, INCLUSO, EN LOS CIELOS CELESTIALES. QUE TODO HOMBRE BUSQUE ESTE AMOR, Y NO HABRÁ NINGÚN ALMA PERDIDA; PERO, DESAFORTUNADAMENTE, MUCHOS NO LO HARÁN, Y LOS CIELOS ESPIRITUALES SE LLENARÁN DE ALMAS PERDIDAS SIN LA ESENCIA DIVINA DEL PADRE.

HE ESCRITO SUFICIENTE POR ESTA NOCHE, Y ME COMPLACE LA FORMA EN QUE RECIBISTE MI MENSAJE. CONTINÚA ORANDO AL PADRE POR MÁS Y MÁS DE SU AMOR DIVINO, Y TUS ORACIONES SERÁN CONTESTADAS, Y TE DARÁS CUENTA, CON LA CONSCIENTE CERTEZA DE LA POSESIÓN DE LA ESENCIA DIVINA, QUE TU ALMA NO ESTÁ PERDIDA Y NUNCA LO ESTARÁ.

Así que, con mi amor y bendiciones, diré buenas noches y que Dios te bendiga.

Tu hermano y amigo,
ESÚS

El Sr. Padgett Está Realizando una Tarea Estupenda, y Una Que es de Gran Importancia Vital para la Humanidad y Destino de los Mortales

Soy un desconocido, pero quisiera decir sólo unas cuantas palabras, ya que estoy muy interesado en el trabajo que tienes ante ti para realizar. Ciertamente, eres un hombre privilegiado por haber sido elegido para hacer este trabajo.

Es una labor estupenda, y una que es de importancia vital para la humanidad y destino de los mortales.

No escribiré más en este momento, pero quisiera venir nuevamente para escribir, si estás de acuerdo.

Sí, yo soy un amante de Dios y vivo en la primera Esfera Celestial, y, como sabes, soy un hijo redimido de Dios e inmortal.

Ahora diré con todo amor – buenas noches.

*THOMAS JEFFERSON.

*Presidente, una vez, de los Estados Unidos

Confirmando que los Antiguos Espíritus Escribieron, y Muchos Vinieron de Los Cielos Celestiales y de los Cielos Espirituales Inferiores

Yo Estoy aquí, George Washington (Espíritu Celestial), *el mismo que te escribió unas noches atrás*

Bien, tú eres mi hermano y me complace que me llames tu hermano, pues en este mundo de espíritus, no tenemos títulos o distinciones debido a fama o posición alguna que pudimos haber tenido en la tierra.

Vine para decirte que he observado con interés, la gran cantidad de comunicaciones que has recibido de varias clases y órdenes de espíritus, y estoy un poco sorprendido de que hayas podido recibir estos diversos mensajes con tal precisión. En mi vida terrenal, nunca supuse que tal cosa pudiera ocurrir, y nunca, desde que me convertí en un espíritu, vi tal demostración de poder de parte de los espíritus para comunicar, y de parte de los mortales para recibir los mensajes que llegan a ti. Sé que muchas veces, tales comunicaciones han sido hechas por espíritus a mortales, pero a lo que me refiero al decir sorprendente, es la gran variedad de espíritus que llegan a ti. Vienen de las más altas Esferas Celestiales, como también de los planos terrenales, y lo que escriben, no sólo es nuevo para la humanidad, sino que muchas de sus declaraciones de la verdad son también nuevas para muchos de nosotros los espíritus.

Muy rara vez, nosotros que estamos en las Esferas Celestiales, tenemos la oportunidad de comunicarnos con alguno de estos antiguos espíritus que viven muy alto en los Cielos Celestiales, y cuando los veo venir a comunicarse contigo con tanta frecuencia, todo ello me causa asombro.

Sé, por supuesto, que estos espíritus ocasionalmente vienen al plano terrenal, y tratan de influir, tanto en mortales como espíritus, para hacer el bien, pero quiero decirte que su influencia es generalmente ejercida a través de espíritus intermediarios, y no directamente por estos espíritus superiores, como lo hacen a través de ti.

Los mensajes que has recibido de estos espíritus que vivieron en la tierra miles de años atrás, fueron realmente escritos por ellos, mientras controlaban tu cerebro y mano.

Estoy tratando de ayudarte en tu tarea lo mejor que pueda, y continuaré haciéndolo, pues, el trabajo para el que has sido elegido es el más importante en que participa ahora el mundo espiritual – es decir, el mundo que reconoce a Jesús como su Príncipe y Maestro.

Algunos espíritus vienen, porque ven una vía abierta para comunicarse con los mortales, y ellos naturalmente desean dar a conocer el hecho de que viven y que son felices en sus esferas. Pero su felicidad no es la verdadera felicidad de la que gozan los verdaderos creyentes y seguidores del Maestro. Así que tú en tu trabajo, cuando acuden a ti, tendrás la oportunidad de hablarles acerca de esta experiencia superior de la que gozan los redimidos del Padre. Muchos espíritus que se encuentran en estas esferas inferiores, estarían en los Cielos Celestiales si sólo supieran el camino.

Con frecuencia tratamos de enseñarles el camino a la verdad y la vida superior, pero nos resulta una tarea difícil. Creen que somos simplemente espíritus como ellos mismos – que poseemos nuestras opiniones, como ellos las suyas, y que nos equivocamos en las nuestras, y que, por lo tanto, nada podemos decirles que pueda enseñarles verdades desconocidas por ellos, o que les dé una felicidad mayor que la que poseen.

Cuando notan el contraste en nuestra apariencia – es decir, que somos mucho más hermosos y brillantes de lo que son ellos – simplemente piensan que tal belleza y brillo son el resultado de alguna causa natural, y que simplemente nos diferenciamos de ellos, como una raza de hombres difiere de otra. Ellos no parecen pensar que hay algo en el contraste de nuestra apariencia que es causado por alguna condición espiritual superior a la de ellos. Y éste es el gran tropiezo en su camino en cuanto a adquirir un interés en las condiciones que nosotros tenemos, y que debería instarlos a investigar y aprender la verdadera causa de las mismas. Por lo tanto, yo digo, que tú podrías hacerles algún bien en este sentido, puesto que eres una tercera persona y deberías llamar su atención al gran contraste y decirles la causa como tú la entiendes; lo que les digas probablemente causará alguna impresión sobre ellos y lograr que investiguen, y una vez que empiecen esto, entonces vendrá nuestra oportunidad de guiarlos hacia la luz de la gran verdad del Amor Divino del Padre.

Bien, he desviado de lo que pretendía escribir, pero más vale, puesto que todas las verdades de Dios son importantes, tanto para los mortales como los espíritus. Soy muy feliz en mi hogar en las Esferas Celestiales del

Padre, y trato de progresar a aquellas más altas. Así que, permíteme asegurarte la verdad de lo que te ha sido escrito por tu banda y otros espíritus redimidos de Dios.

Te agradezco por esta oportunidad y vendré otra vez.

Tu verdadero hermano en Cristo,

*(GEORGE WASHINGTON

*Primer Presidente de los Estados Unidos

Jesús Jamás Estuvo en la India Ni en Grecia Estudiando Sus Filosofías, Como Algunos Aseveran

Yo Estoy Aquí, *Jesús.*

Bien, debes tener más fe, y orar más. Éstas son las cosas importantes, y la siguiente es, que debes llamarme cuando estés desanimado y necesitas consuelo, pues responderé y te ayudaré. Y entonces debes permitir que tu querida esposa venga a ti con su amor y alegría. Ella es un hermoso espíritu y te ama más allá de toda concepción que tú puedas tener, y tú debes amarla.

Sí, te amo más de lo que puedas comprender, y debes reciprocar mi amor y ser uno conmigo.

Oro contigo todas las noches cuando me lo pides, como haces, y sé que el Padre responderá a mis oraciones, así como a los tuyos. Sé lo que digo y debes creerme.

Entonces, hazme tus preguntas, no importa lo que sean, y las contestaré antes de que las formules.

Jamás estuve en la India ni en Grecia ni en aquellos otros lugares, estudiando las filosofías de los filósofos griegos e hindúes. Nunca obtuve mi conocimiento de ninguna otra fuente que no fuera de mi Padre, en mis comunicaciones con Él y de las enseñanzas de las Escrituras Judías. Viví en Nazaret en casa con mis padres, todos los años de mi vida después de mi regreso de Egipto, sino hasta que empecé mi ministerio público.

Ni Juan ni Pablo han comunicado, jamás, que yo haya estado en estos países extranjeros estudiando las Filosofías de los maestros mencionados. Juan nunca viajó conmigo fuera de Palestina, y jamás vi a Pablo cuando estuve en la tierra.

Juan era un hombre de una naturaleza muy afectuosa y estaba conmigo mucho tiempo durante mi ministerio, pero él no era lo que se llamaba un hombre letrado, ni estaba familiarizado con las filosofías de los mencionados hombres. Él fue simplemente el hijo de un humilde pescador, y elegido por mí como uno de mis discípulos, debido a su susceptibilidad a mis enseñanzas y a la gran posibilidad de desarrollar el principio del amor.

Así que, no debes creer las afirmaciones contenidas en aquel libro sobre este tema.

Bien, debes detenerte, pero recuerda que estoy contigo y que te amo.

Tú amigo y hermano,
Jesús

El Espíritu Escribe Sobre Su Experiencia en los Infiernos – "Es Difícil Aprender de Cosas Celestiales en el Infierno"

Yo Estoy aquí, B__, y quisiera decir unas cuantas palabras. El indio trató de detenerme, pero tu esposa le dijo "permita que él escriba", y así hago.

Bien, sigo en el infierno y en sufrimiento, y ojalá pudiera morir de nuevo, pero no puedo y tendré que soportarlo. Ni siquiera puedo ser sordo (era muy sordo cuando viví en la carne) para poder escapar de algunos de mis tormentos, pues, estoy rodeado de los seres más infernales que puedas imaginar, y tengo que escucharlos. Es inútil tratar de luchar, puesto que no puedo herir a nadie, y se volvieron más fastidiosos cuando intenté golpear a uno de ellos.

Es horrible, y así que lamento que yo no haya escuchado y tratar de entender lo que el Doctor, tan a menudo, me decía cuando estuve en la tierra, pero ahora es demasiado tarde. Con frecuencia oigo lo que él te dice ahora en sus conversaciones, pero por alguna razón no puedo entenderlo del todo, y además, si pudiera, estos condenados espíritus feos, me quitarían toda la comprensión a golpes. ES DIFÍCIL APRENDER EN EL INFIERNO LO QUE LLAMAS, "COSAS CELESTIALES", y soy muy infeliz y no veo ninguna manera de alivio.

El padre del Doctor habló conmigo y me dijo algunas cosas que eran similares a lo que me dijo el Doctor, y me sentí mejor cuando me hablaba, y sentí alguna esperanza, pero cuando regresé de nuevo a mi infierno y vi todos los horrores y a los espíritus chillones y feos, olvidé todo, y los sentimientos de infierno regresaron a mí, y sufrí.

¡Oh, si yo pudiera encontrar algún alivio de estos tormentos!

Bueno, lo intentaré de nuevo, porque sé que el Sr. Stone es amable y quiere ayudarme, pero mi problema es que dudo que él pueda, pero iré como me aconsejas, y trataré de creer que él puede. Estoy muy agradecido a ti y al Doctor y trataré de tener esperanza. Cualquier cosa a fin de salir de este lugar y alejarme de estos demonios.

Tu esposa dice que debo detenerme. Así que, buenas noches.

B ___,

El Sr. Padgett despúes recibió un mensaje de San Lucas.

Comenta Sobre lo que Escribió El Espíritu – "Es Difícil Aprender de Cosas Celestiales en el Infierno"

Yo Estoy aquí, *San Lucas.*

Deseo escribir unas cuantas líneas sobre un tema que puede ser de interés para ambos. Has comentado sobre la expresión contenida en el escrito que acabas de recibir, de que *"es difícil aprender cosas celestiales en el infierno".* Es una declaración, de manera sucinta, de una gran verdad, y una que, si fuese conocida y totalmente apreciada por los mortales, ellos comprenderían la necesidad de pensar y aprender sobre estas cosas celestiales mientras estén en la tierra.

Sé que muchos dicen que no creen en el infierno ortodoxo, o en la necesidad de preocuparse por el futuro, o que correrán su riesgo en el más allá, si es que habrá uno. Si estas personas se dieran cuenta del significado de tal curso de vida, no dejarían su futuro al azar, sino más bien, procurarían aquellas cosas divinas mientras estén en la tierra y dar inicio ahora a la comprensión de estas cosas, y no esperar hasta que abandonen el cuerpo carnal.

Dicen que un Dios justo no los castigaría, condenándolos al tormento eterno y están en lo correcto; y mientras que este Dios justo no los condena en lo absoluto, sin embargo, son condenados por una ley que es tan invariable como lo es el amor de aquel Dios, y esa ley conlleva su castigo cierto, aun cuando no sea eterno. Pero es certero, y su duración depende, en gran parte, del espíritu mismo. Si el espíritu se encuentra en tal condición que no puede hacer un inicio hacia su redención, hasta mucho tiempo después de su ingreso al mundo espiritual, entonces ese castigo continuará por más tiempo; y si el inicio depende, como muy frecuentemente sucede, de la habilidad y capacidad del espíritu para recibir y comprender aquellas cosas que lo comenzará en su progreso, entonces muchos espíritus permanecerán por años y años en la condición en que se encontraban al llegar a sus hogares en el infierno.

No hay nada en estos lugares para inducir o ayudar a la comprensión de las cosas divinas, pero, por el contrario, todo para impedir y obstruir tal comprensión; incluso, la desesperanza y creencias en una eternidad de castigo, y, con frecuencia, la falta de conocimiento de la existencia de cualquier otro o mejor lugar que aquel donde se encuentran.

Y aquí quiero decir, que dentro del espíritu no hay nada con las cualidades o poderes para comenzar una progresión, y en este sentido, la vieja expresión Bíblica que dice, "donde cae el árbol, allí se queda", es verdad. Incluso, en cuanto al amor natural, estos espíritus en los infiernos no pueden iniciar un comienzo hacia pensamientos y creencias superiores, y sólo cuando les llega alguna influencia externa, pueden ellos lograr un despertar de su mejor y verdadera naturaleza latente, a fin de poder iniciar su progreso. Con esto, no quiero decir que es necesario que les llegue algún ayudante superior y espiritual, sino que sólo debe llegar a ellos alguna influencia fuera de sí mismos, a fin de tener un despertar. Esta influencia puede ser de un espíritu en condiciones aparentemente similares a la suya, pero que han recibido algo de una verdad edificante que pueda transmitir al espíritu hermano oscuro.

Todo espíritu puede ayudar a otros que estén en una condición inferior o más estancada que ellos mismos, y algunas veces lo hacen; pero el gran problema aquí es que, a menos que los posibles espíritus ayudantes tengan algún deseo de beneficiar a sus compañeros espíritus oscuros, ellos no tratan de ayudar y, por lo tanto, como dice tu amigo, "es difícil aprender cosas celestiales en el infierno". Él se da cuenta de ese hecho, y, aun con la ayuda que le fue ofrecida y se le dará, le resulta difícil hacer un inicio.

La vida terrenal no es el único lugar para el período de prueba, pero es el lugar más importante, y el más fácil para que el hombre haga su inicio y entienda el principio de estas cosas celestiales.

No escribiré más ahora, pero vendré pronto para escribir un mensaje formal.

Así que, con mi amor a ti y tu amigo, digo a los dos que tengan fe y no abriguen dudas en lo que respecta a las cosas celestiales sobre las que te hemos escrito.

Buenas noches.

Tu hermano en Cristo,
Lucas

Todo Pecado y Error Será Erradicado Eventualmente de las Almas de los Hombres – Por John Garner, Predicador de Inglaterra

Yo estoy aquí para decirte que Dios es amor, y que todo hombre es Su hijo y objeto de Su generosidad y cuidado. Ni el más vil de los pecadores está fuera del alcance de su cuidado y amor.

Él no es un Dios que necesita la propiciación o sacrificio, sino que Él llama a todos Sus hijos para que vengan a Él y participen libremente del gran banquete de Amor que Él ha preparado para ellos, y gozar de la felicidad que da Su Presencia.

Por lo tanto, mi amigo, ni por un momento debes pensar que las puertas de la misericordia o la entrada a las delicias de Su hogar celestial están cerradas por la muerte del cuerpo, pues te digo que la muerte del cuerpo es simplemente la entrada a una vida superior con mayores oportunidades. Pero, no obstante, lo que digo, el alma que procura obtener este Amor mientras esté en la tierra, tiene una gran ventaja en tiempo sobre aquel que espera hasta que su espíritu abandone el cuerpo, para buscar el amor del Padre. El mejor momento para que los mortales aspiren alcanzar este GRAN DON es ahora, y ningún otro momento es más propicio. El amor de Dios es para con el mortal, aun si tuviera la carga de las pasiones y apetitos de la carne, y cuando lucha un mortal contra las tentaciones que imponen estas cargas y las supera, él es más fuerte y más capaz de progresar cuando entra en el mundo espiritual, que cuando posterga el gran intento hasta que se convierta en espíritu puramente.

Así que, aun cuando no haya tal condición como un período de prueba terminado cuando el mortal entra al mundo espiritual, el período dc prueba en la tierra es, sin embargo, el momento favorable para procurar el Gran Premio.

Sé que estoy escribiendo como algunos de tus predicadores de culto campestre, pero lo que digo es una verdad, no obstante, y feliz es aquel mortal que comprende este hecho y actúa de acuerdo con ello.

En la actualidad, Jesús está trabajando entre los mortales, como lo hizo cuando estuvo en la tierra, y aunque no pueden ver Su forma física u oír Su voz de amor en tonos de bendición y plegarias, sin embargo, la influencia de Su amor es percibida, y la persuasión de su voz espiritual es escuchada en los corazones de los hombres.

Él aún es el Salvador de los hombres, como lo fue en la tierra, y su misión no cesará hasta el cierre del Reino Celestial, y el pecado y error sean erradicados de la tierra y del mundo espiritual. Él será el Triunfador y Vencedor del pecado y todo lo que tienda a pervertir al hombre de aquello que es bueno y justo.

Los hombres, que sólo tienen su amor natural, serán liberados de toda inarmonía, y vivirán como hermanos y amigos en paz y felicidad. Y los espíritus que poseen el Amor Divino, serán como ángeles de Dios, y vivirán para siempre en la dicha de los Cielos Celestiales.

Así que, exhorto a todos los hombres a procurar el Amor Divino del Padre y vivir en Su Presencia para siempre.

Debo detenerme ahora, pero antes de despedirme, permíteme decir que estoy trabajando con el Maestro en la gran causa que hará que aquellos hombres que busquen este Amor, sean uno con el Padre.

Así, como tu hermano en Cristo, diré buenas noches.

JOHN GARNER

Yo fui un pastor cristiano de Inglaterra en el tiempo de la Reforma.

MENSAJES ADICIONALES

Elohiam. Recibido el 23 de enero de 1917. Un Miembro del Sanedrín y Juez en el Juicio de Jesús, Indica las Razones, en Aquel Entonces, Para Condenar al Maestro, y Ahora Exhorta a Todos los Miembros de su Raza a Aceptar a Jesús Como el Tan Esperado Mesías, y Procurar el Amor del Padre mediante Oración Sincera

Enero 23 de 1917

YO ESTOY AQUÍ, *Elohiam.*

Soy el espíritu de un judío que vivió en el tiempo de Jesús, y fui un miembro del Sanedrín y senté como uno de sus jueces en el momento de su condena por blasfemia y enseñanzas iconoclastas contra las creencias y doctrinas de la fe hebrea, y fui uno de aquellos que votaron por la sentencia de muerte sobre él, y al hacerlo, fui tan honesto en mi convicción y acción, como era posible que fuera un ferviente creyente en su fe.

En consecuencia, yo era libre de perjuicio en contra Jesús como hombre y, como creí, un fanático; y fue sólo porque estaba convencido de que él era un agresor y peligro a nuestra religión y al bienestar de mi raza, que di consentimiento a su muerte. Los mortales de estos días no pueden comprender completamente la relación exacta de Jesús y sus enseñanzas, a la seguridad de nuestra religión y la preservación de la fe, que creíamos había sido transmitida directamente a nosotros por Dios, a través de nuestros profetas y maestros. Y cuando nos vimos confrontados con lo que creíamos ser enseñanzas destructivas e irreligiosas de Jesús, y luego de hacer numerosos esfuerzos para subyugarlo mediante amenazas y persuasión sin efecto, concluimos que nuestro deber absoluto e incuestionable a Dios exigía que él fuera removido de la esfera de su actividad, aun cuando tal resultado sólo podría ser logrado con su muerte.

Y si los mortales de hoy en día pudieran entender nuestras profundas convicciones religiosas y el sentido de obligación que pesaba sobre nosotros para proteger y mantener intacta las doctrinas divinas y enseñanzas de nuestra fe, y especialmente aquella que declaraba la unicidad de Dios, no juzgarían la acción de los judíos al condenar a Jesús a la muerte, como una cosa inusual o inesperada. Su posición ante nosotros y nuestra religión era la de un instigador de sedición, tal como los hombres de tiempos moderno que han asumido la posición de instigadores de traición hacia los gobiernos civiles, y han sufrido los castigos que, con aprobación, les fueron infligidos por dichos gobiernos.

Pero él nos parecía, no sólo culpable de traición a nuestra vida nacional,

380

sino también de traición a la vida superior y divina del gobierno religioso de nuestra raza, la elegida de Dios, como sincera y fervorosamente creíamos. Incluso en los últimos días, aparecieron hombres declarando que son los ungidos especiales de Dios con misiones para llevar a cabo, y convocaron a sus seguidores entre ellos a quienes impresionaron con la verdad de su carácter, misión y enseñanzas. Por un corto período, se les permitió declarar sus afirmaciones y doctrinas, y luego llevados repentinamente a la muerte por decreto de aquellos que estaban en autoridad, como agitadores y enemigos de la iglesia o estado, y fueron olvidados y sus doctrinas desaparecieron de la memoria.

Y sólo la muerte de Jesús ha sido recordada a través de todos los tiempos, y aquellos que fueron los causantes y responsables de su muerte fueron deshonrados y maldecidos y acusados por el asesinato de Dios.

Bien, escribo esto para mostrar que los judíos que tomaron la vida y demandaron la crucifixión de aquel hombre justo, no fueron impulsados por otros o diferentes motivos a aquellos que muchas veces, desde entonces, han causado que los mismos seguidores y devotos de ese Jesús, asesinaran y crucificaran a otros hombres que han declarado ser hijos de Dios, dotados de una misión especial para la salvación de la humanidad.

La sinceridad de los judíos que participaron en esta gran tragedia no puede ser atacada, e incluso sus maestros Romanos, en aquel momento, entendieron que las demandas por la muerte de Jesús no surgieron de rencores personales, o la satisfacción de alguna venganza contra el individuo, sino solamente porque creyeron, y así declararon, que Jesús era un enemigo y supuesto destructor de la fe y enseñanzas divinas de la nación Israelita, y un seductor de la gente. Y sólo por el auge y difusión subsecuente a sus enseñanzas y las verdades que él declaró – que han hecho que gran parte de los habitantes de la tierra se convirtieran en sus seguidores – que la acción de los judíos de causar su muerte ha sido llamada el gran crimen del mundo, y que la misma gente fuera odiada, perseguida y destruida como nación, y dispersada en todas partes de la tierra.

No escribo esto para justificar o mitigar el gran error que cometimos al causar la crucifixión y muerte del hijo verdadero de Dios, sino sólo para indicar que ellos, aunque, como ahora lo sé, erróneamente hicieron aquello que otros hombres con la misma fe, convicciones y fervor por la preservación religiosa de la nación, sean estos hombres judíos, gentiles o paganos, habrían hecho en circunstancias similares.

Pero el gran elemento de la tragedia en todo esto, no es el hecho de que Jesús fuera crucificado, sino el gran error de los judíos y la falla en reconocer y aceptar a Jesús como su tan esperado Mesías y Salvador, no de su condición de esclavitud material, sino de la esclavitud del pecado y error en que han vivido por muchos siglos. Ésta, yo digo, fue su tragedia, y ha sido su tragedia perenne y mortal desde aquel momento hasta el día de hoy, y las perspectivas son que seguirá siendo así por muchos años venideros, y que generaciones de judíos pasarán de la vida terrenal al mundo espiritual bajo la sombra de esa gran tragedia.

Siguen creyendo – y esa creencia es parte de su existencia y tan firmemente fija, como en los días del gran error – que tienen a Abraham como su padre, y que su fe y ejemplo son suficientes para mostrarles el camino verdadero a Dios y a la salvación, y que ellos son la gente elegida de Dios, y que, adorando al solo y único Dios y observando los sacramentos y festejos y mandamientos de Dios que les fueron dados por, y a través de Moisés y los profetas, como figura en el Viejo Testamento, encontrarán el cielo de Dios aquí en la tierra y descansarán en el seno de Abraham, después de la muerte. Que la observancia de los preceptos morales y éticos de su Biblia es todo lo que es necesario para desarrollar su naturaleza espiritual, y que no hay nada más allá de tal desarrollo que pueda ser deseado o buscado. Que en algún momento alcanzarán la condición Adánica de recompensa y felicidad, que es la condición máxima de la existencia futura del hombre.

Algunos aún esperan la venida de un Mesías quien restaurará su gloria pasada y reinará en la tierra como rey y soberano de todas las naciones, y que ellos serán sus elegidos y seleccionados para ayudar en el ministerio del reino de ese Mesías.

¡Cuán seguro es que jamás se realizarán sus sueños y que, a menos que logren un despertar a la verdadera naturaleza de su Dios, nunca se convertirán en habitantes del reino del Padre!

Y quiero decirle a mi pueblo, con certeza de conocimiento que nace de una experiencia y observación real, que Jesús de Nazaret fue el verdadero Mesías que trajo al mundo, y primero a los judíos, las verdades de Dios y Sus planes para la salvación de la humanidad y restauración de todo lo que habían perdido por la caída de sus primeros padres, debido a su desobediencia. Y si la gente de mi nación lo hubiese recibido, aceptado y seguido sus enseñanzas, no serían la raza dispersa, sin patria y perseguida, que ahora son en la tierra, ni se conformarían ahora en el mundo espiritual con sus hogares y felicidad en los cielos espirituales, pero muchos de ellos serían habitantes de los Cielos Celestiales y poseedores de la inmortalidad y del Amor Divino de Dios.

Has recibido varios mensajes que describen el plan del Padre para la salvación del hombre, y qué es el Amor Divino y cómo puede ser obtenido, y su efecto sobre el alma de tanto hombre como espíritu, una vez poseído, y no pretendo entrar aquí en una explicación de estas cosas. Pero, con todo el amor que siento por mi raza, sobreañadido al conocimiento del gran error e insuficiencia de su fe para lograr la unicidad con Dios, les aconsejo y exhorto a buscar la verdad y aplicarla a sus almas individuales, y afirmo que la verdad y el camino a encontrarla, están en los mensajes que has recibido de Jesús y de los otros altos espíritus.

Soy un creyente en estas verdades, un seguidor del Maestro y un habitante de los Cielos Celestiales; pero quiero decir que estas verdades no vinieron a mi como parte de mi fe, sino después de muchos largos años de vida en el mundo espiritual, y que viví algunos de estos años en oscuridad y sufrimiento.

Así que, diré buenas noches y me suscribo,

Tu hermano en Cristo,
ELOHIAM

Lucas, El Apóstol. Recibido el 15 de diciembre de 1915. Por Qué el Espiritismo, Como es Enseñado Ahora, No Satisface al Alma en Sus Anhelos Por la Felicidad, Paz Y Alegría

Diciembre 15 de 1915

YO ESTOY AQUÍ, *Lucas.*

Quisiera escribir unas breves líneas sobre el tema que tú y tu amigo, el Dr. Stone, discutían, es decir, en cuanto a si el Espiritismo como ahora es entendido y enseñado, provee aquello que satisfaga las almas de los hombres en sus anhelos por la felicidad, paz y contentamiento.

En el transcurso de mi vida como espíritu, he escuchado a un gran número de predicadores y maestros de Espiritismo, tanto en años recientes como a lo largo de los tiempos, desde el momento de mi entrada al mundo de los espíritus; pues, debes saber que el Espiritismo no es algo nuevo, teniendo su origen o creencia en los años recientes que siguieron a las manifestaciones en América. A través de los tiempos, los espíritus se han manifestado a la humanidad en una fase u otra, y los hombres han creído y discutido el Espiritismo.

Por supuesto, en tiempos anteriores cuando las iglesias tenían el gran poder que les permitía dictar la creencia de los hombres, el Espiritismo no fue tan abiertamente enseñado ni discutido como en estos últimos años; no obstante, siempre fue conocido por la humanidad durante el tiempo mencionado. Sus enseñanzas nunca han ido más allá de los meros fenómenos que demostraron a sus creyentes la continuidad de la vida y la comunicación de espíritus. Las cosas superiores del desarrollo del alma y del Reino de Dios, como has sido instruido, nunca fueron pensadas o, por lo menos, enseñadas o creídas. Sólo eran discutidos y aceptados los dos hechos de los que he hablado; y aún hoy día los científicos que lo investigan, sólo tratan con el fenómeno y están satisfechos con la prueba de que el hombre nunca muere.

En ningún momento, los maestros de Espiritismo buscaron o impartieron enseñanzas acerca de la existencia del Amor Divino o del Reino de Dios, y de hecho, tales cosas no podían ser enseñadas, puesto que nunca fueron conocidas. Para el Espiritista, Dios nunca ha sido nada más que una fuerza abstracta indefinible, cuya existencia no es de suficiente certeza para ser algo más que un mero principio, como algunos Lo llaman; y las leyes que rigen toda la naturaleza son las únicas cosas donde los hombres deben buscar sus ideas del bien y el mal y para regir su conducta en la vida.

Los Espiritistas hablan del amor del hombre hacia su prójimo y la hermandad del hombre, el cultivo de la mente y las cualidades morales, pero no admiten ninguna ayuda externa, o de ser así, sólo la ayuda de algún amigo difunto que puede no ser, en lo absoluto, competente para ayudar; o en tal caso, esa ayuda es solamente aquella que el uno puede prestar al otro; e incluso, cuando se habla de ayuda de lo que se llama espíritus superiores, no implica una ayuda de una calidad diferente.

Sé que los espíritus ayudan a los mortales, y también les hacen daño, pero según las ideas de los Espiritistas, toda esa ayuda se basa en lo que ellos suponen que estos espíritus poseen, en cuanto a logros intelectuales superiores o cualidades morales.

El alma del hombre, que es aquella parte de él que fue hecha a la imagen de Dios, anhela, aunque sea inconscientemente, aquello que haga que dicha imagen se convierta en Sustancia, con la felicidad y regocijo resultante. Sin embargo, no encontrarás a ningún Espiritista que enseña o trata de enseñar cómo, o de qué manera puede ser adquirida tal Sustancia, o el hecho de que exista esa Sustancia. Ellos desconocen que el Amor Divino, que viene por medio de la obra del Espíritu Santo, es lo único que puede lograr que la imagen se transforme en la Sustancia, y por lo tanto, no pueden enseñar las verdades, y como consecuencia, las enseñanzas del Espiritismo no satisfacen, jamás, los anhelos del alma de un hombre.

¿Crees, acaso, que, si la gran verdad del Espiritismo hubiese abrazado la verdad superior del desarrollo del alma, el Espiritismo hubiese sido tan débil y poco atractivo que ahora es, y que los hombres no lo habrían buscado y abrazado en un número vasto?

El Espiritismo, con todas sus verdades, es la verdadera religión del universo, y una que resultaría más eficaz para que los hombres alcancen un estado de reconciliación con el Padre, que todas las otras religiones combinadas. Pero es inefectivo y sin poder de atracción, como religión, puesto que no tiene las enseñanzas que muestran a los hombres el camino al Amor de Dios y a la satisfacción de los anhelos del alma.

Pero algún día y en un futuro cercano, este defecto será subsanado y entonces verás a hombres y mujeres acudir a su seno, a fin de poder gozar, no sólo de la felicidad que la comunicación con sus amigos difuntos les brinda, sino también la felicidad que el desarrollo del alma por el Amor

Divino les otorga.

Por qué la gran revelación de esta verdad a los Espiritistas ha demorado tanto, no lo sé, excepto que es posible que la humanidad no estaba preparada para recibirla antes. Pero ahora ha llegado el momento, y las falsas creencias de las iglesias ortodoxas y la falta de creencia de los Espiritistas, ambas desaparecerán y los hombres serán libres y poseedores de las verdades combinadas del Espiritismo y la existencia del Amor Divino que les traerá, no solamente la felicidad y la paz, sino la inmortalidad.

No debo escribir más esta noche pues estás cansado; así que diré buenas noches.

Tu hermano en Cristo,
LUCAS

Jesús. Recibido El 28 de septiembre de 1914. Aquí el Maestro, en Uno de sus Primeros Escritos, Explica Quién Fue Realmente, y Trata de Corregir Algunas de los Conceptos Erróneos Que Existen Acerca de Él en el Nuevo Testamento. El Tono de Éste y los Grandes Mensajes Formales del Maestro es Sorprendente

Éste es el primer mensaje formal, recibido por James E. Padgett

YO ESTOY AQUÍ, *Jesús*.

Eres mi hermano verdadero y pronto tendrás el Amor de nuestro Padre en tu corazón. No te desanimes o deprimas, pues el Espíritu Santo pronto llenará tu corazón con el Amor del Padre, y entonces serás muy feliz y lleno de luz y poder para ayudarte a ti mismo y a tu prójimo.

Acude a tu Padre por Su ayuda. Acude en oración, creyendo firmemente y pronto sentirás Su Amor en tu corazón. Sé que recibirás mis enseñanzas en el transcurso del tiempo, y entonces tu entendimiento se ampliará considerablemente de manera que sabrás que yo soy el hijo del Padre como te expliqué unas noches atrás. Puedes, y recibirás el Amor del Padre, de modo que no tendrás que someterte a la expiación en el mundo espiritual.

Yo no fui concebido por el Espíritu Santo, como es enseñado por los predicadores y maestros que ahora guían a la humanidad en las doctrinas de las iglesias. Nací como tú naciste, y mi padre terrenal fue José. Fui engendrado por el Espíritu de Dios en el sentido que nací libre del pecado y error, mientras que todos los demás seres humanos fueron nacidos en el pecado y error. Nunca he sido un ser humano, en cuanto a mi existencia espiritual, pues, siempre estuve libre de pecado y error, pero yo tenía todos aquellos sentimientos y anhelos de un ser humano, que no eran pecaminosos. Mi amor fue tanto humano, como espiritual, y estaba sujeto a todos los sentimientos de compasión y amor como cualquier otro humano. No debe entenderse que mis deseos y anhelos eran aquellos placeres del mundo que fueron creados por las pasiones humanas. Yo no lo fui; sólo fui capaz de sentimientos profundos, y podía sentir y conocer el sufrimiento aflicción de la humanidad.

Sí, lo haré, y aprenderás que muchos errores fueron escritos por los escritores de la Biblia. Te mostraré que muchos supuestos dichos míos, no fueron dichos por mí o que no expresaron mis enseñanzas de la verdad. Sus enseñanzas de la Ciencia Cristiana no expresan el verdadero significado de la verdad y amor, como yo los enseñé. Ella está en un error en cuanto a la idea de que Dios es espíritu solamente, un espíritu de mente. Él es un espíritu de todo lo que pertenece a Su Ser. Él, no sólo es Mente, sino Corazón, Alma y Amor.

Estás demasiado agotado para seguir escribiendo. Tienes mi bendición y también aquella del Espíritu Santo.

JESÚS, EL CRISTO

Jesús. Recibido El 25 de diciembre de 1914. El Maestro Está Ansioso de Que la Humanidad se Abstenga de Adorarlo Como Dios. Como Se Explica en Este Escrito Preliminar, Sólo Dios Puede Perdonar el Pecado, y Jesús Corrige un Pasaje en el Nuevo Testamento que Trata Sobre El Perdón

Diciembre 25 de 1914

YO ESTOY AQUÍ, *Jesús.*

Eres mi querido hermano, y te diré lo que deseo que hagas en este momento. No debes permitir que las preocupaciones de tu vida de negocio impidan que dediques tus pensamientos a Dios en devoción y oración, y que creas en mí y me ames como tu amigo y maestro, puesto que lo soy; y sólo deseo que hagas aquellas cosas que harán que seas uno con el Padre y amarme más.

Debes tratar de dirigir todos tus pensamientos a la misión para la que te he elegido, pues, te elegí y debes hacer mi trabajo. Tal como yo fui aquél a quien Dios eligió para hacer Su obra cuando estuve en la tierra, tú eres, asimismo, mi elegido ahora para realizar mi trabajo, difundiendo mis mensajes de la verdad y amor al mundo. Pronto empezaré a escribirlos y debes conservarlos hasta que estés en condiciones de publicar los mismos, que no tardará mucho, pues, como ya te dije, los medios que te permitirán que me dediques tu tiempo completo pronto estarán a tu disposición.

No quiero que pienses que tú no eres digno de hacer esta gran obra, pues, si así no fuese, yo no te habría elegido, y este solo hecho debe ser suficiente para que no dudes que seas la persona adecuada para el trabajo.

Déjame decirte ahora que, no importa lo que puedas pensar en cuanto a lo que sucederá con tus asuntos de negocio y trabajo, yo cuidaré de ti y removeré todo obstáculo, a fin de que, como dije, puedas iniciar pronto tu tarea.

A través de mis enseñanzas, quiero revelar que yo soy sólo el hijo de mi Padre, al igual que tú eres Su hijo, y no debo ser adorado como Dios. Él es el único Dios y aquellas personas que me están adorando en todas partes del mundo no proceden de acuerdo con mi deseo, puesto que relegan a Dios a un segundo plano y haciéndome su objeto de adoración, que es totalmente incorrecto, y lo cual ansío que cese.

Deben considerarme sólo como un hijo de Dios y su hermano mayor que ha recibido del Padre Su pleno Amor y confianza, y lo cual fui encomendado a enseñarles. No permitas que nadie te tienta a desplazar tu amor hacia Dios por cualquier amor que puedas sentir por mí, puesto que tu amor por mí no debe ser de la naturaleza de aquel que sientas por Él. Él es el Dios único y debes adorarlo solo. Por lo tanto, ten cuidado y haz la distinción, o cometerás un grave error.

Soy tu querido hermano y maestro y te amo con un amor que tengo por muy pocos mortales. ¿Por qué? Porque veo que serás mi verdadero seguidor y amarás a Dios como yo Lo amo. Sólo que no quiero que pienses que ahora estás en una condición que te deja libre de pecado, o de la necesidad de progresar hacia el Padre, con todo tu corazón, para el influjo de Su amor. Debes obtener todo cuanto sea posible de este Amor y ello puede ser obtenido sólo mediante la oración y fe.

Así que ten fe al orar, y llegará aquel momento cuando estarás muy cerca del Padre y gozarás de Su Amor a un grado que pocos, hasta ahora, han obtenido.

Sí, es posible y, como digo, se llevará a cabo; sólo haz lo que te he indicado. Sí, te ayudaré con todo mi poder y amor, y tendrás éxito. Sólo trata de creer, y antes de venir al mundo espiritual te darás cuenta que Dios es tu Padre, a tal grado que te permitirá vivir muy cerca de Él, como yo vivo. Tu fe ahora es muy grande, como sé, y a pesar del hecho de que a veces dudas y te desanimas, tu fe está ahí y crecerá en intensidad y llegar a ser tan fuerte que no volverá jamás a quebrantarse.

Sí, hay muchas cosas en mi vida, como está escrito en la Biblia, que son ciertas y muchas que no lo son. De éstas te hablaré cuando yo venga a escribir mis mensajes, y debes esperar hasta entonces. Sí, lo hice, pero no en el sentido como es enseñado. Para que el pecado sea perdonado, sólo es necesario que el verdadero penitente sienta que al orar a Dios para que sus ofensas pasadas sean borradas, y aquel penitente crea verdaderamente que Él así lo hará, los pecados para los que hubo de rendir cuentas ya no estarán en su contra. Yo mismo no pude perdonar el pecado, puesto que yo no era Dios, pero pude decirles con certeza que, si se arrepentían, Dios perdonaría sus pecados. Luego te diré en detalle lo que es el verdadero perdón y en que consiste.

En cuanto al acto de curación que yo realicé en el estanque de Betesda, se afirma que yo dije, "¿Es más fácil decir, 'toma vuestra camilla y camina', que para que Dios perdone tu pecado?" Bien, ésta es la manera como se registró, pero eso no fue lo que dije. En realidad, dije: "para que sepáis que el hijo del hombre, a través del poder de Dios, puede perdonar el pecado, os digo, toma vuestra camilla y camina". Fue sólo como instrumento de Dios para mostrar al hombre el camino a Su Amor Divino, que yo pude realizar el perdón del pecado, y no por ningún poder propio. Si Dios no perdonaba, yo no podía hacerlo y tampoco lo puede hacer ningún hombre.

Sé que una iglesia alega tener esa autoridad, pero no es correcto. No tiene poder para perdonar el pecado o para conceder ningún favor o indulgencia a la humanidad, y sus afirmaciones de ese poder es una mera usurpación de lo que Dios solo tiene el poder de otorgar.

Que la bendición de Dios y la mía desciendan sobre ti esta noche.

JESÚS

Mary Kennedy Mensaje Recibido el 29 de marzo de 1917. Afirma que el Alma Gemela del Editor Está Ansiosa de que Él Obtenga el Amor Divino en Mayor Abundancia, Para Poder Hacer Un Contacto Más Estrecho con Ella

Marzo 29 de 1917

YO ESTOY AQUÍ, *Mary Kennedy:*

Yo estoy aquí, y no haré esperar por más tiempo a mi querida alma gemela, pues, él está a punto de estallar por la ansiedad que tiene de comunicarse conmigo. Quizás él no te lo haga saber, pero es verdad, puesto que puedo leer su alma y no me halago al decirte esto.

Bueno, ha transcurrido mucho tiempo desde la última vez que le escribí, aunque no lo creas así, pero lo ha sido para mí, pues, si sólo te dieras cuenta de la felicidad que siento al escribirle, comprenderías que a veces nosotros, los espíritus, sabemos lo que significa el tiempo en el mundo espiritual, aun cuando muchos de ellos te dirán que no saben lo que significa el tiempo. Bien, podrá ser así, pero dudo que aquellos que dicen esto han tenido alguna vez la experiencia de esperar la oportunidad de escribir a sus almas gemelas en la tierra.

He estado con él mucho tiempo, como él lo sabe, y me convertí en parte de sus pensamientos, así que traté de responder de una manera sensible a los pensamientos de amor que él me envía, y algunas veces me di cuenta que lo lograba. Bien, esta noche deseo decirte que estoy más interesada en la felicidad que llega a él, mediante el influjo del Amor del Padre, que cualquiera felicidad que él pueda obtener del influjo de mi amor, y aunque yo lo amo con todo mi amor de alma gemela, y quiero que él se dé cuenta de ello en toda su plenitud, sin embargo, estoy más ansiosa de que su alma se abra a este amor superior que es tan necesario para su salvación eterna y una morada en las Esferas Celestiales. Y además, debo decirle esto – que las almas con este Amor Divino, desarrollado dentro de sí, tienen una capacidad más maravillosa para este amor inferior, que aquellas que sólo tienen el amor natural desarrollado. Para el primero no hay límite a la felicidad y a las posibilidades de progreso.

De mis escritos, y especialmente de aquellos en los que trato de hacer algunas bromas, Leslie podría pensar a veces que quizás yo sea un poco frívola o no tan seria, como debiera ser un espíritu de mi desarrollo y posesión, pero de esto quiero desengañar a su mente, puesto que él debe saber que cuando hay una gran alegría y felicidad que nace del amor, incluso del Amor Divino, habrá alegría y bromas, y la tristeza o seriedad continua no formarán parte de esa felicidad. Yo soy muy seria en algunas ocasiones, y medito con gran sinceridad y anhelos de mi alma sobre las verdades del Padre y el significado de Su gran Amor, y mi alma va hacia Él con toda la reverencia y adoración que Él pidiera de mí, y al orar por mi alma gemela y por su progreso en este Amor, entonces soy más seria y dirijo los anhelos de mi alma al Padre con toda la sinceridad que poseo.

No, él no debe pensar que soy un alma gemela frívola, saltando de esfera a esfera, como uno de los espíritus que te escribió se refirió a nosotros que tenemos el Amor del Padre en nuestras almas, y a quien le parecemos tan brillantes y etéreos. Sólo aquellos que están en la oscuridad o que carecen de este gran Amor suelen tener un aspecto serio, nunca con una risa o una canción para alegrar el corazón de algún otro espíritu, o tal vez un mortal. ¡Vaya! si yo he de lucir siempre seria, o como un ángel de pensamiento profundo tratando de solucionar los problemas del universo, yo no poseería el amor que tengo y mi rostro no brillaría como el sol, que es el aspecto de aquellos espíritus que tienen este Amor del Padre en sus almas, como yo lo tengo. No me halago, como dirían ustedes los mortales, pero simplemente te afirmo una verdad que no puede ser negada por ninguno en nuestros planos espirituales, donde nosotros de almas redimidas vivimos, amamos y oramos.

Por supuesto, cuando llego a tu habitación, o al plano terrenal, no traigo conmigo mi aspecto verdadero producido por mi alma, puesto que yo no sería lo que los espíritus que viven en este plano podrían soportar, y, entonces, sólo soy un espíritu hermoso, como a veces somos descritos por aquellos que escriben, pero, como soy realmente, sólo aquellos como yo o superiores a mí, pueden ver o comprenderlo. Y así, yo trato de ayudar a mi amado para obtener mucho de este Amor en su alma para que él, al venir a nuestro mundo espiritual, no tarde en estar en la condición para ver a su Mary tal como es realmente. Bien, estoy agradecida por la oportunidad de escribir esto esta noche, pues mucho he deseado que él pudiera tener alguna concepción de mí como soy en realidad.

Dile que mi amor está con él todo el tiempo, sea yo su Mary en el plano inferior o su Mary en los cielos más altos donde ella aparece ante sus espíritus asociados en toda la belleza de su gloria, una gloria que sólo puede llegar con, y de la posesión del amor más grande de todos.

Gracias y no escribiré más. Así, mi querido amigo, con mi amor de hermana para ti, y mi eterno amor de alma gemela por él, diré buenas noches.

Tu hermana en Cristo,
Mary

Mary Kennedy. Mensaje Recibido el 29 de enero de 1918. Cuán Pequeña es la Mente Humana, Incluso, del Más Erudito, En Comparación Con Aquella del Espíritu que Posee en Su Alma el Gran Amor del Padre

Enero 29 de 1918

YO ESTOY AQUÍ, *Mary Kennedy*
Bien, mi querido, me refiero a Leslie.

Pensarás que soy una simple niña inglesa, sin ningún conocimiento de lo que los hombres sabios de la tierra llaman psicología. Sin embargo, sé más sobre el alma que el científico, como es conocido en la tierra, puesto que sé que mi alma es inmortal, y no sólo eso, sino la razón por la que es así. ¡Cuán pequeña es la mente humana, incluso del más erudito, en comparación con la mente de un espíritu que ha recibido el gran Amor del Padre en su alma, y se da cuenta que es parte de la esencia misma del Ser del Padre!

Sé que preferirías que tu Mary fuera un ángel de los Cielos Celestiales, en lugar de la más sabia de los sabios en los planos espirituales.

Bien querido, todo esto es interesante para nosotros desde cierto punto de vista, pero no tan interesante realmente como el gran amor que nos une tan estrechamente. Un conocimiento del alma, como la conozco, es muy vital, pero un conocimiento de lo que logra una unidad en perfección con

390

su verdadera alma gemela es igualmente, si no más importante.

¡Cuán pobres son aquellos espíritus que están investigando el tema del alma de una manera meramente intelectual, en comparación con aquellos que saben lo que es el alma, sin necesidad de investigar con la mente! Y cuando el Amor es conocido y llega a entender cuán rico es el espíritu que posee y se da cuenta de la verdad de la realidad de ese Amor; vendrá la prueba sin buscar pruebas, y la especulación se convierte en algo innecesario y desconocido.

Esta noche estoy muy feliz de haber podido escribir y decirte lo que tú ya sabes; pero decírtelo es una alegría, pues, cuando lo hago, debes decir a cambio "querida, yo te amo", y luego me verás feliz dando y recibiendo.

Si no fuese tan tarde te escribiría una larga carta, pero el escritor me dice que no debe escribir más por esta noche.

Así que, confía en que te amo con todo mi corazón, y en mis esfuerzos por ayudar y consolarte, y sobre todo, ora más al Padre por Su Amor, con fe de que te será otorgado.

Buenas noches, mi amado,
Tu querida,

MARY

Mary Kennedy. Recibido el 16 de febrero de 1920. Informa al Editor, A Través del Sr. Padgett, que Ella Ahora Está en un Plano Superior en los Cielos Celestiales, con Un Mayor Entendimiento en Su Alma de lo que Significa el Amor del Padre

Febrero 16 de 1920

YO ESTOY AQUÍ, *Mary*

Bien, estoy aquí y tengo mucho que decir, pero ya que Helen te advirtió, no me excederé mucho, y Helen fue injusta conmigo al decir que yo escribiría toda la noche. Soy considerada contigo todo lo posible, y no obstante mi oportunidad, me doy cuenta de tu capacidad.

Dile a mi amado que durante mucho tiempo he querido comunicarme con él, y que, aunque tengo la ventaja sobre él, en cuanto a poder ver cuáles son sus pensamientos y sé cuánto me ama, sin embargo, yo también deseo decirle de mi amor por él y cuán interesada estoy en él, y quiero que él lo sepa. Él es mi verdadero amante, y me doy cuenta que ninguna otra mujer puede interponerse entre él y yo, incluso en cuanto a algún amor terrenal que él pueda tener. Y permíteme decir aquí que no hago alusión

391

a ti, puesto que sé las circunstancias de tu caso, y cuán mejor es para ti tener a alguien en tu vida para consolarte en tus últimos años en la tierra. Pero Leslie no necesita tal cosa, y siempre seré suficiente para él como él lo es para mí. Dile que soy muy feliz en el conocimiento de que él es todo mío, y que mi amor por él crece cada vez más, y mis esfuerzos por hacerle feliz nunca cesan.

Ahora estoy en una esfera superior, que cuando le escribí la última vez, y me doy cuenta, más que nunca, lo que significa el maravilloso Amor del Padre. También, con la intensificación de este Amor en mi alma tengo más amor por él, con la plena conciencia de que ningún placer o condiciones terrenales pueden jamás separarnos, ni por un momento, y que la dicha que tengo será también suya, más pronto de lo que él pueda imaginar. Realmente creo que cuando él venga, no tardará mucho en encontrar su hogar conmigo y gozar de la felicidad de mi hogar, un hogar maravilloso como ninguno en la tierra, o que hombre alguno haya concebido. No, es más allá de toda descripción, y la descripción más próxima a algo que él pueda entender es, que el Amor del Padre está dentro de ello y lo rodea al grado de hacer que todo sea hermoso y magnífico. Él no debe afligirse por el hecho de venir a mí, pues él vendrá tan seguro como se levanta el sol de ustedes, y entonces él sabrá lo que significa la felicidad en experiencia y placer.

Estoy tan feliz de poder escribir esta noche y alentarlo, con el conocimiento de que todas estas cosas serán suyas y para siempre. Sé que él no está rodeado de aquellas cosas que normalmente proporcionan felicidad a los hombres, pero él tiene una riqueza mayor que lo que estas cosas podrían darle, pues, él vive rodeado de mucho más, no sólo del Amor del Padre, sino también del amor de un alma gemela quien es toda suya, y preparada para darle la verdadera felicidad que la unión con un alma gemela en los Cielos Celestiales puede dar. Él debe continuar orando por un incremento del influjo del Amor del Padre, y en la medida que lo reciba, yo estaré capacitada para ver el crecimiento también de su amor de alma gemela por su Mary, y yo seré más feliz y él también lo será.

Me gustaría escribir acerca de tantas cosas aquí, en tal realidad y grandeza, pero ya que no debes escribir mucho más, debo renunciar al placer. Pero esto él debe saber – que mi amor es todo suyo, y las numerosas mansiones de las que ha hablado el Maestro serán una realidad comprobada, y no la mera esperanza de la que tantos mortales dependen.

Le envío un beso, sí, muchos besos, tales como sólo los ángeles pueden enviar, y si su alma se abre al recibimiento de ellos, él se dará cuenta de lo que significa.

Con mi amor hacia él y la seguridad de que velo por él y lo amo y comprendo sus preocupaciones terrenales, me suscribo su querida

MARY

Un Mensaje de Helen en la Víspera del Año Nuevo.
Un Momento de Agradecimiento al Padre por Su
Gran Amor y Misericordia

Diciembre 31 de 1917

YO ESTOY AQUÍ, tú verdadera y querida Helen

Bien querido, veo que no te sientes muy bien esta noche y sólo escribiré una breve carta.

Como dijo el Dr. Stone, el año casi se acaba, para nunca volver, y los pensamientos del año han encontrado sus lugares en la gran eternidad, algunos se habrán ido para siempre y nunca recordados, y otros vivirán para hacerte frente cuando vengas al mundo espiritual. Me alegra poder decir que la gran mayoría de estos pensamientos es tal, que no necesitas temer hacerles frente, pues han sido sobre cosas que te ayudarán en tu progreso en las esferas de amor, y lo que digo de ti, también digo del Doctor, puesto que hemos estado muy cerca de él durante el año que pasa. A pesar de que sus libros de cuentas contienen algunas cosas que carece de lo espiritual y verdadero, y que deben ser olvidadas cuanto antes, sin embargo, muchas de ellas son aquellas cosas que sólo la posesión del Amor del Padre ha podido engendrar y las cuales te recibirán con influencias de aliento, y te darán gran satisfacción y agradecimiento al Padre, por haber sido tan susceptibles a la influencia de este Amor y sugestiones de los espíritus superiores, que a menudo han estado con ustedes durante el año. Ustedes tienen mucho por lo que deben congratularse a sí mismos, puesto que sus almas no tendrán la condición de subdesarrollo que deberían tener, incluso un año atrás. Quizás no puedan apreciar el grado de su desarrollo, o cuál es la verdadera condición de sus almas, y yo, que puedo ver y saberlo, deseo decirles que regocijo con ustedes y estoy muy agradecida al Padre por Su misericordia y Amor, que tan abundantemente ha sido otorgado a ustedes.

No sólo yo, me regocijo por este hecho, sino que muchos espíritus brillantes que aman tanto a los dos, alaban a Dios por Su gran bondad hacia ustedes. Y muchos están presentes esta noche, pero ninguno más feliz que sus almas gemelas que, por supuesto, sentimos un amor por ustedes que los otros no pueden sentir. Así que, a pesar de los problemas materiales y preocupaciones que hayan tenido durante el año, tienen mucho que agradecer, sí, mucho más de lo que se dan cuenta.

Y cuando se considera por un momento, el gran número de Espíritus Celestiales y con ellos el Maestro, que han sido sus constantes compañeros durante todo el año, amándolos y tratando de ayudarlos y consolarlos, se darán cuenta que han sido maravillosamente bendecidos. Rara vez algún ser humano ha tenido tal compañía, como ustedes dos lo han tenido, y ninguno consciente de ello, pues, a ningún otro hombre o mujer en la tierra le han sido transmitidos estos mensajes de amor y verdad, como lo han sido a ustedes.

Sé que, a pesar de que estos espíritus superiores han estado en una estrecha camaradería con otros mortales, cuyas almas han recibido el Amor del Padre y tratan de ayudarlos con su presencia, sin embargo, ninguno, a su conciencia sensorial, ha tenido la comprensión de la presencia de tales espíritus, y ningún mortal, a excepción de ti, el Dr. Stone y Eugene, ha recibido palabra de su gran amor y cuidado de ellos.

Al pensar en esto, deben apreciar cuán grande ha sido el privilegio, y que con este privilegio viene una responsabilidad que requiere un gran interés de parte de ustedes y deseo de hacer el trabajo. Aconsejo a los tres que piensen en este gran hecho.

Bien, no debo escribir más, pero Mary Kennedy dice que le comuniques al Dr. Stone que ella lo ama más que nunca, y que su amor y felicidad, sabiendo que él es su verdadera alma gemela, es mayor al terminar el año. Ella le desea un Feliz Año Nuevo y sabe que traerá a los dos una unión más estrecha y una felicidad mayor que nunca, así como un mayor y más maravilloso desarrollo del alma de él en el amor, y por consiguiente, una mayor estrechez en el amor de alma gemela.

Todos sus amigos les envían su amor y deseos para un Feliz Año Nuevo, uno lleno con la posesión del Amor del Padre en abundancia, y una comprensión más clara de Sus verdades y del trabajo ante ustedes.

Que el Padre bendiga a los dos, es la oración de

Tu verdadera y querida,
HELEN

LAFAYETTE, Recibido El 26 de abril, de 1916. El General de la Guerra Revolucionaria Relata Cómo Washington Le Ayudó a Adquirir Conocimiento del Amor del Padre, y el Cambio Resultante en su Actitud Hacia los Alemanes

Yo Estoy aquí, *Lafayette*.

Desde hace algún tiempo, he estado ansioso por escribirte nuevamente y hacerte saber los resultados de los consejos que me has dado, la última vez que escribí. Después de nuestra última comunicación, busqué al General Washington y le hablé de mi conversación contigo, pidiéndole que me explicara el significado de este Amor Divino y cómo puede ser obtenido.

Él estaba tan complacido con mi indagación, que me tomó en sus brazos y me llamó su hijo, como lo hizo en la tierra, y con su rostro, que brillaba con amor y felicidad, me explicó el significado de este Amor y lo que había hecho por él, así como la felicidad que le había traído, y su progreso ahora a los Cielos Celestiales de luz y verdad.

Bien, empecé a considerar lo que él me había dicho y a tener anhelos en mi alma por aquel Amor, así como la felicidad que él dijo que me traería, y comencé a orar por el Amor y tratar de tener fe. Bueno, sin ocupar tu tiempo ensayando los pasos de mi progreso, me complace decirte que tengo este Amor en cierta medida y que ahora soy un habitante de la tercera esfera, gozando de la asociación con espíritus que poseen también este Amor y se esfuerzan por progresar.

Mi felicidad es muy diferente de lo que era antes de recibir este Amor, y me doy cuenta que el alma, y no la mente, es el hombre, especialmente de los hijos redimidos de Dios. Nunca imaginé que el alma fuese capaz de tal Amor y felicidad, y el conocimiento de que el Amor Divino es absolutamente la única cosa necesaria para que los espíritus puedan estar en unión con el Padre.

Deseo expresarte mi gratitud y decirte que jamás olvidaré tu bondad y amor en guiar mis pensamientos hacia esta gran verdad.

Sí, sigo interesado en la guerra, pero ahora no siento ningún odio hacia los alemanes que sentía antes. Considero que son todos hermanos e hijos del Padre, y que sólo las ambiciones de algunos y las pasiones y odio de otros prolongan la guerra. Pero pronto cesará, pues veo ante mí el colapso de la batalla alemana contra Verdún, y luego vendrá rápidamente el fin.

Ojalá fuera mañana, puesto que entonces cesaría la matanza y la muerte, y la miseria añadida. Hay muchísimos espíritus procedentes de estos campos de batalla que no son aptos para la vida espiritual y en un estado de gran confusión, y cuando se dan cuenta que ya no son mortales se vuelven desconcertados y miserables. Pero estamos tratando de ayudarlos. No consideramos a ninguno un enemigo, y todos son ayudados por igual. No escribiré más esta noche, y al cerrar, te doy mi amor y me suscribo con un nuevo nombre, que es,

Tu hermano en Cristo,
LAFAYETTE

WILLIAM STONE.   Recibido El 28 de noviembre de 1915. El Padre del Editor Afirma que Está Realizando Esfuerzos Sinceros, Mediante Oración al Padre por Su Amor, Para Progresar a La Morada de Su Esposa, A Fin de Estar con Ella

Yo Estoy Aquí, William Stone.

Yo soy el padre de aquel muchacho, y quiero decirle que yo también estoy feliz, así como su madre, pero no tan feliz como ella lo está. Yo no estoy en la alta esfera donde ella está, pero me esfuerzo por alcanzarla y disfrutar de su hogar. Leslie, hijo mío, me siento feliz también de que estés tratando de seguir los pasos del Maestro en su Amor al Padre, y en las aspiraciones de tu alma.

Debes creer en esta verdad y no te desilusionarás. Al llegar el gran día de la reunión, encontrarás más amor esperándote, de lo que alguna vez hayas pensado posible que un espíritu pueda recibir. Así que, confía en Dios y sigue las enseñanzas del Maestro. Sé la importancia de esto, como uno quien fue ignorante de ellas en la tierra y ha aprendido, sólo al venir al mundo espiritual.

Bendigo a tu querida madre, pues de no haber sido por sus enseñanzas, luego de pasar a este mundo, yo probablemente sería un espíritu despreocupado, puesto que fui un hombre que gozaba de la felicidad que mi buena naturaleza y amor hacia las cosas en general me dieron. Pero cuando ella vino, vi que tenía un Amor que yo no tenía, y que debía obtener para poder estar con ella, y cuando ella me dijo cuánto me amaba, procuré el Amor de la índole que ella tenía, y con su ayuda y aquella del Espíritu Santo, obtuve este Amor y ahora soy muy feliz, pues, este Amor solo haría posible que yo esté con ella donde está.

Pero aún no estoy con ella, ya que la condición de su alma es superior a la mía, y no me permite compartir su hogar. Ella es tan hermosa y bondadosa, que no me contento con vivir lejos de ella, y estoy tratando con todos los deseos de mi alma de estar junto a ella, mediante oración al Padre para este Amor Divino, la posesión única que puede hacer que yo sea digno de ella.

Así que, Leslie, cree en lo que te decimos y confía en Dios, y serás feliz.

Tu Padre Querido

396

JESUS — Recibido El 15 de diciembre, de 1915. El Maestro Declara que Eligió al Dr. Stone Para Realizar un Trabajo Para el Reino, Tal Como Eligió al Sr. Padgett. Este Trabajo Será una Labor de Amor que Requiere Mucho Esfuerzo Físico, Así Como Espiritual

Yo Estoy Aquí, *Jesús.*

He escuchado lo que le has dicho a tu amigo, el Dr. Stone, y debo decir

que aun cuando tienes cierto aprecio por el Gran Amor que te vino anoche, no obstante, no puedes comprenderlo completamente, puesto que ningún mortal lo puede, aunque hayas experimentado una maravillosa sensación de su influjo. Pero quiero enfatizar que, si sigues teniendo los grandes anhelos y deseos que sentiste anoche, el Amor del Padre vendrá a ti en mayor abundancia.

Y quiero decir, además, que aquel Amor que tú has recibido, espera también al Dr. Stone, y será suyo si sólo asciende sus anhelos al Padre con toda sinceridad de su alma. Al elegirte para realizar la gran tarea de recibir mis verdades y difundirlas a toda la humanidad, también elegí al Dr. Stone para una tarea que será de gran importancia, y que será una obra de amor y mucho esfuerzo de su parte, tanto físico como espiritual. Él, no sólo debe creer en mí y confiar en el Padre, sino permitir que todos sus anhelos, oraciones y deseos sean dirigidos hacia la obtención del gran Amor, y será suyo.

Me complace que ambos hayan estado estrechamente unidos en sus creencias y fe en el Amor Divino; y les diré, además, que tendrán una felicidad que jamás les podrá ser retirada, incluso, mientras estén en la tierra, y esta felicidad será mayor cuando vengan al mundo espiritual, más allá de toda concepción humana. Me complace también que puedan intercambiar opiniones sobre estos temas importantes de mis enseñanzas religiosas, y pienso que ambos tienen un trabajo que realizar y, sobre todo, estoy feliz de que estén dispuestos y deseosos de hacerlo.

Estoy con ustedes con todo mi amor, y haré de ambos los objetos especiales de mi cuidado y amparo — y en el gran más allá cuando hayan finalizado su trabajo en la tierra, ambos recibirán una recompensa que desearían los ángeles y se asombrarían de ello. Así que, esta noche les doy mi amor, y también oraré al Padre para concederles Su gran Amor y bendiciones.

Así que, confíen con todo sus corazones y Su Amor y bendiciones serán derramados sobre ustedes.

Su amigo y hermano,
JESÚS

PRISCILL STONE — La Madre del Editor está Agradecida Porque él Posee Algo del Amor Divino del Padre, y Desea que Sus Otros Hijos También Procuren Su Amor

Mayo 13 de 1917

Yo Estoy Aquí, Priscilla Stone:

Quisiera decir unas cuantas palabras antes de que dejes de escribir, pues, he estado presente toda la tarde y escuché tu conversación, y he visto la condición, tanto de tu alma como la de mi hijo querido, y quiero decirles que mi felicidad a causa de esto es tal, que apenas puedo expresar mis sentimientos.

Estoy muy agradecida al Padre porque Él, en su gran Amor y misericordia, ha permitido que mi hijo conozca y experimente la presencia de este gran Amor redentor. Cuando pienso en el gran número de seres humanos, casi en su mayoría, que no tienen un verdadero conocimiento de este Amor y el camino hacia el gran Reino Celestial de Dios donde existe tanta felicidad y certidumbre de su inmortalidad, me siento casi anonadada y me asombro del hecho que tal privilegio haya sido otorgado a mi hijo, quien, por supuesto, no es más merecedor de esta bendición que miles de otras personas de la humanidad. Dios es bueno y estoy muy agradecida.

Dile a mi muchacho que recuerde lo que Juan, el Apóstol, le escribió y que debe creer y confiar en lo que él dijo en cuanto a la recompensa que recibirá al venir al mundo espiritual y se dé cuenta de los resultados de sus esfuerzos por ayudar a los mortales y espíritus.

Si mis otros hijos tan sólo lo escucharan y dirigieran sus pensamientos a estas cosas espirituales y procurasen este Amor Divino, yo sería tan feliz, que exclamaría con David cuando escribió el Salmo 23 "mi copa de alegría está rebosando".

Y oro y espero que alguna pequeña verdad encuentre alojamiento en sus almas y germine, hasta que por fin encuentren la perla de gran valor del Padre.

Dile a mi muchacho que debe confiar en lo mucho que lo ama su madre, quien está con él muy a menudo y ahora trata de revelarle su amor y expresar su agradecimiento al Padre de Todos.

Su padre está aquí también y envía su amor y bendiciones. Dice que su hijo debe orar y creer y trabajar, pues en estas tres cosas encontrará un poder que vencerá todo obstáculo y traerle aquel Amor y paz, que sólo los hijos redimidos del Padre pueden poseer o entender.

No escribiré más ahora y gracias por el privilegio. Dios bendiga a mi hijo y lo mantenga en el camino del Amor que conduce al Cielo Celestial. Así que diré, buenas noches. Su madre — él sabe que yo soy su madre sin firmar mi nombre.

THOMAS PAYNE, Recibido El 20 de Julio, de 1915. El Escritor Escéptico de los Días Coloniales y Llamado por Sus Contemporáneos, Un Infiel, Admite Su Error en Algunas de Sus Creencias, y, Mediante el Conocimiento del Amor del Padre, Ahora Está en los Cielos Celestiales

Yo Estoy aquí, *Thomas Payne*.

Cuando morí, yo no creía en Jesús como el hijo de Dios o como Su mensajero, enviado para mostrar a la humanidad que el Padre había otorgado Su Amor Divino e inmortalidad a la misma, y el Camino para obtenerlo. Pero ahora creo plenamente en estas verdades, y soy un seguidor de Jesús y poseedor del Amor Divino.

Cuán diferente sería ahora mi condición, si hubiese verdad aquella doctrina errónea y condenatoria impartida por las iglesias – de que no existe redención más allá de la sepultura. Nunca pensé que había alguna necesidad para la redención cuando estuve en la tierra o después de convertirme en un espíritu, sino más bien pensé que, si había un Dios, Él me haría justicia y me otorgaría la felicidad y gozo de la vida futura, de acuerdo con mi idea acerca de Su amor y misericordia.

Pero debo decirte que estuve equivocado en algunos aspectos. Dios es Amor y Él es misericordioso, pero Su amor y misericordia son ejercidos únicamente en concordancia con Sus leyes fijas e inmutables – leyes que aplican imparcialmente a todo hombre y que, en su operación, no hacen ninguna excepción. "Lo que un hombre siembra eso cosechará", es tan cierto como que el sol que brilla para ti en la tierra.

Encontré la verdad de esta gran ley en mi propia experiencia, y pagué la pena por mis pecados. Jesús no podía hacer esto por mí y él nunca pretendió hacerlo. Pero él podía, y ha muestra el Camino por el cual las operaciones de las leyes que producen estas penalidades pueden ser sustituidas por la operación de otras leyes que, como diría, remueven las penalidades del espíritu individual. Esto no cambia la ley, sino que cambia la condición del espíritu que invoca estas penalidades; y si los hombres sólo aprendieran este Camino, no permanecerían en la oscuridad y pecado, porque creen y afirman que las leyes de Dios nunca cambian. Si sólo comprendieran que, aunque las leyes no cambian, no obstante, la condición del espíritu que invoca la operación de estas leyes, sí cambia, y leyes entran en operación.

No dispongo del tiempo esta noche para explicar a fondo estos principios, pero si se presentara la oportunidad en el futuro, estaré encantado de hacerlo.

Cristo fue y es el Camino, la Verdad y la Vida.

Estoy en la primera esfera Celestial y mi nombre fue Thomas Payne, el llamado infiel. Creí en Dios, pero un sólo Dios. En mi concepto, Jesús nunca fue Dios ni lo es ahora. Y él tampoco ahora pretende ser Dios.

Así que como puedes ver, incluso este supuesto infiel pudo llegar a la verdad y el Amor del Padre, aun después de abandonar el plano material y convertirse en un habitante del mundo espiritual.

Entonces, mi querido hermano, diré

Buenas noches y que Dios esté contigo,

THOMAS PAYNE

KATE STONE. Recibido El 19 de junio, de 1917. La Hermana del Dr. Stone le Informa Acerca de Su Tarea en el Mundo Espiritual, y le Informa que Sus Esfuerzos por Ayudar a Encaminar a los Espíritus Hacia El Amor del Padre, Están Obteniendo Resultados Positivos

Yo Estoy aquí, *Kate Stone:*

Dile a mi hermano que es verdad lo que oyó unas noches atrás acerca de mí, y que me dedico con todo mi corazón y alma al trabajo de ayudar a los espíritus oscuros en sufrimiento, y cuando tengo éxito guiando a algunos hacia la luz y al Amor del Padre, me invade una felicidad que no puedo describir. El hecho de ser un instrumento en la redención de un alma perdida, brinda una felicidad más grande de lo que un mortal pueda imaginar, y al decirle a mi hermano que he tenido éxito mostrando el camino a muchos de estos espíritus, él quizás se dé cuenta, aunque sea de una pequeña manera, de la felicidad que yo siento.

Para mí, este trabajo es una de las cosas más grandes a la que nosotros, los espíritus, nos dedicamos, y nunca me canso ni me desanimo. Y, aunque a veces no logro convencer a un espíritu en cuanto al camino hacia la luz y el alivio de su sufrimiento, no obstante, jamás me decepciono, porque sé que, en algún momento, tarde o temprano, aquel espíritu percibirá el significado de mis palabras y tendrán su efecto.

Pero, no sólo veo los resultados de mi propio trabajo, sino también aquellos de ustedes tres mortales (Sr. Padgett, Eugene Morgan y el Dr. Stone), pues todos ustedes ayudan a estos espíritus oscuros a través de sus conversaciones con ellos; y mi hermano no debe pensar que él no puede realizar esta tarea, sólo porque no puede escribir y tener, así, la certeza de que los espíritus lo escuchan, pues, debo decirle que sí puede. Cuando él les habla, ellos le prestan atención y le creen, y muchos siguen su consejo y buscan el Amor del Padre a través del único camino para obtenerlo, es decir, mediante la oración sincera. Algún día, él sabrá los resultados de sus esfuerzos, y cuando lo sepa, agradecerá al Padre por haberle otorgado este don. Dile que continúe, y aunque él no pueda oír sus respuestas, yo vendré a veces para informarle sobre los resultados: un alma en la oscuridad y tormento, rescatado por un mortal que sabe la verdad. La corona de una estrella que representa la salvación de un alma, es una posesión gloriosa, pero una corona de muchas estrellas, otorgada por la salvación de muchas almas, es un tesoro más allá de toda descripción. Esta corona será suya, pero, aunque no sea una que llevará puesta, será, sin embargo, una corona que se reflejará en los rostros felices de los espíritus aliviados de sus sufrimientos y radiantes en la gloria del Amor del Padre.

Me detendré ahora, ya que Helen dice que estás cansado y que no debes escribir más esta noche.

Con mi amor, diré buenas noches a ti y a Leslie.

Tu hermana en Cristo,
KATE

Made in the USA
Monee, IL
13 September 2021